D1700236

Tobias Kästli
Die Schweiz – eine Republik in Europa

Tobias Kästli

Die Schweiz –
eine Republik in Europa

Geschichte des Nationalstaats seit 1798

Verlag Neue Zürcher Zeitung

Die Entstehung dieses Buches war möglich
dank finanziellen Beiträgen folgender Institutionen:
Bundesamt für Kultur
Erziehungsdirektion des Kantons Bern, Amt für Kultur
Stadt Bern, Abteilung für Kulturelles
Erziehungsdirektion des Kantons Basel-Stadt / Lotteriefonds
Erziehungs- und Kulturdirektion des Kantons Basel-Landschaft / Lotteriefonds
Volkart Stiftung
Ernst Göhner Stiftung

Inhalt

Vorwort

Es geht in diesem Buch um die Gründung von Nationalstaaten seit dem Ende des 18. Jahrhunderts und um ihre Weiterentwicklung bis zur Gegenwart. Was ist ein Nationalstaat? Entsprechen die heutigen Nationalstaaten noch dem, was man ursprünglich darunter verstand? Wird es auch in Zukunft noch Nationalstaaten geben? Ich werde diese Fragen am Beispiel der Schweiz diskutieren, und zwar immer auch im Zusammenhang mit dem europäischen Umfeld. Vorausschicken muss ich, dass der Nationalstaatsbegriff relativ jung ist. Die aufgeklärten Patrioten in der Schweiz, die Ende des 18. Jahrhunderts den eidgenössischen Staatenbund zu einem Nationalstaat weiterentwickeln wollten, kannten dieses Wort nicht; sie verlangten nach einem einheitlichen *Vaterland* oder nach einer gemeinsamen Republik. Die liberalen Nationalisten in der ersten Hälfte des 19. Jahrhunderts sprachen zwar von der Nation, aber nicht vom Nationalstaat. Sie waren der Meinung, die eidgenössischen «Völkerschaften», also die Urner, Schwyzer, Berner, Zürcher usw., stellten insgesamt eine schweizerische Nation dar, und deshalb sollten sie auch einen gemeinsamen Staat haben. Weil sie den eidgenössischen Bund als Grundlage dieses gesamtschweizerischen Staates sahen, nannten sie ihn einen *Bundesstaat*. Der Begriff des Nationalstaates wurde erst später und vor allem in Deutschland üblich; trotzdem brauche ich ihn auch schon für die Frühzeit der Nationalstaatsbildung.

Eine zweite Vorbemerkung: Der Nationalstaatsbegriff hat in der politischen Wissenschaft unterschiedliche Färbungen angenommen. Ich gebe eine allgemeine Definition, die ihn für meine Zwecke als geeignet erscheinen lässt; diese Definition ist zugleich meine Arbeitshypothese: Der Nationalstaat ist ein im 18. Jahrhundert entworfenes neues Staatskonzept, das sich im 19. Jahrhundert in Europa und seither weltweit durchgesetzt hat; das Neue daran kann in drei Punkten zusammengefasst werden: Erstens besitzt der Nationalstaat ein durch feste Grenzen definiertes Territorium; zweitens untersteht die Bevölkerung, die dieses Territorium bewohnt, einem für alle gültigen einheitlichen Recht, und drittens geht alle Souveränität vom Volk oder der Nation aus. Diese Prinzipien mögen heute als selbstverständlich erscheinen, waren es aber am Ende des 18. Jahrhunderts keineswegs; es brauchte grosse Anstrengungen, sie durchzusetzen.

Der Nationalstaat war das Ergebnis eines revolutionären Prozesses, der mit der Amerikanischen und der Französischen Revolution begonnen hatte. Von Anfang an war er mit der Idee der öffentlichen Wohlfahrt (public happiness, bien public) verknüpft, die lange Zeit trotz ihrer Unschärfe als Leitlinie allen Politisierens betrachtet wurde. Der Begriff der *öffentlichen* Wohlfahrt bezog sich zunächst nicht auf *wirtschaftliche* Probleme, denn diese wurden der Privatsphäre zugerechnet. Vielmehr ging es um die *politische* Ordnung, die so gestaltet sein sollte, dass alle Mitglieder der Nation des Glücks politischen Handelns in der Öffentlichkeit teilhaftig werden konnten. Später wurden auch wirtschaftliche Fragen als Probleme der öffentlichen Wohlfahrt verstanden. Erst im 20. Jahrhundert war es aber so weit, dass die öffentliche Wohlfahrt auf ihre materielle Komponente reduziert und im Sinn von staatlichen Fürsorgeleistungen konkretisiert wurde. Es entstand der Wohlfahrts- oder Sozialstaat, der heute als zu teuer kritisiert oder prinzipiell in Frage gestellt wird.

Während in den letzten Jahren der Begriff des Sozialstaates eine gewisse Abwertung erfahren hat, wird der Begriff des Nationalstaates wieder vermehrt diskutiert. Das mag damit zusammenhängen, dass die viel beschworene Globalisierung der Wirtschaft von vielen als Bedrohung wahrgenommen wird und dass nur der begrenzende Nationalstaat einen gewissen Schutz dagegen zu bieten scheint. Aber kann die Neubelebung der Nationalstaatsidee wirklich zu einer politischen Stärkung führen und die oft zerstörerisch wirkenden Wirtschaftskräfte in die Schranken weisen? Ist die mehr als zweihundert Jahre alte Idee des Nationalstaates überhaupt noch zeitgemäss? Oder stellen nicht vielmehr die Europäische Union (EU) und andere internationale oder supranationale Organisationen eine hoffnungsvolle Perspektive dar?

Die schweizerische Politik tastet sich unsicher an diese Fragen heran, entwickelt ein wachsendes Bedürfnis, Antworten darauf zu finden. In einer Zeit, in der die Wirtschaft global gesehen in immer schnellerem Rhythmus umgepflügt wird, in der Staaten zerfallen und sich neue bilden, können wir uns nicht mehr vorbehaltlos auf die während langer Zeit stabilen politischen Grundstrukturen der Schweiz verlassen. Wir werden mehr politische Beweglichkeit entwickeln müssen. Übrigens ist nicht nur Stabilität, sondern auch Beweglichkeit Teil der schweizerischen politischen Tradition. Das wird uns allerdings erst dann bewusst, wenn wir wieder ausgraben, was die nationalistische Geschichtsschreibung seit der zweiten Hälfte des 19. Jahrhunderts mit Fleiss zugeschüttet hat: die konfliktreiche, widersprüchliche und dynamische Geschichte der Gründung des schweizerischen Nationalstaates. Diese Geschichte wurde verdrängt, weil sie ein gewaltsamer Prozess war, der Tote und an Leib und Seele Verletzte zurückliess. Man wollte die alten Wunden nicht immer wieder aufreissen, und deshalb tat man so, wie wenn die Einheit des Volks, die Demokratie und vielleicht sogar die öffentliche Wohlfahrt in der Schweiz immer schon vorhanden gewesen wären, seit Urzeiten, mindestens aber seit 1291, als der Bund geschlossen, das einigende Band um die Eidgenossenschaft geschlungen wurde.

Es wurde ein Mythos geschaffen, der die Funktion hatte, die Vorstellung einer *völkischen Einheit* der Schweizerinnen und Schweizer zu festigen. Das schien damals sehr wichtig. Später war eher von einer *Willensnation* die Rede, die ein grosses politisches Engagement verlange. Da nun aber der Nationalstaat in die Jahre gekommen und weder die «völkische Einheit» noch die «Willensnation» der politischen und gesellschaftlichen Realität zu entsprechen scheinen, müssen wir auch andere auf den Staat bezogene Begriffe kritisch prüfen. Es ist unumgänglich, ein wenig Begriffsgeschichte zu betreiben, also Republik, Demokratie, Staat, Nation, öffentliche Wohlfahrt, Föderalismus, Liberalismus, Konservatismus, Sozialismus und Revolution in den Quellen der Entstehungszeit des Nationalstaates aufzusuchen, um sie in ihrem historischen Kontext zu verstehen. Erst so können wir erfassen, worum es damals ging, und erst so können wir herausfinden, ob es heute immer noch um dasselbe geht oder um etwas ganz anderes.

Wenn wir den konfliktreichen Prozess der Nationalstaatsbildung untersuchen, so sind prinzipiell zwei verschiedene Ansätze möglich: Wir können ihn von seinen Ergebnissen her anschauen, vom erreichten Ziel her interpretieren und den geschichtlichen Stoff mit Hilfe von Kategorien, die wir im nachhinein gebildet haben, so ordnen, dass er als planmässiges Geschehen erscheint: Das Projekt des Nationalstaates *musste* sich verwirklichen, weil es einer historischen Notwendigkeit oder einem objektiven «Naturgesetz» entsprach. Das ist der geschichtsphilosophische Ansatz. Wir können uns aber auch gewissermassen in die Haut der damaligen Akteure hineinversetzen und fragen, aufgrund welcher Erfahrungen und im Hinblick auf welche Erwartungen sie ihre Projekte formulierten. Dieser subjektive Ansatz bedeutet, dass wir von einer Situation ausgehen, in der die genauen Ergebnisse der Handlungen noch unbekannt waren. Dadurch wird nachvollziehbar, was die damaligen politischen Akteure als die Freiheit ihres Willens empfanden. Die durch die Quellen gegebenen Begriffe dienen uns dabei als heuristischer Einstieg in jene «Gegenwart in der Vergangenheit».[1] Dieser zweite Ansatz wird in diesem Buch im Vordergrund stehen, obwohl ich selbstverständlich auch *ex post* eingeführte Begriffe, vor allem denjenigen des Nationalstaates, als ordnende Kategorien brauche. Meine Untersuchung bewegt sich insgesamt nicht auf der Ebene einer die Ereignisse aus objektiven Ursachen erklärenden Wirtschafts- und Sozialgeschichte, sondern auf der Ebene einer die subjektiven Motivationen aufspürenden politischideellen Geschichte. Nur ab und zu werde ich auf die Wechselwirkungen zwischen den beiden Ebenen hinweisen.

Der Zusammenhang zwischen Nation und Gesellschaft einerseits, Nation und Staat andererseits hat mich, angeregt von meinen Universitätslehrern Hans von Greyerz, Ulrich Im Hof, Ernst Walder und Walther Hofer, seit meiner Studentenzeit beschäftigt. Während Jahren befasste ich mich aber vorwiegend mit einem Spezialgebiet im Rahmen dieser Thematik, nämlich mit der Frage, wie die aus der Nation ausgestossene Arbeiterklasse nach und nach in den Nationalstaat integriert wurde. Die politische Geschichte der Arbeiterklasse ist inzwischen fast vollständig aus dem Gesichtsfeld der Geschichtsforschung entschwunden. Dafür weckt die Frage nach der Stellung der Frauen gegenüber dem Nationalstaat zunehmendes Interesse. Vor allem feministisch orientierte Historikerinnen nehmen sich des Themas an, versuchen herauszufinden, weshalb der Nationalstaat einseitig männlich definiert werden konnte, so dass die Frauen von vornherein aus ihm und aus der Staatsbürgerschaft ausgeschlossen waren. Ich habe versucht, diese Thematik wenigstens ansatzweise aufzunehmen.

Die *drei Teile*, in die sich das vorliegende Buch gliedert, sind seitenmässig etwa gleich umfangreich, beziehen sich aber auf unterschiedlich lange Zeitabschnitte. Im ersten Teil geht es im wesentlichen um die 15 Jahre zwischen der helvetischen Revolution und der Restauration, im zweiten Teil um die 33 Jahre zwischen der Restauration und der Bundesstaatsgründung und im dritten Teil um die anderthalb Jahrhunderte von 1848 bis heute. Entsprechend wird die Ereigniskette von Teil zu Teil lockerer, und die Chronologie wird zugunsten ideengeschichtlicher Zusammenhänge zunehmend durchbrochen. In den beiden ersten Teilen stelle ich die grundlegenden Vorgänge dar, die zur Herausbildung des schweizerischen Nationalstaates führten, und kläre die Begriffe, die wir brauchen, um seine weitere Entwicklung zu verstehen. Im dritten Teil skizziere ich diese Entwicklung in knappen Überblicksdarstellungen und konzentriere mich im übrigen auf ein paar wenige Themen, die mir für das Verständnis der Nationalstaatsproblematik wesentlich zu sein scheinen. Um den Zugriff auf das Ganze zu erleichtern, habe ich einen *Index* beigefügt, der drei Kategorien von Suchwörtern enthält: erstens *Eigennamen*, nämlich einerseits Namen von Denkern, Politikern und anderen historischen Akteuren, andererseits ein paar Namen von Geschichtsschreibern, die das Bild der Schweiz in den letzten 200 Jahren prägten; zweitens *Ortsnamen*, wobei ich mich auf die Namen der alteidgenössischen Orte sowie der modernen Kantone beschränkt habe; drittens, und das macht den grössten Teil aus, *Sachbegriffe*, die sich auf die politischen Verhältnisse der letzten 200 Jahre beziehen. Mit ihrer Hilfe ist es möglich, zum Beispiel die Neutralitätspolitik oder die Flüchtlingspolitik der Schweiz quer durch das Buch zu verfolgen. Die Stellung der Frauen gegenüber dem Nationalstaat erschliesst sich durch den Suchbegriff «Frauen».

Den Anstoss zu meiner Arbeit gaben die Diskussionen zum 150jährigen Bestehen des schweizerischen Bundesstaates und zum 200. Geburtstag der Helvetischen Republik. Im Hinblick auf diese Jubiläen ist mein Buchprojekt vom Bundesamt für Kultur und von andern öffentlichen und privaten Kulturförderern finanziell unterstützt worden. Von vielen Freunden und Freundinnen bekam ich moralische Unterstützung, einige lasen mein Manuskript ganz oder teilweise, schlugen Änderungen, Streichungen und Erweiterungen vor. Für solche wertvolle Hilfe danke ich vor allem Annemarie Reber Kästli, Lukas Hartmann, Francesco Micieli, Helen Stotzer, Gertrud Lutz Zaman und Simonetta Sommaruga. Allgemeine Anregungen fachlicher Art empfing ich im Rahmen eines von der Allgemeinen Geschichtsforschenden Gesellschaft der Schweiz organisierten Workshops zur Gründung des schweizerischen Bundesstaates von Hansjörg Siegenthaler, Hans Ulrich Jost, Albert Tanner, Jakob Tanner, Beatrix Mesmer, Elisabeth Joris, Alfred Kölz und vielen andern Historikerinnen und Historikern. Ihnen allen sei hiermit gedankt.

Bern, im Januar 1998
Tobias Kästli

15

Erster Teil:
Die Umwälzung von 1798

Einleitung zum ersten Teil

In den geschichtlichen Publikationen anderer Länder wird die staatliche Entwicklung der Schweiz im 18. und 19. Jahrhundert, soweit sie überhaupt vorkommt, meistens als Beispiel einer eigenartigen Retardierung dargestellt. Etwas von dieser Zurückgebliebenheit haftet aus ausländischer Optik bis heute der Schweiz an. Wenn man die staatliche Entwicklung seit der frühen Neuzeit als Entpersönlichung oder Verdinglichung von Herrschaft in Form einer neutralen und einheitlichen Verwaltung ansieht, dann erscheint dieser Prozess in der Schweiz zwischen dem 15. und dem 18. Jahrhundert in der Tat verlangsamt. Diese Verlangsamung war eine Folge davon, dass es in der Schweiz keinen König oder Landesfürsten gab, der die Vereinheitlichung seines Herrschaftssystems hätte vorantreiben können. Die eidgenössischen Obrigkeiten waren an die Sonderrechte von Korporationen, Gemeinden und Landschaften gebunden. In dem Mass, wie sich solche Sonderrechte behaupteten, war der Prozess einheitlicher staatlicher Verwaltung behindert. Umgekehrt wurde die Bindung der Obrigkeiten an die Rechte der Untertanen in dem Moment politisch fruchtbar, da ein neues staatliches Konzept sich von der Idee der Volkssouveränität her realisierte. Dies geschah mit der allmählichen Durchsetzung des schweizerischen Nationalstaates in den fünf Jahrzehnten zwischen 1798 und 1848. Damit entstand – notabene in enger Wechselwirkung mit Entwicklungen in andern europäischen Ländern – ein Modell moderner Staatlichkeit, das sich durch seine demokratischen und föderalistischen Strukturen auszeichnete, also durch Merkmale, die heute möglicherweise für die politische Weiterentwicklung in ganz Europa von besonderem Interesse sind.

Die Schweiz rühmt sich, die «älteste Demokratie der Welt» zu sein. So fragwürdig diese Formel ist, so sicher ist es, dass Begriffe wie Freiheit, Volk, Demokratie und öffentliche Wohlfahrt bis heute zum nationalen Selbstverständnis der Schweizerinnen und Schweizer gehören. Allerdings sind diese Begriff im 20. Jahrhundert zu Gemeinplätzen verkommen, und sie

19

sind auch in ihrem realen Gehalt flacher und blasser geworden, so dass sie heute kaum noch als politisches Programm gelten können. Im 19. Jahrhundert waren sie aber grossartige Visionen, anspruchsvolle Projekte, die mit starkem politischem Willen verwirklicht wurden. Das demokratische, freiheitliche und auf Solidarität beruhende Nationalbewusstsein war nicht plötzlich da, sondern wurde von fortschrittlichen Politikern propagiert, bis es sich nach und nach in den Köpfen der Leute festsetzte. Die Vorstellung, alle Schweizerinnen und Schweizer gehörten politisch zusammen, entsprach dem wachsenden Bedürfnis nach staatlicher Einheit, das sich aus den besonderen Bedürfnissen einer sich intensivierenden Volkswirtschaft nährte, deren Gedeihen an die Entstehung eines rechtsgleichen Territoriums, frei von Binnenzöllen und mit einheitlicher Währung, gebunden schien. Nationalbewusstsein und Nationalstaat gehörten zusammen; das eine war ohne das andere nicht zu haben.

Der Prozess, der zur Bildung des modernen Nationalstaates führte, begann in der Schweiz im Jahr 1798, erreichte 1848 mit der Bundesstaatsgründung einen ersten Höhepunkt, war aber bis weit ins 20. Jahrhundert hinein nicht abgeschlossen. Lange wurde um die Begriffe gerungen und heftig gestritten, bis schliesslich die Institutionen gefunden waren, durch welche die hinter den Begriffen stehenden Ideen politisch abgesichert werden konnten. Das Projekt war insofern ein Erfolg, als der schweizerische Nationalstaat die letzten 150 Jahre bruchlos überdauert hat.

Was aber war vorher? Was war die Schweiz, bevor sie Nationalstaat wurde? Woher kommt der Name Schweiz? Zunächst gab es diesen Landschaftskessel zwischen den Mythen, dem Lauerzersee und Morschach am Urnersee, der Schwyz geheissen wurde – wahrscheinlich nach einem eingewanderten Alemannen namens Suito, der dort zusammen mit seiner Sippe einen Hof bewirtschaftete. Die Bewohner dieser Landschaft hiessen im hohen Mittelalter Switenses oder Swicenses, und dieser Name wurde später auch für deren Verbündete gebraucht, die kriegerischen Mannen aus den Tälern Uri und Unterwalden, die sich durch ihren Sieg gegen ein Ritterheer in der blutigen Schlacht am Morgarten im Jahr 1315 weiterhin ins Gespräch brachten. Das gesamte Wohn- und Wirtschaftsgebiet der verbündeten Talbewohner von Schwyz, Uri und Unterwalden wurde nun von den deutschsprachigen Nachbarn als Swiz, später auch Schweiz oder Sweintz bezeichnet.

Die drei Talschaften sicherten sich seit dem 14. Jahrhundert durch weitere Bündnisse ab, und jedes neue Bündnis wurde mit einem Eid bekräftigt. Die Bündnispartner hiessen deshalb Eidgnossen, das Gebiet, das dieses Bündnissystem umfasste, hiess Eidgnoschaft oder Eidgnossschaft; in den Quellen findet sich meistens dieser Name und nicht der Name Schweiz. Im deutschen Reich des Mittelalters gab es vorübergehend noch andere Eidgenossenschaften, weshalb die unsere präzisierend als schweizerische Eidgenossenschaft bezeichnet wurde. Sie wuchs nach und nach zu einem Umfang heran, der ungefähr demjenigen der heutigen Schweiz entspricht. Zeitweise reichte sie über den Jura und die Alpen hinaus, aber das Kerngebiet lag in Mittelland, Alpen und Voralpen.

Die durch ihre Chronisten verklärte Geschichte gemeinsamer Waffentaten gab den Eidgenossen ein Zusammengehörigkeitsgefühl und schuf das Bewusstsein eines Sonderdaseins im Rahmen des Heiligen Römischen Reichs Deutscher Nation. Nach dem Dreissigjährigen Krieg, im Westfälischen Frieden von 1648, wurde die schweizerische Eidgenossenschaft praktisch aus der Reichsgewalt entlassen. Um unabhängig zu bleiben, hielt sie sich aus den Händeln der europäischen Fürsten möglichst heraus. Sie folgte dem Grundsatz der Neutralität, ergriff also bei kriegerischen Konflikten zwischen Nachbarmächten nicht Partei und blieb auf diese Weise weitgehend unbehelligt. Diese Neutralität muss man allerdings insofern relativieren, als viele junge Schweizer aus Abenteuerlust oder aus purer Not in fremde Kriegsdienste zogen, wobei aufgrund vertraglicher Abmachungen vor allem Frankreich Anspruch auf schweizerische Söldner hatte.

Vor dem Hintergrund der vielfältigen geschäftsmässigen Verbindungen wurde im 18. Jahrhundert das französische Vorbild in der Schweiz übermächtig. Die herrschenden Familien sprachen französisch und orientierten sich am Absolutismus der Könige in Versailles. Andererseits fand die Philosophie der Aufklärung unter den Gebildeten in der Schweiz starken Widerhall. Trotz Zensur und drakonischen Strafen übte diese Bildungselite offen oder heimlich Kritik an der politischen Elite und allgemein an den politischen Verhältnissen. In dieser Kritik fand der Widerstand gegen die aristokratischen Regimes in den Länder- und Städteorten ihre Legitimation. Die herrschenden Familien aber vermochten sich trotz wachsendem Druck nicht zu den dringend geforderten Reformen durchzuringen. Erst die Französische Revolution gab den Anstoss zu radikaler Veränderung, allerdings nicht schon 1789, sondern erst 1798, als französische Truppen in die Schweiz einmarschierten und das Ancien Régime stürzten. Die Eidgenossenschaft wurde nun auf einen Schlag zu einem nationalen Einheitsstaat mit dem Namen Helvetische Republik. Diese politische Revolution ist in der Geschichtsschreibung der Schweiz sträflich vernachlässigt worden. Man hat das Jahr 1798 immer wieder als *«Untergang der alten Eidgenossenschaft»* interpretiert, als ein Ende und nicht als Anfang. Fleissig wurden die Gründe für diesen traurigen Untergang gesucht, wie wenn er zu vermeiden gewesen wäre, wie wenn es möglich oder wünschenswert gewesen wäre, die Schweiz auf ewig in der Form einer Eidgenossenschaft zu bewahren. Die fünf Jahre der Helvetik wurden als unrühmliche Zeit einer lächerlichen Fehlentwicklung angesehen, die aus dem Bewusstsein getilgt oder höchstens im Sinn einer Warnung zur Kenntnis genommen werden sollte. Diese negative Haltung ist aus nationaler und demokratischer Sicht nur zu leicht verständlich, denn die Helvetik war eine Zeit der nationalen Schmach. Sie war das Werk einer mit Frankreich verbundenen Bildungselite, einer Minderheit also, die nie eine Mehrheit des Volkes für ihre Ziele begeistern konnte. Eine französische Soldateska stand im Land, es gab Plünderungen, Kriege und Bürgerkriege. Die Helvetik war für die späteren schweizerischen Nationalisten kein Ruhmesblatt, sondern eher ein Sudelheft, das sie am liebsten weggeworfen hätten. Und doch gibt es in der Geschichte der Schweiz kaum etwas Interessanteres als diese kurze, aber kreative Periode zwischen 1798 und 1803. Aber sie ist eben erst dann interessant, wenn sie nicht als Zusammenbruch, sondern als Aufbruch verstanden wird.

Ich spanne im ersten Teil dieses Buches den Bogen von der alten Eidgenossenschaft über die helvetische Revolution bis zur Zeit der napoleonischen Hegemonie in Europa. Es wird eine geschichtliche Periode sichtbar, die durch heftige politische Erschütterungen gekennzeichnet ist. In dieser turbulenten Geschichtsepoche wurden Begriffe wie Staat, Nation, Verfassung, Republik, Demokratie, Souveränität und Föderalismus ungewöhnlich intensiv diskutiert und zum Teil neu bestimmt. Das neue Begriffssystem bildete die Voraussetzung für die spätere politische Konstruktion des schweizerischen Nationalstaates.

1. Alte Eidgenossenschaft und Französische Revolution

In Europa entsteht zwischen dem 16. und 18. Jahrhundert der sogenannte Territorialstaat, der sich gegenüber älteren staatlichen Gebilden[2] dadurch auszeichnet, dass er eine einheitliche Herrschaftsgewalt auf ein fest umgrenztes Territorium zu beziehen versucht. Es sollen also nicht verschiedene Feudalherren gleichzeitig über ein bestimmtes Territorium verschiedene Herrschaftsrechte ausüben können, wobei diese Herren in Abhängigkeit von höheren Herren handeln und ihre Legitimation letztlich von der Kirche oder von Kaiser und Reich beziehen. Die aus dem scholastischen Denken ausbrechenden neuzeitlichen Staatsrechtler vertreten ein säkularisiertes Staatsmodell, das heisst, sie begründen die Legitimität staatlicher Herrschaft unabhängig von Kirche und «Heiligem Römischem Reich». Sie gehen davon aus, dass die Herrschaftsgewalt den Territorialfürsten und den Monarchen direkt von Gott zukommt oder dass sie ihnen aufgrund eines Herrschaftsvertrags von den Untertanen übertragen worden ist. Die Fürsten versuchen, das Feudalsystem zurückzudrängen und statt dessen eine an einheitliches Recht gebundene Verwaltung aufzubauen, der gegenüber sie allein weisungsberechtigt sind. Es entsteht ein System des monarchischen Absolutismus, das aber auch im 18. Jahrhundert noch viele Züge des mittelalterlichen Feudalismus mit sich schleppt.

Inmitten der europäischen Fürstenstaaten und Monarchien befinden sich die eidgenössischen Orte, die sich als Republiken verstehen. Auch sie entwickelten nach und nach moderne staatliche Strukturen im Sinn einer Vereinheitlichung von Recht und Verwaltung; im Vergleich mit den europäischen Fürstenstaaten geschieht dies mit Verzögerung, und es geschieht notabene nur mit Bezug auf die einzelnen Orte, nicht aber mit Bezug auf die Eidgenossenschaft. Was unter dem Namen einer schweizerischen Eidgenossenschaft existierte, war ein Bündnissystem politisch unterschiedlich organisierter Landschaften und Städte. Es gab aber keinen Bündnisvertrag oder Bundesvertrag, der alle eidgenössischen Orte umfasst hätte. Immerhin gab es periodische Versammlungen der Abgeordneten der

13 Orte[3] und der zugewandten Orte: die sogenannten Tagsatzungen; die Untertanengebiete und gemeinen Herrschaften waren an der Tagsatzung nicht vertreten. Nur selten konnten sich die Tagsatzungsdelegierten zu einstimmigen, für alle verbindlichen Beschlüssen aufraffen; streng genommen gelang es nur im Gebiet des Wehrwesens. Das an der Tagsatzung von Baden im Jahr 1668 verabschiedete Defensionale, eine Art Wehrordnung, verpflichtete die 13 Orte sowie einige gemeine Herrschaften und zugewandte Orte, im Kriegsfall eine bestimmte Anzahl bewaffneter Männer und je eine Kanone zu stellen. Im übrigen gab es im Gebiet der Eidgenossenschaft kein übergeordnetes und einheitliches Recht, und es gab auch keine gesamtschweizerische Verwaltungsstruktur. Die Schweiz als Ganzes war also kein Staat; sie wurde es erst mit der Gründung der Helvetischen Republik im Jahr 1798. Damals wurde die alte Eidgenossenschaft unter dem Druck der französischen Armee in einen modernen Territorialstaat umgemodelt, wonach es die eidgenössischen Orte als selbständige Republiken für einige Zeit nicht mehr gab. Es war eine gewaltsame staatliche Umwälzung, durch die nicht nur ein neues staatliches Territorium definiert und eine einheitliche Verwaltung etabliert wurde, sondern auch das neue Prinzip der Volkssouveränität zur Geltung kam. Damit war die Schweiz, bisher ein bloss geographisches Gebiet, übergangslos zum *Nationalstaat* geworden.

1.1 Ancien Régime in Bern

Gehen wir noch einmal zurück in die alte Eidgenossenschaft des 18. Jahrhunderts. Die einzelnen eidgenössischen Orte waren in sehr unterschiedlichem Mass staatlich strukturiert. Sie hatten ihre je eigenen, historisch gewachsenen Verfassungen, die aber in keinem Fall eine auf das ganze Territorium bezogene Rechtsgleichheit etablierten. Die reformierten Orte waren in dieser Beziehung weiter entwickelt als die katholischen, weil sie die Kirche stärker in die Pflicht genommen hatten. Überall gab es aber eine Tendenz zu rechtlicher Vereinheitlichung und Stärkung der obrigkeitlichen Macht. Äusserlich manifestierte sich diese Tendenz darin, dass die Obrigkeiten in ihrem Gehabe Stilelemente absolutistischer Monarchien übernahmen.

Von seinem Reichtum und von seiner territorialen Ausdehnung her war Bern der gewichtigste Staat innerhalb der schweizerischen Eidgenossenschaft. Repräsentiert wurde er durch den regierenden Schultheissen. 1759 bestieg der vornehme und reiche Albrecht Friedrich von Erlach den Schultheissenthron. Jung war er in den Grossen Rat gewählt worden, spät erst in den Kleinen Rat. Er war schon 63 Jahre alt, als ihm, als Krönung seiner politischen Laufbahn, endlich das ersehnte Amt zufiel, das er dann noch während 27 Jahren ausüben sollte. Herr von Erlach besass ein Schloss in Hindelbank, eines in Jegenstorf, und er baute sich an der Berner Junkerngasse ein neues, grosses Haus.[4] Mit dem Wechsel der Jahreszeiten zog er mit reichem Gefolge von Landsitz zu Landsitz und verbrachte den Winter meistens in der Stadt. Äusserlich glich er einem absoluten Fürsten. Er unterstand aber einer republikanischen Ordnung. Er konnte den Kleinen und den Grossen Rat nicht übergehen, und jedes zweite Jahr musste er seinen Platz dem «stillstehenden» Schultheissen abtreten, der dann für ein Jahr zum regierenden Schultheissen wurde. So war es nach bernischer Ordnung vorgesehen und im Roten Buch niedergelegt.

Das aristokratische Gehabe der Berner Patrizier[5] war vielleicht ein Extremfall innerhalb der schweizerischen Eidgenossenschaft, aber kein Sonderfall. Nicht nur in den andern Patrizierorten, sondern auch in den Länderorten mit ihren Landsgemeinden, die von der Geschichtsschreibung gerne als demokratisch bezeichnet werden, regierte in Tat und Wahrheit eine kleine Elite, die sich mit einem dem Fürstenabsolutismus abgeschauten Zeremoniell umgab. Nur einmal im Jahr trat die Landsgemeinde zusammen, um die regierenden Familien zu bestätigen. Diese stellten den Landammann und die Räte und liessen sich, wie die Amtskollegen in den Städteorten, als «Gnädige Herren und Obere» anreden. Auch die Länderorte besassen Untertanengebiete und entsandten ihre Landvögte dorthin; auch ihre vornehmen Familien kamen durch das Söldnerwesen zu Reichtum, machten andere von sich abhängig und verhielten sich gnädig oder ungnädig, je nachdem wie es ihnen klug schien.

Das regierende Berner Patriziat hielt noch im 18. Jahrhundert gegen die absolutistische und vor allem gegen die aufgeklärte Staatslehre eine alte Auffassung von Staat aufrecht, wonach die gegenseitige Rechtsversicherung zwischen regierender Stadt und regierter Landschaft durch persönliche Repräsentanz und ein traditionelles Zeremoniell gewahrt werden sollte. Nicht um eine einheitliche Ordnung ging es, sondern um die Wahrung der Sonderrechte, die in beschworenen und gesiegelten Briefen enthalten waren. Der amtliche Wortschatz vermied Ausdrücke, die auf Gleichheit oder Einheitlichkeit hindeuteten. So sprachen die Gnädigen Herren nicht vom Volk, sondern von «Unseren Angehörigen zu Stadt und Land», nicht vom Staat, sondern von «Meiner Herren deutschen und welschen Landen». In der staatlichen Verwaltung galt nicht die Rechtsgleichheit als oberstes Prinzip, sondern im Gegenteil die auf historischen Sonderentwicklungen beruhende Rechtsungleichheit.

Im Verhältnis zwischen der regierenden Stadt und der untertänigen Landschaft gab es im Prinzip nur Abhängigkeit und Rechtlosigkeit auf der Seite der Landschaft. Viele bäuerliche Gemeinden und Talschaften hatten sich aber, seit die Stadt in die Rechtsnachfolge des besiegten und aussterbenden Feudaladels getreten war, mit Gewalt oder durch Kauf bestimmte Rechte erworben, die ihnen als Gemeinschaft oder Korporation zukamen und eine mehr oder weniger ausgeprägte Autonomie verliehen. Diese Rechte nannten sie *Freiheiten*. Eine Untersuchung der Gemeinden im Berner Oberland zwischen 1300 und 1700 zeigt, wie manche Gemeinden sich von gewissen Steuerzahlungen befreiten oder wie sie das Recht erwarben, einfachere Gerichtsfälle selber zu behandeln.[6] Diese Autonomie konnte sich wohl deshalb relativ gut behaupten, weil es seit der frühen Neuzeit keinen Erbadel mehr gab. Es war aber eine *kollektive* Autonomie, welche die *individuelle* Freiheit oder Unfreiheit eines Untertanen nicht berührte.

Die individuelle Unfreiheit und die rechtliche Ungleichheit wurden im 18. Jahrhundert zum gesellschaftlichen Problem. Die Bauern wurden manchmal über Gebühr zu Frondiensten herangezogen und mussten zusätzlich noch Zehnten, Grundzins und andere Abgaben bezahlen. Aber nicht nur die grosse Mehrheit der Bauern fühlte sich gedrückt, sondern in zunehmendem Mass auch die ländlichen Handwerker und Industriellen, die sich von der Stadt bevormundet fühlten. Sie konnten sich in ihrer Wirtschaftstätigkeit nicht auf ein einheitliche Recht verlassen, und auch durch herkömmliches lokales Recht fühlten sie sich nur ungenügend geschützt, denn sie mussten mit willkürlichen und diskriminierenden Entscheiden der städtischen Obrigkeit rechnen. Dadurch waren grössere Unternehmungen stark gehemmt; es gab keine Rechtssicherheit.

Recht war nicht etwas, was allen gleichermassen zukam, sondern nur einer bestimmten Person oder Gruppe, die dadurch vor allen andern ausgezeichnet wurde. Über Jahrhunderte war eine Vielfalt politischer, wirtschaftlicher und kultureller Traditionen entstanden, und jede gesellschaftliche Gruppierung gewann dadurch ihre eigene Identität. Das war die positive Seite dieser Verhältnisse. Die Kehrseite davon war, dass die Menschen in ihren Traditionen gleichsam gefangen blieben und neue Entwicklungen stark gehemmt wurden. Man befand sich in einer Zeit, da neue

technische Erfindungen, vor allem auf dem Gebiet der Textilindustrie, eine
Zunahme der Produktivität und spürbare wirtschaftliche Umbrüche bewirkten; der Handel wurde intensiver, das Strassensystem dichter und besser.
Die Mobilität nahm zu, aber die politische Herrschaft verharrte in ihren
alten Formen. Die Obrigkeit «verband Städte und Dörfer mit einem Strassen-
netz, legte aber die Schranken des Rechts zwischen ihnen nicht nieder.»[7]

Der rechtlichen Ungleichheit und den rechtlichen Schranken zwischen Städten und Dörfern der Republik Bern entsprachen die Ungleichheiten und Schranken zwischen Bern und den andern eidgenössischen
Orten. Da wurde mit unterschiedlichen Massen gemessen, mit unterschiedlichen Münzen bezahlt, nach andern Gebräuchen Recht gesprochen,
und der freie Warenverkehr zwischen den Orten war keinesfalls gewährleistet. Es war in mancher Hinsicht komplizierter, Waren von Bern nach
St. Gallen zu transportieren als von Basel oder Genf nach Lyon. Die eidgenössischen Orte genossen im Handel mit Frankreich gewisse Zollprivi-
legien, und im Innern Frankreichs waren die handelstechnischen Erschwer-
nisse im Normalfall geringer als in der Schweiz. Das heisst aber nicht, dass
Frankreich, ein vergleichsweise moderner absolutistischer Staat, sämtliche
Ungleichheiten bereits überwunden gehabt hätte; auch dort herrschte vor
der Revolution ein Regime der Sonderrechte und der Rechtsunsicherheit,
das die wirtschaftliche Entwicklung hemmte. Aber Frankreich war der bevorzugte Handelspartner für die meisten eidgenössischen Orte, und dorthin reisten auch die schweizerischen Söldner, die das wichtigste Exportgut
der Schweiz und die Grundlage eines sehr ungleich verteilten schweizerischen
Reichtums bildeten.

1.2 Forderung nach politischer Freiheit

Ehre, Macht und Reichtum waren in der Schweiz des Ancien Régime ein
paar vornehmen Familien in den Länderorten und einer kleinen Schicht
von zünftischen oder patrizischen Bürgern in den Städteorten vorbehalten.
Diese Verhältnisse blieben nicht unbestritten. Einzelne junge Stadtbürger
und Oppositionelle der Landschaft rebellierten oder zettelten Verschwörungen an. Im Waadtland schwelte der Widerstandsgeist gegen die Herrschaft
Berns. In Zürich bildete sich eine Schicht von jungen Intellektuellen, die
der Aufklärungsphilosophie zuneigten und politische Reformen verlangten.
Die reichen Kaufmannsfamilien, die ihre Macht darauf gründeten, dass sie

das Recht der Kaufmannschaft und der Ausübung bestimmter Handwerke der Landschaft vorenthielten, sahen sich mit Opposition aus den eigenen Reihen konfrontiert. Auch in der politisch rechtlosen Landschaft bildeten sich Oppositionsherde, weniger bei der Bauernschaft als bei den Industriellen, die unter Nutzung der Wasserkraft eine mechanisierte Textilindustrie aufgebaut hatten und dabei wohlhabend geworden waren. Sie fühlten sich in ihren Unternehmungen behindert, stiessen sich an den Vorrechten der Stadt. Sie wollten frei sein, und sie glaubten, ihre Vorväter seien es noch gewesen. Sie wollten die alte Freiheit des Vaterlandes wieder herstellen, und deshalb nannten sie sich *Patrioten*.

Das handfeste Interesse an politischer Freiheit verband sich mit der von der Aufklärungsphilosophie inspirierten Idee, wonach jeder Mensch frei geboren und seine Freiheit unveräusserlich sei. Diese Freiheitsidee, mit einem gewissen Pathos vorgetragen, benutzte zur Illustration die eidgenössische Befreiungssage, die gleichzeitig Bilder *individueller* und *kollektiver* Freiheit in sich trug. Die erste lag in der Geschichte der persönlichen Rebellion Tells gegen den Tyrannen Gessler, die zweite in Winkelrieds Aufopferung für die Freiheit der Eidgenossenschaft. Allgemein gewann die schweizerische Freiheitsidee ihre Kraft aus dem Mythos der Alpen und ihrer urwüchsigen Bewohner und Bewirtschafter. Der Senn galt als Inbegriff des freien Menschen, und diese Sennenfreiheit war nach Meinung der aufgeklärten Patrioten einst allen Eidgenossen eigen gewesen und erst in späteren Zeiten verlorengegangen. Diese Sicht der Dinge war insofern eine Verzerrung, als der individualistische Freiheitsbegriff der Aufklärung auf die politischen, wirtschaftlichen und gesellschaftlichen Verhältnisse früherer Jahrhunderte gar nicht anwendbar war; er war etwas Neues, das auf die alten Zeiten zurückprojiziert wurde.

Tatsächlich hatte es aber im Mittelalter eine bestimmte Art Freiheit gegeben, die seit der Reformation vom stärker werdenden Staat zurückgedrängt und eingeschränkt worden war. Es war aber keine auf das Individuum bezogene, sondern eine durch Verleihung von Sonderrechten an Korporationen und Gemeinden konstituierte *kollektive* Freiheit gewesen. Statt von Freiheit, ist es in diesem Fall korrekter, von Freihei*ten* zu sprechen, denn es handelte sich um konkrete verbriefte Rechte, die sich die Korporationen, Alpgenossenschaften, Talschaften und dörflichen Gemeinden in unterschiedlichem Mass erkauft oder erstritten hatten, beispielsweise das Recht, selbst zu Gericht zu sitzen, Steuern und Abgaben zu erheben, bewaffnete Truppen aufzubieten, die Nutzung der Alpen und Allmenden zu regeln. Diese Rechte machten insgesamt die Freiheit im Sinn von Selbstverwaltungsbefugnissen der verschiedenen Körperschaften aus.

Auch die Städte hatten einst kollektive Selbstverwaltungsrechte erlangt. Man bezeichnete sie insgesamt als Stadtfreiheit. Träger der Stadtfreiheit war das Bürgertum gewesen.[8] Von einem bestimmten Zeitpunkt an waren aber nicht mehr alle neu Niedergelassenen in der Stadt ins Bürgerrecht aufgenommen worden, und der Kreis der freien Stadtbürger war enger geworden; nur noch eine Minderheit war effektiv an der politischen Macht beteiligt. Diese Einschränkung der politischen Freiheit war auch in ländlichen Korporationen zu beobachten. Offenbar konnten also städtische und ländliche Gemeinden und andere Körperschaften Freiheiten erringen und wieder verlieren. Diese Erfahrung machte man nicht nur in der Schweiz. Überall in Europa gab es Korporationen, die sich Autonomie erkämpften, sie behaupteten oder wieder preisgeben mussten. Beispiele dafür finden sich in Norditalien, in England und Schottland und vor allem in den englischen Kolonien Nordamerikas, die ihr Selbstbewusstsein nicht zuletzt aus der Selbstverwaltungstradition der Siedler nährten und daraus den Mut gewannen, sich 1776 als unabhängig von der englischen Krone zu erklären.

Für unser Thema noch aufschlussreicher sind die Parallelen zwischen der Schweiz und den Niederlanden.[9] Die 17 niederländischen Provinzen hatten sich im 16. Jahrhundert unter der Führung des Adels gegen die spanisch-habsburgische Oberherrschaft aufgelehnt. Im Norden, wo die Stellung des Adels schwach war, übernahmen die Städte die Führung und schlossen sich 1579 in der Union von Utrecht zusammen. Daraus entstand die niederländische Republik, eine Konföderation von Stadtstaaten, die, wie die Schweiz, im Westfälischen Frieden von 1648 ihre Unabhängigkeit zuerkannt bekam. Abgesehen vom adligen Statthalter, der als eine Art Oberhaupt fungierte, aber kein König war, regierte das städtische Bürgertum. Dieses war geprägt von der Erfahrung, dass die Behauptung der Stadtfreiheit vom Mass der Anteilnahme am öffentlichen Leben abhing und verlorenging, wenn das private Interesse die Fragen des Gemeinwohls verdrängte. Diese Anteilnahme am öffentlichen Leben, die sich als politische Gestaltungsmacht äussert, wurde als *Bürgertugend* angesehen.

Wenn Städte ihr Umland in ihre Selbstverwaltung einbezogen und zu Stadtstaaten wurden, wandelte sich der Stadtbürger zum Staatsbürger. Bei dieser Ausweitung ging aber die Freiheit für die Mehrheit verloren. An die Stelle der Beteiligung aller schob sich die Regierungskunst der wenigen

Vornehmen. Das galt gleichermassen für die Städteorte in der Schweiz wie für die niederländischen Provinzen.

Gegen die Aristokratisierung der bürgerlichen Verhältnisse erhob sich die Forderung nach politischer Freiheit. Diese Forderung siegte aber nicht zuerst in den kleinen Stadtrepubliken, sondern in den weiten Verhältnissen Nordamerikas, wo eingewanderte Siedler sich von der Bevormundung durch den englischen König befreien wollten. Wichtiger noch für die politische Entwicklung in Europa waren die Ereignisse in Frankreich. Erst als nach 1789 die Französische Revolution unter dem Motto «Freiheit, Gleichheit, Brüderlichkeit» siegte, gerieten auch die schweizerischen und holländischen Stadtstaaten in den Sog der neuen Freiheitsidee.

1.3 Helvetische Aufklärer und Patrioten

Viele aufgeklärte Schweizer empfanden das politische System der eidgenössischen Orte als degeneriert und ungleichgewichtig und wollten eine Rückwendung zu den einfacheren, rechtschaffeneren und freieren «alten Zeiten». Ob sie damit die frühmittelalterlichen Verhältnisse meinten, in denen sie eine urwüchsig-germanische Freiheit zu erkennen glaubten, oder vielmehr die Zeit der ersten eidgenössischen Bündnisse im hohen Mittelalter, wussten sie selber nicht so genau, denn es gab noch keine Geschichtsforschung, die ihnen darüber präziseren Aufschluss gegeben hätte. Sie orientierten sich an den überlieferten antiken Autoren, das heisst am Staatsideal der klassischen römischen Republik, und sie dachten darüber nach, weshalb die römische Bürgertugend und mit ihr die Republik zerfallen war. In Cäsars Bericht über den Gallischen Krieg fanden sie die Geschichte der Helvetier, die im ersten vorchristlichen Jahrhundert das Gebiet der Schweiz verlassen hatten, nach Gallien ausgewandert und von Cäsar nach der Schlacht bei Bibrakte in die Schweiz zurückgeschickt worden waren. In ihnen sahen sie das genügsame, tapfere und auf Gleichheit bedachte Volk, von dem sie selbst abstammten. Das «Helvetische» wurde ihnen zum Ideal, in dem sich die Vorstellung eines urwüchsigen Freiheitsdrang der keltischen und germanischen Wanderstämme mit der Vorstellung einer zivilisierten römischen Staatstradition und Bürgertugend vereinigte. In einem künftigen freien Helvetien sahen sie ihr politisches Ziel. Um sich darüber gegenseitig zu verständigen und zu bestärken, gründeten sie eine ganze Reihe von historischen und patriotischen Gesellschaften, und die berühmteste

30

unter ihnen war die *Helvetische Gesellschaft*, die seit 1761 regelmässig ihre Zusammenkünfte in Schinznach durchführte. Die Erforschung der Schweizer Geschichte war das Hauptanliegen der «Schinznacher», wobei es ihnen weniger um eine kritische Sichtung der Quellen als vielmehr um eine in politischer Absicht geschriebene Darstellung der Tugenden der Vorfahren ging. Was sie unter Aufklärung verstanden, war nicht Entdeckung der geschichtlichen Wahrheit, sondern Behauptung der menschlichen Selbstbestimmung, die auf geschichtliche Vorbilder angewiesen war.

Eine hervorragende Rolle in der schweizerischen Aufklärung spielten die beiden Zürcher Johann Jakob Bodmer (1698–1783) und Johann Jakob Breitinger (1701–1776), beide ursprünglich Theologen und Lehrer am Carolinum, der Zürcher Hochschule, an der die künftigen protestantischen Geistlichen ausgebildet wurden. Sie beide waren keineswegs Aufrührer, aber sie bereiteten den Boden vor, den Jüngere später eifrig bearbeiteten. Was sie in ihrer Lehrtätigkeit und durch ihre Schriften anregten, nahmen ihre Schüler begierig auf. Einige von ihnen gründeten die «Moralische, Politische und Historische Gesellschaft auf dem Bach», in der sie unter der Leitung von Christoph Heinrich Müller (1740–1807) über Freiheit, Bürgertugend und die Vorbilder der Antike diskutierten. Sie studierten nicht nur die philosophischen, geschichtlichen und literaturwissenschaftlichen Texte ihrer Lehrer, sondern lasen mit Eifer auch die Schriften der französischen Aufklärer, speziell die politischen Schriften Montesquieus und Rousseaus, wobei sie den letzteren wegen seiner Genfer Herkunft als halben Schweizer betrachteten und entschieden bevorzugten. Zum Kreis dieser Gesellschaft gehörten drei junge Männer, die später berühmt werden sollten, nämlich Johann Kaspar Lavater (1741–1801), Johann Heinrich Füssli (1742–1825) und Johann Heinrich Pestalozzi (1746–1827).

Zürich im 18. Jahrhundert war eine geistig und wirtschaftlich blühende Stadt mit einer zünftischen Verfassung, die aber faktisch nicht von den Handwerkern, sondern von den Kaufleuten und Bildungsbürgern beziehungsweise von ein paar wenigen Handelshäusern beherrscht wurde. Tonangebend waren die reichen Seidenherren. Wie in den andern eidgenössischen Städteorten waren die politischen, wirtschaftlichen und gesellschaftlichen Verhältnisse entscheidend vom Gegensatz zwischen Stadt und Land geprägt. Der Missmut der Landbevölkerung über die Arroganz der Stadtregierung wuchs. Immer noch besassen die vornehmen Familien der Stadt die grossen Vermögen. Aber die Landschaft holte auf, die Stadt büsste ein.

Unter den Regierenden gab es einzelne, die zur Verbesserung ihres Einkommens auch widerrechtliche Mittel anwandten. Felix Grebel, Schwiegersohn des regierenden Bürgermeisters von Zürich und Landvogt in Grüningen in den Jahren 1756 bis 1761, sorgte in verbotener Art allzu gut für sich selbst. Ein Teil seiner Verfehlungen kam dem Rat zu Ohren, wurde aber vertuscht. Der junge Theologe Johann Kaspar Lavater, der spätere Physiognomiker und Freund Goethes, vernahm Klagen aus der Landbevölkerung, entdeckte Unstimmigkeiten und empörte sich über die Obrigkeit, die, alle republikanischen Tugenden vergessend, den jungen Grebel (Grewel) sogar im Rat von Zürich hatte Einsitz nehmen lassen. Obwohl er selbst zu den regierenden Familien gehörte, machte Lavater die Sache publik. Unter dem Titel «Der ungetreue Landvogt oder Klagen eines Patrioten» veröffentlichte er eine anonyme Anklageschrift, in der er sich eines an der antiken Rhetorik geschulten Stils bediente: «Weh mir, das ich unter einem Volk wohne, unter dessen Landvögden Tyrannen sind, und dessen Richter die Ungerechtigkeit zudeken! [...] Nun will ich reden, und laut wider die Ungerechtigkeit rufen, denn es ist meine Pflicht, und ich würde nicht verdienen, ein Bürger zu heissen, wenn ich schwiege – ich nenne deinen Namen mit Entsetzen ... Grewel! deine Bossheiten will ich auskündigen du Hartherziger! Schande deiner Obrigkeit! Schmach deines Schwehers!»[10] – Da Lavater als Autor der frechen Schrift entdeckt wurde, musste er vor der Obrigkeit Abbitte leisten und «studienhalber» für einige Zeit nach Deutschland verschwinden. Aber auch gegen Grebel kam jetzt eine Untersuchung in Gang; er sollte bestraft werden, entzog sich jedoch durch Flucht.– Dieser Grebelhandel von 1762 war symptomatisch für die Verhältnisse im alten Zürich. Er macht einerseits die Korruptionsanfälligkeit des Systems deutlich und andererseits den Reformwillen einer jungen Generation, der sich im Wunsch nach Erneuerung eines tugendhaften Bürgersinns kundtat.

Zu den reformfreudigen Jungmännern gehörte auch Johann Heinrich Pestalozzi. Er war Stadtzürcher mit italienischen Ahnen, zählte vornehme Seidenherren zu seiner Verwandtschaft, gehörte aber selber zu einem verarmten Zweig der Familie. Sein Vater war ein schlecht ausgebildeter und wohl auch schlecht verdienender Chirurg gewesen und 1751 im Alter von erst 33 Jahren gestorben. Heinrich wuchs vaterlos und in materiell bedrängten Verhältnissen auf. Er besuchte das Carolinum, wurde aber wegen Insubordination vorzeitig weggewiesen. Er betrieb dann seine Fortbildung auf eigene Faust. Im Rahmen der patriotischen «Gesellschaft auf dem

Bach» verfasste er seine ersten gesellschaftskritischen Schriften und begeisterte sich für die heroisierte Frühgeschichte der Eidgenossenschaft. Als Lavater, aus seiner «Verbannung» zurückgekehrt, im Jahr 1765 die Zeitschrift «Der Erinnerer» gründete, schrieb auch Pestalozzi für dieses Blättchen, das durch politische und moralische Traktate zur Verbreitung der Aufklärung beitragen sollte. Zu jener Zeit drohten in Genf politische und soziale Unruhen. Die mit Genf verbündeten Obrigkeiten von Bern und Zürich waren geneigt, zugunsten der Genfer Aristokratie zu intervenieren. Gegen diese Absicht nahm nun der «Der Erinnerer» ziemlich unverhüllt Stellung: Christoph Heinrich Müller schrieb ein Pamphlet gegen die Intervention, wurde deswegen angeklagt, floh im Januar 1767 nach Deutschland und verlor sein Zürcher Bürgerrecht. Pestalozzi als naher Vertrauter Müllers wurde vorübergehend inhaftiert, die Zeitschrift «Der Erinnerer» wurde verboten.

Pestalozzi kann als exemplarischer Fall jener moralisierenden Jugend gelten, die halb vom Ancien Régime profitierte, halb von ihm abgestossen war und deshalb Reformen forderte, die sie als Wiederherstellung der alten Tugenden und Freiheiten, demokratischer Gleichheit und Einfachheit verstand. Angeregt vom Beispiel des «philosophischen Bauern» Jakob Gujer, genannt Kleinjogg, wollte Pestalozzi Bauer werden. Er heiratete eine reiche Frau, kaufte im Aargauischen Mülligen Land und baute darauf seinen Neuhof, einen Gutsbetrieb mit beachtlicher Anbaufläche. Er verstand nicht viel vom Bauern, war auch ökonomisch ungeschickt. Als Schriftsteller aber war er sehr produktiv. Unermüdlich notierte er seine Gedanken, veröffentlichte Moralisches und Politisches, zunehmend auch Pädagogisches. Er hatte Rousseaus «Emile» studiert, hatte selbst Kinder armer Landbewohner auf den Neuhof geholt, sie für sich arbeiten lassen und ihnen als Gegenleistung Bildung zu geben versucht. Sein Anliegen war eine breite Volksbildung als Voraussetzung für eine allgemeine öffentliche Wohlfahrt. Sein pädagogisches Denken, das ihn später weltberühmt machte, stand im engen Zusammenhang mit seinem politischen Denken. Sein wichtigstes politisches Ziel war die *Freiheit*, und er diskutierte darüber brieflich mit dem berühmten Basler Aufklärer Isaak Iselin (1728–1782). Während Iselin die Freiheit idealistisch aus der Idee der Gerechtigkeit ableitete, bedeutete sie für Pestalozzi zunächst die Möglichkeit, materiellen und geistigen Wohlstand zu erwerben. Er kritisierte seine Obrigkeit, welche die Wirtschaftsfreiheit unterdrücke und damit ein Ungleichgewicht schaffe, durch welches die Landschaft in der Abhängigkeit von der Stadt gefangen bleibe.

Ungleichgewicht und Unfreiheit schienen ihm die Hauptübel, und er predigte den Ausgleich, die Balance, denn ohne Gleichgewicht sei keine Freiheit für alle möglich, und ohne Freiheit sei der Erwerb von Wohlstand nicht möglich. In seiner Schrift «Von der Freyheit meiner Vaterstatt!» aus dem Jahr 1779 schrieb er: «Unsere Vätter und andere Völker suchten Freyheit, weil ihr Wohlstand gehemt war. Sie wurden und nannten sich frey, da sie die Hindernisse ihres Wohlstands besiegten; aber dann verlohren die Völker die Freyheit wieder, wenn sie durch selbige nicht mehr Sicherstellung vor den Hindernissen ihres Wohlstandes suchten, sondern sie zum Spielwerk ihrer Leidenschafften missbraucheten, um sich selbst untereinander die Plagen anzuthun, die sie selbst lidten.»[11] Nur wenn Freiheit und Gerechtigkeit die Maxime des politischen Handelns sind, ist das öffentliche Wohl gewährleistet, gedeiht der Bürgersinn und blüht das ganze Vaterland.

Sein radikales Erneuerungsprogramm kleidete Pestalozzi in einen religiösen Mythos. In seinem Aufsatz «An mein Vaterland» aus dem Jahr 1782 erzählt er in biblischer Manier von einem alten helvetischen Bund, der im Tempel der Freiheit geschlossen worden sei. «Helvetiens Engel strahlen im Dunkel des Allerheiligsten – die Väter des Bundes fallen nieder, und schwören zu Gott und den Heiligen dem Vaterland ewige Freiheit.» Diese ewige Freiheit ist von den geltungssüchtigen Machthabern der Gegenwart verraten worden. Aber da Gott wie einst mit dem jüdischen Volk auch mit den Eidgenossen einen Bund geschlossen hat, kann und muss dieser Bund erneuert werden. Pestalozzi ruft den «Schutzgeist Helvetiens» an, fordert ihn auf, dafür zu sorgen, dass man sich wieder auf die alten Tugenden besinne und die verlorene Freiheit zurückgewinne: «Ertöne lauter und donnere Wahrheit durch Berg und Tal, dass die Freiheit des Landes dem Volke ist.» Wenn die Herrschenden aber diese donnernde Wahrheit des Schutzgeistes nicht hören wollen, dann wird das Volk zu den Waffen greifen, dann wird es «schlagen und sterben, fürs Vaterland, wann's das allgemeine Wohl erheischt.»[12] – Pestalozzi evoziert den Volksaufstand, und auch wenn es sich hier um blosse Rhetorik handelt, kann man füglich sagen, er habe zu den radikalsten Revolutionären der alten Eidgenossenschaft gehört. Sieben Jahre vor Beginn der Französischen Revolution zog er in einer Art Vision die Konsequenz aus der rousseauschen Idee der Volkssouveränität, behauptete das Recht des Volks, sich gewaltsam die Freiheit zu erobern.

34

1.4 Die Schweiz und Frankreich

Schon im 16. Jahrhundert hatten sich die eidgenössischen Orte eng an Frankreich angelehnt. Seit der Niederlage in der Schlacht von Marignano im Jahr 1515 verzichteten sie auf eine eigenständige Aussenpolitik, begnügten sie sich mit der Absicherung des Erreichten. Der französische König, der bereit war, das Stillhalten der Schweizer, die sich als gefährliche Krieger erwiesen hatten, mit gutem Geld zu bezahlen, schloss 1516 einen «ewigen Frieden» mit den Eidgenossen, und dieser Vertrag bildete die Grundlage für alle weiteren Abkommen zwischen Frankreich und der Schweiz bis zur Französischen Revolution. Die eidgenössischen Orte verpflichteten sich, die Waffen nie mehr gegen Frankreich zu erheben. Beim Abschluss des «Schutzbündnisses» von 1521 waren sie auch bereit, gegen jährliche Bezahlung von 3000 Franken an jeden einzelnen Ort, dem französischen König das Recht einzuräumen, jederzeit bis 16 000 Soldaten in ihren Gebieten zu rekrutieren. Alle Orte, ausser Zürich, das damals unter dem reformatorischen Einfluss Zwinglis stand, unterzeichneten diesen Vertrag. Er galt auf Lebzeiten des Königs und wurde von seinen Nachfolgern jeweils erneuert. Auch Österreich, der grosse Rivale Frankreichs, zahlte Jahrgelder und Pensionen an die Eidgenossen, allerdings in viel geringerer Höhe, durfte deswegen auch nicht so viele Schweizer rekrutieren.

1777 wurde das Bündnis zwischen der Schweiz und Frankreich zum letzten Mal erneuert. Mit grossem Gepränge wurde der Vertrag in Solothurn beschworen, und die Bestimmungen zum Schutz der Neutralität der Schweiz wurden diesmal besonders deutlich hervorgehoben. Zwölf Jahre später sollte der Ausbruch der Französischen Revolution das Verhältnis zwischen der Schweiz und Frankreich auf eine neue Grundlage stellen, und 1792, nach dem sogenannten Tuileriensturm in Paris, der Eroberung des von Schweizer Gardisten verteidigten Königspalast durch die revolutionären Massen, wurde das alte Bündnis faktisch zerrissen, was aber nicht bedeutete, dass sich die Schweiz in der Folge von der französischen Vormacht hätte befreien können; das Gegenteil war der Fall.

1.4.1 Nation und Revolution

Frankreich war die politisch und kulturell führende Macht auf dem europäischen Kontinent. Aber gerade in Frankreich war das innere Gleichgewicht gestört, und die Verhältnisse drängten nach einschneidenden Veränderungen. Es gab dafür mannigfaltige wirtschaftliche und gesellschaftliche Gründe. Im Hinblick auf die *politischen* Verhältnisse war entscheidend, dass der Prozess der Zentralisierung der Staatsmacht auf Kosten des Adels stattgefunden hatte, ohne dass das Bürgertum entsprechend gestärkt worden wäre. Das absolute Königtum hatte den Adel seiner ursprünglichen Funktionen beraubt, ihm aber seine Adelsprivilegien nicht genommen. Den funktionslos gewordenen Adligen kam die Adelsmoral abhanden, und übrig blieben nur ihre Prunksucht und ihre Geldgier. Sie trieben sich am Hof von Versailles herum und versuchten, für sich und ihre Klientel irgendwelche Vorteile zu ergattern; sie führten ein eigentliches Schmarotzerleben. Unter diesen Umständen entwickelten die französischen Intellektuellen eine scharfe politische Kritik, die eine grundsätzliche und aufklärerische Wendung nahm und bei den Intellektuellen anderer Länder auf grosses Interesse stiess.

Die französischen Aufklärer beriefen sich auf das Naturrecht, wenn sie die bestehenden Zustände als «unnatürlich» charakterisierten. Sie sprachen nicht von der Notwendigkeit politischer und sozialer «Fortschritte» – dies wurde erst im 19. Jahrhundert Mode –, sondern von einer Rückwendung zu früheren, natürlicheren und freieren Zuständen. Diese Rückwendung bezeichneten sie als *Revolution*[13], und erst als die von ihnen in Gedanken antizipierte Revolution nach 1789 zur konkreten Wirklichkeit wurde, sahen sie, dass es nicht um das Alte, sondern um das im Alten verborgene Neue ging, das mit Gewalt an die Oberfläche drängte. Damit bekam der Begriff der Revolution erst den heute gültigen Sinn: gewaltsamer Umsturz der herrschenden Verhältnisse, Bruch mit dem Alten und radikaler Neubeginn. Das politische Denken der Aufklärung war revolutionär, insofern es das politische und staatliche System auf eine neue theoretische Grundlage stellen wollte: Nicht der König oder einzelne grosse Herren sind die natürlichen Träger der Hoheitsrechte, sondern das Volk oder die Nation. Das Volk entreisst dem Herrscher (Souverain) die Macht, wird sich dabei seiner selbst als Nation bewusst, und alle Macht geht nun von der zum Souverän gewordenen Nation aus. Die mündigen Bürger der Nation wählen ihre politische Vertretung, die sich an das von der Nation erlassene Grundgesetz zu halten und im Namen des Volks die Regierungsfunktion auszuüben hat. Das war die neue Idee, die in Frankreich so heftig nach ihrer Verwirklichung drängte.

Ziel der politischen Revolution ist die Freiheit. Revolution ist primär nicht ein Akt militärischer Gewalt, sondern ist politisches Handeln. Der politische Akt, der die Französische Revolution einleitete, bestand darin, dass die vom König zur Bewilligung neuer Steuereinnahmen einberufenen Generalstände sich im Juni 1789 aus einer Ständeversammlung in eine Nationalversammlung verwandelten. Die Abgeordneten des Adels, des Klerus und des bürgerlichen dritten Standes tagten entgegen dem Befehl des Königs nicht in getrennten Versammlungen, sondern vereinigten sich unter der Führung des dritten Standes in der Assemblée nationale und erklärten, sie seien die Repräsentation der unteilbaren Nation, der «nation une et indivisible». Inspiriert war dieser revolutionäre Akt von Abbé Sieyès[14], der geschrieben hatte, die Nation sei nicht geteilt in einen ersten, zweiten und dritten Stand, sondern bestehe allein aus dem dritten Stand, und wer zur Nation gehören wolle, müsse sich dem dritten Stand anschliessen. Die Assemblée nationale fühlte sich berufen, im Namen des Volkes oder der Nation zu handeln, denn sie ging vom Prinzip der Souveränität der Nation aus: Nicht der König ist der Souverän, sondern das Volk (peuple) oder die Nation.

Die Begriffe *peuple* und *nation* wurden in der Zeit vor und während der Französischen Revolution oft in gleicher Bedeutung gebraucht; manchmal wurde aber auch ein Unterschied gemacht, indem man unter *peuple* das gemeine oder niedrige Volk verstand, während die *nation* die Gesamtheit der gebildeten und verantwortungsbewussten Staatsbürger *(citoyens)* bedeutete. Die Nation war das gehobene Volk, die Auswahl derjenigen, die sich der Aufklärung zugänglich gezeigt hatten. Deshalb kam diesem Begriff zentrale Bedeutung zu, und im Gegensatz zu heute war weniger von Volkssouveränität die Rede als vielmehr von der Souveränität der Nation. Sprachgeschichtlich ist die Nation eine Ableitung vom lateinischen Partizip *natus* (= geboren). Das Substantiv *natio* brauchten die alten Römer ähnlich wie *populus* im Sinn von Volk, wobei aber im Begriff *natio* die Auffassung durchschimmerte, ein Volk habe eine gemeinsame Urmutter, so dass schon von Geburt her eine uralte Verwandtschaft die Glieder der Nation zusammenhalte. Im Mittelalter wurden Bevölkerungsgruppen als *nationes* bezeichnet, die zwar durch geographische Herkunft, Sprache, Sitten und Gebräuche augenscheinlich zusammengehören, ohne aber durch eine gemeinsame politische Organisation zusammengefasst zu sein. Zum Beispiel wurden die Studenten an den Universitäten, die aus aller Herren Länder kamen, nach *nationes* oder Landsmannschaften gegliedert. Im Frankreich des 18. Jahrhunderts wurde dann der Begriff der Nation weitgehend von der stammesmässigen Herkunft gelöst und ganz auf die geographische

Herkunft bezogen. Das Staatsgebiet wurde als eine geographische Einheit verstanden, und wer auf diesem französischen Boden geboren wurde, gehörte zur französischen Nation. In der Encyclopédie wird Nation definiert als «mot collectif dont on fait usage pour exprimer une quantité considérable de peuple, qui habite une certaine étendue de pays, renfermée dans de certaines limites et qui obéit au même gouvernement.»[15] Diese Definition begründet einen staatsrechtlichen Begriff von Nation und ist weit entfernt von ethnisch-kulturellen Definitionen, wie sie im Lauf des 19. Jahrhunderts üblich wurden und die sich auf die Bande des Blutes, des Bodens, der Sprache und der Sitten bezogen. Wir werden später sehen, wie und warum sich der Begriff der Nation derart veränderte.

Die Verwandlung der französischen Generalstände in eine Assemblée nationale war die Geburtsstunde des Nationalstaates. Die Monarchie wurde vorerst noch nicht abgeschafft; der König blieb Staatsoberhaupt. Das war durchaus in Einklang zu bringen mit dem neuen Staatsverständnis, wonach das Volk durch einen stillschweigend beschlossenen oder einen expliziten Vertrag die staatlichen Funktionen seinen Repräsentanten oder durch diese teilweise auch dem König überträgt. Dieser Vertrag bekommt vorzugsweise die Form einer geschriebenen Verfassung, und damit wird die absolute Monarchie zur konstitutionellen Monarchie. Die Verfassung zu schaffen, war die wichtigste Aufgabe der Assemblée nationale. Die Verfassungsarbeit brachte zunächst, am 26. August 1789, die Erklärung der *Menschen- und Bürgerrechte* hervor, und diese Erklärung wurde später der Verfassung vorangestellt. Am 3. September 1791 war es soweit: Die erste Verfassung des neuen französischen Nationalstaates wurde in Kraft gesetzt; ihr erster Artikel lautete: «Le Royaume est un et indivisible.» Damit war die Einheit und Unteilbarkeit des Territoriums gemeint, aber auch die Unteilbarkeit der Nation und die Unteilbarkeit der Staatshoheit (*Souveränität*), die Rousseau im «Contrat social» als Ausdruck des allgemeinen Willens *(volonté générale)* des zu einem politischen Körper zusammengeschlossenen Volks definiert hatte.

Die erste französische Verfassung von 1791 war als Anwendung naturrechtlicher Prinzipien auf die gesellschaftliche und staatliche Ordnung gemeint; sie wurde nicht als Ausdruck des zufälligen Willens einer zufällig zusammengewürfelten Versammlung, sondern als Ausdruck eines allgemeinen Menschenwillens verstanden. Eine solche Verfassung war nicht auf eine kurze Periode, sondern im Prinzip auf ewige Zeiten angelegt. Natürlich wussten die Verfassunggeber, dass ihnen Fehler unterlaufen konnten, und deshalb sahen sie die Möglichkeit vor, Korrekturen anzubringen. Aber sie erschwerten die Abänderung des Verfassungstextes durch eine Vielzahl von Bedingungen, so dass Revisionen nur in Ausnahmefällen und erst nach Jahren möglich gewesen wären. Es zeigte sich aber schon nach einem Jahr, dass die Verfassung untauglich war, weil sie dem König ein Vetorecht einräumte und der König dieses Recht dazu brauchte, die Anstrengungen zur Verteidigung der Revolution gegen den konterrevolutionären Ansturm zu schwächen. Eine neue Versammlung, die nach amerikanischem Vorbild *Convention* hiess, wurde eingesetzt, und sie schuf bis zum 24. Juni 1793 die zweite französische Verfassung. Inzwischen war der König abgesetzt und hingerichtet worden, und so wurde es eine republikanische Verfassung, deren erster Artikel lautete: «La République française est une et indivisible.»

1.4.2 Was ist eine Republik?

Der Begriff Republik ist von der altrömischen *res publica* abgeleitet. Dieser lateinische Ausdruck bezeichnete die öffentliche Sache, also das, was von den zur Volksversammlung (comitia) zusammentretenden politisch handelnden Bürgern (cives) diskutiert wurde, oder, anders gesagt, was das Gemeinwohl betraf. Gegenbegriff zur *res publica* war die *res privata*, das Sonderinteresse jedes einzelnen Bürgers. Im Mittelalter wurde der Begriff Republik kaum noch gebraucht, denn in einer feudalen Gesellschaftsordnung, die nicht die Gleichheit, sondern die Ungleichheit, nicht das allgemeine Gesetz, sondern das Privileg als Grundlage hatte, war er fehl am Platz. Erst seit der beginnenden Neuzeit wurde er wieder wichtig, allerdings in einem andern als dem ursprünglichen Sinn. Jean Bodin (1529–1596), der Begründer der neuzeitlichen Souveränitätslehre, machte das Herrschaftsrecht (Souveränität) am Begriff des Staates oder der Republik fest. Es ging ihm dabei aber nicht um das Gemeinwohl, sondern darum, den Inhaber der Souveränität, ob es nun ein grosser König, ein kleiner Fürst oder eine Räteversammlung sei, über die ständisch-regionalen Rechtsansprüche herauszuheben. Damit wurde er zum frühen Begründer des Absolutismus.

Einen den Ursprüngen näheren Gehalt bekam der Begriff dann in der Naturrechtslehre des 17. und 18. Jahrhunderts. Neu war die Ansicht, der Bürger sei nicht von vornherein vorhanden, sondern entstehe erst durch die Vergesellschaftung: Durch gesellschaftliche Übereinkunft wird aus dem *homo* ein *civis*. Die Bürger schliessen untereinander gleichsam einen Vertrag ab, wodurch die bürgerliche Gesellschaft (*societas civilis*) entsteht. Samuel Pufendorf (1632–1694), der sich als erster deutscher Rechtslehrer von der aristotelischen Schule emanzipierte, entwickelte auf diese Weise die Theorie des Gesellschaftsvertrags, und zwar etwa gleichzeitig wie John Locke (1632–1704), der ebenfalls von naturrechtlichen Vorstellungen ausging. Durch den viel gelesenen Rousseau (1712–1778) wurde die Lehre vom Gesellschaftsvertrag dann zum Allgemeingut der gebildeten Schichten Europas.

Wichtig bei den naturrechtlichen Denkern des 17. und 18. Jahrhunderts ist, dass die *Souveränität* nicht mehr, wie bei Bodin, an eine Person oder ein Gremium gebunden ist, das aus eigener Rechtsvollkommenheit Herrschaft ausübt, sondern dem vereinten Bürgerwillen entstammt und an eine Regierungsinstitution *delegiert* werden kann. Die so an den Bürgerwillen gebundene Regierungsinstitution beziehungsweise der Staat ist die *res publica*. In der Französischen Revolution bekam die naturrechtliche Souveränitätslehre vor allem durch Sieyès ihre konkrete Ausgestaltung: Souverän ist die *Nation*, das heisst die Gesamtheit der Aktivbürger, welche über die Verfassung abstimmt und die gesetzgebende Körperschaft wählt; diese bestellt ihrerseits eine Regierung, die ihr verantwortlich und an die schriftliche Verfassung gebunden ist. Es gibt also einerseits eine gesetzgebende Körperschaft (Legislative) und andererseits eine ausführende Gewalt, die als eigene Körperschaft konstituiert ist; zwischen diesen beiden Körperschaften besteht eine Machtteilung oder, wie der klassische Ausdruck lautet, eine *Gewaltenteilung*. Die Theorie der Gewaltenteilung hatte ihren Ursprung in Montesquieus Werk «De l'esprit des lois», das erstmals 1748 in Genf erschien war.

Auch für Immanuel Kant (1724–1804) war die Gewaltenteilung das entscheidende Kriterium dafür, ob ein Staat eine freiheitlichr Republik sei oder nicht. In seiner Abhandlung «Zum ewigen Frieden» (1795) sagt er: «Der Republikanism ist das Staatsprinzip der Absonderung der ausführenden Gewalt von der gesetzgebenden; der Despotism ist das der eigenmächtigen Vollziehung des Staats von Gesetzen, die er selbst gegeben hat.»[16] Die Gewaltenteilung verhindert den Despotismus und ist deshalb die Bedingung politischer Freiheit. Die Grundlage der politischen Freiheit aber ist das republikanische Prinzip der *Volkssouveränität*. Das Staatsoberhaupt repräsentiert nur das Volk, von dem letztlich alle Macht ausgeht. In seiner «Metaphysik der Sitten» (1797) schreibt Kant: «Alle wahre Republik aber ist und kann nichts anders sein als ein repräsentatives System des Volks, um im Namen desselben, durch alle Staatsbürger vereinigt, vermittelst ihrer Abgeordneten (Deputierten) ihre Rechte zu besorgen. Sobald aber ein Staatsoberhaupt, der Person nach (es mag sein König, Adelstand oder die ganze Volkszahl, der demokratische Verein), sich auch repräsentieren lässt, so repräsentiert das vereinigte Volk nicht bloss den Souverän, sondern es *ist* dieser selbst; denn in ihm, (dem Volk) befindet sich ursprünglich die oberste Gewalt …»[17]

Republikanismus ist die Konkretisierung der Idee der Volkssouveränität und führt konsequenterweise zu demokratischen Staatsformen. Das scheint auch Kants Auffassung gewesen zu sein. In der Literatur wird allerdings häufig seine obrigkeitsstaatliche Neigung betont.[18] Tatsächlich hat er die «Demokratie im eigentlichen Verstande des Worts» als schlechte Herrschaftsform bezeichnet, weil in ihr alle über alle beschliessen, wobei dann vielleicht einer nicht mit einstimmt, so dass es doch nicht alle sind, die beschliessen, woraus «ein Widerspruch des allgemeinen Willens mit sich selbst und mit der Freiheit» entstehe.[19] Es ist dies der gleiche Einwand, den Rousseau gegenüber der Demokratie erhebt: «Nimmt man den Begriff in der ganzen Schärfe seiner Bedeutung, dann hat es niemals eine echte Demokratie gegeben, und es wird sie niemals geben. Es geht gegen die natürliche Ordnung, dass die Mehrzahl regiert und die Minderzahl regiert wird.»[20] Rousseau gilt heute als der Staatsrechtstheoretiker, der am konsequentesten das Prinzip der direkten Demokratie vertrat. Er glaubte aber gar nicht an die Möglichkeit von Demokratie! Der Widerspruch löst sich auf, wenn man klarstellt, dass der heutige Begriff von Demokratie nicht demjenigen Rousseaus entspricht. Wie nach ihm Kant war auch Rousseau der Meinung, Demokratie, «in der ganzen Strenge seiner Bedeutung» genommen, bedeute, dass die Gesamtheit des versammelten Volks regiert, was praktisch nicht machbar sei. Es brauche spezielle Regierungsorgane, die sich aber nach dem Gesetz zu richten haben, und dieses Gesetz ist Sache des souveränen Volks: Nur ein vom Volk sanktioniertes Gesetz ist gültig. Ein Staat, der auf diesem Grundsatz aufbaut, ist nach heutigem Verständnis eine Demokratie; für Rousseau und Kant war es aber eine Republik.

1.4.3 Die republikanischen Verfassungen Frankreichs

In Frankreich war die Revolution mit der Verabschiedung der Verfassung vom September 1791 zu einem vorläufigen Abschluss gekommen; Frankreich war jetzt eine konstitutionelle Monarchie und nannte sich Republik. Es gab aber eine politische Linke, die nicht glaubte, dass die revolutionäre Republik die Form einer Monarchie haben könne. Stand nicht der König in Verbindung mit den konterrevolutionären Kräften jenseits des Rheins? Der linke Abgeordnete Jacques Pierre Brissot wollte den Krieg, weil er darin ein Mittel sah, die Nation zu einigen und den König loszuwerden. Erst wenn die konterrevolutionären Emigranten aus Koblenz verjagt seien, werde man Ruhe haben, meinte er; ausserdem sei es Pflicht, den Revolutionären in den andern Ländern zu Hilfe zu kommen. Die Anhänger Brissots im Parlament wurden als Brissotins bezeichnet; im historischen Rückblick erhielten sie den Namen *Girondisten*, weil die redegewandten Abgeordneten aus der Gironde zu ihnen gehörten. Sie beherrschten die gesetzgebende Versammlung, und am 20. April 1792 erreichten sie ihr Ziel: Frankreich erklärte dem österreichischen Kaiser den Krieg. Es begann die zweite, die gewalttätige Phase der Revolution: Krieg nach aussen, Terror im Innern. Nach dem Sturm auf die Tuilerien am 10. August 1792 wurde der König seines Amtes enthoben; er und die Königin wurden 1793 hingerichtet. Frankreich, jetzt keine Monarchie mehr, brauchte eine neue Verfassung. Nach dem Willen der Girondisten sollte es die Verfassung einer demokratischen Republik werden; der Verfassungsentwurf des Marquis de Condorcet ging in der Richtung einer Aufhebung des Unterschieds zwischen Aktiv- und Passivbürgern, das heisst der Einführung eines allgemeinen Stimm- und Wahlrechts.[21] Dieser girondistische Entwurf wurde aber nie gültiges Recht, denn 1793 verloren die Girondisten ihren Einfluss. Die radikalen *Jakobiner* unter der Führung von Danton, Marat und Robespierre, die sogenannten Montagnards, bestimmten jetzt das Geschehen im Konvent. Die am 24. Juni 1793 verabschiedete demokratisch-republikanische Verfassung war hauptsächlich ihr Werk und wird deshalb als Jakobinerverfassung bezeichnet. Im Vergleich zum girondistischen Verfassungsentwurf schränkte sie das Stimm- und Wahlrecht wieder stärker ein. Das demokratische Element lag aber darin, dass die Basis der Staatsbürger, die Nation, durch die Gemeindeversammlungen (Primärversammlungen) direkten Einfluss auf die Gesetzgebung nehmen konnten. Diese Versammlungen in den Departementen draussen sollten nämlich nicht nur

Wahlgremien sein, sondern regelmässig zusammentreten und über die Gesetze diskutieren. Wenn in einer Mehrheit der Departemente mindestens ein Zehntel der Primärversammlungen es wünschte, so konnten sie ein neues Gesetz innerhalb von vierzig Tagen zurückweisen. Sogar auf die Verfassung konnten sie Einfluss nehmen: Wenn in einer Mehrheit der Departemente mindestens ein Zehntel der Primärversammlungen es verlangte, sollte eine Urabstimmung aller Primärversammlungen entscheiden, ob eine Convention nationale zur Änderung der Verfassung einberufen werden solle. Mit diesen Bestimmungen schien die Jakobinerverfassung eine wahrhaft revolutionäre Einrichtung zu sein; bloss trat auch sie nie in Kraft! Der Kriegszustand, die prekäre Wirtschaftslage, die allgemeine politische Unsicherheit schienen es nötig zu machen, dass die Regierung rasch auf alle Bedrohungen reagieren und die Errungenschaften der Revolution schützen konnte. Es wurde deshalb statt einer verfassungsmässigen eine provisorische Regierung eingesetzt, die für die Dauer des Krieges mit besonderen Vollmachten ausgestattet wurde. Durch eine Reihe von Dekreten wurde in den folgenden Monaten die Macht immer stärker zentralisiert, und unter dem Druck der *Sansculottes*[22] kam es schliesslich so weit, dass das *Comité du salut public* mit Robespierre an der Spitze die theoretisch getrennten Gewalten auf sich vereinigte und eine Terrorherrschaft ausübte.

Nach dem Sturz Robespierres Ende Juli 1794 besannen sich die Abgeordneten wieder auf die Verfassung. Bald setzte sich aber die Meinung durch, die Jakobinerverfassung sei zu demokratisch, könne praktisch nicht umgesetzt werden. Eine dritte Verfassung, die sogenannte Direktorialverfassung, wurde am 22. August 1795 in Kraft gesetzt. Sie wird meistens als die Verfassung des Besitzbürgertums bezeichnet, weil das Zensuswahlrecht einen grossen Teil der Bevölkerung von der aktiven Staatsbürgerschaft ausschloss. In ihren Grundzügen entsprach sie aber immer noch den revolutionären Prinzipien und bildete den Rahmen für eine repräsentative Demokratie. Neu war, dass in der dem Verfassungstext vorangestellten Erklärung der Menschen- und Bürgerrechte nicht nur von Rechten, sondern auch von Pflichten die Rede war; besonders betont wurde die Pflicht, sich an die Gesetze zu halten. Die Direktorialverfassung sollte zum Vorbild der Verfassung der Helvetischen Republik von 1798 werden.

1.5 Revolution und Reaktion

Die Französische Revolution, die, unter rein politischen Aspekten betrachtet, zunächst einfach eine stark beschleunigte Evolution der Staatsverfassung war, übte gewaltigen Einfluss auf die Nachbarländer aus – auch auf die Schweiz. Die aufgeklärten Schweizerinnen und Schweizer waren begeistert und bekannten sich freudig zur Revolution. Diese blieb aber nicht auf die politische Ebene beschränkt, sondern zeitigte sehr bald auch wirtschaftliche und finanzielle Folgen. Die Ausweitung der revolutionären Bewegung vom politischen auf den wirtschaftlichen Bereich kam daher, dass im wirklichen Leben die unterschiedlichen Bereiche nicht strikte getrennt sind, dass politische und rechtliche Verhältnisse in Wechselwirkung stehen zu den sozialen und wirtschaftlichen Verhältnissen.

Wie war die wirtschaftliche und soziale Lage im Frankreich des Jahres 1789? Ganz kurz und vereinfacht gesagt: Dem Volk ging es schlecht, und es erhoffte Besserung. Das Volk bestand zur Hauptsache aus Bauern. Sie verstanden die revolutionäre Botschaft von Anfang an so, dass die alten Rechts- und Herrschaftsverhältnisse abgeschafft würden. Sie waren nicht mehr bereit, die durch alte Sonderrechte begründeten Abgaben, die sogenannten Feudalabgaben, zu bezahlen, und sie reagierten gewalttätig, wenn irgendein Herr auf seinen Rechten bestand. Es wurden Leute erschlagen, Schlösser gingen in Flammen auf. Die Privilegierten waren entsetzt, sie sahen ihre Welt zusammenbrechen; und auch manche Kritiker der alten Zustände fragten sich betroffen, ob die Anarchie der notwendige Preis der Revolution sei. Unter dem Druck der Rebellionen im ganzen Land blieb aber nichts anderes übrig, als die Verweigerung zu legalisieren: Am 5. August 1789 erklärte die französische Nationalversammlung, die Feudalrechte seien samt und sonders abgeschafft.

Dieser grundsätzliche Beschluss hatte weitreichende Folgen. Betroffen waren nicht nur französische, sondern auch deutsche und schweizerische Fürsten und Städte, die französische Rechtstitel besassen. Betroffen war beispielsweise der in Pruntrut residierende Bischof von Basel, der nicht nur ein Kirchenfürst, sondern auch ein deutscher Reichsfürst war. Er hatte aufgrund verbriefter Rechte Grundzinsen und Lehensgefälle aus dem Elsass bezogen, und damit war es nun plötzlich zu Ende. Das gleiche galt für die Stadt Basel, die eine reiche eidgenössische Republik war, zünftisch-aristokratisch geordnet und in unmittelbarer Nachbarschaft zum französischen Elsass und zum deutschen Reich gelegen. Was war zu tun? Einfach auf die alten Rechtstitel verzichten? Hoffen, die aufständischen Bauern würden durch die alten Herren zur Ordnung gerufen und die Revolution werde rückgängig gemacht? Sich mit der Revolution arrangieren und Entschädigungszahlung verlangen? Für den Rat der Stadt Basel gab es verschiedene Möglichkeiten, die es vorsichtig abzuwägen galt. Der Bischof aber sah in den Ereignissen, die ihn um einen Teil seiner Einkünfte gebracht hatten, eine freche Rebellion gegen die gottgewollte Ordnung. Er beharrte auf seinen Rechten, verliess sich auf den Schutz der kaiserlichen Truppen. Er konnte aber nicht verhindern, dass das von ihm hoheitsrechtlich verwaltete Fürstbistum, also das Gebiet des heutigen Kantons Jura, schon 1792 von den Franzosen besetzt, zur raurakischen Republik erklärt und ein Jahr später der französischen Republik eingegliedert wurde.

Die Stadt Basel hatte im Zusammenhang mit der Französischen Revolution nicht nur das Problem mit den Grundzinsen im Elsass. Sie hatte zu verschiedenen Malen dem französischen Staat grössere Summen als Darlehen gewährt und sorgte sich nun um die Rückzahlung. Ihre Forderungen beliefen sich auf 7,3 Mio. Livres. Ähnlich Zürich, das eine Summe von 1,7 Mio. Livres geltend machte. Der französische König war nicht mehr der richtige Adressat für diese Forderungen, denn die Nationalversammlung hatte schon bei ihrer Konstituierung am 17. Juni 1789 die riesige Staatsschuld unter die Garantie der Nation gestellt. Wer Kapital ausstehend hatte, musste sich also an die Nationalversammlung wenden und darauf hoffen, die Sanierung des Staatshaushaltes werde ihr gelingen. Die Städte Zürich und Schaffhausen, die wie Basel durch mannigfache Geschäfte mit Frankreich verbunden waren, zeigten mit Bedacht eine wohlwollende Haltung gegenüber der Revolution, denn sie wollten ihre Handelsbeziehungen aufrechterhalten. Die regierenden Kreise in Bern, Solothurn, Freiburg und in der Innerschweiz sahen dagegen in der neuen Entwicklung vor allem den Verlust ihres Söldnergeschäfts und verbargen ihre Abneigung gegenüber der Revolution nicht. Die Gnädigen Herren von Bern machten am bedenkenlosesten Front gegen das neue Frankreich, und sie priesen ihre Klugheit, die es ihnen verboten hatte, dem französischen Staat noch Geld auszuleihen. Schon lange hatten sie nämlich an dessen Solvenz gezweifelt und deshalb seit Anfang des 18. Jahrhunderts ihre Finanzgeschäfte vor allem mit London abgewickelt.

Je mehr die regierenden Kreise in Zürich, Basel und Schaffhausen über den Gang der Ereignisse in Frankreich erfuhren, desto weniger sympathisierten sie mit der Revolution. Aber sie wollten trotzdem den normalen

Geschäftsgang nach Möglichkeit weiterführen; zu einer Frontstellung gegen Frankreich waren sie nicht zu bewegen. Die Patrizierorte Bern, Solothurn und Freiburg dagegen hofften, die deutschen Monarchen würden dem Spuk in Frankreich bald ein Ende machen, und sie hätten selbst an einem Kriegszug gegen Frankreich teilgenommen, wenn die andern eidgenössischen Orte mitgemacht hätten. Weil dies nicht der Fall war, zogen sie es vor, an der traditionellen Neutralität festzuhalten.

Der deutsche Kaiser in Wien war durch Marie Antoinette, die Tochter Maria Theresias, mit dem französischen Königshaus verschwägert. Er wollte das bedrohte Königtum in Frankreich wieder in seiner alten Form herstellen. Sein aussenpolitisches Programm war also eine Reaktion auf die Französische Revolution, und er stellte sich an die Spitze der *Reaktionäre*, die in einem unversöhnlichen Gegensatz zu den *Revolutionären* standen. Nachdem Frankreich im April 1792 Österreich den Krieg erklärt hatte, schlossen sich verschiedene deutsche Fürsten und auch der preussische König dem Kaiser an; sie bildeten eine antifranzösische Koalition. Frankreich schien anfänglich schwach und den Koalitionsheeren beinahe schutzlos ausgeliefert. Die Stärke der jungen französischen Nation lag aber in der Idee der Volkssouveränität, die eine spontane Identifikation des Volks mit der Regierung, der Armee mit der Armeeführung erzeugte. Die Begeisterung des französischen Volks wurde zu seiner Waffe; die revolutionäre Volksarmee schlug den Feind über die Grenzen zurück. Im September 1792 proklamierte die französische Regierung die erste Republik, und 1793 schickte sie das Königspaar aufs Schafott. Der europäische Adel war schockiert. Jetzt trat auch England der reaktionären Koalition bei. Die Revolution schien bedrohter denn je. Aber Frankreich unterstützte die revolutionären Bestrebungen in andern Ländern und hoffte, bald würden sich alle Völker erheben, sich als souveräne Nationen konstituieren und die reaktionären Fürsten stürzen. Die Revolution sollte also dadurch gesichert werden, dass sie exportiert wurde. Umgekehrt unterstützte der deutsche Kaiser alle reaktionären Bestrebungen in Europa. Die Einflüsse der revolutionären und der reaktionären Mächte stritten unversöhnlich gegeneinander. Für die französische Regierung war klar: Entweder siegen die revolutionären Prinzipien in ganz Europa, oder Frankreich muss wieder in ein von Königtum und Adel notdürftig zusammengehaltenes Privilegiensystem zurückfallen. Das neue nationale und das alte feudale Prinzip schlossen sich gegenseitig aus. Auch die schwankende Eidgenossenschaft würde sich für das eine oder das andere entscheiden müssen.

2. Revolutionierung der Schweiz

Die regierenden Berner Patrizier waren vornehme und reiche Aristokraten, die sich in ihrer Mehrheit scharf gegen die Revolution in Frankreich wandten. Sie beherrschten das schweizerische Mittelland vom Aargau bis zur Waadt, dazu grosse Gebiete in den Alpen und Voralpen. Die Entwicklungen im bernischen Gebiet waren entscheidend für die Möglichkeiten einer schweizerischen Revolution. In den bernischen Stammlanden herrschte im grossen ganzen keine revolutionäre Stimmung. Anders war es im Aargau und vor allem in der Waadt, die von einem starken Unabhängigkeitswillen beseelt war und als französischsprachiger und an Frankreich angrenzender Landesteil der revolutionären Propaganda besonders stark ausgesetzt war. Die bernische Obrigkeit war auf der Hut.

2.1 Ochs, Pestalozzi und Laharpe

Die Gnädigen Herren von Bern richteten ihr Augenmerk auf die waadtländischen Patrioten und speziell auf Frédéric-César Laharpe (1754–1838). Er stammte aus der adligen Familie de la Harpe, hatte aber seinen Namen zu Laharpe verbürgerlicht. Er war in Rolle geboren worden und hatte in der von Martin Planta gegründeten und im Sinn der Aufklärung geführten Privatschule auf Schloss Haldenstein im Bündnerland eine sorgfältige Erziehung genossen. In Tübingen hatte er die Rechte studiert und sich in Bern als Anwalt niedergelassen. Dank seiner vornehmen Herkunft war es ihm möglich, sich in den Berner Rat der Zweihundert wählen zu lassen; er blieb dort aber als Waadtländer ohne grösseren Einfluss und erfuhr manche Demütigung von seiten des bernischen Patriziats. Nicht ohne Hassgefühle verliess er Bern und die Schweiz und lebte zwischen 1784 und 1795 in St. Petersburg, wo er zum Erzieher des späteren Zaren Alexander I. wurde. Er verliess Russland versehen mit dem Rang eines Obersten und einer jährlichen Pension. Da ihm die Berner die Niederlassung in seiner Waadtländer Heimat verweigerten, liess er sich in Genthod bei Genf nieder. Sein Hauptanliegen wurde nun die Befreiung des Waadtlandes vom «Berner Joch» und die Schaffung einer Republik Waadtland. Er verfasste einen «Essai sur la constitution du Pays de Vaud», in dem er zu beweisen suchte, dass die Waadt ein Recht auf Selbstbestimmung hatte. Als sein historisch begründeter Standpunkt von Bern schroff zurückgewiesen wurde, sah er keine andere Möglichkeit mehr, als seine Interessen mit den Interessen der revolutionären französischen Republik zu verbinden und den Druck der französischen Armee auf Bern in sein Kalkül einzubeziehen.

Der zweite wichtige und tatkräftige Erneuerer[23] auf dem Gebiet der Eidgenossenschaft war Peter Ochs aus Basel. Er war 1752 als Sohn eines in Hamburg niedergelassenen Basler Grosskaufmanns zur Welt gekommen. Seine Mutter war die Tochter des hugenottischen Kaufmanns His, der in der französischen Kolonie in Hamburg zu den Reichsten und Vornehmsten gehörte. Der junge Ochs studierte in Basel und Leiden die Rechtswissenschaften, gab dann im Hamburger Handelsgeschäft seines Vaters ein kurzes Gastspiel, zog es aber vor, als Literat und Privatgelehrter in Basel zu leben. Er verkehrte mit dem berühmten Isaak Iselin, stand im Briefwechsel mit dem Schaffhauser Historiker Johannes Müller und reiste wiederholt zu seiner Grossmutter nach Paris. Mit Interesse las er die Schriften von d'Alembert, Rousseau und Voltaire, schrieb selber philosophische Texte und versuchte sich an einem Drama. Ermuntert von Johannes Müller widmete er sich dann vor allem dem Studium und der Niederschrift der Geschichte seiner Vaterstadt.[24] 1782 wurde er als Nachfolger Iselins Basler Ratsschreiber, 1790 Stadtschreiber.

Ende Juli 1789 vernahm der 37jährige Ratsschreiber Ochs, in Paris sei die Bastille, das Symbol der tyrannischen Monarchie, gestürmt worden und im Anschluss daran sei es in ganz Frankreich zum Aufruhr gekommen. Da schrieb er seinem Schwager Philippe-Frédéric Dietrich, Bürgermeister von Strassburg, er hoffe zu Gott, dass bald wieder öffentliche Ruhe herrsche. Im übrigen sei es aber so, dass die Stürme der neuen Republik viel Aufsehen erregten, ohne viel Schaden zu stiften, während die Machenschaften der tyrannischen Königshöfe wenig Aufsehen erregten und viel Schaden anrichteten. Er sei ungeduldig, die im Entstehen begriffene französische Verfassung lesen zu können, und er finde es erhebend, dass jetzt von den Menschenrechten gesprochen werde. Hierzulande spreche die Verfassung zuallererst vom Bürgermeister und mit keinem Wort von den Rechten der Bürger, noch viel weniger von den Bauern und den gewöhnlichen Menschen.[25]

Nicht nur in privaten Briefen, sondern auch öffentlich bekundete Ochs seine prinzipielle Zustimmung zu den politischen Zielen der Revolution. Am 27. Oktober 1789 schickte er einen langen Brief an Mlle Louise de Kéralio, die Redaktorin des in Paris erscheinenden «Journal d'Etat et du Citoyen». [26] Er sei zu Tränen gerührt, schrieb er im damals üblichen überschwänglichen Stil, wenn er vernehme, wie die Franzosen sich der *Freiheit* Schritt für Schritt näherten; das Herz schlage ihm vor Freude, wenn er wieder einen Artikel der herrlichen französischen Constitution zu lesen bekomme. Es war ein langer Brief, den Frau Kéralio in ihrer Zeitschrift vollständig publizierte, und sie bezeichnete ihn als Zeugnis eines genialen Menschen und Bürgers eines freien Staates, als Ausdruck des Respekts und der Bewunderung eines Eidgenossen für das französische Volk. Tatsächlich handelte es sich um eine Art politisches Bekenntnis des Peter Ochs: Das wichtigste sei, dass in Frankreich das Naturrecht zur Grundlage des ganzen Rechtssystems geworden sei; man werde es nicht mehr als blosses Hirngespinst abtun können, denn es werde herrschen, bekleidet mit der Majestät einer mächtigen und berühmten Nation. Auch in der Schweiz werde man lernen müssen, dass das Gesetz nur heilig sei als Willensausdruck der Allgemeinheit.

In den Jahren nach 1789, als die verschiedenen Revolutionsregierungen in Frankreich einander ablösten, erlebte Ochs sehr intensiv auch die für ihn nachteiligen und die erschreckend dunklen Seiten der Revolution. Sein Schwager Dietrich[27], Spross eines reichen, geadelten Hauses, Befürworter einer gemässigten revolutionären Linie und einer konstitutionellen Monarchie, wurde aufgrund einer Intrige auf die Liste der konterrevolutionären Emigranten gesetzt; sein Vermögen wurde vom Staat eingezogen. Obwohl er seine teilweise Rehabilitierung erreichte, wurde er schliesslich doch vor das Revolutionstribunal gestellt und im Dezember 1793 hingerichtet. Vergeblich hatte Ochs versucht, seine Beziehungen spielen zu lassen und den Schwager zu retten. Er verlor in ihm einen wichtigen Freund und Gesprächspartner, aber auch den Verwalter eines Teils seines Vermögens, so dass er selber gewichtige materielle Einbussen erlitt. Das hinderte ihn nicht, weiterhin an die Menschenrechte und an die Souveränität der Nation zu glauben, und er wollte diese Prinzipien auch in der Schweiz verwirklicht sehen.

1796 wurde Ochs Basler Oberstzunftmeister und damit nach dem Bürgermeister der zweite Mann an der Spitze des Staates. Als Diplomat war der gebildete und gewandte Ochs seiner Heimatstadt unentbehrlich. Der

Rat entsandte ihn als Unterhändler nach Paris, als es darum ging, die an Frankreich ausgeliehenen Gelder zurückzufordern und Entschädigung für die durch die Revolution abgeschafften alten Rechte Basels im Elsass zu verlangen. Mehrmals vertrat er Basel an der eidgenössischen Tagsatzung. Seine Karriere war erstaunlich, denn mit seiner ungestümen Art und seiner offen bekannten Sympathie zur Französischen Revolution war er nicht bei allen regimentsfähigen Basler Familien beliebt. Dazu kam, dass er die heimatliche alemannische Mundart nicht beherrschte und entweder hochdeutsch oder französisch sprach. Im schriftlichen Verkehr bevorzugte er das Französische, was allerdings die meisten Gelehrten und Politiker des 18. Jahrhunderts taten.

Während bei Laharpe die Motive, die ihn auf die Seite der Revolution trieben, sehr durchsichtig sind, bleiben sie bei Ochs letztlich ein Geheimnis. Warum beharrte er als Angehöriger der regierenden Oberschicht auf revolutionären Prinzipien wie Rechtsgleichheit und Aufhebung aller Untertanenverhältnisse? Steckten unlautere Absichten dahinter? Die frühere Geschichtsschreibung hat immer wieder den Ehrgeiz und die Eitelkeit des Oberstzunftmeisters Ochs herausgestrichen. Er habe sich nach dem aus Frankreich wehenden Wind gedreht, sei kein guter Schweizer, sondern ein Mann von schlechtem Charakter gewesen; so formuliert es Ernst Gagliardi in seiner Geschichte der Schweiz. Aus den Briefen des Peter Ochs, die gesammelt vorliegen, spricht aber etwas anderes, nämlich die philosophische oder beinahe religiöse Einsicht in die Richtigkeit der revolutionären Prinzipien, die dauerhafte und ehrliche Überzeugung, die alten Rechtsverhältnisse seien überholt und müssten «revolutioniert» werden. Diese Revolutionierung stellte er sich als eine von der endlich einsichtig gewordenen Obrigkeit in die Wege geleitete friedliche Umwälzung vor – nicht als Volksaufstand.

Wie standen andere schweizerische Patrioten zur Französischen Revolution? Ochs' Freund Johannes Müller, der den Tag des Bastillesturms noch als den schönsten Tag seit dem Untergang der römischen Weltherrschaft gepriesen hatte, trat 1793 in den Dienst der Hof- und Staatskanzlei in Wien und wandte sich auch innerlich der reaktionären Seite zu. Der zur Gruppe der Zürcher Aufklärer gehörende Johann Kaspar Lavater, seit 1787 Pfarrer zu St.-Peter, hatte ebenfalls die Revolution freudig begrüsst, und 1791 schrieb er einen Liedtext, in dem er von Vers zu Vers immer entschiedener das Lob der Revolution sang: «Ist's Wahrheit oder ist es Wahn, / Was Frankreich worden ist – / Dass kein Minister-Tigerzahn / Mehr Mark des Landes frisst? / Hat Weisheit und hat Mut gesiegt? / Gebeugt sich Tyrannei? / Ist's wahr, dass Stolz im Staube liegt – / Ist's wahr, der Frank' ist frei? / Verehrte Menschheit, was geschah? / Oh Vorurteil entflieh! / Die Zeit des Lichts und Rechts ist da! / Beug Herrscherstolz das Knie! / […] / Zerbrochen ist dein Sklavenjoch, / Ein Freiheitsstaat erbaut! / O Schweizer-staaten freut euch hoch / Im Herzen erst, dann laut!»[28] – Lavaters Freude über die Revolution schwand, als im Sommer 1792 die Antiroyalisten den Königspalast (Tuilerien) in Paris erstürmten und dabei die Schweizergarde niedermachten. Dieses Ereignis warf in der Schweiz hohe Wellen und schürte die antifranzösische Stimmung. Weitere, noch unverständlichere Bluttaten erregten grosses Aufsehen: Im September 1792 drangen erboste Kleinbürger in die Pariser Gefängnisse ein und metzelten diejenigen nieder, die sie für Konterrevolutionäre und für schuldig an ihren wirtschaftlichen Schwierigkeiten hielten. Tuileriensturm und Septembermorde diskredi-tierten die Revolution nachhaltig und liessen viele an ihrem Sinn zweifeln. Lavater gab diesem Gefühl Ausdruck in einer Art Parodie auf sein eigenes Revolutionslied: «Ist's Wahrheit, oder ist es Wahn, / Was Frankreich worden ist – / Dass Freiheitsrufer-Tigerzahn / Das Mark des Landes frisst. / Hat Frechheit und hat Wut gesiegt?/ Und neue Tyrannei? / Ist's wahr, dass Recht im Staube liegt, / Und herrscht nun Teufelei? / Verabscheu, Mensch-heit, was geschah! / O Wahn und Täuschung flieh! / Die Zeit der Nacht und Greu'l ist da! / Beug, Mordsucht, ihr das Knie!»[29]

Von Lavaters Freund Pestalozzi sind keine direkten Äusserungen zu den Ereignissen von 1789 überliefert. Man kann vermuten, Pestalozzi habe gewisse Texte, die er später als allzu revolutionsfreundlich beurteilte, aus Opportunitätsgründen vernichtet. Sollte es solche Texte gegeben haben, wäre auch plausibel erklärt, weshalb ihm Ende August 1792 von der Assemblée législative der Titel eines Ehrenbürgers der Französischen Republik verliehen wurde – zusammen mit andern Geistesgrössen, die als philosophische Verteidiger der Revolution im Ausland galten. Nach Tuilerien-sturm und Septembermorden fragte sich Pestalozzi, ob er noch «Verteidiger der Revolution» bleiben könne. 1793 schrieb er einen langen Aufsatz mit dem Titel «Ja oder Nein?»[30]; er kam darin zum Schluss, trotz insgesamt ge-wichtiger Vorbehalte wolle er den menschenfreundlichen Prinzipien der Revolution, aber nur diesen, treu bleiben. Er teilte nicht die Meinung der-jenigen, welche die Revolution für einen grundsätzlichen Irrtum hielten, sondern er sah immer noch ihre positive Seite. Es ist spannend nachzule-sen, wie er als engagierter Zeitgenosse die Ereignisse beurteilt, die wir nur als weit zurückliegende Historie kennen. Den Grund für den Umsturz in Frankreich erkennt er in den Fehlern des alten Regimes, deren Folgen er treffend und prägnant schildert: «Frankreich ist durch das Äusserste seiner Regierungsverirrungen dahin gekommen, dass es auf einmal alle Bande seiner gesellschaftlichen Ordnung zerrissen, und die Rechte und Privilegien seiner Stände, aller Provinzen, aller Städte, aller Gemeinden und aller Menschen zernichtet, und selbst den Bischöfen kein anders Recht und keine andere Freiheit übriggelassen, als diejenige, die die Schneider und Schuster mit ihnen geniessen. So ein Wagestück hat die Welt noch keines gesehen.» Dieser Satz spiegelt nicht nur Pestalozzis Bewunderung für die Grossartigkeit des Vorgangs, sondern auch sein Grausen angesichts der Folgen, die – man denke an Ochs' Schwager Dietrich – verheerend sein konnten: «Wer will die Zahl der Menschen nennen, die Unrecht litten? Wer will den Jammer der Klagenden beschreiben und die Gefühle der Menschen ausdrücken, die zu Tausenden Ehre, Stand, Eigentum und Leben verlieren müssen und zu Zehntausenden brotlos in der Irre herumwandeln?» Seit den Septembermorden ist alle Welt entsetzt über die Franzosen, sagt Pestalozzi; aber gerade aus dem Entsetzen wird die Heilung kommen, denn Europa wird nicht mehr anders können, «als sich zur Philosophie der Gesetzgebung erheben zu wollen.» Deshalb lässt sich Pestalozzi in seiner Grundhaltung nicht irremachen. Er will als Menschenfreund weiterhin dem Wunsch leben, «die Welt durch Gesetz, Recht und Ordnung von allen diesen Rasereien allgemein befreit zu sehen.» Den entscheidenden und zukunftsweisenden Gehalt der Revolution sieht er also in der Entwicklung eines einheitlichen Rechts, das für alle Menschen in gleicher Weise gilt und damit Ordnung schafft. [31]

Pestalozzi widersprach der Mehrheit seiner Standesgenossen, die mit Abscheu auf Frankreich verwiesen und meinten, dort könne man sehen, was passiere, wenn die Obrigkeit das Volk nicht mehr in Zucht und Ordnung halte. Die zeitweilige Blutrünstigkeit der Revolution lieferte ihnen die Rechtfertigung dafür, in ihren alten Anschauungen und Gewohnheiten zu verharren, und sie glaubten, politische Veränderungen im Sinn von mehr Gleichheit, Freiheit und Brüderlichkeit seien keineswegs vordringlich. Auch als eine Gruppe von in Paris lebenden Schweizern, die sich zur Revolution bekannten, unter dem Namen «Club helvétique» einen Brief an die ländlichen Gemeinden der Schweiz verschickten, in dem sie zum Widerstand gegen die herrschende Aristokratie aufriefen, waren die Regierenden in den eidgenössischen Orten kaum beunruhigt. Die rechtlosen

Landbewohner und die Untertanen aber hörten den Aufruf sehr wohl, und es braute sich allmählich eine revolutionäre Stimmung zusammen. Auch in der Zürcher Landschaft war etwas am Entstehen, kein Aufruhr zwar, aber ein Protest gegen die Rechtsungleichheit. Die ländliche Elite veröffentlichte ihre Beschwerden im sogenannten «Stäfner Memorial» von 1794. Die städtische Obrigkeit reagierte unwirsch und uneinsichtig, verhaftete die mutmasslichen Urheber des Memorials. Dem vermittelnden Eingreifen Lavaters hatten sie es wahrscheinlich zu verdanken, dass sie nicht zum Tode verurteilt wurden. Auch Pestalozzi, der selber als Urheber des Memorials verdächtigt wurde, suchte zwischen Stadt und Landschaft zu vermitteln und bestimmte Veränderungen herbeizuführen, um die wachsende Unruhe zu besänftigen. Die Obrigkeit aber schickte Truppen in die Dörfer und beharrte auf der bisherigen Ordnung. Eine weitere Chance, die Gegensätze zu mildern, war vertan.

2.2 Wachsender Druck aus Paris

Inzwischen hatte das revolutionäre Frankreich im Krieg gegen die reaktionäre Koalition einige Erfolge zu verzeichnen. 1793/94 besetzten französische Truppen zum zweiten Mal die österreichischen Niederlande. Es gab dort, wie in der Schweiz , eine Partei der Patrioten, welche die Franzosen als Befreier begrüsste. Frankreich annektierte die südlichen Provinzen. Die nördlichen Provinzen konstituierten sich 1795 als revolutionäre Batavische Republik, in der das Prinzip der Volkssouveränität zum Tragen kam, und zwar in der Form einer Volksvertretung in zwei Kammern; ein fünfköpfiges Direktorium bildete die Exekutive. Die neue Republik war ein Einheitsstaat, der auf die historisch gewachsenen Provinzen keine Rücksicht nahm. Obwohl formell unabhängig, musste die Batavische Republik in ein Militärbündnis mit Frankreich einwilligen und schwere Kontributionen auf sich nehmen. – Einen ganz ähnlichen Verlauf sollte drei Jahre später die «Revolutionierung» der Schweiz nehmen.

Die schweizerische Eidgenossenschaft hatte sich bei Ausbruch des ersten Koalitionskriegs als neutral erklärt, und die eidgenössischen Orte waren bereit, Truppen zu stellen, um Grenzverletzungen zu verhindern; vor allem die Grenzstadt Basel war auf eidgenössische Hilfskontingente angewiesen. Trotzdem kam es immer wieder zu Grenzverletzungen, besonders wenn wieder einmal die vor den Toren der Stadt Basel liegende französische

Festung Hüningen angegriffen wurde. Basel hatte alles Interesse an einem baldigen Friedensschluss. Peter Ochs, in dessen Haus die Generäle und Diplomaten der gegnerischen Kriegsparteien ein und aus gingen, führte seit 1794 intensive Gespräche, und im April 1795 gelang ihm das diplomatische Meisterstück, einen Friedensschluss zwischen Frankreich und Preussen zu vermitteln. Von nun an blieb es für einige Zeit ruhig um die exponierte Stadt am Rheinknie, und der Friedensstifter Ochs genoss grosse Popularität in seiner Vaterstadt. Noch wichtiger für ihn war, dass er jetzt bei der französischen Regierung in hohem Ansehen stand und als wichtigster eidgenössischer Gesprächspartner angesehen wurde.

Es war aber auch eine Folge des Friedens von Basel, dass Frankreich jetzt militärisch entlastet war und seine Kräfte auf den Krieg gegen Österreich konzentrieren konnte. Spätere Historiker urteilten, nach dem Separatfrieden mit Preussen habe Frankreich das Interesse an einer neutralen Schweiz verloren und habe aus neu gewonnener Stärke heraus eine Invasion unseres Landes in Erwägung gezogen; deshalb habe sich Ochs schon 1795 an der künftigen französischen Besetzung der Schweiz mitschuldig gemacht. – Tatsächlich zeichnete sich zu jener Zeit ein Wandel in der Einschätzung der Schweiz durch Frankreich ab: Wenn frühere Regierungen geglaubt hatten, eine neutrale Schweiz sei ein willkommener Puffer gegen die von Wien aus gesteuerte Konterrevolution, so fanden die fünf Direktoren, die gemäss der Verfassung von 1795 neu an der Spitze der französischen Republik standen, die Schweiz müsse auf die Seite der Revolution gezogen und als mögliches Aufmarschgebiet der Konterrevolution ein für allemal ausgeschaltet werden. Diese Neueinschätzung hing aber nicht nur mit der wachsenden militärischen Stärke Frankreichs zusammen, sondern ebenso mit der wachsenden konterrevolutionären Propaganda, die von schweizerischem Boden aus entfaltet wurde. Das Direktorium übte starken Druck auf die Schweiz aus, verlangte nicht nur die Ausweisung der Konterrevolutionäre, die in verschiedenen eidgenössischen Orten Asyl gefunden hatten, sondern auch die Ausweisung des englischen Gesandten Wickham, der in Bern residierte und von dort aus Frankreich zu schwächen suchte. Der bernische Schultheiss von Steiger akzeptierte zwar das französische Begehren nicht, wagte es aber auch nicht, dieses einfach zu ignorieren; er bewog Wickham zur «freiwilligen» Abreise.

Die Pläne der Regierung in Paris reichten aber weiter; die Schweiz sollte, wie Holland, zum «revolutionierten» Staat an der Seite Frankreichs werden. Ochs war dazu ausersehen, die Revolutionierung der Schweiz vorwärtszutreiben, und er machte mit. Er habe sich von Jean-François Reubell, dem Spezialisten für aussenpolitische Fragen im französischen Direktorium, als Werkzeug missbrauchen lassen, urteilte die spätere schweizerische Geschichtsschreibung. Er selbst empfand es anders: Als guter Patriot arbeitete er mit dem französischen Direktorium zusammen, um zu verhindern, dass die Schweiz als staatliches Gebilde im sich neu formierenden Europa zermalmt wurde. Beispiele wie das Fürstbistum Basel oder Belgien zeigten: Was vor der Revolution bestanden hatte, konnte fast von einem Tag zum andern verschwinden. Peter Ochs verstand es, der französischen Regierung darzutun, eine revolutionierte Schweiz sei für Frankreich nützlicher als keine Schweiz.

In Oberitalien kämpften die französischen Armeen unter dem Befehl des Generals Bonaparte erfolgreich gegen die Österreicher. Im Oktober 1797 wurde der Krieg durch den Frieden von Campo Formio beendet. Bonaparte zwang Österreich, der Abtretung aller linksrheinischen Gebiete an Frankreich zuzustimmen; die Details sollten später in Rastatt geregelt werden. Das bis dahin unter österreichischer Oberhoheit stehende Fricktal gehörte ebenfalls zu den linksrheinischen Gebieten, grenzte aber nicht an Frankreich an, sondern an Basel. Reubell dachte darüber nach, ob er nicht den Baslern diesen Landstrich als Entschädigung für die verlorenen Rechte im Elsass antragen könnte, und er wollte mit Ochs darüber reden. Dieser traf im November 1797 in Paris ein. Vom Rat der Stadt Basel hatte er die notwendigen Vollmachten erhalten und zusätzlich eine Art Geheimauftrag, der darin bestand, die Absichten der französischen Regierung gegenüber der Eidgenossenschaft in Erfahrung zu bringen. Dieser Nebenauftrag wurde dann zum Hauptgeschäft. Dass Ochs mit dem Direktorium nicht nur baslerische, sondern auch eidgenössische Angelegenheiten besprach, wurde ihm später zum Vorwurf gemacht. Aber tat er nicht, was getan werden musste? Und wer anders als Ochs wäre den Diplomaten der französischen Regierung und dem willensstarken, gewaltbereiten und blitzgescheiten General Bonaparte auch nur einigermassen gewachsen gewesen? Ochs wurde mit grossen Ehren empfangen, und in den Unterredungen mit Reubell, Talleyrand und Bonaparte ging es sogleich um die allgemeinen Fragen der Eidgenossenschaft; aus der Fricktaler Sache wurde vorerst nichts. Einige Historiker haben angenommen, das Fricktal sei nur der Lockvogel gewesen. Wie dem auch sei, Ochs nahm zur Kenntnis, dass das Direktorium in bezug auf die Schweiz eine Entscheidung herbeiführen wollte.

Gleichzeitig mit Ochs war auch Laharpe in Paris und suchte den Kontakt mit Bonaparte, versuchte ihm plausibel zu machen, es gelte in erster Linie die Waadt zu befreien und damit Bern, das Zentrum der Konterrevolution, zu treffen. Ochs war nicht gut auf Laharpe zu sprechen; er wollte eine militärische Intervention Frankreichs in der Schweiz vermeiden, und er misstraute Laharpe in dieser Beziehung – nicht zu Unrecht, wie sich bald zeigen sollte. Er spürte aber auch die Ungeduld seiner französischen Verhandlungspartner und reagierte darauf, indem er versprach, den Prozess der Revolutionierung in der Eidgenossenschaft nach Kräften voranzutreiben. Er hoffte, auf diese Weise einem Gewaltstreich der Franzosen noch zuvorzukommen. Von Paris aus veranlasste er seinen Schwager Peter Vischer, im Basler Rat zu beantragen, das Landvolk sei in seinen politischen Rechten den Stadtbürgern gleichzustellen. Vischer stellte einen solchen Antrag, aber die Ratsmehrheit wollte davon nichts wissen, und Vischer wurde niedergebrüllt. Aber das Volk in der Landschaft nahm das Signal auf, errichtete Freiheitsbäume und zwang die Regierung zum Rücktritt. Sogleich wurde eine Nationalversammlung gewählt und eine neue Verfassung ausgearbeitet. Auch andernorts in der Schweiz kam es zum Aufruhr.

Die französische Regierung beschloss indessen, den bisher unbesetzt gebliebenen südlichen Teil des Bistums Basel in Besitz zu nehmen, wozu der Friede von Campo Formio die Voraussetzung geschaffen hatte. Im Dezember 1997 besetzten französische Truppen den Südjura. Auf Anraten Laharpes hatte Bonaparte ausserdem eine Division aus Mailand abgezogen und Richtung Waadtland in Marsch gesetzt. Am 20. Januar 1798 traf sie in Carouge ein. Jetzt wagte das Waadtländer Volk den Aufstand gegen Bern. Eine Versammlung von Abgeordneten der Städte und Gemeinden des Waadtlands proklamierte am 24. Januar die Unabhängigkeit der Waadt von Bern; die bernischen Landvögte zogen unbehelligt ab. Am Tag darauf traten französische Truppen in die Waadt über; die Unabhängigkeit der Schweiz war akut bedroht. In Aarau trat die Tagsatzung der eidgenössischen Stände noch einmal zusammen, um die alten Bünde feierlich zu beschwören – ein symbolischer Akt, der die offensichtliche Hilflosigkeit des Ancien Régime gegenüber den sich überstürzenden Ereignissen nur schlecht kaschierte. Die Tagsatzungsdelegierten konnten sich auch angesichts der hereinbrechenden Revolution auf keine gemeinsame Strategie einigen. Als Bern wenig später Bundeshilfe anfordert, blieb diese weitgehend aus oder erfolgte mit soviel Verzögerung, dass sie nichts mehr nützte.

Am 28. Januar marschierte die französische Armee in die Waadt ein und bedrohten Bern. General Brune, der französische Oberbefehlshaber, hatte den Auftrag, nicht sogleich loszuschlagen, sondern zuerst die Regierung zum Rücktritt zu zwingen. Er verhandelte, drohte, taktierte hin und her. Inzwischen war auch die Stadt Biel von französischen Truppen besetzt worden, und am 9. Februar traf dort der elsässische General Schauenburg ein, der mit einer Division der Rheinarmee der im Waadtland stehenden Division Flankenschutz geben sollte. Die Pariser Regierung kam in den folgenden Wochen definitiv zur Ansicht, die Revolutionierung der Eidgenossenschaft müsse durch bewaffnete Intervention vorangetrieben werden, denn trotz der allgemeinen Gärung im Volk schien es möglich, dass die Altgesinnten doch wieder Oberhand gewinnen würden. Die Obrigkeiten einzelner Orte versuchten nämlich, ihre Stellung dadurch zu festigen, dass sie politische Reformen einleiteten; so in Freiburg, Solothurn und Schaffhausen. In Luzern dankte die Regierung ab, um einer Volksvertretung die Neuordnung zu überlassen, Landvögte wurden abberufen und Rechtsgleichheit verkündet. Sogar in Bern bewegte sich etwas. Die Patrizier sahen ein, dass der drohende Einmarsch der Franzosen nur abzuwehren war, wenn sie die Landschaft hinter sich sammeln konnten. Sie beschlossen deshalb, in allen Städten und Landschaften des Bernbiets eine bestimmte Anzahl von Abgeordneten wählen zu lassen und in den Grossen Rat aufzunehmen. Auf diese Weise konnten Bay, Kuhn und Rengger, drei Männer, die in der Helvetischen Republik wichtige Funktionen übernehmen sollten, noch im Ancien Régime während kurzer Zeit eine politische Rolle spielen. Sie drängten darauf, dass eine neue Verfassung ausgearbeitet werde, und tatsächlich wurde eine Verfassungskommission eingesetzt. Inzwischen wuchs der Druck des französischen Heeres. Schultheiss Niklaus Friedrich von Steiger, der den Kampf gegen die Franzosen wagen wollte, wurde von der Friedenspartei mürbe geklopft; einem Antrag auf Absetzung der Regierung opponierte er kaum, und am 4. März 1798 trat er widerstandslos zurück. Eine provisorische Kommission unter Karl Albrecht Frisching übernahm die Regierungsgeschäfte.

Inzwischen hatte der Kommissionsschreiber Karl Ludwig Haller, der spätere «Restaurator», im Auftrag der Verfassungskommission einen nach dem Grundsatz der Rechtsgleichheit zwischen Stadt und Land aufgebauten Verfassungstext fertig redigiert. Sein «Projekt einer Constitution für die schweizerische Republik Bern» kam zwar nicht mehr zum Tragen, verdient aber trotzdem Erwähnung, weil darin von seiner Hand Bestimmungen niedergelegt waren, die allem widersprachen, was er später zu seinem politischen Anliegen machte. Als Beispiel sei lediglich der Artikel 216 zitiert, durch den die Beziehung der erneuerten Republik Bern zur übrigen Eidgenossenschaft geregelt werden sollte: «Sie [die Republik Bern] wird gleich nach Aufnahme der neuen Constitution bey sämtlichen verbündeten Eidgenössischen Staaten auf die Versammlung eines helvetischen bevollmächtigten und an keine Instruktionen gebundenen Nationalkongresses antragen, um je nach dem Gutfinden der Majorität entweder die durch die vorgefallenen Staatsveränderungen aufgelösten oder veränderten Verhältnisse wieder enger und fester anzuknüpfen, die vormaligen Mediatämter [gemeinen Herrschaften] nach ihrem freyen Willen entweder zu eigenen Staaten zu erheben oder in benachbarte freye Republiken einzuverleiben und für alle auswärtigen Angelegenheiten, die Schliessung von Traktaten usw., nur einen Staat auszumachen, oder aber die ganze Schweiz in eine einzige, der nämlichen Legislation und der nämlichen Administration unterworfene Republik zu vereinigen, in diesem Fall dann eine Constitution zu entwerfen, festzusetzen und durchzuführen.»[32] – Hier ist eigentlich das Programm einer friedlichen Revolutionierung der Schweiz vorgezeichnet: Ersetzen der eidgenössischen Tagsatzung durch ein repräsentatives Organ, den Nationalkongress, der nicht an die Instruktionen der einzelnen Kantonsregierungen gebunden ist, sondern aufgrund freier Diskussion nach dem Mehrheitsprinzip über die gemeinsamen Angelegenheiten der Schweiz entscheiden kann. Der Nationalkongress kann sogar, wenn er das für sinnvoll hält, einen neuen schweizerischen Staat mit einheitlicher Legislation schaffen.

Wäre es möglich gewesen, aufgrund eines solchen Programms eine neue schweizerische Republik ohne Einmischung der Franzosen zu errichten? Der Wille dazu war während kurzer Zeit vorhanden. Es war aber zu spät; Frankreich war längst zur militärischen Intervention entschlossen. Das späte und hilflose Agieren der politischen Eliten in der Schweiz lässt auch daran zweifeln, ob sie wirklich in der Lage gewesen wären, sich auf ein Erneuerungsprogramm zu einigen. Wie dem auch sei, die militärischen Entscheide Frankreichs erdrückten die Entscheide derjenigen, die noch politisch zu handeln versuchten. General Schauenburg hatte Solothurn besetzt, und am 5. März griffen Brunes Truppen die bernische Verteidigungslinie bei Neuenegg an. Die Berner behaupteten sich, was aber nichts nützte, denn gleichzeitig stiess Schauenburg mit seiner Heeresmacht von Norden her gegen Bern vor und schlug die bernischen Truppen bei Fraubrunnen und im Grauholz in die Flucht. Das war das Ende: Nicht nur das alte Bern, sondern die Eidgenossenschaft insgesamt war geschlagen, gedemütigt und nicht mehr fähig zu eigenständigem Handeln.

Brune war mit einem dreifachen Plan in die Schweiz gekommen. Erstens wollte er das Gebiet neu aufteilen. Wallis, Waadt, Freiburg, Berner Oberland und Tessin sollten zu einem eng an Frankreich gebundenen Freistaat namens Rhodanien zusammengefasst und so die für Frankreich wichtigen Alpenübergänge nach Oberitalien gesichert werden; die übrigen Teile der Eidgenossenschaft sollten zwei weitere Zwergstaaten bilden, nämlich den Tellgau, bestehend aus der Innerschweiz, und Helvetien, bestehend aus den Mittellandkantonen. Zweitens wollte Brune in den reichen Städteorten möglichst viel Geld erbeuten, und drittens ging es ihm darum, durch das Versprechen, die Feudallasten würden abgeschafft, möglichst viele Bauern für die Sache der Revolution zu gewinnen. Der erste Punkt, der Teilungsplan, wurde nicht verwirklicht, denn dagegen erhoben auch die frankreichfreundlichen Patrioten heftig Protest. Peter Ochs intervenierte bei Reubell in Paris, und dieser überzeugte das Direktorium, dass die Schweiz als ungeteilte Helvetische Republik in die Zukunft gehen sollte. Ob die Propaganda für die Abschaffung der Feudallasten erfolgreich war, ist schwer abzuschätzen. Sicher war die Aussicht, keinen Zehnten und keine Grundzinsen mehr bezahlen zu müssen, für viele Bauern ein Grund, sich positiv zu den neuen Verhältnissen zu stellen; aber echte Freunde Frankreichs wurden sie deswegen nicht. Am erfolgreichsten war Brune zweifellos bei der Erfüllung seines zweiten Programmpunktes, denn er erbeutete riesige Geldsummen; der bernische Staatsschatz allein machte 6,8 Millionen Livres an Gold und Silber aus und wurde sofort nach der Besetzung Berns nach Paris abtransportiert. Die französische Regierung fühlte sich im Recht, denn sie meinte, das Ancien Régime habe für die Kosten der französischen Armee aufzukommen, welch den schweizerischen Patrioten brüderliche Hilfe geleistet habe. Im übrigen hatte sie die Auffassung, sie bekomme nur zurück, was die Patrizier mit ihren Söldnergeschäften früher aus Frankreich herausgeholt hätten. Aber nicht nur die Regierung profitierte vom Beutezug in die Schweiz; auch Brune, sein Nachfolger Schauenburg, untergeordnete Kommandanten und die französischen Zivilkommissäre bereicherten sich schamlos.

Richard Feller, der konservative Berner Historiker, hat im vierten Band seiner Geschichte Berns den Einmarsch der französischen Truppen und das Ende der Patrizierherrschaft ausführlich geschildert. Seiner Ansicht nach bestand keine militärische Notwendigkeit, die Schweiz zu besetzen, denn von unserem Land sei keine Gefahr für das revolutionäre Frankreich ausgegangen. Die französische Regierung habe es einfach auf die Staatskassen der eidgenössischen Orte abgesehen gehabt. – Sicher war das Wissen um die gut gefüllten eidgenössischen Schatzkammern ein starkes Motiv für den Vorstoss der französischen Armee in die Schweiz; aber ein Entscheid für eine solche militärische Operation setzt sich aus vielen Faktoren zusammen, und der Sicherheitsfaktor spielte eben auch eine Rolle. Die Schweiz, die zwischen Sympathie zur Revolution und Anlehnung an die österreichische Reaktion hin und her schwankte, war kein vertrauenerweckender Nachbar. Hätte die Eidgenossenschaft rechtzeitig und aus eigenem Willen den Weg der staatlichen Modernisierung im Sinn der Französischen Revolution eingeschlagen, wären die französischen Truppen 1798 wahrscheinlich nicht einmarschiert; ob es später im Zusammenhang mit dem zweiten Koalitionskrieg nicht doch noch zu kriegerischen Verwicklungen auf dem Boden der Schweiz gekommen wäre, ist eine andere Frage.

2.3 Voraussetzungen der Revolution

Es ist in der Geschichtswissenschaft nicht üblich zu fragen, ob die Entwicklung nicht auch einen andern Gang hätte nehmen können. Was geschehen ist, ist geschehen, und damit hat sich der Historiker zu befassen. Ich gehe aber davon aus, dass historische Akteure nicht einfach die Werkzeuge übergeordneter Kräfte sind – sei es des Willens Gottes, des Weltgeistes oder der Macht der ökonomischen Interessen –, sondern immer nach eigenem Wissen und Gewissen entscheiden und sich gelegentlich auch zu einer aussergewöhnlichen Tat aufraffen. Dabei ist offensichtlich nicht jede Tat unter allen Umständen möglich; der subjektive Wille und die objektiven Verhältnisse stehen in einem dialektischen Verhältnis zueinander. Gegebenheiten wirtschaftlicher, sozialer, rechtlicher Art und auch die bewusstseinsmässigen Voraussetzungen setzen einen bestimmten Rahmen, der den politischen Spielraum einschränkt. Fragen wir also: Wäre unter den am Ende des 18. Jahrhunderts gegebenen Voraussetzungen eine Revolutionierung der Schweiz aus eigener Kraft möglich gewesen? Um diese Frage beantworten zu können, müssen wir zuerst klären, was wir unter dem Begriff der Revolution verstehen wollen.

Im heutigen Sprachgebrauch bedeutet «Revolution» eine Umwälzung auf irgend einem Gebiet; es gibt die technische Revolution, die industrielle

Revolution, die soziale Revolution, die politische Revolution oder die Revolution der Ernährungsgewohnheiten. Das Wort kann in beliebigem Zusammenhang gebraucht werden. Hier geht es darum, den Begriff auf das Phänomen der politischen Revolution einzuschränken. In Anlehnung an Hannah Arendts Revolutionsbegriff verstehe ich unter einer politischen Revolution einen radikalen Umbau der politischen Institutionen. Das Ziel der Revolution ist die politische Freiheit, also die Möglichkeit, politisch handeln zu können. Weil eine Revolution nur durch politisches Handeln erfolgen kann, ist der Akt der Revolution an sich schon eine politische Befreiung. Die Freiheit kann aber leicht wieder verloren gehen; deshalb muss sie im Lauf des revolutionären Prozesses institutionell abgesichert werden. Die Schwierigkeit liegt darin, dass eine radikale Veränderung politischer Institutionen kaum je ohne Einsatz gewaltsamer Mittel möglich ist und dass die Revolutionäre die gewaltsamen Mittel nur ungern wieder aus der Hand geben. Nur allzu oft produziert deshalb eine gegen Unfreiheit und Tyrannei sich erhebende revolutionäre Bewegung nicht politische Freiheit, sondern eine neue Tyrannei. Das muss aber nicht so sein, wie das Beispiel der amerikanische Revolution von 1776–1789 oder dasjenige der schweizerischen Revolution von 1830–1848 zeigen. Beide waren erfolgreich, weil durch sie die institutionelle Absicherung der politischen Freiheit zustande kam.

Um die Lage in der Schweiz am Ende des 18. Jahrhunderts auf ihr revolutionäres Potential hin prüfen zu können, brauchen wir zusätzlich zur oben gegebenen ideellen Definition einen Revolutionsbegriff, der auf der Ebene der konkreten politischen Kräfteverhältnisse angesiedelt ist. Einen solchen Begriff hat der in New York lehrende Historiker Charles Tilly aus der Analyse einer Reihe von geschichtlichen Revolutionen abgeleitet; er schreibt: «Wir betrachten eine Revolution als einen mit Gewalt herbeigeführten Machtwechsel innerhalb eines Staates, in dessen Verlauf wenigstens zwei bestimmte Gruppen miteinander unvereinbare Ansprüche auf die Macht im Staat stellen ...»[33] Zur Revolution gehört nach Tilly ausserdem, dass beträchtliche Teile der Bevölkerung den einen oder den andern Machtanspruch unterstützen, wobei die rivalisierenden Gruppierungen nicht homogen sein müssen, sondern aus Koalitionen unterschiedlicher Interessen bestehen können. Das Resultat der Revolution ist, dass «die Souveränität und Regierungsgewalt an eine neue Gruppe übertragen» wird. Aus dieser Definition leitet Tilly ab, eine revolutionäre Situation sei dann gegeben, wenn erstens Einzelpersonen oder Koalitionen auftreten, die einander ausschliessende Ansprüche auf die Übernahme der Macht im Staat oder in Teilen des Staates stellen; wenn zweitens diese Ansprüche durch einen wesentlichen Teil der Bevölkerung unterstützt werden und wenn drittens die gegenwärtigen Machthaber nicht in der Lage oder nicht bereit sind, die alternative Koalition und/oder die Unterstützung ihrer Ansprüche durch ihre Anhänger zu unterdrücken.

Waren diese drei Voraussetzungen am Ende des schweizerischen Ancien Régime gegeben? In einzelnen Kantonen waren sie es, in andern dagegen nicht. Im Januar 1798 bestand im Kanton Basel offensichtlich eine revolutionäre Situation: Gegen die konservativen Anhänger des Ancien Régime traten die Patrioten auf, die in Peter Ochs ihren führenden Kopf hatten. Die natürlichen Verbündeten der Patrioten waren die Bewohner der Landschaft, die sich von der Stadt entrechtet sahen. Der scharfe Widerspruch zwischen der regierenden und bevorrechteten Stadt und der politisch rechtlosen Landschaft war der wesentliche Faktor der Umwälzung. Die Machthaber in der Stadt waren nicht mehr in der Lage, die Ansprüche der Landschaft zu unterdrücken, weil ihnen mit der neuen Staatsauffassung, die von Frankreich propagiert wurde, die Legitimation ihrer Herrschaft genommen war.

Was für Basel galt, galt nicht für die Länderorte der Innerschweiz. Dort existierte zwar auch ein Widerspruch zwischen den regierenden Geschlechtern und den gewöhnlichen Landleuten, aber er wurde nicht noch durch einen Gegensatz von Stadt und Land verstärkt, sondern im Gegenteil dadurch gemildert, dass auch die gewöhnlichen Landleute zur Landsgemeinde zugelassen waren und also eine Art demokratischer Mitbestimmung ausüben durften. Dazu kam, dass sich der Innerschweizer Katholizismus durch die Macht der reformierten Städteorte im Rahmen der Eidgenossenschaft bedroht sah. Die katholische Religion wirkte deshalb als eine Art Kitt zwischen den sozialen Schichten. Im katholischen Stadtkanton Luzern war die Situation aber schon wieder wesentlich anders als in den Länderorten; hier gab es viele Anzeichen dafür, dass die alte Ständeordnung politisch nicht mehr tragfähig war.

Im reformierten Zürich, um noch dieses Beispiel herauszugreifen, galten mehr oder weniger die gleichen Voraussetzungen wie in Basel. Wenn man an die Unruhen von 1794/95 im Zusammenhang mit dem Stäfner Memorial denkt, könnte man sogar annehmen, Zürich sei noch reifer für die Revolution gewesen als Basel. Die regierenden Geschlechter hatten im Stäfner Handel allerdings noch die Kraft, die Rebellen der Landschaft in die Schranken zu weisen und die Anführer zu verhaften. Anfang 1798 aber war die Zürcher Landschaft nicht mehr zu bremsen. Über die Stimmung dort während der Wintermonate 1797/98 sind wir dank einem Briefwechsel zwischen Pestalozzi und Lavater recht gut unterrichtet. Pestalozzi beschwor Lavater, im Zürcher Grossen Rat auf Reformen zur Besserstellung der Landschaft zu drängen, denn sonst komme es unfehlbar zu Gewalttaten. Umgekehrt bat Lavater seinen Freund Pestalozzi, das Landvolk zu beschwichtigen und zu Geduld zu mahnen. Aber die Geduld war vorbei, das Landvolk liess sich nicht mehr vertrösten. Hätten sich ein paar entschlossene Anführer an seine Spitze gestellt, hätten sie wohl sehr rasch die Zürcher Obrigkeit zum Abdanken gezwungen. Der deutsche Schriftsteller Johann Gottfried Eibel, der die Schweiz aus eigener Anschauung kannte und jetzt in Paris weilte, schrieb an Paul Usteri in Zürich: «Ein Dutzend entschlossener Männer an jedem Orte, welche den Schlag bereiten und leiten, sind imstande, an einem Tage das alte Regierungsgerüste niederzuwerfen. Ein Mann wie Pestalozzi, Verfasser des ‹Lienhard und Gertrud›, hat allein das ganze Zürcher Landvolk am See in seiner Gewalt, wenn er die Rolle des Revolutionärs spielen wollte, und diese muss gespielt werden, wenn man die Schweiz retten will.»[34] – Die entschlossenen Männer, welche die Revolution hätten anführen können, zeigten sich nicht. Pestalozzi bemühte sich zwar, aber er war nicht der Mann der entschlossenen Tat, er stellte sich nicht an die Spitze der Bewegung, sondern schaute fasziniert und erschreckt zu, wie die revolutionäre Unruhe um sich griff. Er schrieb von einem Strom, der unaufhaltsam aus dem Wald hervorbreche und alles mit sich reisse, was sich ihm in den Weg stelle; er konnte sich nicht vorstellen, dass er mit seinen schwachen Kräften diesen Strom in eine bestimmte Richtung zu lenken vermöchte.

Bleiben wir noch ein wenig beim Beispiel Zürichs: Als die Franzosen im Januar 1798 in die Waadt einmarschierten und dort als Befreier begrüsst wurden, erliess die Zürcher Obrigkeit als Geste gegenüber dem Landvolk eine Amnestie für die Verurteilten des Stäfner Handels; die Eingekerkerten und die Verbannten konnten nach Hause zurückkehren. Das führte aber nicht zu einer Beruhigung in der Landschaft – im Gegenteil. Eine Versammlung von 70 Gemeindeausschüssen in Wädenswil verlangte jetzt energisch die Rechtsgleichheit zwischen Stadt und Land. Am 5. Februar 1798 anerkannte der Rat der Stadt Zürich diese Forderung. Mit einem theoretischen Einverständnis gab sich aber die Landschaft nicht zufrieden; sie verlangte die Abdankung der alten Machthaber und die Ausarbeitung einer Verfassung. Der Rat der 200 widersetzte sich der «ungesetzlichen tyrannischen Gewalttätigkeit einiger ehrgeiziger und herrschsüchtiger Volksverführer».[35] Es hatte sich aber inzwischen ein Stäfner Komitee gebildet, das weitere Forderungen an die Stadtregierung stellte und sich als eine Art Nebenregierung betätigte. Erst als die französischen Truppen Anfang März den Widerstand Berns gebrochen hatten, resignierte die Zürcher Obrigkeit und dankte ab. Die Stadt öffnete den bewaffneten Männern der Landschaft ihre Tore, und auf dem Münsterhof wurde ein Freiheitsbaum errichtet. Es kam aber nicht mehr dazu, dass sich die Zürcher aus Stadt und Land eine eigene Verfassung geben konnten, denn die zürcherische Revolution wurde, wie die waadtländische und die baslerische, von der von oben dekretierten Helvetischen Revolution aufgesogen; die Verfassung der Helvetischen Republik galt für das ganze Gebiet der Schweiz in gleicher Weise und machte Kantonsverfassungen überflüssig. Die autochthone Revolution in der Schweiz von 1798, die vorerst nur einzelörtisch möglich gewesen wäre, wurde also durch den Erlass einer gesamtschweizerischen Verfassung brüsk unterbrochen.

Doch auch in der Vorbereitung der gesamtschweizerischen Revolution lagen noch gewisse Chancen einer eigenständigen Entwicklung, die nicht genutzt wurden. Die französische Regierung, das Direktorium, hatte im Dezember 1797 Peter Ochs den Auftrag erteilt, eine Verfassung für eine revolutionierte Eidgenossenschaft auszuarbeiten. Am 15. Januar 1798 legte Ochs den Verfassungsentwurf einer «République Helvétique une et indivisible» vor, der sich eng an die französische Direktorialverfassung anlehnte. Er stellte sich vor, sein Entwurf würde in der Schweiz einer breiten Diskussion unterzogen, bevor er in Kraft gesetzt würde, und er schlug auch vor, eine Abstimmung durchzuführen, in der sich das Volk dazu äussern sollte, ob es die von ihm formulierte Verfassung vorläufig in Kraft setzen oder lieber eine verfassunggebende Versammlung bestellen wolle. Auch hier fehlte es an entschlossen handelnden Leuten, die den von Ochs geworfenen Ball hätten aufnehmen und weiterspielen können. Das französische Direktorium gewann den Eindruck, die Eidgenossen seien unfähig, sich auf eine gemeinsame Verfassung zu einigen. So überarbeitete es selber den Ochsschen Verfassungsentwurf nach seinen Vorstellungen und liess ihn als gedruckte Broschüre in der ganzen Schweiz verteilen. Dieser Text erregte sofort grosses Befremden, weil er auf die unterschiedlichen politischen Traditionen der eidgenössischen Orte keinerlei Rücksicht nahm, sondern kompromisslos die neuen Staatsgrundsätze des revolutionären Frankreichs auf die Schweiz übertrug. Es kam dazu, dass die deutsche Version der Verfassung eine liederliche Übersetzung des französischen Originals und in ihrer holprigen Sprache fast unlesbar war. Sogar die Ortsnamen waren zum Teil falsch geschrieben. So hiess zum Beispiel der Hauptort von Unterwalden Hanz, der von Uri Attax; Winterthur war zu Winterheim geworden. Der missratene Text wurde von der öffentlichen Meinung als Werk des Basler Oberstzunftmeisters Ochs angesehen, als «Ochsenbüchlein» apostrophiert und lächerlich gemacht. Die Geistlichkeit der Innerschweiz verdammte das Ochsenbüchlein gar als «höllisches Büchlein», und die Nidwaldner Landsgemeinde beschloss, wer es im Volk verbreite, solle dem Malefizgericht übergeben werden! Ochs versuchte zu retten, was zu retten war: Er sorgte dafür, dass die Basler Nationalversammlung seinen ursprünglichen Verfassungsentwurf neu aufnahm und überarbeitete. Eine bereinigte Fassung wurde gedruckt, ans französische Direktorium geschickt und ebenfalls in der ganzen Schweiz verteilt. Inzwischen hatten sich in den meisten eidgenössischen Orten sogenannte Primärversammlungen gebildet, die über die Verfassung entscheiden sollten. Viele stimmten der «Basler Fassung» zu; andernorts wurde aber auch sie abgelehnt. Der französische Zivilkommissär in der Schweiz, François Philibert Lecarlier, setzte daraufhin die «Pariser Fassung» durch, und sie galt seit dem 12. April 1798 offiziell als Verfassung der neuen Helvetischen Republik. Damit erschien die Verfassung der neu geschaffenen Republik von Anfang an als oktroyierte Verfassung, und es fehlte ihr am notwendigen Rückhalt in der Bevölkerung; das Scheitern der Republik war unvermeidlich.

Nochmals die Frage: Wäre eine Revolutionierung aus eigener Kraft möglich gewesen und hätte schon 1798 eine dauerhafte Republik im Sinn von Rousseau und Kant errichtet werden können? Mir scheint, zwischen 1795 und 1798 wäre es, bei etwas mehr Engagement der aufgeklärten Geister möglich gewesen, zumindest die Reformen anzugehen, wie sie die provisorische Regierung Berns in letzter Minute vor dem Einmarsch der Franzosen versuchte. Auch im Januar 1798 wäre noch einiges möglich gewesen. Hätten die Basler und die Waadtländer mehr Unterstützung aus andern Kantonen bekommen und hätten die zur Erneuerung bereiten Kantone sich, ausgehend vom Ochsschen Entwurf, auf ein gemeinsames Vorgehen geeinigt, dann wäre eine festere Grundlage für die «Revolutionierung» der Schweiz geschaffen worden. Wo blieben sie aber, die aufgeklärten Geister, die seit Jahren von einer schweizerischen Republik geträumt hatten? Sie rafften sich nicht zu politischem Handeln auf, sie blieben isoliert. Sie alle waren privilegierte Städter, die trotz aller Kritik an der Ungleichheit zwischen Stadt und Land sich nicht mit den viel entschlosseneren, aber von den Mitteln der politischen Kommunikation abgeschnittenen Leuten der Landschaft zu verbünden wagten. Das war der Fehler, der 1798 die Revolutionierung aus eigener Kraft verunmöglichte. Eine nächste Generation sollte aber 1830 und 1848 eine zweite Chance bekommen, und sie sollte die Fehler von 1798 vermeiden!

2.4 Der Ochssche Verfassungsentwurf

Faktum war, dass unter dem Druck der französischen Armee die helvetische Verfassung in der Pariser Fassung zum schweizerischen Grundgesetz wurde. Darauf werde ich im nächsten Kapitel eingehen. Vorher aber noch ein paar Bemerkungen zum ursprünglichen Ochsschen Verfassungsentwurf. Dieser ist kaum bekannt, da er in den älteren Quellensammlungen fehlt; erst Alfred Kölz hat ihn in seinem 1992 erschienenes Quellenbuch zur neueren schweizerischen Verfassungsgeschichte aufgenommen. Er ist es wert, näher betrachtet zu werden, denn er spiegelt in prägnanter Art den Stand der damaligen Verfassungsdiskussion. Oft ist gesagt worden, Ochs habe einfach die französische Verfassung abgeschrieben und sie oberflächlich den schweizerischen Verhältnissen angepasst. Diese Beurteilung ist insofern unzutreffend, als Ochs als gebildeter Jurist und Staatsmann sehr wohl wusste, was er wollte und worauf es ankam. Natürlich benutzte er, gedrängt von den Forderungen des Direktoriums, das Material, das ihm in Paris zur Verfügung gestellt wurde, und weil er sich in aller Eile ans Werk machen musste und nicht alles neu erfinden konnte, blieb er nahe am französischen Vorbild. Andererseits dachte er nicht erst in den Wochen um die Jahreswende 1797/98, in denen er am Entwurf arbeitete, über das Wesen einer republikanischen Verfassung nach. Er hatte Montesquieu gelesen und selbstverständlich auch Rousseau, dessen «Contrat social» wohl den grössten Einfluss auf das staatsrechtliche Denken der Revolutionszeit ausübte. Er hatte sich die Rousseauschen Kategorien des tugendhaften Allgemeinwillens *(volonté générale)* und des interessengebundenen Willens aller *(volonté de tous)* zu eigen gemacht. Dagegen lehnte er die direktdemokratischen Vorstellungen Rousseaus ab. In seinem Verständnis von Republik und politischer Freiheit stützte er sich auf Sieyès und auch auf die neusten Schriften von Kant.[36] Der Gedanke, ein moderner Staat müsse ein republikanischer Staat mit einem repräsentativen Regierungssystem sein, hatte sich in seinen Augen auch empirisch als richtig erwiesen. Er hatte die Verfassungsentwicklung in Frankreich sehr aufmerksam beobachtet und dabei die folgenden naturrechtlich begründeten Grundsätze bestätigt gefunden: Alle Macht im Staat geht vom Volk oder von der Nation aus. Das Volk delegiert die Aufgaben des Regierens und der Gesetzgebung den besten Repräsentanten der Nation, die vorzugsweise aus dem besitzenden und gebildeten Bürgertum stammen; sie sind für die *res publica* (die öffentliche Sache) oder die Republik zuständig. Die repräsentative Demokratie ist die geeignetste und beste Staatsform. Apodiktisch schreibt Ochs in seinem Verfassungsentwurf: «La forme de gouvernement, quelques modifications qu'elle puisse éprouver, sera toujours une démocracie représentative.»

Die Verfassungsgeschichte Frankreichs zwischen 1789 und 1795 habe ich weiter vorn kurz skizziert. Mit Bezug darauf kann man sagen, Ochs habe den Girondisten näher gestanden als den Jakobinern. An dieser Stelle geht es mir aber nicht um eine solche Einordnung, sondern um den Vergleich des Ochsschen Entwurfs mit der französischen Direktorialverfassung von 1795. Zunächst fällt auf: Ochs hielt sich kürzer. Während die Direktorialverfassung 377 Artikel und dazu noch die *Déclarations des droits et des devoirs de l'homme et du citoyen* mit 31 Artikeln umfasst, begnügt er sich mit 62 Artikeln.[37] Er wollte sich nicht in den Details verlieren, denn er verstand seinen Text als blossen Entwurf, als Diskussionsgrundlage. Vielleicht war er auch der Meinung, die französische Verfassung sei zu detailliert, enthalte Regelungen, die besser als Spezialgesetze erlassen worden wären. Er wollte eine Verfassung, die vor allem die Prinzipien einer revolutionären Staatsordnung enthielt, und so kommt es, dass sein Text als eine schwungvolle Darstellung einiger Grundgedanken der Rousseauschen Staatsauffassung gelesen werden kann.

Anders als die französischen Verfassunggeber hat Ochs die Erklärung der Menschen- und Bürgerrechte nicht dem eigentlichen Verfassungstext vorangestellt, sondern die wichtigsten Bestimmungen daraus in diesen integriert. So schreibt er im Artikel 3: «La loi est l'expression de la volonté du Législateur déterminé par la constitution.» Das entspricht dem Artikel 6 der Erklärung der Menschen- und Bürgerrechte von 1795, der da heisst: «La loi est l'expression de la volonté générale, exprimée par la majorité ou des citoyens ou de leur représentants.»[38] Hier zeigt sich ein wichtiger Unterschied: Der französische Verfassunggeber braucht zwar den Rousseauschen Begriff der *volonté générale,* interpretiert ihn aber als Ausdruck des Mehrheitswillens der Bürger oder der Parlamentarier. Er verwischt also den Unterschied zwischen *volonté générale* und *volonté de tous*, auf den Rousseau so grossen Wert legt. Ochs entfernt sich scheinbar noch weiter von Rousseau weg, bewahrt aber doch etwas von dessen Idee. Ich muss das genauer erläutern:

Rousseau hat im «Contrat social» geschrieben, die *volonté générale* gehe auf das allgemeine Beste aus, die *volonté de tous* aber auf das Privatinteresse; letztere sei also die Summe der vielen Sonderwillen. Wenn eine Abstimmung nur diese Summe feststellt, dann ist sie nicht unbedingt Ausdruck der *volonté générale*. Wie anders kann man aber die *volonté générale* dingfest machen? Rousseau gibt ein Verfahren an: «Zieht man nun von diesen Willensmeinungen das Mehr und Minder, das sich gegenseitig aufhebt, ab, so bleibt als Differenzsumme der allgemeine Wille übrig.»[39] Es sollen also sozusagen die Extremmeinungen, die sich sowieso gegenseitig aufheben, subtrahiert werden, und dann bleibt der allgemeine Wille *(volonté générale)* übrig. Das funktioniert nur in einer Gesellschaft, in der die Staatsbürger hinlänglich informiert, aber nicht parteimässig zusammengeschlossen sind. Denn nur wenn jeder Staatsbürger für seine Überzeugung eintritt, manifestieren sich die unzähligen kleinen Differenzen, die sich zum allgemeinen Willen ausgleichen. So sagt es Rousseau, aber damit ist die Frage, wie beim Erlass eines neuen Gesetzes festgestellt werden kann, ob es dem allgemeinen Willen entspricht oder nicht, nur ungenügend beantwortet. Wenn man mit Rousseau den Anspruch erhebt, das Volk müsse *gegen* seine Privatinteressen für das allgemeine Beste entscheiden können, dann gerät man in Schwierigkeiten, denn die Wahrscheinlichkeit ist gross, dass das Volk seinen Trieben folgend oder von Demagogen verführt irgendwelchen Privatinteressen zum Durchbruch verhilft. Rousseau selbst hat, trotz seines Glaubens an das Gute im Menschen, die Schwierigkeit gesehen und darauf verwiesen, dass es in der altgriechischen Polis den Gesetzgeber *(législateur)* gebraucht habe, denjenigen, der das Grundgesetz schuf. Er war «ein in jeder Hinsicht aussergewöhnlichen Mann im Staat», der sich auf eine höhere Vernunft berief und «Zuflucht zum Himmel als Mittler» nahm. Er schmückte sich mit der Weisheit der Götter, «damit die Völker, die den Staatsgesetzen ebenso unterworfen sind wie den Naturgesetzen [...] der Polis frei gehorchen und das Joch des öffentlichen Glücks tragen, ohne zu murren.»[40] Ist ein solcher Législateur auch in der modernen Zeit noch notwendig? Oder ist der Volkskörper alleiniger Gesetzgeber? Genügt der Bezug auf die Mehrheitsmeinung im Volk, oder braucht es den Einzelnen, der sich auf die höhere Vernunft bezieht?

68

In der Menschen- und Bürgerrechtserklärung von 1793 ist die «volonté générale» nicht gleichgesetzt mit der Mehrheitsmeinung der Bürger oder ihrer Repräsentanten. Es heisst dort: «La loi est l'expression libre et solennelle de la volonté générale.» Damit ist offengelassen, wer das Gesetz als Ausdruck des allgemeinen Willens formuliert und auf welche Weise dies geschieht. Es war also die Intervention eines einzelnen übermenschlichen Gesetzgebers und damit die Zuflucht zur «Vermittlung des Himmels» offengelassen, die sich aber in der Praxis als eine höllische Sache erwies, denn der Versuch Robespierres, den allgemeinen Willen verbindlich zu formulieren, führte zu einer blutigen Diktatur. Aus dieser Erfahrung heraus kam der Verfassunggeber zur Auffassung, der allgemeine Wille sei praktisch mit dem Mehrheitswillen gleichzusetzen. In der Direktorialverfassung von 1795 gilt: «La loi est l'expression de la volonté générale, exprimée par la majorité ou des citoyens ou de leur représentants.»

Ochs wählt einen Mittelweg: Er geht davon aus, dass die Gesetze dem allgemeinen Willen entsprechen müssen, aber er will nicht grundsätzlich die aus Abstimmungen resultierende Mehrheitsmeinung als verbindliche Festlegung dieses allgemeinen Willens ansehen; deshalb setzt er den «Législateur» als oberste Instanz ein. Dieser ist aber nicht eine übergeordnete, besonders vernünftige Einzelperson, er ist auch nicht das Volk im Sinn des *corps politique*, sondern er ist der *corps législatif*, wie er in der Verfassung vorgesehen ist, also das helvetische Parlament, bestehend aus Grossem Rat und Senat. Besonders der Senat als zweite Kammer, der Ältestenrat also, den wir aus der alten römischen Republik kennen und der sich im revolutionären Kontext so seltsam ausnimmt, soll so etwas wie der Garant dafür sein, dass die Gesetzgebung nicht zum Spielball egoistischer Privatinteressen wird, sondern sich von einem höheren Allgemeininteresse leiten lässt. Diese Art von Gesetzgeber hat Ochs im Auge, wenn er schreibt: «Il n'a pour but que le bien public présent et à venir. Il a la raison seule pour guide. Il s'environne des plus sages. Il délibère avec maturité. Il n'est point esclave de l'opinion publique, mais il la consulte et la pèse, soit pour s'y conformer, soit pour la rectifier.»

Soviel zu den grundsätzlichen Artikeln des Ochsschen Verfassungsentwurfs. Was die mehr praktischen Fragen der staatlichen Organisation anbelangt, hält sich Ochs, mit einigen Abweichungen, an das Muster der französischen Direktorialverfassung; ich werde bei der Darstellung der definitiven helvetischen Verfassung darauf zurückkommen. Hier geht es mir nur darum festzustellen, dass die Verfassungsspezialisten der französischen Regierung die Vorschläge von Ochs zu einem grossen Teil billigten. Einige wenige Passagen strichen sie aber heraus, andere fügten sie hinzu. Beispielsweise stammten die Artikel 51 bis 63 aus ihrer Feder. Es handelt sich um die Bestimmungen über die Immunität der Parlamentsabgeordneten beziehungsweise über die durch viele Bedingungen erschwerte Möglichkeit, diese Immunität aufzuheben und Anklage zu erheben. Ochs hatte diesem Problemkomplex nur einen einzigen Artikel gewidmet. In der französischen Verfassung nahm er aber sehr viel Raum ein, was damit zu erklären ist, dass die französischen Abgeordneten nach 1792 hatten zusehen müssen, wie viele ihrer Kollegen dem Terror des Revolutionsgerichts ohne Verteidigungsmöglichkeit zum Opfer gefallen waren. Die französische Regierung übernahm die Schutzbestimmungen aus ihrer eigenen Verfassung und montierte sie in den Ochsschen Entwurf hinein. Dagegen strich sie die Detailbestimmungen zur Zusammensetzung des Grossen Rates. Ochs hatte geschrieben: «Le quard du Conseil des 240 doit être pris dans la Classe des Agriculteurs ou des Propriétaires de terres; l'autre quard dans la Classe des Artisans; le troisième quard dans la Classe des Négociands, Fabriquands, ou Marchands propriétaires d'immeubles dans les villes ou bourgs; et le quatrième quard dans la Classe des Hommes de lettres et des Artistes, comme Jurisconsultes, Médecins, Professeurs, Maîtres d'école, Membres des sociétés savantes, Peintres, Graveurs et ainsi du reste.» Diese *berufsständischen Bestimmungen* widersprachen der Auffassung, wonach der *citoyen*, der sich mit den öffentlichen Angelegenheiten befasst, seine Privatinteressen zu vergessen habe, weil er eben im allgemeinen Interesse politisch handeln sollte; seine berufliche Herkunft sei Privatsache und dürfe im öffentlichen Bereich keine Rolle spielen; dort komme es nur auf die Bürgertugend an. Ochs war eigentlich auch dieser Meinung, aber er sah voraus, dass sich in der politischen Praxis des neuen Staates, trotz aller Theorie, die Privatinteressen in berufsständischer Art zusammenballen würden, dass also die Bauern, die Handwerker, die Vertreter liberaler Berufe im helvetischen Parlament unterschiedliche Interessen vertreten würden. Die von ihm postulierte berufsständische «Quotenregelung» hätte möglicherweise die bald sichtbar werdenden Ressentiments der Bauern gegenüber den helvetischen Räten ein wenig entschärfen können. Aber natürlich hätten die vorgesehenen Proportionen zu endlosen Diskussionen Anlass gegeben, so dass es wohl doch richtig war, diese Bestimmung zu streichen.

2.5 Konstituierung der Helvetischen Republik

Wie stellte sich Ochs den Übergang von der alten zur neuen Schweiz konkret vor? Er beschreibt es im Anhang zum Verfassungsentwurf unter dem Titel: «Moïens d'établir successivement cette Constitution»: Es sei klar, dass sich die Aristokratie und die Oligarchie gegen die Neuerungen und für ihre Privilegien wehren würden. Aber glücklicherweise gebe es in der privilegierten Klasse auch starke Seelen, die sich über die alten Vorurteile erheben könnten. In den unterdrückten Klassen gebe es andererseits Menschen, die einen starken Willen zur Rückeroberung der alten Freiheit hätten. Deshalb dürfe man hoffen, eine Verfassung, die auf der Gleichheit der politischen Rechte aufbaue, werde schrittweise angenommen. Ochs ging also nicht davon aus, die Verfassung könne von einem Tag auf den andern in Kraft gesetzt werden, sondern er dachte an einen längeren Prozess. Er konzipierte, einen Vereinigungsprozess, der von den Kantonen auszugehen hatte.[41] So wie in Basel seit der Jahreswende 1797/98 die Revolutionierung vollzogen wurde, würde es auch in einigen andern Kantonen geschehen, stellte er sich vor. In den revolutionierten Kantone würde dann Verfassung vorerst einmal angenommen, worauf die Wahlkörperschaften dieser Kantone einen Grossen Rat, einen Senat und ein oberstes Gericht wählen würden. Die helvetische Republik hätte damit sozusagen ihre ersten Kantone für sich gewonnen. Danach würde die zweite Phase einsetzen: Wer in den andern Kantonen die Annahme der Verfassung wünscht, fordert seine Regierung mit einer Petition dazu auf. Wenn die Regierung darauf nicht eingeht, nehmen die Unterzeichner die Rechte einer ursprünglichen Gleichheit, die jeder Gesellschaft innewohnen, für sich in Anspruch («les pétitionaires se déclareront réintégré dans les droits de l'égalité primitive de tout Corps de société»). Sie schreiben Briefe an die Gemeinden und fordern sie auf, Wahlkörperschaften zu nominieren. Die Gemeinden, die aus Feigheit, niederer Gesinnung oder Dummheit dieser Einladung nicht folgen, werden so behandelt, als würden sie durch einzelne, der Sache der Gleichheit ergebene Leute oder durch andere, schon revolutionierte Gemeinden vertreten. Etwas weniger vornehm ausgedrückt: sie werden zur Revolution gezwungen. Ochs will keinen chaotischen Übergang zum neuen Regime der Gleichheit; er sieht aber auch keinen ausgeklügelten Formalismus vor, denn er weiss, wenn alles nach genauen Regeln geschehen soll, wird es nie geschehen; es braucht die Dynamik der Revolution, die nur dann entsteht, wenn sie nicht in ein zu enges Korsett gezwängt wird. Deshalb muss die grosszügige Regel genügen: Zur neuen Ordnung zählt, wer sich selbst dazu bekennt. Die Leute, die in diesem Sinn hervortreten, sind legitimiert, die Wahlkörperschaft zu bilden, und daraus gehen die neuen Institutionen des neuen Staates hervor. Entscheidend ist also die Wahlkörperschaft, ihr wird eine Rolle zugedacht, die später in der Russischen Revolution ihre Analogie in der «Diktatur des Proletariats» finden sollte. Ochs schreibt: «Le Corps éléctoral ainsi formé sera provisoirement revêtu d'une espèce de dictature. Il cassera le gouvernement actuel. Il lui substituera les nouvelles Autorités qui pourvoiront au reste.»

Bei der Lektüre dieser Sätze wird einem bewusst, mit welchen Risiken der Übergang vom alten zum neuen Regime behaftet war. Musste die Sache nicht zwangsläufig blutig ausgehen, weil die Altgesinnten nicht freiwillig zurücktreten würden? Ochs war überzeugt, eine friedliche Umwälzung sei möglich, und er und seine Freunde in Basel demonstrierten, wie die Sache zu bewerkstelligen war. Er wusste aber auch, dass es in andern Kantonen schwerer halten würde, und er wollte diesen Kantonen Zeit lassen, sich am Vorbild der revolutionären Kantone neu zu orientieren und sich freiwillig der Helvetischen Republik «une et indivisible» anzuschliessen.

Das war alles gut durchdacht, aber dieses Szenario war bald nicht mehr aktuell, weil die französische Regierung eben nicht bereit war, eine so unsichere Art der Revolutionierung der Schweiz abzuwarten, sondern ihre Truppen einmarschieren liess und die Verfassung faktisch oktroyierte. Die von ihr abgeänderte Verfassung enthielt aber immer noch den Ochsschen Schlussabschnitt über die Mittel, wie die Verfassung in Kraft zu setzen sei, freilich in verkürzter Form und ohne den «Diktaturartikel». Die Franzosen sahen es als überflüssig oder gefährlich an, die Wahlkörperschaften mit besonderer revolutionärer Macht auszustatten, weil sie diese Macht für sich und ihre Armee reservierten. Sie waren zwar daran interessiert, dass möglichst viele lokale Versammlungen die Verfassung der Helvetischen Republik annahmen, aber sie liessen es nicht auf diesen demokratischen Prozess ankommen, sondern vertrauten lieber auf die Macht ihrer Waffen.

Immerhin fand im März und April 1798 eine gewisse politische Auseinandersetzung mit dem Verfassungsprojekt statt. Allerdings konnten wohl nur die wenigsten die Tragweite der Sache abschätzen. Die meisten nahmen in erster Linie die Anwesenheit französischer Truppen wahr, und die einen verbanden damit die Vorstellung von Befreiung, die andern umgekehrt die Vorstellung von Fremdherrschaft. Die einen wie die andern wussten zunächst nicht, was von einer Verfassung zu halten sei, die einen gesamtschweizerischen Staat ohne Untertanengebiete vorsah. Je nach Standpunkt und Interessenlage waren sie eher positiv oder eher negativ eingestellt. Dass gleichzeitig mit der Schaffung des neuen Einheitsstaates die alteidgenössischen Kantone abgeschafft werden sollten, war ihnen zunächst nicht deutlich, denn in der Verfassung war ja von Kantonen die Rede. Es war für staatsrechtliche Laien nicht ohne weiteres durchschaubar, dass es sich dabei nur um direkt von der Zentralregierung abhängige Verwaltungseinheiten handelte. Überhaupt waren die meisten durch die Verfassungsdiskussion überfordert, denn das verfassungsrechtliche Denken hatte in der breiten Bevölkerung keine Tradition. So war es oft eher zufällig, ob eine Primärversammlung der Verfassung zustimmte oder sie ablehnte. Ausserdem merkte man natürlich, dass es darauf eigentlich nicht ankam, dass angesichts der Besatzungsmacht letztlich nichts anderes übrigblieb, als sich in die neuen Verhältnisse zu schicken. Nur die Bevölkerung der Innerschweiz verweigerte sich konsequent. Obwalden stimmte zwar der helvetischen Verfassung zu, aber in allen andern Orten der Urschweiz formierte sich Widerstand.

Auf Wunsch der französischen Besatzungsmacht sollte die Helvetische Republik möglichst rasch konstituiert werden; man wollte nicht warten, bis sich die Urkantone möglicherweise doch noch zur Revolution bekehrten. Andererseits sollten die Urkantone, die auch in Frankreich als Heimat des Freiheitshelden Wilhelm Tell[42] galten, nicht gewaltsam in die neuen Verhältnisse hineingezwungen werden, denn eine Zwangsaktion gegen sie hätte dem Prestige der Revolution geschadet. Man wollte also der Innerschweiz Zeit lassen und vorerst ohne sie den neuen Staat gründen. Die lokalen Primärversammlungen wurden dazu angehalten, ihre Wahlmänner zu bestimmen, und diese bestimmten danach die Parlamentsabgeordneten und die Richter. So geschah es vorerst in 12 Kantonen. Am 12. April 1798 traten die Repräsentanten dieser Kantone unter dem Vorsitz des Alterspräsidenten Jakob Bodmer von Stäfa in Aarau zusammen. Die beiden Kammern des noch nicht vollständigen helvetischen Parlaments wählten ihre Vorsitzenden: der Senat Peter Ochs und der Grosse Rat den Berner Rechtslehrer Bernhard Friedrich Kuhn. Vom Balkon des Rathauses herunter proklamierten Ochs und Kuhn die eine und unteilbare Helvetische Republik. Die Verfassung wurde laut verlesen und trat damit in Kraft. Mit dieser feierlichen Konstituierung der Helvetischen Republik – notabene in

Anwesenheit französischer Truppen – war die politische Revolutionierung der Schweiz vollzogen. Alle rechtlichen Gewohnheiten der alten Eidgenossenschaft waren ausser Kraft gesetzt, und an die Stelle der traditionellen Ordnungsprinzipien, die von Ort zu Ort verschieden waren, sollte ein für die ganze Schweiz gültiges einheitliches Gesetz treten. Der neue Staat beruhte nicht mehr auf der Macht göttlich legitimierter «Gnädiger Herren», sondern auf dem Willen der Gesamtheit der Staatsbürger. Von nun an galten in unserem Land die Prinzipien der revolutionären französischen Staatstheorie.

Eine der ersten Aufgaben der helvetischen Räte war es, das fünfköpfige Direktorium zu wählen; Ochs rechnete fest damit, in diesem Führungsgremium Einsitz zu nehmen zu können. Aber beim Wahlakt vom 14. April 1798 wurden zur allseitigen Überraschung er und auch Laharpe übergangen. Einige Historiker haben daraus ablesen wollen, die wählenden Räte hätten schon damals erkannt, dass Ochs und Laharpe zwar von hohen Idealen erfüllt, aber gerade deswegen zu weit von den Wünschen des Volks entfernt und zu stark an Frankreich gebunden gewesen seien. Wahrscheinlicher ist, dass der französische Zivilkommissär Lecarlier, der möglichst viel Macht für sich selbst reservieren wollte, durch eine geschickte Intrige die Wahl der beiden starken Männer verhinderte. Gewählt wurden Lucas Legrand von Basel, ein Theologe, der sich zum Geschäftsmann gemausert hatte, Maurice Glayre von Romainmôtier, der im Dienste Polens als Diplomat gewirkt hatte, der Berner Anwalt Ludwig Bay, der aus patrizischer, aber nicht regierender Familie stammte, Alfons Pfyffer von Luzern, ehemals Offizier der Schweizergarde in Rom und Regimekritiker in seiner Heimatstadt, und schliesslich der Kaufmann Victor Oberlin von Solothurn. Die Direktoren, Räte und Beamten liessen sich Uniformen in bestimmten Farben schneidern, denn so war es in der Verfassung vorgesehen und in weiteren Erlassen präzisiert worden. Später, als das regierende Bürgertum nur noch schwarz oder grau gekleidet war, wurde die ganze Helvetik als theatralische Inszenierung eitler Ehrgeizlinge verurteilt. Die Farbensymbolik gehörte aber wesentlich zur Revolutionszeit, und wie die französische gab sich auch die junge schweizerische Republik ihre Trikolore, wobei die Farben grün, rot und gelb als Nationalfarben bestimmt wurden. Wer sich zum revolutionären Nationalstaat bekannte, steckte sich eine Bandrosette in diesen Farben, eine sogenannte Kokarde, an den Rock.[43]

3. Grundzüge der Helvetik

1798 wurde die alte Eidgenossenschaft sozusagen ad acta gelegt und der moderne Staat Schweiz gegründet. An Stelle eines Systems von Bündnissen zwischen dreizehn vormodernen Kleinstaaten trat jetzt ein einziger schweizerischer Nationalstaat. Dieser Staat, die Helvetische Republik, erscheint rückblickend als interessante Neuschöpfung, als Wendepunkt zwischen einer Epoche der politischen Stagnation und einer neuen Epoche ausserordentlicher politischer Dynamik. Aus europäischer Perspektive erscheint die Helvetische Republik allerdings nur als eine von vielen französischen «Satellitenstaaten». Ausser der Helvetischen gab es die Batavische, die Cisalpinische, die Ligurische, die Cispadanische, die Römische und die Parthenopäische Republik – allesamt kleine Einheitsstaaten von Frankreichs Gnaden. Diese europäische Optik ist wichtig, soll uns aber nicht daran hindern, uns speziell mit der Helvetischen Republik zu befassen. Lange genug war ja gerade die Tatsache, dass die Schweiz in der Form der Helvetischen Republik offensichtlich ein integrierender Bestandteil eines ganzen Staatensystems war, für viele Historiker Grund genug, sich für sie kaum zu interessieren. Die traditionelle nationalistische Geschichtsschreibung wollte die Schweiz als Sonderfall, als ein von Europa abgekapseltes, ganz auf sich allein gestelltes Staatswesen verstanden wissen, und deshalb behandelte sie die fünf Jahre der Helvetischen Republik, die sogenannte Epoche der *Helvetik*, meistens unter dem negativen Aspekt der Fremdherrschaft. Erst seit kurzem werden in der Historiographie auch die positiven Aspekte der Helvetik wieder stärker betont.

Ich habe behauptet, die Helvetische Republik sei ein Nationalstaat gewesen. Das mag denjenigen nicht einleuchten, die diesen Begriff aus dem relativ späten Prozess der nationalen Einigung Italiens und Deutschlands ableiten. Ich beziehe mich aber hier nicht auf diese historischen Beispiele, sondern auf die nationalstaatlichen *Ideen* der Französischen Revolution. Daraus leite ich einen *Idealtypus des Nationalstaates* ab, der sich durch drei hauptsächliche Merkmale auszeichnet: Erstens umfasst der Nationalstaat ein geschlossenes Territorium mit festen Grenzen; zweitens bildet die auf diesem Territorium lebende Bevölkerung die Nation, von der alle Souveränität ausgeht, und drittens schlägt sich der Wille der Nation in einem für alle gleichermassen gültigen Gesetz nieder. Dazu kommt, dass sich der Nationalstaat nach aussen als unabhängig versteht, gleichzeitig aber als zugehörig zu einer internationalen Gemeinschaft souveräner Staaten, die friedlich nebeneinander und miteinander existieren. – Die Helvetische Republik war offensichtlich von diesem idealen Nationalstaat noch weit entfernt, und zwar vor allem deshalb, weil sie konstituiert wurde, bevor sich die Bevölkerung der Schweiz ihrer selbst als Nation hatte bewusst werden können. Ausserdem war die Helvetische Republik nicht wirklich souverän, sondern mindestens in militärischen Fragen direkt von Frankreich abhängig. Ihre Verfassung entsprach aber theoretisch der nationalstaatlichen Idee, und teilweise handelte die Schweiz von 1798 wie ein Nationalstaat.

3.1 Die helvetische Verfassung vom 12. April 1798

Die Helvetische Republik hat einen präzisen Anfang, nämlich den feierlichen Akt der Konstituierung am 12. April 1798. Schon dadurch steht sie in schroffem Gegensatz zu den Republiken der alten Eidgenossenschaft, die aus unbestimmten Anfängen heraus in Jahrhunderten gewachsen waren. Die *Verfassung* der alten Eidgenossenschaft hatte als Summe unterschiedlichster Rechtsdokumente, Verfahrensreglemente und Gewohnheiten existiert, nicht aber in Form eines einzigen und einheitlichen schriftlichen Dokuments. Anders die Verfassung der Helvetischen Republik: Sie ist ein einheitlicher schriftlicher Erlass, der die Grundprinzipien des einen und einheitlichen Staates sowie das Funktionieren seiner Institutionen kurz und prägnant darstellt. Sie ist nicht eine Zusammenfassung bisheriger Praxis, sondern Ausdruck des Willens zu einem Neuanfang. Auf ihr beruhte die ganze Gesetzgebung der Helvetik und an ihr hatte sich die ganze spätere Verfassungsentwicklung des schweizerischen Nationalstaates immer wieder zu messen. Obwohl sie während der fünf Jahre der Helvetik nie so weit politisch umgesetzt werden konnte, dass sie in allen ihren Teilen gelebte Verfassungswirklichkeit geworden wäre, gehörten die ihr innewohnenden Prinzipien doch zu den prägenden Grundzügen der nachfolgenden Epoche.

3.1.1 Bürgertugend und Freiheit

Die helvetische Verfassung war kurz, benannte nur das Wichtigste, liess vieles offen, was die Gesetzgebung regeln sollte. Entscheidend war, dass sie im Artikel 19 alle erwachsenen und dauerhaft ansässigen Bewohner der Schweiz unterschiedslos zu Staatsbürgern (citoyens) machte, also nicht nur die Minderheit derjenigen, die bisher Bürger (bourgeois) gewesen waren. «Tous ceux qui sont actuellement bourgeois effectifs, soit d'une ville municipale ou dominante, soit d'un village sujet ou non sujet, deviennent par la constitution citoyens suisses. Il en est de même de ceux qui avaient le droit de manence perpétuelle et des manents nés en Suisse.» Das ist der national-staatliche Fortschritt, der sich aber nur auf die männliche Hälfte der Bevölkerung bezieht. Die Frauen sind aus der Staatsbürgerschaft ausgeschlossen, ohne dass dies explizit gesagt würde. Die rechtliche und politische Diskriminierung der Frauen galt als selbstverständlich. Im Kapitel über die «Ausklammerung der Frauen» werde ich auf diese Problematik zurückkommen.

Der männliche Bürger der Helvetischen Republik, der seine politischen Rechte wahrnehmen kann, ist, anders als in der alten Eidgenossenschaft, nicht mehr nur Gemeindebürger, sondern auch Staatsbürger; er tritt in ein unmittelbares Verhältnis zum Gesamtstaat. Dieser Staat ist ein Einheitsstaat, das heisst, die Herrschaftsmacht ist nicht hierarchisch in die Souveränität der Gemeinde, des Kantons und des Gesamtstaats gegliedert, sondern bezieht sich ungeteilt auf das ganze staatliche Territorium. An dieser umfassenden Souveränität hat der Aktivbürger teil, auch wenn sich seine Teilhabe in den meisten Fällen auf den Wahlakt in der Primärversammlung beschränkt. Nur einige wenige gelangen in die zentralen Institutionen und haben als Grossräte, Senatoren oder gar Direktoren wirklich Anteil an der politischen Macht. Aber diese Macht, so zentralisiert sie scheint, ist in Wirklichkeit nur insoweit wirksam, als sie von der Gesamtheit oder der Mehrheit der Bürger gestützt oder zumindest akzeptiert wird. Denn die Regierungsmacht ist durch nichts als durch den Willen der Bürger legitimiert. Der Bürger aber will den Staat in seiner aktuellen Form nur solange, als er Interesse an ihm hat. Das Interesse des Bürgers am Staat besteht darin, dass dieser Staat eine Ordnung schützt, die ihm sein Eigentum und seine persönlichen Freiheiten garantiert. Diese Ordnung entspricht dem, was als sittlich gut erkannt wird.

Der Staat ist Ausdruck der Sittlichkeit, und deshalb verpflichtet er die Bürger auf ihre *Bürgertugend*. Die Tugendpflicht ist im Artikel 14 der Verfassung so umschrieben ist: «Le citoyen se doit à sa patrie, à sa famille et aux malheureux. Il cultive l'amitié, mais il ne lui sacrifie aucun de ses devoirs. Il abjure tous ressentiments personnels et tout motif de vanité. Il ne veut que l'ennoblissement moral de l'espèce humaine; il invite sans cesse aux doux sentiments de la fraternité; sa gloire est l'estime des gens de bien, et sa conscience sait le dédommager du refus même de cette estime.» Diese Formulierung stammt von Ochs. In deutscher Übersetzung lautet sie: «Der Bürger ist gegen das Vaterland, seine Familie und die Bedrängten pflichtig. Er pflegt Freundschaft, opfert ihr aber keine seiner Obliegenheiten auf. Er schwört allen persönlichen Groll und jeden Beweggrund von Eitelkeit ab. Sein Hauptzweck ist die moralische Veredelung des menschlichen Geschlechts. Ohne Unterlass ladet er zu den sanften Gefühlen der Bruderliebe ein. Sein Ruhm besteht in der Achtung gutdenkender Menschen, und sein Gewissen weiss ihn, wegen der Versagung dieser Achtung selbst, zu entschädigen.» [44]

Solche Sätze kommen uns heute pathetisch oder gar bombastisch vor; sie sind unvereinbar mit unseren nüchternen Vorstellungen davon, was der Staat uns vorzuschreiben hat. Unsere Tugend oder Untugend geht den Staat nichts an, glauben wir, weil wir einerseits den Begriff der Tugend auf sinnlos gewordene moralische Vorschriften beziehen und andererseits den Begriff des Staates rein funktional verstehen. Wir sehen im Staat nicht mehr die Verkörperung der sittlichen Idee des Gemeinwohls, sondern verstehen ihn als Dienstleistungsbetrieb. Es herrscht heute die Überzeugung vor, der Staat solle sich grundsätzlich möglichst wenig in Gesellschaft und Wirtschaft einmischen. Viele empfinden ihn sogar als feindlich, als anonymen Beamtenapparat, der uns durch Gesetze und Vorschriften einengt und alles regeln oder regulieren will. Kreise der Wirtschaft haben in den letzten Jahren immer heftiger die «Regulierungssucht» des Staates angeprangert, und sie rufen zu weitgehender Entstaatlichung oder Deregulierung auf, weil sie glauben, nur so im globalen Wettbewerb bestehen zu können. Die oft undifferenziert vorangetriebene Deregulierungsstrategie scheint aber einer wachsenden staatsbürgerlichen Gleichgültigkeit und einer sozialen Verantwortungslosigkeit Vorschub zu leisten. Dem gegenüber hat eine Art Renaissance der Ethik und damit des Tugendbegriffs begonnen. Dabei spielt auch das in letzter Zeit stark diskutierte philosophische Werk der 1975 verstorbenen Hannah Arendt eine wichtige Rolle. In ihrem Buch «Über die Revolution» hat sie die Frage der Bürgertugend ausführlich behandelt und diesen antiquierten Begriff gewissermassen rehabilitiert, indem sie in Wiederaufnahme der Gedanken Montesquieus zeigt, dass es nicht um moralische oder christliche Tugend geht, sondern um *politische* Tugend, deren Zweck das Gemeinwohl ist, das letztlich nichts anderes bedeutet als die Möglichkeit, politisch zu handeln und so die Freiheit zu mehren. Arendts Begriff der politischen Freiheit, so stark er sich an die Antike anlehnt und so wenig konkret er bezüglich der heutigen politischen Wirklichkeit erscheint, ist insofern attraktiv, als er der zunehmenden Entpolitisierung und der Herrschaft der wirtschaftlichen «Sachzwänge» den Gestaltungswillen der politisch denkenden Bürgerinnen und Bürger entgegensetzt. Die Stärkung des Politischen gelingt aber offensichtlich nur dann, wenn Politik mit sittlichen Ansprüchen verknüpft wird. Es war eindrücklich zu sehen, wie sich die Bürgerrechtsaktivistinnen und -aktivisten in der Endphase des osteuropäischen «Realsozialismus» auf ihre Bürgertugend besannen und eine politische Bewegung in Gang setzten, die zur Überraschung aller Aussenstehenden die alten Machthaber in kurzer Zeit hinwegfegte.

Zurück zur Verfassung der Helvetischen Republik: Die von ihr postulierte Bürgertugend bezieht sich interessanterweise nicht nur auf das Vaterland oder den Staat, sondern auch auf Familie und Bedrängte (malheureux). Sie hat sich also im staatlichen *und* im gesellschaftlichen Bereich zu bewähren; Staat und Gesellschaft sind im wesentlichen bedeutungsgleich. Das entspricht der naturrechtlichen Auffassung, wonach die brutale Ordnung des Naturzustandes nur dann zur gerechten Ordnung werden kann, wenn ein *Gesellschaftsvertrag* geschlossen wird, also eine stillschweigende Übereinkunft zwischen den Haus- oder Familienvorständen einerseits und den Regierenden andererseits, in dem die Ordnungsprinzipien festgelegt sind. Diese Ordnungsprinzipien gelten für den gesellschaftlichen Bereich und begründen gleichzeitig den Staat. Was dabei ausser Betracht fällt, ist die Wirtschaft; zu diesem Bereich der gesellschaftlichen Tätigkeit äussert sich der Verfassunggeber nicht. Die Ökonomie wird, wie es dem Wortsinn entspricht, zunächst als Hauswirtschaft aufgefasst.[45] Sie gehört also zum Privatbereich, nicht zum öffentlichen Bereich. Es ist kennzeichnend für die Ordnungsprinzipien, die sich seit dem Ende des 18. Jahrhunderts in Europa und Nordamerika allgemein durchsetzen, dass der Privatbereich dem Zugriff des Königs, des Fürsten oder des Patriziats entzogen wird. Das Privateigentum wird als Grundlage der persönlichen Freiheit unter Garantie gestellt. Es kommt, allgemein gesprochen, zu einer Ausdifferenzierung zwischen öffentlichem Recht und Privatrecht, zwischen öffentlicher Verwaltung und privater Wirtschaftstätigkeit. Zur letzteren gehört vor allem die produktive und reproduktive Arbeit der Familienmitglieder und des Gesindes im Rahmen des «ganzen Hauses». Allerdings waren gewisse wirtschaftliche Tätigkeiten auch schon im Ancien Régime eng an den Willen der Herrschenden gebunden und deshalb staatlich reglementiert gewesen: Bankgeschäfte, Söldnergeschäfte, Aussenhandel, Salzhandel, Post, Bau von Strassen, Brücken und militärischen Festungsanlagen, schliesslich das ganze Zehnten-, Zoll- und Abgabewesen. Seit der Mitte des 18. Jahrhunderts hatte es aber eine gewisse Tendenz gegeben, alle Teile der Wirtschaft, vor allem auch den Aussenhandel, staatsunabhängig zu gestalten. «Laissez faire et laissez passer», hatten die Physiokraten in freihändlerischer Absicht dem französischen König zugerufen. Aber das Vertrauen auf die selbstregulierenden Kräfte in der Wirtschaft war noch gering; auf staatliche Regulierung glaubte man nicht verzichten zu können. Trotzdem wurde bei der Ausarbeitung der ersten republikanischen Verfassung Frankreichs der Wirtschaftsfrage wenig Beachtung geschenkt. Die Verfassunggeber konzentrierten sich auf die politischen Fragen; die Wirtschaft, soweit sie den Staat betraf, erkannten sie gar nicht als gesonderten Bereich, auf den in der Verfassung speziell hinzuweisen gewesen wäre.

So ist es auch in der helvetischen Verfassung. Zwar gibt es den Artikel 13, der die grundsätzliche Käuflichkeit von Boden und die Loskaufmöglichkeit bezüglich der Grundlasten statuiert,[46] und dieser Artikel hat natürlich wirtschaftliche Konsequenzen; er ist aber unter den «Principes fondamentaux» eingeordnet. Andere wirtschaftliche Fragen sollten erst durch die Gesetzgebung geregelt werden: Der Strassenbau soll weiterhin staatlich gefördert werden. Die Zölle im Landesinnern sollen dagegen abgeschafft und damit Handelshemmnisse beseitigt werden; die Währung soll vereinheitlicht, die Post staatlich organisiert werden. Man hat gewisse wirtschaftspolitische Vorstellungen, aber zu ihrer Realisierung fehlt das Geld. Die Leitlinie für den Gesetzgeber ist die Handels- und Gewerbefreiheit, durch welche die Wirtschaft bessere Entwicklungschancen bekommen soll. Dass eine beschleunigte Wirtschaftsentwicklung zur Gefahr für eine gleichgewichtige gesellschaftliche Entwicklung werden könnte, sehen zwar manche voraus, das Problem ist aber noch nicht aktuell. Erst durch die industrielle Revolution in der ersten Hälfte des 19. Jahrhunderts sollte die «sociale Frage» zum zentralen politischen Thema werden. Der Ausbau des Staates zum Wohlfahrtsstaat oder Sozialstaat wird die Antwort auf diese Problematik sein.

Die helvetische Verfassung bezweckt nicht in erster Linie die *materielle* Wohlfahrt der Staatsbürger, sondern deren Freiheit und damit das öffentliche Wohl (*bien public*). Damit ist das gemeint, was die englischen Aufklärer als *public happiness* bezeichneten: die Möglichkeit aller, sich in Freiheit an der Formulierung der öffentlichen Belange des Vaterlands beteiligen zu dürfen. Voraussetzung dafür ist neben der allgemeinen Aufklärung allerdings auch eine gewisse materielle Sicherheit. Im Artikel 4 steht: «Les deux bases du bien public sont la sûreté et les lumières. Les lumières sont préférables à l'opulence.» Ohne materielle und rechtliche Sicherheit kein öffentliches Wohl. Aber die materielle Sicherheit darf nicht in Üppigkeit ausarten, und wichtiger ist ohnehin die Aufklärung (les lumières), die den Aberglauben und die Finsternis des Vorurteils verscheucht. Das öffentliche Wohl hängt also vom Mass der Aufklärung ab; es ist ein immaterieller Wert, der sich auch im Begriff der Freiheit fassen lässt. Freiheit ist Ursprung und Ziel der Aufklärung. Freiheit ist aber nicht das Recht zu tun, wonach einen gerade gelüstet, denn neben der eigenen Freiheit gibt es die Freiheit der andern, die gleichermassen respektiert werden muss. Ausserdem gibt es Einschränkungen der persönlichen Freiheit, die im allgemeinen Interesse nötig sind und durch die Gesetze festgelegt werden. «La loi réprime tous les genres de licence; elle encourage à faire le bien.» Wahre Freiheit besteht also nicht in Ausschweifungen und Sittenlosigkeit, sondern darin, das Gute zu tun; wer in diesem Sinn handelt, hat den Sinn der Freiheit gefunden.

Neben dieser aktiven Freiheit, die in späterer Zeit nicht mehr so hoch geschätzt wurde, gibt es noch eine passive Freiheit, die im kommenden individualistischen Zeitalter eine wachsende Bedeutung erhält. Es ist die persönliche Freiheit, die prinzipiell jedem Menschen zukommt, die es verbietet, dass Menschen in Sklaverei, Leibeigenschaft, Hörigkeit oder sonstigen Formen der persönlichen Abhängigkeit gehalten werden; diese Freiheit leitet sich aus dem ewigen Naturrecht ab, und deshalb steht im Artikel 5 der Verfassung: «La liberté naturelle de l'homme est inaliénable.» Einzelne spezielle Freiheitsrechte werden in den Artikeln 6 und 7 genannt: die Gewissensfreiheit und die Pressefreiheit, verbunden mit dem Recht auf Bildung. Darauf bezog sich der liberale Staatsrechtlers Carl Hilty, als er in den siebziger Jahren des 19. Jahrhunderts sagte, es gebe in der helvetischen Verfassung Artikel, «die wie Sterne aus der Nacht der alten und aus dem dichten Nebel der späteren restaurirten Zeiten zu uns hinüberleuchten.»[47]

3.1.2 Gleichheit und territoriale Einheit

Wie schon im Ochsschen Entwurf steht auch in der Verfassung vom 12. April 1798 der Satz: «La forme de gouvernement, quelques modifications qu'elle puisse éprouver, sera toujours une démocracie représentative.» Und die Frage der Souveränität wird im gleichen Artikel 2 so beantwortet: «L'universalité des citoyens est le souverain.» Das ist ebenfalls eine Formulierung von Ochs. Es hätte auch heissen können, die Nation sei der Souverän. Aber der in Frankreich so beliebte und überhöhte Begriff der Nation kommt hier nicht vor. Dafür wird im Artikel 19, den ich weiter vorn schon zitiert habe, sachlich festgestellt, wer zur «universalité des citoyens» gehört, nämlich alle Bürger aller Städte und Dörfer innerhalb der Grenzen der Helvetischen Republik und dazu auch alle ehemaligen Hintersassen und Untertanen. Damit sind die alten Ungleichheiten bei der Zuerkennung der staatsbürgerlichen Rechte abgeschafft. Auch Leute, die aus dem Ausland zugezogen sind, können in den Besitz der staatsbürgerlichen Rechte kommen, allerdings erst nach zwanzigjährigem Aufenthalt in der Schweiz.

Die klare Regelung der Staatsbürgerschaft in der Verfassung liess in Wirklichkeit manche Unklarheiten und Widersprüche bestehen. Nach der alten Ordnung hatte nämlich nicht nur die Zugehörigkeit zu der Gruppe der Bürger, Hintersassen oder Untertanen über die Rechtsstellung entschieden, sondern auch die Stellung im Hausverband. Prinzipiell war die rechtliche und, soweit überhaupt vorhanden, auch staatsrechtliche Handlungsfähigkeit den Haushaltvorstehern vorbehalten gewesen. Das hatte bedeutet, dass Frauen, Vermögenslose, Unverheiratete ohne eigenes Haus, Leute ohne festen Wohnsitz und Heimatlose mehr oder weniger rechtlos waren. Die neuen Menschen und Bürgerrechte bezogen sich nun nicht mehr auf die Haushaltsvorsteher, also die Vorsteher einer Familien- und Produktionsgemeinschaft, sondern auf Individuen. Jedes mündige Individuum mit Wohnsitz innerhalb der Grenzen der Helvetischen Republik sollte im Prinzip aktiver Staatsbürger sein. Im praktischen Verständnis wirkt aber die alte Auffassung weiter, weshalb auch in der Helvetik die Frauen insgesamt und dazu verschiedene gesellschaftliche Gruppen, vor allem die Vermögenslosen, faktisch vom Bürgerrecht ausgeschlossen blieben.

Trotzdem stand hinter der Verfassung die moderne Gleichheitsidee. Die rechtliche Gleichheit der Bürger macht die Einheit der Nation aus, und alle von der Nation ausgehenden Hoheitsrechte beziehen sich auf den *einen* Staat. Deshalb ist der neue Staat ein Einheitsstaat, und darin unterscheidet er sich am deutlichsten von der alten Eidgenossenschaft, die aus verschiedenen untereinander und in sich getrennten Staaten bestand. Dieser fundamentale Unterschied wird gleich im ersten Verfassungsartikel benannt: «La République helvétique est une et indivisible. Il n'y a plus de frontières entre les cantons et les pays sujets, ni de canton à canton.». Die alten eidgenössischen Orte und ihre ehemaligen Untertanengebiete sind zu einem einzigen Territorium verschmolzen, das nicht im Innern, sondern nur noch nach aussen Grenzen hat. Erst durch die Aufhebung der Grenzen zwischen den Kantonen kann sich die Souveränität der Staatsbürger auf die Gesamtheit des staatlichen Territoriums, des Vaterlandes, beziehen, und erst so bekommt das Vaterland Kraft und Stärke. Früher war dieses Vaterland durch Unterschiede, Ungleichgewichte, lokale Vorurteile geschwächt, heisst es im zweiten Abschnitt des ersten Verfassungsartikels, künftig aber werde die Einheit diesen Mangel überwinden. «On sera fort de la force de tous.»

Die alten Grenzen der eidgenössischen Orte und der gemeinen Herrschaften (Vogteien) sind aufgehoben. Trotzdem ist das Staatsterritorium aufgeteilt, nämlich in Kantone, Bezirke und Gemeinden, die aber blosse Verwaltungseinheiten sind. Die in der Verfassung aufgezählten Kantone entsprechen ungefähr den alteidgenössischen Republiken; es gibt aber ein paar wesentliche Veränderungen. Stark reduziert ist vor allem das bernische Gebiet, indem die Waadt und der Aargau, die vorher Bern gehört hatten, zwei neue Kantone bilden. Jura und Genf sind nicht Teile der Helvetischen Republik, sondern Frankreich direkt eingegliedert, während Neuenburg als preussisches Gebiet von den Franzosen respektiert wird. Die ehemaligen Vogteien sind gleichwertige Kantone geworden. Dass auch die ennetbirgischen Vogteien (Tessin) als Kantone Bellinzona und Lugano zur Helvetischen und nicht etwa, wie es die dortigen Patrioten gewünscht hatten, zur Cisalpinischen Republik gehörten, war vor allem dem Umstand zu verdanken, dass Basel noch vor dem Einmarsch der Franzosen auf seine Vogteirechte verzichtet hatte und ihm die andern Orte gefolgt waren, so dass sich die Tessiner nach einigem Hin und Her für die Schweiz und gegen Mailand aussprachen. Die in der Verfassung vorgesehenen 22 Kantone waren also: Wallis, Waadt, Freiburg, Bern, Solothurn, Basel, Aargau, Luzern, Unterwalden, Uri, Bellinzona, Lugano, Rätien, Sargans, Glarus, Appenzell, Thurgau, St. Gallen, Schaffhausen, Zürich, Zug und Schwyz. Faktisch gehörte Rätien (Graubünden) noch nicht dazu, sondern war nur zum Beitritt zur Helvetischen Republik eingeladen.

Das allgemeine Gefühl war, alles sei noch im Fluss, und weder der Umfang des helvetischen Territoriums noch dessen verwaltungsmässige Einteilung waren endgültig definiert; beides konnte durch einfachen Gesetzesbeschluss verändert werden. Auf Wunsch der Bevölkerung im Berner Oberland wurde ein eigener Kanton Oberland geschaffen; das war ein erster, vom französischen Zivilkommissär Lecarlier dekretierter Verfassungszusatz, der nachträglich von den helvetischen Räten sanktioniert wurde. Weitere territoriale Veränderungen waren nach Verfassung möglich, und die Basler Patrioten dachten eine Zeitlang an die Erweiterung der helvetischen Republik durch Gebiete am Oberrhein.[48] Im übrigen wurde die Kantonseinteilung später noch mehrfach verändert: Vorübergehend wurde ein Kanton Baden geschaffen, Uri, Schwyz, Unterwalden und Zug wurden zu einem einzigen Kanton Waldstätten vereinigt, Glarus und Sargans zum Kanton Linth, Appenzell und St. Gallen zum Kanton Säntis.

3.1.3 Die politischen Institutionen

In der helvetischen Verfassung war ein Regierungssystem nach französischem Vorbild festgelegt: Fünf mit grossen Vollmachten ausgestattete Direktoren bilden die oberste politische Leitung des Landes, und ihnen unterstehen die Fachminister, welche die konkrete Arbeit zu leisten haben. Die Direktoren werden von den beiden Kammern des Parlaments nach einem komplizierten Verfahren gewählt. Das Direktorium muss jährlich ein Mitglied auswechseln, wobei der austretende Direktor durch das Los bestimmt wird.[49] Die beiden Kammern sind der Grosse Rat und der Senat; sie bilden die gesetzgebende Behörde. Der Senat besteht aus vier Deputierten jedes Kantons; gewesene Direktoren werden Senatoren auf Lebenszeit. Der Senat ist die vornehmere der beiden Kammern; ihm allein kommt das Initiativrecht für Verfassungsänderungen zu. Der Grosse Rat besteht zunächst aus acht Deputierten jedes Kantons; das Gesetz soll dann die Anzahl der Deputierten bestimmen, die jeder Kanton im Verhältnis zu seiner Bevölkerungszahl entsenden kann. Die demokratische Verankerung ist durch die Primärversammlungen und die Wahlkörperschaften gegeben. Die ersteren bestehen aus Männern, die mindestens zwanzig Jahre alt sind und seit mindestens fünf Jahren in ihrer Gemeinde wohnen. Zählt eine Gemeinde weniger als 100 Bürger, muss sie sich mit der nächstgelegenen Gemeinde zusammenschliessen. Die Primärversammlungen entscheiden über die Verfassung, und jährlich bestimmen sie die Wahlmänner, die ihrerseits einen Teil der Parlamentsabgeordneten und der Richter neu wählen. Exekutive, Legislative und Judikative sind unabhängig voneinander.

Wie beurteilen ältere Historiker und Staatsrechtler die Institutionen der Helvetik? Eduard His legt in seiner «Geschichte des neuern schweizerischen Staatsrechts» dar, die Exekutive habe zu grosse Kompetenzen gehabt und es habe sich bald gezeigt, dass sie nicht nur die Legislative, sondern auch die Judikative von sich abhängig machen konnte, so dass das Prinzip der Gewaltenteilung durchbrochen war. Edgar Bonjour findet, die helvetische Verfassung sei insgesamt «ein Abklatsch der französischen Direktorialverfassung von 1795» gewesen, und er fügt bei: «Was für Frankreich angemessen schien, konnte aber nicht ohne weiteres für die Schweiz passen.»[50] Das starke Direktorium sei Ausdruck eines der Schweiz nicht angemessenen Zentralismus gewesen. Eine pauschale Abqualifizierung der helvetischen Verfassung findet sich auch bei Ernst Gagliardi. In seiner Schweizer Geschichte von 1937 schreibt er, das «durch fremde Bajonette aufgezwungene Grundgesetz» sei im ganzen und im einzelnen «die volle Negation früher herrschender Zustände» gewesen und habe «unter Missachtung alles natürlich Gewachsenen, Historischen» eine «schablonenhafte Bureaukratie» nach französischem Vorbild errichtet. – Nur wenige Autoren kommen zu einer überwiegend positiven Bewertung der helvetischen Verfassung; die ältere Geschichtsschreibung fällt ein mehrheitlich negatives Urteil. Oft wird schon allein aus der Tatsache, dass die Helvetische Republik nur wenige Jahre existierte und dabei von heftigen inneren Konflikten zerrissen war, der Schluss gezogen, sie sei von Anfang an falsch konzipiert gewesen. Dem kann man entgegenhalten, dass das Scheitern der Republik noch ganz andere Gründe hatte als die allenfalls nicht ganz perfekte Verfassung. Die aus heutiger Sicht tatsächlich erstaunliche Machtfülle des Direktoriums kann man auch als Kompensation der Schwäche und mangelnden Qualität von Legislative und Judikative sehen. Grosses Gewicht hat aber das Argument, die helvetische Verfassung wäre nur dann legitim gewesen, wenn sie nach freier Diskussion durch die «universalité des citoyens» oder, praktisch gesehen, durch die Mehrheit der Primärversammlungen in allen Kantonen angenommen worden wäre. Sie sei aber faktisch mit französischer Waffengewalt der Schweiz aufgezwungen worden. Aus heutiger Sicht ist klar, dass eine solche Verfassung nicht rechtens sein kann. Zur Zeit der Helvetik schauten die Staatsrechtler die Sache noch ein wenig anders an. Weder über die amerikanische Verfassung noch über die französischen

Verfassungen war in einer Art abgestimmt worden, die den Demokratie-vorstellungen des 19. und 20. Jahrhunderts genügt hätte. Man war damals der Meinung, eine Verfassung müsse in erster Linie dem Naturrecht und dem Allgemeinwillen entsprechen, nicht aber dem mehr oder weniger zufälligen Willen der Mehrheit der Bürger. Man traute gebildeten Juristen und ausgewählten politischen Instanzen zu, kraft ihrer Vernunft eine gültige Verfassung zu formulieren, die dann nicht mehr unbedingt der Legitimation durch eine Volksabstimmung bedurfte.

Ich komme noch einmal auf die Bemerkungen Gagliardis zurück: Wenn er die helvetische Verfassung prinzipiell für falsch hält, weil sie die Negation früherer politischer Zustände war, dann bestreitet er grundsätzlich die Möglichkeit eines Bruchs mit der Vergangenheit und eines politischen Neuanfangs. Viele Historiker denken so: Sie sehen die Geschichte als ein Kontinuum, in dem Brüche und Neuanfänge letztlich unmöglich sind. Die nationale Geschichtsschreibung hat seit der zweiten Hälfte des 19. Jahrhunderts nicht mehr anerkennen wollen, was für die Zeitgenossen noch evident war, dass nämlich der moderne schweizerische Nationalstaat aus der Revolution von 1798 hervorgegangen ist. Vielmehr hat sie den Eindruck zu erwecken versucht, die Helvetik sei, weil sie mit der alteidgenössischen Tradition brach, ein unerfreuliches, aber zum Glück folgenloses Intermezzo gewesen und der moderne Nationalstaat habe erst entstehen können, als man wieder an die alten Traditionen anknüpfte. Demgegenüber vertrete ich die Auffassung, es habe zwischen 1798 und 1848 ein revolutionärer Prozess stattgefunden, der nach verschiedenen Anläufen und Rückschritten schliesslich zur dauerhaften Gründung des demokratischen Nationalstaates führte. 1798 war ein Bruch mit der Vergangenheit und der Anfang eines Prozesses, der eine ganz neue Idee von politischer Freiheit und demokratischer Partizipation wirksam werden liess. Selbstverständlich ist die Tradition als Summe der historisch wirksamen Strukturen zu allen Zeiten prägend für unser Denken und Fühlen, aber nicht zu allen Zeiten gleich stark. Auch in Zukunft werden wir immer wieder über die Möglichkeit verfügen, Altüberkommenes hinter uns zu lassen und neue Wege zu gehen.

3.2 Ausklammerung der Frauen

Die Frauen waren von der Teilnahme am republikanischen Staatswesen ausgeschlossen – ein Widerspruch zur Gleichheitsidee, der den wenigsten Männern ins Bewusstsein fiel, weil ein ganzer Komplex von Gewohnheiten, Meinungen und Anschauungen von vornherein den blossen Gedanken an ein Auftreten der Frauen in der Öffentlichkeit als aktive Staatsbürgerinnen verbot. Die Frau – abgesehen von wenigen privilegierten Ausnahmefrauen, die als selbständige Wesen wahrgenommen wurden – galt als Teil des Hauses und der Familie, war also beschränkt auf den privaten Lebensbereich, wobei sie auch in diesem Bereich dem Mann als Haus- respektive Familienvorstand untergeordnet war.

Insofern die Menschenrechte konstitutiv für die politischen Rechte sind, ist eine Ausschliessung der Frauen aus der Staatsbürgerschaft letztlich ein Verstoss gegen sie. Nun waren die Menschenrechte, die «droits de l'homme», bewusst oder unbewusst sehr oft als Rechte des Mannes verstanden worden, obwohl verschiedene Denker der Aufklärung sie ausdrücklich auch auf die Frauen bezogen hatten. Dagegen hatten sich aber diejenigen erhoben, die den Frauen wegen angeblich naturbedingter Schwächen eine andere Rechtsstellung als dem Mann geben wollten. Die ganze Argumentationskette gegen die Gleichberechtigung der Frauen wurde durch die Medizin mit scheinbar wissenschaftlichen Fakten untermauert. Die Berner Soziologin Claudia Honegger hat in ihrer 1991 erschienenen Arbeit über die «Ordnung der Geschlechter» gezeigt, wie in Frankreich gegen Ende des 18. Jahrhunderts der Diskurs der Ärzte und Naturwissenschaftler, die sich als Philosophen verstanden, den Diskurs der eigentlichen Philosophen verdrängte. Noch Helvétius war von einer prinzipiellen Gleichheit von Frauen und Männern ausgegangen; eine allfällige intellektuelle Unterlegenheit der Frauen war seiner Meinung nach mit besserer Ausbildung auszugleichen. Demgegenüber hoben die Naturwissenschaftler die unaufhebbaren Unterschiede hervor. Aufgrund der Sektionsbefunde an weiblichen Leichen konstatierten sie, Frauen hätten zartere Muskelfasern als die Männer, feinere, leichter irritierbare Nervenstränge und einen Uterus, der zu heftigen Kontraktionen fähig sei. Ihre Stärke sei deshalb die Sensibilität, und letztlich sei alles an ihnen auf Empfängnis und Gebärfähigkeit ausgerichtet. Die Frauen seien ihrer eigenen Natur unterworfen, sie seien sozusagen um ihren Uterus herum gebaut, während die Männer kraft ihres Geistes ihre Natur beherrschten.

Schon Rousseau hatte in seinem «Emile» das Auftreten in der Öffentlichkeit dem Mann vorbehalten, die Frauen auf das Wirken im Verborgenen verwiesen und sich dabei auf ihre Natur berufen. Nur der Mann sei fähig, in vernünftiger Art politisch tätig zu werden; Frauen hätten in den Geschäften der Republik nichts zu suchen. «Ob ein Monarch über Männer oder Frauen regiert, kann ihm ziemlich gleichgültig sein, solange man ihm gehorcht, in der Republik jedoch braucht man Männer.»[51] Auch in Deutschland wurde über die Rolle der Frau diskutiert, wobei manchmal einfach Rousseaus Ansichten paraphrasiert wurden, beispielsweise in der 1787 in Leipzig anonym erschienenen Schrift «Über die Weiber», die ausserordentliche Resonanz hatte. Verfasser war Ernst Brandes, dem es, wie Rousseau, darum ging, den Frauen ihren «naturgemässen» Platz zuzuweisen. Das Auftreten von Frauen in der Gesellschaft und in der Öffentlichkeit, ihr Brillieren in den literarischen Salons, ihre Selbständigkeit und Freizügigkeit, wie sie in der Oberschicht Mode seien, interpretierte er als Ursache des Sittenzerfalls: «Eben das worauf Wir cultivierten Völker so stolz sind, es als den Gipfel der Cultur ansehn, dass die Weiber in die Gesellschaft gezogen worden, darinnen den Ton angeben, hat den Verfall der Sitten bewirkt, und die Weiber von ihrem wahren Standpunkt abgeführt. Sie, die von der Natur nicht dazu bestimmt sind, die erste Rolle zu spielen, stehen bey Uns in der Gesellschaft nicht auf ihrer rechten Stelle. Von der Natur war ihnen eine andere untergeordnete Bestimmung angewiesen.»[52]

Zu Beginn der Französischen Revolution trat der naturrechtliche Diskurs über die Menschenrechte noch einmal in den Vordergrund. Es war nicht zu vermeiden, dass die Frage der politischen Gleichberechtigung der Frauen diskutiert wurde. Besonders der Marquis de Condorcet machte sich zum Anwalt eines auf Frauen und Männer gleichermassen bezogenen Menschenrechtsbegriffs. In seinem Aufruf «Über die Zulassung der Frauen zum Bürgerrecht» schrieb er: «Die Menschenrechte leiten ihre Berechtigung allein daraus ab, dass Menschen sinnliche Wesen sind, sich moralische Ideen aneignen und mit diesen Ideen umgehen können. Da nun die Frauen die gleichen Fähigkeiten aufweisen, haben sie notwendigerweise auch die gleichen Rechte. Entweder hat kein Glied des Menschengeschlechts wirkliche Rechte, oder sie alle haben die gleichen, und derjenige, welcher gegen das Recht eines andern stimmt, mag er auch einer andern Religion, einer andern Hautfarbe oder dem andern Geschlecht angehören, hat damit sein Recht verwirkt. Es dürfte schwer sein zu beweisen, dass Frauen unfähig sind, das Bürgerrecht auszuüben. Warum sollte eine Gruppe von Menschen, weil sie schwanger werden kann und sich vorübergehend unwohl fühlt, nicht Rechte ausüben, die man denjenigen niemals vorenthalten würde, die jeden Winter unter Gicht leiden und sich leicht erkälten?»[53]

Nicht nur Condorcet und einige wenige andere politisierende Männer machten auf die Frauenfrage aufmerksam, sondern natürlich auch alle die Frauen, die das Gleichheitsprinzip der Französischen Revolution für sich und ihre Geschlechtsgenossinnen einforderten. Die Geschichtsschreibung hat lange Zeit «vergessen», sie zu erwähnen. Überhaupt wird in der Literatur zur Französischen Revolution die Frauenfrage noch stärker an den Rand gedrängt als etwa die Sklavenfrage; oft wird sie überhaupt nicht behandelt. Wir wissen aber, dass unter dem Aspekt der Freiheit und Gleichheit sowohl über die Sklaven wie auch über die Frauen zeitweise intensiv diskutiert wurde. Im Grunde musste die Frage beantwortet werden, ob Frauen und Sklaven auch Menschen seien. Wurde diese Frage bejaht, so konnte aus der Formulierung der Menschen- und Bürgerrechte ganz selbstverständlich abgeleitet werden, dass Sklaverei verboten werden musste und dass die Frauen genau die gleichen bürgerlichen Rechte beanspruchen konnten wie die Männer. Tatsächlich wurde die Sklaverei 1794 abgeschafft – allerdings schon 1802 auf Druck der interessierten Kreise wieder eingeführt. In der Frauenfrage aber zog man die notwendige Konsequenz überhaupt nicht.

Die Frauen spielten in der Französischen Revolution insofern eine wichtige Rolle, als sie die Politiker auf die sozialen Fragen aufmerksam machten und das Lebensrecht der Armen und Hungernden auf die politische Ebene hoben. Sie konfrontierten die politischen Höhenflüge der Männer mit den Notwendigkeiten des Alltagslebens, die hauptsächlich sie, die Frauen, zu bewältigen hatten.[54] Dadurch beeinflussten sie den Gang der Revolution, und sie wurden zum politischen Faktor. Einige Exponentinnen der Frauenbewegung setzten sich dann auch konkret für die politische Gleichberechtigung der Frauen ein – am bekanntesten ist das Beispiel der Schriftstellerin Olympe de Gouges. Zum Gleichheitsthema hatte sie ein Theaterstück mit dem Titel «L'Esclavage des Noirs» geschrieben, das Ende 1789 an der Comédie Française aufgeführt wurde. 1791 veröffentlichte sie die *«Déclaration des droits de la femme et de la citoyenne»*, in der sie die neuen Rechte der Männer auch auf die Frauen übertrug. Im Artikel 10 ihrer Erklärung heisst es: «Die Frau hat das Recht, das Schafott zu besteigen, gleichermassen muss ihr das Recht zugestanden werden, eine Redner-

tribüne zu besteigen ...» Den männlichen Diskurs über die Natur der
Frauen konterte sie mit dem Aufruf: «Oh Frauen! Ihr Frauen, wann wird
Eure Verblendung ein Ende haben? Sagt zu, welche Vorteile sind euch aus
der Revolution erwachsen? Man bringt euch eine noch tiefere Verachtung,
eine noch unverhohlenere Geringschätzung entgegen. In den Zeitaltern
der Korruption habt ihr wenigstens über die Schwächen der Männer ge-
herrscht. Dies Imperium liegt nun in Trümmern, was bleibt euch denn
noch? Das Wissen um die Ungerechtigkeit des Mannes, die Forderung
nach eurem Erbe, die sich auf die weisen Gesetze der Natur beruft.»[55]

Frauen wie Olympe de Gouges, aber auch andere, die als kluge Ge-
sprächspartnerinnen ihrer politisierenden Männer einen nicht zu unterschätzenden Einfluss ausübten, bewirkten, dass die Männer der Nationalversammlung und später des Konvents die Frage der Staatsbürgerschaft der
Frauen zumindest diskutieren mussten. Diejenigen, die sich auf den Standpunkt der Gleichberechtigung der Frauen stellten, waren aber chancenlos
gegenüber der Mehrheit derjenigen, die meinten, aus Gründen der Natur
und der Tradition könnten die Frauen nicht Aktivbürgerinnen werden. Da
wurde etwa gesagt, die Natur selber müsse die allzu begeisterten *citoyennes*
daran erinnern, dass sie sich innerhalb der Geborgenheit ihres Heims in
ehrenwerter Weise an den Segnungen der Revolution freuen sollten. Immerhin fanden es die Abgeordneten klug, den Frauen eine zivilrechtliche Besserstellung zu gewähren, um sie so von weiteren Forderungen abzuhalten. Es
kam zum Beschluss, die Frauen seien im Erbrecht den Männern gleichzustellen, und im September 1791 wurde die bürgerliche Volljährigkeit für
Männer und Frauen gleich definiert. Die Gesetze vom September 1792
sahen die Rechtsgleichheit der Ehepartner vor und machten die Frau bei
einer Scheidung dem Mann ebenbürtig. Damit war die Frau im gleichen
Mass wie der Mann zum Rechtssubjekt geworden. Nur als Staatsbürgerin
blieb sie diskriminiert. Als dann nach der Hinrichtung des französischen
Königspaars eine republikanische Verfassung ausgearbeitet wurde, flackerte
die Diskussion um die Staatsbürgerschaft der Frauen noch einmal auf. Im
Frühjahr 1793 legte der Konventsabgeordnete Guyomar einen Traktat
über die notwendige Integration der Frauen in das republikanische System
vor. Er betonte, die Partizipation der Frauen sei eine notwendige Bedingung der Demokratie.[56] Im selben Jahr wurde Condorcet als «Verfassungs-
feind» verhaftet und nahm sich im Gefängnis das Leben. Olympe de Gouges
aber wurde aufs Schafott geschickt und hingerichtet. Die politischen
Rechte der Frauen waren in Frankreich kein Thema mehr, und die zivil-

rechtliche Besserstellung von 1791/93 wurde teilweise wieder rückgängig gemacht.

Anders als in der französischen wurde in der helvetischen Revolution die Gleichheit der Frauen nicht diskutiert. In ihrem Buch über die Frauenorganisationen in der Schweiz des 19. Jahrhunderts schreibt Beatrix Mesmer: «Man sah keinen Sinn darin, sich auf grundsätzliche Debatten über den Gehalt der Begriffe Freiheit und Gleichheit einzulassen, weil man ja auf bekannte Verfassungsmuster zurückgreifen konnte. Da die ausländischen Vorbilder den vollberechtigten Staatsbürger nur in männlicher Form kannten, erledigte sich damit zugleich auch das Problem, ob an der Stellung der Frauen etwas geändert werden müsse. Zudem haben in der Schweiz – anders als im revolutionären Frankreich – auch die Frauen selbst geschwiegen.»[57] – Mag sein, dass es so war; vielleicht aber fehlen einfach die schriftlichen Zeugnisse, die etwas anderes belegen. In letzter Zeit haben sich verschiedene Forscherinnen und Forscher um das Thema bemüht und nichts gefunden, was auf ein öffentliches Auftreten schweizerischer Frauen in der Frage der politischen Gleichberechtigung hinweisen würde. «Uns scheint, dass die Helvetik chronologisch zu spät lag, um einer Frauenbewegung noch Raum zu bieten», schreiben Brigitte Schnegg und Christian Simon. «Die grossen Kämpfe der Frauen waren innerhalb eines engen Zeitfensters 1793 stellvertretend in Frankreich entschieden worden, und die Männer waren gewarnt. 1798 gehörte bereits in eine autoritär-patriarchalische Phase …»[58]

Die Frage der Aktivbürgerschaft der Frauen wurde also in der Helvetik gar nicht aufs Tapet gebracht. Auch die privatrechtliche Diskriminierung der Frauen wurde kaum diskutiert, obwohl die damit verbundenen Probleme bekannt waren. Der Berner Rechtslehrer Bernhard Friedrich Kuhn hatte am Politischen Institut seiner Heimatstadt in den Jahren 1787 bis 1791 eine Vorlesung über bernisches Privatrecht gehalten, in der er das Gesetz, das die Frauen faktisch als unmündig erkläre, einen Überrest barbarischer Sitten genannt und die Rückständigkeit der Schweiz hinter andern Ländern betont hatte.[59] Die Ausschliessung der Weibspersonen von allen bürgerlichen Geschäften habe diese zur Besorgung ihrer eigenen Angelegenheiten so unfähig gemacht, dass eine Verbesserung ihrer rechtlichen Stellung dringend notwendig sei, meinte Kuhn. Er dachte vor allem an alleinstehende Frauen der Unterschicht, die in ihrer Hilflosigkeit nur allzu oft zu Prostituierten oder Kindsmörderinnen wurden. Er war um den moralischen Zustand des weiblichen Geschlechts besorgt. Als Mitglied der gesetzgebenden

Körperschaft der Helvetischen Republik bemühte er sich später um eine Besserstellung der Frauen – mit bescheidenem Erfolg: Die bisher vollständig fehlende juristische Handlungsfähigkeit der Frauen wurde durch eine stark beschränkte Handlungsfähigkeit ersetzt; die Frauen wurden ungefähr den Taubstummen gleichgestellt.[60]

3.3 Sind Juden Ausländer?

Wie die Frauen schienen auch die Juden von jeher diskriminiert zu sein, und es ist wohl kein Zufall, dass verschiedene Aufklärer die Judenfrage und die Frauenfrage miteinander in Verbindung brachten.[61] Auch bei den Juden stellte sich im Prinzip die Frage, ob sie Menschen seien, und wenn diese Frage bejaht wurde, dann mussten ihnen die Menschen- und Bürgerrechte gewährt werden. Konkret stellte sich aber das Problem bei den Juden anders als bei den Frauen. Ihnen wurden die politischen Rechte nicht deshalb vorenthalten, weil man sie von ihrer Natur her als für das öffentliche Leben ungeeignet hielt, sondern weil man sie als Angehörige eines fremden Volks betrachtete. Diese Betrachtungsweise war nicht ganz abwegig, denn die Juden selbst, soweit sie an ihren Traditionen festhielten, verstanden sich als ein besonderes Volk, das an seiner eigenen Kultur festhalten wollte. Das besondere Bewusstsein der jüdischen Minderheit wurde von den Mehrheitsvertretern als staatspolitisch problematisch empfunden, sobald der Staat, in dem die Juden lebten, sich als Nationalstaat zu verstehen begann, als Staat mit einem Staatsvolk, dessen politischer Wille sich in einem einheitlichen, für alle gültigen Gesetz ausdrücken sollte. Obwohl die Helvetische Republik noch lange kein voll ausgebildeter Nationalstaat war, zeigt sich ihr nationalstaatlicher Kern deutlich in der Art, wie sie den Juden begegnete.

Seit die Juden in ganz Europa zerstreut lebten, galten sie überall als Fremde, manchmal hoch geschätzt, manchmal verachtet und vertrieben. In der altständischen Gesellschaften, deren Prinzip die Ungleichheit war, führten sie entweder eine Randexistenz oder sie genossen eine Vorzugsstellung. Es gab einen von der Kirche geschürten Judenhass, der periodisch durchbrach und alle Juden treffen konnte. Dieser Judenhass war zunächst religiös aufgeladener Fremdenhass, der aber insofern etwas Spezifisches in sich trug, als er mit der beruflichen Tätigkeit der Juden zusammenhing. Weil nämlich im Mittelalter die Kirche ein Verbot des Geldverleihs gegen Zinsen ausgesprochen hatte, der Geldverleih aber immer mehr zur wirtschaftlichen Notwendigkeit wurde, übernahmen die Juden dieses Geschäft. Als Angehörige eines fremden Volks stand ihnen meistens kein Bodenbesitz zu, und sie hatten auch nicht das Recht, einer Zunft beizutreten und ein Handwerk auszuüben. So blieben sie beim Geldgeschäft, wurden Bankiers und Kaufleute. Allerdings brachte es nur eine Minderheit dabei zu Reichtum; die Mehrheit musste sich mit Geschäften in kleinem und kleinstem Umfang begnügen. Trotzdem galten sie alle als gerissene Geschäftemacher, die es verstanden, auf Kosten der wacker arbeitenden alteingesessenen Bevölkerung zu existieren. Immer wieder kam es vor, dass der Zorn auf die «Wucherer» sich in wüsten Ausschreitungen gegen jüdische Geschäfts- und Wohnhäuser Luft machte. Judenfeindliche Äusserungen waren alltäglich, und zwar nicht nur im «gemeinen Volk», sondern auch in den Schriften der Gebildeten und Aufgeklärten.

Die Juden in der Schweiz des Ancien Régime waren in ihrer Bewegungsfreiheit zunehmend eingeschränkt worden. Man hatte sie aus den Städten ausgewiesen und ihre Aufenthaltserlaubnis auf die Vogtei Baden und die Freien Ämter beschränkt. Im 18. Jahrhundert waren sie praktisch alle in den Dörfern Lengnau und Oberendigen wohnhaft. Sie hatten eine besondere Judensteuer zu bezahlen. Nach der Konstitution der Helvetischen Republik wandten sie sich an das Direktorium mit dem Begehren, die ihnen auferlegte besondere Kopfsteuer sei abzuschaffen, denn sie widerspreche der Idee der Rechtsgleichheit. Schon Ende Mai 1798 griffen die helvetischen Räte das Problem auf. Im Grossen Rat unterstützte der Aargauer Johannes Herzog die Petition zur Abschaffung der Judensteuer, und zwar mit dem Argument, diese sei judenfeindlich und stehe im Widerspruch zu den Menschenrechten. Der Abgeordnete Suter verlangte, dass man den Juden, die auch Menschen seien, die Menschenrechte sogleich per Akklamation erteile. Dem widersprach Huber mit dem Argument, die Juden sonderten sich durch ihre Gesetze und Bräuche selber ab. Im Senat berief sich der Abgeordnete Lafléchère auf die Religionsfreiheit: «Die Konstitution unterscheidet keine Religion; wir sollen alle Brüder sein; und wer anders ist an der Verkehrtheit der Juden schuld als die Christen, die sie beständig von sich gestossen haben?» Der Abgeordnete Lüthi aus Langnau wunderte sich über solche Judenfreundlichkeit und meinte, Juden seien eine ganz besondere Klasse von Menschen. «Sie haben bis dahin geglaubt, göttlichen Befehl zu haben, uns zu bestehlen und zu betrügen; warum sollten wir sie nun zum voraus begünstigen? Wir können sie uns nicht gleich achten, solange sie uns nicht ihre Töchter geben, noch diese unsere Söhne heiraten.»[62]

Grosser Rat und Senat sprachen sich schliesslich doch für die Abschaffung der Judensteuer aus. Es stellte sich aber sogleich eine weitere Frage, nämlich die, ob die Juden helvetische Staatsbürger oder Ausländer seien. Die Antwort war nicht leicht zu finden, denn die einen hielten das Judentum einfach für eine Religion, andere sahen in den Juden eine Nation für sich, und die dritten bezeichneten sie als eine schlechte Art von Menschen. Nicht nur rohe, ungebildete Judenfeinde lehnten die Juden als Mitbürger ab, sondern auch Männer der Aufklärung[63] wie der Berner Samuel Fueter, der eine Schrift mit dem Titel «Gedanken zur Frage, ob man den Juden die Rechte eines Bürgers gestatten soll» veröffentlichte. Er kam zu einer verneinenden Antwort und begründete dies damit, dass der Jude gewiss zum guten Bürger noch nicht reif sei, da seine Nation hartnäckig und mit unüberwindlichem Eigensinn unter einem Joche von Irrtümern herumkrieche, die eine Satire über menschliche Vernunft seien und mit der Aufklärung gänzlich im Widerspruch ständen.

Über die Frage der Staatsbürgerschaft der Juden debattierten die helvetischen Räte im August 1798, als es um die Vorbereitung der Bürgereidleistung ging. Die Verfassung der Helvetischen Republik hatte alle männlichen Bürger, Hintersassen und Untertanen in den Stand der Staatsbürgerschaft erhoben, und sie sollten nun in einem kollektiven Akt den Bürgereid schwören. Konnten die Juden an dieser Zeremonie auch teilnehmen und damit ihre Staatsbügerschaft bekräftigen? Der Zürcher Konrad Escher und der Waadtländer Louis Secrétan betrachteten das als selbstverständlich; das Protokoll der Sitzung des Grossen Rates hält fest: «Escher wies darauf hin, dass nach der Konstitution bei Erteilung des Bürgerrechts kein Religionsunterschied bestimmt und selbst die Eidesformel so abgefasst sei, dass alle Religionsgenossen ohne Anstoss schwören können. Ihn sekundierte Secrétan: die Juden sind Menschen! Sollte uns etwa die Religion trennen? Hat nicht unsere Religion den gleichen Ursprung wie die ihrige?»[64] Der Berner Jurist Bernhard Friedlich Kuhn betrachtete die Sache nicht von der religiösen, sondern von der rechtlichpolitischen Seite her und machte einen interessanten Einwand: «Kuhn sieht zwar die Juden so gut als die Christen für seine Brüder an, indem ihnen dies auf der Stirne geschrieben steht; allein er glaubt, im Talmud sei ein Gesetz, welches die Juden am Pfingsttag von allen eingegangenen Verpflichtungen lossspreche. Er wünscht, dass die Kommission dies untersuche, indem, wenn seine Vermutung sich bestätige, die Juden zur Staatsgesellschaft unfähig wären.»

Tatsächlich gibt es nach jüdischem Gesetz den periodischen Rechtsstillstand, Schemitta genannt. In der Thora[65] ist das siebente Jahr als Erlassjahr oder Schabbatjahr bezeichnet, und das 50. Jahr ist das Jubeljahr, in dem die Rückkehr zu den alten Rechtsverhältnissen und ein Neubeginn verkündet werden. Der Sinn besteht erstens darin, die Äcker brach liegen und sich dadurch erholen zu lassen, und zweitens, durch Schuldenerlass sozusagen die Karten neu zu verteilen und auf einem sozial gerechteren Stand der Dinge neu zu beginnen. Im Talmud werden diese schwierig zu handhabenden Vorschriften diskutiert, und es wird festgestellt, die alten Vorschriften könnten nicht mehr in gleicher Weise wie in den Urzeiten angewandt werden. Da sie aber weiterhin Bestandteil der Thora sind, wird der fromme Jude, wenn er keinen Schuldenerlass gewähren will, eine Ausnahme beantragen, indem er einen Prosbul schreibt.

Von diesen Dingen hatte Kuhn offenbar etwas gehört oder gelesen. Er verwechselte aber die Begriffe, sprach von Pfingsten[66] statt vom siebenten oder vom 50. Jahr, von nicht eingehaltenen Verpflichtungen statt von Rechtsstillstand und Schuldenerlass. Aufgrund seines Halbwissens äusserte er die Vermutung, die Juden seien «unfähig zur Staatsgesellschaft», also unfähig, sich in eine Rechtsgemeinschaft einzufügen, denn eine solche beruht darauf, dass eingegangene Verpflichtungen als bindend angesehen werden. Kuhns Einwand, zum Glück vorsichtig genug eingebracht, war die Besorgnis eines Juristen gegenüber einer Kultur, die zum Teil an sehr alten religiösen beziehungsweise rechtlichen Vorschriften festhielt, die möglicherweise mit der Gesetzgebung des neuen Staates nicht vereinbar sein würden. Ähnlich, wenn auch stärker judenfeindlich gefärbt, argumentierten Huber und Suter, die ebenfalls im Judentum nicht in erster Linie eine Religion, sondern eine gesellschaftliche Formierung gemäss besonderen Rechtsformen, also eigentlich eine Nation ohne eigenen Staat sahen. Das Protokoll vermerkt: «Huber glaubt, die Juden stehen in Rücksicht ihrer Religion in einer besonderen Korporation, die mehr politisch als religiös sei; demgemäss fordere die Konstitution, dass sie nie das Aktivbürgerrecht geniessen können; ausserdem befinden sie sich in einem solchen Zustand von Verdorbenheit, dass sie als unverbesserlich anzusehen seien. Auch nach Suter macht der Korporationsgeist der Juden sie unverbesserlich, wie die Chinesen mit ihrem eingeschränkten Nationalgeist; ihre Religionskorporation ist es, die sie an allem Guten hindert; so lange sie dieser anhängen, können sie keine guten Bürger sein.»

Der neue helvetische Staat setzte tugendhafte Bürger voraus, und die Bürgertugenden setzten ein bestimmtes Wertsystem voraus. Waren die Juden, auch wenn sie traditionell auf andere Werte abstellten, fähig, sich anzupassen, oder waren sie «unverbesserlich»? Die Voten von Kuhn, Huber und Suter zeigen, dass es Zweifel an der Anpassungsfähigkeit gab. Die helvetischen Räte setzten eine Kommission ein, welche zur Frage, ob die Juden den Bürgereid schwören durften, ein Gutachten vorlegen sollte. Am 16. August 1798 war es soweit, und die Judenkommission schlug den Räten vor, die Juden zunächst als Ausländer zu betrachten; diejenigen aber, die seit mindestens 20 Jahren ununterbrochen in der Schweiz niedergelassen gewesen seien, die also gemäss Artikel 20 der Verfassung eingebürgert werden konnten, sollten den Bürgereid schwören dürfen, wenn sie ein gutes Zeugnis von ihrer Wohngemeinde vorweisen und vor der Eidesleistung dem Regierungsstatthalter eine schriftliche Loyalitätserklärung abgeben würden. Trotz dieser einschränkenden und an sich schon diskriminierenden Bestimmungen lehnten viele Ratsmitglieder diese Lösung ab. In der Ratsdiskussion brach plötzlich nackte Judenfeindschaft durch: «Spengler aus Lenzburg will keinen Nutzen der Juden einsehen und beruft sich im Gegenteil auf den ganzen Kanton Baden, dass sie für dieses Land eine Pest und ein Schwamm seien, der allen Reichtum desselben einsauge. Gmür glaubt, ein Jude, der Jude bleibe und also noch auf ein neues Reich des Messias hoffe, könne die helvetische Konstitution, derzufolge er für immer auf andere Bürgerrechte Verzicht tun müsse, unmöglich annehmen. Ebenso schwierig werde es den Juden sein, sich gute Zeugnisse zu verschaffen, und wenn sie auch schwören, so werden sie doch den Eid nicht halten.» – Es äusserten sich aber auch wieder Abgeordnete, die eine positive Meinung von den Juden hatten, etwa Paul Usteri, der in ihnen nicht Ausländer, sondern Schweizer jüdischer Konfession sah: «Die Judengemeinden in Helvetien bestehen aus ewigen Hintersässen, die kraft der Konstitution Bürger sind. Die Konstitution nimmt keine Rücksicht auf Religionen. Auch bilden die Juden keine besondere Nation, denn sie unterwerfen sich ja allenthalben den Landesgesetzen. Andere Rücksichten können hier noch weniger stattfinden. Betrüger und schlechte Menschen gibt es unter Juden und Christen. Wenn es unter jenen deren mehrere gibt, sind vielleicht die Christen daran schuld, und alsdann liegt ihnen ob, das durch sie verursachte moralische Übel wieder gutzumachen.»

Die helvetischen Abgeordneten kamen zu keinem klaren Schluss. Der Entscheid, ob Juden den Bürgereid schwören dürften, wurde einfach hinausgeschoben, so dass sie faktisch von diesem feierlichen Akt ausgeschlossen wurden und das helvetische Bürgerrecht nicht erlangen konnten. Immerhin war ihre Einstufung als niedergelassene Ausländer für sie schon ein Fortschritt, denn damit kamen sie – allerdings nur für die kurze Zeit der Helvetik – in den Genuss der Handels- und Gewerbefreiheit, des Rechts, Grundstücke zu erwerben, und des Rechts der freien Niederlassung. Die Frage, ob sie zur helvetischen Nation gehörten oder eine eigene Nation bildeten, blieb unbeantwortet. Sie sollte noch lange ein ungelöstes Problem in der schweizerischen Nationalstaatsentwicklung bleiben. Im Kapitel über «Die Juden und der Nationalstaat» werde ich darauf zurückkommen.

3.4 Abschaffung der Feudallasten

Beurteilt man das Zeitalter der Französischen Revolution aus marxistischer Sicht, so erkennt man in der Abschaffung des Feudalismus den entscheidenden Vorgang dieses Zeitalters. Mit Feudalismus ist nach marxistischer Terminologie eine Gesellschaftsformation gemeint, die der bürgerlichen vorangeht und die auf der Arbeit der Bauern beruht. Die Bauern bearbeiten den Boden, müssen den Grundherren einen Teil des Ertrags abliefern und ihnen Dienste leisten. Diese sogenannten Feudallasten wurden erst zu einem Zeitpunkt abgeschafft, als die mittelalterliche Feudalgesellschaft schon lange in Auflösung begriffen war. Aber erst dadurch, dass seit der Französischen Revolution die bodengebundenen Abgaben entschädigungslos aufgehoben oder durch eine einmalige Geldzahlung abgelöst werden konnten, war den adligen Grundherren ihre Machtbasis entzogen, und erst dadurch waren die Voraussetzung dafür gegeben, dass sich die bürgerliche Gesellschaft formieren konnte, deren ökonomische Grundlage ihre Verfügungsmacht über die industriellen Produktionsmittel war. Die Grundherren gingen als herrschende Klasse unter, weil die aufstrebende bürgerliche Klasse ihnen in einem revolutionären Akt ihre Privilegien genommen hatte. Die bürgerliche Revolution ist also in marxistischer Sicht ein gesellschaftlicher und wirtschaftlicher Umwälzungsprozess, der sich über Jahrhunderte erstreckt und im kurzen Akt der Französischen Revolution nur sozusagen einen Kulminationspunkt erreicht. Sie ist ein viel umfassenderes Phänomen als die politische Revolution, wie ich sie im Kapitel über die Revolutionierung der Schweiz dargestellt habe. Der Marxismus beschreibt die Revolution als gesetzmässigen Prozess, dessen Ursache letztlich in der Entwicklung der Produktivkräfte liegt und der durch die widersprüchlichen materiellen Interessen der verschiedenen gesellschaftlichen Klassen vorwärtsgetrieben wird. Die politische Revolution, die ich beschrieben habe, ist ein Versuch historischer Akteure, politische Freiheit herzustellen. Revolution im marxistischen Sinn ist ein objektiver Vorgang, der mit Freiheit zunächst nichts zu tun hat. Weil ich an der subjektiven Seite der politischen Revolution und der Nationalstaatsbildung interessiert bin, habe ich bisher den marxistischen Revolutionsbegriff ausser acht gelassen. Ich erwähne ihn hier, weil er das wichtige Faktum erhellt, dass es in der helvetischen wie in der französischen Revolution nicht nur um Freiheit und Tugend, sondern auch um handfeste Interessen ging. Die Abschaffung der sogenannten Feudallasten war eine Umlenkung von Geldströmen im grossen Stil, und dabei konnte es geschehen, dass die einen materiell besser, die andern aber schlechter gestellt wurden. Man hatte also ganz direkt etwas zu gewinnen oder zu verlieren, und entsprechend erbittert wurden die Auseinandersetzungen um diese Fragen geführt.

Die Feudallasten waren in ihrer ursprünglichen Form die Stützpfeiler der mittelalterlichen Feudalordnung gewesen: Der König hatte die Ritter mit Grundstücken belehnt; die Bauern, die diese Grundstücke bebauten, erhielten vom Ritter bewaffneten Schutz und mussten ihn dafür ernähren. So war es möglich, dass die Ritter sich ganz dem Waffenhandwerk widmeten und zu einem abgehobenen, privilegierten Adelsstand wurden; das Lehen wurde später zum erblichen Besitz, der das Einkommen des Adels garantierte. Auch die Kirche war mit eigenen Grundstücken versehen; ausserdem lebte sie vom zehnten Teil des Ernteertrags, dem sogenannten Zehnten, den alle Bauern bezahlen mussten. Diese Abgaben existierten am Ende des 18. Jahrhunderts immer noch, obwohl die feudalen Verhältnisse, die ursprünglich auf persönlichem Dienst und Gegendienst beruht hatten, grundsätzliche Wandlungen erfahren hatten. Es war ein Hauptpunkt der Gesellschaftskritik der französischen Aufklärung, dass der Bauer den Adel und die Geistlichkeit ernähren müsse und dafür nichts zurückbekomme als Verachtung. Dies zu ändern, war ein dringendes Anliegen. Es war ein Hauptereignis der Französischen Revolution, als am 4. August 1789 in Paris feierlich proklamiert wurde: «L'Assemblée nationale détruit entièrement le régime féodale.» Welche Konsequenzen diese entschädigungslose Abschaffung der «Feudalabgaben» haben würde, war damals noch nicht absehbar. Es war aber ein langer, komplizierter Prozess, bis Frankreich zu einer nicht mehr auf feudalen, sondern auf liberal-kapitalistischen Prinzipien beruhenden Neuordnung des Eigentums, der Abgaben, Bodenzinsen und diversen Steuern fand.

Ähnlich verlief der Prozess in der Schweiz, obwohl die Voraussetzungen wesentlich anders waren, weil es hier schon lange keinen an das Königtum gebundenen Adel mehr gab. Die wichtigste bodengebundene Abgabe war der Zehnten. Er war im 18. Jahrhundert zu einer Art öffentlich-rechtlichen Institution geworden, indem die alteidgenössischen Republiken darüber Vorschriften erlassen hatten. Die Fronden, Grund- und Bodenzinsen waren dagegen privatrechtliche Verträge zwischen Bauern und Gutsherren. Allen diesen gesetzlichen oder freivertraglichen Abmachungen war eines gemeinsam: Sie waren unkündbar, konstituierten also ein Abgabeverhältnis auf ewige Zeiten. Anders war es bei Rente und Gült, die besonders in städtischen Verhältnissen zur Anwendung kamen und die schon seit dem 16. Jahrhundert in den meisten Fällen kündbar waren. Diese Kündbarkeit auch auf Zehnten, Grund- und Bodenzinsen anzuwenden, war das vordringliche und epochale Anliegen der Helvetik. Erst durch die Kündbarkeit wurden die Produktionsverhältnisse so gelockert und veränderbar gemacht, dass eine neue Dynamik der Wirtschaftsentwicklung möglich wurde. Nun war aber dieses epochale Anliegen verknüpft mit den Ressentiments der Bauern gegen den alteidgenössischen Staat und gegen die Grundherren. Schon in den Bauernkriegen des 16. und 17. Jahrhunderts war die entschädigungslose Abschaffung des als ungerecht empfundenen Zehnten gefordert worden. In der helvetischen Revolution trat diese Forderung wieder in den Vordergrund, und sie beschäftigte die Öffentlichkeit sehr stark. Pestalozzi publizierte damals seinen berühmten Aufsatz «Über den Zehnten», in dem er sich für entschädigungslose Aufhebung aussprach. Er tat es in der Form eines platonischen Dialogs: Der aufgeklärte Bauer Benz als eine Art Sokrates will den Bauern Kunz zum Nachdenken bringen. Pestalozzi hatte gute Argumente, war aber insofern befangen, als er selbst zehntenpflichtiger Bauer auf dem Neuhof war. Das Kernstück seiner Darlegungen lautet so:

«Benz: Der Zehnten ist nichts anderes als ein indirekter Frondienst, und um deswillen kein Haar gerechter, weil er versteckt ist. –

Kunz: Aber wie ist denn der Zehnten ein versteckter Frondienst? –

Benz: Siehe, der gewohnte Frondienst entsprang, wenn der Edelmann zu seinem Dienstmann sagte: Ich gebe dir ein Stück Land, das kannst du unter der Bedingung benutzen, wenn du mir dagegen gewisse Tage im Jahr Frondienst leistest. Und der Zehnten entsprang, da sich nach diesem geschehenen Akkord noch der Geistliche hinzu schlich und zum Bauer sagte, ich lasse dich das Gut, das du vom Edelmann empfangen, und jedes andere, das du auf irgend eine Art an dich bringen kannst, nur unter dem Bedingnis benutzen, dass du mir den zehnten Teil alles dessen, was darauf wächst, und zwar in puris naturalibus zu Handen stellst …»

Warum er den Zehnten für eine ungerechte Forderung hält, verdeutlicht Pestalozzi mit einem Vergleich:

«*Benz:* Aber würdest du den Vertrag eines Mannes nicht für unrechtmässig erklären, der einem andern ein kleines, schlechtes, wertloses Haus unter der Bedingung abtreten würde, dass er und seine Nachkommen ihm in alle Ewigkeit den zehnten Teil des Ertrags aller möglichen Häuser, die er auf diesem Platz bauen würde, überlassen müsste? –

Kunz: Ich würde diesen Vertrag gewiss für unrechtmässig erklären, aber ich finde doch nicht, dass es mit dem Zehnten vollends der nämliche Fall sei.

Benz: Nun doch. Wenn du durch hundertjährige Düngung aus elendem Sand ein schwarze Erde hervorbringst, – wenn du aus der öden Erde einen Garten machest, – den unfruchtbaren Hügel zum köstlichen Rebberg umschaffest, – das saure Sumpfland durch Abtrocknung versüssest, – den Grienboden durch teure Überherdung in Fruchtland, und durch kostbares Wasser in Mattland umwandelst, hast du dann mit diesem in Absicht auf Abträglichkeit nicht eine neue Erde erschaffen, die vorher nicht da war, und ohne deine Kunst, ohne deinen Fleiss und ohne deine Vorschüsse nicht würklich worden wäre?

Kunz: Das ist gewiss. –»[67]

Pestalozzi geht also von einer Wertsteigerung des Bodens aus, die durch die Arbeit des Bauern entstanden ist und zu welcher die Geistlichkeit sicher nichts beigetragen habe; ein proportionaler Anteil an einem wachsenden Ernteertrag sei deshalb nicht gerechtfertigt. Nun konnte man freilich den Zehnten als eine Art Einkommenssteuer ansehen, die zur Bezahlung derjenigen diente, welche im Dienst der Allgemeinheit standen. Aber das lässt Pestalozzi nicht gelten, weil der Zehnten nur denjenigen trifft, der Landbau betreibt; eine Steuer aber müsse alle gleichmässig treffen. Er war also der Meinung, der Zehnten sollte abgeschafft und ein gerechtes Steuersystem eingeführt werden. Eine Mehrheit der Abgeordneten im helvetischen Parlament war an sich auch dieser Meinung. Aber wenn der Staat Steuern erheben wollte, brauchte er dazu ein Gesetz, und dieses zu schaffen, war nicht von einem Tag auf den andern möglich. Deshalb warnten besonnene Abgeordnete davor, den Zehnten allzu rasch und ohne Entschädigung aufzuheben.

Vor der Helvetik hatte es eine grundbesitzende städtische Aristokratie gegeben, die von den Grundzinsen lebte, ausserdem die regierenden Familien, welche als Regierungskollektiv über einen Teil der Zehnteneinnahmen verfügten, dazu die Pfarrer, Klöster und Kirchen, die von ihren Pfründen[68] lebten, deren wichtigster Teil der Zehnten war. Da die Aristokratie, die Kirchen und Klöster durch die Konstituierung der Helvetischen Republik von ihren öffentlichen Aufgaben entbunden waren, wäre es an sich denkbar gewesen, die Abgaben einfach abzuschaffen. Aber der neue Staat hätte davon doppelten Schaden gehabt: Erstens hätte er nach dem Grundsatz der Eigentumsgarantie diejenigen entschädigen müssen, die des Rechts auf den Zehnten verlustig gingen, und zweitens hätte er selbst Einnahmen aus dem Zehnten verloren. Vorläufig kamen seine Einnahmen nämlich aus den Einrichtungen, die er von den alteidgenössischen Republiken übernommen hatte und die zu einem grossen Teil auf Zehnten und Grundzinsen beruhten. Eine generelle und unentgeltliche Ablösung der Bodenlasten, wie es die Bauern forderten, hätte den Staat sofort in den Bankrott getrieben. Auch von der Verfassung her war ein solcher Schritt nicht möglich, denn sie ging vom Grundsatz aus, dass alle Güter einen Eigentümer haben, dessen Rechte nicht verkürzt werden dürfen. Andererseits wollte die Verfassung gemäss Artikel 13 alle Güter aus den alten Fesseln befreien: «Kein liegendes Gut kann unveräusserlich erklärt werden, weder für eine Corporation oder für eine Gesellschaft noch für eine Familie.» Es soll also nicht mehr erlaubt sein, dass eine Patrizierfamilie, eine Zunftgesellschaft oder eine ländliche Korporation sich durch einen Rechtstitel auf ewige Zeiten die Einkünfte aus einem Stück Land sichert. Wer dagegen Land bewirtschaftet, ohne dessen Eigentümer[69] zu sein, soll nicht auf ewig Arbeitssklave[70] bleiben müssen, sondern soll diesen Rechtstitel kaufen können, um selbständiger Unternehmer mit freier Verfügung über den ganzen Ertrag des Bodens zu werden. Es sind aber nicht nur die Grundstücke selbst käuflich, sondern auch die darauf ruhenden Lasten. In einem zweiten Absatz bestimmt der Artikel 13: «Der Grund und Boden kann mit keiner Last, Zins oder Dienstbarkeit beschwert werden, wovon man sich nicht loskaufen kann.»

Damit war der Weg zur Abschaffung dieser Lasten nur negativ bestimmt; wie die Sache positiv umgesetzt werden sollte, mussten die helvetischen Räte erst noch beschliessen. Am 4. Mai 1798 erklärten sie die persönlichen Feudallasten oder Frondienste als aufgehoben; alte Überreste von Hörigkeitsverhältnissen waren damit entschädigungslos getilgt. Komplizierter war es mit dem Bodenzins und dem Zehnten: Handelte es sich überhaupt um Feudalabgaben, die mit den Prinzipien eines modernen Staates nicht in Einklang standen? Handelte es sich nicht vielmehr um Zinszahlungen nach kapitalistischen Grundsätzen? Unter welchen Umständen sollte die Ablösung möglich sein, und wie sollte die Höhe der Ablösesumme festgelegt werden? Der Streit wurde hauptsächlich um den Zehnten geführt. Nach Ansicht der Patrioten war der Zehnten eine typische Feudalabgabe, die in grauer Vorzeit von der Kirche unrechtmässig eingeführt worden war und die Grundsätze von Gleichheit und Gerechtigkeit verletzte. Sie forderten die entschädigungslose Aufhebung. Es gab auch solche, die sogar eine Rückerstattung schon früher bezahlter Ablösesumme verlangten. Verallgemeinernd kann man sagen: Für die entschädigungslose Aufhebung des Zehnten waren die hablichen Kornbauern des Mittellandes, für dessen Beibehaltung dagegen die Deputierten aus Alpwirtschaftsgebieten, denn dort fiel diese Abgabe kaum ins Gewicht. Grossrat Rubin aus Reichenbach im Berner Oberland argumentierte: «Bei dieser Art von Aufhebung gewinnen nur die Reichen, und unter solchen besonders auch die Oligarchen, welche ebenfalls viele Güter besitzen, und um diese zu beschenken, will man noch den Rest des Staatsvermögens verschleudern.»[71] Trotz solcher Bedenken wurde am 8. Juni 1798 – also noch vor der Kornernte – beschlossen, den Zehntenbezug vorläufig zu sistieren. Neben dem grossen Zehnten, also etwa dem Kornzehnten oder Heuzehnten, der teilweise auch in Geldform abgeliefert wurde, gab es den kleinen Zehnten, der aus dem zehnten Teil der Obst- und Gemüseernte bestand. Die Pfarrer, die mehrheitlich keineswegs in Saus und Braus lebten, waren auf diese Naturalabgaben angewiesen; die Sistierung des Zehntenbezugs ging ihnen an die Substanz. Ihr heftiger Protest bewirkte aber keine Änderung; die Regierung empfahl ihnen einfach, sich persönlich zu den Bauern zu begeben und diese in höflicher Form um die bisherige Abgabe zu bitten. Das war für sie eine unbefriedigende und demütigende Lösung, aber es blieb ihnen nichts anderes übrig.

Im November 1798 beschlossen die Räte, der kleine Zehnten sei entschädigungslos abgeschafft, der grosse Zehnten aber könne durch eine gesetzlich festgelegte Loskaufsumme, die dem Staat zu bezahlen war, abgelöst werden. Auch die Grund- und Bodenzinsen sollten ursprünglich durch Bezahlung einer Loskaufsumme an den Staat abgelöst werden können; die gesetzliche Regelung erwies sich aber als sehr kompliziert. Man sah dann eine direkte Regelung zwischen Schuldner und Gläubiger vor. Das interessengebundene Gerangel um die Höhe der Loskaufsumme führte zu einer Blockierung. Auch beim Zehnten war die gesetzliche Regelung so kompliziert, dass sie keine grosse Wirkung hatte. Am 15. September 1800 beschlossen die Räte, der Vollzug des Gesetzes vom November 1798 sei einzustellen. Für viele Bauern blieb also die Zehntenpflicht bestehen, und die Enttäuschung darüber machte sich lautstark Luft, vor allem in der Waadt, wo die Bauern drohten, unter diesen Umständen werde man sich von der Schweiz lossagen und der französischen Republik anschliessen. Im Distrikt Sissach steigerte sich die Erregung bis zu bewaffneten Auseinandersetzungen zwischen Bauern und helvetischen Truppen. Während der ganzen Zeit der Helvetik konnte die Zehntenfrage nicht befriedigend geregelt werden. Als die Kantone 1803 wieder souverän wurden, bestanden sie darauf, dass für die Ablösung des Zehnten Entschädigung bezahlt werden müsse. Nach guten Erntejahren waren manche Bauern in der Lage, die Loskaufsummen aufzubringen, nach schlechten Jahren ging die Zahl der Loskäufe zurück. So zog sich der Loskauf vom Zehnten bis weit ins 19. Jahrhundert hinein.

Das Zehntenproblem war mit dem Steuerproblem gekoppelt: Je schneller ein modernes Steuersystem gefunden und eingeführt werden konnte, desto schneller konnte der Staat auf Zehnteneinnahmen verzichten. Die Grundlage für die Einführung eines Steuersystems lieferte der Artikel 11 der helvetischen Verfassung; darin waren folgende Grundsätze festgelegt: «Steuern werden zum allgemeinen Nutzen ausgeschrieben und müssen unter den Steuerbaren nach ihrem Vermögen, Einkünften und Nutzungen vertheilt werden. Dieses Verhältnis kann aber nur annäherungsweise bestimmt werden. Eine zu weit getriebene Genauigkeit würde das Auflagen-System kostspielig und der National-Wohlfahrt nachtheilig machen.» Das Direktorium begann unverzüglich mit der Ausarbeitung eines Steuergesetzes, aber die Abschaffung der alten Abgaben ging rascher vor sich als der Bezug neuer; die helvetische Regierung litt unter chronischem Geldmangel. In den ersten Monaten ihrer Existenz konnte sie ihre Administration nur deshalb einigermassen pünktlich besolden, weil die Räte das Staatsvermögen der bisherigen Kantone zum Nationalgut erklärt hatten. Im Oktober 1798 lag dann der Entwurf eines helvetischen Steuergesetzes vor, das eine Kapitalsteuer, eine Grundsteuer, eine Häusersteuer und eine Getränkesteuer vorsah; dazu kamen eine Reihe von Gebühren. Nach vorerst zähem Widerstand des Senats konnte das Gesetz schliesslich verabschiedet werden. Die Taxation der Kapitalien, Grundstücke und Liegenschaften nahm viel Zeit in Anspruch und wurde da und dort von den kantonalen Beamten sabotiert; die Steuereingänge verzögerten sich so stark, dass das Funktionieren des Staates ernsthaft in Frage gestellt war. Der Steuerertrag war viel geringer als erwartet, denn wo Geld vorhanden war, schöpften immer zuerst die Franzosen in Form von Kriegskontributionen ab. Die Defizitwirtschaft der helvetischen Regierung führte bis zum Jahr 1801 zur Einstellung sämtlicher Zahlungen, also zum faktischen Staatsbankrott.

3.5 Gemeindeordnung und Gemeindebürgerrecht

Die Verfassung der Helvetischen Republik war das Grundgesetz. Sie war ein grobes Gerüst, das durch weitere Gesetze verfeinert werden musste. Das war Aufgabe der gesetzgebenden Räte. In manchen Bereichen ging es ihnen auch darum, allzu weitgreifende und von einem schematischen Einheitsdenken geprägte Verfassungsbestimmungen abzuschleifen, an die widersprüchliche gesellschaftliche und ökonomische Realität anzupassen und damit praxistauglich zu machen. Ein gutes Beispiel dafür ist die gesetzliche Regelung des Gemeindebürgerrechts und allgemein die neue Gemeindeordnung. Die Gemeinden bildeten die verlässliche Grundstruktur des Staates, und diese sollte nicht durch allzu starres Festhalten an den neuen Prinzipien mutwillig zerstört werden. Weil der Kompromiss gesucht und gefunden wurde, überdauerte die nach 1798 durchgeführte Reorganisation der Gemeinden in ihren Grundzügen das Ende der Helvetik.

Die Dorfgemeinden der alten Eidgenossenschaft waren seit der Reformation – zumindest in den protestantischen Stadtkantonen – politisch weitgehend entmündigt worden; es gab aber immer noch Reste dörflicher Selbstverwaltung, allerdings weniger im politischen als vielmehr im wirtschaftlichen Sinn. Die Dorfgemeinden waren eigentlich Nutzungskorporationen oder Genossenschaften, die das den alteingesessenen Dorfbewohnern zur Nutzung offenstehende Gemeindeland (Allmend) und den Gemeindewald verwalteten. Die Formen der Selbstverwaltung dieser Nutzungskorporationen waren vielfältig und von Ort zu Ort verschieden. Allgemein kann man sagen, die Dorfgemeinden vor 1798 seien keine juristisch eindeutig fassbaren Verbände gewesen; sie können jedenfalls nicht einfach als politische Körperschaften bezeichnet werden

Politisch wichtiger waren die Kirchgemeinden, denn sie waren sozusagen der verlängerte Arm der Obrigkeit in der Landschaft, indem sie die

104

Sittenaufsicht und damit auch gewisse richterliche Funktionen wahrnahmen. Die Kirchenordnungen hatten in katholischen und in reformierten Gebieten eine sehr unterschiedliche Form und waren auch in jedem Kanton wieder ein wenig anders ausgestaltet. Im Kanton Bern war die Kirchenverwaltung stark zentralisiert, während es in andern Kantonen eine ausgebaute Selbstverwaltung gab. Im Kanton Zürich beispielsweise gab es die sogenannten Stillstände[72] als Selbstverwaltungsorgane der Kirchgemeinden. Ihnen konnten Pfarrer, Kirchenpfleger, Ehegaumer, Landrichter, Untervögte, Geschworene und Schulmeister angehören; die Zusammensetzung war nicht in jeder Kirchgemeinde genau gleich, aber überall spielten die Pfarrer eine Schlüsselrolle. Die Stillstände verwalteten die Kirchen- und Armengüter, hatten die Sittenaufsicht und damit auch gewisse richterliche Befugnisse. Nun bestimmte aber die helvetische Verfassung im Artikel 26: «Die Diener irgendeiner Religion werden keine politischen Verrichtungen versehen noch den Urversammlungen beiwohnen.» Der Einfluss der Pfarrer, die als Statthalter der alten Obrigkeit galten, sollte also ausgeschaltet werden. Die meisten Zürcher Kirchgemeinden zogen daraus die Konsequenz, dass sie die Pfarrer auch aus den Verhandlungen der Stillstände ausschlossen. Dagegen wehrte sich die Kirche und machte eine Eingabe an den Regierungsstatthalter, der seinerseits an den zuständigen Minister des Innern, Albrecht Rengger, gelangte. Dieser wies in seinem Antwortschreiben vom Oktober 1798 auf den Artikel 26 der Verfassung hin, aus dem der Schluss gezogen werden müsse, dass Pfarrer aus richterlichen Behörden auszuschliessen seien. Die alten kirchlichen Sittengerichte seien aber inzwischen sowieso aufgehoben worden, und es bleibe den Gemeinden nur die Aufgabe der Verwaltung der Gemeinde-, Kirchen- und Armengüter, und das seien keine politischen Aufgaben. Punkto Mitwirkung der Pfarrer solle deshalb alles «auf dem übungsmässigen Fuss» bleiben, bis das Gesetz über die Munizipalität das Notwendige bestimme.

Aus dieser Antwort geht hervor, dass das Gemeindewesen auf eine neue Grundlage gestellt werden sollte. Die politischen Funktionen der Kirchgemeinden sollten an die Munizipalitäten abgetreten werden. Die alten Dorfgemeinden sollten also wie die Stadtgemeinden zu sogenannten Munizipalgemeinden umgewandelt werden, zu politischen Gemeinden mit einem definierten Territorium, das sie zu verwalten hatten, allerdings nicht in völlig autonomer Art, sondern unter Aufsicht eines Staatsbeamten, eines sogenannten Agenten. Es wurde eine neue Gemeindeeinteilung vorgenommen, wobei die Grenzen meistens ungefähr den Grenzen der bisherigen Kirchgemeinden folgten. Da die Kirchgemeinden oft mehrere Dörfer umfassten, sahen sich diese Dörfer jetzt auch in der Munizipalgemeinde zu einer Einheit zusammengeschlossen. Die grosse Frage bei dieser Umstrukturierung war, was mit den Kirchen-, Gemeinde- und Armengütern zu geschehen hatte und wer davon Nutzen ziehen durfte. Bisher hatte es ein Ortsbürgerrecht gegeben, das Anspruch auf Nutzung der Gemeindegüter und im Armutsfall auch der Armengüter gab. Nicht alle, die an einem bestimmten Ort wohnten, besassen dort auch das Bürgerrecht; viele waren Zugezogene, die sich mit dem minderberechtigten Stand von Hintersassen begnügen mussten. Die Helvetik hatte, um den minderberechtigten Status der Hintersassen in eine Gleichberechtigung umzuwandeln, neu ein helvetisches Bürgerrecht geschaffen, durch welches alle erwachsenen Männer in ein unmittelbares Verhältnis zum Nationalstaat traten, den sie in ihrer Gesamtheit zu verantworten hatten. Im Vergleich zum alten Gemeindebürgerrecht konstituierte das helvetische Bürgerrecht zwar die politische Gleichberechtigung, verschaffte aber keine materiellen Vorteile; anders als jenes berechtigte es nicht zur Nutzung der Gemeindegüter und notfalls der Armengüter. Konsequent wäre es gewesen, wenn der neue demokratische Staat die Armenversorgung nach einheitlichem Gesetz für alle sichergestellt hätte, aber dazu fehlten ihm die Mittel. Er hätte sich die Armengüter der Gemeinden aneignen müssen, was aber nicht zweckmässig und verwaltungstechnisch gar nicht zu bewältigen gewesen wäre. Deshalb wichen die helvetischen Räte von den ursprünglichen Prinzipien ab und verabschiedeten am 13. Februar 1799 ein Gesetz über die Gemeindebürgerrechte, das denjenigen Gemeindegenossen, «welche unter dem Namen Bürger gekauftes, ererbtes oder geschenktes Recht an Gemeinde- oder Armengütern hatten»[73], den Fortbestand ihrer bisherigen Rechte garantierte. Hier rang sich also die helvetische Gesetzgebung zur Ansicht durch, dass man nicht alles auf einen Schlag neu beginnen und neu ordnen könne, sondern auf bestimmte bewährte Traditionen abstellen müsse.

Das Gemeindebürgerrecht behauptete sich gegenüber dem helvetischen Bürgerrecht, aber das helvetische Gesetz über die Gemeindebürgerrechte verpflichtete die Gemeinden, jeden helvetischen Bürger, der dies verlangte, gegen Bezahlung eines Einzugsgeldes in ihr Gemeindebürgerrecht aufzunehmen und damit an der Nutzung der Gemeindegüter Anteil haben zu lassen. Das schien eine vernünftige Regelung zu sein, welche die Armenversorgung sicherstellte. Aber der Egoismus der Alteingesessenen und das Misstrauen gegen die Neuzuzüger liessen sich nicht so leicht überwinden. Die Alteingesessenen wollten die Gemeinde- und Armengüter mit möglichst wenig Neubürgern teilen, und ihr Widerstand führte dazu, dass durch Gesetz vom 9. Oktober 1800 der Anspruch auf Einbürgerung jedes helvetischen Bürgers aufgehoben wurde. Damit waren die Gemeinden wieder frei, einzubürgern, wen sie wollten, und auszuschliessen, wen sie nicht wollten, sei es auch nur durch Ansetzen eines sehr hohen Einzugsgeldes. Die Alteingesessenen hatten wieder eine Vorzugsstellung gegenüber den Neuzuzügern, wodurch das Gleichheitsprinzip verletzt war; der gemeindegebundene Bürgeregoismus hatte über die nationalstaatliche Bürgertugend triumphiert. Anderseits blieb so auf Gemeindeebene der Bürgersinn lebendig, und auch wenn er sich gegen Nichtbürger oft sehr engherzig auswirkte, war er anderseits doch auch Ausdruck einer Gruppensolidarität und Voraussetzung für die Möglichkeit, politisch handeln zu können. In der Schweiz gilt bis heute das Dogma weitgehender Gemeindeautonomie, weil man glaubt, nur so den Bürgersinn und damit die politische Freiheit erhalten zu können.

4. Bedrohte Republik

Die revolutionäre Helvetische Republik war von Anfang an doppelt bedroht: von aussen durch die konterrevolutionären Mächte unter Führung Österreichs und von innen durch eine Bevölkerung, welche die Legitimität des Einheitsstaates anzweifelte. Das Volk verstand das Wesen des neuen Saates nicht, weil es im Kantonspartikularismus befangen war. Die Regenten der Helvetischen Republik nahmen sich vor, die Bürger für die Idee des Nationalstaates zu gewinnen. Sie wollten die Vorstellung wecken, alle Schweizer gehörten zusammen, seien eine Nation, weil sie alle eine gemeinsame Geschichte hätten.

4.1 Die neuen Regenten und ihre Gesetze

Die helvetische Regierung wusste, dass Nationalbewusstsein und Nationalstaat in einem unauflösbaren Verhältnis zueinander standen. Die Förderung des Nationalbewusstseins wurde als eine wichtige Regierungsaufgabe betrachtet; sie fiel hauptsächlich in den Tätigkeitsbereich des Ministers der Künste und Wissenschaften. Dieser Posten war mit einem sehr fähigen Mann besetzt, dessen man sich bis heute mit Hochachtung erinnert, nämlich mit dem Aargauer Philipp Albert Stapfer (1766–1840). Er war in Bern geboren, hatte in Göttingen studiert und war dann Dozent für Philologie und Theologie an der Akademie in Bern geworden. Im Frühjahr 1798 wurde er vom helvetischen Direktorium als Gesandter nach Paris geschickt, dann aber wider zurückgerufen und zum Minister ernannt. Er gründete ein «bureau de l'esprit public» oder «Bureau der Nationalkultur», das alle Pläne «zur Fortbildung und Veredelung der helvetischen Nation» koordinieren und fördern sollte. Dabei verstand er das Nationale im Sinn eines «esprit public», der jedem zugänglich war, sofern er sich um die politischen Dinge kümmerte. Zu diesem offenen Konzept der Nation passt es, dass Stapfer einen «Ausländer» zum ersten Leiter des Bureaus der Nationalkultur machte, nämlich Heinrich Zschokke (1771–1848), einen eingewanderten Deutschen und Doktor der Philosophie, der als Lehrer an der Erziehungsanstalt Reichenau gewirkt, dort eine Bündner Geschichte geschrieben und dafür im März 1798 das bündnerische Bürgerrecht bekommen hatte. Getrieben von seiner revolutionären Gesinnung war Zschokke nach Aarau gekommen, wo er in den Dienst Stapfers trat und sich so viele Verdienste erwarb, dass ihm später auch das aargauische Bürgerrecht geschenkt wurde.

Minister Stapfer kümmerte sich nicht nur um die Nationalkultur, sondern, aus der gleichen nationalen Überzeugung heraus, auch um die Verbesserung des Schulwesens. Eine Nation von mündigen Staatsbürgern kann nur dann entstehen, wenn alle lesen und schreiben können; Demokratie und Volksbildung hängen eng miteinander zusammen. Stapfer setzte bei der Lehrerbildung an, die es bis dahin im Sinn einer speziellen Berufsausbildung noch nicht gegeben hatte. Er unterstützte nicht nur Pestalozzi mit seinen Bildungsanstalten in Burgdorf und danach in Yverdon, sondern versuchte, die ganze Ausbildung von Staates wegen auf eine systematische Grundlage zu stellen. Da die Frauen von der Staatsbürgerschaft ausgeschlossen waren, blieben seine Ausbildungskonzepte einseitig an den Männern orientiert; immerhin war es für ihn selbstverständlich, dass die Mädchen in die Volksschule einbezogen werden sollten. Stapfers Absichten waren umfassend, aber konnten unter den ungünstigen Verhältnissen der Helvetik nur zum kleinsten Teil verwirklicht werden. Sein Projekt einer Nationaluniversität blieb im Entwurfsstadium stecken.

Der Innenminister, Albrecht Rengger (1766–1835), war wie Stapfer bernischer Aargauer und stand diesem weltanschaulich sehr nahe. Er hatte die Schulen in Bern besucht und als Theologe abgeschlossen. Danach studierte er in Tübingen Medizin und eröffnete in Bern eine Arztpraxis. Er galt als aufgeklärter Geist, als Philanthrop und Arzt der Armen. Im Juni 1798 wurde er ins helvetische Obergericht gewählt, aber schon im Juli zum Minister ernannt. Seine Hauptaufgaben waren die Regelung der Bürgerrechtsfragen und der Gemeindeordnung. Er ging diese komplexen Probleme mit Geschick und Pragmatismus an und leistete einen wichtigen Beitrag zur helvetischen Gesetzgebung.

Wenn die Minister die Gesetze gemäss den Vorgaben des Direktoriums ausgearbeitet hatten, mussten sie sie den beiden Räten zur Genehmigung vorlegen. Eigentliche Gesetzgeber waren also die Abgeordneten im Grossen Rat und im Senat. Es waren in der Mehrzahl Männer aus den

Dörfern und den kleinen Landstädten, darunter einige Juristen und Notare, aber auch Handwerker aller Art und viele Bauern. Die Mehrzahl der neuen Abgeordneten hatte sich bis dahin kaum je mit Fragen der Gesetzgebung befasst. Wenn sie jetzt in ihren neuen Funktionen entscheiden sollten, was recht und gerecht sei, und zwar gemäss den neuen, revolutionären Prinzipien, so waren sie oft überfordert. Sie gingen aber mit viel Eifer ans Werk, vor allem diejenigen, die sich als die wirklichen Revolutionäre verstanden und sich zur Partei[74] der *Patrioten* zählten. Unter ihnen gab es erfahrene und gebildete Männer, aber auch viele Heisssporne der naiven Art, die unter Missachtung der realen Gegebenheiten den direkten Weg zu dem suchten, was sie für wahr hielten und, sobald sie auf grössere Schwierigkeiten stiessen, resigniert aufgaben, sich enttäuscht von der Politik abwandten oder ihren Ressentiments freien Lauf liessen. Die bäuerlichen Abgeordneten verstanden sich fast alle als Patrioten, und viele von ihnen verfolgten in erster Linie ihre ganz persönlichen Interessen; sie seien lange genug missachtet worden, fanden sie, und hätten nun ein Recht, sofort und ohne grosse Formalitäten von alten Bedrückungen befreit zu werden. Die Gegenpartei bildeten die gemässigten *Republikaner*, die versuchten, durch Gesetze und Verordnungen die Verfassung als Entwurf des ganz Neuen auf den Boden der Realität herunterzuholen. Sie bildeten die zahlenmässige Minderheit in den helvetischen Räten, aber unter ihnen gab es einige gewichtige Persönlichkeiten, die in Deutschland studiert und sich an Kants und Fichtes Schriften geschult hatten und die, obwohl sie natürlich auch von Rousseau beeinflusst waren, sich zusehends von der französischen Naturrechtslehre und der damit verknüpften Vorstellung vom idealen Staat abwandten, um nach und nach zu einer eher pragmatischen Staatsrechtsauffassung zu kommen. Sie standen aber, wie die Patrioten, grundsätzlich zur Verfassung der helvetischen Republik. Diejenigen, die den Einheitsstaat und die Verfassung ablehnten, die Partei der *Altgesinnten*, waren in den Räten gar nicht vertreten.

Die neuen Regenten der Helvetik hatten die Aufgabe, die öffentlichen Institutionen in Einklang mit der Verfassung zu bringen. Alles musste neu geregelt werden, und dazu war eine riesige Gesetzgebungsarbeit nötig. Die Probleme der Grundlasten, der Steuerbezüge und des Bürgerrechts habe ich im 3. Kapitel dargelegt. Wichtig waren auch die Gesetzgebungen zum Rechtswesen, zum Erziehungswesen, zum Gesundheitswesen, zum Wehrwesen, zu den Zöllen. Die Post sollte staatlich organisiert, Masse, Gewichte und Münzen sollten vereinheitlicht werden. In allen diesen Gebieten wurde Beachtliches geleistet, vieles blieb Stückwerk. Nach dem Ende der Helvetik wurde manches wieder rückgängig gemacht, einzelnes überdauerte. Die Räte befassten sich allzu oft mit Kleinkram, gingen auf Begehren von Einzelpersonen ein, die auf unterer Stufe hätten erledigt werden müssen. Ähnliches war ein paar Jahre zuvor auch in Frankreich zu beobachten gewesen. Es gehört zu einer revolutionären Situation, dass der Zugang zu den Regenten vorübergehend erleichtert wird, dass die Machthaber zunächst erproben müssen, wo und wie sie die Grenze gegenüber dem Volk ziehen wollen.

Es wurden auch Beschlüsse gefasst, die vor allem symbolische Bedeutung hatten. Weil nach dem Gefühl der Regenten die Revolution ein neues Zeitalter eingeleitet hatte, schien es ihnen wichtig, den traditionellen christlichen Kalender abzuschaffen und wie in Frankreich den Revolutionskalender einzuführen. So wurden also auch in der Helvetischen Republik die Jahre nicht mehr von Christi Geburt, sondern von der Abschaffung der französischen Monarchie an gezählt.[75] Es gelang allerdings nicht, den Revolutionskalender im Alltagsleben konsequent durchzusetzen. Sogar Regierung und Administration, die im schriftlichen Verkehr mit Frankreich ausschliesslich die neue Datierung brauchten, sahen sich gezwungen, im Binnenverkehr neben das neue Datum auch das alte zu setzen, weil eben viele Leute sich an die neue Zeitrechnung nicht gewöhnen wollten.

Eine weitere Neuerung von grosser Symbolkraft war die Abschaffung des Titels «Herr». Im schriftlichen und mündlichen Verkehr mit Behörden galt von nun an, wie in Frankreich, die Anrede «Bürger» (citoyen). Am 28. April 1798 teilten die helvetischen Räte der Öffentlichkeit mit, «dass das Wort Herr bei allen Authoritäten abgeschafft bleiben, und statt diesem der Gleichheit widerstrebenden Ausdruck, überall das schöne und simple Wort Bürger gebraucht werden solle.»[76]

4.2 Säkularisierung des Staates und Widerstand der Urkantone

Die Bevölkerung der Schweiz, die gemäss neuer staatsrechtlicher Auffassung eine über die Verfassungsgrundsätze einig gewordene Nation und damit der Ursprung der Regierungsmacht sein sollte, war in Wirklichkeit uneinig, vielfach gespalten und von widersprüchlichen Wünschen, Interessen und Ideologien geleitet. Es gab die katholischen Innerschweizer Orte, die sich als Hort der Eidgenossenschaft verstanden und sich der Helvetischen

Republik verweigerten. Es gab die protestantischen Stadtkantone, die auf eine Verbesserung der wirtschaftlichen Verhältnisse durch einen Handelsvertrag mit Frankreich hofften. Es gab die Waadt, die der Revolution ihre Existenz als gleichberechtigter Teil des neuen Staates verdankte. Es gab die Revolutionäre, die alles neu machen, und die Aristokraten, die zu den alten Zuständen zurückkehren wollten. Schliesslich gab es die Bauern, die endlich die Pflicht zur Ablieferung des Zehnten loswerden wollten, und die Kirche, die meinte, ohne den Zehnten nicht leben zu können. Solche Widersprüche sollten sich bis zu bewaffneten Auseinandersetzungen, bis zum Bürgerkrieg verschärfen.

Der gefährlichste Widerspruch entzündete sich am Problem des Verhältnisses zwischen Staat und Kirche. In den Orten der alten Eidgenossenschaft hatte sich seinerzeit eine Art Gleichgewicht der Macht zwischen Kirche und Staat hergestellt. Der neue Staat aber war darauf bedacht, eine Einmischung der Kirche in politische Angelegenheiten auszuschliessen. Religionsfreiheit war zwar garantiert, aber damit war keineswegs gemeint, dass sich die Kirchen selbstherrlich gebärden durften. In den protestantischen Gegenden war die Kirche schon lange gewöhnt, am Gängelband des Staates zu gehen. Die katholische Kirche, die mit dem Papst in Rom ihr eigenes Oberhaupt hatte, wollte sich aber ihre gesellschaftliche und kulturelle Macht nicht so ohne weiteres nehmen lassen. Deshalb kam von dieser Seite der heftigste Widerstand gegen die Helvetik.

Nach dem Willen der revolutionären Patrioten sollte der neue Staat vom Licht der Aufklärung durchdrungen sein. Zwischen Gottesglauben und Aufklärung sahen sie zwar keinen notwendigen Widerspruch, aber eine bestimmte Art des christlichen Glaubensbekenntnisses schien ihnen unvernünftig und gefährlich. Deshalb versuchten sie, das Christentum durch eine Art Vernunftreligion zu verdrängen. An die Stelle des christlichen Glaubensbekenntnisses setzten sie den Bürgereid, an die Stelle der christlichen Tugend die Bürgertugend. Eine umfassende Säkularisierung von Staat und Gesellschaft war ihnen allerdings dadurch verbaut, dass die Verfassung die Religionsfreiheit garantierte. Immerhin waren sie stark genug, eine antikirchliche Stossrichtung in der Gesetzgebung wirksam werden zu lassen und besonders den Klöstern das Leben schwer zu machen. Klöster galten, vor allem bei der protestantischen Bauernschaft, als unnütze und schmarotzende Einrichtungen. Am 8. Mai 1798 beschlossen die helvetischen Räte, die Vermögen der Klöster, Stifte und Abteien zu sequestrieren, weil nur so vermieden werden könne, dass einerseits die Franzosen ihre

Hand darauf legten oder andererseits auswandernde Geistliche die Geldwerte ins Österreichische abtransportierten. Später wurden die sequestrierten Vermögen zum Nationalvermögen geschlagen. Am 20. Juli 1798 wurden die Klöster praktisch auf den Aussterbeetat gesetzt, indem ihnen verboten wurde, Novizen und Lehrer aufzunehmen. Insgesamt 133 Klöster und Stifte wurden in der Zeit der Helvetik säkularisiert.

Die meisten Priester und Mönche waren entschiedene Gegner der Helvetik und hielten die in der Verfassung proklamierte Religionsfreiheit für einen blossen Trick zur Verschleierung der wahren Absicht, nämlich die Vernichtung der Religion. Für sie war die Französische Revolution das Werk von Rationalisten und Atheisten, also ein Teufelswerk. Sie konnten nicht verstehen, warum sich Schweizer dazu hergaben, die religionsfeindlichen Ideen im Einklang mit der französischen Okkupationsmacht in unserem Land durchsetzen zu wollen. Wer das Teufelswerk unterstützte, war selbst ein Gehilfe des Teufels; das traf auf die schweizerischen Revolutionäre und noch viel mehr auf die Franzosen zu. In ihren Predigten griffen die Priester die «teuflischen Franken» in massloser und unversöhnlicher Art an. Damit stiessen sie bei ihren Gläubigen auf breite Zustimmung, denn es gab genug Vorfälle, bei denen französische Soldaten als wahre Teufel erschienen, die nicht vor Mord und Vergewaltigung zurückschreckten.

Die Hetze gegen die Revolution, gegen Frankreich und gegen das Direktorium wurde von den altgesinnten Aristokraten heimlich gefördert und erzielte nachhaltige Wirkung.[77] Bei den französischen Truppenführern entwickelte sich das Gefühl, sie hätten es mit einer besonders renitenten und reaktionären Bevölkerung zu tun, welche die grossartigen Errungenschaften der Revolution nicht zu schätzen wisse. Sie fühlten sich beleidigt und herausgefordert, reagierten mit Machtdemonstrationen und gebärdeten sich als Besatzer in Feindesland, was ursprünglich nicht beabsichtigt gewesen war. Sie massten sich hoheitliche Rechte an, so dass eine Art Doppelherrschaft entstand: auf der einen Seite das helvetische Direktorium, auf der andern Seite das französische Militärkommando. Wenn die Anordnungen der Regierung in den Augen der französischen Kommandanten falsch waren oder nicht befolgt wurden, griffen sie oder der Zivilkommissär direkt ein. Je widerspenstiger sich dann die einheimische Administration zeigte, desto brutaler traten die Franzosen auf. So verscherzten sie sich bald auch die Sympathien der von ihnen befreiten Untertanen, die in der französischen Präsenz nicht mehr brüderliche Hilfe, sondern nur noch Zwang, Willkür und Unterdrückung sehen konnten.

Die Urkantone, die auf ihren alten Institutionen beharrten und vom neuen Staat nichts wissen wollten, wurden zunächst schonungsvoll behandelt. Aber das französische Militärkommando forderte immer dringender, auch sie hätten sich vorbehaltlos ins neue Staatswesen einzufügen. Die Innerschweizer Bevölkerung, angestachelt von eifernden Geistlichen, war bereit zum bewaffneten Widerstand. Der Schwyzer Landeshauptmann Alois Reding stellte sich an die Spitze der Landleute und führte sie in den Kampf. Ende April 1798 stiessen seine Truppen nach allen Seiten vor, und zwar in der Hoffnung, den allgemeinen Aufstand in der Schweiz provozieren, die neue Verfassung beseitigen und die französischen Truppen aus dem Land jagen zu können. Aber die Besatzungsarmee reagierte schnell und entschlossen, und schon Anfang Mai musste sich Reding den überlegenen französischen Kräften beugen.

Inzwischen war der französische Zivilkommissär Lecarlier abberufen und durch Jean-Jacques Rapinat ersetzt worden. Dieser beklagte die Schwäche des Direktoriums, das sich in der Bevölkerung nicht durchzusetzen vermöge. Besonders erbost war er darüber, dass die für die französische Armee geforderten Kontributionen, also die von den Aristokraten zu bezahlenden Steuern, nicht zügiger abgeliefert wurden. Er stellte sich auf den Standpunkt, die französische Armee habe unter hohen Kosten die schweizerische Bevölkerung von der Herrschaft der Aristokratie befreit, und wenn Frankreich jetzt die Rückerstattung der Kosten von eben dieser Aristokratie verlange, sei das nur recht und billig, und das Direktorium müsse vorbehaltlos für die Bezahlung der Kontributionen einstehen. Dieses verhalte sich aber deshalb so nachsichtig, weil seine Mitglieder der alten Aristokratie selber zu nahe stünden. Vor allem Ludwig Bay von Bern und Alfons Pfyffer von Luzern hielt er für Aristokratenfreunde. Er verlangte den Eintritt von zwei zuverlässigen Patrioten in die Regierung, und jetzt kamen Ochs und Laharpe zum Zug. Weil es der Wunsch der französischen «Schutzmacht» war, wurden sie Ende Juni 1798 ins Direktorium gewählt, während Bay und Pfyffer zurücktreten mussten.

Im Juli 1798 beschloss das Direktorium, alle Bürger der Helvetischen Republik, auch die Geistlichen, müssten einen Eid auf die Verfassung ablegen. Die katholische Geistlichkeit der Innerschweiz rief erneut zum Widerstand auf. Mitte August kam es zur offenen Rebellion, Behördemitglieder wurden gefangengenommen oder davongejagt. Im September verlagerte die helvetische Regierung ihren Sitz von Aarau nach Luzern; sie rückte also in die Nähe der rebellischen Orte, was aber nicht zur Beruhigung beitrug. Da schritten auf Ersuchen des Direktoriums französische Truppen ein. Schwyz unterwarf sich angesichts der Übermacht, aber die Nidwaldner leisteten heftigen Widerstand, und am 9. September 1798 kam es zu einem schrecklichen Gemetzel mit Hunderten von Toten, darunter auch vielen Frauen und Kindern. Vergeblich hatten die Innerschweizer gehofft, von Österreich her werde ihnen Hilfe zukommen. 600 bis 700 ihrer Häuser waren verbrannt; viele Kinder waren zu Waisen geworden. Das helvetische Direktorium schickte Pestalozzi nach Stans, damit er im dortigen Kapuziner-kloster ein Waisenhaus und eine Armenerziehungsanstalt einrichte.[78]

Im Bewusstsein der Nidwaldner Bevölkerung blieb die Schlacht vom 9. September haften, einerseits als schreckliche Tragödie, andrerseits aber auch als Heldentat eines freiheitliebenden Völkleins, das sich ganz allein gegen die Fremdherrschaft gewehrt und den alteidgenössischen Unabhängig-keitswillen hochgehalten habe. Bis heute wird in der Geschichtstradition der Innerschweiz und speziell Nidwaldens die französische Besatzungs-armee ausschliesslich als Unterdrückungsinstrument wahrgenommen, und die Revolution von 1798 wird auf die Komponente der Fremdherrschaft reduziert. Diese Innerschweizer Optik – die Waadtländer, Aargauer oder Tessiner schauen die Sache wesentlich anders an – hat in unserer nationalen Geschichtstradition tiefe Spuren hinterlassen. Die Innerschweizer werden als «Urschweizer» besonders stark mit einer besonderen nationalen Eigen-schaft identifiziert: mit der Liebe zur Freiheit. In vielen historischen Dar-stellungen wird suggeriert, die Innerschweizer hätten im Gegensatz zu den Mittelländern den Aufstand gegen die Franzosen versucht, weil sie ein be-sonders starkes Freiheitsgefühl besessen hätten. Diese Behauptung wird im allgemeinen nicht weiter begründet, denn sie versteht sich scheinbar von selbst. Sogar in der staatsrechtlichen Literatur wird oft ein besonderes innerschweizerisches oder ureidgenössisches Freiheitsbewusstsein voraus-gesetzt und mit dem Überleben einer altgermanischen Stammesfreiheit in der Institution der Alpgenossenschaften erklärt. Es mag etwas daran sein. Plausibel ist jedenfalls, dass der Innerschweizer Bevölkerung die natur-rechtliche Freiheitslehre der Aufklärungszeit, die zu einem *individuali-stischen Freiheitsbegriff* führte, weniger zugänglich war als der städtischen Bevölkerung; die Freiheitsidee der Land- und Talleute blieb im Rahmen des Gemeinschaftsdenkens. Eigentlich pflegten sie immer noch die gleiche Freiheitsidee, die schon im Bund der drei Waldstätte im Jahr 1291 zum Ausdruck gekommen war. Damals hatten die Talleute geschworen, keine «fremden Richter» im Land zu dulden. Darauf hatten sie ihre Freiheit begründet, und diese Freiheit wollten sie in der Zeit der Helvetik gegen die Freiheit im modernen, revolutionären Sinn verteidigen, gegen die Freiheit des individuellen Willens, die im Verein mit Gleichheit und Brüderlichkeit ein politisches Ziel darstellte. Es ging ihnen also um eine *kollektive Freiheit*, die einem urwüchsigen Wir-Gefühl entsprang und die ihre Stärke aus der Ablehnung des Fremden gewann.

Selbstverständlich hatte es aber solche spontane Ablehnung des Fremden und Bedrohlichen nicht nur in der Innerschweiz gegeben. Schon beim Einmarsch der Franzosen ins schweizerische Mittelland Anfang März 1798 waren Landwehren gebildet worden, und es war zu spontanem Widerstand mit Gabeln, Knüppeln, Sensen und alten Schiesseisen gekommen, etwa bei Grenchen oder im freiburgischen Sensebezirk. An dieser Widerstandsbewegung hatten sich auffallend viele Frauen beteiligt, vielleicht weil sie wussten oder ahnten, dass der fremde Eroberer stets auch ein Vergewaltiger war.[79] Es gab also den Abwehrreflex gegen die Franzosen auch ausserhalb der Urkantone. Der Unterschied bestand aber darin, dass im Mittelland unter dem Einfluss der aufgeklärten Meinungsführer in allen Volksschichten auch ein gewisses Mass an Sympathie zum revolutionären Frankreich vorhanden war, so dass die einmarschierenden Franzosen nicht nur als Feinde, sondern eben auch als Repräsentanten einer Freiheitsmacht angesehen wurden. Deshalb brach der Widerstand hier so rasch zusammen. Anders in der Innerschweiz, wo nicht die Aufklärer die Meinungsführer waren, sondern die konterrevolutionären Geistlichen. Ein zweites, spezifisch innerschweizerisches Moment kam dazu: Es herrschte hier eine politische Tradition, die dem Volk, das heisst den alteingesessenen und grundbesitzenden Talleuten, das Gefühl vermittelte, durch die Landsgemeinde an der Regentschaft beteiligt zu sein und keinen Bedarf an neumodischen Freiheitsideen zu haben. Beim Aufstand der Innerschweiz ging es primär darum, die kleinräumige Selbstverwaltung, so altmodisch sie war, gegen eine neue und übergeordnete politische Struktur zu verteidigen. Der Partikularismus der Innerschweiz stand nicht nur gegen die französische Fremdherrschaft auf, sondern auch gegen die Formierung eines schweizerischen Nationalstaates.

4.3 Vom ersten zum zweiten Koalitionskrieg

Der erste Koalitionskrieg zwischen 1792 und 1797 hatte damit geendet, dass sich Österreich vorläufig geschlagen geben musste, während sich Preussen schon vorher als neutral erklärt hatte. England aber blieb der ungeschlagene und unversöhnliche Gegner, das «perfide Albion», das nach Meinung der französischen Revolutionsideologen zerstört werden musste. Es gehörte in Paris zum guten Ton, eine Invasion Englands zu propagieren. Dahinter stand der Druck der Exportindustriellen, welche die Konkurrenz des englischen Seehandels aus dem Feld schlagen wollten. Auch die Lobby der Armeelieferanten drängte beim zögernden Direktorium auf weitere Waffentaten. Bonaparte, der Held des Italienfeldzugs, wurde zum Befehlshaber einer Englandarmee ernannt, und im Frühjahr 1798 sollte das Invasionsunternehmen gestartet werden. Zusammen mit seinem Generalstab studierte Bonaparte die Voraussetzungen, und er kam zum Schluss, es sei unmöglich, in so kurzer Zeit die nötige Anzahl Schiffe auszurüsten. Er schlug statt dessen eine Expedition in anderer Richtung vor: Ein Feldzug nach Ägypten sollte die Pforte zum Orient öffnen und gleichzeitig den von England beherrschten Indienhandel stören. Das Direktorium bewilligte diesen Plan nur widerwillig, weil es sich nicht mit den Türken anlegen wollte, die den nahen Osten einschliesslich Ägyptens beherrschten. Aber Bonaparte wusste die Sache so einzufädeln, dass die Regierung schliesslich zustimmte. Der in Bern geraubte Staatsschatz diente zur Finanzierung des Unternehmens, und am 1. Juli 1798 langte die Flotte Bonapartes mit 38 000 Mann vor Alexandria an. Das Landeunternehmen glückte, und die französische Armee zog auf direktem Weg gegen Kairo, vertrieb die Kriegerkaste der Mamelucken und machte Ägypten zum französischen Protektorat, was in Frankreich als zivilisatorische Grosstat gepriesen wurde. Inzwischen hatte der englische Admiral Nelson die vor Abukir ankernde französische Flotte zerstört. Die französische Armee war damit von ihren Heimathäfen abgeschnitten und in der Folgezeit nicht nur englischen, sondern auch türkischen Angriffen ausgesetzt. Dadurch ermutigt, lehnte sich die ägyptische Bevölkerung gegen die Besatzer auf. Französische Soldaten und Offiziere kamen ums Leben, und Bonaparte, der gerne als Befreier der Ägypter von den Mamelucken aufgetreten wäre, sah sich genötigt, blutige Unterdrückungsaktionen zu befehlen.

Ägypten war weit weg von der Schweiz, und doch hatte das Ägyptenabenteuer Rückwirkungen auf unser Land. Bonaparte blieb nämlich nicht ruhig unter den Pyramiden sitzen, sondern es zog ihn zu weiteren Taten. Er sah sich schon als Nachfolger Alexanders des Grossen den ganzen Orient erobern. Dadurch wurden aber andere Mächte alarmiert. In der zweiten Hälfte des Jahres 1798 gelang es dem englischen Premierminister William Pitt, der schon die erste Koalition gegen Frankreich zustandegebracht hatte, ein neues Bündnissystem zu knüpfen, und zwar unter Einbezug Österreichs, des Ottomanischen Reichs (Türkei), Russlands, Neapels und Portugals. Durch diese Koalition gestärkt, bereitete Österreich konkrete Schritte vor, seine Position in Italien und am Rhein wieder zu stärken und Frankreich zu schwächen. In diesem Plan aber spielte die Schweiz eine wichtige Rolle.

Die Bündner Täler, die von Frankreich zum Beitritt zur Helvetischen Republik aufgefordert worden waren, standen im Herbst 1798 immer noch abseits und zeigten keine Lust, sich in den neuen Einheitsstaat einzufügen. Da der Druck auf sie wuchs, baten sie den Kaiser in Wien um Schutz. Im Oktober besetzten kaiserliche Truppen das Rheintal, mit dem Hintergedanken, die Alpenpässe unter ihre Kontrolle zu bringen. Die Engländer hatten inzwischen versucht, zusammen mit Neapel die Franzosen aus dem Kirchenstaat zu vertreiben. Das Unternehmen war gescheitert, und Frankreich errichtete auf dem Gebiet Neapels die Parthenopäische Republik. Das bestärkte den Kaiser in seiner Meinung, Frankreichs Stützpunkte in Italien müssten zusammen mit den Koalitionspartnern angegriffen werden, wozu er eben die Bündner Pässe als Einfallstore brauchte. Das französische Direktorium wollte dem zuvorkommen und beschloss, seine Armée d'Helvétie zu aktivieren und zu verstärken; General Schauenburg wurde durch Masséna ersetzt. Dann setzte Frankreich seine Armée du Rhin in Bewegung; Anfang März 1799 überschritt sie den Rhein und stiess in Süddeutschland auf die von Erzherzog Karl befehligte österreichische Heeresmacht. Damit hatte der zweite Koalitionskrieg begonnen. Auch in Oberitalien kam es bald zu kriegerischen Auseinandersetzungen; dort kämpfte Moreau gegen die Truppen des russischen Generals Suworow. Dazwischen operierte Masséna mit seiner Armée d'Helvétie. Am 6. März 1799 marschierte er nach Chur, besetzte danach ganz Graubünden und zwang dieses Gebiet zur Vereinigung mit der Helvetischen Republik. Der Gegenstoss der Österreichischen Truppen unter dem Befehl des Grafen von Bellegarde liess nicht lange auf sich warten. Die Österreicher vertrieben die Franzosen, brachten die Bündner Pässe und darüber hinaus auch den Gotthardpass in ihre Hand. Etwas später drangen die Truppen des Frei-

118

herrn von Hotze, eines Berufsoffiziers aus der Zürcherischen Familie Hotz, der in fremden Diensten Karriere gemacht hatte, in die Schweiz ein und stiess von Graubünden her Richtung Zürich vor. Weitere österreichische und russische Truppen folgten. Ende Mai musste Masséna Zürich preisgeben; die Frontlinie lag jetzt westlich der Linie Baden–Zürich–Altdorf–Gotthard; Ost- und Zentralschweiz waren also in der Hand der Koalitionstruppen. In Zürich richtete Niklaus Friedrich von Steiger, der letzte Schultheiss von Bern, der im März 1798 nach der Niederlage am Grauholz ins Exil gegangen war, zusammen mit seinem Gesinnungsgenossen Karl Ludwig von Haller eine konterrevolutionäre Propagandazentrale ein und kündigte die Wiederherstellung des Ancien Régime inklusive Vogteien und Untertanenverhältnisse an. Das wirkte allerdings zum Teil kontraproduktiv, denn viele, die vorher nichts so sehr wie die Vertreibung der Franzosen gewünscht hatten, begannen nun auch die Österreicher und Russen und die mit ihnen zurückgekehrten Aristokraten zu fürchten.

Masséna war noch nicht geschlagen, doch die österreichische Armee zögerte, ihm nachzusetzen. Die Franzosen hatten auch in Italien und in Deutschland Niederlagen erlitten, und wahrscheinlich wäre es den Österreichern möglich gewesen, der Helvetik den Todesstoss zu versetzen und sich die ganze Schweiz zu unterwerfen. Aber England drängte darauf, dass Österreich den Kampf gegen Masséna den Russen überlasse. Das kam dem österreichischen Kaiser insofern entgegen, als er jetzt seine Truppen in Süddeutschland konzentrieren und damit verhindern konnte, dass Preussen von der Schwächung Frankreichs profitierte und süddeutsche Gebiete an sich zog. Die Österreicher, mit Ausnahme eines Teils der Armee Hotzes, zogen also aus der Schweiz ab und überliessen das Feld den Russen unter General Korsakow. Zu dessen Unterstützung sollte General Suworow von Norditalien in die Schweiz einmarschieren und Masséna in die rechte Flanke fallen. Der Vormarsch der Russen unter Suworow verzögerte sich; erst Ende September traten sie den mühsamen Marsch über den Gotthard an und trafen nach schwierigen Kämpfen im Gebirge in Altdorf ein. Die Leistung Suworows und seiner Truppen wurde allgemein bewundert, aber schliesslich mussten die Russen doch den Franzosen weichen. Im Oktober 1799 war die ganze Schweiz, inklusive Graubünden, wieder in Massénas Hand.

Die helvetischen Milizen, die auf der Seite Massénas kämpften, hatten zur Rückeroberung ihres Landes nicht viel beigetragen; zum Teil waren sie schon nach den ersten Kämpfen auseinandergelaufen. Weshalb sollten sie zusammen mit den Franzosen gegen einen Gegner kämpfen, in dessen Reihen sich auch Schweizer befanden? Kaum ein schweizerischer Soldat im Sold der Helvetischen Republik konnte sich mit diesem Krieg identifizieren. Es überwog das Gefühl, das grosse europäische Ringen, das in einer undurchschaubaren Art über die Schweiz hereingebrochen war, habe man einfach zu erdulden. Aus der Sicht der kleinen Leute schien es aussichtslos, sich aktiv zu beteiligen und zu versuchen, das Geschehen in eine erwünschte Richtung zu lenken.

Inzwischen hatte Bonaparte genug von seinen fruchtlosen Bemühungen im Orient. Die ihm zukommenden Nachrichten besagten, die französische Regierung sei schwach und das französische Machtsystem in Europa am Wanken. Er beeilte sich, nach Frankreich zurückzukehren. Mitte Oktober 1799 traf er in Paris ein. Überall wurde er vom Volk bejubelt und als grosser Sieger gefeiert. Die Regierung empfing ihn. Im Direktorium war neuerdings Sieyès die bestimmende Figur. Dieser Mann, der am Anfang der Revolution eine so wichtige Rolle gespielt und dem Land die Prinzipien der nationalen Republik beigebracht hatte, war jetzt überzeugt, es brauche nicht eine republikanische, sondern vor allem eine starke und handlungsfähige Regierung, um das von der mächtigen zweiten Koalition bedrohte Vaterland zu retten. Er nutzte die Gunst der Stunde und paktierte mit Bonaparte, der am 18. Brumaire (9. November) 1799 einen Staatsstreich inszenierte und das Direktorium und den Grossen Rat auseinanderjagte. Sieyès arbeitete eine neue Verfassung aus, die Konsularverfassung, und Bonaparte wurde erster Konsul mit diktatorischen Vollmachten, nachträglich durch Plebiszit für zehn Jahre im Amt bestätigt, später sogar auf Lebenszeit gewählt. Dass er sich 1804 durch Senatsbeschluss als Napoleon I. zum Kaiser erhöhen liess, war nur noch ein kleiner Schritt und markierte den definitiven Abschluss der Revolutionszeit.

Das Bedürfnis, sich allseitig abzusichern und Europa nach den eigenen Prinzipien geordnet zu sehen, hatte Frankreich auf einen expansionistischen Kurs geführt; die im Frieden von Campo Formio festgelegte Rheingrenze war von der französischen Regierung schon bald nicht mehr als verbindlich angesehen worden. Umgekehrt hatten sich die konterrevolutionären Mächte nicht damit zufrieden gegeben, dass in Paris weiterhin die Erben der Revolution regierten und Frankreichs Macht mehrten. Der Widerspruch hatte zu neuen kriegerischen Auseinandersetzungen geführt, in die auch unser Land hineingezogen worden waren. Die traditionell neutrale Schweiz hatte sich nicht heraushalten können, weil sie mit der grossen

Schwesterrepublik auf Gedeih und Verderben verbunden war. Auf Antrag des helvetischen Direktoriums hatten die helvetischen Räte nämlich einem Bündnisvertrag mit Frankreich, dem sogenannten Allianzvertrag, zugestimmt und sich damit in die Kriegsstrategie der Nachbarrepublik einbinden lassen. Die nationale Geschichtsschreibung hat diese Einwilligung als den eigentlichen Sündenfall der Helvetik bezeichnet, und besonders Ochs ist dafür kritisiert worden. Wäre es möglich gewesen, an der Neutralität festzuhalten?

4.3.1 Allianzvertrag mit Frankreich

Im Kapitel über die alte Eidgenossenschaft habe ich darauf hingewiesen, dass die französischen Könige seit dem 16. Jahrhundert immer wieder Verträge mit den eidgenössischen Orten abgeschlossen hatten, in denen sie sich der Freundschaft der Eidgenossen versichert und sich das Recht auf Söldnerwerbung ausbedungen hatten. Diese auf die Lebenszeit des jeweiligen Königs befristeten Verträgen waren gleichzeitig Bündnisverträge zwischen Frankreich und der Eidgenossenschaft; meistens waren sie ausdrücklich auf den Verteidigungsfall bezogen. Aber jeder eidgenössische Ort behielt das Recht, auch mit andern Fürsten Verträge abzuschliessen, und es gab immer wieder solche, die einem neuen Allianzvertrag mit Frankreich nicht beitraten. Bei kriegerischen Ereignissen, welche die Schweiz in irgendeiner Form betrafen, entschied jeder Ort für sich und danach die Tagsatzung für die Gesamtheit der eidgenössischen Orte, wie man sich verhalten wolle, ob strikt neutral, teilweise neutral oder halt doch parteiisch. Die Neutralität war kein Dogma, sondern wurde flexibel gehandhabt. Frankreich verstand es meistens, sich in den Allianzverträgen ein Durchzugsrecht für seine Truppen über eidgenössische Gebiete zu sichern. Im letzten Vertrag, der unter den Bedingungen des Ancien Régime geschlossen wurde, war das nicht mehr der Fall: Der Allianzvertrag von 1777 stipulierte eine strenge Form der eidgenössischen Neutralität. Die Eidgenossenschaft hatte sich bis zu einem gewissen Grad aus ihrer Abhängigkeit von Frankreich herausgearbeitet und konnte sich erlauben, durch Festschreibung der Neutralität ihre Eigenständigkeit zu demonstrieren. Als nach der Revolutionierung Frankreichs und mit dem Ende der französischen Monarchie der mit Ludwig XVI. abgeschlossene Vertrag automatisch erlosch, stand die Eidgenossenschaft gewissermassen frank und frei da. Aber konnte sich das kleine politische Gebilde in der Schweiz, dieser fragile eidgenössische

Staatenbund ohne vertragliche Bindung, ohne Anlehnung an eine Grossmacht aufrecht halten? Während des ersten Koalitionskrieges war es noch möglich. Dann aber wollte das siegreiche Frankreich ganz entschieden die Schweiz in sein Lager ziehen. In der geschilderten Art wurde die Eidgenossenschaft revolutioniert, und kaum war im Frühjahr 1798 die Helvetische Republik konstituiert, drängte das französische Direktorium auf den Abschluss eines neuen Allianzvertrags.

Am 19. August 1798 wurde der Vertrag geschlossen, diesmal nicht zwischen einem König und den Vertretern von 13 eidgenössischen Orten, sondern zwischen zwei formal gleichwertigen Republiken. Die ersten zwei Artikel des insgesamt 15 Artikel umfassenden Allianzvertrags lauten: «*Art. I.* Il y aura à perpétuité entre la République Française et la République Helvétique paix, amitié et bonne intelligence. *Art. II.* Il y a dès ce moment, entre les deux Républiques, alliance offensive et défensive. L'effet général de cette alliance est, que chacune des deux Républiques peut, en cas de guerre, requérir à la coopération de son Alliée.»[80] Die beiden revolutionären Republiken sicherten sich also gegenseitigen Beistand zu, und gemeint war der Beistand gegen die konterrevolutionären Kräfte. Die Beistandspflicht sollte gelten, sobald es die eine Republik von der andern verlangte, und zwar nicht nur im Verteidigungsfall, sondern auch im Fall eines Angriffskrieges. Das war das Neue an diesem Vertrag, das war der Pferdefuss. Die helvetische Regierung wusste, dass sie keinesfalls einen Angriffskrieg beginnen würde, dass aber Frankreich dazu sehr wohl imstande war. Deshalb lief der Vertrag praktisch darauf hinaus, dass die Schweiz als Juniorpartner künftig die Kriegszüge des Mutterlands der Revolution mit Hilfstruppen unterstützen musste. Aber konnte man voraussehen, dass solche Kriegszüge schon bald bevorstanden? Die Sache schien vorerst gar nicht so bedrohlich, auch deshalb nicht, weil im Vertrag festgelegt war, dass die Macht, welche Hilfstruppen beanspruchte, für deren Bezahlung aufkommen musste.

Laharpe meinte später, als die Ereignisse des zweiten Koalitionskrieges ein neues Licht auf den Allianzvertrag warfen, es wäre möglich gewesen, diesen auf den Verteidigungsfall zu beschränken, wenn nicht Ochs den Wünschen der Franzosen vorschnell entgegengekommen wäre. Tatsächlich war Ochs vor Abschluss der Allianz noch im Glauben befangen, Frankreich und die Schweiz, im revolutionären Geist vereint, verfolgten grundsätzlich die gleichen Ziele. Aber nicht nur er, sondern die Mehrheit des Direktoriums war damals, im Sommer 1798, noch überzeugt, man befinde sich auf der Seite der Sieger im europäischen Ringen zwischen Revolution und Konterrevolution, und aus dieser vorteilhaften Lage heraus werde die Helvetische Republik ihren festen Platz in einem neu geordneten Europa bekommen. Der Allianzvertrag schien den Weg zu ebnen, auf dem man in eine eigenständige Zukunft schreiten wollte. Die Regierung der Helvetischen Republik strebte Partnerschaft mit der Französischen Republik nicht nur auf politischem, sondern auch auf wirtschaftlichem Gebiet an. Auf Verlangen der helvetischen Unterhändler war folgender Artikel in den Allianzvertrag aufgenommen worden: «Il sera incessamment conclu entre les deux Républiques un Traité de commerce, basé sur la plus complète réciprocité d'avantages. En attendant les Citoyens des deux Républiques seront respectivement traités comme ceux des Nations les plus favorisées.» So glaubte man, eine Normalisierung im Verhältnis zwischen der Schweiz und Frankreich herbeizuführen und in Zukunft ruhige Handelsverbindungen pflegen zu können, was dem gegenseitigen Wohlergehen nützen würde.

Aber Frankreich sah keinen Vorteil darin, die Schweiz als gleichwertigen Handelspartner anzuerkennen, und zögerte den Vertragsabschluss immer wieder hinaus. Die helvetischen Unterhändler und das helvetische Direktorium waren zu leichtgläubig gewesen, als sie darauf vertraut hatten, Frankreich werde die Helvetische Republik tatsächlich als gleichberechtigten Partner behandeln. Nur: Selbst wenn die helvetische Regierung frei von solchen Illusionen gewesen wäre, hätte sie aus eigenem Interesse nicht auf den Abschluss des Allianzvertrags verzichten können, denn dieser enthielt im Artikel 3 eine für sie lebenswichtige Bestimmung: «La République Française garantit à la République Helvétique son indépendance et l'unité de son Gouvernement et dans le cas où l'oligarchie tenteroit de renverser la Constitution actuelle de l'Helvétie, la République Française s'engage à donner à la République Helvétique les secours dont elle auroit besoin pour triompher des attaques intérieures ou extérieures, qui seraient dirigés contre elle.» Durch diese Garantie hatte sich die helvetische Regierung verführen lassen, denn sie sah sich der permanenten Gefahr ausgesetzt, von einer unbotmässigen Bevölkerung in Zusammenarbeit mit den konterrevolutionären Kräften im In- und Ausland hinweggefegt zu werden. Sie glaubte, sie bedürfe des Schutzes durch die französische Armee; dieser war aber nur um den Preis der Defensiv- und Offensivallianz zu haben.

Das Direktorium hätte sagen können, es verzichte auf den Schutz Frankreichs, wolle die Neutralität der Schweiz hochhalten und sich selber gegen die Konterrevolution verteidigen. Aber damit wäre die Gefahr entstanden, dass entweder Frankreich die Schweiz einfach annektiert oder aber Österreich die Schweiz besetzt hätte. Im Moment des Vertragsabschlusses schien es möglich, das eine wie das andere zu vermeiden. Als ein knappes Jahr später die halbe Schweiz von österreichischen und russischen Truppen besetzt war und die andere Hälfte von der französischen Armee ausgesaugt wurde, sah die Situation ganz anders aus. Jetzt erst sah Laharpe, dass er seine eigene politische Position stärkte, wenn er den Allianzvertrag kritisierte und Ochs die Schuld am Vertragsabschluss zuschob.

4.3.2 Militärorganisation in der Schweiz

Während des zweiten Koalitionskriegs (1799–1802) operierte die französische Armée d'Helvétie, die aufgrund des Allianzvertrags mit schweizerischen Hilfstruppen ergänzt war, auf helvetischem Boden gegen die Koalitionstruppen. Nur marginal an diesen Kämpfen beteiligt waren die unter schweizerischem Kommando stehenden Truppen. Diese bestanden aus der helvetischen Legion, einer stehenden Truppe von 1500 Mann, die dem helvetischen Direktorium zu Gebot stand, sowie einer erst im Aufbau begriffenen schweizerischen Milizarmee. Die Situation wird dadurch noch komplizierter, dass auf der gegnerischen Seite ebenfalls schweizerische Truppen kämpften, zusammengestellt aus Emigranten, die sich den Koalitionsheeren angeschlossen hatten. Schliesslich gab es noch immer, obwohl die Revolution damit hatte Schluss machen wollen, Schweizer Regimenter in fremden Diensten. Mich interessieren hier nur die helvetischen Milizen sowie die gemäss Allianzvertrag aufgestellten schweizerischen Hilfstruppen für die französische Armee. Während die ersteren Ausdruck der helvetischen Nationalstaatlichkeit waren, zeigte die Existenz der letzteren deutlich, dass es mit dieser Nationalstaatlichkeit nicht weit her war.

Das helvetische Militärwesen war eine ambivalente Angelegenheit. Durch den Allianzvertrag war die Helvetische Republik militärisch gesehen zu einer blossen Rekrutierungsbasis der französischen Armee geworden. Gleichzeitig schuf sie aber die Grundlage für ein neues nationales Militärwesen, und zwar gestützt auf die Verfassung. Diese sagte in den Artikeln 91 und 92: «Es soll in Friedenszeiten ein besoldetes Truppen-Corps gehalten werden, welches durch freiwillige Anwerbung und, im Fall der Noth, auf die durch das Gesetz bestimmte Art errichtet werden soll. Es soll in jedem Canton ein Corps von auserlesenen Milizen [corps d'élite] oder Nationalgarden sein, welche alle Zeit marschfertig sein werden, entweder um der gesetzlichen Obrigkeit Hülfe zu leisten oder einen ersten fremden Angriff zurück zu treiben.» Am 4. Dezember 1798 verfügte das Direktorium die Aufstellung der vorgesehenen helvetischen Legion von 1500 Mann, und am 13. Dezember verabschiedeten die helvetischen Räte ein Gesetz, das die allgemeine Wehrpflicht und die Aufstellung von Elite- und Reservetruppen vorsah. Ferner wurde die Gründung einer Artillerieschule beschlossen und die Fabrikation von Schiesspulver zum Staatsmonopol erklärt. Durch die Gesetze vom 24. und 27. Februar 1799 erhielt die Regierung Vollmacht, 20 000 Mann eigener Truppen aufzubieten. Damit war der Rahmen für eine neue Wehrordnung gegeben. Auch wenn dieser Rahmen nach dem Ende der Helvetik zum Teil auseinanderfiel, blieb doch soviel davon übrig, dass die Armee später einen wichtigen Kristallisationspunkt der national-staatlichen Entwicklung der Schweiz werden konnte, und zwar schon vor der Gründung des Bundesstaates von 1848.

Die neu geschaffenen nationalen Truppen der Helvetik waren den Umständen entsprechend schwach: schlecht ausgebildet, schlecht ausge-rüstet und zahlenmässig unter dem Sollbestand. Wie stand es aber mit den schweizerischen Hilfstruppen für Frankreich? Im Oktober 1798 verlangte das französische Militärkommando 18 000 Mann; Anlass für dieses Be-gehren waren die Ereignisse in Graubünden. Das helvetische Direktorium beeilte sich nicht, seiner Allianzpflicht nachzukommen; die Organisation und Ausrüstung der eigenen Armee hatte Vorrang. Die französischen Kommandanten aber, die keine finanziellen Mittel hatten, um Schweizer Milizionären Handgeld und Sold bezahlen zu können, drängten nicht sonderlich auf die Erfüllung der Allianzpflicht. Erst als schliesslich doch noch das nötige Geld aus Paris kam, bestanden sie energisch darauf, dass die schweizerischen Hilfsregimenter unverzüglich aufgestellt würden. Die helvetische Regierung ernannte die Offiziere der Hilfskorps und verpflichtete jede Gemeinde, pro 100 Aktivbürger vier Mann zu stellen. Die wehr-pflichtigen Schweizer waren aber keineswegs darauf erpicht, sich in den Dienst Frankreichs zu stellen, und es kam an verschiedenen Orten zu Rebellionen und regelrechten Volksaufständen. Da erliess die Regierung Ende März 1799 ein Gesetz, das die Weigerung, Militärdienst zu leisten, unter Todesstrafe stellte, worauf viele junge Männer zu den österrei-chischen Truppen des Erzherzogs Karl überliefen; manche entzogen sich auch einfach durch Untertauchen. Masséna erhielt schliesslich nur etwa 6000 Mann schweizerischer Hilfstruppen.

4.4 Laharpe gegen Ochs

Nach dem Ausbruch des zweiten Koalitionskriegs war der Sitz der helvetischen Regierung aus Sicherheitsgründen von Luzern nach Bern verlegt worden; dort tagten die Räte, ohne grosse Hoffnung, das gebeutelte Staatswesen noch befestigen zu können. Im Herbst 1799 war die militärische Lage in Helvetien zwar fürs erste stabilisiert, nicht aber die politische. Die Republik war erschüttert, grosse Teile der Bevölkerung waren unzufrieden. Sie hatten Requisitionen oder gewöhnlichen Diebstahl durch die Soldaten und Einquartierungen erdulden müssen, sie waren zu Geldzahlungen und Lieferungen von Heu und Getreide für die französische Armee gezwungen worden. Die Bevölkerung machte die Regierung für das ganze Elend verantwortlich; das Direktorium war in fast allen Landesteilen gründlich diskreditiert, die Autorität der Republik war beinahe auf den Nullpunkt gesunken. Die Anhänger der alten Ordnung, die von Österreich aus unterstützt wurden, machten sich die Schwäche ihrer politischen Gegner zunutze; die Anhänger der Revolution aber gerieten immer stärker in die Defensive.

Die drängenden Probleme gesetzgeberischer, finanzieller und wirtschaftlicher Art harrten der Lösung. Wegen der starken Zentralisierung der Kompetenzen und weil der Verwaltungsapparat nur rudimentär war, mussten die politisch Verantwortlichen viele administrative Aufgaben selbst erledigen. Die fünf Direktoren und ihre Minister bewältigten eine riesige Arbeitslast. Ochs wirkte zunehmend erschöpft und resigniert. Laharpe dagegen handelte entschlossen und energisch und beanspruchte für sich eine dominierende Stellung im Direktorium. Ochs stand ihm im Weg; er wollte ihn loswerden und ihm gleichzeitig die Schuld dafür aufbürden, dass eine französische Armee im Land stand, dass der Krieg ganze Landstriche verwüstete und dass der französische Kommissär Rapinat immer neue materielle Forderungen zur Unterstützung der französischen Kriegführung stellte. Er wollte ihn zum Sündenbock machen, und Ochs eignete sich hervorragend für diese Rolle, denn er hatte enge Beziehungen zur französischen Regierung gepflegt, besonders zu Reubell, dem Spezialisten für Aussenpolitik innerhalb des französischen Direktoriums. Leicht konnten da gewisse Verdächtigungen aufkommen: Hatte nicht Ochs den Allianzvertrag vom August 1798 eingefädelt, und war er nicht aus Liebedienerei und persönlichem Ehrgeiz den französischen Forderungen weiter als nötig entgegengekommen? Zog er nicht persönliche Vorteile aus seiner Freundschaft mit Reubell, der seinerseits ein Schwager des blutsaugerischen Zivilkommissärs Rapinat war? Wurden da nicht heimliche Geschäfte zu Lasten der schweizerischen Bevölkerung gemacht? Diese und ähnliche Vermutungen wurden konstruiert, und sie untergruben Ochs' Stellung. War etwas dran? Die Geschichtsforschung hat diese Fragen bis heute nicht hinreichend geklärt. Aufgrund der 1992 erschienenen Biographie von Peter F. Kopp scheint es allerdings höchst unwahrscheinlich, dass Ochs in unlautere Machenschaften verwickelt war. Er hatte persönliche Opfer für die Republik erbracht und sogar Geld aus seiner privaten Kasse zugunsten der leeren Staatskasse vorgeschossen, Geld, das er nie mehr zurückerhielt.[81] Man könnte sagen, gerade deswegen habe er versucht, auf anderen Wegen wieder zu Geld zu kommen. Es gibt aber keine Anzeichen dafür, dass dem so war, und die erhobenen Vorwürfe gingen auch nicht in dieser Richtung. Laharpe zieh ihn vielmehr des verräterischen Umgangs mit den Franzosen und zwang ihn mit dieser Anklage im Juni 1799 zum Rücktritt. Ochs hatte nicht nur in den helvetischen Räten jeden Rückhalt verloren, sondern auch in Paris. Dort war nämlich am 15. Juni turnusgemäss das Direktorium erneuert worden und dabei Reubell durch Losentscheid ausgeschieden. Er war danach in Zusammenhang mit finanziellen Machenschaften seines Schwagers Rapinat kritisiert und angeschuldigt worden. Diese Schwächung Reubells und damit auch Ochs' nützte Laharpe aus. Am 24. Juni übernahm er turnusgemäss das Präsidium im helvetischen Direktorium, das bis dahin Ochs innegehabt hatte, und hoffte, Ochs werde durch Losentscheid das Direktorium verlassen müssen; das Los traf aber Bay.[82] Am 25. Juni brachte Laharpe in ausserordentlicher Sitzung des Rumpfdirektoriums – Ochs war abwesend und der neue Direktor noch nicht gewählt – eine Resolution für den Ausschluss Ochs' aus der Regierung durch. In der folgenden Nacht wurde Ochs vor die Alternative gestellt, eine Rücktrittserklärung zu unterzeichnen oder eine Anklage wegen verräterischer Umtriebe gewärtigen zu müssen. Der überraschte Ochs resignierte sogleich, unterzeichnete das ihm vorgelegte Schreiben und reiste ab, was auf seine Schuld hinzuweisen schien.

Die Nacht-und-Nebel-Aktion Laharpes war wohl nur deshalb möglich, weil zu diesem Zeitpunkt die halbe Schweiz in den Händen der konterrevolutionären österreichischen Truppen lag. Bei den helvetischen Behörden herrschte eine Stimmung des «Vaterland in Gefahr». In dieser Stimmung wurde Laharpes Resolution angenommen. Es war ein sehr umfangreiches Schriftstück, durch das Ochs schwer beschuldigt wurde; der Anfang lautet so: «Citoyens Directeurs! Des dangers qui menacent notre Patrie, m'ont engagé à vous convoquer extraordinairement. Depuis un an la république helvétique est pillée et insultée par les agents connus ou inconnus, des hommes dont le Corps législatif de la république française vient de faire justice.» Mit diesen bekannten und unbekannten Agenten waren Rapinat und seine Helfer gemeint. Diese hätten einen Verräter auf ihrer Seite gehabt, nämlich Ochs, der in enger Verbindung mit Reubell stand: «Il serait inutile de vous répéter que ces misérables ont entretenu au milieu de nous un traître, chargé d'épier tous nos discours, de révéler nos délibérations les plus secrètes et de rendre illusoires les mesures de salut public que dictèrent plus d'une fois notre patriotisme et notre indignation. Le traître est le citoyen Ochs. C'est lui qui engagea Schauenburg et Rapinat à traiter avec le dernier mépris notre nation, en haine de ce que le Corps législatif ne l'avait pas appelé tout d'abord au Directoire. C'est lui qui, pour faire sa cour au même Rapinat et à Reubell et pour arriver par leur entremise à la dictature helvétique, sous la protection des bayonnettes étrangères, s'engagea à soutenir la réussite des articles offensifs du traité d'alliance; lui dont les promesses et les jactances décidèrent le Directoire français à nous dicter impérieusement ces conditions offensives qui font aujourd'hui le malheur des deux républiques.»[83] – Ochs habe also den Räubern Rapinat, Schauenburg und Reubell geschmeichelt, weil er mit deren Hilfe seine persönliche Diktatur aufrichten wollte. Durch seine Grosstuerei (jactances) habe er nichts anderes bewirkt, als dass die Schweiz in die Offensivallianz mit Frankreich habe einwilligen müssen. Er habe das Direktorium und die helvetischen Räte hintergangen, weil er es nicht habe verwinden können, dass er anfänglich nicht ins Direktorium gewählt worden sei.

Geschickt hatte Laharpe seine Insinuationen zusammengetragen, und sie verfehlten ihre Wirkung weder bei den Direktoren noch, einen Tag später, bei den Grossräten und Senatoren. Er wagte etwas, was bisher noch keiner der helvetischen Revolutionäre so offen gewagt hatte, nämlich die Hingabe an die Ziele Frankreichs als Verbrechen wider den Geist des Patriotismus hinzustellen. Er denunzierte Ochs als Franzosenfreund und Verräter – wobei er allerdings durchblicken liess, Ochs habe eben zu den falschen Franzosen gehalten. Sich selbst präsentierte er als besonders guten Patrioten. Er kritisierte die Militärallianz mit Frankreich und forderte die Rückkehr der Schweiz zum Grundsatz der Neutralität. Das konnte er jetzt, im Sommer 1799, gefahrlos tun, weil die französische Schutzmacht insofern diskreditiert war, als sie die österreichische Invasion nicht abzuwehren vermocht hatte. Laharpe kritisierte das räuberische Verhalten der Besatzungsmacht und tat so, wie wenn Ochs dieses noch gefördert hätte. Dabei hatte auch Ochs Beschwerdebriefe nach Paris geschrieben, war aber in der Öffentlichkeit unverbrüchlich zur verbündeten Nation gestanden. Laharpe dagegen ging deutlich auf Distanz zu Frankreich, und das war, jenseits seiner hässlichen Intrige gegen Ochs, das historisch Wichtige am ganzen Vorgang, denn damit leitete er eine eigentliche Wende ein: Die helvetische Republik sollte sich nicht mehr mit der Französischen Revolution identifizieren, sondern sich als Produkt eines eigenen Nationalbewusstseins begreifen. Laharpe erfasste richtig, dass die Nation Schweiz nur dann politisch tragfähig werden konnte, wenn sie sich als etwas Eigenständiges, Besonderes, von Frankreich und allen andern Nationen Unterscheidbares verstand.

Am 26. Juni 1799 legte das Direktorium den helvetischen Räten das «Entlassungsbegehren» des Peter Ochs vor und beantragte, diesem sei stattzugeben. Als Rücktrittsgrund waren gesundheitliche Probleme angeführt, was niemand ernst nahm, denn die Vermutung oder Verdächtigung, Ochs sei den Franzosen weiter als nötig entgegengekommen, war auch den Abgeordneten bekannt. Sie glaubten aber oder wollten glauben, die Exekutive werde nach dem Abgang von Ochs handlungsfähiger sein und Helvetien in eine bessere Zukunft führen. Mehrheitlich stimmten sie deshalb der Entlassung Ochs' freudig oder sogar enthusiastisch zu. Einige meinten allerdings, Ochs könne nicht einfach so gehen, sondern müsse zur Rechenschaft gezogen werden; so der Abgeordnete Rellstab, der zusätzliche Verdächtigungen auftischte und unterschwellig mit dem Gedanken der Enthauptung des ihm verhassten Mannes spielte: «Ich stehe keinen Augenblick an, der Entlassung beizustimmen; aber Ochs ist Rechenschaft schuldig und soll haften für alles, was er gethan hat, mit Kopf und mit Gut. Ich traute ihm Vaterlandsliebe zu; aber er hat mich und viele andere betrogen; besonders möchte ich begehren, wer verursacht hat, dass die Magazine in Zürich, St. Gallen und anderswo in des Feindes Hand gefallen sind, damit auch hierfür Rechenschaft gefordert werden könnte.» [84] Der Abgeordnete Koch stimmte «mit allen Freuden zur Entlassung» und gab seiner Hoffnung Ausdruck, «niemand werde anstehen, dieselbe zu bewilligen; denn sie kann sogleich stattfinden und Rechenschaft dennoch gefordert werden; geben wir also vor allem die Entlassung von einer Würde, welche unwürdig bekleidet wurde; dann können wir gegen diesen Mann erst noch im Namen des rächenden Vaterlandes auftreten.» – Viele Abgeordnete argumentierten weit entfernt von jeglichen sachlichen Erwägungen und legten emotionale, nicht rechtsstaatliche Massstäbe an. Der Zürcher Paul Usteri dagegen, Senatspräsident und einer der gewichtigsten Politiker der Helvetik, versuchte die Sache streng rechtlich zu sehen. Er stimmte der Entlassung Ochs' zu, weil dieser sie selbst verlange und weil er das Vertrauen der Nation verloren habe; er fügte aber hinzu, nicht mehr von ganzem Herzen zustimmen könnte er dann, «wenn, wie ein Gerücht sagt, das Entlassungsbegehren die Folge eines Vorschlags des Directoriums gewesen wäre, der dem Bürger Ochs zwischen der Anklage und der Entfernung die Wahl liess.» Für Usteri war klar: Wenn tatsächlich Verrat im Spiel war, musste die Sache untersucht und durfte nicht durch einen Kuhhandel im Direktorium vertuscht werden; deshalb sagte er: «Hätte ich Gewissheit, so würde ich nicht zur Entlassung stimmen; denn dem Directorium käme ein solches Unterhandeln mit den Grundsätzen und den Gesetzen nicht zu, und hat es Grund zur Anklage eines Mitglieds der obersten Gewalten, so steht es keineswegs in seiner Willkür, anzuklagen oder nicht anzuklagen; seine Pflicht gebietet ihm das erstere.» Andere Abgeordnete nahmen die Sache lockerer und fanden, wichtig sei jetzt die sofortige Entlassung; anklagen könne man später auch noch. Es sollte aber auch später nie zu einer Anklage kommen; offenbar liessen sich die Verdächtigungen nicht erhärten.

Wichtiger als der strafrechtliche Aspekt ist in unserem Zusammenhang der politische, wie ihn der Abgeordnete Zimmermann ansprach, als er meinte, er stimme für die Entlassung, «denn sie wird zu der wünschbaren gänzlichen Vereinigung der obersten Gewalten dienen, und die Republik nun glücklichere Fortschritte machen als bisher, da sie in ihrer wichtigsten Kraft gelähmt war. Es lebe die Republik!» Dazu vermerkt das Protokoll: «Allgemein unterstützt.» Was genau unterstützten die Abgeordneten? Vor allem wohl den Ruf: «Es lebe die Republik!» Aber galt die Unterstützung nicht auch dem Wunsch des Abgeordneten Zimmermann, die obersten Gewalten gänzlich zu vereinigen, also das schon bisher nicht sehr streng gehandhabte Prinzip der Gewaltenteilung gänzlich aufzuheben? Dieser Wunsch lief letztlich darauf hinaus, statt eines Systems der Machtbalance ein System der Machtzusammenballung oder gar der Diktatur zu errichten, also genau das zu tun, was Laharpe dem gestürzten Ochs vorgeworfen hatte. Es gab eine Reihe von Abgeordneten, die der Meinung waren, nur ein Vollmachtenregime, eine Art Wohlfahrtsausschuss oder eine Diktatur der Tugendhaften vermöge die helvetische Republik noch zu retten. So verlangte der Abgeordnete Suter, «dass die Entlassung sogleich ertheilt und ohne Aufschub zur Wahl eines neuen Directors geschritten» werde, und er beschwor die Bürger Collegen, «bei der Wahl nur auf Tugend und Rechtschaffenheit zu sehen, weil ohne diese keine Freiheit möglich ist.» Damit war gemeint: Nicht die Rechtsstaatlichkeit·soll die Freiheit garantieren, sondern die Tugend der handelnden Politiker. Aber war nicht gerade der Bürger Ochs einer der Tugendhaften gewesen, hatte nicht gerade er geglaubt, sich über gewisse Regeln hinwegsetzen zu können, weil er sicher war, das Gemeinwohl immer im Auge zu behalten?

Der Entlassung Ochs' wurde einhellig und mit Applaus zugestimmt. Senatspräsident Usteri bemühte sich am Ende der gehässigen Debatte, wieder eine erhabenere Stimmung zu erzeugen, indem er an die Ideale und Ziele der Revolution erinnerte, die es rasch zu verwirklichen gelte. Er warnte vor allen Diktaturgelüsten und beschwor den Geist der Freiheit: «Möge mit der heutigen Reinigung des Directoriums die Herrschaft der Grundsätze und ein regelmässiger Geschäftsgang in dasselbe zurückkehren; möge die Verantwortlichkeit aller seiner untergeordneten Behörden streng gehandhabt werden; möge die individuelle Sicherheit der Bürger von nun an ungekränkt bleiben, die Freiheit der öffentlichen Meinung endlich und die Pressefreiheit hergestellt werden! Der 14. Julius rückt heran; es ist der zehnte seit jenem [des Bastillesturms im Jahr 1789], von dem sich die Hoffnungen aller edlen und freien Menschen zählen; möge er das frohe Fest einer neuen Morgenröthe für Frankreich, für Helvetien und für alle Völker werden. Es lebe die Freiheit, es lebe die Republik!»

Nach dem Sturz des Peter Ochs kam die Republik nicht zur Ruhe, und die Hoffnung Usteris auf bessere Respektierung von Recht und Gerechtigkeit erfüllte sich nicht. Der Senat versuchte zwar, durch eine Revision der Verfassung der helvetischen Politik einen besser definierten Rahmen zu geben; aber die widersprüchlichen Interessen, Ideen und Vorstellungen blockierten die Revisionsarbeit immer wieder, während sich die Lage der durch den Krieg geschundenen Bevölkerung kaum besserte. Laharpe war nun der starke Mann Helvetiens, während Ochs als die Unperson hingestellt wurde, über die man allen Unrat leeren konnte. Wenn er auch nicht, wie einst so viele Revolutionäre in Frankreich, unter das Fallbeil gelegt wurde, so wurde er doch gewissermassen von der öffentlichen Meinung hingerichtet. Eine nach seinem Sturz in Umlauf gebrachte Karikatur zeigt ihn als Verbrecher unter einem Galgen, hilflos aufs Rad geflochten, von Krähen umschwärmt, die ihm die Augen aushacken, und am Fuss des Galgens ein Plakat mit den Versen: «Hier faulet auf dem Rabenstein / des grossen Ochsen sein Gebein. / O lieber Leser flieh' die

Stelle, / sonst zieht dich seine Macht zur Hölle.»[85] – So ging Ochs als Versager und Verräter in die Geschichte ein. In seinen Gedanken war er hoch geflogen, und er war abgestürzt. In seiner Person überlappten sich gleichsam der positive und der negative Aspekt der Helvetik; er war der personifizierte Ausdruck des Dilemmas der damaligen Schweiz, die ein liberaler und demokratischer Nationalstaat werden wollte und gleichzeitig den ausschliesslichen Interessen Frankreichs dienen musste. Er verkörperte die Revolution und die Verbindung zu Frankreich, aber gleichzeitig auch die alte Herrenschicht; deshalb konnte man den Volkszorn leicht auf ihn richten und ihm die Schuld an allem geben, was das Volk bedrückte.

Laharpe wurde seines Sieges über Ochs nicht froh; noch ein halbes Jahr lang konnte er sich halten, dann wurde auch er gestürzt. Interessant ist, dass er danach nicht im gleichen Mass wie Ochs mit Schmährufen verfolgt wurde, obwohl man ihm mindestens so viele Vorwürfe hätte machen können. Auch im Urteil späterer Historiker kommt er besser weg als Ochs. Der grosse Basler Historiker Jacob Burckhardt schreibt: «Ochs ist bei weitem schuldiger als Laharpe, welcher wenigstens ein verhärteter Flüchtling war.»[86] Laharpe war in jungen Jahren von einem Berner Aristokraten in seinem Stolz verletzt und später von den Herren in Bern zur Emigration gezwungen worden; seine revolutionäre Motivation ist also leicht zu verstehen. Anders bei Ochs, der selber Angehöriger der regierenden Oberschicht gewesen war. Zur Erklärung seines Engagements müssen schlechte Charaktereigenschaften, vor allem seine angebliche Eitelkeit, herhalten. Bis in die Mitte des 20. Jahrhunderts hält sich die einseitig negative Beurteilung; Ochs gilt als Landesverräter, obwohl die Untersuchung seiner Tätigkeit anhand der Quellen schon lange deutlich gemacht hat, dass er mit viel Geschick alles in seiner Macht Stehende tat, die Schweiz als unabhängigen Staat in das Zeitalter der nationalen Republiken hinüberzuführen.[87] Aber die Legende von jenem aus Eitelkeit mit Frankreich konspirierenden Peter Ochs, der schliesslich über seinen eigenen Hochmut stolperte, wird bis in unsere Tage kolportiert, denn es ist eine typisch schweizerische Legende, die den Merksatz, Hochmut komme vor dem Fall, am Beispiel des Basler Aristokraten exemplarisch darstellt.[88]

4.5 Verfassungskämpfe und Staatsstreiche

Schon unmittelbar nach der Konstituierung der Helvetischen Republik im Frühjahr 1798 war der Ruf nach einer Revision der Verfassung laut geworden, und zwar hauptsächlich aus folgenden Gründen: Das neue Instrument der geschriebenen Verfassung hatte zu mancherlei Unsicherheiten geführt; es galt nicht mehr das, was Gewohnheit war, sondern das, was in der Verfassung stand. Aber wie war der Verfassungstext genau auszulegen? Welche Wirkung hatte die Verfassung auf die Gesetzgebung und auf das tägliche Leben? Aus diesen Fragen ergab sich das Bedürfnis, den Verfassungstext ausführlicher zu formulieren. Diese als dringend empfundene Aufgabe wurde aber durch die Verfassung selbst erschwert; dort stand nämlich unter dem Titel «Abänderung der Constitution» im Artikel 106: «Der Senat schlägt diese Abänderungen vor; die hierüber gemachten Vorschläge aber erhalten nicht eher die Kraft eines Schlusses, bis sie zweimal dekretiert worden, und zwar muss zwischen dem ersten Dekret und dem zweiten ein Zeitraum von fünf Jahren verstreichen. Diese Schlüsse des Senats müssen hierauf von dem Grossen Rath verworfen oder genehmigt und nur im letzten Fall den Urversammlungen zugeschickt werden, um sie anzunehmen oder zu verwerfen.»[89]

In einer ersten Phase befasste sich die Verfassungskommission des Senats vor allem mit der Frage der Verfassungsauslegung, wobei es oft um interpretationsbedürftige Kleinigkeiten ging. Obwohl das sehr zeitraubend war, schaffte es die Kommission, innerhalb eines knappen Jahres einen Vorschlag für eine revidierte Verfassung auszuarbeiten. Das war vor allem das Verdienst des Zürchers Paul Usteri (1768–1831), der sich in der Verfassungsfrage sehr stark engagiert und speditive Arbeit geleistet hatte. Er war der Sohn des Theologieprofessors Leonhard Usteri, eines Universalgelehrten, dessen Briefwechsel mit Winckelmann und Rousseau berühmt war. Paul oder Paulus hatte eine Laufbahn als Arzt und Naturwissenschaftler eingeschlagen, sich dann aber unter dem Einfluss der Französischen Revolution der Politik zugewandt. 1797 war er in den Grossen Rat der Stadt Zürich eingetreten, hatte sich für die Amnestierung der im Stäfnerhandel Verurteilten eingesetzt und war im April 1798 helvetischer Senator und im September Senatspräsident geworden. Er spezialisierte sich auf Rechts- und Verfassungsfragen, und der Vorschlag einer revidierten Verfassung, wie er am 2. März 1799 vorlag, stammte weitgehend von seiner Hand. Der Basler Staatsrechtler Eduard His bezeichnet diesen Entwurf als «ein eigenartig lehrhaftes, ideologisches Machwerk».[90] Jedenfalls war es ein Text, der, wie der Ochssche Entwurf, die Grundsätze des französischen Staatsrechts und die Idee der Menschenrechte praktisch umzusetzen versuchte. Er unterschied sich von der gültigen Verfassung vor allem in der Länge; statt 107 umfasste er 152 Artikel, und am 5. März wurden noch einmal 16 Artikel hinzugefügt. Das war eine Folge davon, dass die Kommission präziser erklären wollte, was gemeint war. Als dieser Entwurf in den folgenden Monaten einer intensiven Diskussion unterzogen wurde, ging es nicht mehr in erster Linie um die Grundsätze, sondern um Einzelheiten, um das, was politisch machbar schien. Man kann deshalb sagen, dieser Entwurf, so sehr er «ideologisches Machwerk» gewesen sein mag, sei in seiner Wirkung auch die Wende zu einem pragmatischeren Umgang mit dem Staatsrecht gewesen.

Im März 1799 begann die zweite Phase der Revisionsarbeit, in der es zunächst um die Frage ging, ob der Artikel 106, der eine rasche Revision verhinderte, nicht vorgängig abgeändert werden müsse. Im Prinzip war die Änderung dieses Artikels an die gleichen Bedingungen gebunden, die er selbst formulierte. Der Senat wollte aber, dass der Grosse Rat nicht fünf Jahre wartete, sondern sofort auf die Revisionsvorschläge eintrat; er fand, bei einer etwas lockeren Verfassungsinterpretation sei dies möglich. Ausserdem beschloss er, nicht auf den gesamten Revisionsvorschlag einzutreten, sondern nur die wichtigsten Punkte herauszugreifen. Usteri bezeichnete sechs Hauptpunkte, nämlich 1. Ausschaltung des Loses bei der Wahl der Elektoren, 2. Streichung der Bestimmung, wonach Direktoren nach dem Ausscheiden aus ihrem Amt automatisch Senatoren auf Lebenszeit würden – also der Bestimmung, die beim Ausscheiden von Ochs zu ungeklärten Fragen geführt hatte –, 3. Beseitigung der Pflicht, die Beratungen der Räte jedes Jahr während drei Monaten auszusetzen, 4. Streichung der besonderen persönlichen Voraussetzungen für die Wählbarkeit ins Direktorium und den Senat, 5. Reorganisation des Nationalschatzamtes und 6. bessere Trennung der richterlichen Gewalt von der vollziehenden. Der letzte Punkt betraf den Artikel 105 der gültigen Verfassung, der eine starke Einschränkung des Prinzips der Gewaltentrennung enthielt; es hiess dort: «Das Vollziehungs-Direktorium kann, wenn es solches nöthig findet, die Gerichtshöfe und die Verwaltungskammer absetzen und solche bis zu den künftigen Wahlen ersetzen.»[91] Usteri wollte das ändern, stiess aber damit auf den Widerstand Laharpes und seines jakobinischen Anhangs; eine Revision dieses Punktes erwies sich als politisch unmöglich. Auch die andern Revisionspunkte – mit Ausnahme des ersten – fanden keine Mehrheit in den Räten.

Es war schwierig, die Revisionsarbeit auf wenige Hauptpunkte zu konzentrieren, da von der Bevölkerung her immer wieder andere Fragen an die Räte herangetragen wurden. Viele Eingaben bezogen sich auf die Einteilung der Kantone. Die Bürger waren im «Kantönligeist» befangen, die Frage der Kantonsgrenzen beschäftigte sie sehr, und dazu gab es unzählige Revisionsvorschläge. Die Meinung, die Kantone seien nicht nur in ihren alten Grenzen, sondern auch in ihren alten Kompetenzen wieder herzustellen, fand eine wachsende Anhängerschaft. Man darf nicht vergessen, dass vorübergehend österreichische Truppen in der Ostschweiz gestanden, die Altgesinnten wieder ihr Haupt erhoben und laut ihre Meinung gesagt hatten. Die Räte wehrten sich vorläufig noch energisch gegen alle föderalistischen Tendenzen, denn sie glaubten, die revolutionären Errungenschaften liessen sich nur im Einheitsstaat bewahren, während eine föderalistische Staatsstruktur den konterrevolutionären Kräften in die Hände spiele.

Mitte September 1799 legte der Grosse Rat die Revisionsvorlage beiseite, da er dringlichere Tagesgeschäft zu behandeln hatte. Der Senat beriet zwar weiter über die Verfassungsfragen, erzielte aber kaum Fortschritte. Da griff Laharpe ein und verlangte eine sofortige und umfassende Verfassungsänderung. Seit dem Sturz von Ochs hatte sich seine Energie verdoppelt, und er war entschlossen, die grossen Probleme frontal anzugehen. Vordringlich schien ihm eine Verwaltungsreform, wofür er einen Plan ausgearbeitet hatte. Die langsame Gangart der Räte passte ihm nicht, und er versuchte, deren Eifer anzustacheln, indem er eine Kampagne zur Stärkung des Nationalgeistes und zur Ausrottung des Föderalismus anregte. Diejenigen, die während der österreichischen Okkupation vom revolutionären Kurs abgewichen waren, liess er streng bestrafen, versuchte sogar eine Art «Terreur» im Sinn Robespierres zu installieren.[92] Trotz aller Anstrengung vermochte er aber nichts Entscheidendes zu bewegen. Da liess er sich auf einen gefährlichen Plan ein: Angeregt von seinem bewunderten Vorbild, dem gewalttätigen General Bonaparte, der am 9. November (18. Brumaire) 1799 in Paris einen erfolgreichen Staatsstreich durchgeführt hatte, wollte er die Räte auseinanderjagen und ein Vollmachtregime errichten; dabei hoffte er auf französische Unterstützung. Aber seine verschwörerischen Absichten wurden bekannt, und schon innerhalb des Direktoriums erwuchs ihm Widerstand. Ende Dezember 1799 befassten sich die Räte mit der Angelegenheit; sie kehrten nun den Spiess um und setzten das Direktorium ab, und zwar durch folgenden Beschluss vom 7. Januar 1800: «Die gesetzgebenden Räthe, in Erwägung der Lage der Republik und der Erwartung des Volks, bald eine neue Constitution zu erhalten; in Erwägung der Nothwendigkeit, diesem Volk eine sichere Gewährleistung zu geben, dass an dieser neuen Constitution mit grösster Thätigkeit gearbeitet werde, haben, nach erklärter Dringlichkeit, beschlossen: 1. An die Stelle des aufgelösten Direktoriums soll ein Vollziehungsausschuss von sieben Mitgliedern, bis zur Einführung einer neuen Constitution, eingesetzt werden.» [Es folgen drei weitere Punkte.][93] Für diesen Beschluss gab es keine verfassungsmässige Grundlage; es handelte sich schlicht um einen von den Räten ausgelösten Staatsstreich mit dem Zweck, die Verfassungsrevision zu deblockieren. Nicht die «radikalen» Patrioten, sondern die «gemässigten» Republikaner waren die treibende Kraft, also Leute wie Usteri, Escher und Kuhn. Den Patrioten blieb nichts anderes übrig, als die Absetzung Laharpes zu akzeptieren, da die Beweise für seine Umsturzpläne unwiderlegbar waren. Sie mussten sogar zusehen, wie in den siebenköpfigen Vollziehungsausschuss drei Leute aus den Reihen der «Altgesinnten» gewählt wurden, nämlich Seckelmeister Frisching von Bern, Hofkanzler Gschwend von der Abtei St. Gallen und Schultheiss Dürler von Luzern.

Die Patrioten, obwohl sie in den Räten immer noch die Mehrheit hatten, waren von den Republikanern überspielt worden, und sie sahen ihr revolutionäres Werk gefährdet. Um so entschiedener setzten sie sich dafür ein, dass endlich eine neue Verfassung verabschiedet werde. Der Vollziehungsausschuss aber befürchtete, die sich in der Verfassungsarbeit abzeichnende Tendenz zu mehr Demokratie werde zu einer Pöbelherrschaft führen; er begann die Verfassungsarbeit zu behindern. Dieser Widerspruch zwischen Vollziehungsausschuss und Räten wurde von Teilen der Aktivbürgerschaft mit regem Interesse verfolgt; wieder sandten einzelne Bürger, Bürgergruppen und Handwerkerkreise ihre Eingaben und Petitionen nach Bern, und die Patrioten konnten sich auf zahlreiche Zuschriften berufen, in welchen die neue Verfassung dringend gewünscht wurde. Es war also eine auf die helvetische Republik bezogene politische Öffentlichkeit entstanden, und der Druck dieser Öffentlichkeit begann das politische Geschehen zu beeinflussen. Woher aber der dringende Wunsch nach einer neuen Verfassung? Viele Bürger waren der Meinung, Ursache der misslichen Zustände in der Schweiz sei die von Frankreich oktroyierte Verfassung von 1798; erst mit einer neuen, demokratisch legitimierten Verfassung könne der Weg zu

einer von Frankreich unabhängigen, neutralen und wirtschaftlich prospe-
rierenden Schweiz geebnet werden. Diese Meinung war natürlich einerseits
naiv, andererseits stand die richtige Erkenntnis dahinter, dass die Republik
nur dann funktionieren konnte, wenn sie auf dem Willen der Mehrheit des
Volkes beruhte.

Am 5. Juli 1800 stimmte der Senat als Erstrat einem Verfassungsentwurf zu, der die bestehende Republik nicht umkrempelte, aber doch die
Akzente ein wenig anders setzte. Dieser ohne französische Einmischung
ausgearbeitete Entwurf sollte nie Rechtskraft bekommen; trotzdem will ich
ihn in seinen Grundzügen nachzeichnen, weil dabei deutlich wird, welche
Mängel inzwischen an der geltenden Verfassung festgestellt worden waren.
Der Verfassungsentwurf ist in Abschnitte eingeteilt, die mit den Abschnitten
der Verfassung von 1798 weitgehend übereinstimmen; der erste Abschnitt
enthält die «Hautpgrundsätze». Artikel 1 legt wie bisher die Form eines
Einheitsstaats beziehungsweise das Verbot des Föderalismus fest. Während
es in der Verfassung von 1798 heisst: «Die Helvetische Republik macht
Einen und unzertheilbaren Staat aus», heisst es neu: «Die Helvetische
Republik ist ein und untheilbar, frey und unabhängig.»[94] Das ist mehr als
eine bloss redaktionelle Änderung. Der Zusatz «frey und unabhängig» war
zweifellos aus inzwischen gemachter bitterer Erfahrung mit der französischen «Schutzmacht» erwachsen; rechtlich gesehen ist er allerdings eine
Leerformel, denn es wird nicht gesagt, wie Freiheit und Unabhängigkeit
erreicht oder garantiert werden können. – Wichtiger als diese erste kleine
Änderung ist, dass dem Artikel 1 ein Satz vorangestellt wird, der zwar
faktisch ebenfalls nichts bewirkt, der aber dem Ganzen einen andern Gehalt
gibt. Dieser Einleitungssatz lautet: «Unter dem Beystand Gottes gründet
das Helvetische Volk seine Staatsverfassung auf Einheit und Unabhängigkeit, auf die unveräusserliche Freyheit des Menschen und Gleichheit der
Rechte, und macht auf eine feierliche Art dieselben folgender Massen bekannt.» Es wird also nicht, wie in der Verfassung von 1798, einfach festgestellt, die Helvetische Republik *sei* so und so, sondern es wird ausdrücklich gesagt, die Helvetische Republik werde gegründet, und zwar in der
Weise, dass das Helvetische Volk feierlich eine Verfassung proklamiert, die
auf Freiheit und Gleichheit beruht. Es soll jetzt etwas nachgeholt werden,
was 1798 versäumt beziehungsweise wegen der französischen Gewaltpolitik
gar nicht möglich gewesen ist, nämlich die Begründung der Republik
durch das Volk. Es geht darum, den Akt der Konstituierung des neuen
Staates, der als institutionelle Absicherung der revolutionären Prinzipien,

als Garant der politischen Freiheit und der Gleichheit aller Menschen verstanden wird, in der Verfassung festzuhalten. Pikant daran ist, dass dieser Gründungsakt unter dem Beistand Gottes stattfindet. Es wird also eine dem gründenden Volk übergeordnete Autorität anerkannt, und diese Autorität ist nicht, wie es dem Geist der Aufklärung entsprochen hätte, das Naturrecht oder allenfalls eine Gottheit der Vernunft, sondern schlicht der alte Gott, in dessen Namen schon die Gnädigen Herren im Ancien Régime gehandelt haben. Man kann also sagen, dass hier eine Annäherung an die Gedankenwelt der Altgesinnten stattfindet, aber dieser Traditionalismus und diese Religiosität sind eben nicht nur ein Anliegen der ehemals Herrschenden; sie sind auch tief in der Mentalität des Volks verankert.

In den weiteren Abschnitten des Entwurfs gibt es viele kleinere und grössere Abweichungen von der geltenden Verfassung; oft geht es nur darum, Interpretationsfragen, die sich bei der Verfassung von 1798 stellen, durch eine Neuformulierung zu klären. Die wirklichen inhaltlichen Änderungen aber laufen insgesamt darauf hinaus, dass erstens die Gemeinden gestärkt und die Kompetenzen der Urversammlung (Primärversammlung) betont werden und dass zweitens die Exekutivgewalt eingeschränkt und die Gewaltenteilung strikte durchgeführt wird. Der Entwurf bleibt zwar dem Prinzip der repräsentativen Demokratie treu – Artikel 2 sagt: «Die Regierungsform ist demokratisch, doch so, dass das Volk nicht selbst regiert, sondern theils mittelbar, theils unmittelbar seine Stellvertreter wählt» –, aber es wird auch gesagt, die Urversammlungen sollten jährlich zweimal zusammentreten, um nicht nur Wahlmänner, sondern auch Richter der unteren Stufen und Munizipalbeamte zu wählen. Diese Direktwahlen sind neu; nach geltender Verfassung kann die Urversammlung nur die Elektoren wählen, und diese wählen nebst den Abgeordneten in die Legislative und den Richtern auch die Mitglieder der kantonalen Verwaltungskammern. Die Frage der Munizipalität ist nach geltendem Recht gar nicht in der Verfassung, sondern erst im Gemeindegesetz vom 15. Februar 1799 geregelt. Danach ist zwar die Generalversammlung der Gemeinde zuständig für die Wahl der Munizipalbeamten, aber gleichzeitig ist die Gemeindeautonomie durch die Statthalter und Unterstatthalter (Agenten) stark eingeschränkt. Hier, im Verfassungsentwurf, nun also die Erwähnung der Direktwahl der Munizipalbeamten, was als Hinweis darauf gedeutet werden darf, dass die Gemeindeautonomie gestärkt werden sollte.

Der Verfassungsentwurf vom Juli 1800 entsprach weitgehend den Vorstellungen der Patrioten, zum Teil denjenigen der Republikaner. Die

Altgesinnten aber – sie wurden jetzt als «Föderalisten» bezeichnet – rüsteten zum Widerstand gegen die Vorlage, weil sie ihr Hauptanliegen, eben die Wiederherstellung der Souveränität der alten Kantone, nicht berücksichtigte. Die Republikaner bekämpften den Entwurf ebenfalls, denn sie waren der Meinung, es brauche jetzt nicht eine neue Verfassung, schon gar nicht eine, welche die demokratischen und gemeindeautonomistischen Tendenzen stärkte; notwendig sei vielmehr die Stärkung der Exekutive. Sie identifizierten sich mit der Haltung des Vollziehungsausschusses, der im Entwurf eine Schwächung der Zentralregierung sah. Aber der Senat hatte bereits zugestimmt, und es war absehbar, dass eine Mehrheit im Grossen Rat schliesslich ebenfalls zustimmen würde. Dem wollte der Vollziehungsausschuss zuvorkommen. Am 7. August 1800 dekretierte er ohne jegliche gesetzliche Grundlage die Auflösung des Parlaments. Er hatte sich aber vorher des heimlichen Einverständnisses Frankreichs versichert, so dass die Räte sich nicht wehren konnten. Dieser illegale Akt war der zweite Staatsstreich, der diesmal von der Exekutive ausging, aber wieder das Werk der Republikaner war. Der Vollziehungsausschuss setzte eine ihm genehme Rumpflegislative ein, und auf diese Weise beherrschte er nun die Republik, soweit diese überhaupt noch existierte.

5. Vorläufiges Ende der Revolution

Nach dem zweiten Staatsstreich im August 1800 hatte die helvetische Regierung ihr von Anfang an nur beschränkt vorhandenes Vertrauenskapital im Volk fast vollständig aufgebraucht. Worauf konnte sie ihre Legitimität noch abstützen, nachdem sie die Rechte der gewählten Abgeordneten in den gesetzgebenden Räten krass missachtet hatte? – Nur auf die Macht des Faktischen und auf die Unterstützung durch Frankreich! Die einzige Möglichkeit, im eigenen Land wieder an Ansehen zu gewinnen, bestand darin, dem Volk möglichst bald eine Verfassung zur Abstimmung vorzulegen. Eine von der Rumpflegislative eingesetzte siebenköpfige Konstitutionskommission nahm die Verfassungsdiskussion wieder auf. Das Problem der Verfassungsrevision war durch die bisherige politische Entwicklung nicht einfacher geworden. Die Kommission musste nach Lösungen suchen, die gleichzeitig für das Volk und für die französische Schutzmacht akzeptabel und für die Regierung praktikabel waren. Die Aufgabe glich der Quadratur des Zirkels. Oder kam vielleicht die seit einiger Zeit sich abzeichnende neue Haltung der französischen Regierung den Bedürfnissen unseres Landes entgegen?

Seit General Bonaparte erster Konsul mit diktatorischen Vollmachten geworden war, orientierte sich die französische Regierungspolitik nicht mehr an revolutionären Zielen. Im Gegenteil: Der Prozess der Revolutionierung und der Versuch, die Demokratisierungsidee von den politischen Institutionen auf gesellschaftliche Bereiche auszudehnen, wurde gestoppt. Offensichtlich waren die Revolutionsideologen an die Wand gedrängt worden; was in Deutschland schaudernd als Jakobinismus bezeichnet wurde, war jetzt auch in Frankreich verpönt. Die Revolution sei abgeschlossen, meinte Bonaparte. Das bedeutete allerdings nicht, dass er alle revolutionären Errungenschaften hätte rückgängig machen wollen. Was zum Beispiel auf dem Gebiet des Zivilrechts erreicht worden war und dem Besitzbürgertum als nützliche Modernisierung erschien, sollte noch verbessert, systematisiert und verbreitet werden, denn dieses Besitzbürgertum war die gesellschaftliche Basis der Konsulatsregierung. Das wichtigste Ziel Bonapartes war aber, die nach dem Staatsstreich vom 18. Brumaire geschaffenen neuen politischen Verhältnisse nach innen und nach aussen zu befestigen; es sollte also auf die turbulenten Revolutionsjahre eine Phase der Konsolidierung folgen. Der erste Konsul, der sich selbst einmal zu den Jakobinern gezählt hatte, war sogar gewillt, in gewissen Bereichen im Widerspruch zu den revolutionären Ideen zu handeln oder alte Institutionen neu zu beleben, soweit dies der Stärkung seiner Herrschaft diente.

Aussenpolitisch verfolgte er eine komplizierte Strategie, wobei er die Interessen der andern europäischen Mächte und deren Positionen in überseeischen Gebieten in seine Berechnungen einbezog. Er setzte bis zu einem gewissen Grad auf die diplomatische Kunst seines Aussenministers, vertraute aber letztlich nur auf die Kraft der französischen Armeen und auf sein persönliches militärstrategisches Genie. Er wollte die gegen Frankreich gerichtete Koalition zerschlagen, den Krieg auf dem Kontinent beenden und schliesslich auch England unter seinen Willen zwingen. Schon im ersten Jahr seiner Regierungszeit gelang es ihm, die Position Frankreichs soweit zu stärken, dass die Koalitionsmächte in Friedensverhandlungen einwilligten. In Oberitalien stellte er die vorübergehend verlorene französische Dominanz wieder her. Er zog selbst mit einer Armee über den Grossen St. Bernhard, fiel den Österreichern, die an der Riviera bis Nizza vorgestossen waren, in den Rücken, und am 14. Juni 1800 schlug er sie mit viel Glück bei Marengo. Auch am Rhein kämpften die französischen Armeen endlich wieder erfolgreich und erzwangen einen Waffenstillstand. Am 9. Februar 1801 wurde der Friede von Lunéville geschlossen, der eigentlich eine Bestätigung des Friedens von Campo Formio war, allerdings mit noch besseren Bedingungen für Frankreich. Bonaparte stand also als Sieger da, der sich nun daran machte, die linksrheinischen deutschen Gebiete in seinen Machtbereich zu integrieren und darüber hinaus in die deutschen Angelegenheiten hineinzureden.

Nebenbei redete er auch in die schweizerischen Angelegenheiten hinein, obwohl im Friedensvertrag von Lunéville die Helvetische Republik als unabhängiger Staat anerkannt war. In seinen strategischen Plänen war die Schweiz nur mittelbar von Bedeutung: Die Walliser Alpenpässe galten ihm als Zugangstore nach Cisalpinien; im übrigen sah er in der Schweiz ein nützliches Soldatenreservoir. Er hatte keine grossen Pläne mit diesem kleinen Nachbarland, wollte dort einfach Ruhe und Ordnung haben. Ob die helvetische Verfassung revolutionären Prinzipien entspreche, interessierte ihn nicht. Er war bereit, die Idee einer «République Helvétique une et indivisible», also das unitarische Prinzip, preiszugeben, wenn eine andere Staatsform die Stabilität der Schweiz besser garantierte.

5.1 Einheitsstaat oder Föderation?

Die unitarische (einheitsstaatliche) Verfassung der Helvetischen Republik bildet im Ablauf der Schweizer Geschichte eine Ausnahmeerscheinung; vor und nachher galten in unserem Land überwiegend föderalistische Prinzipien unterschiedlicher Ausprägung. Die Schweiz vor 1798 war ein Staatenbund oder eine *Konföderation* gewesen.[95] Sie hatte aber noch nicht die moderne föderalistische Idee gekannt, die in der Mediationszeit und dann vor allem im demokratisch verfassten *Bundesstaat* politisch wirksam werden sollte; vielmehr hatte sie den mittelalterlichen Geist der *coniuratio*, des mit einem Eid beschworenen Bundes, gepflegt, und deshalb wurde sie Eidgenossenschaft geheissen.[96] Am Ende des 18. Jahrhunderts hätte dieses gealterte staatliche Gebilde vielleicht in organischer Weise in einen Bundesstaat weiterentwickelt werden können, wenn die Oligarchie nicht so starr an den alten Prinzipien festgehalten und wenn Frankreich nicht interveniert hätte. Allerdings ist fraglich, ob die schweizerischen Patrioten und Revolutionäre beweglich genug gewesen wären, ein modernes föderalistisches Staatswesen zu schaffen, denn sie waren in ihren politischen Vorstellungen einseitig vom französischen Vorbild abhängig und wussten mit der Idee eines Bundesstaates, also eines föderalistischen Staatswesens mit hierarchisch aufgeteilten Kompetenzen, nichts anzufangen. Deshalb muss man im nachhinein wohl sagen, die Phase des Einheitsstaates sei notwendig gewesen, damit sich die Idee eines gesamtschweizerische Staatswesens überhaupt entwickeln konnte.

Die Schweiz des 19. Jahrhunderts hat vorgeführt, wie aus einem Staatenbund ein solider Bundesstaat werden kann. Die Amerikaner hatten die gleiche politische Entwicklung schon Ende des 18. Jahrhunderts durchgemacht. In beiden Fällen ging es um die Konkretisierung dessen, was man Föderalismus nannte. Aber in Amerika hatte der Föderalismus einen ganz andern Klang als in der Schweiz. Im Vergleich zwischen den beiden Ländern zeigt es sich, dass der scheinbar so eindeutige Begriff nur schwer zu fassen ist. Im Hinblick auf die aktuelle Föderalismusdebatte in der Schweiz, aber auch in der Europäischen Union, ist es wichtig, die Begriffe Föderalismus und Föderation/Konföderation in ihrem historischen Ursprung zu verstehen, um dann präzise sagen zu können, welche Art von Föderalismus gemeint sei. Der Föderalismus, so innig er heute mit dem schweizerischen Staatswesen verbunden ist, wurde nicht hierzulande erfunden. Von Konföderation sprach man in Europa schon im 16. Jahrhundert, und zwar in den unterschiedlichsten Zusammenhängen. Da gab es zum Beispiel die polnischen Adelsbünde, die gegen die Krone stritten und sich bis ins 18. Jahrhundert als Konföderationen bezeichneten. Die meisten politischen Beobachter waren der Meinung, diese Konföderationen hätten viel zum Untergang des polnischen Staates im Jahr 1795 beigetragen, und von daher war der Begriff negativ besetzt. Das mag gerade für die Schweiz eine gewisse Rolle gespielt haben, indem der helvetische Direktor Glayre, der vormals polnischer Diplomat gewesen war und den Zerfall Polens hautnah miterlebt hatte, aus dieser Erfahrung heraus, aber eigentlich entgegen seiner sonstigen Überzeugungen, im Jahr 1798 mit dem ganzen Gewicht seiner Person für den Einheitsstaat eingetreten war. – Einen ganz andern Gehalt hatte die Konföderation der 13 ehemaligen englischen Kolonien in Nordamerika. Ihre Entwicklung hätte für die Schweiz sehr lehrreich sein können, wurde hier aber kaum zur Kenntnis genommen. Die nordamerikanische Konföderation, wie sie während des Unabhängigkeitskriegs entstanden war, hatte sich mit dem Kongress ein gemeinsames Organ gegeben. Dieser Kongress glich insofern der alteidgenössischen Tagsatzung, als seine Beschlüsse die Einzelstaaten kaum zu binden vermochten. Jeder der 13 Staaten hatte sich nämlich nach der Unabhängigkeitserklärung von 1776 gemäss den revolutionären Prinzipien selber konstituiert. Erst später machten sich führende Politiker daran, auch für die Konföderation eine Verfassung auszuarbeiten und die Vereinigten Staaten von Amerika als neuen Grossstaat zu gründen. Diese Verfassung sah einen Präsidenten mit weitgehenden Vollmachten, zwei gesetzgebende Kammern und einen Obersten Gerichtshof vor, also eine starke Zentralgewalt, was vor allem die grossen und wirtschaftlich starken Einzelstaaten nicht sogleich akzeptieren mochten. Diejenigen, die den bundesstaatlichen Zusammenschluss im Sinn dieses Verfassungsentwurfs vorwärtsreiben wollten, nannten sich Föderalisten, diejenigen, welche auf Einzelstaatlichkeit beharrten und die Notwendigkeit einer starken Zentralregierung bezweifelten, waren die Antiföderalisten. Die amerikanischen Föderalisten waren also in ihrer politischen Stossrichtung das genaue Gegenteil der schweizerischen Föderalisten zur Zeit der Helvetik. Diese wollten die zentrifugalen politischen Kräfte stärken, jene aber waren eigentlich Zentralisten. Die amerikanischen

Föderalisten schmiedeten den lockeren amerikanischen Staatenbund zum starken Bundesstaat um, die schweizerischen Föderalisten aber wollten umgekehrt Einzelstaaten aus dem Gesamtstaat herausbrechen.

Auch im Frankreich der Revolutionszeit gab es Föderalisten. Sie entfalteten sich auf dem Boden eines alten Königreichs, das längst politisch geeinigt war, das aber beim Ausbruch der Revolution von 1789 zusammenzubrechen drohte. Wie überall, wo übergeordnete politische Strukturen zerfallen, bekamen auch in der französischen Provinz die Gemeinden plötzlich eine gesteigerte Bedeutung; sie erwiesen sich als die einzigen Garanten der öffentlichen Ordnung. In einzelnen Regionen kam es dazu, dass sich mehrere Gemeinden zu Gemeindebünden oder Föderationen zusammenschlossen und sich gegenseitige Hilfe zusicherten, wobei sie betonten, sie verstünden sich nicht als politische Sonderorganisationen, sondern als Teile der freien Nation, die es von unten her aufzubauen gelte. Sie stellten eigene Bürgergarden auf, die sich *les fédérés* nannten. Autonomistische oder gar separatistische Tendenzen waren ihnen weitgehend fremd. Trotzdem waren die in Paris tagenden Abgeordneten der Assemblée nationale skeptisch gegenüber der föderalistischen Bewegung, die sich so unkontrollierbar entwickelte und bald radikaldemokratische, bald royalistische Tendenzen zeigte. Die Assemblée wollte den Föderalismus in die zentralistisch organisierte Revolutionsbewegung einbinden. Auf Vorschlag Talleyrands beschloss sie, am 14. Juli 1790, also ein Jahr nach dem Sturm auf die Bastille, in Paris ein grosses Fest der nationalen Verbrüderung zu feiern. Mit viel Aufwand wurde dieses erste Bundesfest («Fédération nationale») organisiert, und vor etwa 300 000 Zuschauern marschierten die *fédérés* aus allen Landesteilen auf das Marsfeld, um sich zur «nation une et indivisible» zu bekennen und sich dem Befehl La Fayettes, des Befehlshabers der Nationalgarde, zu unterstellen. Das war der Höhepunkt und gleichzeitig das Ende des Föderalismus in Frankreich, der mit der Tradition einer zentralisierten Verwaltung so gar nicht in Einklang zu bringen war. Der Begriff *fédéralisme* wurde von den staatstragenden politischen Parteien nur noch in negativem Sinn verwendet, und der Vorwurf, jemand entwickle föderalistische Tendenzen, war beinahe identisch mit dem Vorwurf des Landesverrates.[97]

Die Revolutionäre in der Schweiz übernahmen den negativen Föderalismusbegriff aus Frankreich. Sie waren die Vertreter der Einheitsstaatsidee und bezeichneten die Vertreter der staatenbündischen Idee in abwertendem Sinn als Föderalisten. Sie verabscheuten den Partikularismus der Altgesinnten und hielten den Einheitsstaat für die einzig richtige Staatsform. Nach ihrer Auffassung war nur ein *unitarisches* System geeignet, die Gleichheit zu schützen und die *volonté générale,* also den allgemeinen Willen aller freien und gleichen Staatsbürger, zum Ausdruck zu bringen. Der Föderalismus als Stütze des regionalen Willens sei mit dem egalitären Prinzip nicht vereinbar, meinten sie. Es gehe nicht an, dass beispielsweise die Berner oder die Urner ein regionales Sonderrecht in Anspruch nähmen, um ihre besonderen Interessen durchzusetzen; alle Sonderinteressen müssten sozusagen auf einen allgemeinen Kerngehalt zurückgeführt werden, denn nur das Allgemeine im Besonderen könne zum Allgemeinwillen gezählt werden. Die Altgesinnten aber sahen in den Sonderrechten den Ausdruck gottgewollter Ordnung und im Föderalismus ein Mittel, die verhasste helvetische Einheitsrepublik aus den Angeln zu heben.

Da die veränderte Haltung Frankreichs die Position der Revolutionäre schwächte, suchten sie sich gegenseitig zu stärken. Sie strichen nicht mehr ihre Zugehörigkeit zum patriotischen oder zum republikanischen Lager heraus, sondern betonten das Gemeinsame, nämlich das Einstehen für den unitarischen Staat; sie wurden deshalb *Unitarier* genannt. Unversöhnlich standen ihnen die Altgesinnten oder *Föderalisten* gegenüber, welche die alten Kantone mit je eigener Regierung wieder herstellen und in einer lockeren und ziemlich unverbindlichen Konföderation, die sie Eidgenossenschaft nannten, zusammenfassen wollten. Die beiden Gruppierungen prallten heftig aufeinander. Es gab aber Unitarier, die sich nach und nach zum Föderalismus bekehrten, sei es aus Opportunismus gegenüber dem neuen Wind aus Frankreich, sei es aus der wachsenden Einsicht, dass die revolutionäre Dogmatik in die Sackgasse geführt hatte. Die Auffassung, nur der Einheitsstaat bringe den Allgemeinwillen im Sinn der Rousseauschen *volonté générale* zum Ausdruck, liess sich auf die Dauer nicht halten. Die Erfahrung zeigte, dass ein den privaten Interessen entgegenstehender politischer Allgemeinwille eine rein theoretische Sache war und in der politischen Praxis keine Rolle spielte. Es hatte sich ein Modus der politischen Entscheidungsfindung herausgebildet, der die Rousseausche Theorie weitgehend missachtete. Man ging, wenn auch uneingestandenermassen, keineswegs von der Gleichheit der von Interessenbindungen befreiten Bürger aus, sondern von der Ungleichheit der an ungleiche Interessen Gebundenen, und man suchte ganz pragmatisch einen Kompromiss auszuhandeln, hinter dem eine Mehrheit stehen konnte, oder, wenn dies nicht gelang, die Meinung einer Minderheit mit mehr oder weniger feinen Mitteln durchzudrücken. Diejenigen, denen nach und nach klar wurde, dass zwischen politischer Theorie und Praxis eine Lücke klaffte, begannen an der Notwendigkeit des Einheitsstaates zu zweifeln, ohne aber deswegen zum System der alten Eidgenossenschaft zurückkehren zu wollen. Sie kamen zur Überzeugung, die Schweiz könne nur durch eine föderalistische Organisation den inneren Frieden finden. Der Waadtländer Glayre und der Zürcher Finsler sind zwei Beispiele prominenter helvetischer Politiker, die sich unter dem Eindruck der Schwierigkeiten, denen die Republik begegnete, von Unitariern zu Föderalisten wandelten. Die Mehrheit der helvetischen Abgeordneten hielt aber noch lange an der unitarischen Doktrin fest.

5.1.1 Glayres Wandlung

Pierre Maurice Glayre (1743–1819) war im waadtländischen Romainmôtier geboren worden und dort zur Schule gegangen. Sein Vater war Pfarrer gewesen; er starb, als sein Sohn erst sechs Monate alt war; auch die Mutter starb früh. Dank Beziehungen konnte der junge Glayre an der Lausanner Akademie ein Rechtsstudium absolvieren und danach in den Dienst des polnischen Königs Stanislaus II. Augustus eintreten, dessen Kabinettssekretär er wurde. Stanislaus sandte ihn nach Petersburg, wo er zuerst Legationssekretär, dann bevollmächtigter Botschafter Polens war. 1771 erhielt er einen polnischen Adelstitel, und später wurde er mit hohen Orden ausgezeichnet. Es war aber die Zeit, da die polnische Adelsrepublik mit ihrem Wahlkönigtum von aussen her Schritt für Schritt demontiert wurde, während im Innern immer wieder Parteikämpfe aufloderten. 1772 schnitten sich Russland, Österreich und Preussen in der sogenannten ersten Teilung grosse Stücke polnischer Gebiete ab. Glayre, vom König in wichtigen Missionen an die Höfe von Wien, Berlin und Paris gesandt, bemühte sich vergeblich, von den Grossmächten eine Garantie für Polen zu erwirken. 1793 und 1795 sollte das Land nach einer zweiten und dritten Teilung für einige Zeit ganz von der Landkarte verschwinden. Damals war Glayre nicht mehr in polnischem Dienst; 1789 war er definitiv in seine Heimat zurückgekehrt und lebte zurückgezogen in Romainmôtier. Zwar beobachtete er mit innerer Anteilnahme, was in Polen und im übrigen Europa geschah, wollte sich aber nicht mehr einmischen. Resigniert schrieb er im Rückblick auf seine Diplomatenzeit: «Je fus le témoin et le confident du désespoir d'un roi vertueux et digne d'un meilleur sort.»[98] Er empfand eine Art Ekel gegenüber der Kabinettspolitik, die er so gut kannte. Erst als die Französische Revolution neuen politischen Prinzipien in die Welt verhalf, fühlte er sich wieder freier und munterer. Er wurde zum Anhänger und Befürworter der Revolution. Anders als Laharpe machte er sich aber nicht zum Vorkämpfer des Aufstands der Waadt gegen die bernische Herrschaft, die er als mild und weise empfand. Das Aufpeitschen politischer Leidenschaften war nicht seine Sache; er war in jeder Beziehung ein Gemässigter. Als dann aber die Revolution in der Waadt erfolgreich war, stellte er sich sofort in ihren Dienst und hoffte, durch ein entschiedenes Vorwärtsschreiten könne die französische Intervention noch vermieden werden. Er trug wesentlich dazu bei, dass die Verfassung der unitarischen Helvetischen Republik im Waadtland akzeptiert wurde, dass also der helvetische Patriotismus über den Waadtländer Patriotismus triumphierte. Glayre wollte den Einheitsstaat, denn er sah darin ein Mittel, die politische Schwäche und innere Zerrissenheit der Schweiz zu überwinden und deren Unabhängigkeit in gefahrvollen Zeiten zu bewahren. Noch bevor die Helvetische Republik konstituiert war, stellte er sich dem kommenden Staat zur Verfügung und liess sich in die Verwaltungskammer für die Waadt wählen; zwei Tage nach dieser Wahl wurde er zum provisorischen Präfekten gemacht. Als im April 1798 die in Aarau zusammengetretenen Räte die fünf Direktoren zu wählen hatten, war es klar, dass ein Waadtländer dabei sein musste. Laharpe hatte kein Glück, Glayre aber wurde mit 22 von 37 Stimmen im Senat und mit 51 von 76 Stimmen im Grossen Rat ehrenvoll gewählt.

In seinem neuen Amt machte er bald ernüchternde Erfahrungen; besonders das Verhältnis zur französischen Besatzungsmacht gestaltete sich unerfreulich. Als es im Sommer 1798 um den Allianzvertrag mit Frankreich ging, riet Glayre zu Zurückhaltung. Inzwischen waren Pfyffer und Bay aus dem Direktorium ausgeschieden, Ochs und Laharpe neu eingetreten. Ochs, der den Abschluss des Allianzvertrags beschleunigen wollte, sah in Glayre einen Bremser, und als dieser auch nach dem Vertragsabschluss sich mit dem Resultat nicht abfinden wollte, glaubte Ochs, sein Kollege sei ein heimlicher Feind Frankreichs oder gar ein Freund der Österreicher: «Ce Glayre ne peut pas digérer l'alliance. Son esprit se tourne et retourne en mille sens, pour en anéantir les effets. Avec sa politique il y a longtemps que la contre-révolution serait faite, et les Autrichiens dans le pays.»[99] So steht es in einem Brief an Reubell, datiert vom 6. März 1799. Zu diesem Zeitpunkt konnte sich Ochs unter dem Schirm der Franzosen noch sicher fühlen, denn es war der Tag, an dem Masséna seinen erfolgreichen Vorstoss ins Graubünden begann. Nur wenige Wochen später erlitten aber

die französischen Armeen in Süddeutschland und in Norditalien empfind-
liche Niederlagen, und die italienischen Republiken von Frankreichs
Gnaden stürzten wie Kartenhäuser zusammen. Drohte der Helvetischen
Republik das gleiche Schicksal? Glayre hoffte, es werde dem Direktorium
gelingen, die Schweiz wieder zu einem neutralen Land zu machen und so
aus den Wirren des zweiten Koalitionskrieges herauszusteuern. Er forderte
eine Neuverhandlung des Allianzvertrags und mindestens die Abschaffung
der Verpflichtung, auch für französische Offensivkriege Hilfstruppen stellen
zu müssen. Ochs und Laharpe aber setzten immer noch auf die französische Karte. Glayre fühlte sich isoliert und hatte zudem gesundheitliche
Probleme. Am 11. April 1799 suchte er um Beurlaubung nach und erhielt
dann auf eigenen Wunsch seine definitive Entlassung. Zwei Monate später
wurde Ochs gestürzt, die Österreicher standen im Land, und das Prestige
Frankreichs als Schutzmacht war tief gesunken. Jetzt nahm Laharpe die
Idee einer Rückkehr zur Neutralität auf und bat Glayre, als Bevollmächtigter
der Helvetischen Republik nach Paris zu reisen und den Allianzvertrag
dahingehend zu revidieren, dass er nur für den Verteidigungsfall gelte und
dass Frankreich kein freies Durchmarschrecht über helvetische Strassen
geltend machen könne. Glayre nahm das Mandat an und verhandelte in
Paris mit Talleyrand über die Ausgestaltung der schweizerischen Neutralität.
Die Sache schien sich gut anzulassen, bis sich dann herausstellte, dass das
scheinbare französische Entgegenkommen eine reine Hinhaltetaktik war.
Ende August reiste Glayre aus Paris ab, und es war ihm bewusst, dass er,
nicht zum ersten Mal in seinem Leben, eine schwere Enttäuschung erfahren
hatte. In den nachfolgenden Monaten muss dann seine Wandlung vom
Unitarier zum Föderalisten ihren Anfang genommen haben. Er fühlte, wie
sehr der Einheitsstaat von einem Teil der Bevölkerung abgelehnt wurde,
und weil er glaubte, nur mit dem Rückhalt einer Mehrheit werde die
Schweiz zu nationaler Eigenständigkeit finden können, begann er den Einheitsstaat in Frage zu stellen. «Le fédéralisme est à notre porte», schrieb er
am 13. Dezember 1799 in einem Brief an den waadtländischen Präfekten
Polier. Nach dem Staatsstreich Bonapartes bestehe jetzt die Möglichkeit,
die Verfassung der Helvetischen Republik in föderalistischem Sinn
abzuändern, denn die neue Konsulatsregierung werde gegen eine Zerstörung des Direktorialsystems nicht einschreiten: «Comment les Consuls
voudront-ils maintenir chez nous ce qu'ils ont détruit chez eux?»[100]

Das war etwas voreilig gesprochen. Aber tatsächlich sollte es nicht
mehr lange dauern, bis der erste Konsul Bonaparte den föderalistischen

Umbau der Helvetischen Republik nicht nur tolerierte, sondern sogar vor-
wärtstrieb. Vorerst aber gingen in Bern die schon beschriebenen Ver-
fassungskämpfe und Staatsstreiche über die Bühne. Im Januar 1800 trat an
die Stelle des gestürzten Direktoriums ein siebenköpfiger Vollziehungsausschuss, und Glayre wurde zu dessen Mitglied ernannt.

5.1.2 Finsler und der französische Gesandte Reinhard

Hans Konrad Finsler (1765–1839) begann seine Karriere als Artillerie-
offizier. 1796 wurde er Zwölfer in seiner Heimatstadt Zürich und zwei Jahre
später helvetischer Finanzminister. Im November 1799 fiel er bei Laharpe in
Ungnade und verlor sein Amt. Nach dem Staatsstreich vom Januar 1800
wurde er jedoch zusammen mit den drei gewesenen Direktoren Glayre,
Dolder, Savary sowie den drei Altgesinnten Frisching, Gschwend und Dürler
in den Vollziehungsausschuss gewählt. In dieser Gesellschaft wandelte sich
Finsler vom Unitarier zum Föderalisten. Dabei schreckte er nicht vor Um-
sturzplänen zurück, die er zusammen mit verschiedenen Persönlichkeiten
in- und ausserhalb der helvetischen Regierung und mit Unterstützung des
französischen Gesandten in Bern durchzuführen hoffte. Dieser Gesandte,
Karl Friedrich (Charles Frédéric) Reinhard, war württembergischer Herkunft und empfand grosse Sympathie für die Schweiz. Er hatte in Tübingen
Theologie studiert und sich 1787 als Erzieher der Kinder eines calvini-
stischen Kaufmanns in Bordeaux niedergelassen. Dort schloss er sich dem
Personenkreis an, der später unter dem Namen «Girondisten» bekannt werden sollte, wurde 1793, als Dumouriez Aussenminister war, erster Sekretär
der französischen Gesandtschaft in London und bekleidete danach weitere
wichtige Posten im aussenpolitischen Dienst. 1799 ersetzte er sogar für
kurze Zeit Talleyrand als Aussenminister, musste ihm aber nach dem
18. Brumaire die Regierungsfunktion wieder zurückgeben. Ohne Groll
diente er weiterhin als französischer Diplomat und liess sich nach Bern entsenden, wo er seiner Aufgabe mit grossem Eifer nachkam. Er hielt sich für
den Steuermann, der berufen war, das schlingernde schweizerische Staats-
schiff wieder auf ruhigen Kurs zu bringen. Zu diesem Zweck suchte er die
Unitarier und die Föderalisten auf eine mittlere Linie zu verpflichten. Er
folgte also durchaus lauteren Absichten, aber, wie Oechsli bemerkt, «er ver-
griff sich in der Wahl der Mittel wie der Personen.»[101]

Ihm zur Seite stand der Legationssekretär Fitte, der enge Beziehungen
zur Berner Aristokratie pflegte. Die vornehmen Berner Familien liessen es

sich angelegen sein, nicht nur Fitte, sondern auch Reinhard zu sich einzuladen. Da zeigt sich ein interessanter Zug: Diejenigen, welche die Männer der Helvetik wegen ihrer engen Bindung an Frankreich fleissig getadelt hatten, suchten jetzt selber die Nähe zu den einflussreichen französischen Kreisen, um ihre Pläne durchsetzen zu können. Österreich konnte ihnen im Moment nicht weiterhelfen, denn Frankreich hatte seit Bonapartes Staatsstreich wieder Oberwasser in Europa. Der zuvorkommende Reinhard aber schien geeignet, die französische Macht zugunsten der ehemaligen schweizerischen Aristokratie umzustimmen. Die in Regierungsgeschäften erfahrenen Berner täuschten sich nicht. Reinhard konstatierte nämlich mit wachsendem Unwillen, dass die Republikaner, die seit dem zweiten Staatsstreich vom August 1800 praktisch allein das Sagen hatten, die Verfassungsrevision vorwärts trieben, ohne ihn, den französischen Gesandten, zu konsultieren. Er fühlte sich beleidigt und begann Intrigen zu spinnen. Seit dem November 1800 arbeitete er eng mit einer Reihe von Berner Aristokraten zusammen, besonders mit Frisching, der im Vollziehungsausschuss sass. So fand er auch den Kontakt zu Finsler, der ähnliche Pläne verfolgte. Durch Vermittlung Finslers und des St. Gallers Müller-Friedberg, der damals Abteilungschef im helvetischen Finanzministerium war, knüpfte er auch Fäden zu einer Reihe von Zürchern, speziell zum gewesenen Säckelmeister Johann Caspar Hirzel.

Finsler arbeitete indessen eine Denkschrift aus, in der er seinen Umsturzplan skizzierte: Zur Rettung des Vaterlands sei es notwendig, die Regierungsgeschäfte vorübergehend drei «gutgewählten» Personen zu übergeben, zum Beispiel Frisching, Hirzel und dem Schwyzer Alois Reding – demselben Reding, der im Mai 1798 den Aufstand der Innerschweiz gegen die Helvetik angeführt hatte! Dieses Triumvirat solle die Kantone als selbständige Staatswesen wieder herstellen und die Gewalt in den Kantonen in die Hände derjenigen legen, die durch Erziehung, Erfahrung und Bildung dazu berufen seien, also der ehemaligen Aristokraten. Die Zentralregierung solle mit reduzierten Funktionen beibehalten werden und zur Bestreitung ihrer Ausgaben das Post-, Münz-, Zoll- und Salzregal übertragen bekommen. Dieser Plan gelangte auch zu Reinhard, der die Intrigen gegen die Unitarier koordinierte. Von bernisch-aristokratischer Seite bekam Reinhard ebenfalls eine Denkschrift zugestellt, die in ihren Restaurationsbestrebungen noch weiter ging als die Finslersche.

Am 6. Januar 1801 verabschiedete die helvetische Regierung einen unitarischen Verfassungsentwurf. Da sie wusste, dass er nicht ohne das Einverständnis Bonapartes in Kraft gesetzt werden konnte, sandte sie eine Abschrift zur Begutachtung nach Paris. Reinhard hatte schon vorher dafür gesorgt, dass die restaurativ-förderalistischen Verfassungsentwürfe nach Paris gelangten. Die französische Regierung war also bestens darüber im Bild, was die Föderalisten und was die Unitarier in der Schweiz wollten, und sie konnte eine Art Synthese vorbereiten. Die helvetische Regierung, in eine unitarische Mehrheit und eine föderalistische Minderheit gespalten, ahnte schon, dass die unitarische Verfassung nicht mehr durchsetzbar war.

5.2 Bonaparte und die Verfassung der Schweiz

Am 29. April 1801 reisten Stapfer und Glayre als Vertreter der Helvetischen Republik nach Paris und begaben sich zum Landsitz Malmaison, um mit Bonaparte über die neue Verfassung zu diskutieren. Der erste Konsul behauptete, es lägen ihm sehr viele Verfassungsentwürfe vor, und der Vorschlag eines Unbekannten scheine ihm sehr brauchbar. Das war eine leicht zu durchschauende Maskerade: Der Unbekannte war Bonaparte selber, der entschlossen war, der Schweiz seine eigene Verfassungsidee aufzudrängen. Er erklärte, der Entwurf der helvetischen Regierung sei eine Nachäffung der früheren französischen Verfassung, die sich für die Schweiz nicht eigne; die Schweiz brauche ein föderalistisches System und dementsprechend die Wiedereinführung der Tagsatzung, die aus gewählten Kantonsvertretern zusammengesetzt sein sollte. Glayre und Stapfer nahmen es hin, brachten bloss dort entschieden ihre Einwände vor, wo ihnen die Gesetzgebungsbefugnis der Zentralregierung allzu stark eingeschränkt schien. Wenn die Kantone bei jedem Gesetz dreinreden könnten, gebe es einen ständigen Kampf zwischen Zentralregierung und Kantonen, fanden sie. Bonaparte wies Talleyrand an, diese Einwände in einem weiteren Verfassungsentwurf zu berücksichtigen. Stapfer und Glayre wurden wieder nach Hause geschickt. Am 16. Mai 1801 überreichte der französische Gesandte dem helvetischen Vollziehungsrat den bereinigten Text. Es lag also jetzt ein von Bonaparte gebilligter Verfassungsentwurf vor, der damals als «dualistisch» bezeichnet wurde, weil er den Zentralstaat nicht ganz abschaffte, aber doch den Wünschen der Föderalisten weitgehend entgegenkam. Der gesetzgebende Rat beschloss am 29. Mai, diesen Entwurf zu publizieren, und er verordnete: «Der nachfolgende Verfassungsentwurf soll einer auf den nächstkommenden Herbstmonat zusammen zu rufenden allgemeinen helvetischen Tagsatzung zur Annahme vorgelegt werden.»[102] Dieser Verfassungsentwurf wurde später als «Verfassung von Malmaison»[103] bezeichnet.

Es stand also ein entscheidender Umbau der Helvetischen Republik bevor, und diesmal sollte er in möglichst demokratischer Art vollzogen werden. In den Kantonen wurden Kantonstagsatzungen gewählt, die ihrerseits die helvetische Tagsatzung wählten. In diesen Wahlen vermochten sich die Unitarier noch einmal durchzusetzen; in der helvetischen Tagsatzung, die am 7. September 1801 in Bern zusammentrat, hatten sie die Mehrheit. Diese Tagsatzung verhielt sich sogleich wie eine verfassunggebende Versammlung, während die bisherige helvetische Regierung die Geschäfte weiterführte. Bonaparte, der erwartet hatte, sein Entwurf werde nach kurzer Diskussion verabschiedet, war sehr ungehalten. Das Gerangel zwischen Unitariern und Föderalisten hub von neuem an. Zu diesem Zeitpunkt stand immer noch eine französische Truppenmacht von mehreren Tausend Mann in der Schweiz. Bonaparte hatte deren Rückberufung versprochen, aber erst nach einer friedlichen Einführung der neuen Verfassung. Dazu kam es nun nicht. Dafür gab es einen neuen Staatsstreich. Mit Billigung Bonapartes und koordiniert durch seinen Gesandten – es war nicht mehr Reinhard, sondern Verninac – jagten die Föderalisten am 28. Oktober 1801 die bisherige gesetzgebende Versammlung auseinander und lösten den Vollziehungsausschuss auf. Die säbelrasselnde Präsenz französischer Truppen in der Stadt Bern verlieh den Befehlen der Verschwörer den nötigen Nachdruck. Sie erklärten die Verfassung von Malmaison als gültig, womit die Grundlage dafür gegeben war, zumindest eine beschränkte Eigenstaatlichkeit der Kantone herzustellen. Jeder Kanton musste sich neu konstituieren, und zwar innerhalb der alten Grenzen; Bern musste allerdings weiterhin auf die Waadt und den Aargau verzichten. Den helvetischen Einheitsstaat gab es nicht mehr.

Damit war aber die Phase der Helvetik noch nicht beendet; noch mehr als ein Jahr lang kämpfte die helvetische Republik ums Überleben, bis ihr Bonaparte durch seine Mediation ein definitives Ende setzte. Was in den Monaten bis dahin geschah, ist verwirrlich und in bezug auf die schweizerische Verfassungsentwicklung nicht von allzu grosser Bedeutung. Trotzdem ist es wichtig, etwas von den Ereignissen des Jahres 1802 zu wissen, weil sie zeigen, wie weit die schweizerischen Politiker von jeglicher Kompromissbereitschaft entfernt waren, wie unerbittlich jede Gruppierung ihre Ziele verfolgte. Wenn heute oft ein Zuviel an Konkordanzdenken beklagt wird, so gab es damals entschieden zuwenig davon.

152

Zunächst sah es so aus, wie wenn der durch die Verfassung von Malmaison geschaffene Staat funktionieren könnte. Er bestand aus 17 Kantonen,[104] die abgestuft nach ihrer Grösse einen bis neun Vertreter in die helvetische Tagsatzung entsandten, insgesamt deren 102. Die Tagsatzung ihrerseits wählte die Zentralregierung, die aus 25 Senatoren und zwei alternierenden Landammännern bestand. Daraus konstituierte sich als engere Exekutive der Kleine Rat, bestehend aus vier Senatoren und dem präsidierenden Landammann. Das Amt des Ersten Landammanns wurde Alois Reding anvertraut, das des Zweiten Landammanns dem Berner Johann Rudolf Frisching von Rümligen.[105] Das war die Zentralregierung, die für die Armee, die Aussenpolitik, die Zivil- und Strafrechtspflege, für Salz-, Post-, Berg-, Zoll- und Münzregal sowie den öffentlichen Unterricht zuständig war. Die Kantonsregierungen hatten sich mit den Fragen im Zusammenhang mit Zehnten und Grundzinsen, mit Domänenverwaltung und teilweise auch mit dem öffentlichen Unterricht zu befassen.

Die Zentralregierung der föderativen Helvetischen Republik behielt im wesentlichen die bisherigen Befugnisse. Sie war aber nicht mehr durch den Willen der einen und unteilbaren Nation legitimiert, sondern durch den Willen der Kantone. Darin hauptsächlich bestand der – eher theoretische – Unterschied gegenüber dem vormaligen Einheitsstaat. Die Föderalisten wollten es dabei nicht bewenden lassen, sondern möglichst rasch die Verfassung von Malmaison durch eine die Einzelstaatlichkeit der Kantone noch stärker betonende Verfassung ersetzen. Die Unitarier waren erst recht nicht zufrieden und verweigerten ihre Mitarbeit im neuen föderativen Staat. Am 27. Februar 1802 legten die Föderalisten einen Verfassungsentwurf vor, welcher die Kantone stärken und die Zentralgewalt schwächen sollte. Einer Abstimmung über diesen Entwurf kamen die Unitarier am 17. April 1802 durch einen Staatsstreich zuvor; es war der vierte seit dem Januar 1800. Eine grösstenteils aus erfahrenen Unitariern bestehende Notabelnversammlung[106] sollte jetzt das Verfassungsproblem lösen.

Es harrten aber auch andere Probleme der Lösung, vor allem die Frage der Ablösung der Zehnten und Grundzinsen. Die gesetzgebende Versammlung hatte im Lauf des Jahres 1801, also noch unter einheitsstaatlichen Verhältnissen, die Ablösesumme für die Grundzinsen auf das Zwanzigfache des Jahresertrags erhöht, was die Unzufriedenheit der Bauernschaft erneut angestachelt hatte. Eine Verbesserung für die Bauern bestand hingegen darin, dass das Loskaufsverfahren vereinfacht und vereinheitlicht wurde. Allerdings entstanden daraus sofort neue rechtliche Unsicherheiten, und als nach dem föderalistischen Umsturz die ganze Angelegenheit in die Zuständigkeit der Kantone fiel, wurde der Loskauf erst recht unterschiedlich gehandhabt. Zum Teil wurden alte Privilegien wieder vermehrt geschützt. Das führte zu heftigen Reaktionen, namentlich in der Waadt, wo Anfang Mai 1802 bewaffnete Banden zahlreiche Schlösser überfielen, in die Archive eindrangen und die Besitztitel und andere Papiere verbrannten. Dieser sogenannte Bourla-papey-Aufstand (vom mundartlichen Ausdruck für «brûle papiers») konnte nur mit Hilfe französischer Truppen niedergeschlagen werden.

Indessen hatte die in Bern tagende Notabelnversammlung ihren Verfassungsentwurf verabschiedet, worauf ihn der Kleine Rat zur Volksabstimmung ausschrieb. Anfang Juni wurde in allen Kantonen abgestimmt, und es war die erste regelrechte Abstimmung über eine Verfassung in der Schweiz. Am 2. Juli 1802 trat die neue Verfassung in Kraft, obwohl nur etwa 72 000 Stimmen für und 92 000 gegen die Verfassung abgegeben worden waren. Die Verfassung galt trotzdem als angenommen, weil die 167 000 Nichtstimmenden zu den Ja-Stimmen gezählt wurden. Dieses Prozedere war fragwürdig, aber es war zum voraus so bekanntgegeben worden; die Stimmberechtigten hatten also wissen können, woran sie waren. Die neue Verfassung, die sogenannte *Notabelnverfassung*, wurde später als zweite helvetische Verfassung bezeichnet. Eigentlich war es die dritte, aber die Historiker des 19. Jahrhunderts wollten diejenige von Malmaison nicht als helvetische Verfassung anerkennen, weshalb sie in der Numerierung übergangen wurde.

Die Notabelnverfassung unterschied sich wesentlich von der ersten helvetischen Verfassung vom 12. April 1798. Ihr erster Artikel lautet: «Die christliche Religion, nach dem katholischen und evangelisch-reformierten Glaubensbekenntnis, ist die Religion des Staates.»[107] Damit wird gleich am Anfang des Verfassungstextes deutlich gemacht, dass es hier um einen christlichen Staat geht, was offenbar als Entgegenkommen gegenüber den Altgesinnten gemeint ist. – Im zweiten Artikel geht es um das Staatsterritorium: «Die helvetische Republik bildet Einen Staat.» So hat es schon die Verfassung von Malmaison ausgedrückt, und es ist im Sinn der Unitarier. Allerdings heisst es nicht mehr, wie in der Verfassung von 1798: «macht Einen und unzertheilbaren Staat aus». In der französischen Version steht nur: «La république helvétique est une», und nicht mehr «une et indivisible». Das ist der Versuch, den Graben zwischen Unitariern und Födera-

154

listen zuzuschütten. Danach wird gesagt, das Staatsgebiet sei in Kantone eingeteilt, worauf 18 Kantone namentlich aufgeführt sind. Es folgt ein Kapitel, in dem die Aufgaben des Zentralstaates bestimmt sind, und zwar in Abgrenzung zu den Aufgaben der Kantone; diese Aufgabenteilung ist nicht sehr präzis beschrieben, die Erfahrungen dazu fehlten noch. Wie in der Verfassung von Malmaison bildet die Tagsatzung die Legislative, der Senat die Exekutive. Der Senat ernennt aus seiner Mitte den Landammann, dem zwei Landstatthalter zur Seite stehen. Zum Landammann wurde Johann Rudolf Dolder (1753–1807) ernannt, der an der bisherigen Geschichte der Helvetischen Republik in verschiedenen Funktionen und mit leidenschaftlichem Interesse teilgenommen hatte. Er war ursprünglich Industrieller in Meilen gewesen, war 1798 in den helvetischen Senat und 1799 ins Direktorium gewählt worden, hatte sich am unitarischen Staatsstreich beteiligt und galt als Mann Frankreichs.

Äusserlich schien die Helvetische Republik als gefestigtes Staatswesen dazustehen, und Bonaparte konnte jetzt sein Versprechen wahr machen und die französischen Truppen abziehen; die Schweiz sollte ihre Eigenständigkeit zurückbekommen. Nun war aber der Konflikt zwischen Unitariern und Föderalisten noch nicht ausgestanden; das gegenseitige Misstrauen untergrub immer wieder die Stabilität des Staatswesens. Auch die Frage der Abgeltung von Zehnten und Grundzinsen oder, allgemeiner gesagt, die Finanzfrage, war nicht gelöst und barg Konfliktstoff in sich. Die helvetische Regierung war nach wie vor schlecht angesehen im Volk und wusste genau, dass sie sich ohne die Rückversicherung durch die französischen Truppen auf schwankendem Boden befand. Der von der Schweiz aus längst geforderte Rückzug der französischen Truppen war also problematisch und den Regierenden im Grunde genommen alles andere als willkommen. Bonaparte wollte aber den europäischen Mächten zeigen, dass er die Souveränität der Helvetischen Republik respektiere, und er zog seine Truppen ab. Die schweizerische Geschichtsschreibung hat das immer als List des ersten Konsuls interpretiert, der den Schweizern vordemonstrieren wollte, wie sehr sie auf seinen militärischen Schutz angewiesen und wie unfähig zur Selbstverwaltung sie waren. Er habe es in teuflischer Absicht darauf ankommen lassen, dass sich die Schweizer in einem Bürgerkrieg zerfleischten, um dann erneut als Vermittler (Mediator) und Protektor auftreten zu können. Wenn das wirklich sein Plan war, so ist er ihm gelungen. Aber das kann nicht heissen, die Schweizer seien für ihren Streit nicht selber verantwortlich gewesen.[108]

5.3 Mediationsakte und Kontinentalsperre

Kaum waren die französischen Truppen aus der Schweiz abmarschiert, erhoben sich die Gegner der Zentralregierung. In Bern agitierten die Altgesinnten gegen Landammann Dolder; in der Innerschweiz schürte Reding die Unzufriedenheit. Dolder traf Gegenmassnahmen. Auf seinen Befehl hin zog General Andermatt helvetische Truppen in der Gegend von Luzern zusammen. Am 28. August 1802 wurde ein Teil dieser Truppen beim Pass an der Rengg von den Unterwaldnern geschlagen; Andermatt schloss darauf mit den Urkantonen einen Waffenstillstand. Da griff die Rebellion auf Glarus, Appenzell, Tessin und Graubünden über. Auch die Stadt Zürich sagte sich von der Helvetik los, und die ehemals Regierenden machten sich daran, ihre alten Vorrechte wieder herzustellen. Die helvetische Regierung befahl General Andermatt, die Stadt mit allen ihm zur Verfügung stehenden Mitteln zum Gehorsam zu zwingen. In der Nacht vom 9. auf den 10. September liess Andermatt seine drei Haubitzen und fünf Kanonen in Stellung bringen und die Stadt während zwei Stunden beschiessen, ohne damit etwas zu erreichen. Nun erhob sich die ganze Mittelschweiz, und der Berner Oberst Ludwig von Erlach führte einen zusammengewürfelten Haufen gegen den Sitz der Regierung in Bern. Seine Krieger waren schlecht bewaffnet, manche nur mit Stecken, weshalb dieser Kriegszug den Namen Stecklikrieg bekam. Die ängstlich gewordene Regierung kapitulierte am 18. September 1802, obwohl Andermatt mit seinen Truppen zu Hilfe eilte und nicht mehr weit von der Stadt entfernt war. Tags darauf übersiedelte sie nach Lausanne und überliess die Stadt Bern den Altgesinnten. Inzwischen hatte sich in Schwyz eine von allen deutschschweizerischen Kantonen beschickte Tagsatzung der Altgesinnten versammelt, eine Gegenregierung, die ihrerseits einen Kriegsrat und einen General bestellte und sich daran machte, eine extrem föderalistische Verfassung auszuarbeiten. Am 3. Oktober schlugen die Truppen der Gegenregierung die helvetischen Truppen bei Faoug am Murtensee und rückten gegen Lausanne vor; die Zerstörung der Helvetischen Republik schien unmittelbar bevorzustehen, und bereits versuchte die Tagsatzung in Schwyz, mit den Regierungen von Österreich, Russland, Spanien, Preussen und Grossbritannien in Beziehung zu treten.

Da griff Bonaparte ein. Schon am 30. September 1802 hatte er eine Proklamation an das Schweizer Volk unterschrieben, deren Anfang in deutscher Übersetzung so lautet: «Bewohner Helvetiens, Ihr bietet seit

2 Jahren ein betrübendes Schauspiel dar! Entgegengesetzte Fraktionen haben sich, eine nach der andern, der Gewalt bemächtigt, sie haben ihre vorübergehende Herrschaft mit partheiischen Systemen bezeichnet, welche Beweise ihrer Untauglichkeit und Schwäche waren. Die französische Regierung ergriff diesen Anlass gerne, um Eure Unabhängigkeit zu ehren; allein bald nachher haben sich Eure Partheien mit neuer Wuth in Bewegung gesetzt; das Schweizerblut ist von Schweizerhänden vergossen worden. Ihr habt Euch drei Jahre gezankt, ohne Euch zu verstehen. Wenn man Euch länger Euch selbsten überlässt, so werdet Ihr Euch noch drei Jahre morden, und Euch ebensowenig verstehen. Eure Geschichte beweist Euch, dass Eure innern Kriege nie anders, als durch die wirksame Dazwischenkunft von Frankreich sich endigen können. Es ist wahr, ich hatte den Entschluss gefasst, mich nicht mehr in Eure Angelegenheit zu mischen. Ich sah immer Eure Regierungen mich um Rath fragen, und ihn nicht befolgen, und einige Mal meinen Namen nach ihren Interessen und Leidenschaften missbrauchen. Allein ich kann, ich darf nicht unempfindlich bleiben beim Unglück, dessen Raub Ihr seid; ich komme über meinen Entschluss zurück: Ich will der Vermittler Eures Streites, und meine Vermittlung wird wirksam sein, wie es der grossen Völker, in deren Namen ich rede, würdig ist.»[109] So sprach der erste Konsul wie ein autoritärer Vater zu seinen streitenden Kindern, und er gab gleich auch Anweisung, wie der Streit zu beenden sei: Die Gegner der helvetischen Regierung hätten sofort ihre Waffen niederzulegen, und der helvetische Senat müsse sich wieder in Bern versammeln; die dort gebildete Magistratur der Altgesinnten sei aufzulösen. Danach sollten der Senat und jeder Kanton je drei Deputierte nach Paris schicken; auch ehemalige Landammänner und Senatoren könnten sich nach Paris begeben, um dort unter der Vermittlung des ersten Konsuls nach einer dauerhaften Lösung für die Verfassung der Schweiz zu suchen. – Am 4. Oktober 1802 kam Bonapartes Adjutant Jean Rapp mit dieser Proklamation in der Tasche nach Lausanne. Gleichzeitig zog General Ney französische Truppen an der Schweizer Grenze zusammen; am 21. Oktober marschierte er ein. Die Schwyzer Tagsatzung sah von weiteren bewaffneten Aktionen ab und löste sich am 27. Oktober unter Protest auf; ihre Exponenten Alois Reding, Johann Caspar Hirzel, Franz Anton Wyrsch und Jakob Zellweger wurden verhaftet und in die Feste Aarburg eingesperrt; andere hatten rechtzeitig fliehen können. Einmal mehr war die helvetische Regierung von französischen Truppen gerettet worden. Die Schweiz insgesamt aber hatte ein Schauspiel absoluter politischer Unreife dargeboten.

Im Lauf der letzten paar Wochen des Jahres 1802 fanden sich etwa 70 Delegierte aus der Schweiz in Paris ein, um unter französischer Leitung die Verfassungsfrage zu regeln. Eine Reihe bedeutender Persönlichkeiten der Helvetik waren dabei: Stapfer, Kuhn, Usteri, Rüttimann und Secrétan, auch Pestalozzi und Ochs, die sich auf der Reise in die französische Metropole kennengelernt hatten. Laharpe war nicht erschienen. Von den Föderalisten nahmen unter anderen der Zürcher Hans von Reinhard, der Freiburger Ludwig von Affry, der Basler Hans Bernhard Sarasin, die Berner Niklaus Friedrich von Mülinen und Niklaus Rudolf von Wattenwyl teil. In dieser als *Consulta* bezeichneten Versammlung hatten die Unitarier eine Mehrheit, aber Bonaparte liess apodiktisch wissen, die Schweiz sei von Natur aus ein föderativer Staat, und die Kantone seien in ihrer alten Bedeutung wieder herzustellen. Für jeden Kanton einzeln sollte eine Verfassung ausgearbeitet werden, und das war die Aufgabe der Consulta. Die Verfassung des Gesamtstaates aber, der ein Bundesstaat sein sollte, wurde im wesentlichen von Bonaparte diktiert. Er bezeichnete auch den neuen Landammann der Schweiz, und zwar in der Person des Freiburgers Ludwigs von Affry.

Am 19. Februar 1803 übergab der erste Konsul der Consulta in zeremonieller Art seine Mediationsakte. Danach reisten die Schweizer nach Hause und machten sich daran, die darin enthaltenen Aufträge auszuführen. Anfang März traten Senat, Vollziehungsrat und oberster Gerichtshof sukzessive zurück; die Helvetische Republik existierte nicht mehr, und an ihre Stelle trat ein politisches Gebilde, das in der Mediationsakte als «Helvetien» (Helvétie) bezeichnet wird, sich dann aber offiziell den Namen «Schweizerische Eidgenossenschaft» (französisch: «Confédération suisse») zulegte. Am 10. März traten die Bestimmungen der Mediationsakte in Kraft. Diese Akte bestand aus fünf Teilen: der Präambel, den Kantonsverfassungen, der Bundesverfassung, den Übergangsbestimmungen und einem kurzen Epilog. In der Präambel richtet sich Bonaparte im Pluralis majestatis an das Schweizer Volk: «Helvetien, der Zwietracht preisgegeben, war mit seiner Auflösung bedroht. In sich selbst konnte es die Mittel nicht finden, um wieder zu einer verfassungsmässigen Ordnung zu gelangen.» Deshalb habe er, Bonaparte, die Pflicht gefühlt, aus alter Freundschaft der französischen Nation gegenüber diesem achtenswerten Volk der Schweizer als Vermittler aufzutreten und habe nach Anhörung der entsandten Senatoren und Kantonsdeputierten «ohne Verletzung der schweizerischen Unabhängigkeit, Folgendes festgesetzt ...» [110] An dieser Stelle sind die Verfassungen der

19 Kantone eingefügt, die also nicht als Ergebnis der Consulta und schon gar nicht als das Ergebnis einer Diskussion in den Kantonen selbst erscheinen, sondern als «Geschenk» des grossen Mediators Bonaparte. Die Grundzüge der Kantonsverfassungen richten sich danach, zu welchem Typ ein Kanton gehört. Man kann drei Typen unterscheiden: die sechs alten Landsgemeindekantone (Uri, Schwyz, Unterwalden, Glarus, Zug, Appenzell), die sieben alten Städtekantone (Freiburg, Bern, Solothurn, Basel, Zürich, Luzern und Schaffhausen) und die neuen Kantone (Waadt, Tessin, Aargau, Thurgau, St. Gallen). Innerhalb dieser drei Typen glichen sich die Verfassungen stark, und sie waren alle sehr kurz gefasst. Eine verfassungsmässige Sonderstellung nahm Graubünden ein, das wie eine kleine Eidgenossenschaft für sich geordnet und von der Autonomie seiner Gemeinden her aufgebaut war.

Seiner geringen Bedeutung und seiner von den Kantonen abgeleiteten Legitimität entsprechend, erscheint der Bund erst an dritter Stelle. Die Bundesverfassung (Acte fédéral) sagt in ihrem ersten Artikel: «Die neunzehn Kantone der Schweiz, als: Appenzell, Aargau, Basel, Bern, Freiburg, Glarus, Graubünden, Lucern, St. Gallen, Schaffhausen, Schwyz, Solothurn, Tessin, Thurgau, Unterwalden, Uri, Waadt, Zug und Zürich sind unter sich, gemäss den in ihren besonderen Verfassungen aufgestellten Grundsätzen, verbündet (confédérés entre eux). Sie übernehmen gegenseitig die Gewährleistung für ihre Verfassung, ihr Gebiet, ihre Freiheit und Unabhängigkeit, sowohl gegen auswärtige Mächte als gegen die Angriffe eines Kantons oder einer besondern Partei.» Im zweiten Artikel sind die Truppen und Geldbeiträge festgelegt, die jeder Kanton, abgestuft nach seiner Grösse, zu leisten hat. Artikel 3 besagt, es gebe in der Schweiz weder Untertanengebiete noch Vorrechte von Familien und Personen, und Artikel 4 garantiert die Freizügigkeitsrechte. Weiter wird gesagt, die Tagsatzung versammle sich abwechselnd in den sechs Direktorialkantonen Freiburg, Bern, Solothurn, Basel, Zürich und Luzern; es gab also keine feste Hauptstadt der Schweiz, sondern wieder ein Vorortsystem nach altem Muster; der Regierungspräsident des jeweiligen Vorortes war zugleich der Landammann der Schweiz. – Ein dritter Teil der Bundesverfassung handelt von der Zusammensetzung, den Kompetenzen und den Verfahrensweisen der Tagsatzung.

Der gesamtschweizerische Staat, wie er mit der Verfassung von 1798 geschaffen worden war, wurde durch die Mediationsakte faktisch aufgelöst, und an seine Stelle trat eine Konföderation von Kantonen, ein Staatenbund, der nur schwache Zentralorgane hatte und entsprechend machtlos und in seinen Aussenbeziehungen von Frankreich abhängig war. Er knüpfte institutionell an dem an, was man in der Schweiz aus alteidgenössischen Zeiten gewohnt war, ohne allerdings die Zustände aus der Zeit vor 1798 als legitim anzuerkennen. Im Gegenteil war im Artikel 40 der Bundesverfassung ausdrücklich gesagt: «In allem, was die inneren Einrichtungen der Kantone und ihre gegenseitigen Verhältnisse betrifft, können keine Rechte auf den ehemaligen politischen Zustand der Schweiz (l'ancien état politique de la Suisse) begründet werden.» Damit hatte Bonaparte gegen die noch weiter gehenden Restaurationswünsche der Altgesinnten, etwa bezüglich Wiederherstellung der Aristokratie und der Untertanenverhältnisse, wirksam vorgebaut.

Die Mediationsakte schreibt in ihrer Schlusspassage für jeden Kanton die Einsetzung einer siebenköpfigen Kommission vor, die für den ordentlichen Übergang in den neuen Verfassungszustand zu sorgen hat. In neun Punkten wird das Prozedere genau beschrieben. Darauf fasst Bonaparte in einer Art Epilog noch einmal seine Beweggründe für den Erlass der Mediationsakte zusammen und sagt abschliessend: «Wir erkennen Helvetien, nach der in der gegenwärtigen Bundesverfassung aufgestellten Verfassung, als eine unabhängige Macht.» Für diese «unabhängige Macht» gibt er eine Garantieerklärung ab: «Wir garantieren die Bundesverfassung und die eines jeden Kantons gegen alle Feinde der Ruhe Helvetiens, wer sie immer auch sein mögen, und wir verheissen, die freundschaftlichen Verhältnisse, die seit mehreren Jahrhunderten beide Nationen verbunden haben, fernerhin fortzusetzen.» – Eine Abstimmung über die Mediationsakte ist nicht vorgesehen, und weder die Bundesverfassung noch die Kantonsverfassungen enthalten Revisionsartikel. Die Verfassungen sind also fix vorgegeben, und in diesem Kontext ist die Garantieerklärung Bonapartes im Grunde genommen nichts anderes als die Feststellung, allein der erste Konsul Frankreichs habe das Recht, an den schweizerischen Verfassungen etwas zu ändern. Die «unabhängige Macht Helvetien» ist in Wirklichkeit ein Protektorat Frankreichs oder, mittelalterlich ausgedrückt, ein Vasallenstaat Bonapartes. Offensichtlicher und frecher noch als seinerzeit die französischen Könige machte Bonaparte unser Land zu seinem Soldatenreservoir. Schon durch die Übergangsbestimmungen der Mediationsakte sicherte er sich ein erstes Kontingent schweizerischer Truppen: «Die helvetischen Truppen, die sich gegenwärtig im Solde der Schweiz befinden und auf den 1. Mai von den Kantonen nicht werden angestellt sein, sollen in den Dienst der fränkischen Republik angenommen werden (seront prises au service de France).»[111]

Das war nur der Anfang. Am 27. September 1803 schloss General Ney im Auftrag Bonapartes einen Allianzvertrag und eine Militärkapitulation mit der helvetischen Tagsatzung ab. Wie schon der Allianzvertrag von 1798 war auch derjenige von 1803 formell ein Vertrag zwischen zwei gleichberechtigten Partnern, und scheinbar kam Ney den Wünschen der Schweizer sogar entgegen, indem er die bisherige Offensiv- und Defensivallianz jetzt als reine Defensivallianz bezeichnete und es so im Artikel 1 des Vertrags festschrieb. Und im Artikel 2 hiess es verheissungsvoll: «L'un des effets de cette alliance étant d'empêcher qu'il ne soit porté atteinte à l'indépendance et à la sûretée de la Suisse, la République française promet d'employer constamment ses bons offices pour lui procurer sa neutralité, et pour lui assurer la jouissance de ses droits envers les autres puissances.»[112] Die Neutralität wird nicht als etwas Feststehendes betrachtet, aber Frankreich will helfen, die Schweiz in einen Zustand der Neutralität zu bringen. Das war völkerrechtlich völlig unverbindlich, wahrte aber den Schein, Frankreich befürworte die Neutralität der Schweiz. In Wirklichkeit versicherte sich Frankreich einfach eines festen Kontingents schweizerischer Soldaten. Im Artikel 3 des Allianzvertrags ist darüber hinaus festgelegt, unter welchen Umständen die schweizerischen Kantone weitere Soldatenkontingente liefern müssen: «Si le territoire continental de la République française, tel qu'il est aujourd'hui, était attaqué ou envahi, et si le Gouvernement français jugeait qu'il a besoin pour le défendre d'un plus grand nombre de troupes suisses que celles qu'il aura à son service, d'après la capitulation conclue avec la Diète de la Suisse sous la date du présent traité, les Cantons promettent et s'engagent d'accorder dix jours après la réquisition, qui leur en sera faite par le Gouvernement français, une nouvelle levée de gens volontaires et engagés de leur bon gré ...» Die genaueren Bestimmungen über Zahl und Ausrüstung der zu liefernden Soldaten sind in der gleichzeitig geschlossenen Militärkapitulation enthalten. Danach bekommt die französische Republik 16 000 Mann schweizerischer Truppen oder vier Regimenter zu 4000 Mann zur ständigen Verfügung und kann dazu nach Artikel 3 des Allianzvertrags im Notfall noch weitere 8000 Mann aufbieten. Diese zusätzlichen Truppen unterliegen nicht der Einschränkung der Defensivallianz, sondern werden behandelt wie französische Truppen, mit der einzigen Einschränkung, dass sie nur auf dem Kontinent und nicht in Übersee eingesetzt werden dürfen. In der Militärkapitulation ist auch angegeben, wie die für französische Dienste vorgesehenen und von Frankreich besoldeten Schweizer Regimenter zu organisieren sind, wie viele Stabsoffiziere und wie viele Linienoffiziere es braucht, wie viele Füsilier-, Artillerie- und Grenadierkompagnien ein Bataillon enthalten muss. Sogar die Zahl der Tambouren, der Priester und der Chirurgen ist genau vorgeschrieben. Auf diese Militärkapitulation hatte Bonaparte offensichtlich mehr Sorgfalt und Präzision verwandt als auf die Verfassung, die er Helvetien gegeben hatte, was deutlich seine Prioritäten zeigt. Die helvetische Tagsatzung musste gehorchen und alles annehmen, wie er es bestimmte. Dafür wurden im Februar 1804 alle französischen Truppen aus der Schweiz abgezogen. Bonaparte hatte erreicht, was er wollte: eine befriedete Schweiz, die ihm als Soldatenreservoir diente.

Die Mediationsakte, die an sich kein verfassungsrechtliches Kunstwerk war, war doch die staatsrechtliche Grundlage für eine innenpolitische Befriedung, und zwar einfach deshalb, weil sie den ungeliebten Einheitsstaat auflöste, die Kantone in ihren alten Grenzen wieder herstellte – Bern weiterhin ohne Waadt und Unteraargau – und ihnen in bezug auf ihre inneren Angelegenheiten grosse Autonomie gab. Im Hinblick auf die Entwicklung der Schweiz zum Nationalstaat war die Mediation ein Rückschritt in den kantonalen Partikularismus. Aber es zeigte sich später, dass sich auch im Rahmen der Kantone ein modernes Nationalbewusstsein ausbilden und ein tragfähiges Staatsbürgertum entstehen konnte, das dann im Lauf des 19. Jahrhunderts den schweizerischen Nationalstaat in Form eines Bundesstaates verwirklichen sollte.

Zwischen 1803 und 1813 lebte die Schweiz unter dem Regime der Mediationsakte und der Militärallianz. Man kann nicht sagen, sie habe in diesem Jahrzehnt besonders schlecht gelebt. Allianzvertrag und Militärkapitulation zwangen zwar viele junge Schweizer zum Kriegsdienst; in allen Feldzügen Napoleons mussten auch junge Schweizer bluten. In der Schweiz selber war es aber relativ friedlich. Es gab indessen noch einen andern Krieg, der nicht mit Pulver und Blei ausgetragen wurde und von dem die Schweiz stark betroffen war, einen Wirtschaftskrieg, der unter dem Begriff der *Kontinentalsperre* in die Geschichte eingegangen ist. Frankreich versuchte, alle kontinentaleuropäischen Länder zum Abbruch der Handelsbeziehungen mit England zu zwingen. Der Erzfeind jenseits des Kanals sollte wirtschaftlich geschwächt und danach dem Willen Napoleons unterworfen werden. Die Schweiz litt unter den Handelseinschränkungen und profitierte gleichzeitig davon. Nicht nur der Austausch von Industriegütern war betroffen, sondern auch der damals noch viel bedeutendere Austausch landwirtschaftlicher Güter. Das führte zu teilweise stark gedrückten wirtschaftlichen Verhältnissen. Spezielle Auswirkungen hatte die Sperre auf die Textilindustrie, denn sie wurde von preisgünstigen Rohstoffen aus den englischen Kolonien weitgehend abgeschnitten. Schmuggelware schuf teilweise Ersatz, was aber den französischen Zollfahndern nicht entging. Auf Druck Frankreichs mussten englische Waren, die in der Schweiz gelagert waren, beschlagnahmt oder zerstört werden. Ganze Industriegebiete gerieten für kürzere oder längere Zeit in die Krise. Neben diesen negativen zeigten sich aber bald auch positive Effekte: Da sie nun von der überlegenen englischen Konkurrenz abgeschirmt war, vermochte die schweizerische Textilindustrie ihre Absatzgebiete zu vergrössern und der wachsenden Nachfrage mit technischen Innovationen zu begegnen.

Schon in den Jahren der Helvetik hatte die schweizerische Textilindustrie relativ stark expandiert, weil der Unternehmergeist offenbar durch die neuen verfassungsmässigen Voraussetzungen[113] und die progressive Stimmung beflügelt worden war. Jedenfalls war es im Jahr 1801 dem Waadtländer Marc-Antoine-Samuel Conod, Konsul der helvetischen Regierung in Bordeaux, gelungen, einige in Frankreich gebaute Spinnmaschinen englischer Konstruktion zu kaufen und nach St. Gallen zu schicken, wo sie im nationalisierten Kloster aufgestellt worden waren. Mehrere Unternehmer waren dem Beispiel gefolgt. Noch im gleichen Jahr war die Spinnerei Hard bei Wülflingen gegründet worden, 1803/04 dann die Maschinenspinnerei des Christian Näf in Rapperswil, 1804 diejenige des Johann Kaspar Zellweger in Trogen. 1805 nahm in Zürich die von Hans Caspar Escher gegründete Firma Escher, Wyss & Co die Produktion auf, die gleichzeitig eine Maschinenspinnerei und eine Konstruktionswerkstätte für Spinnmaschinen war. So wurden in den Jahren der Kontinentalsperre die Grundlagen für den künftigen wirtschaftlichen Erfolg der Schweiz gelegt. Paradebeispiel war die Firma Escher, Wyss & Co., die schnell zu einer der bedeutendsten Maschinenfabriken des europäischen Kontinents wurde. Auch andere Betriebe entwickelten sich prächtig, und die Schweiz galt bald als eines der am stärksten industrialisierten Gebiete Europas.

5.4 Die neuen Kantone

Bei oberflächlicher Betrachtung kann der Eindruck entstehen, durch die Mediationsakte sei die Umwälzung von 1798 vollständig rückgängig gemacht worden: Die Schweiz war wieder ein Staatenbund mit einer schwerfälligen Tagsatzung, sie war aufgeteilt in Kantone mit je eigenen Regierungen, und in den Kantonen herrschten zum Teil wieder die alten Geschlechter. Aber es blieben doch auch grosse Unterschiede gegenüber den politischen Zuständen im Ancien Régime: Jeder Kanton hatte eine geschriebene Verfassung, und schon dies war Ausdruck einer modernen politischen Auffassung, wonach eben nicht mehr ausschliesslich das Herkommen, die Tradition, die Legitimität der herrschenden Geschlechter galten, sondern vielmehr die Prinzipien einer bewusst gewählten politischen und rechtlichen Ordnung. Es galt nicht mehr das Prinzip der rechtlichen Ungleichheit, sondern, zumindest dem Anspruch nach, das Prinzip der Rechtsgleichheit. Wenn auch die Schweiz insgesamt in ein enges politisches Korsett eingezwängt war, so hatten die einzelnen Kantone doch eine gewisse Bewegungsfreiheit, die sie nach den fünf Jahren des helvetischen Einheitsstaates wie eine Erlösung empfanden. Besonders galt dies für die ehemaligen Untertanengebiete, die durch die Mediationsakte zu gleichberechtigten Kantonen aufgewertet waren, also für Waadt, Tessin, Aargau, Thurgau und St. Gallen. Für sie war das Jahr 1803 der Anfang politischer Eigenständigkeit. An ihnen lässt sich am deutlichsten zeigen, inwiefern sich die Mediationszeit von der Zeit des Ancien Régime unterscheidet. Ich will nicht auf alle neuen Kantone eingehen, sondern nur auf die Waadt und das Tessin, die hier exemplarisch nicht nur für die ehemaligen Untertanengebiete, sondern auch für die in der deutschschweizerischen Geschichtsschreibung oft vernachlässigte Welschschweiz stehen mögen.

5.4.1 Die Entstehung des Kantons Tessin

Was heute als Tessin bezeichnet wird, waren in der Zeit der alten Eidgenossenschaft die ennetbirgischen Vogteien, also Untertanengebiete mit einer italienischsprachigen Bevölkerung, die von Vögten aus der deutschsprachigen Schweiz regiert wurden. So blieb es während fast 300 Jahren. Dann, in der Zeit der Französischen Revolution, wurden die althergebrachten Zustände ernsthaft erschüttert. Nachdem Bonaparte 1796 die benachbarte Lombardei erobert und die Cisalpinische Republik gegründet hatte, entstand unter der studierenden Jugend und einem Teil der Geistlichkeit des Tessins[114] eine Bewegung für die Befreiung von den eidgenössischen Orten und den Anschluss an den Revolutionsstaat im Süden. Die Tessiner Patrioten – auch Jakobiner oder *briganti* geheissen –, die Cisalpinier sein wollten, bildeten aber nur eine kleine Minderheit, während die Mehrheit, vor allem die ländliche Bevölkerung der Täler, die Anwesenheit eidgenössischer Vögte nicht in Frage stellte und von revolutionären Ideen nichts wissen wollte.

Ende Januar 1798 wurde in Mendrisio ein Freiheitsbaum aufgestellt. Die Landvögte von Lugano und Bellinzona trafen daraufhin Vorsichtsmassnahmen. Am 15. Februar versuchte eine kleine Schar von bewaffneten Patrioten, Lugano zu überrumpeln und den Anschluss an die Cisalpinische Republik zu erzwingen. Der Versuch misslang. Am 18. Februar traf die vom 13. Februar datierte Nachricht ein, Basel verzichte auf seine Vogteirechte im Tessin. Die Basler Revolution gab den Tessiner Patrioten den Anstoss zum Umdenken. Sie hofften jetzt nicht mehr auf einen Anschluss an Cisalpinien, sondern schlossen sich der Mehrheit an, die als gleichberechtigtes Gebiet in eine revolutionierte Schweiz aufgenommen werden wollte. In der Verfassung der Helvetischen Republik war die Schaffung der zwei Kantone Bellinzona und Lugano schon vorgesehen, und am 30. Mai beschlossen die helvetischen Räte, auch Mendrisio mit der Schweiz beziehungsweise mit dem Kanton Lugano zu vereinigen. Es kam aber noch zu einigen Turbulenzen, bis am 19. Juli 1798 die Verwaltungskammern für Lugano und Bellinzona eingesetzt werden konnten.

Der Niedergang der Helvetischen Republik nach 1800, die Verfassungsstreitigkeiten und Staatsstreiche fanden auch im Tessin ihren Widerhall. Auch hier gab es den Widerspruch zwischen Patrioten und Republikanern beziehungsweise zwischen Unitariern und Föderalisten. Einer der Hauptstreitpunkte war, wie die Grenze zwischen den Kantonen Lugano und Bellinzona gezogen werden sollte beziehungsweise ob die beiden Kantone nicht zu einem einzigen Kanton Tessin vereinigt werden könnten. Die Gemüter beruhigten sich erst Ende 1802, als Bonaparte vermittelnd und befehlend eingriff. Durch die Mediationsakte vom 19. Februar 1803 wurden die Tessiner Täler zu einem einzigen souveränen Kanton vereinigt, regiert von einem Grossen Rat mit 110 Abgeordneten, der aus seiner Mitte einen neungliedrigen Exekutivausschuss wählte. Es wurden auch neue gerichtliche Behörden eingesetzt.

Der junge Kanton Tessin gab sich eigene Gesetze, förderte die Wirtschaft und schien sich insgesamt gut zu entwickeln. Seine Lage an der Gotthardstrasse und damit seine Wichtigkeit für den Handel brachten aber nicht nur Gewinn, sondern führten auch zu politischen Schwierigkeiten. Dauernd musste sich die Tessiner Regierung mit Mailand auseinandersetzen. Aus der Cisalpinischen Republik war inzwischen die Italienische Republik geworden, und diese erhob Anspruch auf ehemals mailändische, jetzt tessinische Gebiete. Im Grunde waren die Regierungskreise in Mailand der Meinung, die Nordgrenze ihrer Republik verlaufe entlang des Alpenkamms, und sie suchten Bonaparte für die Idee einer Annexion des Tessins zu gewinnen. Dieser war an diesem Plan nicht interessiert. Er hatte grösseres im Sinn: 1804 erhöhte er sich vom Konsul Bonaparte zum Kaiser Napoleon. Kurze Zeit später setzte er sich im Dom von Mailand auch die eiserne Krone der Langobarden aufs Haupt, erklärte die Republik zum Königreich und ernannte seinen Stiefsohn Eugène Beauharnais zum regierenden Vizekönig. Dieser sollte sich bald willig zeigen, die Mailänder Annexionspläne zu unterstützen.

1806 verfügte Napoleon die sogenannte Kontinentalsperre. Danach gingen aus Mailand immer wieder – übertriebene oder gefälschte – Berichte nach Paris, wonach durch die Schmuggeltätigkeit zwischen dem Tessin und dem Königreich Italien die Warenblockade gegen England unterlaufen werde; dem könne nur durch eine Besetzung des Tessins ein Ende gemacht werden. Nach langem Drängen bekam Mailand schliesslich von Napoleon die Erlaubnis, Truppen ins Tessin zu schicken. Am 31. Oktober 1810 überschritt eine italienische Division unter dem Befehl von General Fontanelli die Tessiner Grenze; kleine Besatzungen wurden bis in die entlegenen Täler hinauf geschickt. Im Gefolge der Truppen kamen italienische Finanz- und Zollbeamte ins Land, die nun den Tessiner Warenverkehr unter die Lupe nahmen. Der wahre Grund für die bewaffnete Invasion war aber, das Terrain für eine regelrechte Annexion vorzubereiten. Der durch die Invasion geschockte schweizerische Landammann legte das Problem der Tagsatzung vor. Es kam zu langen Verhandlungen mit Mailand, mit der Tessiner Regierung und mit Paris. Schliesslich zeigte sich die Tagsatzung gewillt, den Süden des Tessins preiszugeben; vorher sollte jedoch noch die Bevölkerung konsultiert werden. Inzwischen hatte aber Napoleons Russland-Feldzug in der Katastrophe geendet, und die Tessiner Frage blieb in der Schwebe. Die Niederlage der Franzosen in der Völkerschlacht bei Leipzig im Oktober 1813 klärte die Lage. Die Position

Mailands war nicht länger haltbar, und bis zum 7. November wurden sämtliche italienischen Truppen aus dem Tessin abgezogen. Das Tessin aber gab sich in der Folgezeit eine neue Verfassung und blieb im Rahmen der restaurierten Eidgenossenschaft ein eigenständiger Kanton.

5.4.2 Ungleiches Wahlrecht in der Waadt

Wenn ich als zweites Beispiel eines neuen Kantons das Waadtland wähle und dabei das ungleiche Wahlrecht hervorhebe, so nicht deshalb, weil hier die Ungleichheit besonders krass gewesen wäre, sondern nur deshalb, weil sie hier besonders auffällt. Denn nirgends waren «liberté, égalité et fraternité» so enthusiastisch gefeiert worden wie in der Waadt, als sie sich Anfang 1798 von der bernischen Herrschaft befreit hatte. Fünf Jahre später war die Gleichheitsidee, wie in allen andern Kantonen auch, sehr stark verblasst. Durch die Mediationsakte von 1803 wurde die Waadt ein eigenständiger Kanton mit eigener Regierung. Jetzt konnte eine kleine Minderheit von Wahlberechtigten erstmals einen eigenen Grossen Rat wählen. Dieser gab dem Kanton als Zeichen seiner Souveränität sogleich Wappen und Siegel. Als Kantonsfarben wurden Grün und Weiss gewählt. Auf dem zweifarbigen Hintergrund des Kantonswappens sollten nach einem ersten Vorschlag zwei ineinander gefasste Hände zu sehen sein, die ein Schwert mit aufgesetztem Freiheitshut emporhielten. Der Rat entschied sich dann aber für den andern Vorschlag, wonach im weissen Feld die Worte «LIBERTÉ ET PATRIE» stehen sollten. Dies ist schon ein Hinweis darauf, dass sich die Freiheitsidee und der Patriotismus der neuen Regenten weniger auf den schweizerischen Gesamtstaat als vielmehr auf den Kanton bezogen.

Die Verfassung der Waadt von 1803, ausgehandelt an der Consulta in Paris und eingeschlossen in Bonapartes Mediationsakte, hatte nichts speziell Waadtländisches an sich, sondern entsprach einem Verfassungstyp, der in leicht variierter Form allen neuen Kantonen auferlegt wurde, also auch den Kantonen Aargau, St. Gallen, Tessin und Thurgau. Artikel 1 dieser «Constitution du canton de Vaud»[115] definiert das Territorium des Kantons. Es gibt keine Präambel, keine feierliche Erklärung, wer der Souverän sei oder wer die Verfassung gegeben habe, sondern ganz sachlich wird festgestellt, die bisherigen Grenzen des Kantons seien immer noch gültig und umschlössen das Territorium des Kantons; Lausanne sei die Hauptstadt. Artikel 2 teilt den Kanton in 60 Kreise ein, von denen jeder mehrere Gemeinden umfasst; nur die Städte mit mehr als 2000 Einwohnern bildeten für sich allein einen Kreis. Artikel 3 sagt, wer die politischen Rechte ausüben könne, nämlich wer seit mindestens einem Jahr im Kreis wohne, Immobilien im Wert von mindestens 200 Franken besitze, verheiratet und mindestens 21 Jahre alt oder, wenn nicht verheiratet, mindestens 30 Jahre alt sei. Dass diese Bestimmungen nur auf Männer bezogen sind, wird nicht gesagt, sondern stillschweigend vorausgesetzt. In den Artikeln 5 bis 11 werden die öffentlichen Gewalten aufgezählt, und zwar angefangen mit den Gemeinden. Das ist ein interessanter Unterschied zu den gleichzeitig erlassenen Verfassungen der alten Stadtkantone, in denen zuerst der Grosse Rat genannt wird. In der Waadtländer Verfassung erscheinen die «pouvoirs publics» folgerichtig von unten nach oben aufgebaut, und darin drückt sich die Idee der Souveränität der Gesamtheit der Bürger aus. Dieser demokratische Gehalt der Verfassung wird aber in den Artikeln 12 bis 22 wieder relativiert; hier werden nämlich die Art und Weise, wie die Behörden zu wählen sind und die Bedingungen der Wählbarkeit beschrieben. Je nachdem ob es sich um die Wahl in einen Gemeinderat (conseil municipal) oder in den Grossen Rat handelt, ob ein Gemeindevorsteher (syndic), ein Friedensrichter, ein Bezirks- oder Appellationsrichters oder gar ein Mitglied des Kleinen Rats gewählt werden soll, ändern die Wahlmodi und die Höhe das Vermögens, an die die Wählbarkeit gebunden ist.

Von einem allgemeinen und gleichen Wahlrecht war man also weit entfernt – nicht nur in der Waadt, sondern in allen schweizerischen Kantonen. Auch in der Helvetik hatte es nach heutigem Verständnis kein allgemeines und gleiches Wahlrecht gegeben, aber immerhin war das demokratische Prinzip anerkannt worden. Die Mediationsverfassungen aber waren eine Art Kompromiss zwischen demokratischen und altständischen Vorstellungen. Die altständisch gesinnten Politiker und Verfassunggeber nahmen an, die Gesellschaft sei nach Gottes Willen hierarchisch aufgebaut und selbstverständlich hätten die reichen und gebildeten oberen Schichten mehr zu sagen als die breiten unteren Schichten. Die demokratisch Gesinnten gingen von einer prinzipiellen Gleichheit aller Menschen und von der Idee der Volkssouveränität aus; aber auch sie waren nicht sicher, ob die breiten Volksschichten reif und gebildet genug seien, das Wahlrecht auszuüben. Deshalb hatten sie das ungleiche Wahlrecht akzeptiert. Der Streit war nur um die Frage gegangen, welche Personengruppen wie viele Abgeordnete sollten wählen können. Es gab keine Grundsätze, aus denen die Antwort eindeutig abzuleiten gewesen wäre. Das politische Kräftefeld hatte mehr oder weniger zufällige Kompromisse in Form von komplizierten

Wahlregeln hervorgebracht. In der Waadt sahen sie folgendermassen aus: Jede der 60 Kreisversammlungen nominiert aus ihrer Mitte zunächst einen Deputierten, der ohne weiteres Mitglied des Grossen Rates wird; die einzige Bedingung für seine Wählbarkeit: er muss mindestens 30 Jahre alt sein. Drei weitere Kandidaten werden unter den Grundbesitzern ausserhalb des eigenen Kreises nominiert; sie müssen mindestens 20 000 Franken besitzen und mindestens 25 Jahre alt sein. Schliesslich werden noch zwei Kandidaten unter denjenigen nominiert, die mindestens 4000 Franken besitzen und mehr als 50 Jahre alt sind. Die Zahl dieser insgesamt 300 Kandidaten wird dann durch das Los auf 118 reduziert. Wer von diesen ausgelosten Grossräten von mindestens 15 beziehungsweise 30 Kreisen nominiert worden ist, hat sein Mandat auf Lebzeiten; er wirkt ehrenamtlich. Die für fünf Jahre direkt gewählten Deputierten können dagegen von ihrem Kreis entschädigt werden. Der Grosse Rat setzt sich also im wesentlichen aus drei gleich grossen Gruppen zusammen, die aber nicht gleich grosse Bevölkerungsschichten repräsentieren; die kleine Minderheit der reichen Grundbesitzer ist viel stärker vertreten als die übrigen Bürger. Durch die gesonderte Wahl von Besitzbürgern, die über 50 Jahre alt sind, kommt die Idee zum Zug, ältere, behäbige Männer seien besonders geeignet, Stabilität und Kontinuität eines politischen Gemeinwesens zu garantieren. Diese Männer wurden aber nicht in einem speziellen Ältestenrat oder Senat versammelt, sondern waren in den Grossen Rat integriert.

Der Grosse Rat wählt aus seiner Mitte neun Mitglieder in den Kleinen Rat; diese bilden die Exekutive, bleiben aber Mitglieder des Grossen Rates. Sie sind für sechs Jahre gewählt; jedes zweite Jahr wird ein Drittel von ihnen neu gewählt, so dass sich innerhalb von sechs Jahren jedes Mitglied des Kleinen Rates der Wahl stellen muss und entweder abgewählt oder wiedergewählt wird. Der Kleine Rat beaufsichtigt die Verwaltung, wendet die Gesetze an, er verfügt über die bewaffneten Kräfte zur Aufrechterhaltung der inneren Ruhe und Ordnung und nominiert die Abgeordneten an die eidgenössische Tagsatzung, denen er auch die Instruktionen mitgibt. Jedes Jahr am ersten Montag im Mai ruft er den Grossen Rat zur ordentlichen Session nach Lausanne; die Session dauert einen Monat. In dieser Zeit muss der Kleine Rat dem Grossen Rat Rechenschaft über die Verwaltungstätigkeit und über die Staatsfinanzen ablegen, und er muss allfällige Gesetzesentwürfe zur Abstimmung vorlegen. So ist eine gewisse demokratische Kontrolle gewährleistet, aber der Kleine Rat hat alles in allem eine sehr starke Stellung.

Das also war die Verfassung der Mediationszeit, und sie brachte dem Waadtland Jahre relativ ruhiger Entwicklung, in denen die staatliche Verwaltung ausgebaut und gefestigt wurde. An der Spitze des Staates stand eine Art Triumvirat, bestehend aus Henri Monod, Jules Muret und Auguste Pidou. Diese drei hatten schon in der Helvetik eine wichtige politische Rolle gespielt und sorgten nun, unter andern politischen Vorzeichen, für Stabilität und wirtschaftliche Entwicklung. Unter ihrer Regentschaft konnte die Lausanner Akademie personell und finanziell ausgebaut werden. Entgegen dem jakobinischen Ruf, der immer noch am Waadtland haftete, war dieser neue Kanton in Wirklichkeit ein gemässigtes und pragmatisch funktionierendes Gemeinwesen.

5.5 Zusammenbruch des napoleonischen Systems

Die politische Elite in der Schweiz war sich durch die napoleonische Mediation des Schwächezustands unseres Landes erst voll bewusst geworden. Da sie aussenpolitisch keinen Spielraum hatte und völlig von Frankreich abhängig war, konzentrierte sie ihr Interesse auf die inneren Verhältnisse, speziell auf die wirtschaftlichen Fragen. Als 1806 das Hegemonialsystem Napoleons in Europa entstand, musste sie froh sein, die staatliche Identität der Schweiz nicht völlig preisgeben zu müssen; es lag nämlich durchaus im Bereich des Möglichen, dass die Schweiz mit einem süddeutschen Fürstentum vereinigt würde. Soweit kam es nicht, die Schweiz blieb für sich, hatte sich mit den Widrigkeiten der Kontinentalsperre herumzuschlagen, und die Bevölkerung war völlig entpolitisiert. Dieser Zustand dauert zehn Jahre lang. Dann brach das napoleonische System zusammen, und es entstand ein neues europäisches System: das Restaurationssystem Metternichs. Im Rahmen dieser postrevolutionären Verhältnisse sollte sich die politische Elite der Schweiz wieder aufraffen und ihre staatspolitischen Ziele neu formulieren. Das wird das Thema des zweiten Teils dieses Buches sein. Hier, im letzten Abschnitt des ersten Teils, geht es um die Kriege, die das napoleonische System zusammenbrechen liessen und gleichzeitig die neuen Voraussetzungen für die Entwicklung Europas und der Schweiz im 19. Jahrhundert schufen.

Wenn in früheren Abschnitten der Eindruck entstanden sein mag, Bonaparte habe sich vor allem mit der Schweiz abgegeben, so muss das hier korrigiert werden. Selbstverständlich gab es für den ersten Konsul und späteren Kaiser andere und wichtigere politische Themen. Allem übergeordnet war das Ziel, England in die Knie zu zwingen. Dass dies nicht gelang, ist letztlich der Grund dafür, dass sich Frankreichs Hegemonie nicht halten konnte. Der Konflikt zwischen Frankreich und England war alt; die politisch handelnden Personen beider Länder wussten ihn bis auf die Zeit des Hundertjährigen Kriegs im 14. Jahrhundert zurückzuführen, und das Bürgertum diesseits und jenseits des Kanals war auf die aktuelle Form des Gegensatzes, nämlich die wirtschaftliche Konkurrenzsituation, geradezu fixiert. Frankreich mit seinen 25 Millionen Einwohnern am Ende des 18. Jahrhunderts, mit seinen fruchtbaren Böden und einem, zumindest potentiell, reichen Bauernstand, wäre von überlegener Wirtschaftskraft gewesen, hätten die Könige des 17. und 18. Jahrhunderts diesen Reichtum nicht durch unglückliche Kriegführung und mangelhafte Administration immer wieder geschmälert. England mit nur 9 Millionen Einwohnern und durch seine Insellage vom Kontinent abgeschnitten, schien schlechtere Voraussetzungen zu haben, hatte aber aus der Not eine Tugend gemacht und sich auf die Seefahrt und den Fernhandel verlegt und schon seit dem 17. Jahrhundert Spanien und Portugal vom ersten Platz bei der Eroberung und Ausbeutung überseeischer Gebiete verdrängt. Die englische Krone war zur führenden Kolonial- und Seemacht geworden, und das Bürgertum wusste daraus Kapital zu schlagen. Im 18. Jahrhundert zeigten sich die Früchte des englischen Kapitalismus: Die Insel baute ihre Vormachtstellung zur See weiter aus und entwickelte sich ausserdem zur führenden Industriemacht. Dank neuer Technik bei Abbau und Schmelzung von Eisenerz, dank neuer Erfindungen auf dem Gebiet der Textilindustrie und dank frühem Einsatz von Dampfmaschinen waren die englischen Industriellen ihren kontinentalen Konkurrenten qualitativ und quantitativ überlegen. Sie erzeugten viel mehr Güter, als im Land selbst Absatz finden konnten, und belieferten alle europäischen Länder. England war wirtschaftlich dem grösseren Frankreich weit voraus, und die französischen Aussenhandelsgesellschaften stiessen in ihren Unternehmungen überall auf die starke englische Konkurrenz. Dem hatte schon das revolutionäre Frankreich ein Ende machen wollen; das «perfide Albion» sollte mit militärischen Mitteln auf den ihm gebührenden untergeordneten Platz verwiesen werden. Aber die immer neuen Pläne für eine Invasion der Insel, zum Teil mit phantastischen Mitteln wie Luftballons und Untertunnelung des Kanals, erwiesen sich alle als unrealistisch. Versuchte es Frankreich mit Blockademassnahmen oder mit direktem Zugriff auf gegnerische Handelsschiffe, erwies sich England immer als überlegen.

Bonaparte war es nicht gelungen, durch seinen Ägyptenfeldzug England nachhaltig zu treffen. Nach dem zweiten Koalitionskrieg suchte er den Ausgleich mit dem Gegner. Im Frieden von Lunéville 1801 erreichte er die Verständigung mit Österreich, und 1802 gewann er im Frieden von Amiens auch England für eine vertragliche Lösung. Ägypten musste er preisgeben, und damit war sein Plan gescheitert, das Mittelmeer unter französische Kontrolle zu bringen; England blieb die überlegene Seemacht. Andererseits erhielt Frankreich den grössten Teil seiner an England verlorenen Kolonien zurück. Das wichtigste aber war folgendes: Nachdem die englische Regierung aus sicherheitspolitischen Gründen bisher streng darauf geachtet hatte, dass die niederländischen Häfen an der Kanalküste nicht unter Frankreichs Kontrolle gerieten, akzeptierte sie jetzt die Hegemonialstellung Frankreichs auch in diesem Gebiet. Das Machtsystem Bonapartes schien befestigt. Aber der Usurpator konnte nicht beim Erreichten stehenbleiben; seine Macht beruhte darauf, dass er immer mehr Günstlingen im In- und Ausland immer mehr gewährte, und damit er das tun konnte, musste er sich selbst eine immer grossartigere Rolle zuschreiben. 1804 erhöhte er sich zum Imperator mit vererbbarem Herrschaftsanspruch und nannte sich von nun an Kaiser Napoleon. Er fühlte sich als Nachfahre Karls des Grossen und stellte die Legitimität des deutschen Kaisers in Frage. Er bestand sogar darauf, dass der Papst zu seiner Krönung in der Kathedrale Notre-Dame in Paris anreiste, liess sich von ihm salben, setzte sich aber die Krone selbst aufs Haupt. Gegenüber Papst und Kirche machte er die Konzession, den revolutionären Kalender abzuschaffen und den gregorianischen wieder einzuführen. Auf diese Weise zeigte er seine Bereitschaft, die Kirche mit ihren Traditionen als gemeinschaftsbildendes Element zu akzeptieren, nicht aber als übergeordnete Instanz.

Kaiser Napoleon orientierte sich zunehmend an dem, was er für die grossen historischen Entwicklungslinien der französischen Politik hielt, an den Zielen, welche die französische Monarchie seit dem 17. Jahrhundert verfolgt hatte: Festigung der Grenzen nach aussen, einheitliche Verwaltung im Innern, Hebung der Wirtschaftskraft. Er machte den revolutionären Bruch mit dem Ancien Régime nicht rückgängig, versuchte aber, ihn durch die Betonung einer historischen Kontinuität in Vergessenheit geraten zu lassen und auf diese Weise sich selbst den Anschein von Legitimität zu verleihen. Dabei wusste er allerdings, dass seine wirkliche Legitimation in seinen konkreten Erfolgen lag. Innen- und aussenpolitisch hatte er in wenigen Jahren erreicht, was den Königen vor ihm in Jahrzehnten nicht gelungen war: Sanierung des zerrütteten Staatshaushalts, Verwaltungs-reform, Sicherung der «natürlichen» Grenzen Frankreichs. Das alles war in diesem Tempo nicht ohne einschneidende Zwangsmassnahmen möglich gewesen. Bonaparte hatte ein scharfes Polizei- und Spitzelsystem auf-gezogen; er achtete die Menschenrechte gering und trat die Pressefreiheit mit Füssen. Die Fassade aber war glänzend. Die Bewunderung ganz Europas war ihm sicher, als er sogar das Kunststück eines dauerhaften Friedens-schlusses zustande zu bringen schien.

Aber England hielt nicht still, ging mit Russland, Österreich und Schweden eine dritte Koalition ein und zwang Frankreich erneut zum Krieg. Preussen blieb neutral, während Spanien und die süddeutschen Staaten mit Frankreich verbündet waren. Napoleon führte seine Armeen selbst ins Feld, und er triumphierte: In der sogenannten Dreikaiserschlacht von Austerlitz am 2. Dezember 1805 erfocht er einen glänzenden Sieg über die vereinigten Truppen des russischen Kaisers Alexander I. und des öster-reichischen Kaisers Franz I. Die politische Landkarte Europas bekam neue Farben. In den von Frankreich abhängigen Staaten Italiens und Deutsch-lands setzte Napoleon seine Verwandten als gekrönte Häupter ein und be-gründete so eine eigene Dynastie. Die Cisalpinische Republik wandelte er in ein Königreich Italien um; im Dom von Mailand setzte er sich die Königskrone auf, liess aber seinen Stiefsohn als Vizekönig regieren. Die Batavische Republik, die sich ähnlich wie die Helvetische Republik im Widerspruch zwischen Unitariern und Föderalisten gefangen hatte, musste im Juni 1806 Napoleons Bruder Louis als «roi de Hollande» akzeptieren. In Süddeutschland schuf Napoleon aus ehemals bayrischen und preussischen Gebieten das Grossherzogtum Berg, das er seinem Schwager Murat über-gab. Im Juli 1806 gründeten 16 frankreichfreundliche süddeutsche Fürsten den Rheinbund und traten aus dem Reichsverband aus. Von Kaiser Franz I. forderte Napoleon den Verzicht auf die römisch-deutsche Kaiser-würde; dieser gehorchte, und seit dem 6. August 1806 gab es das Heilige Römische Reich Deutscher Nation nicht mehr. Die Schweiz blieb, was sie seit 1803 war: ein aussenpolitisch völlig von Frankreich abhängiger Bund kleiner Republiken.

Der König von Preussen, der bisher abseits gestanden hatte, sah, dass er seine Neutralität aufgeben musste, wenn er nicht zusehen wollte, wie immer grössere Teile seines Herrschaftsgebiets dem napoleonischen System untergeordnet wurden. Abgesichert durch ein Bündnis mit Russland ver-langte er ultimativ den Rückzug der französischen Truppen aus Süddeutschland. Napoleon spottete nur über das Ultimatum und schlug die preussische Armee am 14. Oktober 1806 in der Doppelschlacht von Jena und Auerstädt. Nun konnte er sich als Herr des europäischen Kontinents fühlen. Aber England war immer noch ungeschlagen. Am 21. Oktober 1805 hatte der englische Admiral Nelson bei Trafalgar eine spanisch-französische Flotte besiegt. Durch dieses Ereignis war Napoleon endgültig von seinen Invasionsplänen abgekommen. Er sah nun aber, da sich seine Macht über den halben Kontinent erstreckte, die Möglichkeit, durch eine Wirtschaftsblockade England doch noch zu bezwingen. Nachdem er als Sieger in Berlin eingezogen war, verfügte er von dort aus die Kontinentalsperre. Damit verpflichte er alle Länder in seinem Einflussbereich, auf den Handel mit England und seinen Kolonien zu verzichten beziehungsweise die Zolltarife für englische Waren so hoch anzusetzen, dass diese auf dem Markt keine Absatzchancen mehr hatten.

Die Wirtschaftsblockade schien England vorerst empfindlich zu treffen. Aber rasch fanden die Engländer Mittel und Wege, die Handelssperre zu umgehen, sei es via die skandinavischen Häfen, sei es direkt und frech mit kleinen Schmuggelschiffen. Ausserdem stand ihnen Russland offen, denn der Zar war trotz Zusagen an Napoleon faktisch nicht bereit, auf englische Importe zu verzichten. Im übrigen traf England Gegenmassnahmen. Englische Schiffe störten den französischen Seehandel, wo sie konnten, schreckten vor Beschlagnahmungen nicht zurück. Die französische Seefahrt kam beinahe zum Erliegen, und die Seehäfen erlitten grosse Einbussen. Letztlich schadete die Kontinentalsperre Frankreich mehr als England. Vor allem aber wurde das napoleonische Hegemonialsystem sozusagen überdehnt. Die Blockade funktionierte nur, wenn Frankreich alle Seehäfen von Portugal bis zur Ostsee direkt oder indirekt kontrollieren konnte. Napoleon musste die französische Dominanz auf dem ganzen europäischen Kontinent durchsetzen – auch gegen andauernden und sich immer wieder erneuernden preussischen, russischen oder spanischen Widerstand. 1807 schlug er in Ostpreussen mit Mühe eine russisch-preussische Armee, um danach im Frieden von Tilsit Russland zum Beitritt zur Kontinentalsperre zu zwingen. Im Jahr darauf rebellierten die Spanier; sie wurde von den Engländern unterstützt. Eine neue französische Armee sollte Ordnung schaffen und gleich auch Portugal unterwerfen. Aber im Krieg mit Spanien zeigte sich die Grenze der Macht Napoleons. Hier trat nämlich der historische «Sündenfall» zu Tage, der darin bestand, dass Frankreich als Ursprungsland und Modell des modernen Nationalstaates sich unter Napoleon zu einem

Empire entwickelt hatte, das die Rechte anderer Nationen nicht respektierte, sondern diese von sich abhängig machen wollte. Die spanische Guerilla als Ausdruck des nationalen Unabhängigkeitswillens Spaniens war von einer regulären Armee nicht zu besiegen; sie blieb ein Stachel im Fleisch des napoleonischen Imperiums.

Trotz alledem war noch lange nicht ausgemacht, ob das napoleonische Hegemonialsystem nicht doch zur dauernden Ordnung Europas werden könnte. Da liess sich aber der Empereur zu einem Kriegszug hinreissen, der den Zusammenbruch seines Systems einleitete: zum Feldzug gegen Russland. Was bewog ihn dazu? Was verführte den kühlen Rechner zu einem Entschluss, der im nachhinein als aberwitzig erscheint? Er wollte den ganz grossen Schlag führen, durch den er ein für allemal Ruhe zu bekommen hoffte. England hatte immer wieder mit Geldzahlungen die Gegner Frankreichs unterstützt. Österreich war zwar geschwächt, blieb aber ein Feind, mit dem zu rechnen war, und Russland, von England ermuntert, durchbrach weiterhin die Kontinentalsperre. Napoleon ging zum Grossangriff über. Im gesamten von ihm abhängigen Europa liess er Truppen ausheben, und mit der so zusammengestellten «Grossen Armee» fiel er in Russland ein. Im Grunde genommen hatte er keine andere Wahl. Seine Herrschaft beruhte auf wirtschaftlichen und militärischen Erfolgen. Seine Funktion im Ablauf der Geschichte seit dem Anfang der Französischen Revolution war die eines Sanierers und Stabilisierers gewesen. Er tat, was von ihm erwartet wurde, aber er konnte es nur mit Gewaltmitteln tun. Gewaltherrschaft schien in Friedenszeiten anstössig, in Kriegszeiten aber gerechtfertigt. So lebte er vom Krieg, und doch erstrebte er den Frieden. Dass es nie so weit kam, dafür gab er England die Schuld. Russland sollte die letzte Stufe vor dem Niederringen Englands sein. Aber die russische Armee liess sich nicht zur Entscheidungsschlacht zwingen, zog sich immer weiter ins Landesinnere zurück. Die Grosse Armee folgte ihr und erreichte im September 1812 Moskau. Napoleon erhielt vom Zaren kein Friedensangebot und musste sich, abgeschnitten von allen Ressourcen, zum Umkehren entschliessen. Der Rückmarsch bei einbrechender Winterkälte geriet zur Katastrophe; nur ein Bruchteil der Grossen Armee überlebte. Dass durch den Willen eines einzelnen Menschen Tausende von jungen Männern, auch etwa 8000 Schweizer, zu diesem Kriegszug gezwungen worden waren und dass der grösste Teil von ihnen bei dem strapaziösen Unternehmen ums Leben kam, senkte sich den Zeitgenossen tief ins Bewusstsein ein; Napoleon wurde zum Inbegriff des grössenwahnsinnigen Gewaltmenschen, der bedenkenlos Menschen opfert.

Der Russlandfeldzug war der Anfang vom Ende der napoleonischen Ära. Es folgte das, was als deutsche Befreiungskriege bezeichnet wird. Im Oktober 1813 wurde die sogenannte Völkerschlacht bei Leipzig geschlagen: Eine neu zusammengestellte französische Armee von 160 000 Mann unterlag gegen 255 000 Alliierte. Daraufhin löste sich der Rheinbund auf, und die Franzosen zogen sich zurück. Die alliierten Heerführer blieben nicht stehen, sondern führten ihre Armeen weiter nach Westen, grimmig entschlossen, Napoleons Abdankung zu erzwingen. Die Schweiz schaute diesem Ringen hilflos zu und erklärte sich neutral. Das war eine schwächliche Haltung, aber daraus sollte dann doch noch eine Stärke werden.

Zweiter Teil:
Die Gründung des Bundesstaates

Einleitung zum zweiten Teil

Zweifellos gab es in der Schweiz nicht erst im 19. Jahrhundert so etwas wie ein Nationalgefühl, sondern schon viel früher. Aber der alte «volkstümliche Protonationalismus»[116] bezog sich nicht auf die Schweiz als Ganzes, sondern auf die heimatliche Talschaft, die Heimatstadt, allenfalls auf den Kanton; man sprach nicht von Nationalgefühl, sondern von Patriotismus. Seit dem 18. Jahrhundert bezeichneten sich die Bevölkerungen der einzelnen Kantone hin und wieder als Nationen. Gleichzeitig entstand, gefördert von den Zürcher Aufklärern Bodmer und Breitinger, vom Basler Ratsschreiber Isaak Iselin und andern, ein gesteigertes Interesse an vaterländischer Geschichte; diese wurde zunehmend als Geschichte eines besonderen helvetischen oder eidgenössischen Volks, einer Nation, verstanden. Die Französische Revolution verbreitete dann den neuen Begriff der politischen Nation, der in der Schweiz aufgenommen und mit der älteren Vorstellung einer völkischen Nation vermischt wurde. Aber immer noch dominierte der volkstümliche Protonationalismus, der sich nicht auf eine helvetische oder eidgenössische Idee, sondern auf die konkreten Gegebenheiten der engeren Heimat bezog. Als Anfang 1798 die revolutionäre Vorstellung einer souveränen politischen Nation plötzlich realisierbar schien, wurden in Basel, Luzern und an einigen andern Orten Nationalversammlungen gewählt, die aber keine gesamtschweizerischen, sondern kantonale Institutionen waren. Die Nationalidee wurde also wie selbstverständlich auf die herkömmliche eidgenössische Teilrepublik bezogen. Es sollte aber nach dem Wunsch Frankreichs die gesamte Schweiz ein einheitlicher Nationalstaat sein, und entsprechend sah die im April 1798 in Kraft gesetzte Verfassung der Helvetischen Republik aus; die verschiedenen kantonalen Nationalversammlungen gingen sang- und klanglos unter.

Der erste schweizerische Nationalstaat war im Denken und Fühlen der Leute nicht verankert; er scheiterte schon nach fünf Jahren. Als Bonaparte durch seine Mediationsakte 1803 die Kantone wieder zu souveränen Staaten machte, war ihm breite Zustimmung gewiss. So wurde der alte partikulare Nationalismus oder Kantonspatriotismus erneut legitimiert. Die Befürworter des Einheitsstaates empfanden dies als Rückschritt. Die Altgesinnten aber sahen im Partikularismus die notwendige Absicherung gegen den verhassten Einheitsstaat; sie freuten sich, als 1815 ein neuer Bundesvertrag abgeschlossen werden konnte, der die Souveränität der einzelnen Kantone fest verankerte. Die nationalstaatliche Revolution war rückgängig gemacht worden, das alte System, mindestens teilweise, wieder hergestellt. Diesen Vorgang nannte man die Restauration.

Da entstand eine neue politische Strömung: der Liberalismus. Er schrieb die persönliche und kollektive Freiheit auf seine Fahne und nahm die Idee des Nationalstaates auf neue Weise auf. Liberalismus und Nationalismus gingen eine innige Verbindung ein. Dabei gab es allerdings unterschiedliche Arten des Liberalismus. In der Schweiz fand besonders die französische liberale Schule, angeführt von Benjamin Constant, starken Widerhall, aber auch der englische Utilitarismus im Sinn von Jeremy Bentham und der am nationalstaatlichen Ziel orientierte deutsche Liberalismus waren einflussreich. Letztlich entwickelte sich der schweizerische Liberalismus nach eigenen pragmatischen Regeln.

Die Liberalen in der Schweiz sahen im Bundesvertrag vom August 1815 das hauptsächliche Hindernis auf dem Weg zum Nationalstaat. Sie forderten eine Revision dieses Vertrags im Sinn einer Verstärkung der Zentralmacht und der Herstellung eines einheitlichen schweizerischen Wirtschaftsraums ohne Binnenzölle. Die Konservativen und die Reaktionäre, die dies nicht wollten, hatten zunächst leichtes Spiel, denn sie konnten sich auf den eingewurzelten Partikularismus der Kantone berufen, und sie konnten darauf hinweisen, dass die Grossmächte als auswärtige Garantiemächte der Neutralität und Integrität der Schweiz eine Revision des Vertrags von 1815 nicht zulassen würden. So verharrte man in einem Föderalismus, der nicht auf Zusammenarbeit und Zusammenwachsen tendierte, sondern den Sonderstatus jedes Kantons betonte. Die Kantonsregierungen missachteten mehr oder weniger den eidgenössischen Bund und verteidigten eifersüchtig ihre Sonderinteressen. Die Liberalen waren noch zu schwach, diesen «Kantönligeist» zu durchbrechen. Aber in dem Mass, wie die politischen Zustände in Widerspruch zu einer durch die allgemeine Wirtschaftsentwicklung mobiler werdenden Gesellschaft gerieten, gewann die liberale Bewegung an Kraft und Schwung. Nach 1830 sollte sie sich in einzelnen Kantonen machtvoll durchsetzen und schliesslich auch im Bund die Oberhand gewinnen.

Obwohl mein Thema der Nationalstaat Schweiz ist, werde ich in diesem zweiten Teil des Buches auch auf die Entwicklung in einigen ausgewählten Kantonen eingehen, weil die Gründung des Bundesstaates als Alternative zum Einheitsstaat nur von der Politik der Kantone her erklärbar ist. Die Schweiz fand in dem Mass zur Form des nationalen Bundesstaates, als von den Kantonen her eine neue Art demokratischer Politik entwickelt wurde, die schliesslich in eine gesamtschweizerische Politik einmündete. Diese spezielle Entwicklung in der Schweiz war von einer allgemeinen Entwicklung des politischen Denkens in Europa begleitet, durch geistige Strömungen beeinflusst, die anderswo und unter anderen Umständen entstanden waren. Das nationalstaatliche Denken in der Schweiz ist ohne den europäischen Kontext nicht zu verstehen. Auch nach 1815 wirkten die Gedanken der Französischen Revolution weiter. Dazu kamen die neuen Ideen des französischen und englischen Liberalismus und vor allem – in der Literatur zur Schweizer Geschichte meistens unterschätzt oder bewusst verdrängt – die Ideen der deutschen Romantik und des deutschen Idealismus. Die nationale Idee ist also das Resultat einer von Historikern, Philosophen, Juristen und Dichtern international oder supranational geführten Diskussion, an der auch eine Reihe schweizerischer Intellektueller teilnahm.

Der zweite schweizerische Nationalstaat, also der Bundesstaat von 1848, kam wesentlich anders, demokratischer zustande als der erste von 1798. Aber auch er war nicht von Anfang an von einer sicheren Volksmehrheit getragen. Eine liberal-radikale Minderheit kämpfte gegen eine andere, katholisch-konservative Minderheit und setzte die Staatsgründung gewaltsam durch – über die Köpfe einer in dieser Frage weitgehend indifferenten Mehrheit hinweg. Bis zuletzt lehnte sich ein Teil der «Nation» gegen das liberale Nationalstaatskonzept auf, und hätte dieser Teil sich durchgesetzt, so wäre die Geschichte wesentlich anders verlaufen. Die damaligen Liberalen waren allerdings der Meinung, der Nationalstaat sei das Ziel, auf das sich *die Geschichte* mit naturgesetzlicher Notwendigkeit hinentwickle, und früher oder später wäre er auf jeden Fall in die historische Wirklichkeit getreten.[117] In diesem Gedanken drückt sich der charakteristische Fortschrittsglaube des 19. Jahrhunderts aus.

Seit der Wende vom 18. zum 19. Jahrhundert sprach man von Fortschritt in einem allgemeinen Sinn: «Der Fortschritt» wurde als Höherentwicklung im Lauf «der Geschichte» verstanden. Das führte zu einer ganz neuen Geschichtsauffassung, die sich wesentlich von der früheren unterschied. Bis zum 18. Jahrhundert hatte man nämlich geglaubt, der vernünftige Mensch bleibe zu allen Zeiten im wesentlich der gleiche, weil es nur eine einzige, immer gleich bleibende göttliche Vernunft gebe. Oder anders gesagt: Der einzelne Mensch, die menschliche Gemeinschaft und die ganze Welt unterstehen den ewig gleichen Gesetzen Gottes oder der Natur, und deshalb sei alles Geschehen in der Welt immer nur Wiederholung. Wer die menschliche Gemeinschaft in der Vergangenheit studiert hat, weiss auch, wie sie in der Gegenwart und in der Zukunft funktioniert. Diese Überzeugung herrschte während Jahrhunderten. In der Zeit der Aufklärung fand man dafür ein besonderes Bild: Mit dem historischen Geschehen verhalte es sich ähnlich wie bei einer Uhr, die immer den gleichen Gesetzen der Mechanik gehorche. Allerdings sei die menschliche Gemeinschaft nicht völlig mit einem Uhrwerk oder sonst einer Maschine zu vergleichen, weil es im Zusammenwirken der Menschen auch so etwas wie Zufall, Glück oder Unglück gebe. Deshalb sei das künftige Geschehen nicht in allen Einzelheiten voraussehbar. Aber hinter den einzelnen und zufälligen Erscheinungsformen existiere ein gesetzmässiger Zustand, und das sei der Naturzustand. Von diesem gottgewollten Naturzustand können die Menschen zwar in der einen oder anderen Richtung abweichen, aber sie müssen immer wieder zu ihm zurückfinden. Vom Naturzustand lässt sich das allgemeingültige Gesetz ableiten, dem ein allgemeingültiges Recht entspricht: das Naturrecht. Das *naturrechtliche* Denken der Aufklärungszeit war also der Versuch, aus einem unabhängig von den zufälligen Formen der innerweltlichen Realität gedachten Naturzustand universelle, das heisst immer und überall gültige Werte abzuleiten. Diese universellen Werte fanden ihren Ausdruck in der Erklärung der Menschenrechte.

Unter dem Einfluss der Romantik wurde das normative Naturrechtsdenken vom neuen historischen Denken überlagert. Die romantischen Idealisten interessierten sich weniger für das Universelle als vielmehr für das Besondere, für die jeweils besondere Geschichte und Tradition eines jeden Volkes. Sie gingen nicht von einer prinzipiellen Unveränderbarkeit des menschlichen Wesens aus, sondern von der Veränderbarkeit aller Dinge und aller menschlichen Verhältnisse. Das Alte bringt das Neue hervor, das bisherige Unzulängliche produziert das künftige Bessere. Alles verändert sich im Lauf der Geschichte. Erst aufgrund solcher Vorstellungen wurde Geschichte im modernen Sinn überhaupt denkbar. Was man früher als Geschichte bezeichnet hatte, waren einzelne, in sich geschlossene Geschicht*en*[118] gewesen, die als Exempel zur Belehrung der Menschen gedient hatten. Erst im Übergang vom 18. zum 19. Jahrhundert entstand die Vorstellung von einem umfassenden historischen Entwicklungsprozess, in dem theoretisch alles mit allem zusammenhängt. Erst jetzt gab es den Begriff einer «Geschichte an sich», die sich aus sich selbst heraus sinnvoll und folgerichtig entwickelt.

Die alte Idee eines unveränderlichen Naturzustandes ging nicht völlig verloren, aber dominierend wurde die Vorstellung einer zeitlich strukturierten Welt, einer unaufhaltsam zu immer neuen Etappen der Menschheitsentwicklung voranschreitenden Geschichte. Es gibt keinen Naturzustand mehr, denn jeder Zustand ist nur eine Momentaufnahme im unablässigen Fluss der Geschichte. Das Geschichtsbewusstsein relativiert die Werte, die vorher als universelle Werte verstanden worden waren. Diese historisierende Weltanschauung bezeichnete man später als *Historismus*, und sie wurde vor allem von konservativer Seite als unmoralischer Relativismus kritisiert. Die Weltanschauung des 19. Jahrhunderts war aber im Normalfall nie eine rein historisierende, sondern sie liess das Veränderliche und das Unveränderliche nebeneinander bestehen. Man behalf sich dabei mit der Vorstellung, der Mensch befinde sich auf einer Reise durch ständig wechselnde Landschaften, verändere sich dabei selber, sehe aber immer wieder auf zu den ewigen, unveränderlichen Fixsternen des Himmels, die ihm die Orientierung ermöglichten.

6. Die Schweiz auf dem Weg zur Restauration

Nach der Französischen Revolution wurde in ganz Europa der Staat zunehmend als ein System aufgefasst, das nicht nur eine abgehobene Sphäre des Politischen regelt und nicht nur die Oberschicht etwas angeht, sondern tief in den Alltag der Bevölkerung eingreift, indem es Öffentliches und Privates, Politisches und Wirtschaftliches regelt. Die Regelungen waren bei weitem nicht so dicht wie heute, aber dichter als im 18. Jahrhundert, und vor allem nahmen sie immer weniger Rücksicht auf lokale und regionale Besonderheiten. Die Idee, der Staat müsse innerhalb des gesamten staatlichen Territoriums einheitliches Recht schaffen, wurde auch für Politiker und Staatsrechtler zur Leitlinie, die sich zu den Gegnern der Französischen Revolution zählten. Ihre Anstrengungen führten dazu, dass das einheitliche staatliche Gesetz in spürbaren Gegensatz zu lokalen und regionalen Gebräuchen trat. Das weckte Widerspruch, und im Widerstand gegen das staatliche Gesetz wurde sich die Bevölkerung bewusst, dass sie eine eigene Tradition, eine eigene Kultur hatte. Sie entwickelte ein widerständiges partikularistisches Bewusstsein, das sich als Hindernis auf dem Weg zur staatsrechtlichen Vereinheitlichung erwies. In dieser Situation standen der staatlichen Politik zwei Möglichkeiten offen: Entweder kehrte sie zum Feudalismus zurück, das heisst zu einem personengebundenen Herrschaftsrecht, das lokalen Besonderheiten ausgezeichnet Rechnung tragen kann, aber die Rechtsvereinheitlichung bremst; oder sie propagierte den Nationalstaat, der das partikularistische Bewusstsein bündelt und in einer grösseren Wir-Gruppe, der Nation, zusammenführt.

In der Zeit des Zusammenbruchs des napoleonischen Systems geschah beides gleichzeitig: Einerseits versuchten die Fürsten der antifranzösischen Koalition, ihre erblichen Ansprüche auf persönliche Herrschaft als legitim und natürlich hinzustellen und die Souveränität für sich und ihresgleichen zu reservieren, andererseits drängten fortschrittlich gesinnte Menschen – Adlige und Bildungsbürger – darauf, die moderne Idee der Souveränität der Nation und des Nationalstaates politisch zu konkretisieren, weil sie darin die einzige Chance sahen, Europa von der französischen Hegemonie zu befreien. In den Ländern, die auch bewaffneten Widerstand gegen das napoleonische Herrschaftssystem leisteten, entstand ein liberales und nationales Bewusstsein; das galt vor allem für Spanien. Die Schweiz aber gehörte nicht zur Vorhut des Widerstands gegen Napoleon; hier wartete man vorsichtig ab, wie sich die Dinge entwickeln würden. Trotzdem kam von der Schweiz aus ein nicht zu unterschätzender Beitrag zum Nationalismus und Liberalismus in Europa. Überall suchte man nämlich Vorbilder für den Kampf um die Freiheit der Nationen, und man fand sie zum Beispiel in den Geschichten der schweizerischen Eidgenossenschaft, speziell in der Tellengeschichte. Schiller hatte den Stoff dramatisch verarbeitet und dazu beigetragen, dass sich der Mythos von der freien Schweiz in ganz Europa verbreitete. Grossen Einfluss übte auch ein anderer Mythenbildner aus: der Schaffhauser Geschichtsschreiber Johannes von Müller, dessen Bücher nicht nur in den Gelehrtenstuben, sondern auch an den Fürstenhöfen gelesen wurden.

6.1 Johannes von Müller und der nationale Widerstand

Geschichtsschreibung war bis zum 18. Jahrhundert der Versuch, die Geschichte als moralisches Lehrstück zu verstehen. In diesem Sinn hatten sich die helvetischen «Patrioten» am Ende des 18. Jahrhunderts ihrer bemächtigt. Patrioten[119] sind Menschen, die das Vaterland lieben, weil sie in ihm die Spuren sehen, die ihre Vorväter hinterlassen haben, also die Schutzwälder, die Fluren, die Strassen, Häuser, Kirchen und Wehrbauten. Patriotismus ist eine Sache von sesshaften, grundbesitzenden Männern. Sie wollen das Erbe der Väter bewahren und die Freiheit haben, es zu mehren. Darin sehen sie den Sinn ihres Lebens. Geschichtsschreibung hat die Aufgabe zu zeigen, wie das Erbe verteidigt werden kann. Diese Art der patriotischen Geschichtsschreibung hatte in der Schweiz eine lange Tradition und erreichte ihren Höhepunkt in Müllers «Geschichten schweizerischer Eidgenossenschaft».

Johannes Müller (1752–1809) stammte aus Schaffhausen, hatte in Göttingen Theologie studiert, war dann Hauslehrer, Dozent in Genf und Geschichtsprofessor in Kassel geworden. In jungen Jahren hatte er zu den helvetischen Patrioten gehört. 1780 war der erste Band seiner Schweizergeschichte erschienen.[120] 1786 bis 1792 amtete er als Bibliothekar am Hof des Erzbischofs von Mainz und wurde dessen einflussreicher Ratgeber. 1791 wurde er geadelt und nannte sich von nun an Johannes *von* Müller. Dann trat er in den Dienst der Hof- und Staatskanzlei in Wien. Er, der in patriotischem Geist die Urschweizer Befreiungssage mit ihrer Spitze gegen Habsburg dargestellt und ins europäische Bewusstsein gehoben hatte, stand nun im Sold ebendieser Habsburger. Der junge Erzherzog Johann von Habsburg las mit Begeisterung Müllers Schriften, und es ist vielleicht auch auf diesen Einfluss zurückzuführen, dass er sich für die Volksbewaffnung einsetzte und so versuchte, den nationalen Widerstand gegen Napoleon zu stärken. «Hier muss die Nation, die Masse kämpfen», schrieb der Erzherzog in einer Denkschrift von 1808, «alle für einen, einer für alle. Einen schwankenden Staat, in gewöhnlichen Mitteln seine Zuflucht nehmend, greift ein habsüchtiger Eroberer an. Hier liegt der Sporn, um alles aufzubieten, was nur immer möglich ist, um seine Kräfte auf das höchste zu spannen und, indem man die Sache des Staates zur Sache der Nation macht, neue Hilfsmittel hervorzubringen.»[121] – Die Denkschrift bewirkte, dass in Österreich tatsächlich eine bewaffnete Landwehr geschaffen wurde.

Müllers «Geschichten schweizerischer Eidgenossenschaft», aber auch seine zahlreichen andern Schriften, wurden von vielen Gebildeten in ganz Europa mit Begeisterung gelesen. Unter den damaligen historischen Umständen schien Müllers Grundgedanke, ein Volk werde durch gemeinsame Waffentaten zu einer nationalen Einheit zusammengeschmiedet, auf allgemeine Zustimmung zu stossen. Er war letztlich weniger der nationale Geschichtsschreiber der Schweiz, zu dem ihn die Schweizer machten, als vielmehr der Geschichtsschreiber Europas. Denn die staatenbildende Kraft von Eidgenossenschaften, die er pries, gab es für ihn nicht nur in der Schweiz, sondern überall dort, wo der ordnende Wille des freien Mannes und Hausvorstands zum Zug kam und sich in männerbündischen Vereinigungen zur politischen Kraft entwickelte. In der Vorrede zur Gesamtausgabe seines Werks von 1806 schrieb er: «Alle Verfassungen freier Nationen haben ihren Ursprung in der häuslichen, wo väterliches Ansehen durch Kraft und Weisheit Ordnung hält. Als die Hausgesellschaft in Geschlechter, diese in Stämme, diese in Völkerschaften verbreitet wurde, blieb der ersten Einfalt Bild in dem erbfolgenden oder gewählten Vorsteher, welcher nicht ohne Beratung mit den Ältesten und nicht ohne Bestimmung der Familienhäupter die Angelegenheiten des Gemeinwesens verwaltete. Das waren die guten Zeiten der alten Freiheit, wo keinem etwas fremd blieb, was das Ganze betraf, und ohne den Willen der Mehrheit über das Allgemeine nichts verfügt wurde.» Durch die Expansion der Völker hätten sich die Verhältnisse verwirrt, einzelne hätten sich zu überragender Gewalttätigkeit aufgeschwungen, und die Freiheit sei verlorengegangen. «Für die bleibenden Völker war gegen übermächtige Gewalt von Anfang an bis auf unsere Tage das einzige Mittel, Bündnisse, Eidgenossenschaften. Gegen die Präpotenz eines einzigen Willens ist nichts anderes als die Vereinigung der Bedrohten zu Einem ebenso mächtigen Willen.» Der Zweck der Vereinigung ist die Bewahrung oder Wiederherstellung der alten Freiheit, ein Vorgang, der sich exemplarisch in der Gründungsgeschichte der schweizerischen Eidgenossenschaft aufweisen lässt: «Jener ewige Bund, welchen die freien Landleute von Schwyz und in den benachbarten Tälern, aus unbekanntem Altertum auf die Zeiten Tells gebracht, und ganz Helvetien und Hohrätien mitgeteilt haben, glorwürdig durch Siege, ehrwürdig durch Gerechtigkeit, hatte Einen, nur Einen, bestimmten, immer gleich guten Zweck, von Männern gefasst, welche denselben allein durchaus behaupten oder nicht leben wollten.» [122] Dieser Zweck ist die Freiheit – in der ganzen Unbestimmtheit, welche dieser pathetisch ausgesprochene Begriff angenommen hatte, seit nicht mehr von bestimmten Freiheiten im Sinn von Rechten, sondern von *der* Freiheit an sich die Rede war.

Müller war mit seinen Geschichtsbüchern einer der wichtigsten Propagandisten des nationalen Gedankens in Europa. Obwohl aus einem republikanischen Staatswesen stammend, vertrat er einen Fürstennationalismus, indem er den Fürsten als Vater der Nation verstand, der, wie ein Hausvater für seine Familie, für sein ganzes Volk zu sorgen hatte. Die von den schweizerischen Patrioten und später von den Liberalen und Radikalen oft übersehene konservative Grundhaltung Müllers kommt auch darin zum Ausdruck, dass er mit dem reaktionären Karl Ludwig von Haller freundschaftlichen Umgang pflegte. Als ihm dieser im Jahr 1803 seine in österreichischem Dienst verfasste Denkschrift «Über die Verhältnisse und Interessen des Hauses Österreich mit den auswärtigen Mächten» zugesandt hatte, schrieb ihm Müller zurück: «Ihre Denkschrift, werthester Freund, (anders kann ich bey so vieler Übereinstimmung wenigstens politischer Denkungsart, Sie nicht nennen) ist an Reichthum, Wahrheit und besonders an Ausführbarkeit der Ideen und an dem aus umfassendem Überblick resultierenden Zuammenhange des Ganzen weit über andere, die mir über gleichen Gegenstand gezeigt wurden.» [123] Dieses Zitat beweist allerdings nicht, dass Müller die genau gleichen Ideen wie «der Restaurator» Haller gehabt hätte. Er war in seiner Freundschaftlichkeit manchmal bereit, jemandem Recht zu geben, ohne wirklich mit ihm übereinzustimmen. Müller begab sich ja schliesslich auch noch zu dem Mann, der für Haller der Inbegriff des Bösen war, zu Napoleon, in dessen Auftrag er 1808 die Verantwortung für das Unterrichtswesen im Königreich Westfalen übernahm.

6.2 Schweizerische Neutralität

Nach der Niederlage Napoleons in der Völkerschlacht bei Leipzig im Oktober 1813 setzten die Alliierten dem nach Westen flüchtenden französischen Heer nach. Würden sie auf ihrem Marsch nach Paris den Weg durch die Schweiz wählen? Der Landammann der Schweiz – zu diesem Zeitpunkt war es der Zürcher Hans von Reinhard – beeilte sich, den europäischen Mächten mitzuteilen, die Schweiz sei neutral und dulde keine fremden Truppen auf ihrem Territorium. Am 15. November 1813 trat eine ausserordentliche Tagsatzung in Zürich zusammen, welche die Haltung Reinhards bestätigte, die schweizerische Neutralität formell proklamierte und zudem erklärte, die Schweiz werde an ihrer gegenwärtigen Verfassung, der Mediationsakte, festhalten. Das werteten die Alliierten als frankreichfreundliche Haltung; sie wollten die Mediationsakte abgeschafft sehen. Für die Neutralität hatten sie ein gewisses Verständnis, obwohl sie ihnen weniger nützte als dem in Bedrängnis geratenen Napoleon. Die deutschen Intellektuellen aber, begeistert von der Idee der nationalen Befreiung, sahen in der schweizerischen Neutralitätserklärung nichts als verachtenswerte Lauheit. August Wilhelm Schlegel, der als Sekretär des Generals der Nordarmee[124] den Feldzug gegen Napoleon mitmachte, kommentierte bissig: «Die Schweizer proklamieren etwas albern ihre Neutralität, während sie doch Vasallen Frankreichs sind und der Gesandte Frankreichs ganz offen ihre Tagsatzung präsidiert. Scheinbar will man sie ihnen zugestehen. Das verwundert mich etwas, besonders weil Metternich mir in Leipzig einiges über die Schweiz sagte, das mich etwas ganz anderes mutmassen liess. Man hat einen geradezu abergläubischen Respekt vor diesem Land – es hat sicher eine achtungswerte Verwaltung, aber jämmerlich sind seine Beziehungen zum Ausland. [...] Um wieder eine europäische Rolle zu spielen, müsste sich die Schweiz dem Deutschen Bund anschliessen und sich von ihm garantieren lassen ...»[125]
    Die Idee mit dem Deutschen Bund entsprang der romantischen Vorstellung einer geeinten deutschen Nation, zu der auch die deutschsprachige

Schweiz gehören sollte. Dies entsprach aber keineswegs den Vorstellungen der Schweizer, auch nicht derjenigen, die zu diesem Zeitpunkt von der Neutralität abrücken und die Alliierten tatkräftig unterstützen wollten. Zu diesen Neutralitätsgegnern gehörten vor allem die reaktionären Aristokraten, die ihre Hoffnungen an Wien, das Zentrum der Konterrevolution, geknüpft hatten. Sie wünschten den Durchmarsch der Alliierten durch die Schweiz, denn sie wussten, dass dadurch ihre politischen Gegner eingeschüchtert würden und die Chancen stiegen, zu den vorrevolutionären Zuständen zurückzukehren. Gewisse Ultrareaktionäre wollten bei dieser Gelegenheit sogar die alten Untertanenverhältnisse wieder herstellen. Sie schlossen sich im sogenannten Waldshuterkomitee zusammen, knüpften Kontakte zu den reaktionären Kräften im Lager der Österreicher und der Russen und versuchten zu erreichen, dass möglichst viele Kantone die Neutralitätserklärung der Tagsatzung missachteten und den Durchmarsch der alliierten Truppen durch die Schweiz begünstigten.

Die Patrizier der Stadt Bern erklärten im Alleingang und gegen den Willen der Tagsatzung die Mediationsverfassung für ungültig und knüpften wieder an die staatsrechtliche Tradition aus der Zeit vor 1798 an. So schufen sie einen reaktionären fait accompli. In bezug auf den Aargau und die Waadt pochten sie in arroganter Weise auf ihre Herrenrecht und sprachen die Bewohner dieser Gebiete bereits wieder als «alle unsere Unterthanen»[126] an. Aber die selbstbewusst gewordenen Waadtländer und Aargauer machten sofort deutlich, dass sie gegen solche Anmassung den entschiedensten Widerstand leisten wollten, notfalls mit der Waffe in der Hand. Die Alliierten unterstützten den Berner Anspruch auf Waadt und Aargau nicht, denn sie wollten keinen Bürgerkrieg provozieren. Zar Alexander, der einstige Zögling Laharpes, verteidigte geradezu die Eigenständigkeit der Waadt und des Aargaus und setzte sich stark für eine neutrale und unabhängige Schweiz ein, auch wenn er sich dadurch in Widerspruch zu seinen Verbündeten setzte.

Die Tagsatzung hatte inzwischen ihrer Neutralitätserklärung Taten folgen lassen. Der Berner Schultheiss Niklaus Rudolf von Wattenwyl, Haupt der gemässigten Patrizier in Bern, wurde zum General der eidgenössischen Truppen gewählt, die zum Schutz der Nordgrenze der Schweiz aufgeboten wurden. Als die Alliierten unter Abwesenheit des Zaren am 16. Dezember 1813 beschlossen, ihre Armeen bei Basel auf Schweizerboden übertreten und via Genf nach Frankreich marschieren zu lassen, befahl Wattenwyl angesichts der offensichtlichen Aussichtslosigkeit, mit etwa 10 000 Mann die Grenze gegen ein Armee von weit über 100 000 zu schützen, den Rückzug seiner Truppen. Der Durchmarsch der Alliierten begann am 21. Dezember und dauerte mehrere Wochen. Am gleichen 21. Dezember trat eine weitere ausserordentliche Tagsatzung in Zürich zusammen und bekräftigte die fortdauernden Gültigkeit der Mediationsverfassung. Bern, Solothurn und Unterwalden, die sofort zu den vorrevolutionären Zuständen zurückkehren wollten, hatten keine Vertreter nach Zürich geschickt. Mit Genugtuung nahmen sie es zur Kenntnis, als die Alliierten die Tagsatzung wissen liessen, die Schweiz müsse die bonapartistische Mediationsakte als ungültig erklären und einen neuen Bundesvertrag zwischen den 13 alten eidgenössischen Orten schliessen. Angesichts der durchmarschierenden Truppen widersetzte sich die Tagsatzung nicht, sondern fand sich damit ab, dass die Schweiz nun offenbar von der Abhängigkeit von Frankreich in die Abhängigkeit von den Alliierten gerutscht war. Am 29. Dezember 1813 beschloss sie im Widerspruch zu ihrer bisherigen Haltung, dass es «für die Wohlfahrt des Vaterlandes hohe Nothwendigkeit sey, den alten eidgenössischen Verband nicht nur beizubehalten, sondern neu zu befestigen.»[127] Sie erweckte also den Anschein, sie halte an einer kontinuierlichen Verfassungsentwicklung fest, brach aber in Wirklichkeit mit der geltenden Verfassung und suchte eine neue Ordnung auf der Grundlage folgender Beschlüsse: Erstens sollten die anwesenden 10 Kantone einen Bund schliessen; zweitens sollten die abwesenden drei Kantone Bern, Solothurn und Unterwalden sowie die sechs neuen Kantone Waadt, Aargau, Thurgau, St. Gallen, Graubünden und Tessin zum Beitritt zu diesem neuen Bund aufgefordert werden; drittens sollten «keine mit den Rechten eines freien Volkes unverträglichen Unterthanenverhältnisse hergestellt werden»; viertens sollte, bis zur definitiven Neuregelung des eidgenössischen Bundes, Zürich Vorort bleiben. – Mit der Stellungnahme gegen die Wiederherstellung alter Untertanenverhältnisse hatte die Tagsatzung implizit entschieden, Bern könne keinen Anspruch auf den Aargau und die Waadt erheben. Die Berner Patrizier aber hielten die Tagsatzung nicht für befugt, ihnen solche Vorschriften zu machen, denn sie gingen davon aus, die rechtlichen Verhältnisse seit 1798 seien der Eidgenossenschaft von Frankreich aufgezwungen worden, und jetzt, nach dem Ende der französischen Hegemonie, seien nicht nur die alten Herrschaftsverhältnisse und die Souveränität der dreizehn alteidgenössischen Stände[128], sondern ganz allgemein die gesellschaftlichen und politischen Verhältnisse, wie sie vor 1798 gegolten hatten, wieder herzustellen. Sie waren also für eine umfassende *Restauration*.

6.3 Der «Restaurator» Karl Ludwig von Haller

Der Berner Staatsrechtler Karl Ludwig von Haller (1768–1854) war ein Vordenker der Restaurationsidee. Er war ein Enkel des berühmten Naturwissenschaftlers und Dichters Albrecht von Haller und Sohn des Politikers und Privatgelehrten Gottlieb Emanuel von Haller. Nach Studien in Bern war er in den bernischen Staatsdienst eingetreten, hatte an mehreren wichtigen Gesandtschaften teilgenommen, so im Jahr 1797 nach Oberitalien, wo er mit Bonaparte zusammengetroffen war. Nicht immer war er ein ausgesprochener Reaktionär gewesen: Als Anfang März 1798 die patrizische Regierung dem drohenden Umsturz in letzter Minute durch ein Reformprogramm zuvorkommen wollte, redigierte Haller als Sekretär der Verfassungskommission einen Verfassungsentwurf nach modernen Gesichtspunkten. Er hatte damals noch einen gewissen Sinn für die Notwendigkeit staatlicher Erneuerung, aber er verabscheute eine Staatsumwälzung nach französischem Muster. Die Helvetische Republik bekämpfte er von Anfang an, und er tat sein Missfallen in der von ihm herausgegebenen Zeitschrift «Helvetische Annalen» öffentlich kund. Die helvetische Regierung sah darin eine Gefährdung der neuen Ordnung, und unter Verletzung des Prinzips der Pressefreiheit[129] verbot sie im November 1798 die Annalen. Um einer möglichen Gefangennahme zu entgehen, floh Haller nach Österreich und schlug sich nun vollends ins reaktionäre Lager. Er veröffentlichte zahlreiche Broschüren, in denen er die Wiederherstellung der Aristokratie propagierte. In der Mediationszeit kehrte er nach Bern zurück.

Durch die Mediationsakte vom 19. Februar 1803 war der helvetische Einheitsstaat zerschlagen worden; die schweizerischen Kantone waren wieder souveräne Staatswesen. Die Berner in Stadt und Land durften einen eigenen Grossen Rat wählen. Die neue Wahlordnung war zwar etwas demokratischer als diejenige des alten Bern vor 1798, sah aber einen hohen Zensus und weitere einschränkende Bestimmungen vor, so dass die grundbesitzende Aristokratie stark bevorzugt war. Die ehemals regierenden Patrizierfamilien gelangten wieder an die Hebel der politischen Macht. Unter diesen Umständen zog es auch einen Reaktionär wie Haller in seine alte Heimat zurück. Im Jahr 1806 bot ihm die Berner Regierung eine Professur an der Akademie an, und ohne langes Zögern reiste er von Wien ab. In Bern entwickelte er dann seine Theorie einer «Restauration der Staatswissenschaft». Er beschrieb später den Vorgang so: «In meinem Vaterland, wo inzwischen eine Veränderung eingetreten war, welche zwar die rechtmässige Verfassung nicht herstellte, aber doch die Gegner der Revolution, meine Gönner und Freunde, an die Spitze der Regierung brachte, ward die alte Akademie neu organisirt oder erweitert, und mir der Lehrstuhl der Staaten-Kunde und des allgemeinen Staats-Rechts angetragen. Unbedenklich opferte ich ökonomische Vortheile und andere Hoffnungen auf, die sich mir vielleicht eben damals dargeboten hätten, um dieses bescheidene Amt anzunehmen, weil es mir theils Zeit und Pflicht gab, die Theorie vollständig auszuarbeiten, theils auch das Befugniss sie öffentlich vorzutragen, wo doch hier und dort ein Saamkorn auf guten Boden fallen würde. Dazu schien mir auch meine Vaterstadt Bern zu diesem Unternehmen kein ganz unschiklicher Ort zu seyn, besonders in damaliger Zeit, wo die Wahrheit weniger der Gunst und der Aufmunterung, als der Abwesenheit von Hindernissen bedurfte. In Bern war man wenigstens der Revolution und ihren Grundsätzen im Allgemeinen nicht gewogen, und hat auch keine Ursache es zu seyn.»[130] Im Ancien Régime habe man noch gewusst, welche Ordnung von Staat und Gesellschaft den Menschen zukomme und zuträglich sei, meinte Haller, aber dieses Wissen sei theoretisch durch die Aufklärungsphilosophie und praktisch durch die Revolution zerstört worden. Er aber wollte auf dieses Wissen zurückgreifen, es systematisch darstellen und damit die Voraussetzung für die Wiederherstellung der alten Verhältnisse schaffen. Durch seine Vorlesungen und durch verschiedene Schriften machte er seine Restaurationstheorie schon bekannt, bevor dann in den Jahren 1816 bis 1825 sein sechsbändiges Hauptwerk «Restauration der Staatswissenschaft» erschien, das einer ganzen Epoche den Namen gab.

Haller geht von einem natürlich-geselligen Zustand aus, den er dem entgegensetzt, was er den künstlich-bürgerlichen Zustand nennt.[131] Er denkt also naturrechtlich, aber nicht im Sinn der Aufklärung, sondern in einem mittelalterlichen Sinn, etwa gemäss der Naturrechtslehre des Thomas von Aquin, wonach alle Geschöpfe im System der Welt ihren von Gott geplanten Platz und Auftrag haben. Er bekämpft die Lehre vom Gesellschaftsvertrag. Ein Vertrag wird von Menschen geschlossen und kann auch wieder aufgelöst werden; er ist veränderbar, und deshalb ist er «künstlichbürgerlich». Die Gesellschaftsordnung soll aber nicht veränderbar sein, sondern der ewigen göttlichen Ordnung entsprechen. Das Vertragsdenken geht von gleichberechtigten Vertragspartnern aus; es entspricht der aufgeklärten Vorstellung von der natürlichen Gleichheit der Menschen. Hallers göttliche Ordnung beruht dagegen auf einer natürlichen Ungleichheit: Es gibt Starke und Schwache, und der Starke ist von Natur aus der Herr, während die Schwachen sich ihm unterordnen, um Schutz und Hilfe zu bekommen. Der Regierende bekommt nicht durch die Regierten einen Auftrag. Der Regierende ist der Fürst, er ist zuerst da und sammelt die Untertanen um sich. Weil er zuerst da ist, ist er Besitzer des Staates. Ihm gehört alles, was nicht den Untertanen gehört, er kann völlig über den Staat verfügen. Er kann zwar seine Untertanen um Rat fragen, muss aber nicht. Gleichwohl gilt für ihn nicht schrankenlose Willkür, denn seine Machtausübung, weil sie von Gott gewollt ist, ist auch auf das göttliche Gebot bezogen. Haller glaubt an das Gute im Herrscher; dieser hat keine natürliche Veranlassung, den Schwachen zu unterdrücken, denn die Natur will, dass er ihn schützt. Der Herrscher ist der Patriarch und Wohltäter. Der Staat funktioniert wie eine Familie, in der das Familienoberhaupt liebevoll für das Wohl aller Familienmitglieder sorgt. Natürlicherweise steht ein Monarch an der Spitze des Staates; in Ausnahmefällen, also etwa in den schweizerischen Republiken, kann aber auch eine Gruppe von Aristokraten als eine Art «Kollektivfürst» an die Stelle des Monarchen treten.

Haller war nicht der einzige, der solche Restaurationsideen äusserte; andere sagten Ähnliches. Aber er sagte es in ungebrochener, beinahe fanatischer Art, und dadurch erregte er Aufsehen im In- und Ausland; bei Freund und Feind galt er als Inbegriff des Restaurators. Der Vormarsch der Alliierten und der Rückzug Napoleons erfüllte ihn mit froher Hoffnung; er glaubte an einen baldigen Sieg der Reaktion. Zum Neujahr 1814 veröffentlichte er ein Traktat unter dem Titel «Was ist die alte Ordnung?» Darin interpretiert er die aktuellen Ereignisse in seinem Sinn: «Durch Gottes wunderbare Fügung, durch eine Reihe von Ereignissen, die kein menschlicher Verstand hätte vorhersehen noch erwarten können, sieget in allen Landen die Gewalt der Gerechten über die Gewalt der Ungerechten, und göttliches Gesez über den willkührlichen Befehl eines einzelnen Menschen. Die niedergedrückten Völker athmen wieder frey, und schliessen sich freundlich an ihre Fürsten, d.h. an ihre Väter, Ernährer und Beschützer an; Herr und Diener erneuern jubelnd die unterbrochne Freundschaft und helfen sich wechselseitig; fremder Raum wird aus Handen gelassen, jedem das Seinige zurückgegeben ...»[132] Lobend äussert er sich über die Haltung der Alliierten: «Durch die beispiellose Grossmuth der alliierten Mächte, die eben deswegen vom Segen des Himmels gekrönet wird, soll auch in unserem Vaterlande die alte Ordnung wiederkehren. Sie hätten Gründe genug gehabt ein mit Frankreich so innig verbundenes Land als feindlich anzusehen, und siehe, sie ehren uns mehr als wir es selbst zu thun wagten, sie behandeln uns schonender als keiner erwarten durfte, wir tragen nicht einmal so viele Lasten als ihre eigenen Unterthanen, die doch ihre näheren Freunde sind. Sie appellirten an unser eigen Gewissen, ob wir neutral seyen, ob man uns für neutral erkennen könne, eine Frage, die kein ehrlicher Schweizer im Innern seines Gemüths mit Ja beantworten durfte.» Viel zu stark habe sich die Schweiz den französischen Wünschen angepasst, um noch als neutral gelten zu können, tadelt Haller, und ausgerechnet jetzt, wo es auf die Stellungnahme ankomme, erkläre sich die Schweiz neutral: «Wir wollen endlich neutral d.h. lieblos und gleichgültig seyn, in einem Kampf, an dem ausser uns die ganze Welt Theil nimmt, und der für alles, was den Menschen theuer und heilig ist, geführt wird.» Nein, so gehe es nicht; jetzt gelte es, für die gerechte Sache einzustehen, die göttliche Ordnung wieder aufzurichten, in Bern, in der Eidgenossenschaft und in ganz Europa.

Hallers Hoffnungen erfüllten sich nicht. Die Wiederaufrichtung der alten Verhältnisse erwies sich als unmöglich. Es kam zwar 1813/14 zu einer gewissen, eher oberflächlichen Annäherung an vorrevolutionäre Zustände; in manchen Bereichen gab es aber auch eine Weiterentwicklung moderner staatsrechtlicher und privatrechtlicher Prinzipien. Der Einfluss Hallers auf die reale Politik war viel geringer, als er selbst glaubte oder sich zeitweilig einredete. Man kann aber sagen, er habe Gedanken formuliert, die für eine bestimmte Geisteshaltung von beinahe zeitloser Gültigkeit sind. Seine Theorie enthält Elemente, die bis in unsere Tage in reaktionären politischen Diskursen immer wieder auftauchen. Das Phänomen der politischen Reaktion, ist nämlich nicht an die Zeit während und unmittelbar nach der Französischen Revolution gebunden, sondern taucht immer dann auf, wenn die wirtschaftliche, staatliche und gesellschaftliche Struktur so umgebaut wird, dass es auch zu einer Verschiebung der Werthaltungen führt. Während die einen eine solche Umstrukturierung beschleunigen wollen, weil sie darin einen Fortschritt sehen, wehren sich die andern dagegen, weil sie sich verunsichert oder gar in ihrer Existenz bedroht fühlen; sie werden reaktionär, das heisst, sie möchten an ihren gewohnten Werten festhalten und die Umstrukturierung rückgängig machen.

6.4 Neuer Bundesvertrag für die Schweiz

Nicht nur Bern beanspruchte ehemals untertänige Gebiete, sondern auch Uri, das vom Tessin das Livinental zurück haben wollte, oder Schwyz, das von St. Gallen die Landschaften Gaster und Uznach verlangte. Zug wollte das Freiamt, Glarus beanspruchte Sargans. Solche Forderungen stiessen auf den Widerstand anderer Kantone; für Konfliktstoff war also gesorgt. Immerhin ratifizierten nach und nach fast alle Kantone den Tagsatzungsbeschluss vom 29. Dezember 1813, zeigten sich also im Prinzip damit einverstanden, dass im neu zu gründenden Bund die alten Untertanenverhältnisse nicht wieder hergestellt werden sollten. Nur Bern und die unter seinem Einfluss stehenden Patrizierstädte Freiburg und Solothurn widersetzten sich weiterhin. Eine Tagsatzungskommission erarbeitete trotzdem einen Bundesvertrag und legte am 10. Februar 1814 einen ersten Entwurf vor. Im ersten Artikel wurden, wie schon in der Mediationsverfassung, die Kantone aufgezählt, die den Bund (la Confédération suisse) ausmachen sollten; im Entwurf sind die einzelnen Kantone allerdings nicht aufgeführt, weil zu diesem Zeitpunkt noch nicht feststand, wie viele mitmachen würden, ob auch Wallis, Genf und Neuenburg beitreten oder ob die Alliierten dies verhindern würden. Im zweiten Artikel wurde, wiederum analog zur Mediationsverfassung, festgelegt, jeder Kanton müsse proportional zur Bevölkerungszahl sein Geld- und Truppenkontingent dem Bund zur Verfügung stellen. Auch dazu waren im Entwurf noch keine konkreten Angaben enthalten, und die Festlegung der Kontingente sollte noch zu langen Diskussionen führen.

Als die Tagsatzung am 21. März 1814 den Entwurf vom 10. Februar diskutieren wollte, schickten nicht alle eingeladenen Kantone ihre Vertreter nach Zürich. Bern hatte inzwischen seinen Anhang vergrössert: Solothurn, Freiburg, Luzern, Zug, Uri, Schwyz und Unterwalden waren zur vorrevolutionären Ordnung zurückgekehrt. In Solothurn und Luzern hatten sich die Altgesinnten regelrecht an die Macht geputscht. Jetzt glaubten sich die reaktionären Kantone stark genug, ihre Pläne offen zu verfolgen. Sie trafen sich in Luzern zu einer Sondertagsatzung. Da machten die Alliierten der gefährlichen Dissidenz ein Ende und befahlen der Minderheit der reaktionären Stände sich mit der Tagsatzung in Zürich zu vereinigen; sie gehorchten widerstrebend. Vom 6. April 1814 an tagte die eidgenössische Tagsatzung in voller Zusammensetzung und in Permanenz bis zum 31. August 1815; das war die sogenannte lange Tagsatzung. Die Abgeordneten stritten heftig um den neuen Bundesvertrag. Weitere Entwürfe wurden vorgelegt und diskutiert, aber unter dem Druck der Gesandten der alliierten Mächte einigte man sich am 28. Mai 1814 auf eine bereinigte Fassung, die an die Kantone überwiesen wurde. Inzwischen hatte sich aber die «alte Schweiz» unter der Führung Berns verstärkt, so dass den 9½ zustimmenden 9½ ablehnende Stände gegenüberstanden. Die Kantone schienen unfähig, sich eine gemeinsame Ordnung zu geben.

Ende März 1814 waren die alliierten Truppen in Paris eingezogen, und Napoleon, von seinen Marschällen verlassen, musste abdanken. Er unterschrieb den Vertrag von Fontainebleau, der ihm die Insel Elba als souveränen Besitz zugestand, und verschwand heimlich aus Frankreich. Die Bourbonen kehrten zurück; Ludwig XVIII., Bruder des hingerichteten Ludwig XVI., bestieg den Thron. Am 30. Mai 1814 wurde der Frieden von Paris geschlossen; danach sollte das französische Königreich ungefähr in den Grenzen von 1792 wieder hergestellt werden; die genaue Grenzziehung, unter anderem gegenüber der Schweiz, sollte an einem Friedenskongress in Wien geregelt werden. Die alliierten Mächte wünschten dringend, dass die schweizerischen Kantone einen neuen Bundesvertrag abschlossen, bevor das restaurierte Bourbonenregime in Frankreich allenfalls versuchen würde, erneut Einfluss auf die Schweiz zu gewinnen.

Bis zum 8. September 1814 gelang es der eidgenössischen Tagsatzung nach vielem Hin und Her und unter tätiger Mithilfe des im russischen Dienst stehenden Diplomaten Capo d'Istria, den Bundesvertrag zu bereinigen und die Zustimmung einer Mehrheit der schweizerischen Kantone zu erlangen. Am 12. September wurden Genf, Wallis und Neuenburg offiziell in den Bund aufgenommen, wobei letzteres weiterhin preussisches Fürstentum blieb. Damit war aber der Bundesvertrag noch nicht endgültig geschaffen; zuerst mussten noch die Gebietsansprüche geregelt werden, welche die eidgenössischen Kantone aneinander stellten. Wie die äusseren Grenzen sollten auch die inneren Grenzen am Wiener Kongress definitiv festgelegt werden. Der Kongress tagte vom November 1814 bis zum Juni 1815. In dieser Zeitspanne verwickelten und verwirrten sich die politischen Angelegenheiten der Schweiz in kompliziertester Art, weil die Tagsatzung, die Kantone und die alliierten Mächte ihre Interessen in immer wieder andern Kombinationen durchzusetzen versuchten. Der Kongress arbeitete langsam; erst im Frühjahr 1815 schlug er eine schnellere Gangart an. Der Grund lag darin, dass der ein Jahr zuvor von seinem Thron verjagte Napoleon sein Exil auf Elba verlassen und sich wieder an die Spitze des französischen Staates gestellt hatte. Die Kongressarbeit wurde rasch abgeschlossen, die Koalitionsmächte sammelten ihre Armeen und marschierten erneut gegen Frankreich. Am 18. Juni 1815 musste sich Napoleon auf dem Schlachtfeld von Waterloo dem Entscheidungskampf gegen Blücher und Wellington stellen. Seine Armee unterlag und vermochte den Vormarsch des Gegners nicht mehr aufzuhalten. Am 7. Juli rückten die Alliierten und mit ihnen die Bourbonen zum zweiten Mal in Paris ein. Napoleon, der sich noch einmal hundert Tage lang an der Macht gehalten hatte, wurde verhaftet, an die Engländer ausgeliefert und für den Rest seines Lebens auf der den Engländern gehörenden Insel St. Helena festgehalten; 1821 starb er.

Der endgültige Sieg der Alliierten hatte dazu beigetragen, dass sich die Schweizer Kantone im Sommer 1815 endlich einigten. Am 7. August 1815 konnte der Bundesvertrag unterzeichnet und beschworen werden. Damit trat eine für die Gesamtheit der Kantone gültige Verfassungsurkunde in Kraft. Sie beginnt mit der auch heute noch in der schweizerischen Bundesverfassung enthaltenen Anrufung Gottes: «Im Namen Gottes des Allmächtigen!»[133] Im ersten Artikel werden die 22 Kantone aufgezählt, die «zur Behauptung ihrer Freiheit, Unabhängigkeit und Sicherheit gegen alle Angriffe fremder Mächte und zur Handhabung der Ruhe und Ordnung im Innern» diesen Bund geschlossen haben. Im zweiten Artikel wird festgelegt, welcher Kanton wie viele Truppen zur «Behauptung der Neutralität der Schweiz» zu stellen habe. Das Berner Kontingent mit 5800 Mann ist das grösste; dasjenige Uris mit 230 Mann das kleinste. Insgesamt sollten die Kantone 33 000 Mann stellen. Auch das Geld, das die Kantone dem Bund zur Verfügung stellen, um die Kriegskasse zu äufnen, ist nach Bevölkerungsstärke abgestuft; Bern mit 104 000 Franken und Zürich mit 74 000 Franken hatten bei weitem am meisten zu bezahlen, Uri mit 1200 Franken am wenigsten. Insgesamt umfasst der Bundesvertrag nur 15 Artikel; es handelt sich also um ein rudimentäres Vertragswerk, das nicht als Verfassung im modernen Sinn angesehen werden kann, das aber den Bedingungen genügte, welche die alliierten Mächte der Schweiz gestellt hatten.

Die kantonalen Verfassungen waren nicht Bestandteil des Bundesvertrags. Jeder Kanton gab sich seine Verfassung selbst und musste sie dann im Bundesarchiv deponieren. Verschiedene Kantone versuchten, ein paar liberale, aus der Idee der souveränen Nation abgeleitete Prinzipien in ihr Grundgesetz aufzunehmen, was regelmässig die Tagsatzung und die alliierten Mächte dazu veranlasste, «Mässigung» zu verlangen. So wurde die Verfassungsarbeit überall im Sinn der Restauration beeinflusst.

6.5 Völkerrechtliche Anerkennung der neutralen Schweiz

Nicht mehr 19 Kantone, wie in der Mediationszeit, sondern deren 22 waren im neuen eidgenössischen Bund zusammengeschlossen. Jeder Kanton war für sich ein souveräner Kleinstaat mit eigener Regierung. Der Bund versprach Schutz und Schirm, ohne sich in die inneren Angelegenheiten der Kantone einmischen zu wollen. Die Schweiz sah sich aus ihrer einseitigen Abhängigkeit von Frankreich befreit, war aber auf den guten Willen aller fünf Grossmächte, Österreichs, Russlands, Preussens, Frankreichs und Englands, angewiesen. Da diese untereinander mannigfache Widersprüche auszutragen hatten, konnte die Schweizer sie bis zu einem gewissen Grad gegeneinander ausspielen. Die Schweizer Delegierten hatten dies schon am Wiener Kongress 1814/15 getan, als sie die Anerkennung der Schweiz als neutrales Staatswesen verlangt hatten. Diese Anerkennung sollte bis zum Abschluss des zweiten Pariser Friedens im November 1815 hinausgezögert werden. Aber schliesslich setzte sich bei den Grossmächten die Meinung durch, die klügste Lösung bestehe darin, die Schweiz in der Form eines Staatenbundes zu «neutralisieren». Dass es unser Land als Staatswesen überhaupt noch gab, hatte sicher etwas mit der europäischen Sentimentalität gegenüber der Heimat Wilhelm Tells und Winkelrieds zu tun. Bei allem realpolitischen Ärger über die Schweiz gab es eben auch die Bewunderung für die «freien Eidgenossen». Die Grossmächte würdigten und akzeptierten den starken Neutralitäts- und Unabhängigkeitswillen der Schweizer, und sie kamen zur Überzeugung, nur eine selbständige Schweiz biete Gewähr dafür, dass in einem strategisch wichtigen Teil Europas einigermassen sichere und ruhige Verhältnisse herrschten. Denn eine nicht neutralisierte Schweiz wäre zum ständigen Zankapfel geworden. Österreich und Frankreich, auch die süddeutschen Staaten und indirekt Preussen hätten weiterhin versucht, ihre strategischen Interessen gegenüber der Schweiz durchzusetzen, sich mit Militärbündnissen und Durchmarschrechten einen Vorteil zu verschaffen, was unweigerlich zu neuen Konflikten geführt hätte. Die Existenz einer neutralen Schweiz schien im Interesse eines friedlichen Europas zu stehen.

Die Neutralität galt den Schweizern seit Jahrhunderten als aussenpolitische Maxime. Gemeint war, dass sich die Eidgenossenschaft als

Ganzes nicht in «fremde Händel» einmischen sollte. Die eidgenössische Armee diente nur dazu, das Gebiet der Eidgenossenschaft gegen feindliche Einfälle zu verteidigen, nicht aber an Kriegszügen ausserhalb der Schweiz und im Bündnis mit andern Mächten teilzunehmen. Das Söldnergeschäft, das nebenher betrieben wurde, war davon nicht betroffen. Die Neutralität war eine vage Maxime, die von Fall zu Fall interpretiert werden musste und manchmal arg strapaziert wurde; immerhin war sie eine Art Leitlinie, die sich alles in allem bewährte. Die Lage änderte sich mit der Eingliederung der Schweiz ins französische Hegemonialsystem seit 1798. Die Helvetische Republik wurde rechtlich in eine Defensiv- und Offensivallianz mit Frankreich eingebunden, musste also die Neutralität preisgeben. Sie machte schlechte Erfahrungen damit. Deshalb versuchte die Schweizer Diplomatie beharrlich, den Status der Neutralität wieder zu erlangen. Aber auch als Bonaparte diesem Wunsch formal entgegenkam, blieb unser Land faktisch an die französische Militärmacht gebunden. Erst nach der Völkerschlacht bei Leipzig und dem Niedergang der napoleonischen Macht Ende 1813 wurde es glaubwürdiger, wenn die Tagsatzung offiziell erklärte, die Schweiz sei ein neutrales Land. Die Alliierten aber missachteten vorübergehend die Unverletzbarkeit des Schweizer Territoriums und die Neutralität der Schweiz, als sie im Dezember 1813 in Basel über den Rhein und via Jura und Genf weiter nach Frankreich marschierten. Die der Restauration verpflichteten Personenkreise in unserem Land waren schon vorher der Meinung gewesen, die Schweiz dürfe nicht neutral sein, sondern müsse mithelfen, Napoleon zu schlagen. Vorläufig kam es aber zu keiner aktiven Kriegsteilnahme der Schweiz. Erst in der Periode der hundert Tage Napoleons, also im Frühling und Sommer 1815, nahmen schweizerische Truppen in begrenztem Umfang am Feldzug der Alliierten teil. Diese hatten am 6. Mai 1815 in einer Note an die Tagsatzung darum gebeten und gleichzeitig versichert, sie wollten die grundsätzliche Neutralität der Schweiz nicht in Frage stellen, aber sie erst verbindlich anerkennen, wenn die napoleonische Gefahr endgültig gebannt sei. Dies solle möglichst rasch geschehen, und die Schweiz könne dazu beitragen. In der Note an die Tagsatzung bezeichneten die alliierten Mächte die Schweiz übrigens ganz selbstverständlich als eine *Nation*, deren Prinzipien sie respektieren wollten: «Elles [les puissances] respectent le système militaire d'une nation qui, exempte d'ambition, n'a des troupes que pour défendre son indépendance et sa tranquillité. Elles connaissent le haut prix que la Suisse attache à la conservation du principe de sa neutralité, et ce n'est pas pour porter atteinte, mais uniquement pour accélérer l'époque où ce principe pourra s'appliquer d'une manière utile et permanente qu'elles engagent la Confédération à prendre une attitude et des mesures d'énergie proportionnées aux circonstances extraordinaires du moment, mais sans conséquence pour l'avenir.»[134]

Den Alliierten ging es weniger darum, aktive Unterstützung durch schweizerische Truppen zu bekommen, als vielmehr um die Zusicherung, alliierte Truppen dürften nötigenfalls schweizerisches Territorium durchqueren, während schweizerische Truppen dafür sorgten, dass keine französischen Truppenteile in die Schweiz eindringen konnten. Nach einigem Hin und Her fand die Tagsatzung, man könne den Alliierten diesen Wunsch nicht abschlagen. Am 18. Juni 1815 zogen 60 000 Österreicher über den Simplon und durch das Wallis nach Genf und Lyon; es war der Tag der Schlacht von Waterloo. Eine Woche später überschritten 75 000 Österreicher den Rhein bei Basel. Die französische Besatzung in der Festung Hüningen beschoss daraufhin die Stadt Basel. Der eidgenössische General Bachmann wollte einen Ausfall über die Schweizer Grenze hinaus machen und die Franzosen bestrafen. Die Tagsatzung ermahnte ihn aber, sich weiterhin strikte defensiv zu verhalten. Da kam die Kunde, Napoleon sei auf der Flucht. Jetzt hielt es eine Mehrheit an der Tagsatzung für gut, am alliierten Kriegsruhm noch ein wenig teilzuhaben, und gab die Erlaubnis zum Überschreiten der Grenzen. Zwei eidgenössische Divisionen drangen zusammen mit den Österreichern in die Freigrafschaft ein, wo das Fort Blamont mit Hilfe von Zürcher Infanterie und Berner Artillerie erobert wurde. Nicht alle eidgenössischen Truppen beteiligten sich an diesem forschen Auftritt; die Appenzeller und die St. Galler hatten sich geweigert, den Doubs zu überschreiten; sie waren nicht bereit, in einen Offensivkrieg einzutreten. Die Meuterei brachte die Armeeführung zur Besinnung; das Kriegsabenteuer wurde abgebrochen.

Den Wünschen der Alliierten war aber Genüge getan, und jetzt konzentrierte sich die Tagsatzung wieder darauf, für die Schweiz den Status der uneingeschränkten Neutralität zu erreichen. Am Wiener Kongress war schon davon die Rede gewesen, die Grossmächte wollten eine «immerwährende Neutralität» der Schweiz anerkennen. Metternich hatte dann einen neuen Begriff eingeführt, nämlich den der «Garantierung» der Neutralität und der Integrität des schweizerischen Territoriums. Die schweizerischen Unterhändler wollten den Begriff der Garantierung nach Möglichkeit vermeiden. Bonaparte hatte ihn seinerzeit in der Mediationsakte verwendet, und man wusste, dass er zur Rechtfertigung ausländischer Intervention herangezogen werden konnte. Genau um diese Interventionsmöglichkeit ging es aber dem Fürsten Metternich. In der Wiener Erklärung vom 20. März 1815 waren die Bedingungen genannt, unter welchen die Neutralität der Schweiz anerkannt werden könne. Der Anerkennungsprozess war dann unterbrochen worden, und erst beim zweiten Friedensschluss in Paris kam die Sache wieder zur Sprache. Der Genfer Diplomat Pictet de Rochemont vertrat dort die Interessen der Schweiz, und er war darauf bedacht, die «Anerkennung» der Mächte zu bekommen und den Gedanken der «Garantie» möglichst an den Rand zu drängen. Es wurde in Paris aber vorerst nur über die territorialen Fragen diskutiert. Immerhin waren die Mächte bereit, demnächst eine Deklaration zur Schweiz zu erlassen, und mit der Formulierung dieser Deklaration wurde der englische Gesandte in der Schweiz, Stratford Canning, beauftragt. Diesem gelang es nicht, innert nützlicher Frist eine allen Mächten passende Formulierung zu finden. Ohne die Verhandlungspartner zu fragen, überliessen der englische und der russische Bevollmächtigte die Aufgabe Pictet de Rochemont. Dieser redigierte die Deklaration mit grossem Geschick, indem er zwar den Begriff der Garantie aufnahm, ihn aber in erster Linie nicht mit der Neutralität, sondern mit der territorialen Integrität koppelte. Der russische Bevollmächtigte Capo d'Istria gab den Entwurf als den seinigen aus, und er fand die Billigung der Mächte. In diesem Text war ausdrücklich festgehalten, die Mächte anerkennten, dass die Neutralität und Unverletzbarkeit der Schweiz sowie ihre Unabhängigkeit von jedem Einfluss «dem wahren Interesse aller europäischen Staaten» entspreche. Es war also der für die Position der Schweiz in Europa geradezu ideale Konsens darüber gefunden worden, dass die den Schweizern so teuren Maximen der Neutralität und der Unabhängigkeit nicht nur das egoistische Interesse der Schweiz, sondern gleichzeitig auch das wohlverstandene Interesse der andern europäischen Staaten ausdrücke.

Am 20. November 1815 unterzeichneten in Paris die Vertreter Österreichs, Frankreichs, Englands, Portugals, Preussens und Russlands die Neutralitätsurkunde. Die später oft erörterte Frage, ob es sich um eine blosse Anerkennung oder auch um eine «Garantierung» der immerwährenden Neutralität der Schweiz gehandelt habe, bezieht sich auf den einen zentralen Satz: «Les Puissances Signataires de la déclaration de Vienne du vingt Mars font, par le présente acte, une reconnaissance formelle et authentique de la neutralité perpétuelle de la Suisse, et Elles lui garantissent l'intégrité et l'inviolabilité de son territoire dans ses nouvelles limites …»[135] Von schweizerischer Seite vertrat man die Auffassung, damit sei die Neutralität der Schweiz anerkannt worden, ohne dass sich die Mächte anmassen dürften, diese Neutralität zu garantieren; die Garantieerklärung beziehe sich nur auf die Integrität und Unversehrtheit des schweizerischen Territoriums. Dem widerspricht aber der Titel der Urkunde, der lautet: «Acte portant reconnaissance et garantie de la neutralité perpétuelle de la Suisse et de l'inviolabilité de son territoire.» In seiner Geschichte der schweizerischen Neutralität bemerkt Bonjour, in mehreren Instruktionen der Tagsatzung aus den Jahren 1814/15 und auch in Schriften von Pictet de Rochemont sei von der Garantierung der Neutralität die Rede. Daraus gehe hervor, dass man sich wohl bewusst war, was die Alliierten, allen voran Metternich, eigentlich wollten, und dass man es unter dem Druck der Umstände akzeptierte. Tatsache ist jedenfalls, dass Metternich wiederholt auf dem Recht der Mächte bestand, genau zu beobachten, ob sich die Schweiz an ihre Neutralitätspflicht halte, und beim Befund, irgendeine Handlung der schweizerischen Tagsatzung sei neutralitätswidrig, sich mit mehr oder weniger Nachdruck einzumischen.

Die Stellung der Schweiz im europäischen Kontext war nicht nur durch die besondere Form der Anerkennung ihrer Neutralität bestimmt, sondern auch durch die territoriale Abgrenzung nach aussen, wie sie in Wien und dann in Paris ausgehandelt worden war. Das Ergebnis entsprach nicht ganz den Erwartungen. Graubünden war darüber enttäuscht, dass es das Veltlin nicht zurückbekam; Genf hatte sein Umland zwar auf Kosten Frankreichs arrondieren können, aber nicht im gewünschten Mass. Was die gegenseitigen Abgrenzungen unter den Kantonen betraf, waren alles in allem akzeptable Lösungen gefunden worden. Allerdings waren einzelne Kantone mit gewissen Teilen der Beschlüsse nicht zufrieden; vor allem die alten Kantone sahen ihre territorialen Forderungen nicht erfüllt. Bern musste definitiv auf Waadt und Aargau verzichten, bekam dafür Biel, das Erguel und Pruntrut, also die jurassischen Gebiete, die es eigentlich nicht wollte und die ihm noch viele Sorgen bereiten sollten.

7. Die Kantone zwischen Restauration und Regeneration

Die restaurierte Schweiz war ein konservativer Staatenbund. Die national-staatliche und liberale Erneuerung oder, wie man hierzulande sagt, die Regeneration ging von einer Reihe von Kantonen aus. Erst nachdem diese 1830/31 die alten Regierungen gestürzt und neue Verfassungen ausgearbeitet hatten, schien die Umwandlung des Staatenbundes in einen nationalen Bundesstaat möglich. Der Kanton, der sich als erster eine liberale Verfassung gab, war der Kanton Tessin. Es ist wohl kein Zufall, dass gerade dieses ehemalige Untertanengebiet eine besondere politische Dynamik entwickelte und dadurch einen wichtigen Beitrag zur gesamtschweizerischen Entwicklung leistete. Auch der Kanton Genf, der als letzter zur Eidgenossenschaft gestossen war, trug viel zur Nationalstaatsbildung bei, einerseits durch die besondere Form des Liberalismus, die sich dort entwickelte, andererseits durch die Leistung so bedeutender Persönlichkeiten wie Pellegrino Rossi oder Henri Dufour. Der Kanton Waadt dagegen, der 1798 Zentrum der revolutionären Bewegung gewesen war, mutierte – zum Teil mit dem gleichen Personal – zu einem eher erneuerungsfeindlichen Staat. Ein noch dauerhafteres und stärkeres Bollwerk gegen gesamtschweizerische Erneuerungsbestrebungen waren die Landsgemeindekantone. Neben den grösseren und mächtigeren Kantonen schienen sie schwach, aber sie fanden ihre politische Stärke darin, dass sie ihre Besonderheiten kultivierten und sich dem Fortschritt verweigerten. Nur in diesem politischen Anderssein meinten sie ihre Identität bewahren zu können. Bern dagegen in seiner behäbigen Selbstsicherheit pflegte seinen partikularistischen Kantonspatriotismus, ohne zu merken, dass dadurch in eigenartiger Dialektik letztlich der gesamtschweizerischen nationalen Erneuerung Vorschub geleistet wurde.

7.1 Kantonaler Partikularismus und Nationalstaatsidee

Die Berner Patrizier stellten ihre kantonspatriotische Haltung stolz zur Schau, denn sie glaubten, ihr Staat sei von Gott gewollt und dürfe sich keinem anders gearteten grösseren Ganzen unterordnen. Ihr Wappentier, der Bär, wurde wie eine Art Totem bei jeder Gelegenheit ausgestellt, und weil sich Mutz, also das bernische Wort für Bär, so schön auf Trutz reimt, dichteten Pfarrherren und andere Sprachliebhaber patriotische Gedichte und Lieder, in denen das Bild vom trutzigen Berner Mutz in allen Variationen vorgeführt wurde.[136] Der Berner Mutz wurde zum Symbol des beharrlichen Festhaltens am Alten. Trotzdem wurde paradoxerweise der reaktionäre Kantonalismus letztlich zum Nährboden für den fortschrittlichen Nationalismus, indem das kantonale Vaterlandsgefühl allmählich und fast unmerklich auf die Gesamtschweiz übertragen wurde.

Die Restauration von 1814/15 stärkte vorerst diejenigen, die einen schweizerischen Nationalstaat als unchristlichen Modernismus verabscheuten. Aber die andern, die einen gesamtschweizerischen Staat mit echter nationalstaatlicher Zentralgewalt wollten, nutzten jede Gelegenheit, den schweizerischen Nationalgeist zu beschwören. Es stand also Kantönligeist gegen Nationalgeist. Die Anhänger der Nationalstaatsidee waren klug genug, den kantonalen Patriotismus nicht einfach zu verdammen, sondern ihn für ihre Zwecke zu nutzen. Sie bauten auf ihm auf, sie konstruierten den neuen schweizerischen Nationalismus von unten nach oben, indem sie kantonale Feste zu gesamtschweizerischen Ereignissen zu machen suchten. Einer, der das meisterlich verstand, war der Berner Philosophieprofessor und Dichter Johann Rudolf Wyss (1781-1830).[137] Im Jahr 1818 organisierte er einen Festumzug zur Erinnerung an die Schlacht bei Laupen. Der in Genf niedergelassene und mit seinen Standesgenossen im Dissens lebende Berner Patrizier und Literat Karl Viktor von Bonstetten (1745–1832) schrieb ihm danach: «Wir Schweizer sollten Griechen werden und schweizerische Spiele nach Art der Griechen einführen. Ihr Zug nach Laupen ist ein Anfang von Olympischen oder Isthmischen Spielen.» Bonstetten ermunterte Wyss, sich weiterhin für die Organisation patriotischer Feste einzusetzen, sich dabei aber auch mit Vertretern anderer Kantone abzusprechen: «Warum sich nicht mit ein paar Kantonen vereinigen, um Eure Feste auf irgendeiner klassischen Stelle zu vereinigen? Da sollten Zelte aufgestellt werden, da könnte man wahre taktische Evolutionen machen und die Kriegslust mit vaterländischen Spielen, Liedern und freien

Herzensergiessungen begeistern. Aber da höre ich schon die Kleinräte von Bedenklichkeiten sprechen, das Lieblingswort des kleinen Staats und der Perückenklugheit.»[138] Bonstetten kritisierte den Partikularismus, den er auch als Ursache der militärischen Schwäche und damit der Abhängigkeit der Eidgenossenschaft vom Ausland sah. «Wir nennen uns Genossen und sogar Eidgenossen und hängen zusammen wie Sandkörner, die nur zufälliger Kitt zum Körper bildet»[139], schrieb er 1823 an Heinrich Zschokke, den Aargauer deutscher Herkunft, der in verschiedenen Funktionen der Helvetik gedient hatte. Zschokke versuchte, durch seine schriftstellerischen Arbeiten die nationale Idee volkstümlich zu machen. 1822 hatte er in Aarau sein Buch mit dem bezeichnenden Titel «Des Schweizerlandes Geschichten für das Schweizervolk» publiziert, ein Werk, das sehr populär werden und noch in vielen Auflagen erscheinen sollte. Bonstetten, der es gelesen hatte, schrieb ihm dazu: «Ein Werk, ganz neu in seiner Art, so ganz Zschokke! Ein Philosoph in Bauerntracht. Die Simplizität der Volkssprache ist da in schöner Harmonie mit dem Glanz einer nie getrübten Klarheit und einer Tiefe der Gedanken, die, wie im hellen Wasser, den Boden und Grund von allem sehen lässt. Endlich sind wir aus dem Buschwerk des Dokumentenlandes heraus in die Gefilde der Grundsätze gelangt. Das Epimythion des grossen Ganzen ist: ‹Seid einig und gerecht, so seid ihr stark und glücklich.› Grundsätze sind der Geist, der alles zusammenhält und aus dem Chaos eine Welt macht.»[140]

Leute wie Bonstetten, Wyss oder Zschokke wussten, dass der schweizerische Nationalstaat nur auf dem Boden einer im breiten Volk verankerten schweizerischen Kultur und eines schweizerischen Geschichtsbewusstseins entstehen konnte und dass beides erst noch geschaffen werden musste. Als geeignetes Vehikel des nationalen Geistes erwiesen sich die historischen Umzüge, die Festspiele, die Älplerfeste, Sängerfeste, Schwingerfeste und Turnerfeste. Eine hervorragende Bedeutung erhielten die eidgenössischen Schützenfeste. Die Schützengesellschaften hatten in der ganzen Schweiz eine lange Tradition, aber eigentliche politische Bedeutung bekamen sie erst, als sie sich an gesamtschweizerischen Anlässen zu messen begannen. 1822 lancierte die Schützengesellschaft von Aarau an dem von ihr organisierten Kantonalschiessen die Idee eines eidgenössischen Schützenfestes, die sofort mit Begeisterung aufgenommen wurde. Die Aarauer beschafften ein Aktienkapital von 10 000 Franken, bestellten einen Ausschuss und luden auf das Jahr 1824 zum ersten eidgenössischen Schützenfest ein. Der Ausschuss bereitete auch Statuten für die Gründung eines schweizerischen

Schützenvereins vor, und in seiner Festrede sagte der Präsident, der Zweck des Vereins sei es, die Herzen der Eidgenossen enger und näher aneinanderzuziehen, den Kleinsinn und die Sprödigkeit des Kantönligeistes im Hochgefühl der schweizerischen Nation untergehen zu lassen. Sogleich traten 571 Schützen dem Verein bei, und bereits im Jahr 1827 wurde in Basel das zweite eidgenössische Schützenfest durchgeführt. Danach gab es jährlich solche Feste: 1828 in Genf, 1829 in Freiburg und 1830 in Bern. Das letztere wurde noch unter der Ägide der Patrizierherrschaft durchgeführt, aber der liberale Umsturz zeichnete sich schon ab. Die Regierung hatte nämlich bestimmt, es dürften am Fest keine Trinksprüche ausgebracht, keine Lieder gesungen werden, ohne die Bewilligung des Festkomitees. Angesichts der freisinnigen Volksstimmung, die gerade an den Schützenfesten lautstark zum Ausdruck kam, musste diese Vorschrift zurückgezogen werden.

An die eidgenössischen Schützenfeste reisten die kantonalen Schützenvereine jeweils mit ihren Kantonsfahnen. Diese wurden auf dem Festplatz zu einer Fahnenburg zusammengestellt, über der die Schweizerfahne flatterte. Darin drückt sich symbolisch das Zusammenwachsen der Kantone zur Nation Schweiz aus. Die Schützenfeste wurden zu politischen Manifestationen, an denen das nationale Programm immer wieder neu formuliert wurde. Ein wichtiger Punkt war dabei die Loslösung Neuenburgs von der preussischen Krone und die volle Integration dieses Bundesglieds in den zu schaffenden schweizerischen Nationalstaat. Nach dem verunglückten Putsch der Neuenburger Liberalen im Jahr 1831 nahmen die eidgenössischen Schützen die entwaffneten Putschisten unter ihre Obhut. Am Schützenfest von 1832 in Luzern wurde die Abordnung von La Chaux-de-Fonds mit Kanonenschüssen empfangen, und am Lausanner Schützenfest von 1836 erklärte Henri Druey, alle Teile des helvetischen Bodens müssten von Fremdherrschaft befreit werden. – Die ganze Reihe der Schützenfestreden ist eine hervorragende historische Quelle, aus der sich die populäre Version der nationalen Idee in ihrer Entwicklung bis 1848 ablesen lässt.

7.2 Franscini und die Tessiner Riforma

Wäre die Sprache das Hauptkriterium der nationalen Zugehörigkeit gewesen, so hätten sich die Tessinnerinnen und Tessiner zu Italien zählen müssen. Aus ihrer geschichtlichen Tradition heraus hatten sie aber für die Zugehörigkeit zur Schweiz votiert. Deshalb hatten sie die Besetzung ihrer

Täler durch Mailänder Truppen im Jahr 1810 als Beginn einer Fremd-herrschaft empfunden. Sie hatten sich Hausdurchsuchungen und häufige Personenkontrollen gefallen lassen müssen. Erst das Ende der napoleo-nischen Ära brachte die Befreiung. Die Freude darüber war so gross, dass die Tessiner Regierung fürchtete, die Bevölkerung werde überborden. Da ihr keine eigenen Ordnungstruppen zur Verfügung standen, verlangte sie eidgenössische Detachemente. Besorgt war sie auch deswegen, weil die Reaktionäre in den alten Orten die Wiederherstellung der alten Vogteien forderten. Uri beanspruchte ganz entschieden die Leventina, und ein Teil der dortigen Bevölkerung war damit einverstanden. Die Tessiner Regie-rung aber setzte alles daran, den Kanton in seinem bisherigen Umfang zu bewahren. Durch die Erklärung des Wiener Kongresses vom 20. März 1815 wurde die Frage schliesslich in ihrem Sinn entschieden.

Nachdem die eidgenössische Tagsatzung im Dezember 1813 gemäss dem Wunsch der alliierten Mächte die Mediationsakte ausser Kraft gesetzt hatte, musste sich auch das Tessin eine neue Verfassung geben. Schon am 4. März 1814 nahm der Grosse Rat einen Entwurf an, der stark der Mediationsverfassung glich, in mancher Beziehung aber noch liberaler und demokratischer war und streng auf Gewaltenteilung achtete. Als dies bei der Tagsatzung in Zürich bekannt wurde, erhoben die dort anwesenden Vertreter der alliierten Mächte sogleich Einspruch, und der ängstliche schweizerische Landammann Reinhard verzögerte die eidgenössische Gewährleistung. Die Tessiner Regierung legte weitere Verfassungsentwürfe vor, während eine radikale Volksbewegung gegen die Einflussnahme von aussen protestierte und eine wahrhafte Demokratie forderte. Im September kam es zu bedroh-lichen Volksaufläufen, worauf die Tagsatzung Truppen in die südlichen Täler schickte. Gleichzeitig erschien der eidgenössische Zivilkommissär Vinzenz von Salis-Sils, der weitere Abstriche vom ersten Verfassungsentwurf ver-langte. Der Tessiner Grosse Rat war dazu nicht bereit. Da schrieben Paul Usteri und Hans Georg Stehlin im Auftrag der Tagsatzung die Tessiner Ver-fassung in der Weise um, dass sie nicht allzu reaktionär war, aber doch dem herrschenden Zeitgeist nicht geradezu widersprach. Der Grosse Rat sah schliesslich keine andere Möglichkeit, als diese Verfassung zu akzeptieren; das geschah am 17. Dezember 1814. Die eidgenössische Intervention wurde durch ein hartes Strafgericht gegen die liberal-demokratischen Aufständi-schen beendet. Im Januar und Februar 1815 konstituierte sich der neue Grosse Rat. Es waren wieder verfassungsmässige Zustände hergestellt, aber die eidgenössische Intervention hinterliess im Tessin bittere Gefühle.

Wenn wir uns fragen, weshalb in der Schweiz nach 1815 der Partikularismus oder «Kantönligeist» stärker war als das gesamtschweizerische Nationalgefühl, dann müssen wir uns Vorgänge wie die im Tessin vor Augen halten. Die Intervention der Tagsatzung, die Entsendung von Truppen, die faktische Oktroyierung einer Verfassung, die von einem Zürcher und einem Basler redigiert worden war, alle diese Vorgänge sind auf unterer Ebene eine Wiederholung dessen, was sich die Franzosen 1798 gegenüber der Schweiz erlaubt hatten. Damit will ich nicht sagen, die Tagsatzung hätte sich nicht um die Turbulenzen im Kanton Tessin kümmern sollen; es geht mir um die Art und Weise der Intervention. Es gibt eine Analogie zwischen der französischen Intervention in der Schweiz und der eidgenössischen Intervention im Tessin, und in beiden Fällen sind ganz unterschiedliche Bewertungen möglich. Die in den Geschichtsbüchern im allgemeinen rein negativ bewertete Intervention der Franzosen in der Schweiz kann auch als vernünftige politische Entwicklungshilfe verstanden werden. Was meistens als ein Akt brutaler Gewalt geschildert wird, war eben auch eine Förderung der nationalstaatlichen Entwicklung, welche aus der Sicht der politischen Modernisierer der Schweiz aufgedrängt werden *musste*. Das entschuldigt keineswegs die Verfehlungen der französischen Armee in der Schweiz, und man kann keinesfalls sagen, bei der Intervention der Franzosen habe es sich um einen reinen Akt der politischen Vernunft gehandelt; es war auch ein Akt der Herrschaftssucht und der Begierde. Das trifft aber ebenso auf die Intervention der Tagsatzung im Tessin zu. Diese Intervention war angesichts der allgemeinen politischen Lage in Europa vernünftig, aber trotzdem ist nicht zu übersehen, dass in den Köpfen mancher Staatsmänner der dreizehn alten Orte die Vorstellung mitspielte, beim Tessin handle es sich um ehemaliges Untertanengebiet, dem man zeigen müsse, wo die wahre Macht sitze, nämlich in den deutschschweizerischen Kantonen. Hätte sich die Tagsatzung diesen Umstand bewusst gemacht, wäre sie in der Tessiner Verfassungsfrage vielleicht mit mehr Fingerspitzengefühl vorgegangen.

Die Verfassung vom 17. Dezember 1814 begründete das sogenannte Landammänner-Regiment. Es hiess so, weil an der Spitze des Staatsrates und des Grossen Rates je ein Landammann stand; der erste führte den Titel *landammanno regente*. Der Grosse Rat zählte 76 Mitglieder, wovon die Hälfte in den 38 Kreisversammlungen direkt gewählt wurde; für die andere Hälfte galt ein kompliziertes indirektes Wahlverfahren. Der Exekutivausschuss des Grossen Rates, der Staatsrat, bestand aus 11 Mitgliedern.

Um keine der drei vormaligen Landesteile vor den Kopf zu stossen, tagte die Regierung abwechslungsweise in Bellinzona, Locarno und Lugano; ebenso wechselte der Sitz des Kantonsgerichts. Vom aktiven und passiven Wahlrecht waren Leute ohne Vermögen ausgeschlossen. Jede Gemeinde hatte 3 bis 11 Munizipalräte; sie mussten ein minimales Vermögen von 300 Franken vorweisen können. Zur Wahl in die höheren Richterämter war sogar ein Vermögen von mindestens 3000 Franken Voraussetzung. Nur so, glaubte man, sei die Korruption in Schranken zu halten. Dem Landammänner-Regiment gelang es, funktionierende Verwaltungsstrukturen aufzubauen, Ruhe und Ordnung im Kantone zu bewahren und damit gute Voraussetzungen für die Entwicklung der Wirtschaft zu schaffen. Vor allem der Bau neuer Brücken und Strassen wurde von der Bevölkerung als Fortschritt empfunden. Trotzdem galt das Regime als allzu konservativ, und die 1814 gedemütigten Demokraten oder Liberalen machten sich zunehmend als politische Opposition bemerkbar. Unter ihnen profilierte sich in den Jahren nach 1824 der spätere Bundesrat Franscini; er vermochte der liberalen Bewegung eine überraschende Dynamik zu geben.

Stefano Franscini (1796–1857) war der Sohn eines Kleinbauern in Bodio in der unteren Leventina. Er wuchs in ärmlichen Verhältnissen auf, wurde aber vom Pfarrer gefördert und erhielt 1808 einen Gratisplatz am Seminar Pollegio. 1815 ging er an das Priesterseminar in Mailand. 1819 nahm er Abschied von der Theologie, blieb aber vorerst in Mailand, pflegte den Kontakt zu liberalen Kreisen und widmete sich in den Bibliotheken dem freien Studium der Geschichte, der Rechte, der Staatsökonomie und der Statistik. 1823 kehrte er nach Bodio zurück, wo er sein Leben als Lehrer und Verfasser von Unterrichtstexten verdiente. 1826 liess er sich in Lugano nieder und leitete eine Schule, in der sich die Schüler nach der damals modernen Bell-Lancaster-Methode gegenseitig unterrichteten.[141] Seine Ehefrau Teresa Massari widmete sich indessen der Mädchenbildung. Er arbeitete weiterhin an statistischen Studien und veröffentlichte 1827 seine 500seitige «Statistica della Svizzera», ein Grundlagenwerk, das auch ins Deutsche übersetzt wurde. 1828 erschien seine Schrift «Della pubblica istruzione nel Cantone Ticino», in dem er die Versäumnisse der Regierung im Bildungsbereich anprangerte. Er ging grundsätzlich von freiheitlichen und egalitären Vorstellungen aus, wobei er die Freiheit und die Gleichheit der Menschen nicht nur als *rechtlich-politisches*, sondern auch als *wirtschaftlich-soziales* Problem verstand. Insofern fand er sich in Übereinstimmung mit der Gemeinnützigen Gesellschaft des Kantons Tessin, die im

Jahr 1829 in der Absicht gegründet wurde, wirtschaftliche und soziale Verbesserungen herbeizuführen, die sich aber sogleich auch in die Politik einmischte.[142] Soziale und wirtschaftliche Verbesserungen waren im Tessin dringend nötig. Sie schienen aber nur möglich, wenn eine politische Reform vorausging; es brauchte eine neue Verfassung.

Verfassungsfragen waren eigentlich ein Tabu; an den 1814/15 geschaffenen Verhältnissen durfte nicht gerüttelt werden. Das galt für das Tessin wie für alle Länder im Einflussbereich der Heiligen Allianz. Trotzdem kam es hier zu einer Verfassungsbewegung. Den Anstoss gab der frühere Landammann Maggi. Er wollte seinen Rivalen, den regierenden Landammann Quadri, durch eine Verfassungsänderung in die Enge treiben. Quadri war das beinahe allmächtige Oberhaupt der Tessiner Regierung, ein Mann der Restauration, der sich im Einklang mit dem österreichischen Staatskanzler Metternich wusste; die Mehrheit im Grossen Rat war ihm treu ergeben. Maggi meinte nun, durch die Erhöhung der Zahl der Abgeordneten könnten die Anhänger Quadris im Grossen Rat in die Minderheit versetzt werden. Er stellte den Antrag, durch eine Verfassungsänderung die Zahl der Grossräte von 76 auf 118 zu erhöhen. Am 23. Juni 1829 lehnte der Grosse Rat den Antrag ab. Da weitete Franscini die Verfassungsfrage aus, brachte grundsätzlichere Fragen ins Spiel. In Zürich liess er anonym die Schrift «Della riforma della Costituzione ticinese» drucken, in der er die Grundsätze einer liberalen Verfassung, besonders die Gewaltenteilung, darlegte und das Landammänner-Regiment verurteilte. Jetzt kam eine Bewegung für eine Verfassungsreform in Gang, die sich nach dem Titel von Franscinis Schrift *Riforma* nannte. Noch war es keine eigentliche Volksbewegung, sondern war beschränkt auf die Exponenten der tessinischen Politik. Gegen das Landammänner-Regiment wurden nun aber Vorwürfe erhoben, die die Öffentlichkeit interessierten. Im Zusammenhang mit dem staatlichen Strassenbau hatten sich nämlich die politischen Zielsetzungen mit privaten wirtschaftlichen Interessen vermischt, wobei sich einzelne Leute unrechtmässig bereichert hatten. Zuerst wurden nur kleinere Verfehlungen bekannt, aber mit der Zeit zeigte sich das ganze Ausmass der Korruption. Jetzt geriet das Volk in Aufregung, und im Frühjahr 1830 kam es zu Demonstrationen und Aufläufen. Überall wurde die Forderung nach Verfassungsrevision laut. Im Juni schloss sich der Grosse Rat mehrheitlich der Revisionsforderung an und schlug die direkte Wahl aller Abgeordneten in den Kreisversammlungen vor.

Am 23. Juni 1830, genau ein Jahr nach der Ablehnung des Antrags Maggi, nahm der Grosse Rat die Vorlage für eine Totalrevision der Verfassung an; sie enthielt vier hauptsächliche Neuerungen: Erstens wurde die Direktwahl für alle Abgeordneten eingeführt; neu durfte jeder der 38 Kreise 3 Abgeordnete wählen, so dass sich die Zahl der Grossräte von 76 auf 114 erhöhte; der bisherige Zensus sollte allerdings beibehalten werden. Zweitens wurde die Unvereinbarkeit der Ämter eines Grossrats, eines Staatsrats und eines Richters festgehalten; damit war dem Prinzip der Gewaltenteilung Genüge getan. Drittens wurde die Exekutive auf 9 Mitglieder reduziert, und die Amtszeiten wurden verkürzt. Viertens wurden neben der schon in der Verfassung von 1814 garantierten Handels- und Gewerbefreiheit neu auch die Unverletzbarkeit des Domizils, die Pressefreiheit und das Petitionsrecht garantiert. Das waren die sichtbaren und spürbaren Änderungen, und sie alle ruhten auf dem einen wichtigen Grundsatz, der sich bald auch in andern Schweizer Kantonen durchsetzen sollte, nämlich dem Grundsatz der Volkssouveränität. Er war im Artikel 2 der neuen Verfassung folgendermassen formuliert: «La Sovranità del Cantone risiede essenzialmente nell' università dei cittadini. Essa viene esercitata dai loro Rappresentanti, eletti secondo le forme costituzionali.»[143] Am 4. Juli 1830 stimmte das Volk über die neue Verfassung ab. 37 Kreisversammlungen stimmten zu; einzig der Kreis Magliasina, in dem Quadri zu Hause war, lehnte ab. Die Begeisterung im Kanton war gross; die erste tiefgreifende Verfassungsrevision der Schweiz seit der Restauration war geglückt.[144]

Im Hinblick auf die Entstehung des schweizerischen Nationalstaates mag die Verfassungsrevision im Tessin als unbedeutend erscheinen; sie kann sogar als Ausdruck des Tessiner Partikularismus interpretiert werden, denn sie erfolgte ohne Absprache mit andern Kantonen oder mit der Tagsatzung. Trotzdem war sie ein Schritt in Richtung Nationalstaat, weil sie die liberalen Prinzipien aufnahm, ohne die der Nationalstaat nicht leben konnte. Die Riforma zupfte sogar respektlos an einem kleinen Zipfel des Metternichschen Systems: Die Tessiner hatten Metternichs getreuen Gefolgsmann Quadri gestürzt und ohne Erlaubnis der Grossmächte sich ihre eigene Verfassung gegeben. Das Beispiel sollte Nachahmung finden.

7.3 Kontinuität in der Waadtländer Politik

Für den Kanton Waadt bedeuteten das Ende des napoleonischen Systems in Europa und die Restauration eine Bedrohung der eben erst errungenen Eigenstaatlichkeit, denn Bern erhob Anspruch auf sein ehemaliges Untertanengebiet. Die Waadtländer waren aber entschlossen, ihre Unabhängigkeit zu verteidigen. Auch die Lausanner Aristokraten, die, dem restaurativen Zeitgeist folgend, ihre alten Privilegien zurückforderten, distanzierten sich von Bern und bekannten sich zur Unabhängigkeit der Waadt. So demonstrierten sie ihren Patriotismus. Ihre Forderungen wurden nicht erfüllt, aber sie behielt eine geachtete Stellung im Staat. Die antibernische Haltung war der gemeinsame Nenner zwischen den Altgesinnten und den Modernisten, und die Distanz zu Bern sollte eine Konstante in der Waadtländer Politik bleiben. Weil Bern aber die gesamtschweizerische Politik stark prägte, mit Zürich und Luzern zusammen eidgenössischer Vorort war und später alleinige Bundeshauptstadt wurde, war die Distanz zu Bern zugleich eine Distanz zur übrigen Schweiz. Im gesamtschweizerischen Zusammenhang war und blieb die Waadt ein ausgesprochen antizentralistisch denkender und handelnder Kanton.

Eigentlich hätte es im Kanton Waadt bei der bisherigen Ordnung bleiben können, aber da die Tagsatzung nach dem Willen der Alliierten die Mediationsakte ausser Kraft gesetzt hatte, musste, wie in allen andern Kantonen, eine neue Verfassung geschaffen werden. Der Kleine Rat ernannte dazu am 15. Februar 1814 eine Kommission, deren Entwurf am 5. März vom Grossen Rat genehmigt wurde und der die besonderen Forderungen der aristokratischen Grundbesitzer nicht berücksichtigte. Die Tagsatzung und die ausländischen Gesandten bei der Tagsatzung wünschten diesbezügliche Korrekturen. Die Waadtländer Regierung, die keinen Konflikt mit der Tagsatzung provozieren wollte, gab nach und legte dem Grossen Rat einen leicht abgeänderten zweiten Verfassungsentwurf vor, der am 4. August 1814 angenommen wurde. Die Sache ging also hier ruhiger über die Bühne als im Tessin.

Was für das Waadtland gilt, gilt auch für die andern neuen Kantone, also für alle jene, die in der alten Eidgenossenschaft noch Untertanengebiete gewesen waren: Ihre Restaurationsverfassungen waren demokratischer und liberaler als diejenigen der alten Kantone. Der Grund liegt darin, dass diese neuen Kantone nicht auf die Zustände im Ancien Régime zurückgreifen und den ehemals regierenden Familien wieder die ganze

Macht übergeben konnten, weil sie ja vormals gar kein einheimisches Regime gekannt hatten. Zwar waren auch in ihren Verfassungen auf Druck der eidgenössischen Tagsatzung beziehungsweise der Gesandten der auswärtigen Mächte einige Veränderungen vorgenommen worden, aber zwischen der Restaurations- und den Mediationsverfassung bestand eigentlich nur der Unterschied, dass jetzt die aristokratischen Grundbesitzer und Notabeln noch etwas stärker bevorzugt waren.

Ein äusserliches Kennzeichen aller Restaurationsverfassungen war, dass an der Spitze der Exekutive, also des Kleinen Rates, jeweils ein regierender Landammann stand. Das war auch in der Waadt so, und hier wechselten sich Auguste Pidou, Jules Muret und Henri Monod in diesem Amt ab. Die drei hatten schon in der Helvetik bedeutende politische Ämter innegehabt, hatten dann während der Mediationszeit eine Art Triumvirat gebildet und vermochten ihre Macht in die Restaurationszeit hinüberzuretten. Es zeigt sich hier eine interessante personelle Kontinuität von der Helvetik bis in die 1820er Jahre. Obwohl die Zeitumstände radikal geändert hatten, installierten Pidou, Muret und Monod nach 1815 wieder ihr Machtkartell. Ihre alten revolutionären Grundsätze traten hinter ihren Kenntnissen der Machtmechanismen zurück. Sie waren Garanten für die Aufrechterhaltung eines starken Staates, und in dieser Funktion wurden sie gewählt. Pidou starb 1821, aber Muret und Monod blieben noch bis 1830 die unbestrittenen politischen Führungspersönlichkeiten in der Waadt. Umsichtig leiteten sie die Geschicke des Kantons, immer darauf bedacht, die Staatsautorität nicht in Frage stellen zu lassen. Sie gingen davon aus, der Staat sei in sich ausbalanciert und brauche keine kontrollierende Gegenmacht. Weil aber die Gewaltenteilung innerhalb der staatlichen Institutionen nicht streng durchgeführt war, hätte es einer aussenstehenden Gegenmacht oder einer übergeordneten moralischen Instanz um so dringender bedurft. Für viele hätte die Kirche eine solche Instanz sein können. Diese war aber eng an den Staat gebunden, war eine eigentliche Staatskirche. Dies sollte zu einem zentralen Kritikpunkt der liberalen Oppositionsbewegung werden. Der Anstoss kam von Genf. Dort war die streng calvinistische Tradition schon seit 1810 durch eine pietistische Strömung in Frage gestellt worden. 1813 war dann die baltische Herrnhuterin Juliane von Krüdener im Gefolge der alliierten Heere nach Genf gekommen und hatte unter dem Namen *Réveil* eine aktive pietistische Erweckungsbewegung gegründet, die bald auf die Waadt übergriff. Abseits der offiziellen Gottesdienste trafen sich die frommen und oft etwas schwärmerischen Gefolgsleute des Réveil im privaten

Kreis. Die orthodoxe Staatskirche verurteilte sie. Auf Antrag des Staatsrates erliess der Grosse Rat ein Gesetz, das religiöse Privatversammlungen ausserhalb der kirchlichen Gottesdienste untersagte. So versuchte das Regime, das Aufblühen von Freikirchen zu verhindern, weil es befürchtete, die für den Zusammenhalt des Staates notwendige allgemeinverbindliche Moral werde sonst untergraben. Der Theologe und Literat Alexandre Vinet – ich werde auf ihn später ausführlich eingehen – protestierte mit Berufung auf die persönliche Gewissensfreiheit energisch gegen dieses Gesetz und machte sich zum Vorkämpfer eines ethisch begründeten Liberalismus. Mit ihm zusammen kämpfte der Geschichtsprofessor Charles Monnard, der ebenfalls aus der Verteidigung der Erweckungsbewegung heraus seine liberalen Thesen entwickelte. Die beiden alten Kämpen Muret und Monod vermochten den neuen Ideen nichts abzugewinnen; sie machten dem Liberalismus keine Konzessionen. Als die Oppositionsbewegung 1830 erstarkte, mussten sie zurücktreten; grollend zogen sie sich ins Privatleben zurück. Monnard wurde zum neuen starken Mann in der Waadtländer Politik, bis er seinerseits den Radikalen um Henri Druey Platz machen musste.

7.4 Die Republik Genf und die Eidgenossenschaft

Als im Dezember 1813 der österreichische General Bubna mit einer Vorhut der alliierten Truppen in die Westschweiz einmarschierte, war Genf formal noch ein Teil Frankreichs.[145] In der Stadt bildete sich eine provisorische Regierung von Machtträgern aus der Zeit der alten Aristokratie, und diese Leute befürworteten eine Trennung von Frankreich und den Anschluss an die Schweiz. Zu Beginn des Jahres 1814 sandten sie eine Dreierabordnung nach Basel ins Hauptquartier der Alliierten, um für die Wiederherstellung der Republik Genf und deren Anschluss an die schweizerische Eidgenossenschaft zu werben. Der bedeutendste der drei Genfer Abgeordneten war Charles Pictet de Rochemont (1755–1824). Er war Major in französischen Diensten gewesen, hatte dann in seiner Heimatstadt Genf verschiedene Ämter übernommen, bevor er sich in der Revolutionszeit aus der Politik hatte zurückziehen müssen. 1796 hatte er zusammen mit seinem Bruder Marc-Auguste Pictet, einem bedeutenden Naturwissenschaftler, die «Bibliothèque Britannique» gegründet, eine Zeitschrift, die wichtige Erkenntnisse auf den Gebieten der Naturwissenschaft, der

Politik und der Literatur in ganz Europa verbreitete. 1799 hatte er das Gut Lancy bei Genf gekauft, um es zu einem Musterbetrieb auszubauen. Durch seine wissenschaftlichen Publikationen zu Landwirtschaftsfragen und durch seine Mitarbeit an der «Bibliothèque Britannique» wurde er berühmt. Er war befreundet mit dem in Genf niedergelassenen Berner Literaten Karl Viktor von Bonstetten. Dieser war spürbar stolz und erfreut, als er am 28. Januar 1814 seiner dänischen Freundin Friederike Brun schrieb: «Unser Pictet ist nun einer der bedeutendsten Männer in Europa. Er ist als genfischer Gesandter mit vielen andern Magistraten zu den Kaisern nach Basel gegangen. Er ist als Secrétaire de l'administration des pays conquis angestellt. Was die pays conquis sind, weiss Gott! Mehr als halb Europa! Mit einem Wort, er ist in der Mitte dieser grossen weltumgiessenden Maschine. Man wollte ihm tausend Taler Gehalt monatlich geben; er aber will nichts und bleibt mitten unter Monarchen frei!»[146]

Im April 1814 reiste Pictet nach Paris, um die Interessen Genfs an den dortigen Friedensverhandlungen zu wahren. Die kleine Republik erhielt von den alliierten Mächten die offizielle Anerkennung und die Zusage, ihre Absicht, dem Bund der Eidgenossen beizutreten, werde von ihrer Seite begrüsst und unterstützt. Von einer Gebietsvergrösserung und einem direkten Anschluss Genfs an das eidgenössische Territorium war noch nicht die Rede; es wurde vorläufig nur festgehalten, die Strasse über Versoix nach dem waadtländischen Nyon sei als gemeinsames Eigentum Genfs und Frankreichs zu betrachten. So stand es in den Bestimmungen des ersten Pariser Friedens vom 30. Mai 1814. Die Tagsatzung aber bestätigte die Zuwendung Genfs zur Eidgenossenschaft, indem sie Truppen nach Genf schickte. «Genf ist trunken vor Freude», schrieb Bonstetten am 3. Juni 1814. «Den ersten Juni zog eine kleine Schweizergarnison (aus Freiburg) ein als Vorbote der Vermählung mit der Schweiz. Unmöglich die Trunkenheit und Freude aller Genfer zu beschreiben. Alle, alle waren unter den Waffen, vom Triumphbogen von Coligny, wo die Schweizer ausstiegen, bis vor dem Rathause. Kein Mensch blieb zu Hause, alle Kinder zogen aus. Ich war zu Tränen gerührt, diese schönen Kinder von fünf bis sechs und zwölf Jahren zu sehen: ein Regiment mit Bogen, Köchern, Pfeilen, Turbanen. Es waren die ganz kleinen, schön wie Amorinnen, ein Regiment Lanzenträger, eins Grenadiere, drei kleine Dinger auf kleinen Pferden und mit grossen Säbeln als Generäle. Alle übrigen Kinder, Schwestern, Mütter waren dabei, alles geputzt, Freude, Hoffnung auf allen Gesichtern. Geläute aller Glocken, Donner aller Kanonen. Man sagt, Genf werde Kanton: der allerhöchste Wunsch unserer lieben Genfer ...»[147] Bonstetten war zwar ein Aristokrat, befreundet mit Pictet de Rochemont und mit andern Genfer Aristokraten, aber von seiner politischen Haltung her stand er der sich formierenden liberalen Genfer Opposition nahe. Er darf als unverdächtiger Zeuge gelten, wenn er die Begeisterung der Genferinnen und Genfer für den Anschluss an die Schweiz beschreibt. Das republikanische und calvinistische Bewusstsein war in Genf auch in den 15 Jahren französischer Herrschaft nicht ganz erloschen, obwohl der calvinistische Geist von eifrigen französischen Katholiken immer wieder angegriffen worden und vor allem die Akademie verschiedenen Rekatholisierungsversuchen ausgesetzt gewesen war. Zweifellos war die Stadtrepublik im Rahmen des Schweizer Bundes besser aufgehoben als im Rahmen der französischen Monarchie; von daher ist die Option Genfs leicht verständlich. Am 12. September 1814 erklärte die eidgenössische Tagsatzung Genf nach dem Wallis und nach Neuenburg zum 22. Kanton der Eidgenossenschaft.

Das Problem der Grenzziehung zwischen Frankreich, Genf und der übrigen Schweiz war noch nicht gelöst. Das Genfer Umland sollte auch nach dem Willen der Alliierten so vergrössert werden, dass eine direkte Verbindung zum schweizerischen Territorium entstehen würde. Im Oktober 1814 reiste Pictet an den Wiener Kongress, um den Anspruch Genfs auf das Pays de Gex zu vertreten. Beim zweiten Pariser Frieden im November 1815 war er wieder Vertreter Genfs und dazu offizieller Vertreter der Schweiz. Sein Verhandlungsziel war, das ganze Pays de Gex für Genf und die Schweiz zu gewinnen. Die Grossmächte wollten das restaurierte bourbonische Frankreich nicht demütigen und beschlossen, dieses habe nur sechs Gemeinden an den Kanton Genf abzutreten. Immerhin entstand dadurch ein zwei Kilometer breiter Streifen längs des Sees, wodurch Genf eine Landverbindung zur Waadt bekam. Der Friedensschluss bestimmte auch, dass das Pays de Gex insgesamt in die Genfer Zollfreizone eingeschlossen sei und ganz Nordsavoyen als neutral gelte. So schien das geographisch so exponierte Genf militärisch und wirtschaftlich einigermassen abgesichert.

7.4.1 Verfassungsentwicklung

Die innere Verfassung Genfs, die in der Revolutionszeit gleiche politische Rechte für alle statuiert hatte, war 1814 den Grundsätzen der Restaurationszeit angepasst worden. Die neue Kantonsverfassung schuf als oberstes Organ der Republik einen Repräsentativrat (Conseil représentatif) von

278 Mitgliedern. 28 Mitglieder des Rates bildeten den Exekutivausschuss, den Staatsrat. An der Spitze standen die vier Bürgermeister (Syndics); sie bildeten die engere Exekutive. Es gab keine streng durchgeführte Gewaltenteilung; auch die richterliche Gewalt war nicht konsequent von den politischen Gewalten getrennt. Das Wahlrecht war an Besitz und Vermögen gebunden. Dadurch rückte die alte Aristokratie, soweit sie noch über Geld- und Grundbesitz verfügte, wieder in eine beherrschende Stellung. Es gab keine *direkte* Vertretung der Bürgerschaft mehr, wie es der alte Conseil général zumindest der Idee nach gewesen war, sondern man hatte den gewählten Conseil représentatif geschaffen, welcher die grösser gewordene Bevölkerung des Kantons Genf *repräsentieren* und ihre politischen Anliegen *indirekt* vertreten sollte. Das war ein grundsätzlicher Entscheid gegen die alte Idee der Polis und für die moderne Form der repräsentativen Demokratie – sozusagen ein Entscheid für Montesquieu und gegen Rousseau. Denn Montesquieu hatte am Beispiel des englischen Parlaments das Repräsentativsystem als vorbildlich beschrieben,[148] während Rousseau das gleiche System grundsätzlich kritisiert hatte.[149] Die Stellungnahme für Montesquieu und gegen Rousseau war nicht oder jedenfalls nicht nur eine reaktionäre Wendung gegen die Französische Revolution, sondern auch die Ankündigung einer fortschrittlichen Wendung zum Liberalismus.

Die Genfer Verfassung von 1814 war im Vergleich mit den Verfassungen der restaurierten eidgenössischen Stadtkantone tatsächlich schon recht liberal. Sie garantierte die Rechtsgleichheit, die Kultusfreiheit, auch für die katholische Minderheit, und sogar die Pressefreiheit. Allerdings war die Rechtsgleichheit auch hier durch das Zensuswahlrecht stark relativiert, die Kultusfreiheit war insofern in Frage gestellt, als sich der Staatsrat die Bestätigung der Pfarrereinsetzungen vorbehielt, und die Pressefreiheit wurde vom Repräsentativen Rat schon bald eingeschränkt. Die Genfer Verfassung war eine Mischung aus liberalen und konservativen Elementen; sie war eine Grundlage, von der aus liberale Reformen möglich waren. Das ist der Grund dafür, dass sich die Liberalen in Genf, anders als in den übrigen schweizerischen Städtekantonen, nicht veranlasst sahen, auf Umsturz hinzuarbeiten, sondern sich auf konkrete Reformmassnahmen konzentrierten. Wichtig für den Stellenwert der Genfer Verfassung war, dass sie einer Volksabstimmung unterworfen wurde, was bei allen andern restaurierten Stadtkantonsverfassungen nicht der Fall war.

Dominierende Figur in der neuen Republik Genf war der erste Syndic Joseph Des Arts (1743–1827), ein ehemaliger Exponent der aristokratischen

Partei, der 1794 vom Revolutionsgericht in Abwesenheit zum Tod verurteilt worden war. Er hatte sich rechtzeitig in die Waadt abgesetzt, war später nach Polen und Braunschweig ins Exil gegangen. 1813 war er mit den kaiserlichen Heeren zurückgekehrt und sogleich zum Mitglied der provisorischen Regierung Genfs ernannt worden. Er hatte sich für die Verfassung von 1814 und für den Beitritt Genfs zum eidgenössischen Bund eingesetzt. 1825 wurde er von Jean-Jacques Rigaud (1786–1854) abgelöst. Unter Rigaud begann eine Zeit der liberalen Evolution. Verschiedene Gesetze wurden so geändert, dass nach und nach eine Direktwahl des Repräsentativen Rats, die Trennung zwischen richterlicher und exekutiver Gewalt und die Absetzbarkeit der Staatsräte realisiert wurden. Dieser evolutionäre Prozess war möglich, weil die Verfassung von 1814 offener und weniger reaktionär war, als die Liberalen vorerst behauptet hatten, aber auch deshalb, weil die Liberalen umsichtig und mit viel Sachkenntnis vorgingen. Entscheidend war, dass Genf von 1798 bis 1813 unter französischer Gesetzgebung gelebt und auch danach die Errungenschaften des französischen Zivilgesetzbuches von 1804, des sogenannten Code Napoléon, nicht rückgängig gemacht hatte. Die zivilrechtliche Ordnung in Genf war so modern, dass sich das Bürgertum wirtschaftlich entfalten konnte, und solange es sich in seinen kommerziellen Interessen nicht wesentlich behindert sah, strebte es gar nicht nach grösserer politischer Macht. Deshalb blieb die Genfer Restaurationsverfassung von 1814, mit gewissen Modifikationen, bis 1842 in Kraft, während in den meisten von der Wirtschafts- und Sozialstruktur her vergleichbaren Kantonen um 1830 herum die Verfassungen grundsätzlich umgearbeitet wurden.

7.4.2 Der Genfer Liberalismus

Noch ein Wort zu den Besonderheiten des Genfer Liberalismus. Natürlich kannte man in Genf die Schriften des geborenen Waadtländers Benjamin Constant, der in Paris zum Begründer der liberalen Schule geworden war. Direkter noch machte sich in der Rhonestadt der Einfluss des englischen Philosophen Jeremy Bentham (1748–1832) bemerkbar. Dieser Rechtsgelehrte, Sohn eines reichen Londoner Juristen, befasste sich mit Fragen der Gesetzgebung, die er philosophisch auszuweiten wusste. Er machte den Satz vom «grössten Glück der grössten Zahl» zu seiner Leitlinie und hielt ein egoistisches Streben nach persönlicher Befriedigung für ebenso legitim wie den selbstlosen Einsatz für das öffentliche Wohl. Wie Constant war er beeinflusst von Helvétius, sah im Streben nach Glück oder Genuss die eigentliche Triebkraft menschlichen Handelns. Der Nutzen einer Handlung besteht seiner Meinung nach aus dem Genuss, der daraus entsteht. Was individuell nützlich ist, ist auch gesellschaftlich nützlich. Das ist die *utilitaristische* Gegenposition zu Rousseau, für den das öffentliche Wohl nur dann gesichert ist, wenn es gelingt, die privaten Interessen von den öffentlichen Interessen zu scheiden und die letzteren daran zu hindern, auf die öffentlichen Angelegenheiten Einfluss zu nehmen. Es leuchtet ein, dass sich die Kaufleute, Bankiers, Uhrmacher, Goldschmiede und sonstigen Handwerker der Stadt Genf lieber an die Lehren Benthams als an diejenigen Rousseaus hielten; der Utilitarismus entsprach ihrer Geistesart, auch wenn sie bisher mehr von Frankreich als von England her beeinflusst gewesen waren. Allerdings war auf wissenschaftlicher Ebene der Austausch zwischen Genf und England von jeher rege gewesen. Im Fall von Bentham gab es sogar eine direkte und persönliche Verbindungslinie, nämlich über den Theologen Pierre Etienne Louis Dumont (1759–1829). Dieser Genfer Pfarrer war in der Zeit der Reaktion nach den Unruhen von 1781/82 von der Obrigkeit wegen seiner demokratischen Grundhaltung kritisiert und so stark bedrängt worden, dass er 1786 für längere Zeit nach London gereist war. Dort hatte er Bentham kennengelernt. 1788 war er in Paris und trat mit Mirabeau in engen Kontakt. Nach dem Sturz der aristokratischen Genfer Regierung Ende 1792 ging er in seine Heimatstadt zurück, wurde 1793 Präsident der Genfer Nationalversammlung, goutierte aber den revolutionären Geist nicht und demissionierte nach wenigen Monaten. Bis 1814 lebte er meistens in London, übersetzte die Werke Benthams ins Französische und war deren Herausgeber. Dann kehrte er nach Genf zurück und wurde in den Conseil représentatif gewählt. Sein wichtigstes Anliegen war die Gewaltenteilung, die er als Kernstück des politischen Liberalismus erkannt hatte. Als Redaktor des Ratsreglements verstand er es, die Verfahrensregeln so nuanciert zu formulieren, dass der Rat, entgegen dem Wortlaut der Verfassung, sich zu einem von der Regierung weitgehend unabhängigen und die Regierungsmacht kontrollierenden Gremium entwickeln konnte.

Der Genfer Liberalismus, repräsentiert durch so klingende Namen wie Dumont, Rigaud, Sismondi, Rossi oder Cherbuliez, hatte gesamtschweizerischen und sogar europaweiten Einfluss. In ihm manifestiert sich der Wechsel vom rein politischen Denken zum «nationalökonomischen» Denken. Politik ist in diesem Verständnis nicht mehr das blosse Handeln in der Öffentlichkeit, sondern wird zu einer an den *materiellen Bedürfnissen* orientierten und in diesem Sinn nützlichen Tätigkeit. Es geht um das grösste Glück der grössten Zahl, was ökonomisch als optimale Befriedigung der materiellen Bedürfnisse möglichst vieler Leute verstanden wird. Die klassische nationalökonomische Lehre, die auf dem Werk von Adam Smith aufbaute, wollte dieses Ziel durch möglichst uneingeschränkten Handel und möglichst wenig Eingriffe des Staates in die Wirtschaft erreichen. In der Praxis zeigte sich allerdings immer wieder, dass die Wirtschaftsvertreter an dieser *Freihandelslehre* nur so lange festhielten, als sie daraus direkten Nutzen ziehen konnten. War das nicht mehr der Fall, so verlangten sie vom Staat sofort protektionistische Massnahmen.

Die Freihandelslehre wurde später als Wirtschaftsliberalismus bezeichnet und mit dem politischen Liberalismus in enge Verbindung gebracht. Diese Verbindung ist aber nicht zwingend. Es gab Liberale, die in der Lehre vom freien Handel und der unbeschränkten Konkurrenz eine geradezu antiliberale Komponente erblickten und die im Sinn einer echt liberalen, das heisst auf demokratische Gerechtigkeit ausgerichteten Politik eine sozial ausgleichende Tätigkeit des Staates verlangten. Zu dieser Art des Liberalismus bekannte sich auch der eminente Genfer Nationalökonom und Historiker Jean Charles Léonard Simonde de Sismondi (1773–1842). Seine Kritik an den verheerenden sozialen Auswirkungen einer reinen Konkurrenzwirtschaft wurde von der herrschenden Richtung der klassischen Nationalökonomie beiseitegewischt. Dafür genoss er bei Sozialisten wie Louis Blanc, Rodbertus, Marx und Engels ein gewisses Renommee.[150]

Die Genfer Liberalen verbreiteten ihre Gedanken durch ihre Schriften, aber auch dadurch, dass einige von ihnen in der schweizerischen Bundespolitik eine wichtige Rolle zu spielen begannen und sich besonders nach 1830 für die Bundesreform stark machten. Rigaud beispielsweise, der seit 1825 fast ununterbrochen erster Bürgermeister in Genf war, amtete seit 1830 immer wieder auch als Abgeordneter Genfs an der eidgenössischen Tagsatzung. Eine noch wichtigere Rolle in der Frage der Bundesreform spielte Rossi, der – und das ist bezeichnend für das frühe Stadium des liberalen Nationalismus – ein «internationaler Nationalist» war. Es ist deshalb bezeichnend, weil im liberalen Konzept der Nationalstaat keineswegs als auf sich allein gestellte, die Nachbarstaaten bekämpfende oder verachtende politische Einheit verstanden wird, sondern als Glied einer Gemeinschaft von gleichberechtigt nebeneinander und miteinander existierenden Staaten, die friedlich nach dem grössten Glück für die grösste Zahl streben, so dass der Wechsel einzelner Individuen von einer Nation zur andern durchaus mit nationaler Gesinnung vereinbar ist.

Pellegrino Rossi (1787–1848) stammte aus der toskanischen Stadt Carrara und hatte in Pisa und in Bologna die Rechte studiert. Er war als Anwalt und seit 1814 als Professor in Bologna tätig, musste 1815 aus politischen Gründen fliehen und liess sich in Genf nieder, wo er eine Professur erhielt. 1820 wurde er ins Genfer Bürgerrecht aufgenommen und gehörte von da an bis 1833 dem Repräsentativen Rat an. Mit Etienne Dumont, Maynier und Sismondi gab er die «Annales de législation et de jurisprudence» heraus (seit 1822 «Annales de législation et d'économie politique»). Diese Zeitschrift wurde zu einem wichtigen Organ des europäischen Liberalismus. 1832 war Rossi Abgeordneter Genfs an der eidgenössischen Tagsatzung und Berichterstatter der wichtigen Kommission zur Revision des Bundesvertrags. 1833 wurde er als Nationalökonom ans Collège de France berufen und nahm die französische Staatsbürgerschaft an. 1844 erhielt er den Posten eines bevollmächtigten französischen Ministers beim Heiligen Stuhl, 1848 nahm er das römische Bürgerrecht an, wurde Minister des Innern, der Polizei und der Finanzen im Kirchenstaat. Seine scheinbare Abwendung vom Liberalismus weckte den Zorn der italienischen Nationalisten; am 15. November 1848 wurde er auf dem Weg ins Parlament von seinen politischen Gegnern ermordet.

7.4.3 Dufour und die Schweizer Fahne

Bekannter noch als Rossi ist eine andere Genfer Persönlichkeit jener Zeit: Henri Dufour. Er gehört zu der kleinen Gruppe derjenigen, die als Gründungsväter der modernen Schweiz angesehen werden können. Als Offizier mit Kriegserfahrung wollte er es der Schweiz ersparen, je wieder zum Schlachtfeld zu werden, so wie es während der Helvetik der Fall gewesen war, und er war überzeugt, am ehesten sei dies möglich, wenn die Schweiz neutral bleibe und sich zum geeinten und von einer starken Armee geschützten Nationalstaat weiterentwickle. Er gab der Armee ein Feldzeichen und damit der Schweiz ihre Nationalfahne. Diese Symbole waren wichtig. Dahinter standen aber auch seine ganz konkreten Anstrengungen, die aus kantonalen Kontingenten zusammengesetzte Armee des eidgenössischen Staatenbundes zu einer zentral organisierten nationalen Armee zu machen. Damit nahm er auf militärischer Ebene die Vereinheitlichung und Zentralisierung voraus, die später auch auf politischer Ebene realisiert wurde. Sein wichtigster Beitrag zur Nationalstaatsbildung und der eigentliche Grund für seine gewaltige Popularität war aber sein Verhalten als General im Sonderbundskrieg. Dieses Thema wird in einem späteren Kapitel angesprochen. Hier geht es darum, seinen Lebenslauf zu skizzieren und zu zeigen, warum er als Bürger des Standes Genf, der als letzter zur Eidgenossenschaft gestossen war, die Frage einer einheitlichen Schweizerfahne so wichtig nahm.

Guillaume Henri Dufour (1787–1875), Sohn eines Genfer Uhrmachers, war elf Jahre alt, als seine Heimatstadt von Frankreich annektiert wurde. Nach dem Gymnasium und einem abgebrochenen Medizinstudium in Genf wurde er 1807 an der berühmten Ecole Polytechnique in Paris aufgenommen und erhielt eine umfassende technische Ausbildung. Danach ging er an die Ecole d'application du Génie nach Metz, erhielt das Brevet eines Pionieroffiziers. 1810 wurde er nach Korfu geschickt, um im Dienst der napoleonischen Armee die Insel gegen die Engländer zu verteidigen. Unter Anleitung seines Obersten erweiterte er seine Kenntnisse in Festungsbau und in Kartographie und stieg in den Rang eines Hauptmanns auf. Nach dem Sturz Napoleons stellte er seine Fähigkeiten in den Dienst Genfs und der Eidgenossenschaft. Er betätigte sich als Ingenieur, als Dozent an der Genfer Akademie und als Ausbildner an der Artillerieschule in Thun. Er wurde Oberst im eidgenössischen Generalstab und Abgeordneter im Genfer Rat.

Als Ende 1830 der Ausbruch eines Krieges zwischen Österreich und Frankreich drohte – ich werde im Kapitel 8.5 über «Die Julirevolution und die Folgen für Europa» darauf zurückkommen –, gelangte Dufour an die Genfer Regierung mit der Bitte, sie solle die Einberufung einer ausserordentlichen Tagsatzung verlangen, damit der Schutz der schweizerischen Neutralität rechtzeitig organisiert werden könne. Am 3. Dezember 1830 richtete Genf ein entsprechendes Begehren an den Vorort Bern. Am 6. Dezember trat der Genfer Repräsentativrat zusammen, und die Abgeordneten der am stärksten exponierten Schweizer Stadt bekräftigten den Wunsch ihrer Regierung und besprachen, welche Haltung die Genfer Vertreter an der Tagsatzung einnehmen sollten. Auch Henri Dufour, der selbst als Tagsatzungsabgeordneter vorgesehen war, ergriff das Wort, und mit der Autorität, die ihm seine militärischen Kenntnisse verliehen, betonte er die Dringlichkeit von Massnahmen zum Schutz der Neutralität und der Integrität des schweizerischen Territoriums. Er nannte eine Reihe von Punkten, die an der Tagsatzung unbedingt eingebracht werden müssten, darunter die Frage des gemeinsamen Feldzeichens. Diesem scheinbar nebensächlichen

Punkt gab er grosse Bedeutung: «Il y a plus d'importance qu'on ne le croit à n'avoir qu'un seul drapeau, parce que le drapeau est le signe de ralliement, le symbole de la nationalité.»[151]

Dufour wollte die einheitliche Fahne aus militärischen, aber auch aus nationalen Gründen. Bis dahin war es so, dass die kantonalen Bataillone, wenn sie zum Dienst in der eidgenössischen Armee aufgerufen waren, Fahnen mitführten, die in den Kantonsfarben gehalten, aber auch mit dem langschenkligen weissen Kreuz versehen waren. Dieses weisse Kreuz hatten schon die alten Eidgenossen bei gemeinsamen Unternehmungen auf ihren Fahnen, auf der Brust oder auf dem Schild befestigt; es war also schon bisher eine Art nationales Symbol gewesen. Seit 1815 zeigte das eidgenössische Siegel das weisse Kreuz auf rotem Schild. Nach diesem Vorbild verlangte Dufour eine einfache eidgenössische Fahne. Die kantonale Zugehörigkeit der Truppen sollte nur noch an dem ins Kreuz geschriebenen Namen des jeweiligen Kantons ersichtlich sein. Diesen Vorschlag brachte er in eine schriftliche Form und reichte ihn bei der Tagsatzung in Bern ein. Die Eingabe beginnt mit folgenden Worten: «Wenn es eine unbestrittene Wahrheit gibt, so ist es diese, dass die Schweiz alles tun muss, um jenen Grad von Einigkeit und Stärke zu erlangen, ohne welchen sie keineswegs geachtet werden kann. Je zahlreicher die Angehörigen der Eidgenossenschaft werden, um so notwendiger wird es, zwischen ihnen eine vollkommene Harmonie in Zielsetzung und Anstrengungen herzustellen. Das ist besonders unerlässlich für das Heer, dem der kostbare Schutz unserer Neutralität und unserer Unabhängigkeit anvertraut ist. Nun gibt es in diesem Heere eine Buntscheckigkeit, die mehr, als man denkt, sich dem entgegenstellt, dass das eidgenössische Fühlen darin so tiefe Wurzeln schlage, wie es das ohne diesen Umstand tun würde; sie würde im Fall von Schicksalsschlägen zur Zerrüttung des Heeres beitragen. [...] Man sieht in unsern Lagern Bataillone von zweiundzwanzig verschiedenen staatlichen Gebilden, während man dort nur Schweizer sehen sollte, die unter das nämliche Banner geschart sind. Die Herzen dieser Krieger sind gleichgestimmt, daran zweifle ich nicht, sie schlagen für das nämliche Vaterland, aber es bestehen unter ihnen lokale Schattierungen, die vollständig zum Verschwinden zu bringen, gut wäre.»[152]

In Dufours Eingabe vermischten sich das Militärische und das Politische, und sein nationales oder gar einheitsstaatliches Denken ist unverkennbar: «Was liegt an den Kantonen? Sind wir nicht alle Kinder eines gleichen Vaterlandes? Diese verschiedenen Abzeichen von wechselnden

Farben haben die schwere Unzulänglichkeit, die Truppenkörper abzusondern, die kantonalen Vorurteile zu verewigen und unsere Bataillone, bis zu einem gewissen Punkte, einander fremd zu lassen, ungeachtet unserer Anstrengungen, eine nationale Armee zu schaffen.» Dufour will die nationale Armee, noch bevor es den Nationalstaat gibt. Er will eine schlagkräftige Armee, die zugleich einer Pflanzschule des Nationalbewusstseins ist. Das sagte er aber nicht allzu laut; gegenüber der Tagsatzung stellte er die militärische Argumentation in den Vordergrund. Eigentlich müssten auch die Kleidung und Mützen der Soldaten uniformiert sein, meinte er, «denn welche empfindlichen Irrtümer können nicht aus dieser fatalen Buntscheckigkeit entstehen!» In allen Kriegen sei es vorgekommen, dass im Nebel und Pulverrauch Freund für Feind gehalten worden sei und man auf die Falschen geschossen habe. Es genüge nicht, dass die eidgenössischen Soldaten als Erkennungszeichen eine Armbinde trügen. Er sagte das nur nebenbei, denn er wusste, dass es noch zu früh war, die umfassende Uniformierung zu fordern. Seine Mindestforderung war die Einführung der eidgenössischen Fahne als gemeinsames Feldzeichen.

Dufour war bei den Tagsatzungsabgeordneten hoch geschätzt; sie wählten ihn in die Kommission, welche die zur Aufrechterhaltung der Neutralität notwendigen Massnahmen vorschlagen sollte, und am 7. Januar 1831 machten sie ihn zum Generalstabschef. Aber seinen Fahnenvorschlag konnten sie vorläufig nicht unterstützen. Die Mehrheit wollte an den Kantonsfarben auf den Bataillonsfahnen festhalten. Nur das Fahnenband und die Armbinde sollten die eidgenössischen Farben zeigen. Es dauerte noch zehn Jahre, bis durch die Militärverordnung von 1840 das weisse Kreuz im roten Feld zum Feldzeichen aller Bundestruppen erklärt wurde. Dieses Feldzeichen wurde dann auch zur offiziellen Nationalfahne.

7.5 Der Sonderfall der Landsgemeindekantone

Die Entstehungsgeschichte des schweizerischen Nationalstaates ist mindestens für die Periode zwischen 1814 und 1848 vor allem die Geschichte der einzelnen Kantone, denn es gab damals keine Gesamtentwicklung, die unabhängig von deren Sonderabsichten verlaufen wäre. Jeder Kanton leistete seinen besonderen Beitrag zum Ganzen – in positiver, oft aber auch in negativer, die Zusammenarbeit störender Art –, und genau dies machte gleichzeitig die Kraft und die Schwäche des Föderalismus aus. Es ist nicht möglich, im Rahmen dieses Buches die Sonderentwicklung jedes Kantons darzustellen. Auf eine kantonale Besonderheit will ich hier aber doch noch hinweisen, nämlich auf die in der Innerschweiz von alters her übliche Institution der Landsgemeinde, also das jährliche Zusammentreten aller stimmfähigen Männer unter freiem Himmel. Sie verlieh dem Entwicklungsgang der Schweiz im 19. Jahrhundert eine eigenartige Färbung, weil sie eigentlich ein Anachronismus war.[153] Vor allem für ausländische Beobachter war sie der Inbegriff der Demokratie und der politischen Freiheit. Schon im 18. Jahrhundert wurde sie oft gepriesen und verklärt. Bei nüchterner Betrachtung verliert sie viel von ihrem Glanz. Aber bei aller Relativierung bleibt die Tatsache bestehen, dass jede Landsgemeinde, sei sie noch so streng ritualisiert, die politische Macht des Volks sinnlich erfahrbar macht. Es war eine Besonderheit der Schweiz, solche Volksversammlungen Jahr für Jahr vor Augen zu haben, im guten wie im schlechten, und deshalb vielleicht stärker als andere Länder mit der Frage nach Wesen und Sinn der Demokratie konfrontiert zu sein. Verschiedene Historiker haben die Landsgemeinde als Weiterentwicklung der altgermanischen Institution des Dings (Things), der Versammlung aller waffenfähigen Männer, bezeichnet; andere sehen den Ursprung eher in der Versammlung der Markgenossen, die regelmässig über die gemeinsam genutzten Weiden und allgemein über ihre gemeinsamen wirtschaftlichen Angelegenheiten zu reden hatten. Beide Theorien mögen ihre Berechtigung haben, aber beide übersehen den eigentlichen politischen Sinn der Landsgemeinde. Um diesen zu verstehen, müssen wir nicht Mutmassungen über die Entstehung der Landsgemeinde im Mittelalter anstellen, sondern können die Beispiele neu entstandener Landsgemeinden am Ende des 18. Jahrhunderts anschauen. Im Strudel der politischen Reformen und revolutionären Absichten rotteten sich damals die Männer verschiedener Landschaften in der Ost- und Zentralschweiz zusammen und wurden, angesichts ihrer drohenden Haltung, von der Obrigkeit als souveräne Landsgemeinden anerkannt.

Die Bewohner der dem Fürstabt von St. Gallen untertänigen Landschaft Toggenburg hatten seit der Reformationszeit immer wieder ihren Selbstbestimmungswillen manifestiert und nach vielen kleinen Rebellionen schliesslich eine weitgehende Autonomie erreicht. Sie genossen das Recht, in Wattwil Landsgemeinden durchzuführen, um jeweils ihren Pannerherrn, den Kommandanten der bewaffneten toggenburgischen Mannschaft, selber zu wählen. Der Wunsch, eine eigene Landsgemeindedemokratie zu bilden, wurde ihnen aber abgeschlagen. Erst der politische

Aufbruch nach der Französischen Revolution lockerte das Gefüge der alten Eidgenossenschaft so stark, dass die Selbstbestimmung möglich wurde. Als eine französische Armee in die Schweiz eindrang, erklärte eine spontan gebildete Landsgemeinde am 29. Januar 1798 das Toggenburg zur unabhängigen Demokratie. Am 10. Februar 1798 leistete das Stiftskapitel in St. Gallen förmlich Verzicht auf die landesherrlichen Rechte im Toggenburg.

Auch in der alten Landschaft des Stiftes St. Gallen kam es zu revolutionären Unruhen. Zentrum der Autonomiebewegung war Gossau. Dort hatte schon im Jahr 1795 eine gewaltige Landsgemeinde von über 20 000 Männern auf der Mühlwiese getagt, um einen Grundvertrag zwischen Fürstabt und Volk anzunehmen, gemäss der revolutionären Auffassung, das Volk und nicht der Fürst sei der Souverän und der Fürst könne nur regieren, wenn das Volk ihm dies vertraglich zugestehe. Bei diesem Vertrag blieb es aber nicht, und im Januar 1798 konstituierte sich die freie Republik der Landschaft St. Gallen als Landsgemeindedemokratie; am 4. Februar verzichtete das Stiftskapitel auf die landesherrlichen Rechte.

Im Frühjahr 1798 machte das Beispiel der beiden Landsgemeinden im äbtischen Untertanenland Schule. Auch gemeineidgenössische und einzelörtische Untertanen rebellierten, versammelten sich in Landsgemeinden und erzwangen die Unabhängigkeit. So geschah es in der gemeineidgenössischen Herrschaft Sargans, in der gemeinen Vogtei Rheintal, in den von Schwyz und Glarus regierten Landschaften Gaster und Uznach, im glarnerischen Werdenberg und in der ehemals zürcherischen Herrschaft Sax. Ende März 1798 gab es auf schweizerischem Boden für kurze Zeit 17 souveräne Landsgemeindedemokratien, die eine Bevölkerung von insgesamt etwa 250 000 Einwohnern repräsentierten. Alle diese Landsgemeinden wurden aber von der Helvetik hinweggefegt; die Landschafts- und Talschaftsautonomie hatte keinen Platz in der Einheitsrepublik nach französischem Muster. Erst mit der Mediationsakte von 1803 wurden die Landsgemeinden wieder hergestellt, aber nur in den alten Orten Uri, Schwyz, Ob- und Nidwalden, Glarus, Zug und den beiden Appenzell; die Landsgemeindedemokratien von 1798 wurden andern Kantonen angegliedert. Dass diese Institution, die nur für sehr kleine politische Einheiten geeignet war und die immer eine für die Obrigkeit potentiell gefährliche Zusammenrottung waffentragender Männer darstellte, überhaupt wieder belebt wurde, entsprach nicht unbedingt dem Willen der nach Paris an die Consulta gereisten Schweizer; sie wären lieber überall zur moderneren

Form der repräsentativen Demokratie übergegangen. Der erste Konsul aber wollte es anders, denn er hegte eine seltsame Vorliebe für die urtümliche Art der Landsgemeindedemokratie, die so weit von all dem entfernt war, was er in Frankreich an politischen Institutionen gelten liess.

Die Restauration von 1814 änderte an den faktischen Zuständen in den Landsgemeindedemokratien nicht viel. Neu war aber, dass gemäss Paragraph 15 des Bundesvertrags jeder Kanton seine Verfassung aufschreiben und im Bundesarchiv hinterlegen musste. Die Urner hielten dies für überflüssig; für sie galt einfach das alte Landbuch aus der Zeit vor 1798, das eine ungeordnete Sammlung aller Landsgemeindebeschlüsse und weiterer Erlasse war. Als der eidgenössische Kanzler[154] darauf drängte, dass auch Uri eine Verfassungsurkunde hinterlegen müsse, verabschiedete die Landsgemeinde vom 7. Mai 1820 eine Erklärung, in der kühn behauptet wurde, «dass wir nie ein in Urkund geschriebene Verfassung unseres Kantons gehabt haben, dass aber durch Jahrhunderte lange Übung und bestehende Gesetze dieselbe auf folgenden Grundsätzen beruht, die wir unter dem Schutz des Allerhöchsten unsern Nachkommen unverändert übertragen wollen.»[155] Darauf folgten sechs kurze Artikel über die Anerkennung der römisch-katholischen Religion und über die obersten Gewalten, die «im Sinn der wohlhergebrachten Übungen und Landesgesetze» weiterbestehen sollten. Auch Schwyz berief sich auf das Herkommen, und der Bezirk Schwyz oder Alt-Schwyz beanspruchte seine alten Vorrechte gegenüber den umliegenden Bezirken. Eine Verfassung auszuarbeiten, hielten die Schwyzer für unnötig, und erst am 25. Juni 1821 hinterlegten sie im Bundesarchiv sechs Minimalartikel. Obwalden dagegen gab sich an der Landsgemeinde vom 10. Juli 1814 eine ordentliche Verfassung, die nicht wesentlich von derjenigen der Mediationszeit abwich; nur einige redaktionelle Änderungen waren durch den Beitritt von Kloster und Tal Engelberg nötig geworden.

In Nidwalden hatte schon am 20. Januar 1814 eine ausserordentliche Landsgemeinde die vollständige Wiederherstellung der vorrevolutionären Zustände beschlossen. Die Engelberger wollten sich das nicht bieten lassen und traten deshalb zu Obwalden über. In Nidwalden aber verlangten einige extreme Demagogen die Rückkehr zum alten Bund, das heisst, sie riefen zum Widerstand gegen den neuen Bundesvertrag und gegen die Tagsatzung auf. Unter dem Einfluss dieser Hetzer verweigerte die Landsgemeinde vom 30. April 1815 den Beitritt zum neuen Bund. Die Tagsatzung setzte der Nidwaldner Regierung mehrere Fristen, und als dies nichts fruchtete, liess sie am 17. August 1815 das Land militärisch besetzen, worauf bundesfreundliche Männer die Regierungsgeschäfte übernahmen. Es kehrte Ruhe ein, und der Nidwaldner Landrat deponierte einen Auszug aus dem Landbuch als «Verfassung» im Bundesarchiv.

Wie in Uri und Schwyz begnügte sich auch die Landsgemeinde in Glarus mit sechs kurzen Artikeln, die im Bundesarchiv hinterlegt wurden. In Zug dagegen erarbeitete eine Kommission eine Verfassung mit 42 Artikeln, die von einigen Gemeinden, aber nicht von allen, genehmigt und darauf von Landammann und Rat in Kraft gesetzt wurden. Neu war die Kompetenz der Landsgemeinde auf die Wahl der Behörden beschränkt. Die direktdemokratischen Befugnisse waren also abgeschafft, und Zug wurde faktisch zur repräsentativen Demokratie.

In Appenzell Ausserrhoden galt wieder das alte Landbuch. Um dem Paragraphen 15 des Bundesvertrags zu genügen, fertigten Landammann und Rat am 28. Juni 1814 eine Verfassungsurkunde aus, die im Bundesarchiv hinterlegt wurde. Der Vorgang war geheim, die Landsgemeinde stimmte darüber nicht ab. Der Rat hatte aber in der Verfassungsurkunde einige Bestimmungen aufgenommen, die vom Landbuch abwichen und die sich zu seinen Gunsten auswirkten. Als die Sache 1829 entdeckt wurde, musste der Rat unter dem Druck des empörten Volkes einen Teil der Verfassung als ungültig erklären. Ähnliches ereignete sich im katholischen Innerrhoden, wo das Bekanntwerden der Verfassungsheimlichkeiten 1828 zum Sturz der Regierung führte.

Die Landsgemeindekantone glichen sich alle im Aufbau ihrer Institutionen: Oberstes Organ war die Landsgemeinde; diese wählte die Behörden und stimmte über Gesetze, Bündnisse, Verträge, Steuern, Kriegs- und Friedensschlüsse ab. Ihre Befugnisse gingen an sich sehr weit, waren aber insofern eingeschränkt, als sie nur über Gegenstände befinden konnte, die vom Landrat vorher begutachtet worden waren und ihr vorgelegt wurden; ein eigentliches Antragsrecht hatte sie nicht. Effektive Macht hatten vor allem die Häupter, also die obersten Beamten, an deren Spitze der Landammann stand. Sie waren die gebildeten und gut informierten Leute, welche die Landsgemeinde weitgehend lenken konnten. Zwischen Regierung und Landsgemeinde gab es eine weitere Behörde, den Landrat, Wochenrat oder Grossen Rat. Die Mitglieder dieser Räte wurden in der Regel von den Gemeinden gewählt, waren also eher Lokalvertretungen als Volksvertretungen. Neben Landsgemeinde und Regierung waren sie von eher untergeordneter Bedeutung. Allerdings hatten die Landräte zum Teil auch administrative und richterliche Funktionen. Eine klare Ausscheidung zwischen legislativen, exekutiven, judikativen und administrativen Gewalten gab es nicht.

Für die nationalstaatliche Entwicklung der Schweiz waren die Landsgemeindekantone eher ein Hindernis – jedenfalls die Urkantone Uri, Schwyz und Unterwalden. Sie stellten ihre kleinräumige Selbstverwaltung über das gesamtschweizerische Interesse, pflegten ihre eigene Tradition und trugen kaum etwas zum erstarkenden schweizerischen Nationalgefühl bei. Erst als sich dieses Nationalgefühl in der zweiten Hälfte des 19. Jahrhunderts von seinen ehemals revolutionären Inhalten trennte und sich sozusagen mit der Geschichte der Urkantone identifizierte, als es den Rückgriff auf das Mittelalter kultivierte und die Modernität des Nationalstaates verleugnete, konnten sich die inneren Orte mit dem schweizerischen Nationalstaat abfinden. Dieser Nationalstaat blieb aber trotz aller nationalen Mythologie von den liberalen Stadtkantonen geprägt, so dass die konservativen Landsgemeindekantone in ihm ein Randdasein führten.

8. Nationalismus, Liberalismus und Konservatismus in Europa

Der Nationalismus als politische Bewegung, die den Nationalstaat bezweckt, war eng mit dem Liberalismus verbunden. Nationalismus und Liberalismus wurden zu den dominierenden politischen Kräften des 19. Jahrhunderts. Ihnen stellte sich der Konservatismus bremsend entgegen. Konservatismus steht in Opposition gegen Liberalismus und Nationalismus. Eine genauere Betrachtung zeigt allerdings Überschneidungen. Die Begriffe verwirren sich, weil sie im Lauf der Geschichte nicht immer das gleiche bedeuteten. Beginnen wir mit dem Wort *liberal*. Im Frankreich des 18. Jahrhunderts bezeichnete das aus dem Lateinischen übernommene *libéral*[156] Eigenschaften wie freigebig, vorurteilsfrei, edel oder gütig. Das Wort fand auch Eingang in die deutsche, englische und spanische Sprache. Seine politische Bedeutung bekam es um 1797/98 in Frankreich, als es zur Bezeichnung einer gemässigten Position zwischen zwei Extremmeinungen gebraucht wurde. Es gab nämlich damals auf der einen Seite die sogenannten Enthusiasten der Revolution, die den revolutionären Prozess weitertreiben und von der politischen auf die soziale Ebene ausweiten wollten, auf der andern Seite die Reaktionäre, die versuchten, die Revolution rückgängig zu machen. In der Mitte standen die Gemässigten mit ihren «idées libérales et conservatrices», denen es darum ging, die Revolution mit ihren liberalen Ideen zu bewahren und sie gleichzeitig zu beenden, das heisst, zu stabilen Verhältnissen zurückzukehren. Die Wörter «liberal» und «konservativ» gehörten also eng zusammen.

8.1 Benjamin Constant und der französische Liberalismus

In seinem 1797 erschienenen Aufsatz «Über politische Reaktion» schrieb Benjamin Constant, die Konterrevolutionäre oder Reaktionäre versuchten, alles, was liberal genannt werde, zu unterdrücken und die Revolution insgesamt rückgängig zu machen. In dieser Situation gelte es, die liberalen

Ideen zu *konservieren*, denn Freiheit und Gleichheit seien Errungenschaften, die man nicht preisgeben dürfe. Ähnlich dachte Germaine de Staël, die Tochter des ehemaligen Finanzministers Necker und Freundin Constants. 1798 erschien ihre Schrift «Des circonstances actuelles qui peuvent terminer la Révolution», in der sie ein liberal-konservatives Programm vorschlug, das sie für geeignet hielt, die Republik sowohl gegen die Konterrevolution wie gegen radikale Umsturzversuche zu sichern. Als Bonaparte einen Tag nach seinem Staatsstreich im November 1799 erklärte: «Les idées conservatrices, tutélaires, libérales sont rentrées dans leurs droits»[157], da fand sie darin genau ihre Meinung bestätigt und stellte sich auf die Seite des politisierenden Generals. Schon bald musste sie erfahren, dass Bonaparte keineswegs liberal handelte. Er vertrieb sie ins Exil, und sie wurde seine politische Gegnerin. Das Wort *liberal* im Sinn der Verteidigung der Freiheit und der Menschenrechte blieb aber im napoleonischen Paris gebräuchlich. Philipp Albert Stapfer, früher Minister und jetzt Botschafter der Helvetischen Republik in Paris, schrieb 1801 seinem Freund Paul Usteri: «Liberal ist jetzt ein grosses Modewort, welches man à toute sauce gebraucht.»[158]

Das Wort strahlte in andere Länder aus, auch in die Schweiz. Hier wurde es mit Vorliebe durch «freisinnig» ersetzt. Wer im politischen Sinn liberal dachte, war ein Liberaler oder Freisinniger. Mit der Zeit verstanden sich die Liberalen in allen europäischen Ländern als eine Art politische Partei. Zuerst war das in Spanien der Fall, wo bei fortdauerndem Kleinkrieg gegen Frankreich die Cortes im Jahr 1812 dem Land eine Verfassung gaben, die es zur konstitutionellen Monarchie machte. In den Cortes wurden die beiden Parteien der «Liberales» und der «Serviles» unterschieden; die ersten waren die Verteidiger der Konstitution, die zweiten die Anhänger des Königs. Später wurde auch in England im Zusammenhang mit der Verfassungsfrage von der Partei der Liberalen gesprochen, ebenso in Deutschland. Es gab aber noch keine Parteien im heutigen Sinn. Immerhin bekam der Liberalismus allmählich festere Konturen, vor allem in Frankreich, wo Benjamin Constant nach 1814 eine liberale Schule begründete, die ihr politisches Programm nicht nur in Opposition zur restaurierten Bourbonenherrschaft, sondern auch in Abgrenzung gegenüber der vorangegangenen Revolution und der napoleonischen Herrschaft formulierte. Der französische Liberalismus gewann ein fortschrittliches Profil, so dass Liberalismus und Konservatismus auseinandertraten und zu Gegensätzen wurden.[159] Der Liberalismus verstand sich jetzt in Abgrenzung gegenüber dem Konservatismus als erneuernde politische Kraft. Constant trug wesentlich zur Klärung der Begriffe bei; was er sagte und was er schrieb, wurde auch von den Liberalen in der Schweiz aufmerksam zur Kenntnis genommen.

Benjamin Constant de Rebecque (1767–1830) stammte aus einer im 16. Jahrhundert in die Schweiz geflüchteten französischen Familie. Seine Mutter starb kurz nach seiner Geburt, sein Vater war Offizier in holländischen Diensten. Er wuchs in der Obhut von Verwandten und Hauslehrern im Waadtland auf. Mit fünf Jahren las er bereits griechische Texte, und als Fünfzehnjähriger begann er sein Hochschulstudium in Erlangen. 1784/85 war er an der Hochschule in Edinburgh, wurde Mitglied der Speculative Society und machte sich mit dem Werk von Adam Smith vertraut. Er hielt sich kurze Zeit in Paris auf, bevor er in seine Heimatstadt Lausanne zurückkehrte, wo er sich autodidaktisch weiterbildete. Den Sinn seiner damaligen Studien charakterisierte er in seinem «roten Heft» rückblickend so: «Mit den Grundsätzen der Philosophie des achtzehnten Jahrhunderts und besonders den Werken des Helvétius aufgezogen, hatte ich keinen anderen Gedanken als den, auch für meine Person an der Vernichtung dessen mitzuwirken, was ich Vorurteile nannte.»[160] Der Hinweis auf Claude-Adrien Helvétius (1715–1771) ist interessant, denn dessen philosophisch begründeter Hedonismus wird unterschwellig in Constants Werk immer präsent sein. Helvétius erklärt die Eigenliebe zum einzigen Motiv menschlichen Handelns, und deshalb ist es seiner Meinung nach die Aufgabe der Erziehung, den Egoismus des Einzelnen so zu lenken, dass er mit den Forderungen der Gesellschaft zusammenfällt. Constant kritisierte zwar in späteren Jahren den Materialismus des Helvétius, aber es steht doch fest, dass er bei diesem gelernt hatte, nicht allein auf die uneigennützige *Tugend* des Menschen zu bauen, wie es die Jakobiner im Rückgriff auf die alten Römer taten, sondern auch den menschlichen Egoismus und sein Streben nach *Genuss* in Rechnung zu stellen.

1788 bekam er die Stellung eines Kammerherrn beim Herzog von Braunschweig, dem berühmten militärischen Führer, der im ersten Koalitionskrieg Oberbefehlshaber der Armeen Preussens und Österreichs werden sollte. Er heiratete eine Hofdame, von der er bald wieder geschieden wurde. 1794 quittierte er den herzoglichen Dienst und reiste in die Schweiz zurück. Hier lernte er Mme de Staël kennen, deren Salon in Paris berühmt war und die im Sommer jeweils im väterlichen Schloss Coppet im Waadtland residierte. Constant wurde ihr Freund und Geliebter. Seit 1795 versuchte er sein Glück als Publizist und Politiker in Paris. 1796 publizierte er einen Aufsatz mit dem Titel «Über die Stärke der gegenwärtigen Regierung Frankreichs und die Notwendigkeit, sich ihr anzu-schliessen». Die damalige Regierung war das Direktorium, und die fünf Direktoren freuten sich natürlich über diesen Text und liessen ihn in der offiziellen Regierungszeitung, dem Moniteur, mit einem für den Verfasser schmeichelhaften Vorspann abdrucken. Constant wurde fast schlagartig ein bekannter Mann. Er hoffte nun, die französische Staatsbürgerschaft zu bekommen und war enttäuscht, dass er von Regierungsseite immer noch als Ausländer bezeichnet wurde. 1797 veröffentlichte er einen Aufsatz «Über politische Reaktion», und im Vorwort dazu schrieb er, die Meinung, er sei ein Ausländer, müsse korrigiert werden: «Ich bin kein Ausländer. Französischer Herkunft und Nachkomme einer aus religiösen Gründen des Landes verwiesenen Familie, bin ich, sobald ich konnte, in mein Vaterland zurückgekehrt. Ich habe mein Vermögen wieder in dieses Land zurück-gebracht. Ein positives Gesetz forderte mich dazu auf, das mir zugleich wieder meine gesamten privaten und politischen Bürgerrechte verlieh.» Im übrigen betonte Constant in seinem Buch, man dürfe die Angst vor der Wiederkunft der Schreckensherrschaft nicht dazu benutzen, alle Errungen-schaften der Revolution rückgängig zu machen.

Im November 1799 putschte sich General Bonaparte an die Macht, schaffte das Direktorium ab und machte sich selbst zum ersten Konsul mit diktatorischen Vollmachten. Ins Tribunat, das hundertköpfige Gremium, das bei der Gesetzgebung mitzuwirken hatte, berief er unter anderen den brillanten politischen Schriftsteller Constant. Dieser geriet aber bald in Opposition zum ersten Konsul, zog sich dessen Unwillen zu und wurde 1802 von seinem politischen Amt ausgeschlossen. Wie seine Freundin, Mme de Staël, wurde er nun zum heftigen Gegner Napoleons. Bis 1810 hielten sich die beiden vor allem in Coppet auf und verkehrten dort mit vielen Geistesgrössen der damaligen Zeit, mit Sismondi, Karl Viktor von Bonstetten, Henri Meister, August Wilhelm Schlegel, Achim von Arnim, Johannes von Müller und anderen. Die «Coppet-Gruppe» war eine Art Ideenfabrik der damaligen Zeit; Mme de Staël und Constant bildeten den Mittelpunkt. Aus Enttäuschung über Frankreich wandten sie sich der deut-schen Kultur zu. Constant beherrschte das Deutsche perfekt und machte sich mit Kants Philosophie und mit den Werken der deutschen Klassiker in der Originalsprache bekannt; de Staël musste die Sprache erst mühsam lernen. 1804 reisten sie zusammen nach Weimar, begegneten mehrmals Goethe und Schiller. Die Wendung der deutschen Klassik zur Romantik konnte Constant, im Gegensatz zu de Staël, nicht billigen; er kritisierte diese Tendenz scharf, blieb von ihr aber nicht unbeeinflusst. Zusehends entfremdete er sich seiner Geliebten, pflegte Beziehungen zu andern Frauen, während sie mit August Wilhelm Schlegel ein enges Verhältnis einging. Sie schrieb das Buch «De l'Allemagne», das rasch berühmt wurde und bis heute gelesen wird.

8.1.1 Neudefinition der Freiheit

Constant arbeitete an literarischen, religionsphilosophischen und politischen Themen. Die politischen Notizen blieben vorläufig unveröffentlicht. Erst 1814, nach dem Sturz Napoleons, griff er auf sie zurück. Er reiste nach Paris und gab dort innerhalb einer kurzen Zeitspanne mehrere wichtige politische Schriften heraus. Zuerst erschien das Buch *«Vom Geist der Eroberung und der Usurpation in ihrem Verhältnis zur Europäischen Zivilisation»*, in dem er die von Kriegen geprägte Zeit der Herrschaft Napoleons scharfsinnig analysierte und mit dem Usurpator, Gewaltherrscher und Kriegsherrn unnachsichtig abrechnete. Der Krieg sei zwar nicht zu allen Zeiten ein Übel, meinte er, denn wenn es um die Verteidigung der Freiheit gehe, fördere er alle Tugenden. Napoleon aber habe nicht die Freiheit verteidigt, sondern im Gegenteil die Freiheit erwürgt und dem Laster der blossen Eroberungssucht gefrönt. Constant scheute sich nicht, Napoleon, der immer noch Bewunderer hatte, in härtesten Worten zu verdammen. Das ist aber nur der eine Zweck seines Buches; der andere besteht darin, den Begriff der Freiheit genau zu bestimmen und daraus das Konzept des Liberalismus zu entwickeln. Im Kapitel «Über die Art von Freiheit, wie sie am Ende des letzten Jahrhunderts den Menschen angeboten wurde»[161] sagt Constant einleitend, die Freiheit, welche die Männer der Revolution verwirklichen wollten, sei den Republiken des Altertums entlehnt gewesen. In ihrer Begeisterung für die Antike hätten die Revolutionäre übersehen, dass diese Art der Freiheit für die Moderne keine Gültigkeit mehr beanspruchen könne. Bei den Alten habe die Freiheit nämlich «in der aktiven Teilhabe an der Macht der Gemeinschaft» bestanden, bei den Modernen aber bestehe sie eher «im friedlichen Genuss individueller Unabhängigkeit». Die Republiken des Altertums waren Kleinstaaten, in denen sich alle Aktivbürger ganz direkt an den Regierungsgeschäften beteiligten. Das war nur möglich, weil sie sich alle den republikanischen *Tugenden* unterwarfen und sich ganz und uneigennützig der gemeinsamen Aufgabe widmeten. «Die Ausübung der Bürgerrechte war für alle die Hauptbeschäftigung und sozusagen das

Hauptvergnügen.» Sie liessen sich von der Republik in Anspruch nehmen, brachten der Republik das Opfer, auf ihre persönliche Unabhängigkeit zu verzichten. Aber sie taten es nicht in selbstverleugnender Art, sie leisteten nicht nur Verzicht, sondern sie gewannen dabei auch etwas: «Die Alten fanden mehr Genuss in der öffentlichen Existenz und weniger in ihrer privaten. Wenn sie daher ihre individuelle Freiheit der politischen zum Opfer brachten, so gaben sie weniger, als sie dafür erhielten.» Constant geht nicht auf den Umstand ein, dass die Bürger der antiken Republik sich nur deshalb voll den öffentlichen Angelegenheiten widmen konnten, weil die Sklaven für sie die Arbeit erledigten. Er sieht den Unterschied zwischen den antiken und den modernen Bürgern nicht im Unterschied der Produktionsverhältnisse, sondern in den unterschiedlichen Konsummöglichkeiten oder, wie er sagt, in der ganzen andern Art, wie der moderne Mensch sich Genuss verschafft: «Fast alle Freuden der Menschen unserer Tage haben ihren Grund in ihrem privaten Dasein.» Die Möglichkeiten, sich individuellen Genuss zu verschaffen, seien dank der «Fortschritte der Zivilisation» und der «auf Handel gerichteten Tendenz der Epoche» unendlich viel grösser geworden. Dagegen sei der Genuss der direkten Regierungsbeteiligung für die gewöhnlichen Bürger nicht mehr zu haben, weil die modernen Nationalstaaten für eine direkte Demokratie viel zu grossflächig und zu bevölkerungsreich seien: «Ihre Ausdehnung, die weit grösser ist als die der antiken Republiken, bewirkt, dass die meisten ihrer Einwohner, welche Regierungsform sie auch angenommen haben, an der Regierung keinen aktiven Anteil besitzen. Sie sind nur noch durch die Repräsentation an der Ausübung der Souveränität beteiligt, das heisst auf eine rein fiktive Weise.» Die Freiheit, politisch handeln zu dürfen, ist also nur noch ganz wenigen vorbehalten, und deshalb wird ein anderer Genuss gesucht; Freiheit bedeutet nicht mehr aktive Anteilnahme an den Staatsgeschäften, sondern persönliche Unabhängigkeit und privater Genuss!

In einem weiteren Kapitel, das «Von den modernen Nachahmern der antiken Republik»[162] handelt, behauptet Constant, die von ihm aufgezeigten Wahrheiten seien von den Männern, «die sich am Ende des vorigen Jahrhunderts berufen glaubten, die Menschen von Grund auf zu erneuern», völlig verkannt worden. Der Grund dafür sei gewesen, dass diese Männer «sich Schriftsteller zu Führern gewählt hätten, denen nicht zum Bewusstsein gekommen war, dass zweitausend Jahre die Neigungen und Bedürfnisse der Völker weitgehend verändert hatten.» Constant kritisiert das rationalistisch-naturrechtliche Denken der Aufklärungs- und Revolutionszeit, das davon ausgeht, zu allen Zeiten hätten die gleichen politischen Einrichtungen als vernünftig zu gelten. Dem sei keineswegs so, sagt er, denn die Bedürfnisse und Neigungen veränderten sich im Lauf der Zeit. Constant lässt den Rationalismus der Aufklärer hinter sich, argumentiert nicht naturrechtlich, sondern historisch und psychologisch. Er wendet sich gegen Rousseau, dessen «subtile Metaphysik des Contrat social» nur mehr geeignet sei, für alle Arten von Tyrannei Argumente und Vorwände zur Verfügung zu stellen.[163] Aber noch schlimmer als Rousseau sei der Abbé de Mably gewesen, der zwar von der Souveränität der Nation gesprochen habe, aber nur um dadurch die Bürger um so gefügiger zu machen. Sein Werk «De la législation ou principes des lois» von 1776 sei genau besehen nicht eine Theorie der Volkssouveränität, sondern ein Codex des Absolutismus, denn wie Rousseau und viele andere habe er die staatliche Macht mit der Freiheit verwechselt.

In der Kritik an den politischen Denkern der Aufklärung und der Revolution macht Constant deutlich, was er unter politischer Freiheit versteht. Im Grund genommen definiert er diesen oft sehr verschwommen gebrauchten Begriff in klarer Opposition zu den Theoretikern der Revolution: Politische Freiheit ist für ihn nicht in erster Linie die Möglichkeit, in die Öffentlichkeit zu treten und politisch zu handeln, sie ist schon gar nicht die von der Tugend gebotene Pflicht, im Sinn des Gemeinwohls zu handeln, sondern vielmehr die Annehmlichkeit, als bürgerliches Individuum den Schutz des Rechtsstaates in Anspruch nehmen, unbehelligt seinen privaten Geschäften nachgehen und sein Eigentum vermehren zu können. Das *Eigentum* ist die materielle Grundlage des Liberalismus; Recht auf Eigentum und Schutz desselben sind die zentralen liberalen Prinzipien, denn der Bürger ist nur frei, wenn er sich seine materielle Existenz selber garantieren kann, wenn er also Eigentümer ist. Er ist nicht zu besonderen Pflichten gegenüber dem Staat aufgerufen, er geniesst sein privates Glück und hält den Staat auf Distanz. Nur im Notfall, wenn dieser Staat tyrannisch wird und die privaten Geschäfte behindert, wird sich der Bürger aktiv ins politische Handeln einschalten und sich erneut seinen Freiraum erkämpfen. Dazu bedarf er des Wahlrechts. Constant will das Wahlrecht denen vorbehalten, die über einen bestimmten materiellen und in Geldwert messbaren Reichtum verfügen, weil nur sie verantwortungsvoll genug sind, die Ordnung des Staates zu bewahren und das Eigentum zu garantieren.

8.1.2 Liberalismus und Restauration

Die beste Regierungsform, sagt Constant, ist die repräsentative Demokratie, aber auch eine konstitutionelle Monarchie kann liberalen Grundsätzen entsprechen, wenn die gesetzgebende Gewalt in den Händen eines gewählten Parlaments liegt. Staatliche Macht muss begrenzt werden, indem das Prinzip der *Gewaltenteilung* streng durchgeführt wird. Constant spricht interessanterweise von vier Gewalten, die gegeneinander abgewogen werden müssen: die gesetzgebende, die ausführende, die richterliche und die Gemeindegewalt. Mit der letzteren meint er die Gemeindeautonomie, die in seiner Vorstellung von Machtbalance ein wichtiges Element der politischen Freiheit ist.

Nach der Rückkehr der Bourbonen nach Frankreich veröffentlichte er im Mai 1814 seinen Entwurf einer liberalen Verfassung für eine konstitutionelle Monarchie. Der Bourbonenkönig Ludwig XVIII. berücksichtigte ihn nicht, sondern erliess seine eigene Verfassung, die sogenannte *Charte*, über die das Volk nicht abstimmen durfte. Damit blieb er weit hinter den liberalen Erwartungen zurück. Immerhin zeigte er sich bereit, der Nation in Form einer gewählten Kammer ihre Repräsentation zu geben. Er war auch gewillt, die in einen altgesinnten Adel, einen bonapartistischen Überrest und eine liberale Opposition gespaltene Nation möglichst zu einigen. Zwar war der alte Adel seine eigentliche Stütze, aber er umgab sich auch mit den Marschällen und Beamten des Kaiserreichs. Sein Bruder dagegen, der als Thronfolger bezeichnete Karl Graf von Artois, stand den Bonapartisten in unversöhnlicher Feindschaft gegenüber. Für ihn gab es nur den alten Adel auf der einen Seite und die Partei der Königsmörder auf der andern Seite, und er wollte den Königsmord von 1793 weder vergessen noch verzeihen. Sein Haus wurde zum Mittelpunkt der «Ultras», der Partei der aus dem Exil zurückgekehrten Adligen, die ihre alten Privilegien wieder herstellen und für erlittenes Ungemach entschädigt werden wollten.

Im März 1815 landete der nach Elba verstossene Napoleon in Südfrankreich und marschierte gegen Paris. Constant schmetterte ihm öffentlich seine Feindschaft entgegen. Als aber das Bourbonenregime praktisch widerstandslos zusammenbrach, Napoleon unter dem Jubel des Volks an die Macht zurückkehrte und eine liberale Verfassung versprach, entzog sich Constant dem Werben seines Erzfeindes nicht, was ihm als Charakterlosigkeit ausgelegt wurde. Er half mit bei der Ausarbeitung einer Verfassung und konnte dabei seine Ideen weitgehend durchsetzen; er wurde zum kaiserlichen Staatsrat ernannt. Gleichzeitig redigierte er seine Arbeit über die «Grundprinzipien der Politik, die auf alle repräsentativen Regierungssysteme und insbesondere auf die gegenwärtige Verfassung Frankreichs angewandt werden können». Nach hundert Tagen einer im Zeichen des Liberalismus erneuerten napoleonischer Herrschaft kam das von den Koalitionsmächten erzwungene Ende und die zweite Rückkehr der Bourbonen. Constant geriet auf die Liste der Kollaborateure Napoleons, die ins Exil geschickt werden sollten. Ludwig XVIII. strich ihn zwar wieder von dieser Liste, weil er den klugen Kopf brauchte, aber Constant zog es vor, für einige Zeit ins Ausland zu verschwinden.

Die hundert Tage Napoleons bedeuteten einen Rückschlag für die Versöhnungsversuche des Königs. Ein Teil der bonapartistischen Marschälle und Offiziere, die er für sich gewonnen hatte, waren ihm sogleich wieder untreu geworden, um zu ihrem einstigen Kriegsherrn überzulaufen. Nach der Niederlage von Waterloo wurden sie hart bestraft; sogar der populäre Kriegsheld Marschall Ney wurde erschossen. Die Partei der Ultras entfesselte in den Provinzen den «weissen Terror», der sich gegen die alten Jakobiner und gegen die Bonapartisten richtete. Manche kamen ums Leben, anderen gelang die Flucht. Viele von ihnen fanden Asyl in der Schweiz, was zu diplomatischen Verwicklungen führte, weil die Bourbonen das Asylrecht der schweizerischen Kantone nicht gelten lassen wollten und die Auslieferung dieser «Verbrecher» verlangten.

Im August 1815 war noch von den napoleonischen Wahlkörperschaften eine neue Abgeordnetenkammer gewählt worden. Zur allgemeinen Überraschung hatte sich eine überwältigende Mehrheit für die Ultras ergeben. Unter dem Eindruck des weissen Terrors wurde diese Kammer aber vom Volk mit allergrösstem Misstrauen bedacht. Die Gesandten der Siegermächte, die sich wöchentlich trafen, um über die innere Lage Frankreichs zu beraten, sahen die Gefahr eines Bürgerkriegs und rieten dem König, die Kammer aufzulösen. Dies geschah am 5. September 1816. Im November wählten die vermögenden und daher wahlberechtigten Männer Frankreichs eine neue Kammer, die mehrheitlich aus gemässigten, der Regierung genehmen Abgeordneten bestand. Dem Regierungslager stand eine kleine Gruppe liberaler Oppositioneller gegenüber. Die Kammer entfaltete eine bemerkenswerte Aktivität mit hochstehenden Debatten, so dass sie bald die Aufmerksamkeit des ganzen politischen Europas erregte. Benjamin Constant, der 1816 nach Paris zurückgekehrt war, wurde erst 1819 in die Kammer gewählt, erwies sich dann aber rasch als einer der einflussreichsten Abgeordneten und als führender Kopf der liberalen Opposition.

8.1.3 Triumph des Individualismus

Als neu gewählter Abgeordneter hielt Constant 1819 einen Vortrag vor der gelehrten Gesellschaft «Athénée Royale» in Paris. Darin definierte er sein Verständnis von Freiheit: «Fragen wir uns zunächst einmal, meine Herren, was in unseren Tagen ein Engländer, ein Franzose, ein Bewohner der Vereinigten Staaten unter Freiheit versteht. Für jeden von ihnen bedeutet sie das Recht, nur den Gesetzen unterstellt zu sein, das heisst, nicht auf Grund willkürlicher Willensentscheidungen einer oder mehrerer Personen verhaftet, gefangengesetzt, hingerichtet noch in irgendeiner Form misshandelt zu werden.» Die bürgerliche Freiheit, die im Verhältnis zwischen Bürger und Staat liegt, besteht also in der Abwesenheit von Willkür. Das ist eine negative Bestimmung. Die positive Bestimmung der Freiheit bezieht sich auf den Privatbereich; sie besteht für jeden Bürger darin, «seine Meinung zu äussern, sein Gewerbe zu wählen und es auszuüben, über sein Eigentum zu verfügen, ja es sogar zu missbrauchen, kommen und gehen zu können, ohne deswegen um besondere Erlaubnis nachsuchen zu müssen und ohne es nötig zu haben, über seine Beweggründe und Vorhaben Rechenschaft abzulegen. Für jeden ist zudem Freiheit auch das Recht, mit andern zusammenzutreffen, sei es um mit ihnen über seine materiellen Interessen zu verhandeln, sei es um sich zu der Art von religiösem Kult zu bekennen, den er und seine Glaubensgenossen bevorzugen, sei es um einfach die Tage und Stunden in einer seinen Neigungen und Launen entsprechenden Weise auszufüllen.» Erst am Schluss erwähnt Constant das Recht auf politische Partizipation: «Schliesslich bedeutet Freiheit auch für sie alle das Recht, auf die Regierung Einfluss zu nehmen, sei es durch Bestellung aller oder bestimmter Beamten, sei es durch Vorstellungen, Eingaben oder Anträge, die die Staatsgewalt zu berücksichtigen mehr oder weniger verpflichtet ist.»[164]

Constants hauptsächliche Leistung ist es, den alten Begriff einer auf der Bürgertugend fussenden politischen Freiheit durch einen neuen, von individueller Unabhängigkeit ausgehenden Freiheitsbegriff ersetzt zu haben. Politische Freiheit besteht nach seiner Auffassung weniger in der Möglichkeit, etwas zu tun, als vielmehr in der Abwesenheit staatlicher Willkür gegenüber dem Bürger. Wo der Staat zuviel dreinredet und eingreift, besteht keine Freiheit. Am Ende seines Lebens fasste er seine Grundidee so zusammen: «Freiheit in allen Bereichen, in der Religion, in der Philosophie, in der Literatur, in der Wirtschaft, in der Politik, und unter Freiheit verstehe ich den Triumph der Individualität sowohl über die Staatsmacht, die absolutistisch regieren will, wie über die Massen, die das Recht für sich beanspruchen, die Minderheit durch die Mehrheit zu unterdrücken.»[165] Das mag als Überspitzung des Individualismus gelesen werden, aber man muss es vor dem Hintergrund der bourbonischen Machtanmassung sehen. Die französische Staatsmacht erlaubte sich in den 1820er Jahren eine Geringschätzung der Menschen- und Bürgerrechte und mannigfache Eingriffe in den Privatbereich. Constant wollte die Würde des Staatsbürgers schützen, indem er der staatlichen Willkür Schranken setzte und die Privatsphäre des Bürgers als unantastbar deklarierte. Der Staatsbürger gewinnt seine Kraft daraus, dass er seine private Unabhängigkeit geniessen kann; deshalb soll er sich nicht, wie die alten Griechen, ausschliesslich den öffentlichen Interessen widmen. Er soll nicht nur Staatsbürger, also öffentlicher Mensch, sondern in erster Linie privates Individuum sein. Aber Constant warnte auch immer wieder vor den Gefahren des ausschliesslichen Rückzugs auf den privaten Bereich: «Die Gefahr der heutigen Freiheit besteht hingegen darin, dass wir, allzusehr von dem Genuss unserer privaten Unabhängigkeit und der Verfolgung unserer Privatinteressen in Anspruch genommen, mit zu grossem Gleichmut auf unser Recht der Teilhabe an der politischen Macht verzichten.»[166]

Constant war sich bewusst, dass es doch auch etwas von der Tugendhaftigkeit «der Alten» brauchte, dass die Freude am individuellen materiellen Genuss nicht ausreichte, die politische Freiheit zu bewahren. Es braucht eine vom Patriotismus genährte Freude am Wirken in der Öffentlichkeit. Diese patriotische Freude werde sich immer dann Platz schaffen, wenn sich die Nation eine liberale Verfassung gebe: «Beobachten Sie doch selbst» sagte er 1819 optimistisch, «wie eine Nation an der ersten Einrichtung schon wächst, die ihr die regelmässige Ausübung ihrer politischen Freiheit wiedergibt! Sehen Sie doch, wie unsere Mitbürger aller sozialen Schichten, aller Berufe die Sphäre ihrer gewohnten Arbeiten und des von ihnen ausgeübten Gewerbes verlassen und sich plötzlich auf dem Boden wichtiger Funktionen zusammenfinden, die die Verfassung ihnen anvertraut, wie sie sich klug entscheiden, kraftvoll Widerstand leisten, die List vereiteln, der Drohung trotzen, in edler Weise der Verlockung entgegentreten! Sehen Sie doch, wie ein reiner, tief verwurzelter, aufrichtiger Patriotismus in unseren Städten triumphiert, noch die kleinsten Marktflecken erfüllt, unsere Werkstätten durchdringt und das flache Land bedeckt, mit dem Gefühl für unsere Rechte und die Notwendigkeit von Rechtsgarantien den aufrechten, geraden Sinn des tätigen Landmanns und des fleissigen Händlers bestimmt…»[167] – Solche Worte fielen auch in der Schweiz auf fruchtbaren Boden; auch hierzulande war ein «aufrichtiger Patriotismus in unseren Städten» zu beobachten. Aber er konnte sich, anders als in Frankreich, noch lange nicht auf einen geeinten Nationalstaat, sondern nur auf die Kantonsrepubliken beziehen.

8.2 Romantik und nationale Einheit

Die schweizerischen Patrioten des 18. Jahrhunderts waren von der Annahme ausgegangen, es habe einst ein besonderes helvetisches Volk existiert, das sich durch besondere Freiheitsliebe ausgezeichnet habe, und dieses alte Volk sei der Ursprung der freien Eidgenossenschaft. Es gelte die Idee der Eidgenossenschaft, die gleichsam in der Volksseele aufbewahrt geblieben sei, wieder zu entdecken und dadurch die staatliche Einheit der Schweiz herzustellen. Dieser Gedanke wurde in der Restaurationszeit neu belebt. Dabei ergaben sich Parallelen zu dem, was die Dichter und Denker der deutschen Romantik seit dem Beginn der antinapoleonischen Freiheitskriege dachten und schrieben. Auch in Deutschland hatte es schon seit dem 18. Jahrhundert die Rückwendung zum alten deutschen Volk gegeben, in dem man die echte nationale Gesinnung vermutete. Die Parallele war nicht zufällig, denn es gab zu diesem Thema einen Gedankenaustausch zwischen der Schweiz und Deutschland, der in der Aufklärungszeit begonnen hatte. Emil Ermatinger hat in seinem Buch über «Dichtung und Geistesleben der deutschen Schweiz» vielfache Bezüge aufgezeigt. Besonders die Schule von Bodmer und Breitinger in Zürich wirkte nach Deutschland hinüber, und wenn sich die deutschen Romantiker auf Herder beriefen, so konnte sich dieser seinerseits auf die Schweizer berufen.

8.2.1 Herders Leitfaden

Johann Gottfried Herder (1744–1803) hatte sich vom Interesse Bodmers und Breitingers für mittelalterliche Sprache und Kultur anstecken lassen. Er entwickelte eine neue Art von Geschichtsverständnis, die er in seinen «Ideen zur Philosophie der Geschichte der Menschheit» fruchtbar machte.

Das Werk erschien 1784 bis 1791 in vier Teilen; es enthielt unter anderem eine Art Leitfaden für ein neues, organisches Verständnis der «Nationwerdung» Deutschlands, also einen kurzen historischen Abriss der deutschen Geschichte, den ich hier, noch einmal verkürzt, wiedergebe: Nachdem die deutschen Kaiser im hohen Mittelalter versucht hatten, in Italien und bis nach Sizilien hinunter ihre Reichsordnung aufzurichten, mussten sie schliesslich die Vergeblichkeit ihrer Bemühungen einsehen und erkennen, dass ihr Vaterland im Norden liege. Ihr Reich sollte nicht mehr ein Universalreich sein, sondern ein nationales, deutsches Reich. Um dieses zu befrieden, gründeten sie Städte, und in diesen deutschen Städten entwickelte sich eine bürgerliche Selbstverwaltung. Deutschland blühte auf. Damit war die Voraussetzung dafür gegeben, dass sich die deutsche Nation ihrer selbst bewusst wurde und selbst zu handeln begann. «So entstand im unfriedsamen Staate aus eigenen Kräften der Nation ein friedsamer nützlicher Staat, durch Gewerbe, Bündnisse, Gilden verbunden; so hoben Gewerke sich aus dem drückenden Joch der Leibeigenschaft empor und gingen durch deutschen Fleiss und Treue zum Teil in Künste über, mit denen man andere Nationen beschenkte.»[168] Herder beschreibt die nationale Kultur und den deutschen Nationalstaat als ein Ideal, das im Mittelalter schon geschichtliche Wirklichkeit geworden ist, in der Gegenwart aber erst wieder entdeckt werden muss. Dazu bedarf es der Förderung des nationalen Denkens und Handelns. Er appellierte an das Bürgertum, aber auch an die patriotisch gesinnten Fürsten. 1788 verfasste er für den Markgrafen Karl Friedrich von Baden eine Denkschrift mit dem Titel «Idee zum ersten patriotischen Institut für den Allgemeingeist Deutschlands». Darin transformierte er die Idee der allgemeinen Aufklärung in die Idee einer nationalen Bildung, deren Notwendigkeit er so begründete: «Je geteilter eine Nation ist, desto mehr Kräfte kann sie vielleicht haben; die Kräfte werden sich aber einander nicht kennen, mithin auch nicht auf einen gemeinschaftlichen Endzweck wirken. Ein Beispiel davon gibt die mittlere europäische, insonderheit die deutsche Geschichte. An Mannigfaltigkeit und Kraft hat es unserer Nation von jeher nicht gefehlt.» Aber jetzt gelte es, die mannigfaltigen Kräfte endlich zu vereinigen «zu dem einen grossen Endzweck, der Nationalwohlfahrt». Deshalb seien «alle Bemühungen ruhmwürdig, die nicht nur Licht zu verbreiten, sondern auch Licht zu vereinigen suchen, dass eine gemeinschaftliche Flamme werde».[169]

Besonders wichtig im Hinblick auf den «Endzweck der Nationalwohlfahrt» ist für Herder die Pflege der Nationalsprache: «Unsre Nation

242

kann sich rühmen, dass sie von den ältesten Zeiten an, die wir kennen, ihre Sprache unvermischt mit andern erhalten habe, so wie sie auch selbst unüberwunden von andern Völkern geblieben und mit ihren Wanderungen vielmehr auch ihre Sprache weit umher in Europa angepflanzt hat. Es ist also billig, dass diese Sprache nicht nur daure, solang die Nation dauert, sondern sich auch aufkläre, läutere und befestige, wie sich die Nation in ihrer Verfassung befestigt und aufklärt. Unglaublich viel trägt eine geläuterte, durch Regeln bestimmte Sprache zur festen, bestimmten Denkart einer Nation bei; denn es ist ein Zeichen, dass wir uns selbst gering achten, solange wir uns gegen uns und gegen andre Nationen unsrer Sprache schämen.» In alten Zeiten seien die griechische und die lateinische Sprache führend gewesen und auch von andern Völkern gebraucht worden. In neuerer Zeit «hat es zuerst die spanische, dann die französische Sprache bewiesen, welche Vorteile, ja welch ein geheimes Übergewicht eine Nation erlange, deren Sprache sich gewissermassen zu einer herrschenden zu machen gewusst hat.»[170] Herder verlangt nicht, die deutsche Sprache zur herrschenden in Europa zu machen, aber er wünscht, dass sie in Deutschland rein gesprochen werde und dass sich auch die Fürsten ihrer bedienten und sich nicht, der Mode entsprechend, vor allem französisch ausdrückten.

Herders Gedanken wurden von den Romantikern aufgenommen, verbreitert und vertieft. In der Kultur des Mittelalters, in Architektur und bildender Kunst, vor allem aber in Sprache und Poetik entdeckten sie das wahre Deutschtum. Überall sahen sie die deutsche Volksseele sich ausdrücken, und deshalb fanden sie in der Vielfalt die Einheit des Nationalen. Umgekehrt verstanden sie die nationale Einheit als Zusammenfassung der Vielheit. Sie waren Poeten und besassen keinen ausgeprägten Sinn für Realpolitik. Aber in der Zeit der napoleonischen Hegemonie in Europa und der wachsenden antifranzösischen Stimmung in Deutschland bekamen die Ideen der Romantiker eine politische Funktion. Die deutsche Bildungselite übernahm die Vorstellung einer kulturellen Einheit Deutschlands, und ein wachsender Teil wollte nun auch die politische Einheit. Wenn aber diese Einheit vom Volk ausgehen musste, dann stellte sich auch die Frage der *Volkssouveränität*, die dem restaurierten Prinzip der *Fürstenlegitimität* entgegenstand. War die nationale Einheit nur um den Preis einer Rebellion gegen die Fürsten zu haben? Diese Frage spaltete die politische Elite. In ähnlicher Weise stellte sich die Frage aber auch in der Schweiz, wo die nationale Einheit offensichtlich nur gegen den Willen der im Kantonspartikularismus befangenen herrschenden Geschlechter zu haben war.

8.2.2 Deutsche Burschenschaft

Bleiben wir noch ein wenig bei den Verhältnissen in Deutschland, die vielfältig mit den schweizerischen Verhältnissen verflochten waren. Die nationale Einheit Deutschlands schien nach den Befreiungskriegen gegen Napoleon zum Greifen nahe, aber sie scheiterte am Konkurrenzkampf zwischen Österreich und Preussen und an den Interessengegensätzen zwischen den vielen mittleren und kleinen deutschen Fürstentümern. Die Lage war entmutigend für diejenigen, die als Freiwillige in die Befreiungskriege gezogen waren und gehofft hatten, bald eine freie, starke und geeinte Nation entstehen zu sehen. Der Wiener Kongress hatte die Erwartungen der Nationalisten nicht erfüllt. Die langwierige Kongressarbeit hatte nur dazu gedient, die territorialen Ansprüche der Fürsten einigermassen auszugleichen, und am Ende war ein von Österreich dominierter Deutscher Bund als lockeres Band um alle diese Fürstenstaaten geschlungen worden. Die liberale Bildungselite Deutschlands diskutierte weiter über bürgerliche Freiheitsrechte und eine für ganz Deutschland gültige Verfassung. Die studentische Jugend aber drängte zur Tat; es entstand eine radikale Bewegung, welche die nationale Einheit und die politische Freiheit unverzüglich verwirklicht sehen wollte.

Die Studenten von Jena, die als Freiwillige in die Völkerschlacht bei Leipzig gezogen waren, hatten 1815 die Jenenser Burschenschaft gegründet und in ihre Gründungsurkunde geschrieben: «Erhoben von dem Gedanken an ein gemeinsames Vaterland, durchdrungen von der heiligen Pflicht die jedem Deutschen obliegt auf die Belebung deutscher Art und deutschen Sinnes hinzuwirken, hierdurch deutsche Kraft und Zucht zu erwecken, mithin die vorige Ehre und Herrlichkeit unsres Volkes wieder fest zu gründen, und so es für immer gegen die schrecklichste aller Gefahren, gegen fremde Unterjochung und Despotenzwang zu schützen, ist ein Theil der Studirenden in Jena an untergesetztem Tag zusammengetreten, und hat sich beredet, eine Verbindung unter dem Namen einer Burschenschaft zu gründen.»[171] Bald entstanden an andern Universitäten ähnliche Burschenschaften, in denen sich ein liberaler und nationaler Geist manifestierte.

Am 18. Oktober 1817, zum 300. Jahrestag von Luthers Reformation, feierten etwa 500 Burschenschafter von elf Universitäten auf der Wartburg ein nationales Verbrüderungsfest. Die Männer waren unter sich, denn Frauen gab es an den damaligen Universitäten noch nicht; sie hätten sich mit dem waffenklirrenden Auftreten der vaterländisch gesinnten jungen

Leute auch gar nicht identifizieren können. Die Burschenschafter gedachten der Völkerschlacht bei Leipzig, die nun schon vier Jahre zurücklag. Heinrich Herrmann Riemann als Vertreter der Jenenser Burschenschaft hielt eine Rede, in der er das Projekt der nationalen Einigung Deutschlands neu zu beleben versuchte. Man habe gekämpft, sagte er, in der Hoffnung auf ein geeinigtes Vaterland. Jetzt greife eine gewisse Resignation um sich, und viele Männer seien bereits kleinmütig geworden und ins Ausland gezogen, um ein neues Vaterland zu suchen. «Nun frage ich euch, die ihr hier versammelt seid in der Blüte eurer Jugend, mit allen den Hochgefühlen, welche die frische junge Lebenskraft gibt, euch, die ihr dereinst des Volkes Lehrer, Vertreter und Richter sein werdet, auf die das Vaterland seine Hoffnung setzt, euch, die ihr zum Teil schon mit der Waffe in der Hand, alle aber im Geist und mit dem Willen für des Vaterlandes Heil gekämpft habt; euch frage ich, ob ihr solcher Gesinnung beistimmt? Nein! Nun und nimmermehr! In den Zeiten der Not haben wir Gottes Willen erkannt und sind ihm gefolgt. An dem, was wir erkannt haben, wollen wir aber auch nun halten, solange ein Tropfen Bluts in unsern Adern rinnt; der Geist, der uns hier zusammengeführt, der Geist der Wahrheit und Gerechtigkeit, soll uns leiten durch unser ganzes Leben, dass wir, alle Brüder, alle Söhne eines und desselben Vaterlandes, eine eherne Mauer bilden gegen jegliche äussere und innere Feinde dieses Vaterlandes, dass uns in offner Schlacht der brüllende Tod nicht schrecken soll, den heissesten Kampf zu bestehen, wenn der Eroberer droht; dass uns nicht blenden soll der Glanz des Herrscherthrones, zu reden das starke freie Wort, wenn es Wahrheit und Recht gilt, dass nimmermehr in uns erlösche das Streben nach Erkenntnis der Wahrheit, das Streben nach jeglicher menschlichen und vaterländischen Tugend. Mit solchen Grundsätzen wollen wir einst zurücktreten ins bürgerliche Leben, fest und unverrückt vor den Augen als Ziel das Gemeinwohl, tief und unvertilgbar im Herzen die Liebe zum einigen deutschen Vaterlande. Du Mann Gottes [sc. Luther!], du starker Fels der Kirche Christi, der du mit eisernem Mut gegen die Finsternis ankämpftest, der du auf dieser Burg den Teufel bezwangst, nimm unser Gelübde an, wenn dein Geist noch in Gemeinschaft mit uns steht!»[172]

Die vaterländische Demonstration auf der Wartburg erregte den Unwillen der deutschen Fürsten. Angegriffen mussten sich auch die Katholiken vorkommen, denn die Herkunft der Burschenschafter und der Ort der Feier hatten offenkundig gemacht, dass das national-liberale Projekt mit dem Protestantismus gekoppelt war. Die Studenten hatten die Wartburg zum Sinnbild des lutherischen Aufstands gegen die Finsternis und für Geistesfreiheit erhoben, und im katholische Wien sahen sie das Symbol der schwärzesten Reaktion. Sie kämpften gegen Kleinstaaterei und Fürstenmacht, aber sie kämpften auch gegen eine bestimmte Weltanschauung, die sie im Katholizismus verkörpert sahen. Hier zeigt sich eine Parallele zu den späteren Kämpfen der schweizerischen Liberalen und Radikalen, die zwar nicht gegen Fürsten anzutreten brauchten, weil sie sich von vornherein in republikanischen Verhältnissen fanden, die aber ebenfalls den Kampf gegen Kleinstaaterei und für die nationale Einigung mit dem Kampf gegen den Katholizismus verbanden.

Zwei Jahre nach dem Wartburgfest erstach der Theologiestudent Karl Ludwig Sand den Dichter August von Kotzebue, den er als Exponenten der politischen Reaktion ansah. Auf Initiative des österreichischen Ministers des Auswärtigen, Fürst Metternich, erliess der Deutsche Bund die sogenannten Karlsbader Beschlüsse. Sie ermöglichten strenge Pressezensur, Verbot der Burschenschaften, Entlassung revolutionärer Lehrkräfte, die als Demagogen bezeichnet wurden, und eine strenge Überwachung der Universitäten. Die nun einsetzenden «Demagogenverfolgungen» trieben viele deutsche Nationalisten, Republikaner und Revolutionäre zur Flucht ins Ausland; manche kamen in die Schweiz. Dieser Vorgang wiederholte sich auch später noch mehrmals. Während ein Grossteil der schweizerischen akademischen Jugend an deutschen Universitäten studierte, nahmen gewisse schweizerische Kantone immer wieder deutsche politische Flüchtlinge auf. Von daher gab es eine dauernde und wechselseitige politische Beeinflussung zwischen der Schweiz und Deutschland. Das Projekt der deutschen Einigung, der Fortbildung des Deutschen Bundes zu einem Nationalstaat, beeinflusste einen Teil der schweizerischen Geisteselite, die sich zunehmend für die Fortentwicklung des eidgenössischen Bundes zu einem Nationalstaat zu engagieren begann. Die deutschen Flüchtlinge in der Schweiz aber lernten hier eine republikanische Grundhaltung kennen, die sie gerne ins monarchische Deutschland hinübergenommen hätten.

8.2.3 Die Natur des Weibes

Der politische Fortschritt, den die liberalen Nationalstaatsanhänger einleiteten, war ausschliesslich auf die Männer bezogen. Während sie politisch mündig wurden, unterlagen die Frauen einer gegenläufigen Bewegung. Was ihre Stellung in der Öffentlichkeit betraf, standen sie im 19. Jahrhundert eher schlechter da als im 18. Jahrhundert. Damals hatte zumindest eine kleine Minderheit der Frauen aus der «guten Gesellschaft» als Publizistinnen und als Salondamen eine öffentliche Rolle gespielt, und zu Beginn der Französischen Revolution hatte ein naturrechtlicher Diskurs behauptet, alle Menschen seien gleich und frei geboren, so dass also Frauen und Männer gleichermassen und allein kraft ihres Menschseins im Besitz ihrer unveräusserlichen Rechte seien – auch des Rechts, an der politischen Diskussion teilzunehmen. Es hatte sich dann aber rasch die Auffassung durchgesetzt, die Natur selbst verbiete es den Frauen, sich in die Politik einzumischen, weil ihre zarte Konstitution sie dazu ungeeignet mache. Die theoretische Begründung für diese Annahme lieferte die Naturwissenschaft, die mit ihren ins Detail gehenden Untersuchungsergebnissen das spekulative und universell gültige Naturrechtsdenken verdrängte.

Die rasante Entwicklung der Naturwissenschaften seit Ende des 18. Jahrhunderts hatte wohl die Weltanschauung der Gebildeten nachhaltiger und auf breiterer Basis verändert und geprägt als alle Philosophie in den Jahrhunderten zuvor. Wenn in der Chemie, in der Biologie und in der Medizin neue Phänomene entdeckt wurden, wenn mit Elektrizität und Magnetismus experimentiert wurde, so war das gebildete Publikum fasziniert und bereit, die theoretischen Schlussfolgerungen der Naturwissenschaftler zu übernehmen. In Deutschland hatte es grosse Aufmerksamkeit erregt, als Schelling versucht hatte, alle Zweige der Naturwissenschaft unter dem Dach seiner Naturphilosophie zusammenzufassen. Er verstand alle wissenschaftlich konstatierbaren Phänomene als organische Entwicklungen, hinter denen eine geheimnisvolle Naturkraft wirke und dafür sorge, dass sich die Natur letztendlich vollenden werde. Die Menschen als Teil der Natur finden sich bei vernünftigem Nachdenken in Übereinstimmung mit ihrem idealen naturhaften Kern. Es gibt eine Natur des Mannes und eine ganz anders geartete Natur der Frau, und beide streben in fortlaufender Evolution ihrem je eigenen Idealzustand entgegen. Dieser naturphilosophische Idealismus lieferte die Begründung für die rechtliche und politische Sonderstellung der Frauen.

Immer wieder fühlten sich Männer dazu angestachelt, die Differenz zwischen den Geschlechtern hervorzuheben und daraus abzuleiten, die Frauen hätten die Finger von der Politik zu lassen und sich ausschliesslich mit Kindern und Haushalt zu befassen. Seit Beginn des 19. Jahrhunderts war dies in unzähligen Büchern, Broschüren und Lexikonartikeln abgehandelt und festgeschrieben und danach zum festen Bestandteil der gesellschaftlichen Anschauungen geworden. Die heutige feministische Forschung sieht in diesem Vorgang den eigentlichen Anfang der Konstruktion des gesellschaftlich bestimmten Geschlechts. Entscheidend war, dass diese Konstruktion nicht als solche erkannt wurde, sondern eben als naturgegeben galt. Ausgangspunkt war die Feststellung der physiologischen Unterschiede zwischen Mann und Frau, die als Ursache von Charakterunterschieden galten. So konnten bestimmte Charaktereigenschaften dem Mann, andere ausschliesslich der Frau zugeordnet werden, und aufgrund dieser männlichen und weiblichen Charaktereigenschaften wurden die gesellschaftlichen Rollen zwischen Mann und Frau aufgeteilt. Der «Brockhaus» von 1815, eines der im deutschen Sprachraum meistgebrauchten Konversationslexika, tat dies folgendermassen: «Aus dem Mann strömt die laute Begierde; in dem Weibe siedelt sich die stille Sehnsucht an. Das Weib ist auf einen kleinen Kreis beschränkt, den es aber klarer überschaut; es hat mehr Geduld und Ausdauer in kleinen Arbeiten. Der Mann muss erwerben, das Weib sucht zu erhalten; der Mann mit Gewalt, das Weib mit Güte und List. Jener gehört dem geräuschvollen öffentlichen Leben, dieses dem stillen häuslichen Cirkel. Der Mann arbeitet im Schweisse seines Angesichts und bedarf erschöpft der tiefen Ruhe; das Weib ist geschäftig immerdar, in nimmer ruhender Betriebsamkeit. Der Mann stemmt sich dem Schicksal selbst entgegen und trotzt schon zu Boden liegend der Gewalt; willig beugt das Weib sein Haupt und findet Trost und Hilfe noch in seinen Thränen.»[173] – Das Neue an dieser Sicht wird deutlich, wenn man sie mit der im 18. Jahrhundert gängigen Vorstellung vergleicht. In der alten Ständegesellschaft war die gesellschaftliche Rolle eines Individuums zunächst durch die Position in der Ständehierarchie bestimmt, in die es hineingeboren wurde; das Geschlecht spielte erst in zweiter Linie eine Rolle. Dieses Verhältnis kehrte sich im 19. Jahrhundert um: In der sich formierenden bürgerlichen Gesellschaft spielte zwar die durch Geburt gegebene Stellung auch noch eine Rolle, aber sie war nicht mehr fest, sondern veränderbar. Dagegen wurde die Geschlechterrolle zunehmend fixiert: Der Mann ist Produzent, Unternehmer und Politiker, die Frau ist Hausfrau und Mutter. In ihrem Buch über Frauen und Frauenorganisationen in der Schweiz des 19. Jahrhunderts stellt Beatrix Mesmer die Zuteilung spezifischer Geschlechterrollen in einen Zusammenhang mit der entstehenden Konkurrenzgesellschaft: Weil sich die alten Bindungen und Sicherheiten in Wirtschaft und Gesellschaft auflösen, weil die Männer vermehrt ausser Haus und individuell um einen Platz an der Sonne kämpfen müssen, möchten sie das Gefühl von Sicherheit und Bindung wenigstens in Haus und Familie bewahrt wissen, und sie übertragen diese Aufgabe der Frau; sie soll die Familie zusammenhalten und das Haus zum «trauten Heim» aufwerten. Solche Vorstellungen einer geschlechtsspezifischen Rollenteilung setzten sich sehr schnell durch. Im Zeitalter des erstarkenden Liberalismus herrschte völlig selbstverständlich die Meinung, die Frauen seien vom politischen Handeln fernzuhalten. Das war nicht nur in der Schweiz so, sondern in allen europäischen Ländern.

Allerdings war die Rollenteilung gemäss den Vorgaben der Konversationslexika und anderer Schriften auf eine kleine, gehobene bürgerliche Schicht beschränkt. Gerade in der weitgehend agrarisch strukturierten Bevölkerung der Schweiz, wo sich moderne Formen der Arbeitsteilung nur langsam durchsetzten, war die Rolle der Frau noch stark von der alten Form des «ganzen Hauses» geprägt. Die Frauen fühlten sich in solchen Verhältnissen keineswegs diskriminiert. Erst unter besonderen Umständen wurde ihnen ihre rechtliche Diskriminierung bewusst. Ähnlich war es mit der politischen Diskriminierung. Solange es kein politisches Handeln im Sinn des modernen Nationalstaates gab, fühlten sie sich nicht ausgegrenzt. Dieses Gefühl konnte überhaupt erst entstehen, als die Männer ihre politischen Rechte wahrzunehmen begannen und die Aktivbürgerschaft an Breite gewann, ohne aber die Frauen formell einzubeziehen.

8.3 Die Idee der Freiheit und die Geschichtsdialektik

Die Revolutionäre am Ende des 18. Jahrhunderts hatten mit der tyrannischen Vergangenheit brechen und politische Freiheit herstellen wollen. Um die Freiheit ging es auch den Liberalen des 19. Jahrhunderts. Sie hatten aber erstens nicht mehr eine auf der Bürgertugend beruhende klassisch-republikanische Freiheit im Auge, sondern eine am privaten Genuss orientierte individuelle Freiheit. Zweitens verstanden sie die angestrebte politische Revolution nicht als einen plötzlichen Bruch mit einer falschen Tradition, sondern als organische Weiterentwicklung der Tradition bis hin zu einem idealen Zustand in der Zukunft. In dieser doppelten Abgrenzung gegenüber den Vorstellungen der alten Revolutionäre lag die Gemeinsamkeit des französischen Liberalismus, wie ihn Benjamin Constant formulierte, und des stärker ökonomisch argumentierenden englischen Liberalismus der Schule von Jeremy Bentham. Demgegenüber gab es den deutschen Liberalismus, der eine völkische oder nationale Freiheit anvisierte.

Wenn ich der Einfachheit halber von französischem, englischem und deutschem Liberalismus spreche, so handelt es sich um Typisierungen unterschiedlicher Arten des Liberalismus, wie sie in allen europäischen Ländern vorkamen. Es wirkten aber auch im 19. Jahrhundert noch die Ideen des alten Republikanismus und der Französischen Revolution weiter. Alle diese freiheitlichen Strömungen, mehr oder weniger miteinander vermischt, waren in der frühen liberalen Bewegung der Schweiz vorhanden. In der Literatur wird der schweizerische Liberalismus oft als blosse Weiterführung der Ideen der Französischen Revolution dargestellt; das ist in dieser Einseitigkeit unzutreffend. Ohne den Einfluss Benjamin Constants und ohne die englischen und deutschen Einflüsse hätte es den schweizerischen Liberalismus nicht gegeben. Besonders die Nähe des schweizerischen zum deutschen Liberalismus ist wichtig und wird häufig unterschätzt.

Was macht das Besondere des deutschen Liberalismus aus? Er ist geprägt vom philosophischen Idealismus, das heisst, er geht von folgendem Grundgedanken aus: Die Bestimmung der Menschheit liegt in ihrer *Uridee* oder, geschichtlich gesprochen, in ihren Uranfängen. Völker und Individuen sind dann frei, wenn es ihnen gelingt, sich ihre Bestimmung bewusst zu machen und sie zu verwirklichen. Fichte als einer der wichtigsten Vertreter des deutschen Idealismus hatte in seinen 1806/07 gehaltenen «Reden an die deutsche Nation» das deutsche Volk das Urvolk des europäischen Völkerkreises genannt, weil er der Auffassung war, in ihm liege der Keim der menschlichen Vervollkommnung, das heisst der Entwicklung zur wahren Freiheit. Auch Schelling, der Lieblingsphilosoph der deutschen Romantik, sah den Sinn der Menschheitsgeschichte in der Freiheit, wobei diese gleichzeitig Ursprung und Ziel der Geschichte sei. In einer geschichtsphilosophischen Arbeit aus dem Jahr 1811 schrieb er, die Geschichte als zeitlicher Ablauf entwickle sich naturnotwendig ihrem in der Zukunft liegenden Ziel entgegen, und dieses Ziel sei nichts anderes als das ideelle Urbild, das sich im Anfang der Geschichte, im Dunkel der Schöpfung verberge und im Lauf der Geschichte wieder ans Licht treten müsse: «Dem Menschen muss ein Prinzip zugestanden werden, das ausser und über der Welt ist; denn wie könnte er allein von allen Geschöpfen den langen Weg der Entwicklung, von der Gegenwart an bis in die tiefste Nacht der Vergangenheit zurückverfolgen, er allein bis zum Anfang der Zeiten aufsteigen, wenn in ihm nicht ein Prinzip vor dem Anfang der Zeiten wäre? Aus der Quelle der

Dinge geschöpft und ihr gleich hat die menschliche Seele eine Mitwissenschaft der Schöpfung.»[174] Wissenschaft ist Mitwissen um die Schöpfung, und dieses Mitwissen teilt sich in der Art von «Urbildern» mit. Die Geschichte der Menschheit ist die Suche nach den Urbildern, letztlich nach dem «Urlebendigen». Das Urbild des menschlichen Zusammenlebens aber zeigt die Menschen nicht als isolierte Einzelwesen, sondern als Gemeinschaft. Ist es die Bestimmung des Menschen, sich als Teil einer Nation in einem Nationalstaat zu finden, oder ist der Nationalstaat nur eine Zwischenstation? Das Urbild erschliesst sich nicht ohne weiteres, sondern erst im Aufstieg vom Niedrigen zum Höheren. Das Urbild, meint Schelling, «schläft in der Seele als ein verdunkeltes und vergessenes, wenngleich nicht völlig ausgelöschtes Bild. Vielleicht würde es nie wieder erwachen, wenn nicht in jenem Dunkel selber die Ahnung und die Sehnsucht der Erkenntnis läge. Aber unaufhörlich von diesem angerufen um seine Veredelung bemerkt das Höhere, dass das Niedere ihm nicht beigegeben ist, um von demselben gefesselt zu bleiben, sondern damit es selbst ein anderes habe, in welchem es sich beschauen, darstellen und sich verständlich werden könne.» Es geht also um eine Entfesselung, um eine Befreiung der wahren Bestimmung des Menschen in einem Prozess der Erkenntnis. Dieser Prozess wird angestossen, sobald der Mensch, der gleichzeitig auf einer höheren und auf einer niedrigeren Entwicklungsstufe steht, sich dieser Scheidung bewusst wird und in seinem Innern einen Dialog zu führen beginnt, in dem sich die Dialektik der vernünftigen Erkenntnis entfalten kann. So sagte es Schelling, und Hegel baute diese Dialektik des Erkenntnisprozesses in seine Geschichtsdialektik ein.

Seit der Publikation der «Phänomenologie des Geistes» (1807) galt Hegel als Meister des dialektischen Denkens. In seinen Vorlesungen über die Philosophie der Weltgeschichte (1822/28) fragte er, durch welches «Material» sich die Vernunft in der Geschichte verwirkliche. Seine Antwort: Der Geist wird Volksgeist und verwirklicht sich im vernünftigen Staat. Dieser Gedanke sollte, in popularisierter Form, ausserordentlich erfolgreich werden, und er wurde von konservativer wie von liberaler Seite gleichermassen in Anspruch genommen. Die Liberalen sahen in Hegel allerdings vor allem den Apologeten des preussischen Obrigkeitsstaates, und sie verstanden sich deshalb als Antihegelianer, ohne zu merken, wie weit sie selber Hegelsche Kategorien übernahmen. Für sie war der vernünftige Staat der Nationalstaat, und sie sahen ihn als das Produkt des sich selbst verwirklichenden Geistes in der Geschichte. Das fortschrittsorientierte

Denken nach geschichtsdialektischem Schema wurde für sie zur Selbstverständlichkeit. In diesem Denken erschien die Fürstenlegitimität als These einer vergangenen Entwicklungsstufe, der sie als liberale Antithese die Volkssouveränität entgegenstellen, und sie hegten die Erwartung, der künftige Nationalstaat als Synthese auf höherer Stufe werde den Konflikt zwischen den widersprüchlichen Prinzipien beenden.

Hegels Geschichtsphilosophie war, zumindest im deutschen Sprachraum, wegleitend für das historische Denken des 19. Jahrhunderts. Nachhaltig wurde die moderne Geschichtsschreibung von der Auffassung geprägt, wonach sich in den historischen Phänomenen die Dialektik des Geistes oder der zur Wirklichkeit drängenden göttlichen Vernunft manifestiere. Marx unternahm es dann, Hegel gleichsam vom Kopf auf die Füsse zu stellen und statt der Vernunft die Grundbedürfnisse der Menschen und die materiellen Interessen der gesellschaftlichen Klassen als Motor der Geschichte anzunehmen. So erscheinen die gesellschaftlichen Kräfte als Thesen und Antithesen, die in einem revolutionären Akt den Durchbruch zur Synthese auf höherer gesellschaftlicher Stufe erzwingen. Bis heute ist – trotz oder gerade wegen der postmodernen Auflösung fester Wirklichkeitsstrukturen[175] – das dialektische Schema für die Geschichtsschreibung attraktiv geblieben. Zumindest das Zeitalter, das sich selbst als fortschrittlich verstand, also das 18. und 19. Jahrhundert, wird meistens ganz unwillkürlich durch die Brille des dialektischen Fortschritts hindurch betrachtet, und deshalb werden die Epochen des Absolutismus, der Revolution und des Liberalismus vorzugsweise nach dem Schema von These, Antithese und Synthese erklärt. Dabei ist der Absolutismus als geistig-kulturelles Phänomen mit dem Königtum, dem Hochadel und dem Beamtenadel als gesellschaftlichen Phänomenen gekoppelt, die Aufklärung mit dem niedrigen Adel und dem Bildungsbürgertum, der Liberalismus mit dem Besitzbürgertum und der Sozialismus mit den Massen der «proletarisierten» Bauern und der Kleinbürger. Diese gesellschaftlichen Phänomene sind materielle Gewalten, die miteinander ringen, so wie im Erkenntnisprozess These und Antithese miteinander ringen, bis in Form einer Synthese eine vernünftige Höherentwicklung gefunden ist. Was aber ist nun jeweils als These, was als Antithese und was als Synthese zu bezeichnen? Vom Standpunkt des Liberalismus des frühen 19. Jahrhunderts aus drängt sich folgendes Schema auf: Die Aufklärung ist die säkulare Reaktion auf die kulturelle Hegemonie der Kirche; die Kirchenkultur ist also die These, die Aufklärung die Antithese, und der Absolutismus ist die

Synthese. Die Fortsetzung dieses Prozesses ist die Französische Revolution als Reaktion des dritten Standes gegen den Absolutismus, und die neue Synthese ist das Herrschaftssystem Napoleons. Die Konterrevolution («Reaktion») ist wiederum die Antithese zur Revolution und zum napoleonischen System, und die nächsthöhere Synthese ist der Liberalismus, der also die höchste Stufe der Geschichte ist. Von einem konservativen Standpunkt aus kann eine solche Auffassung natürlich nicht akzeptiert werden. Der Konservative zu Beginn des 19. Jahrhunderts hält ein anderes, einfacheres Schema für sinnvoll: Der Liberalismus ist die Antithese zum Absolutismus. Die Französische Revolution ist also eine Manifestation des Liberalismus, und weil diese Revolution in Pöbelherrschaft und Terrorismus ausartete, braucht es die Korrektur des Konservatismus. Diese Korrektur besteht in der Wiedereinführung des religiösen Denkens, und so kommt es zur Synthese von Absolutismus und Liberalismus. Dieses konservative Verständnis der Geschichtsdialektik hat lange weitergewirkt, so dass Liberalismus einseitig mit Aufklärung und Revolution in Zusammenhang gebracht worden ist. Das scheint mir falsch. Man kann zwar sagen, die Französische Revolution sei insofern liberal gewesen, als sie die Menschenrechte proklamierte und damit zeigte, was unter einer auf das Individuum bezogenen Freiheit zu verstehen sei, aber gleichzeitig war sie in ihrem Rousseauschen Staatsverständnis noch stark vom Absolutismus geprägt. Die Anfänge des Liberalismus – wie übrigens auch des Nationalismus – sind nur als Oppositionsbewegung gegen das napoleonische System zu begreifen. Erst der perfektionierte Militär-, Verwaltungs- und Polizeiapparat der napoleonischen Zeit erzeugte den Liberalismus und stachelte das Nationalbewusstsein der europäischen Völker an. Ohne die 15 Jahre napoleonischer Herrschaft hätten Liberalismus und Nationalismus im 19. Jahrhundert nicht eine derart dominierende Bedeutung bekommen können.

8.4 Metternich und die konservative «Heilige Allianz»

Dass die Schweiz zwischen 1815 und 1848 ein Staatenbund und kein Nationalstaat war, lag nicht nur am Verhalten der einheimischen politischen Elite, sondern auch an der internationalen politischen Lage. Diese war geprägt vom Willen des Fürsten Klemens Wenzel von Metternich (1773–1859), des österreichischen Ministers des Auswärtigen, der damals wohl der mächtigste Mann in Europa war. Er hatte schon als Vorsitzender des Wiener Kongresses ein Gleichgewicht der Mächte in Europa angestrebt, und während der folgenden 33 Jahre verwandte er seine politische Energie darauf, dieses Gleichgewicht und dadurch den Frieden in Europa zu bewahren. Die fünf Grossmächte Österreich, Russland, Preussen, England und Frankreich sollten sich nicht gegenseitig bekämpfen, sondern gemeinsam die am Wiener Kongress und im zweiten Frieden von Paris geschaffene europäische Ordnung garantieren und notfalls mit Gewalt gegen diejenigen vorgehen, welche sie störten. Dieses von Metternich ersonnene konservative Garantiesystem fand seine Form in der sogenannten *Heiligen Allianz*. Es handelte sich um ein eigenartiges politisches Bündnis, das ursprünglich von Zar Alexander entworfen, dann aber von Metternich konkretisiert und zum gewichtigen europapolitischen Instrument gemacht worden war.

Zar Alexander war im Lauf des Feldzugs gegen Napoleon von seiner weltlich-liberalen Haltung abgerückt und zum Pietisten geworden. Unter dem Einfluss der baltischen Freifrau Juliane von Krüdener[176] entwarf er einen «Brüderlichen und christlichen Bundesvertrag», der die antifranzösische Koalition ideell fester zusammenbinden sollte. Es ging ihm darum, die gottlose napoleonische Politik ein für allemal vom Erdball zu vertilgen und die Bündnispartner auf eine christliche Moral zu verpflichten. Die Lehren des Christentums sollten fortan in der europäischen Politik als wegleitend gelten. Im September 1815 legte er in Paris den verbündeten Monarchen seinen Vertragstext vor. Diese waren zunächst befremdet von dem Dokument, in dem das orthodoxe, das katholische und das protestantische Christentum sozusagen in einen Topf geworfen wurden. Sie sahen keinen Nutzen in der Sache und verweigerten ihre Unterschrift. Da griff Metternich ein und änderte die Urkunde so ab, dass sie nicht mehr nur ein Glaubensmanifest war, sondern auch eine klare politische, nämlich antiliberale Stossrichtung bekam. Jetzt setzten Kaiser Franz von Österreich, Friedrich Wilhelm von Preussen und Alexander von Russland ihre Namen darunter. Metternich sorgte dafür, dass später auch die Vertreter Englands, Frankreichs und nach und nach fast aller europäischen Staaten unterzeichneten.

Was stand in dem Vertrag, der die Heilige Allianz begründete? Die Präambel, bestehend aus einem einzigen langen und komplizierten Satz, stellte fest, die christlichen Monarchen von Österreich, Preussen und Russland wollten, nachdem sie in den Ereignissen der letzten Jahre die göttliche Vorsehung gespürt hätten, gemeinsam die «hochheilige und untheilbare

Dreieinigkeit» beschwören. Sie seien entschlossen, ihre gegenseitigen Beziehungen «auf die erhabenen Wahrheiten zu gründen, welche uns die heilige Religion unseres Heilands lehrt», und in den politischen Verhältnissen wollten sie allein «die Vorschriften jener heiligen Religion zur Richtschnur nehmen, nämlich die Vorschriften der Gerechtigkeit, der christlichen Liebe und des Friedens, die, weit entfernt bloss auf das Privatleben anwendbar zu sein, vielmehr auf die Entschlüsse der Fürsten unmittelbaren Einfluss haben und alle ihre Schritte leiten müssen ...» Diese Präambel könnte als fromme Heuchelei und der ganze Vertrag als Kuriosum abgetan werden, wenn er nicht auch Ausdruck einer Zeitströmung gewesen wäre. Es gab nämlich damals überall in Europa viele Fromme, die in Napoleon den Antichrist sahen und glaubten, nach dem Sturz dieses vermessenen Usurpators und Kriegsherrn würden die Menschen zur Umkehr bereit sein, so dass man dem Reich Gottes bald näherrücken werde. Es mag sein, dass nicht nur Alexander, sondern alle drei Monarchen den Gefühlen, Einsichten und Absichten, wie sie in der Präambel festgehalten sind, nicht ganz verschlossen waren. Politische Relevanz hatte das allerdings nicht. Relevant waren nur die drei Artikel, die auf den Einleitungssatz folgten und in denen Kopf und Hand Metternichs deutlich zu spüren war. In ihnen war festgelegt, die Monarchen würden sich «bei jeder Gelegenheit und in jedem Falle Hülfe und Beistand leisten.» Ferner war davon die Rede, dass sie sich «in Hinsicht ihrer Unterthanen und ihrer Armeen als Familienväter ansehen.» Der einzige Grundsatz, der im Verhältnis zwischen Monarchen und Untertanen gelte, sei der, dass man sich gegenseitig Dienste zu leisten habe. Die drei Monarchen gehörten zu «einer und derselben christlichen Nation», sie betrachteten sich selbst «nur als Bevollmächtigte der Vorsehung, um drei Zweige ein und derselben Familie zu beherrschen, nämlich Österreich, Preussen und Russland.»[177]

Die Grundsätze der Heiligen Allianz waren nichts anderes als eine Zurückweisung der revolutionären Prinzipien der Souveränität der Nation und der Übereinstimmung von Nation und Staat. Der Begriff der Nation, wie er im Vertragstext gebraucht wurde, meinte weder die Gesamtheit der souveränen Staatsbürger noch eine völkische oder kulturelle Gemeinschaft, sondern die Gesamtheit der unter der Obhut ihrer Fürsten vereinigten christlichen Staaten. Die Heilige Allianz beruhte auf dem von Metternich vertretenen Gedanken, dass die europäische Staatenwelt als Familie zu betrachten sei, die sich der Autorität des Familienoberhauptes zu beugen habe. Dieses Oberhaupt, eben die Heilige Allianz der Fürsten, ist verpflichtet, die

Familienmitglieder zu bestrafen, wenn sie von der am Wiener Kongress festgelegten Ordnung abweichen, wenn sie sich im Zeichen des Liberalismus und des Nationalismus neue Verfassungen geben oder wenn sie sonst irgendwelche neue Prinzipien anwenden wollen. So konstruierte Metternich ein Recht der Allianzmächte auf Einmischung in die inneren Angelegenheiten anderer Staaten – bis hin zur bewaffneten Intervention. Tatsächlich vermochte die Heilige Allianz während langer Zeit eine ständige Interventionsdrohung aufrechtzuerhalten, wodurch die nationalstaatliche Entwicklung in ganz Europa, auch in der Schweiz, stark gehemmt wurde.

Den Kern der Heiligen Allianz bildeten Österreich, Russland und Preussen, während England und Frankreich, selbst von liberalen und nationalen Ideen angekränkelt, gemessen an den Ansprüchen Metternichs eine schwankende Politik betrieben. Als aber die Allianz im Jahr 1822 beschloss, in Spanien zu intervenieren und die von liberalen Offizieren angezettelte Revolution niederzuwerfen, da hatte Frankreich schon wieder eine reaktionäre Wende vollzogen und übernahm den Auftrag, Truppen nach Spanien zu schicken. Für die Liberalen in ganz Europa war dies ein unerhörter Akt der Missachtung nationaler Souveränität. Dem Recht auf Intervention setzten sie das Recht des Nationalstaates auf territoriale Unverletzlichkeit entgegen. Sie kämpften für den souveränen Nationalstaat, weil sie in ihm das einzige taugliche Bollwerk gegen die Interventionspolitik der antiliberalen Grossmächte sahen.

Die Schweiz war schon 1817 der Heiligen Allianz beigetreten. Der Berner Schultheiss von Wattenwyl hatte als Oberhaupt des eidgenössischen Vorortes im Namen der Tagsatzung seine Zustimmung zu den Prinzipien des Vertrags gegeben. Er hatte erklärt, «dass auch sie [die Eidgenossenschaft] die Grundsätze dieses Bündnisses als vorzüglich heilsam und unentbehrlich für das Glück der Nationen anerkennt, und dass sie dieselben ihrerseits nach dem wahren Geiste der christlichen Religion, die den Regierungen sowohl als den einzelnen Menschen Gerechtigkeit, Eintracht und gegenseitige Liebe zur Pflicht macht, getreu beobachten wird.» Das war eine eindeutige Loyalitätserklärung, die aber durch eine kurze Darstellung der aussenpolitischen Prinzipien der Eidgenossenschaft ergänzt wurde, in der ein Vorbehalt gegenüber der Interventionspolitik der Heiligen Allianz formuliert war; es hiess dort: «Die Schweizer, den Grundsätzen ihrer Väter getreu, tragen eben so viel Achtung für die Rechte anderer Staaten, und lassen sich eben so angelegen sein, mit allen das beste Einverständnis zu unterhalten, als sie selbst auf den ruhigen Genuss der Freiheit, der

Unabhängigkeit und der ihnen so wichtigen Neutralität, welche die letzten europäischen Staatsverhandlungen ihnen neuerdings zusicherten, den grössten Wert legen.»[178] Trotz dieses Vorbehalts betrachteten die Grossmächte die Schweiz als Teil des europäischen Gleichgewichtssystems, und wenn unser Land sich den Zwängen dieses Systems entziehen wollte, sah es sich sofort dem Druck der österreichischen, französischen oder preussischen Diplomatie ausgesetzt.

Anlass zu solchem Druck gab vor allem die Flüchtlingsfrage. Die Schweiz als neutrales Staatswesen inmitten Europas zog immer wieder Einzelpersonen, Familien und ganze Gruppen an, die aus politischen Gründen aus ihrer Heimat flüchteten. 1814/15 kamen viele Anhänger und Verwandte Napoleons aus dem zusammenbrechenden Empire in die Waadt, später auch in andere eidgenössische Kantone. Die Bourbonen verlangten von der Tagsatzung deren Ausweisung. Im Verein mit der Metternichschen Diplomatie wollten sie verhindern, dass sich von der Schweiz aus ein Netz der Napoleonanhänger bildete, das unter Umständen wieder politisch wirksam werden konnte. 1817 bezog Hortense Beauharnais, Stieftochter Napoleons und Gattin des gestürzten Königs Louis Bonaparte von Holland, das Schloss Arenenberg im Thurgau, wo sie ihren Sohn, den späteren Napoleon III., grosszog. Der junge Bonaparte würde später tatsächlich politisch aktiv werden, was in der Zeit der Julimonarchie zu diplomatischen Verwicklungen zwischen Frankreich und der Schweiz führen sollte. Auch aus dem wieder unter österreichischem Einfluss stehenden Norditalien kamen viele junge Revolutionäre in die Schweiz, nachdem sie sich der Restauration in ihrer Heimat erfolglos widersetzt hatten. Die schweizerischen Konterrevolutionäre, die in allem, was gegen Österreich oder gegen die Bourbonen gerichtet war, die ihnen verhasste Revolution witterten, spürten die Flüchtlingsgruppen auf und denunzierten sie beim Wiener Hof. Dabei taten sich der Berner Karl Ludwig von Haller, der Bündner Johann von Salis-Soglio und der Waadtländer Charles de Gingins-Chevilly besonders hervor. Ausländische Spione und Lockspitzel lieferten übertriebene Berichte an die alliierten Mächte, so dass nachgerade der Eindruck entstand, die Schweiz sei das Zentrum einer liberalen Verschwörung, die ganz Europa im Visier habe.

Die schweizerischen Kantone bestanden im Prinzip darauf, dass sie unabhängig und souverän seien und politisches Asyl geben könnten, wem sie wollten. Das *Asylrecht* war ursprünglich ein kirchliches Recht, das dann auch die Staaten für sich in Anspruch nahmen; damit wurde es zu einer Art völkerrechtlichem Brauch und zu einem Ausdruck staatlicher Souveränität. Metternich sah aber in der schweizerischen Asylgewährung, wenn sie den Feinden seiner antiliberalen Ordnung zugute kam, einen politischen Akt, der mit der Neutralität der Schweiz nicht vereinbar sei. Als sich nach der Unterdrückung der Revolten im Piemont und in Neapel im Jahr 1821 zahlreiche italienische Flüchtlinge in den Grenzkantonen Genf, Waadt, Wallis, Tessin und Graubünden niederliessen, verlangten Österreich, Preussen und Russland deren Ausweisung und attackierten gleichzeitig das Asylrecht, das sie nicht anerkennen wollten. Die eidgenössische Tagsatzung, darauf bedacht, es mit den Grossmächten nicht zu verderben, ermahnte die Kantone, in der Asylgewährung zurückhaltend zu sein. Da aber die liberale Presse das Asylrecht hochhielt und die Druckversuche der Mächte geisselte, verlangten diese nun auch ganz entschieden die Einschränkung der Pressefreiheit in der Schweiz. Im März 1823 richtete Metternich, der seit 1821 den Titel eines österreichischen Staatskanzlers trug, eine besonders scharfe Note an den Präsidenten der eidgenössischen Tagsatzung, in der er auf fremdenpolizeiliche, asylrechtliche und presserechtliche Massnahmen drängte. Die Tagsatzung wies zwar die Auffassungen des Staatskanzlers zurück, zeigte sich aber dem Druck nicht gewachsen. Am 14. Juli 1823 beschloss sie einstimmig das sogenannte *Press- und Fremdenkonklusum*: Die Kantone sollten die Zeitungen dazu anhalten, nichts zu schreiben, was die «schuldige Achtung gegenüber befreundeten Mächten» verletzen könnte, und die Polizei anweisen, keine Personen auf ihrem Territorium zu dulden, «welche wegen verübten Verbrechen oder Störungen der öffentlichen Ruhe aus einem andern Staat entwichen» waren.[179] Es wurde also das Asylrecht aufgehoben, und die Pressezensur, die es schon vorher gegeben hatte, wurde verschärft. Manche Kantone gehorchten nur widerwillig, vollzogen zwar Ausweisungen, aber warnten manche Flüchtlinge zuvor, so dass sie untertauchen konnten. Einige Zeitungen wurden verboten oder stellten ihr Erscheinen wegen schikanöser Zensurbestimmungen ein. Das Konklusum wurde 1825 noch einmal bestätigt, von 1826 an, als der Druck von aussen nachliess, aber zunehmend missachtet und 1829 stillschweigend begraben.

Ende der zwanziger Jahre brach die Heilige Allianz unter den Schlägen der nationalen und liberalen Bewegungen faktisch auseinander. England und Frankreich waren nicht mehr bereit, ein System mitzutragen, das so deutlich dem Zeitgeist widersprach. Sogar Russland scherte aus, indem es seine eigene Staatsräson der Metternichschen Prinzipienpolitik entgegensetzte, und zwar im Zusammenhang mit dem Aufstand der Griechen gegen die türkische Herrschaft: Metternich verurteilte diesen Aufstand als Ordnungsstörung, Russland aber unterstützte ihn, weil er ihm nützte. Die Rebellion hatte 1821 begonnen und zog sich über Jahre hinweg. Die Türken verfügten über die stärkeren Gewaltmittel, und es wurden ihnen unvorstellbare Greueltaten nachgesagt. Die Nationalisten in ganz Europa, die Liberalen und die klassisch Gebildeten, die in Griechenland ihre geistige Heimat sahen, sympathisierten mit den tapfer kämpfenden Hellenen und entfesselten eine Welle des Philhellenismus. Der griechische Freiheitskampf wurde zur Projektionsfläche für alle Wünsche der Liberalen. In der Schweiz warb Graf Capo d'Istria, der eigentlich Kapodistrias hiess und Grieche war, erfolgreich für die Sache seines Heimatlandes. Er war Diplomat im Dienst des Zaren gewesen und hatte sich am Wiener Kongress für die Interessen der Schweiz eingesetzt. Danach war er russischer Aussenminister geworden, hatte sich aber 1822 von diesem Amt verabschiedet und in Genf Wohnsitz genommen. 1827 wurde er erster Präsident Griechenlands; vier Jahre später wurde er ermordet. Griechenland erfüllte die hochgesteckten Erwartungen der Philhellenen nicht, vermochte sich nicht zu einem freiheitlich-demokratischen Nationalstaat zu entwickeln, sondern wurde unter dem Diktat der Schutzmächte England, Frankreich, Russland und Preussen zu einer Monarchie. Trotzdem war die Neugründung eines griechischen Staates bedeutsam für die weitere Entwicklung Europas, denn sie stellte einen Akt der Unbotmässigkeit gegenüber Metternich dar. Der österreichische Staatskanzler sollte zwar noch bis 1848 in seinem Amt ausharren, aber längst hatte er die Kontrolle über die Völker Europas verloren.

8.5 Die Julirevolution und die Folgen für Europa

Frankreich, das Mutterland der Revolution, war seit 1815 wieder von den Bourbonen beherrscht. Andererseits gab es dort eine zumindest rhetorisch starke liberale Opposition, welche die Debatten in der Abgeordnetenkammer immer wieder auf Grundsatzfragen zurückführte. Die Liberalen in der Schweiz und in ganz Europa schauten nach Frankreich, sahen mit Spannung zu, wie sich das Kräfteverhältnis zwischen den Königstreuen und den reaktionären Ultras einerseits und der liberalen Opposition andererseits gestaltete. Nachdem es 1816 bis 1819 den Anschein gemacht hatte, der Liberalismus gewinne beständig an Boden, gab es 1820 einen Rückschlag. Der Herzog von Berry, zweiter Sohn des Grafen von Artois und einziger Stammhalter der Bourbonen, war von einem Sattler und ehemaligen Soldaten Napoleons ermordet worden. Der Mörder hatte gestanden, er habe Frankreich von den Bourbonen befreien wollen, die für die Besetzung Frankreichs durch fremde Truppen und für die Zahlung von Kriegsreparationen ans Ausland verantwortlich seien. Ludwig XVIII. hatte danach der antibonapartistischen Paranoia der Ultras nachgegeben und eine neue Regierung bestellt, welche die Presse knebelte, das Wahlrecht zugunsten des alten Adels abänderte und die antiliberale Politik der Heiligen Allianz mittrug. 1824 starb Ludwig. Der Graf von Artois bestieg als Karl X. den Thron. Er hielt den Altadligen Entschädigungen für die in der Revolution erlittenen Verluste zu, ächtete die Bonapartisten und vernachlässigte das Bürgertum. Indessen äusserte in der Kammer die liberale Minderheit unter der intellektuellen Führung Benjamin Constants weiterhin ihre Kritik, und an ihr orientierte sich das Bürgertum, dem die Bevorzugung des Adels zunehmend unerträglich schien. Die Spannung wuchs, und die oppositionellen Abgeordneten in der Kammer wurden entsprechend aufsässig. Der König beschloss, die Kammer aufzulösen und Neuwahlen auszuschreiben. In der neuen Kammer waren die oppositionellen Kräfte aber noch stärker. Da erliess der König aufgrund des Vollmachtenartikels in der Charte vier Ordonnanzen zur Aufhebung der Pressefreiheit und zur Änderung des Wahlrechts. Das war nicht nur eine Missachtung der Kammer, sondern auch des Volkswillens. Vor allem die Einführung der Pressezensur erregte Unwillen. Ein Teil der Bevölkerung von Paris geriet in Aufruhr und griff am 26. Juli 1830 zu den Waffen. Barrikaden wurden errichtet, es kam zu Strassenkämpfen mit Hunderten von Toten. Die Aufständischen siegten, aber sie hatten nicht die politische Kraft, die Republik auszurufen. Die monarchistischen Gegenkräfte waren immer noch stark, und die bürgerliche Mitte fürchtete eine Wiederholung der «Pöbelherrschaft» der Französischen Revolution. Die Kammer schaltete sich ein und erwirkte einen Kompromiss: Der Bourbone Karl X. musste abdanken, und Louis Philippe aus dem Haus Orléans wurde als «Bürgerkönig» eingesetzt. Die Schweizer Söldner, die für Karl X. gefochten hatten, wurden in die Schweiz zurückgeschickt. Der neue König anerkannte die Trikolore als offizielle Landesfahne, und er akzeptierte die von der Kammer betonte Auffassung, wonach die Charte nicht Ausdruck des Fürstenwillens, sondern Ausdruck der Volkssouveränität sei. Bei allen diesen Vorgängen spielte der alte und kranke Constant noch eine wichtige Rolle; am 8. Dezember 1830 starb er.

8.5.1 Die Entstehung Belgiens

Der Aufstand war in sehr gemässigte Bahnen gelenkt worden. Aber die Sache hatte gewaltsam begonnen, und deshalb blieb es beim Namen «Julirevolution». Entsprechend stark war die Signalwirkung nach aussen. Überall, wo nationale und liberale Bewegungen existierten, gaben die Pariser Ereignisse den Anstoss zu gesteigerter politischer Aktivität. Weitreichende Folgen hatte dies in den Niederlanden, die in ein konservativ-reformiertes Holland und ein katholisch-liberales Belgien auseinanderbrachen. Die Belgier fühlten sich als eigenständige Nation und wollten die Vorherrschaft der Holländer abschütteln, die nicht nur die Politik, sondern auch den Handel weitgehend dominierten. Im Sommer 1830 kam es in Brüssel zu einer Revolte, die von breiten Kreisen des Bürgertums mitgetragen wurde. Es installierte sich eine provisorische Regierung für die südlichen Provinzen, die den Widerstand gegen die Holländer leitete. So entstand der bis heute existierende belgische Nationalstaat. Die nationale Revolution Belgiens war nicht zuletzt deshalb erfolgreich, weil der katholische Klerus bereit war, mit den Liberalen zusammenzuarbeiten, die ihm dafür volle Kultusfreiheit und auch Unterrichtsfreiheit zusicherten.

Holland konnte Belgien nicht mehr zurückerobern. Die Frage war, wie sich die Grossmächte verhalten würden. Am 4. November 1830 traten deren Vertreter in London zusammen. Russland war für Intervention, Preussen dagegen. Österreich hielt seinen Blick auf Italien gerichtet und war an der belgischen Frage desinteressiert. So blieb der Einfluss Frankreichs und Englands entscheidend. Frankreich hätte Belgien gerne annektiert. Aber Louis Philippe, der eben erst den Thron bestiegen hatte, wagte es nicht, sich offen gegen England zu stellen, das ein unabhängiges Belgien wollte. So bekam England freie Hand, den Waffenstillstand zwischen Holland und Belgien zu vermitteln. Am 18. November proklamierte der belgische Nationalkongress einstimmig die Loslösung von Holland. Am 20. Januar 1831 anerkannte die Londoner Konferenz grundsätzlich den neuen Staat Belgien, der als völkerrechtlich neutral bezeichnet wurde. Die belgische Verfassung trat am 7. Februar 1831 in Kraft. Sie enthielt einen Katalog von Freiheitsrechten und erwies sich als Muster einer modernen, liberalen Verfassung. Sie entsprach insofern auch den Wünschen der Kirche, als sie im Artikel 14 bestimmte: «Die Freiheit der Religion, ihrer Ausübung sowie die Freiheit, seine Gedanken in jeder Sache zu äussern, wird verbürgt, mit Vorbehalt der Unterdrückung der Vergehen, welche bei

Ausübung dieser Freiheiten begangen werden.» Und im Artikel 17 hiess es: «Der Unterricht ist frei; jede vorgreifende Massregelung ist untersagt; die Unterdrückung von Vergehen wird nur durch das Gesetz geordnet.»[180]

Die belgische Verfassung wurde von den Liberalen in ganz Europa als vorbildlich angesehen. In ihr schien das verwirklicht, was alle fortschrittlichen Kräfte anstrebten. Äusserlich passte sich Belgien allerdings den benachbarten Monarchien an und setzte einen König als Staatsoberhaupt ein. Die Beschlüsse der Londoner Konferenz konnten nun besiegelt werden; der Schlussvertrag wurde aber erst 1839 unterschrieben. Noch einmal garantierten die fünf Grossmächte feierlich die Neutralität Belgiens. Vor allem England und Preussen hatten den Belgiern den völkerrechtlichen Status der Neutralität förmlich aufgedrängt, weil sie darin ein wirksames Mittel sahen, Frankreich für alle Zukunft daran zu hindern, sich Belgien einzuverleiben. Hier zeigt sich eine Parallele zwischen Belgien und der Schweiz. Von schweizerischen Geschichtsschreibern ist allerdings betont worden, die schweizerische Neutralität sei im Unterschied zur belgischen eine traditionelle und von der Nation gewollte. Das mag sein, aber trotzdem gilt in beiden Fällen, dass die Neutralität eines Nationalstaates nicht unbedingt und zu allen Zeiten Ausdruck nationaler Souveränität ist, sondern auch das Gegenteil davon sein kann.

Die Nichtintervention der Grossmächte in Belgien ermutigte die Nationalisten in andern Gegenden Europas. Ende November 1830 rebellierte der polnische Adel gegen die Herrschaft des russischen Zaren. Die Aufstandsbewegung war praktisch chancenlos, da eine bürgerliche Mittelschicht, die der Bewegung den nötigen Rückhalt hätte geben können, fast völlig fehlte. Auch in Deutschland kam es zu Unruhen, die verschiedenenorts zu Verfassungsbewegungen führten; sie lösten aber keine nationale Grundwelle aus. In Italien schien die Lage explosiv. Dort hatte Österreich seit dem Wiener Kongress einen bestimmenden Einfluss. Durch seine Machtmittel und durch dynastische Verbindungen beherrschte es mehr oder weniger den ganzen Stiefel, also das Lombardo-venezianische Königreich und das Königreich Sardinien-Piemont im Norden, die Herzogtümer Parma, Modena, Toscana und weitere Zwergstaaten in der Mitte und das Königreich Neapel im Süden. Sogar der Papst, der den von Rom bis Bologna sich erstreckenden Kirchenstaat in der Restaurationszeit zurückbekommen hatte, war von Wien abhängig. Wo eine liberal-nationale Bewegung existiert hatte, war sie längst in den Untergrund abgedrängt worden. Aber die Geheimgesellschaften, allen voran die Carbonari, die zuerst in Neapel, dann in ganz Italien aktiv wurden, hielten die Idee eines vereinigten Italiens aufrecht. Nach der Julirevolution witterten sie Morgenluft. Sie bereiteten den Aufstand vor und hofften, mit Hilfe Frankreichs die Dominanz Österreichs bald loswerden zu können. Seit der Jahreswende 1830/31 kam es zu offenen Rebellionen, so in Bologna, Modena und Parma. Österreichische Truppen schritten ein; die französische Unterstützung für die italienischen Nationalisten blieb aus, weil Louis Philippe das Risiko eines grossen Krieges nicht eingehen wollte. Die alte Ordnung in Italien wurde wieder hergestellt.

8.5.2 Die Lage der Schweiz

In der Schweiz hatte der liberale Aufbruch schon vor der Julirevolution begonnen, nämlich mit der Verfassungsänderung im Tessin. Die Ereignisse in Paris gaben dann den Anstoss zu weiteren Verfassungsbewegungen in andern Kantonen; darauf werde ich im Kapitel 9.2 eingehen. Hier nur noch ein Wort zur Lage der Schweiz an der Jahreswende 1830/31. Die aussenpolitische Situation war damals sehr heikel, weil es so aussah, wie wenn jederzeit ein Krieg zwischen Frankreich und Österreich ausbrechen könnte. Die neutrale Schweiz, zwischen den beiden Grossmächten gelegen, musste ihre Grenzen sichern. Im Kapitel über Genf habe ich schon erwähnt, dass Henri Dufour die Regierung seiner Heimatstadt frühzeitig auf die Kriegsgefahr aufmerksam gemacht und sie gedrängt hatte, die Einberufung einer ausserordentlichen Tagsatzung zu verlangen. Andere Stände unterstützten das Begehren, und im Dezember 1830 trat die Tagsatzung in Bern zusammen. Am 23. Dezember 1830 erklärte sie feierlich, an der Neutralität festzuhalten und die Unverletzbarkeit ihres Territoriums notfalls mit Waffengewalt durchsetzen zu wollen. Am 27. Dezember sandte sie eine entsprechende Erklärung an die auswärtigen Mächte. Gleichzeitig bestellte sie eine siebenköpfige Kommission, welche die zur Aufrechterhaltung der Neutralität notwendigen Massnahmen vorschlagen sollte. Dufour war Mitglied dieser Kommission. Am 28. Dezember mahnte die Tagsatzung die Kantone, Truppen auf Pikett zu stellen, und am 7. Januar 1831 wählte sie Oberst Charles Louis Guiguer de Prangins zum General und Henri Dufour zum Chef des Generalstabs. Wenn unser Land bisher nach aussen eher zaghaft aufgetreten war, so zeigte es sich diesmal fest entschlossen, die Neutralität zu verteidigen und seinen Unabhängigkeitswillen unter Beweis zu stellen. Aber war die eidgenössische Armee überhaupt in der Lage, die Landesgrenze zu verteidigen? Glücklicherweise kam es nicht zur praktischen Prüfung. Dufour als Generalstabschef sah die Schwächen, und er bemühte sich um die Reorganisation der eidgenössischen Armee im Sinn einer Vereinheitlichung und Zentralisierung. Dazu gehörten seine Bemühungen, der Armee ein einheitliches Feldzeichen und einheitliche Uniformen zu geben, aber auch andere Anstrengungen wie der Ausbau von Befestigungsanlagen, bessere Bewaffnung und später die Schaffung eines genauen Kartenwerks.

1831 war die liberale Bewegung in der Schweiz immer noch auf Erfolgskurs. Es sah so aus, wie wenn sie nicht nur in einzelnen Kantonen, sondern bald auch auf eidgenössischer Ebene siegen würde. In Italien, Polen und in einzelnen deutschen Ländern war dagegen die Bewegung geknickt. Überall, wo die Aufstandsbewegungen gescheitert waren, kam es nachher zu polizeilicher Repression. Die Nationalisten und Republikaner wurden ins Gefängnis geworfen, wenn sie nicht ins Ausland flüchten konnten. Viele von ihnen kamen in die Schweiz, wo sie mit andern Flüchtlingen und auch mit schweizerischen Gesinnungsgenossen zusammenarbeiteten und so ihre politischen Ziele weiterverfolgten. Sie übten damit auch einen nicht zu unterschätzenden Einfluss auf die politische Entwicklung in der Schweiz aus.

8.5.3 Mazzini und der politische Radikalismus

Einer der Agitatoren, der vorübergehend in der Schweiz Asyl fand, war der junge genuesische Advokat Giuseppe Mazzini (1805–1872). Er sollte später in der italienischen Einigungsbewegung noch eine wichtige Rolle spielen. Als Mitglied der Carbonaria hatte er unmittelbar nach der Pariser Julirevolution zusammen mit seinen Gesinnungsgenossen die liberal-nationalistische Propaganda im Königreich Sardinien-Piemont verstärkt. Durch einen Lockspitzel denunziert, war er am 13. November 1830 von der Polizei verhaftet und in die Festung Savosa verbracht worden. Später wurde er freigelassen, musste sich aber ständiger Polizeiaufsicht unterziehen. Da zog er es vor, ins Exil zu gehen. 1831 gründete er in Marseille *Das Junge Italien* (La Giovine Italia). In den «Allgemeinen Instruktionen für die Verbrüderten» stellte er seinen Anhängern die Aufgabe, «den Gedanken und die Aktion dem grossen Plane zu weihen, Italien in eine Nation von Freien und Gleichen als geeint, unabhängig und souverän wiederherzustellen.»[181] Durch Verschwörung und Aufstände versuchte er in den folgenden Jahren, in Italien

eine Volksbewegung in Gang zu bringen, durch die der italienische Nationalstaat seine Gestalt finden sollte. 1833 reiste er nach Genf, von wo aus er
im Februar 1834 zusammen mit ebenfalls geflüchteten polnischen Revolutionären mit der Waffe in der Hand in Savoyen einfiel, um eine allgemeine Erhebung des Volks zu provozieren. Dieses Unternehmen wurde
von radikalen Schweizern heimlich oder offen unterstützt. Nordsavoyen,
obwohl Teil des Königreichs Sardinien-Piemont, war in die schweizerische
Neutralitätszone einbezogen; ein militärisches Unternehmen dorthin, von
Schweizer Boden aus gestartet, musste die Schweiz aussenpolitisch kom-
promittieren. Nach dem kläglichen Scheitern des Unternehmens war
Mazzini deshalb offiziell eine hierzulande unerwünschte Person. Er hatte
aber genug Freunde in der Schweiz, um Unterschlupf zu finden. Während
einiger Zeit lebte er in Grenchen und erhielt dort sogar das Bürgerrecht.

In der Stadt Biel lebte seit 1833 ein anderer politischer Flüchtling:
Ernst Schüler (1807–1881) aus Darmstadt. Er wirkte als Lehrer am Bieler
Gymnasium und leitete nebenbei einen politischen Bildungsverein für
deutsche Handwerker, in dem das republikanisch-revolutionäre Gedankengut gepflegt wurde. 1835 erwarb er das Bieler Bürgerrecht, und in dieser
Zeit trat er in Kontakt zu Mazzini. Dieser hatte versucht, eine Art Koordi-
nationsstelle der europäischen Revolutionsbewegungen zu schaffen; er
nannte sie *Das junge Europa.* Unter dem Dach dieser Organisation wurde
auch die entsprechende schweizerische Organisation gegründet, und
Schüler übernahm auf Anregung Mazzinis die Aufgabe, «Die junge Schweiz/
La jeune Suisse – ein Blatt für Nationalitäten» zu drucken und herauszugeben. Dieses Kampfblatt gegen alles Monarchische und Reaktionäre in
Europa war ein Sprachrohr der republikanisch und revolutionär gesinnten
Emigranten in der Schweiz. Die Aktivitäten von Mazzini und Schüler be-
stärkten Metternich in der Meinung, die Schweiz sei ein Hort national-
listisch-republikanischer Propaganda, revolutionärer Umtriebe und dunkler
Verschwörungen. Wien übte Druck auf Bern aus, das damals Vorort des
eidgenössischen Bundes war, und unter diesem Druck wurde 1836 Anklage wegen Hochverrats gegen das «Junge Europa» erhoben. Während
Mazzini über die Grenze nach Frankreich entkommen konnte, wurde
Schüler für fünf Monate in Untersuchungshaft gesteckt und dann vor
Gericht gestellt. Er hielt eine Verteidigungsrede, in der er unter anderem
ausführte, die von ihm betriebene Handwerkerbildung sei keine Ver-
schwörung, sondern ein Beitrag zur freiheitlichen Weiterentwicklung der
Völker, denn die Handwerker, einmal für die Idee der republikanischen

Freiheit begeistert, seien deren ideale Propagandisten: «Das Felleisen auf dem Rücken, ein paar Batzen in der Tasche, den Knotenstock in der Hand, wandernd von Berlin nach Konstanz, von Wien nach Hamburg, verbreiten sie in ihren Kreisen den Glauben an die Zukunft der Völkerfreiheit und die Überzeugung, dass gründliche Reformen nötig seien.»[182]

Schüler wurde vor Gericht freigesprochen, aber in den Augen der politischen Behörden blieb er ein gefährliches Subjekt. Das Bieler Gymnasium, das ihn als Lehrer angestellt hatte, galt der Berner Regierung als Hochburg des *Radikalismus* und der internationalen revolutionären Agitation. Die Schulleitung versuchte vergeblich, diesen Verdacht zu zerstreuen, indem sie sich einer politischen Selbstreinigung unterzog und ihren radikalsten Lehrer entliess. Die Regierung war nicht davon abzubringen, das Gymnasium zu strafen und auf den Status eines Progymnasiums zurückzustufen. Ernst Schüler aber musste sich eine andere Anstellung suchen. Später wurde er selbständiger Unternehmer und erfolgreicher Förderer der Bieler Uhrenindustrie; politisch trat er nicht mehr hervor. Andere, jüngere Leute griffen das radikale Gedankengut auf, verstärkten die politische Agitation und machten den Radikalismus schliesslich zur dominierenden politischen Kraft im Kanton Bern und in der Schweiz.

9. Etappen der Nationalstaatsbildung in der Schweiz

Die schweizerische Revolutionsgeschichte, die 1797/98 begonnen und einen ersten, nur fünf Jahre dauernden nationalstaatlichen Versuch erzeugt hatte, fand ihre Fortsetzung 1830/31. Damals stürzten die liberalen Bewegungen in elf Kantonen die Regierungen und setzten neue Verfassungen in Kraft. Danach verlangten sie an der eidgenössischen Tagsatzung, der Bundesvertrag von 1815 müsse im nationalstaatlichen Sinn revidiert werden. 1932 nahm eine Kommission der Tagsatzung diese Aufgabe an die Hand, scheiterte aber an der ablehnenden Haltung der konservativen Kantone. Erst 1848 sollte es dann soweit sein, dass der Nationalstaat in der Form eines Bundesstaates gegründet werden konnte. Ich werde in diesem und im nächsten Kapitel auf dies Vorgänge näher eingehen. Zuerst will ich aber noch einmal auf die Restaurationszeit zurückblenden und zeigen, wie sich damals langsam die Nationalstaatsidee im Denken und Fühlen der politischen Elite, aber auch breiterer Volksschichten befestigte. Eine wichtige Rolle spielten dabei, wie schon erwähnt, die Schützen-, Sänger-, Turner- und Schwingervereine, die periodisch zu eidgenössischen Festen zusammentraten. Eher auf die politische Elite ausgerichtet waren die Schweizerische gemeinnützig Gesellschaft, gegründet 1810, und die schon im 18. Jahrhundert entstandene Helvetische Gesellschaft, die zwischen 1798 und 1819 praktisch inexistent gewesen war, sich dann aber wieder belebte und zu einem einflussreichen politischen Verein der Liberalen wurde. Die Mitglieder dieser elitären Vereine waren zum grossen Teil einflussreiche Politiker, Wissenschaftler oder Unternehmer, und wenn sie über politische, soziale und wirtschaftliche Fragen diskutierten, bezogen sie sich immer wieder auf das nationale Ideal. Sie stellten eine die Kantonsgrenzen mit Leichtigkeit überspringende *Kommunikationsgemeinschaft* dar, und diese Art der Kommunikation war entscheidend dafür, dass die Vorstellung, es gebe so etwas wie eine schweizerische Nation, konkreten Inhalt bekam.

9.1 Wachsendes Nationalbewusstsein

Die Schweiz zwischen 1815 und 1830 erstarkte wirtschaftlich und bevölkerungsmässig, war aber politisch beinahe handlungsunfähig. Die souveränen Kantone machten ihre je eigene Innen- und Aussenpolitik, und die Schweizerische Eidgenossenschaft, die Konföderation, in der sie zusammengeschlossen waren, existierte eigentlich nur insofern, als sie von andern Staaten als staatliche Einheit angesprochen wurde. Die Tagsatzung als einziges gesamteidgenössisches Gremium funktionierte nur langsam und schwerfällig. Sobald sie sich mit den Noten ausländischer Regierungen oder direkt mit den Forderungen der ausländischen Gesandten zu befassen hatte, zeigte sich die Schwäche der politischen Konstruktion, deren Ursache darin lag, dass die Kantone dem Bund keine Kompetenzen abtreten wollten. Die Tagsatzungsabgeordneten konnten also nicht selbständig entscheiden, sondern mussten sich immer des Rückhalts bei ihren Kantonsregierungen versichern. Die liberal und national gesinnten Politiker litten unter diesem Zustand; sie fühlten sich zunehmend in ihrem Nationalstolz gekränkt, wenn sie eine Missachtung der Schweiz durch die auswärtigen Grossmächte wahrzunehmen glaubten. Die Tagsatzung hatte sich immer wieder mit den Zumutungen der Regierungen in Wien, Paris oder Berlin zu befassen, und die Tagsatzungsabgeordneten berichteten in ihren Heimatkantonen, wie hilflos man den Druckversuchen ausgesetzt sei. Der Grossteil der im Kantonspartikularismus befangenen Bevölkerung schenkte dem zwar keine Beachtung, aber in einem Teil der wirtschaftlichen und politischen Elite festigte sich die Meinung, nur ein nach einheitlichem Plan handelnder schweizerischer Nationalstaat sei in der Lage, das Volk der Eidgenossen richtig zu vertreten, und zwar nicht nur in politischen, sondern auch in wirtschaftlichen Fragen. Besonders schmerzlich zeigte sich nämlich die Schwäche, wenn es um Handelsverträge oder Zollabkommen ging. Es war praktisch unmöglich, alle Kantone auf eine gemeinsame Linie zu bringen und beispielsweise einen für alle verbindlichen Zolltarif gegenüber einem Drittland festzulegen. Nur eine stärkere Bundesgewalt, die in eigener Kompetenz hätte handeln können, wäre dazu in der Lage gewesen. Waren also die wirtschaftlichen Bedürfnisse das eigentliche Motiv für die Errichtung eines Nationalstaates?

9.1.1 Wirtschaftliche Bedürfnisse

Die nationale Geschichtsschreibung des 19. Jahrhunderts hat die Gründung des schweizerischen Nationalstaates vorwiegend unter politischen Aspekten dargestellt. Die meisten Historiker des 20. Jahrhunderts legten dagegen mehr Gewicht auf die wirtschaftlichen Gründe. Am deutlichsten tat dies der Genfer Historiker William E. Rappard (1883–1958). In seiner klassisch gewordenen Studie zur Bundesverfassung von 1848 nennt er drei hauptsächliche Voraussetzungen für die Gründung des Bundesstaates: das Bedürfnis nach nationaler Sicherheit, der Ruf nach Freiheit und das Verlangen nach nationalem Wohlstand. Mit diesen Kategorien im Kopf schreibt er über die Schweiz von 1815: «Ein Land von geringer Ausdehnung, arm an Naturschätzen, in der Mitte des Kontinents gelegen, aber nach dem Willen der Menschen in zweiundzwanzig souveräne Kantone aufgespalten, war an sich schon ein historisches Paradoxon. Denn auf dem ganzen Kontinent zeichnete sich schon damals eine doppelte Zentralisationsbewegung ab. Einerseits das Streben nach nationaler Einigung, anderseits die Schutzzollpolitik. Die Schweiz war selbst der Sitz blühender Industrien und lebhafter Handelsbeziehungen geworden. Aber ausgerechnet diesen Moment hatte man gewählt, um die Bande zu lockern, die früher die Kantone vereinigten. So waren sie wehrlos der fremden Konkurrenz ausgeliefert. Das war doch äusserst widersinnig. Nicht, dass die zentralistische Bewegung in den hellsten Köpfen an Boden gewann, ist verwunderlich, sondern eher, dass die Widerstände sie während der Lebenszeit einer ganzen Generation verzögern konnten. Die grosse Mehrheit der schweizerischen Produzenten und Konsumenten von Lebensmitteln und Fabrikationsgütern empfand das durch Unordnung im Innern und Machtlosigkeit nach aussen charakterisierte Regime von 1815 als eine fast unerträgliche Last.»[183] Für Rappard ist die Zollfrage das zentrale Motiv des Strebens nach nationaler Einheit. Neuerdings ist diese Sicht der Dinge in Frage gestellt worden. Der Zürcher Wirtschaftshistoriker Hansjörg Siegenthaler hat die plausible Gegenthese aufgestellt, zur Lösung der Zollprobleme und zur Befriedigung der wirtschaftlichen Bedürfnisse hätte es genügt, die schweizerischen Kantone in einem Zollverein zusammenzuschliessen – analog zum 1833 unter preussischer Führung gegründeten Deutschen Zollverein. Warum gingen die Liberalen über dieses Programm hinaus, warum wollten sie den Nationalstaat? Offenbar gab es noch andere Motive.[184] Die politische und wirtschaftliche Elite wollte sich als Teil einer schweizerischen

Nation verstehen, denn nur so fühlte sie sich so stark, wie sie gern sein wollte. Eine Nation aber begnügt sich nicht mit einem Zollverein, auch wenn dies rein zweckrational gesehen das vernünftigste wäre, sondern sie will eben den Nationalstaat.

9.1.2 Das gekränkte Nationalgefühl

Selbstverständlich war das politische Handeln durch wirtschaftliche Interessen mitbestimmt. Aber warum hätte man das Risiko eingehen sollen, revolutionäre politische Änderungen mit unabsehbaren Folgen anzustreben, wenn es nur um eine ökonomische Logik gegangen wäre? Die Nationalstaatsidee war mehr als ökonomische Logik. Es ging um Fragen der Weltanschauung, der Religion, der richtigen und gerechten politischen Einrichtungen. Es ging aber auch um die Frage, wie man als Schweizer in der Welt wahrgenommen wurde. Diese Frage beschäftigte vor allem die jungen Leute. Handwerksgesellen und Studenten, die sich auf Fernfahrt begaben, machten immer wieder die Erfahrung, dass sie im Ausland nicht als Zürcher, Genfer oder Aargauer angesehen wurden, sondern einfach als Schweizer. Manchmal durften sie auch spüren, dass sie nur schon kraft ihrer Nationalität Sympathien genossen, jedenfalls dann, wenn sie sich im Kreis von deutschen, französischen oder österreichischen Liberalen als deren Gesinnungsgenossen zu erkennen gaben. So fühlten sie sich im Ausland als republikanische Schweizer ernst genommen, und wenn sie dann, zurück in der Heimat, wieder mit dem herkömmlichen Kantönligeist konfrontiert waren, empfanden sie ihn als kleinlich und störend.

Beispielhaft für diese Haltung war der Drechslermeister Rudolf Keller, der Vater des Dichters Gottfried Keller: Als junger Handwerksbursche war er in der Zeit von Napoleons Aufstieg und Niedergang durch ganz Deutschland bis nach Breslau in Schlesien gewandert und hatte anschliessend während fast vier Jahren in Wien gearbeitet. In dieser Zeit war er zur Auffassung gekommen, die Schweiz könne nur dann als unabhängiges Staatswesen in Europa bestehen, wenn sie sich zur nationalen Einheit bekenne. Dies brachte er 1822 in einem Leserbrief zum Ausdruck, den er für Zschokkes «Schweizerboten» verfasste. Es waren damals in dieser Zeitschrift mehrere Artikel zur Frage des Handelsverhältnisses zwischen den schweizerischen Kantonen und Frankreich erschienen, und dazu bemerkte Rudolf Keller: «Es schmerzt manchen redlichen Schweizer, dass unter all den zutag geförderten Ansichten für und wider so wenige sind, denen man es nicht ansähe, dass andere als rein eidgenössische Interessen die Federn leiteten. O des tiefgewurzelten Übels! Soll der Züricher ewig als Züricher und der Berner als Berner reden? Hat die Geschichte noch nicht genug gewarnt? Haben nicht schon Weise genug gerufen: seid eins, denn nur durch Einheit könnt Ihr bestehen!»[185]

Etwa zwanzig Jahre nach Rudolf Keller kam ein anderer Keller nach Breslau, nämlich der katholische Aargauer Augustin Keller. Dieser begabte Bauernsohn absolvierte dort sein geisteswissenschaftliches Studium, und er fühlte, dass er von seinen schlesischen Kommilitonen als Schweizer akzeptiert und als Freund geschätzt wurde. Vor seiner Rückreise in die Schweiz fuhr er nach Berlin, und im Juli 1830 schrieb er seiner Braut, er habe dort einige ihm noch unbekannte reformierte Schweizer getroffen, die sich ihm gegenüber «höchst schofel und fremd» benommen hätten. «Da sah ich leider nach langen Jahren ganz unerwartet unsere vollendete Nationalphilistrosität in Kantonal- und Religionsverhältnissen mit schmerzlichem Gefühl wieder, und ich gestehe Dir, dass manches bereits eingeschlummerte Vorurteil gegen das gesellige Leben in meinem Vaterland bei mir wieder neu aufwachte. Auf der andern Seite muss ich freilich bekennen, dass mich die Schlesier, die Breslauer, und besonders meine Freunde gar sehr verzogen und mich für die etwas abstossende Trockenheit meiner Landsleute wohl etwas empfindlich gemacht haben.»[186] – Keller wurde später Aargauer Seminardirektor, Grossrat und Tagsatzungsabgeordneter. Sein politischer Kampf richtete sich gegen das, was er als «Philistrosität»[187] empfand: gegen die Engherzigkeit und Engstirnigkeit der Partikularisten, die sich der grossen Idee des Nationalstaates verweigerten.

9.1.3 Öffentliche Diskussion und Pressefreiheit

Vor 1830 war die Diskussion über die Frage des nationalen Zusammenschlusses auf private Gesellschaften und Vereine beschränkt; eine wirklich öffentliche politische Diskussion gab es nicht. Voraussetzung dafür wäre eine freie politische Presse gewesen, und damit war es schlecht bestellt. Es gab zwar in allen schweizerischen Kantonen Zeitungen, aber ihre innenpolitische Berichterstattung wurde von den kantonalen Obrigkeiten streng kontrolliert und war entsprechend zurückhaltend. Die aussenpolitische Berichterstattung bezog sich eher auf kulturelle als auf politische Nachrichten. Erschien doch einmal ein politischer Kommentar, der einer auswärtigen Macht nicht passte, so kam von dieser Seite sogleich heftiger

Tadel, und auf diplomatischem Weg wurde Druck auf die eidgenössische Tagsatzung ausgeübt. Vorbeugend erliess diese im Jahr 1823 das «Press- und Fremdenkonklusum», durch welches die liberale Presse vorübergehend beinahe mundtot gemacht wurde. Die liberalen und nationalen Ideen konnten kaum noch öffentlich diskutiert werden. Daran stiessen sich vor allem die Intellektuellen; die Pressefreiheit wurde eine ihrer vordringlichsten Forderungen.

Bahnbrechend für die Pressefreiheit wurde Appenzell Ausserrhoden; hier herrschte ein aufgeklärtes Klima, in dem der Liberalismus gedieh. Warum ausgerechnet in diesem abgelegenen Bergkanton? Appenzell Ausserrhoden war keineswegs hinterwäldlerisch und arm, wie man es allenfalls vom innerrhodischen Nachbarkanton sagen konnte, sondern war damals noch die Heimat grosser, europaweit tätiger Handelsunternehmen und ein bedeutender Standort der Textilindustrie. Die Trogener Familie Zellweger betrieb seit dem 17. Jahrhundert den Leinwandhandel und stand in enger Verbindung mit Handelshäusern in St. Gallen und in Lyon. Im 18. Jahrhundert besass sie Geschäftsniederlassungen in Herisau, Trogen, Lyon und Genua, dazu Warenlager in Barcelona, Bordeaux, Frankfurt, Leipzig und Moskau. Johannes Zellweger, der 1802 starb, hinterliess ein Vermögen von etwa drei Millionen Gulden. Sein Sohn Johann Kaspar Zellweger (1768–1855) führte das Handelsgeschäft weiter, betätigte sich daneben als Historiker, Förderer der Kunst, der Literatur und der allgemeinen Volkswohlfahrt. Er war Stifter einer Kantonsschule und einer Anstalt zur Erziehung armer Kinder, Gründer der Sparkasse Trogen, Mitbegründer der Appenzellischen Industriegesellschaft und der Appenzellischen gemeinnützigen Gesellschaft. Er war kein Einzelfall. Auch andere Industrielle und vor allem auch viele Ärzte wirkten über ihre private Tätigkeit hinaus im Dienst der Allgemeinheit. Beispielsweise Johannes Meyer (1799–1833), der in Tübingen Medizin studiert hatte und in Trogen praktizierte. Er wurde Gemeindehauptmann, und 1832 wählte ihn die Landsgemeinde zum Statthalter. Wichtiger noch war er als Herausgeber des «Appenzellischen Monatsblatts», das seit 1825 erschien. Seit 1827 veröffentlichte das Blatt jeweils die ausserrhodische Jahresrechnung, die bisher von der Regierung als Geheimsache behandelt worden war. Diese Neuerung war möglich, weil der damalige Landammann Mathias Oertli ein liberaler Mann war. An der Luzerner Tagsatzung von 1826 hatte er sich vehement gegen die Verlängerung des Press- und Fremdenkonklusums ausgesprochen: «Die Pressefreiheit ist gewiss nichts Böses, sondern ein Gut, sie ist ein Palladium des Rechts und der Freiheit; man sehe nur England und Nordamerika. Warum sollte auch das Volk in der Republik von der ‹res publica›, von der öffentlichen Sache, von den öffentlichen Angelegenheiten nichts wissen? Durch Publizität und Pressefreiheit wird die Teilnahme an öffentlichen Angelegenheiten geweckt und unterhalten, und eben das soll sein, damit das Volk nicht eine träge, faule, mit den Angelegenheiten des Vaterlandes unbekannte, daher gleichgültige Masse werde, die, ohne Geist und Leben, wenn einst das nahende Schicksal von aussen her zur kräftigen Abwehr bewegen sollte, ohne festen Willen und Tatkraft wäre. […] Der Missbrauch, der auch damit, wie mit jeglichem Gutem stattfindet, kann nie einen Grund zur Aufhebung der Pressefreiheit abgeben. Sie gehört in unseren Tagen wesentlich zur Republik und ihrer Erhaltung, und indem sie sich nur nach und nach entwickelt, besteht sie desto dauerhafter, verwebt sie sich nach und nach in die politischen Institutionen des Landes, in die politische Erziehung des Volkes, so dass sie ganz unschädlich wird, weil das Volk in seinem gesunden natürlichen Sinn und Verstand bald das Geschrei des Parteigeistes von der Stimme des Vaterlandes zu unterscheiden weiss.»[188]

Landammann Oertli bemühte sich, in seinem Heimatkanton die Pressefreiheit zu achten. Seine Toleranz wurde aber auf eine harte Probe gestellt, als Johannes Meyer seit dem Juli 1828 neben seinem «Appenzellischen Monatsblatt» auch noch die «Appenzeller Zeitung» herausgab. Für die erste Nummer schrieb Meyer selbst einen «Einleitenden Überblick des gegenwärtigen Standpunktes der Politik und Kultur» und sparte darin nicht mit Kritik: «Im Schweizerischen Vaterlande, wo viele Herren sind aber keine Meister, geht es zu wie es sich unter solchen Umständen erwarten lässt. Einheit und Kraft werden so lange vermisst werden, als die jetzige Bundesakte lebt. Auch der beste Wille, selbst der Mehrzahl, müsste an dieser Klippe scheitern.» Immerhin sei in letzter Zeit einiges für das Militärwesen und für die Erziehung der Jugend getan worden; aber: «Im Widerspruch mit der Beförderung einer vernünftigen Erziehung steht der grosse Hang, die Pressefreiheit zu knebeln, aber unausrottbar wird mit dem neuen Geschlechte dieses Recht aufwachsen, und keine Gewalt mehr etwas dagegen vermögen.»[189] Nun war ja die Pressefreiheit vor allem unter dem Druck der auswärtigen Mächte eingeschränkt worden, und gegen diese Mächte wetterte Meyer in scharfem Ton. Als Oertli erfuhr, die ausländischen Gesandten hätten deswegen eine Sitzung abgehalten, mahnte er Meyer am 20. August 1828, das Ausland künftig mit mehr Zartheit und die Schweiz mit Schonung zu behandeln. Das fruchtete wenig. Meyer blieb bei seiner

Tonart und fand eine wachsende Leserschaft. Sein Blatt, das anfangs zweimal wöchentlich für 620 Abonnenten erschienen war, wurde im Jahr 1831 viermal in der Woche an 1020 Abonnenten verschickt. Eine kleine Elite in der ganzen Schweiz las diese Zeitung, und die bekanntesten Radikalen aller Kantone schickten ihre Beiträge, etwa Kasimir Pfyffer aus Luzern, Ignaz Paul Vital Troxler aus Aarau und Basel, Thomas Bornhauser aus dem Thurgau, Gallus Jakob Baumgartner aus St. Gallen, Karl Schnell aus Bern und viele andere. Im Kanton Bern war die Appenzeller Zeitung unter der alten Regierung verboten, was aber ihren legendären Ruf nur noch steigerte. An den kantonalen Revolutionen und liberalen Verfassungsrevisionen 1830/31 nahm das Blatt regen Anteil, besonders auch an den Trennungswirren zwischen Stadt und Landschaft Basel, über die Troxler regelmässig berichtete. So schuf die kleine Appenzeller Zeitung die *Öffentlichkeit*, die für den Durchbruch des liberalen und nationalen Gedankenguts unabdingbar war.

Was ist eigentlich mit Öffentlichkeit genau gemeint? Schon seit der Antike gab es die Vorstellung, jenseits der Privatsphäre des Hauses und der Familie gebe es eine öffentliche Sphäre. Die Begriffe des Öffentlichen und des Privaten gehen auf das römische Recht zurück, das zwischen *publicus* und *privatus* unterscheidet. Mit dem ersten war der Bereich der ideellen Ganzheit gemeint oder konkret das, was zum Volk und zum Staat gehört; das zweite verwies auf den Bereich des Vereinzelten, vom Ganzen, vom Staat Abgesonderten. Durch die Rechtstradition wirkte diese Unterscheidung weiter bis in die Neuzeit hinein. Dabei wurde der Begriff des Öffentlichen während langer Zeit im engen Zusammenhang mit staatlicher Herrschaftsausübung verstanden: Das Öffentliche ist das Obrigkeitliche, das, was willkürlich ins Private eingreifen kann. Im 18. Jahrhundert wandelte sich der Begriff allmählich, verkehrte sich beinahe ins Gegenteil, indem das Private in die Nähe individueller Willkür gerückt wurde, während das Öffentliche eine positive Wertung bekam, indem Öffentlichkeit als Garantie dafür erschien, dass sich Vernunft und damit Freiheit durchsetzen und sich so ein dem Naturrecht entsprechender Zustand herstellt. Die gelehrte Diskussion über Fragen des Naturrechts verbreitete sich, und dem Anspruch nach gab es einen wachsenden Gebrauch der Vernunft durch das «räsonnierende Publikum». Dieses Publikum wurde zur kritischen Instanz gegenüber der Obrigkeit und verstand sich selber als die Öffentlichkeit. Ohne dieses neue Verständnis des Öffentlichen wäre die Französische Revolution nicht möglich gewesen.

Im deutschen Sprachraum kommt der Begriff der Öffentlichkeit um die Wende zum 19. Jahrhundert auf, und er wird zum Kampfbegriff des Liberalismus. Die Öffentlichkeit etabliert sich zwischen Staat und Individuum, sie ist das Medium, durch welches das Individuum den Staat im Zaum halten kann. Ohne Öffentlichkeit ist der Staat ein Herrschaftsinstrument, der seine Macht aus der Dunkelheit seines geheimnisvollen Wissens bezieht. Die Öffentlichkeit bringt Licht ins Dunkel und bewirkt dadurch, dass der Staat an und für sich keine Macht mehr hat, sondern nur vom Volk geliehene Macht. Diese Öffentlichkeit ist nicht von vornherein gegeben; sie muss in bewusster Anstrengung hergestellt werden. Ohne Öffentlichkeit keine Demokratie! Aber umgekehrt gilt auch, dass es ohne Demokratie keine fest begründete Öffentlichkeit geben kann. Deshalb existiert Öffentlichkeit im modernen Sinn erst seit dem Sieg des Liberalismus.

9.2 Die liberale Revolution

Am 4. Juli 1830 nahm die Tessiner Bevölkerung eine neue, die Volkssouveränität festschreibende liberale Verfassung an. In andern Kantonen hatte sich schon seit einiger Zeit eine ähnliche Entwicklung vorbereitet. Als Ende Juli 1830 bekannt wurde, das Volk von Paris kämpfe auf den Barrikaden gegen die Truppen des reaktionären Königs, wirkte dies wie ein Fanal. Die hiesigen Liberalen glaubten, wenn in Paris ein König gestürzt werde, dann sei es ihre historische Pflicht, aktiv zu werden und die Restaurationsregierungen zum Rücktritt zu zwingen. Sie begannen politisch zu handeln und verlangten Verfassungsrevisionen im Sinn der Anerkennung der Volkssouveränität. Binnen Jahresfrist sollte diese politische Revolution in 11 von 22 schweizerischen Kantonen erfolgreich abgeschlossen sein.

9.2.1 Volksbewegungen im Thurgau und im Aargau

Im Kanton Thurgau, dem ehemaligen Untertanengebiet in der Nordostecke der Schweiz, reifte die Situation am schnellsten. Die langjährige Herrschaft der immer gleichen Männer hatte Unzufriedenheit geschaffen, die neuen Männer, die an die Macht drängten, verlangten eine neue Verfassung. Im Oktober 1830 standen Grossratswahlen an, aber verschiedene Gemeinden weigerten sich, die Wahlen nach den bisherigen Regeln zu organisieren. Das Volk wurde unruhig. Da verschob der Kleine Rat den Wahltermin, wodurch die Empörung nur noch mehr geschürt wurde. Plötzlich roch es nach Aufruhr und Rebellion; die jungen Radikalen sprachen von der Notwendigkeit einer Revolution. Thomas Bornhauser, ein populärer Pfarrer und entschiedener Liberaler, der als Sohn armer Leute im zweiten Jahr der Helvetischen Republik in Weinfelden geboren worden war, erliess einen Aufruf an die Thurgauer, in dem er pathetisch verkündete: «Ich bin Bürger wie ihr. Unter dem Jubel des entfesselten Volkes ward ich geboren. Freiheit, Gleichheit waren die ersten Zauberlaute, die mein staunendes Ohr begrüssten. Sie wurden zum Wahlspruch meines Lebens, zum Grundton meines Wesens. All' mein Denken, all' mein Empfinden ist nur ein vielfacher Widerhall dieser Worte. Freiheit ist das Lebensblut meines Herzens, der Himmel meiner Seele. Darum war aber auch die gegenwärtige Verfassung seit sechzehn Jahren für mich ein Gegenstand des Schmerzes; darum verfolgte ich auch seit sechzehn Jahren im In- und Auslande mit aufmerksamem Blick, ob ich kein Zeichen sehe, das den nahen Tag der Freiheit verkünde. Der Hahn hat gekräht, die Morgenröte bricht an, Thurgauer, wachet auf, gedenkt eurer Enkel und verbessert euere Verfassung!»[190]

Dreissig angesehene Thurgauer kamen überein, sie wollten dem Grossen Rat eine Bittschrift des Thurgauer Volkes überreichen und so einerseits die Gemüter beruhigen, andererseits die Verfassungsrevision vorwärtstreiben. Ihre Forderungen waren: direkte Volkswahl des Grossen Rates, Gesetzesvorschlagsrecht des Grossen Rates, Öffentlichkeit der Verhandlungen, Pressefreiheit. Am 22. Oktober strömten in Weinfelden mehrere Tausend «Freiheitsfreunde» zusammen, die nach einer feurigen Ansprache Bornhausers einhellig die Bittschrift verabschiedeten. Der Kleine Rat lud auf den 8. November zu einer ausserordentlichen Sitzung des Grossen Rates ein, an der über die Bittschrift diskutiert werden sollte; die Frage der Verfassungsrevision wurde aber nicht entschieden genug angepackt. Erneut versammelten sich Tausende in Weinfelden. Jetzt beugte sich die Regierung dem Druck und liess den Grossen Rat nach neuen, demokratischeren Regeln wählen; die Liberalen siegten. Der neue Grosse Rat bestellte eine Verfassungskommission. Bereits am 26. April 1831 konnte das Thurgauer Volk über die neue Verfassung abstimmen, und es nahm sie mit 10 044 gegen 432 Stimmen an; die Stimmbeteiligung betrug 58 Prozent.

Ähnlich verlief die Volksbewegung zur Verfassungsrevision im Kanton Aargau. Am 26. August 1830 schrieb Heinrich Zschokke in seinem «Schweizerboten» einen Artikel über die bisherige Aargauer Verfassung: «Es

276

ist kein Geheimnis, dass das Volk an den meisten Orten diese Verfassung mit Unlust empfing und seither mit Unlust behielt. Die Julirevolution in Paris wird wohl auch auf sie ihre Wirkung ausüben.»[191] Am 12. September bildete sich in Lenzburg ein liberaler Verein, welcher eine «ehrerbietige Bittschrift» um Verfassungsrevision an den Grossen Rat richtete. Der Kleine Rat beschloss, Neuwahlen für den Grossen Rat anzuordnen, um diesem dann die Bittschrift vorzulegen. Inzwischen wurde die Lenzburger Bittschrift überall eifrig diskutiert, es erhob sich ein verbreitetes Misstrauen gegen Regierung und Grossen Rat, und es war von Wahlboykott die Rede. Als am 17. November trotzdem Wahlen angesagt waren, konnten sie nur in 26 der 48 Wahlkreise ordnungsgemäss durchgeführt werden. Die Regierung befahl, wo versäumt, seien die Wahlen am 25. November nachzuholen. Im Volk gärte es, die Regierung wurde beschimpft, Freiheitsbäume wurden aufgerichtet. Dabei scheinen sogenannte «Rotröckler», also die aus französischen Diensten entlassenen und nun arbeitslosen schweizerischen Söldner, eine anfeuernde Rolle gespielt zu haben. Am 23. November bot die Regierung Truppen auf, um die Ruhe wieder herzustellen. Da wurde noch gleichentags eine Volksversammlung nach Boswil einberufen. Dort verlangte der im Freiamt hoch angesehene Heinrich Fischer, Wirt und Grossrat, die Wahl sei zu vertagen, bis eine neue Verfassung ausgearbeitet sei. Am 26. November trat der unvollständige Grosse Rat in Aarau zusammen; auch Heinrich Fischer war anwesend. Sofort verlangte er das Wort, um über die «Wünsche und Anträge der Bürgermehrheit des Bezirks Muri» zu referieren. Weil dem Grossen Rat kein Antragsrecht zukam, wurde ihm dies verwehrt. Er verliess den Saal mit den drohenden Worten: «Dann wird Euch das Volks selbst sagen, was es verlangt!» Der Kleine Rat war aber bereit, auf die Forderung nach Verfassungsrevision einzugehen; er schlug die sofortige Wahl einer Verfassungskommission vor, und der Grosse Rat gab seine Genehmigung. Doch es war zu spät; das Volk traute der Regierung nicht mehr, denn diese hatte vorsorglich Truppen aufgeboten. Auf der andern Seite hatte Grossrat Fischer Boten an seine Anhänger in den Freiämter Dörfern geschickt mit dem Auftrag, es sei für Pulver und Blei zu sorgen, und man solle alle Vorbereitungen treffen, damit der Landsturm kurzfristig aufgeboten werden könne. Fischer zögerte dann doch mit Losschlagen. Gedrängt von seinen Anhängern, versammelte er aber die Truppen am Abend des 5. Dezembers, um am nächsten Morgen früh gegen Aarau zu marschieren. Inzwischen hatte der Kleine Rat weitere Truppen aufgeboten, aber dem Aufgebot wurde nur mangelhaft Folge geleistet; nur etwa drei- bis vierhundert Mann rückten ein. Dagegen schwoll Fischers Anhang während des Vormarsches auf sechs- bis achttausend Mann an. Es war ein eigenartiger Umzug: Voran eine Abteilung Rotröckler und einige Reiter, dann folgte auf einem Schimmel reitend und den imposanten Säbel an der Seite der Oberkommandierende, Grossrat und Schwanenwirt Fischer. Hinter ihm marschierte das bewaffnete Volk, viele in Uniform. Die Regierungstruppen gingen dem Zug entgegen, zogen sich aber kampflos zurück, als sie von dessen Umfang erfuhren. So ritt Fischer unbehelligt in Aarau ein, liess das Zeughaus und andere öffentliche Gebäude besetzen und schlug im Gasthof zum Rössli sein Hauptquartier auf. An den folgenden Tagen wurde verhandelt, die Aufständischen verlangten die sofortige Bestellung eines Verfassungsrates, was der Kleine Rat schliesslich zugestand, aber nur unter der Bedingung, dass die Truppen aus Aarau abgezogen würden. Fischer befal den Rückzug nach Lenzburg, worauf sich der Grosse Rat am 10. Dezember versammelte und die mit den Aufständischen getroffenen Abmachungen genehmigte. Bereits am 16. Dezember fanden die Wahlen in den Verfassungsrat statt, am 3. Januar 1831 trat dieser erstmals in Aarau zusammen, und am 15. April lag der Verfassungsentwurf vor. Am 15. Mai stimmte das Volk mit 11 100 gegen 4700 Stimmen zu, und der Kanton Aargau war von nun an ein «auf der Souveränität des Volkes beruhender Freistaat». Die neue Verfassung legte folgende Grundsätze fest: Das Volk übt die Souveränität in seiner Gesamtheit oder durch erwählte Stellvertreter aus. Die Gewissensfreiheit, die Freiheit der Mitteilung der Gedanken durch Wort, Schrift und Druck (Pressefreiheit) sowie die Handels- und Gewerbefreiheit sind gewährleistet. Die Gewaltentrennung ist streng durchgeführt, und es gilt eine allgemeine Wehrpflicht. Alle Staatsbürger sind vor dem Gesetze gleich, doch sind die Geistlichen von den Staatsämtern ausgeschlossen. Der Staat sorgt für die Verbesserung des Schulunterrichts.

Die Ereignisse im Kanton Aargau vom Herbst 1830 bis zum Frühling 1831 können als das Muster einer geglückten Revolution gelten. Sie lief zwar nicht gewaltlos, aber unblutig ab, und am Ende des Prozesses stand die Neukonstituierung des Staates gemäss den liberalen Grundsätzen. Die Welle der Revolution erfasste weitere Kantone. Unter dem Druck von Volksversammlungen wurden die Verfassungen in St. Gallen, Solothurn und in Luzern revidiert. In Bern musste das Patriziat abtreten, nachdem am 10. Januar 1831 eine grosse Volksversammlung in Münsingen einen Verfassungsrat verlangt hatte. In den Kantonen Waadt, Freiburg, Schaffhausen und Basel kam es zu gewaltsamen Auseinandersetzungen; grösseres Blutvergiessen konnte aber überall vermieden werden. Der Aufstand in der Basler Landschaft führte 1833 zur Abtrennung der liberalen Landschaft von der konservativen Stadt; es entstanden die zwei Halbkantone Basel-Stadt und Basel-Landschaft. Von den 22 Kantonen der Schweiz hatten sich elfeinhalb, darunter die grössten und bevölkerungsreichsten, neue liberale Verfassungen gegeben; zwei Drittel der Bevölkerung der Schweiz lebten damit in modernen repräsentativen Demokratien.

9.2.2 Vom Liberalismus zum Radikalismus

Die Restauration von 1815 war der Versuch gewesen, zu den gottgewollten altständischen Verhältnissen zurückzukehren. Das hatte sich als unrealistisch erwiesen. Entwicklung und Fortschritt löschten die Vorstellung von einer statischen Gesellschaftsordnung aus. Spätestens nach den Revolutionen von 1830/31 bekehrten sich auch die *Konservativen* zur Auffassung, den Strom der *Geschichte* könne man nicht stoppen. Immerhin glaubten sie, man könne und müsse gewisse Veränderungen verlangsamen. Vor allem wollten sie den Wertewandel bremsen. Auf weltanschaulichem und religiösem Gebiet traten sie den «Neudenkern» entgegen und versuchten, das verunsicherte Volk auf die überkommene christliche Moral festzulegen und ihm damit den Halt zu geben, den es ihrer Meinung nach brauchte, um nicht rebellisch zu werden. Die *Liberalen* dagegen wollten die von der Geschichte längst überholten Wertsetzungen abschaffen und neuen, fortschrittlichen Auffassungen zum Durchbruch verhelfen. Dabei bemühten sie sich, die soziale Ordnung nicht zu stark zu stören, den Fortschritt in geordnete Bahnen zu lenken. Anders die *Radikalen* einschliesslich der frühen Sozialisten und Kommunisten: Sie wollten Veränderungen und Modernisierungen auf allen Ebenen, und zwar möglichst schnell und möglichst konsequent; die soziale Revolution, die daraus entstehen konnte, fürchteten sie nicht. Gegen die Religion setzten sie eine materialistische Weltanschauung, gegen die sozialen Unterschiede den zunehmenden Wohlstand aller und gegen den politischen Partikularismus den Nationalstaat. Sie agitierten mit Vorliebe auch auf internationaler Ebene; am Beispiel der Zusammenarbeit von Mazzini und Ernst Schüler habe ich schon darauf hingewiesen. Obwohl Konservative, Liberale und Radikale sich in der Annahme einig waren, es gebe einen objektiven historischen Fortschritt, entbrannten zwischen ihnen die heftigsten weltanschaulichen und

politischen Kämpfe. Gerade auf der Grundlage des gemeinsamen Geschichts-
verständnisses gewannen unterschiedliche Haltungen an Schärfe. Jeder
entschied von seinem Standpunkt aus, was eine richtige und was eine
falsche Haltung sei. Die Haltung des politischen Gegners erschien als
falsch vor der Weltgeschichte und musste sozusagen im Auftrag des welt-
historischen Ziels mit aller Kraft bekämpft werden.

Die Radikalen verfolgten ihre Ziele mit radikalen Methoden, also mit
Massnahmen, durch welche die Dinge bis zu ihren Wurzeln hinunter verändert werden sollten. Das Adjektiv radikal[192] war im politischen Zusammenhang zuerst in England gebräuchlich geworden. Dort waren am Ende des
18. Jahrhunderts die Befürworter einer tiefreichenden Reform des Parlaments und des Wahlrechts von ihren Gegnern als *radicals* bezeichnet worden. In Deutschland und in der Schweiz wurde das Wort seit etwa 1830
häufig in Verbindung mit liberal gebraucht. Wer unter den Liberalen als
radikal angesehen wurde oder sich selbst so verstand, wurde als Liberal-
Radikaler oder einfach als Radikaler bezeichnet. Von den Gegnern wurde
das Wort in abwertendem Sinn gebraucht, während die Radikalen selbst
sich den Radikalismus zum Ehrentitel machten. Im politischen Tages-
kampf wurde zwischen liberal oder freisinnig[193] einerseits und radikal
andererseits nicht immer scharf unterschieden; es wurden Leute von ihren
Gegnern als radikal bezeichnet, die aus heutiger Sicht eher als gemässigt
liberal erscheinen. Radikalismus wurde zu einem undifferenziert verwendeten
politischen Schlagwort. Rückblickend sind aber die Differenzen feststell-
bar: Die Radikalen unterschieden sich von den gemässigteren Liberalen
und von den Konservativen vor allem durch ihren Willen, die Geschichte
zu beschleunigen. Daraus folgte ihr kompromissloser und oft rücksichtsloser politischer Stil. Sie manifestierten einen heftigen Veränderungswillen
und sahen in der Kirche und in der Religion einen verhängnisvollen
Bremsfaktor. In ihrem revolutionären Eifer schlossen sie auch die Anwendung von Gewalt in der politischen Auseinandersetzung nicht aus. So
gesehen war Radikalismus eine Frage des politischen Temperaments, und
diese Art von Radikalismus kam auch schon in den Verfassungsbewegungen
von 1830/31 zum Ausdruck. Der Radikalismus als politisches Programm,
das über die Ziele des Liberalismus hinauswies, entwickelte sich aber erst
zwischen 1830 und 1848. Wie die Liberalen wollten auch die Radikalen
eine Staatsverfassung, die das Prinzip der Volkssouveränität und der
Gewaltenteilung enthielt und die Menschen- und Bürgerrechte garantierte. Auch für sie war das grosses Ziel der Nationalstaat. Darüber hinaus

betonten sie die Notwendigkeit eines starken Staates und forderten den Ausbau der Volksrechte, die Verbesserung des Bildungswesens und die Vereinheitlichung der gesetzlichen Normen. Sie verlangten die Abschaffung des Zensus und die Einführung eines allgemeinen und gleichen Wahlrechts. Sie waren der Meinung, das Volk müsse die Möglichkeit haben, einen Beschluss des Parlaments ausser Kraft zu setzen; es ging ihnen um das, was man heute das Referendumsrecht nennt und was damals Vetorecht des Volkes hiess. Unter Umständen billigten sie sogar die Anwendung von Gewalt, nämlich dann, wenn sie glaubten, der Volkswille könne sich nur so durchsetzen. Dies schien ihnen beispielsweise bei der Trennung, der Basler Landschaft von der Stadt Basel der Fall zu sein, und deshalb standen sie mit Enthusiasmus auf der Seite der aufständischen Landschäftler. In der Kirchenfrage gingen sie davon aus, dass der Staat der Kirche übergeordnet sein müsse. Die meisten Radikalen stammten aus den protestantischen Landstädten der Industriekantone. Es gab aber auch katholische Radikale, die in den Religions- und Kirchenfragen die radikale Polemik nicht vorbehaltlos mittrugen, sondern den Kompromiss zwischen demokratischer Politik und autoritär-hierarchischer Kirche suchten.

9.2.3 Was ist das Volk?

Die freisinnige Geschichtsschreibung im ersten Jahrhundert nach der Bundesstaatsgründung feierte die Fortschritte des Liberalismus und Radikalismus zwischen 1830 und 1848 als Durchbruch des Volkswillens und als politischen Sieg des «Volks». Aber was ist das Volk? Was verstand man um 1830 unter diesem Begriff? Im Prinzip gab es drei unterschiedliche Auffassungen: die konservativ-aristokratische, die liberale und die radikale. Nach Auffassung der alten Aristokratie war das Volk der rohe, ungebildete, zu Regierungsgeschäften ungeeignete Teil der Bevölkerung. Das Volk waren die andern, zu denen sich die Gebildeten und Vornehmen nicht hinzuzählten. Sie, die sich als Aristokratie verstanden, waren die väterlich Regierenden, das Volk war die Schar ihrer Kinder, für die sie zu sorgen hatten. Ganz anders die Auffassung der Liberalen: Für sie war das Volk die politische Körperschaft, von der alle Souveränität ausgeht; ihr Volksbegriff war identisch mit dem staatstheoretischen Begriff der Nation. Es handelte sich also um eine Abstraktion, die unberührt blieb von der konkreten Beschaffenheit der Bevölkerung, von ihrer Gliederung nach Einkommen, Beruf, Geschlecht, Alter oder Bildung. Dieses abstrakte Volk ist der Souverän, und der Volkssouveränität muss dadurch Rechnung getragen werden, dass die Regierung aus einer irgendwie gearteten Volkswahl hervorgeht. Allein mit der Durchführung einer «Volkswahl» ist dem Grundsatz der Volkssouveränität Genüge getan. Es tut der Legitimation der Gewählten keinen Abbruch, dass bei weitem nicht alle Volksschichten wahlberechtigt sind, dass vor allem auch die Frauen ausgeschlossen sind und dass die kleine Minderheit der Wahlberechtigten in unterschiedliche Wählerklassen eingeteilt ist, so dass auch in den liberalen Kantonen nur ein kleiner, einstelliger Prozentsatz der Bevölkerung die politischen Rechte effektiv wahrnehmen kann.[194]

Wenn die Radikalen vom Volk sprachen, dann sahen sie vor sich eine Masse von gleichberechtigten (männlichen) Individuen. Sie verstanden Gleichheit nicht nur als Gleichheit vor dem Gesetz und Gleichheit in den politischen Rechten, sondern bis zu einem gewissen Grad auch als soziale Gleichheit. Diese Auffassung machte sie zu Revolutionären. Ihre Forderungen legitimierten sie aber nicht, wie es vierzig Jahre früher in Frankreich geschehen war, mit naturrechtlichen Grundsätzen, sondern mit der Volksmeinung. Das Volk war für sie die oberste Instanz, und sie selbst traten mit einer selbstbewussten Haltung auf, die signalisierte: «Wir sind das Volk.» Das machte ihre Stärke aus. Sie feierten das Volk als Hort der politischen Freiheit und der politischen Tugend – in Gegensatz zu den mehr oder weniger korrupten aristokratischen Herren. Das Volk ist unverdorben, es will seine Freiheit und nichts anderes; es ist frei von Sonderinteressen und deshalb Verkörperung des Allgemeinwillens. Die Radikalen sprachen «im Namen des Volkes», aber nur allzu leicht projizierten sie ihre eigene, beschränkte Meinung in das «gute Volk» hinein. Sie machten das Volk zu einem Mythos, hinter dem alle Interessengegensätze und weltanschaulichen Widersprüche verschwinden sollten.

Es stellt sich die Frage, weshalb das Volk – ich meine jetzt das konkrete Volk im Sinn einer heterogenen und in sich widersprüchlichen Bevölkerung – 1830/31 einer liberal-radikalen Elite gefolgt war, sobald diese nur entschieden genug aufgetreten war. Man muss es in einem grösseren Zusammenhang sehen: Es herrschte seit 1798 eine allgemeine politische Verunsicherung, die nicht nur durch die politischen Wechselfälle, sondern auch durch den wirtschaftlichen und gesellschaftlichen Wandel bedingt war. Zwischen 1798 und 1850 nahm die Bevölkerung im gesamtschweizerischen Durchschnitt um etwa 44 Prozent zu; in einzelnen Kantonen lag die Zunahme bei über 60 Prozent. Gleichzeitig veränderte sich die

Beschäftigungsstruktur: Nachdem im Jahr 1800 der Anteil der in der Landwirtschaft beschäftigten Bevölkerung noch bei über 65 Prozent gelegen hatte, fiel er um 1860 unter 50 Prozent und lag am Ende des Jahrhunderts bei etwa 30 Prozent. Industrie, Handel, Verkehr, Tourismus, Banken und Versicherungen banden dagegen immer mehr Arbeitskräfte an sich. Trotzdem fanden längst nicht alle aus der Landwirtschaft Herausgerissenen eine neue Existenzgrundlage; Tausende verarmten, Tausende wanderten in andere europäische Länder oder nach Übersee aus. Das Land wurde offensichtlich reicher, und trotzdem schien es nicht die ganze Bevölkerung ernähren zu können. Da konnte etwas nicht mehr stimmen. In den sich modernisierenden Industriekantonen vertraute eine Mehrheit nicht mehr den Konservativen, die gegen die wirtschaftlichen, gesellschaftlichen und politischen Neuerungen ankämpften und die alten gesellschaftlichen Werte und die christliche Moral dagegensetzten, sondern den Liberalen, welche die Pläne für eine neue Welt und die heilsamen Rezepte für eine prosperierende Gesellschaft in der Tasche zu haben schienen. Waren es nicht Ärzte, Apotheker, Professoren, Lehrer, Pfarrer und Juristen, also gebildete Leute, die für die politische Erneuerung eintraten? Warum sollte man ihnen nicht vertrauen?

Wo standen die Frauen? Es ist bekannt, dass viele von ihnen sich an den Volksaufläufen bei der Revolution von 1830/31 beteiligten. Ob und wie sie damals ihre politischen Rechte reklamierten, ist dagegen nicht erforscht. Es sind bis heute auch keine Quellen bekannt, aus denen politisch-emanzipatorische Bestrebungen von Frauen direkt abzulesen wären. Es gab aber einzelne Männer, die sich für die Frauenemanzipation stark machten. So etwa der Stäfner Verleger Johann Jacob Leuthy, der im Juli 1830 unter dem Titel «Das Recht der Weiber» eine «Zeitschrift für Frauen und Jungfrauen» herausgab. In diesem Blatt ist zu lesen: «Wenn nur der Wahnsinn dagegen kämpfen kann, dass die Weiber auch Menschen sind und also Menschenrechte haben, so bleibt den Gegnern der Emanzipation der Frauen nur noch der Einwurf möglich, dass die Frauen vermöge ihrer geistigen und körperlichen natürlichen Anlagen nicht fähig sind, aktive Bürger im Staatenvereine zu seyn. Diesen Einwurf in seiner ganzen Nichtigkeit darzustellen ist der Hauptzweck dieser Zeitschrift ...»[195] Es taucht hier überraschend die Frage der Frauenrechte, wie sie zu Beginn der Französischen Revolution gestellt wurde, kurz wieder auf. Das Echo scheint aber nicht gross gewesen zu sein; jedenfalls blieb es bei einer einzigen Nummer des als Monatsschrift geplanten Emanzipationsblattes.

9.3 Die nationale Regeneration

Auch nach der liberalen Revolution von 1830/31 waren es allein die Männer, die den Fortschritt der Geschichte definierten. Sie orientierten sich an einer Geschichtserzählung, die den kriegerischen Helden des Mittelalters in den Mittelpunkt rückte, und sie gingen davon aus, dieser Held habe die Freiheit errungen und verteidigt. Immer noch galt die Auffassung, die schon die Patrioten des 18. Jahrhunderts gepflegt hatten, wonach die alten Eidgenossen einst einig und frei gewesen waren, ihre zerstrittenen Nachfahren aber die Freiheit verspielt hatten. Die schweizerischen Liberalen nach 1830/31 waren der Meinung, sie hätten nun in einem Teil der Kantone die Freiheit zurückgewonnen. Es gehe jetzt noch darum, die liberale Revolution in allen Kantonen durchzuführen und gleichzeitig die Kantone zu einem staatlichen Ganzen zusammenzufügen, also die nationale Einheit herzustellen. Erst dann sei die Schweiz wieder auf dem Stand von Freiheit und Einigkeit, wie ihn die alte Eidgenossenschaft gekannt habe. Dieses Programm bekam den seltsamen Namen «Regeneration».

Woher kommt das Wort, und wie wurde es zum politischen Programm? «Regeneration» stammt aus dem Bereich der Medizin und meint die Fähigkeit lebender Organismen, verletzte Teile aus sich heraus zu heilen oder neu hervorzubringen. Dieses Phänomen wurde schon in der Antike beobachtet und beschrieben und seit dem 18. Jahrhundert genauer untersucht. Die Romantiker interessierten sich dafür, weil sie, anders als die mechanistisch denkenden Aufklärer, von allem Organisch-Lebendigen fasziniert waren. Die Möglichkeiten und Fähigkeiten von Organismen stellten für sie ein Grundmuster dar, das sie in den verschiedensten Bereichen wirken sahen. So wurde für sie «das Volk» zum organischen «Volkskörper», der, wie eine Pflanze, entstehen, wachsen und verdorren kann, der in seinem Entwicklungsprozess zeitweise degeneriert, aber auch immer wieder regenerierende Kräfte entwickelt. Dieses Bild nahm der in Aarau wirkende Luzerner Arzt, Philosoph und radikale Politiker Ignaz Paul Vital Troxler auf; es schien ihm genau auf den Zustand der Eidgenossenschaft zu passen. Er hielt das Volk der Eidgenossen insofern für degeneriert, als es in sich gespalten, in Stände, Interessengruppen und politische Richtungen fraktioniert und deshalb kaum fähig war, sich als Volksganzes, als Nation zu verstehen. Er glaubte aber an die Kraft des Volkes, sich aus seiner Gespaltenheit zu befreien, ein Ganzes zu werden und aus sich heraus «wieder» eine freiheitliche und egalitäre Staatsordnung zu erzeugen. Diesen

Heilungsprozess, dieses Ganz-Werden, nannte er «Regeneration». Im politischen Zusammenhang brauchte er das Wort zum ersten Mal in seinem 1830 geschriebenen Aufsatz «Einige Hauptmomente aus meinem Leben», in dem er sich erinnert, wie er 1792 als Gymnasiast in Solothurn zahlreiche französische Emigranten, Adlige, Geistliche und sonstige Konterrevolutionäre gesehen und beobachtet habe. Deren Kleidung, Benehmen und Reden seien ihm erkünstelt vorgekommen, und er habe daraus eine wichtige Erkenntnis gezogen: «So ward mir damals schon der Zustand der Entartung Europas sichtbar, und ich sympathisierte tief mit den neuen *Regenerationsversuchen* und den damaligen Hoffnungen aller Menschenfreunde.»[196] Troxler schreibt nicht, er sei ein Anhänger der Revolution geworden; er braucht das Wort Revolution gar nicht. Er bevorzugt den Begriff der Regeneration, weil er glaubt, eine von der Natur vorgegebene Form, eine Uridee, müsse durch den geschichtlichen Fortschritt gleichsam eingeholt und zur konkreten Wirklichkeit gemacht werden. Hinter Troxlers Regenerationsbegriff steht seine idealistisch-naturphilosophische Weltanschauung.

Die schweizerischen Radikalen übernahmen den Begriff, meist ohne den philosophischen Hintergrund zu kennen; so wurde er zum politischen Schlagwort. In den Quellentexten aus den 30er und 40er Jahren des 19. Jahrhunderts kommt «Regeneration» häufig vor und steht für ein Programm der nationalen und demokratischen Erneuerung. Das Wort fand dann auch Eingang in die Historiographie: Peter Feddersen, ein im Kanton Basel-Landschaft eingebürgerter politischer Flüchtling aus Norddeutschland, veröffentlichte 1867 seine aus liberal-radikaler Optik geschriebene «Geschichte der Schweizerischen Regeneration von 1830 bis 1848». Er machte aus dem politischen Schlagwort einen Epochenbegriff. Dieser wurde allerdings von andern Geschichtsschreibern nicht sofort aufgenommen. Im 19. Jahrhundert war es noch üblich, die Jahre zwischen 1815 und 1848 als eine einzige Epoche aufzufassen, die meistens als Zeit der *Wiederherstellung* bezeichnet wurde. Gemeint war die Wiederherstellung einer unabhängigen Schweiz nach einer Periode der französischen Fremdherrschaft. Es gab auch Historiker, die in ähnlichem Sinn den Begriff *Wiedergeburt* brauchten. Obwohl die beiden Begriffe oft miteinander vermischt wurden, kann man doch sagen, die konservativen Autoren hätten eher von «Wiederherstellung» gesprochen, weil dabei die Idee der Restauration im Hallerschen Sinn mitschwang, während die Liberalen das Wort «Wiedergeburt» bevorzugten, weil in ihm die Idee der Erneuerung enthalten ist. Der erste Begriff gehört in den Bereich der politischen Herrschaftstechnik und entspricht der mechanistischen Vorstellungswelt des 18. Jahrhunderts; der zweite entstammt der lebendigen Welt des Organischen und entspricht dem Denken der Romantiker. Wiederherstellung und Wiedergeburt drücken aber beide durch das «Wieder» die Annahme aus, der erwünschte neue Zustand sei identisch mit einem früheren oder ursprünglichen Zustand. Für die Konservativen war dieser gute Zustand von einst eine eigenständige und fromme Eidgenossenschaft, die 1798 untergegangen und nach der Periode der Fremdherrschaft 1815 wieder aufgetaucht sei. Dadurch sei die von Gott gewollte menschliche Ordnung wieder hergestellt worden. Die Liberalen waren dagegen der Ansicht, die ursprüngliche freiheitliebende Eidgenossenschaft, die im Laufe der Jahrhunderte alt und müde geworden sei, habe 1798 einen ersten Erneuerungsversuch gemacht und sei dann zwischen 1830 und 1848 definitiv wiedergeboren worden. In dieser Wiedergeburt manifestierte sich für sie gleichsam die christliche Heilsgeschichte[197] in säkularisierter Form: Das Ziel aller Geschichte, der demokratische Nationalstaat, ist endlich erreicht. Eine solche Auffassung grenzte für die Konservativen an Blasphemie, denn sie glaubten, das wahre Heil sei nur im Jenseits zu erlangen.

Erst im 20. Jahrhundert, als die weltanschaulichen Kämpfe des 19. Jahrhunderts überwunden schienen, wurden «Wiederherstellung» und «Wiedergeburt» in der schweizerischen Geschichtsschreibung meistens durch die Schlagworte Restauration und Regeneration ersetzt und streng voneinander geschieden: Restauration ist die konservative Periode zwischen 1815 bis 1830, Regeneration die liberal-radikale Periode zwischen 1830 bis 1848. Durch diese begriffliche und zeitliche Trennung sollte der Vermischung von konservativen und fortschrittlichen Vorstellungen vorgebeugt werden. Die Restauration personifiziert sich im Namen Haller; die Regeneration dagegen ist eng mit Troxler verknüpft.

9.4 Streit der Kantone um die Bundesrevision

Troxler hat in der Geschichte der schweizerischen Nationalstaatsgründung eine herausragende Rolle gespielt, weil er eine umfassende Begründung dafür lieferte, weshalb die Schweiz nur in der Form eines Bundesstaates zum Nationalstaat werden könne. Ich werde auf diese Begründung und auf Troxlers Leben und Wirken noch näher eingehen. Zuerst will ich aber den geschichtlichen Hintergrund schildern. Troxler entfaltete sein politisches

Denken in einer Zeit, in der die schweizerischen Liberalen und Radikalen versuchten, den Bundesvertrag von 1815 im Sinn einer Stärkung der Zentralgewalt zu revidieren. Es gehe darum, das Rad der Zeit vorwärts zu drehen, meinten sie, und die Zukunft liege im engeren nationalen Zusammenschluss, also in einer Unterordnung der Kantone unter eine Zentralgewalt. Nur so werde die Schweiz gross und stark genug, sich als eigenständige Republik in Europa zu behaupten. Gegen diese Sicht der Dinge erhoben die Konservativen Einspruch: Die Grossmächte würden es nicht akzeptieren, wenn die Schweizer den Bundesvertrag im Sinn einer Zentralisierung eigenmächtig abänderten. Die Abmachungen von 1815 seien für alle Zeiten bindend. Die Angst vor einer Intervention der Heiligen Allianz war das stärkste Argument der Gegner der Bundesrevision.

Der Bundesvertrag war ein völkerrechtlicher Vertrag, abgeschlossen zwischen souveränen Staaten (Kantonen). Er konstituierte keinen schweizerischen Gesamtstaat, sondern einen Staatenbund mit einem allen Kantonen gemeinsamen Organ, der Tagsatzung. Die Tagsatzungsabgeordneten stimmten nach den Instruktionen ihrer jeweiligen Regierung ab. Die Tagsatzung war also kein Parlament im Sinn einer modernen Volksvertretung, sondern ein Kongress der Kantonsvertreter. Aufgabe der Tagsatzung war es, die wenigen allen Kantonen gemeinsamen Aufgaben wahrzunehmen: den militärischen Schutz der Neutralität, die Bewahrung von Ruhe und Ordnung im Innern, die Koordination der Zollpolitik und den Abschluss von Handelsverträgen, wenn sie alle Kantone gemeinsam betrafen. Sie hatte keine Gesetzgebungsbefugnisse. Ordentlicherweise trat sie einmal pro Jahr in einem der drei Vororte, Zürich, Bern oder Luzern, zusammen. Jedes zweite Jahr wechselte der Vorort. Das Oberhaupt des jeweiligen Vororts war gleichzeitig Präsident der Tagsatzung. Anders als in der Mediationszeit gab es keinen Landammann der Schweiz, der die Gesamtheit der Kantone nach aussen vertreten hätte. Das eidgenössische Archiv lagerte im Berner Rathaus, und was man an Akten während der Tagsatzung zur Hand haben musste, wurde auf einem Wagen von einem Vorort zum andern transportiert, begleitet vom Kanzler und vom Staatsschreiber, den beiden einzigen eidgenössischen Beamten. Es ist offensichtlich, dass auf diese Weise die gemeinsamen Anliegen aller Bundesglieder nur schlecht wahrgenommen werden konnten, besonders in Krisenzeiten, also wenn rasch gehandelt werden musste, wie zum Beispiel an der Jahreswende 1830/31, als der Ausbruch eines Kriegs zwischen Österreich und Frankreich befürchtet werden musste.

In den Augen der Liberalen war das Vororts- und Tagsatzungssystem längst überholt und ein Hindernis für jegliche nationale Politik. Aber auch von den konservativen Kantonen her bestand ein gewisses Bedürfnis, den eidgenössischen Bund institutionell besser auszustatten. Das ging nicht ohne Revision des Bundesvertrags. Weil dieser aber keine Revisionsklausel enthielt, war nach konservativer Rechtsauffassung eine Revision nur möglich, wenn alle Kantone, eventuell auch die Garantiemächte, damit einverstanden waren. Diese umfassende Einigkeit herzustellen, erwies sich als unmöglich, denn die konservativen Kantone wollten nur minimale Änderungen, während die Liberalen und Radikalen immer deutlicher erkannten, dass es ihnen eigentlich nicht um eine blosse Bundesrevision, sondern um ein grundsätzlich neues politisches System ging. Sie wollten den Bund nicht nur in die Lage versetzen, seine bisherigen Aufgaben besser zu erfüllen, sondern ihn vielmehr in einen richtigen, handlungsfähigen Staat transformieren. Den angestrebten Nationalstaat bezeichneten sie als «Bundesstaat»[198], wobei noch keineswegs feststand, wie föderalistisch beziehungsweise zentralistisch er sein sollte.

Zum Fanal für den Bundesstaat wurde der berühmte «Zuruf an den Vorort Luzern bei Übernahme der Leitung der Bundesangelegenheiten auf Neujahr 1831.»[199] Er erschien unter dem Namen des Luzerner Liberalen Kasimir Pfyffer, muss aber mit grösster Wahrscheinlichkeit Ludwig Snell zugeschrieben werden.[200] Darin ist von der Notwendigkeit «eines kräftigeren und engeren Bundesvereins, einer stärkeren Zentralisation» die Rede, und es wird der Mangel einer nationalen Zukunftsperspektive beklagt: «Alle Eidgenossen von Einsicht und Bildung sehen ein, dass die jetzige schwache Vereinigung der Kantone keine gemeinsame Schöpfung, keine National-Unternehmung möglich macht, dass die Industrie in den engsten Spielraum eingeschlossen, der Handel überall gehemmt, und den geistigen Kräften der grösste und edelste Reiz, das Bewusstsein für eine Nation zu arbeiten, fehlt…» Um diesen Mangel zu überwinden, muss nicht nur der Bundesverein enger werden, sondern er muss in einen «Bundesstaat» umgewandelt werden. Voraussetzung des Bundesstaates ist aber eine Gleichheit der kantonalen Interessen: «In einem Bundesstaat müssen alle einzelnen Glieder Gleichheit der Interessen haben; nur unter Freunden ist ein Bund möglich, nicht unter Feinden.» Diese Gleichheit werde sich bald wie von selbst herstellen, denn: «Die Herrschaft der aristokratischen Faktionen und Prinzipien wird durch den Sieg volkstümlicher Verfassungen verschwinden. Diese Verfassungen werden auf einer und derselben Grundlage, nach gleichen

Grundsätzen errichtet werden, und durch die Identität aller Hauptinstitutionen alle einen gleichen Charakter an sich tragen.» – Der Verfasser des «Zurufs» geht also davon aus, dass alle Kantone sich «volkstümliche» oder liberale Verfassungen nach gleichen Grundsätzen geben werden, wonach dann alle Kantone «gleich» wären und ohne weiteres im grösseren Ganzen des Bundesstaates aufgehen könnten. Er spricht zwar vorsichtigerweise nicht vom Verschwinden der Kantone, sondern nur vom Verschwinden der Aristokratie. Insofern aber die Aristokratie immer auf der Kantonssouveränität beharrt hat, würde das Verschwinden der Aristokratie auch das Verschwinden der Kantonssouveränität nach sich ziehen. Was im «Zuruf» als Bundesstaat bezeichnet wird, ist letztlich als Einheitsstaat gedacht. Nehmen wir Ludwig Snell als Verfasser des «Zurufs» an, so gewinnt diese Interpretation an Plausibilität, denn obwohl Snell sich einen gewissen föderalistischen Sprachgebrauch angeeignet hatte, blieb er letztlich doch in einheitsstaatlichen Vorstellungen gefangen. Die meisten Radikalen teilten die Meinung, ein Staat, der das Prinzip der Volkssouveränität ernst nehme, müsse ein Einheitsstaat sein. Die Konservativen wollten so weit wie möglich an der Souveränität der Kantone festhalten, und die gemässigten Liberalen tendierten darauf, einen Kompromiss zwischen kantonaler Souveränität und Souveränität des Bundes zu finden.

In der ordentlichen Tagsatzung vom Sommer 1831 kam auf Betreiben des Standes Thurgau die Bundesreform zur Sprache. Gegen den Widerstand der konservativen Kantone stimmten zwölf Stände für die Weiterverfolgung der Angelegenheit. Wichtig schien den liberalen Kantonen, dass ein künftiger Bundesstaat für die Gewährleistung der kantonalen Verfassungen zuständig sein müsse. Diese Gewährleistung war nämlich zur Streitfrage geworden, seit in der Revolutionsperiode 1830/31 verschiedene Kantonsverfassungen gewaltsam umgestürzt und neue eingeführt worden waren. Eine Reihe von konservativen Kantonen hatte sich geweigert, die neuen Verfassungen anzuerkennen, und das empfanden die liberalen Kantone als Bedrohung. Deshalb wollten sie den Bund zum Garanten der neuen Verfassungen machen; das war ihr Hauptanliegen an der ausserordentlichen Tagsatzung vom März 1832 in Luzern. Da sie mit dem Widerstand der konservativen Kantone rechneten, einigten sich die Abgeordneten der sieben liberalen Kantone Zürich, Bern, Luzern, Solothurn, St. Gallen, Aargau und Thurgau vorerst darauf, sich gegenseitig ihre Verfassungen zu gewährleisten. Sie legten dies in einem Konkordat nieder, das so lange in Kraft bleiben sollt, bis ein revidierter Bundesvertrag die angestrebte Verfassungsgarantie übernehmen würde. Dieses sogenannte Siebnerkonkordat hatte in erster Linie den Zweck, die «auf dem Grundsatz der Volkssouveränität beruhenden, in das eidgenössische Archiv niedergelegten Verfassungen» zu schützen. Es enthielt einen ausdrücklichen Vorbehalt der Bestimmungen des Bundesvertrags, sah aber im Artikel 5 vor, die Konkordatskantone hätten «einander Schutz und Schirm zu leisten und, unter Anzeige an den Vorort, einander selbst mit bewaffneter Macht einzeln oder in Gemeinschaft zu Hülfe zu ziehen …»[201] Diese Bestimmung widersprach dem Artikel 4 des Bundesvertrags, wonach allein die Tagsatzung für bewaffnete Intervention zuständig war. Deshalb konnten die konservativen Kantone mit einem gewissen Recht sagen, das Konkordat sei ein gegen sie gerichteter und nach Bundesrecht unzulässiger Sonderbund der Liberalen. Nach dem Wortlaut des Konkordats waren allerdings alle Kantone zum Beitritt aufgefordert; aber ausser den sieben leistete keiner der Aufforderung Folge – auch die speziell ermunterten Kantone Waadt und Genf nicht. Das Konkordat wurde allein von den Deutschschweizer Liberalen und Radikalen getragen, die sowieso die nationale Politik dominierten.[202]

Ende März 1832 wurde in Zürich ein von Gallus Jakob Baumgartner, Kasimir Pfyffer und Karl Schnell erarbeiteter «Entwurf einer schweizerischen Bundesverfassung» veröffentlicht, der in einigen Bestimmungen dem Wortlaut des Siebnerkonkordats stark glich. Er bestimmte, dass der Bund die Kantonsverfassungen gewährleiste, dass er aber nur diejenigen anerkenne, «welche die Ausübung der politischen Rechte nach demokratischen oder repräsentativen Forderungen sichern …»[203] Die liberalen Kantone stellten sich hinter diesen Entwurf und machten Druck auf die Tagsatzung, die Revision des Bundesvertrags in ihrem Sinn anzugehen. Am 17. Juli 1832 beschloss die Tagsatzung, es sei das Projekt einer Bundesrevision vorzubereiten. Sie wählte zu diesem Zweck eine 15köpfige Kommission, die sich unter dem Vorsitz von Eduard Pfyffer, des älteren Bruders von Kasimir Pfyffer, an die Arbeit machte. Am 15. Dezember 1832 lag ein erster, von Gallus Jakob Baumgartner redigierter Entwurf einer «Bundesurkunde der schweizerischen Eidgenossenschaft» vor. Der Berichterstatter Pellegrino Rossi schrieb dazu einen erläuternden Bericht. Er betonte den Kompromisscharakter des Entwurfs: Beibehaltung der kantonalen Souveränität bei gleichzeitiger Stärkung der Bundesorgane, also Mittelweg zwischen Einheitsstaat und extremem Föderalismus. Obwohl im Titel abschwächend von «Bundesurkunde» die Rede war – nicht zuletzt deshalb, weil man die ausländischen Mächte nicht aufschrecken wollte –, handelte es sich um einen Verfassungsentwurf für einen Bundesstaat. Dieser Kompromissvorschlag stiess aber bei den konservativen Föderalisten und den radikalen Zentralisten gleichermassen auf Ablehnung. Interessanterweise stellten sich neben Neuenburg auch die liberalen Kantone Waadt, Tessin und Genf quer, weil sie als welsche Minderheiten in der Schwächung der Kantonssouveränität eine Bedrohung durch die deutschschweizerische Mehrheit sahen.

Am 14./15. November 1832 schlossen sich die fünf konservativen Kantone Uri, Schwyz, Unterwalden, Neuenburg und Basel-Stadt zum Sarnerbund zusammen. Es war dies eine Reaktion auf das Siebnerkonkordat sowie auf die Trennung der Basler Landschaft von der Stadt Basel. Der Sarnerbund leistete entschiedenen Widerstand gegen die Bundesrevision. Er fühlte sich auch dadurch legitimiert, dass Österreich, Preussen, Russland und Sardinien hatten verlauten lassen, sie wollten die schweizerische Neutralität nur dann weiterhin anerkennen, wenn die Schweiz beim Bundesvertrag von 1815 bleibe. Als nun am 11. März 1833 eine ausserordentliche Tagsatzung in Zürich zusammentrat, um die Frage der Bundesrevision erneut zu beraten, blieben ihr die Kantone des Sarnerbunds fern. Trotzdem wurde das Projekt weiterverfolgt. Eine neue Verfassungskommission unter dem Vorsitz des Berners Karl von Tavel hatte etwa 500 Anträge aus den Kantonen zu behandeln und legte nach 35 mühevollen Sitzungen am 13. Mai 1833 der Tagsatzung einen zweiten Entwurf vor, der die konservativen und föderalistischen Anliegen stärker berücksichtigte. Die Tagsatzung ging auf den Entwurf ein, bereinigte ihn, ohne aber über Annahme oder Ablehnung abzustimmen. Es zeigte sich nämlich, dass die Meinungen über die Bundesreform inzwischen noch weiter auseinanderklafften. Der Vorort Zürich richtete am 17. Mai ein Kreisschreiben an die Kantone, in dem er sie aufforderte, zum zweiten Entwurf Stellung zu nehmen. In der Folge sprachen sich elf und zwei halbe Kantone für den Entwurf aus. Die Kantone des Sarnerbunds, die sich in einer Art Gegentagsatzung versammelt hatten, führten die Opposition an, und mit ihnen verwarfen die restlichen Kantone den Entwurf oder traten gar nicht auf ihn ein.

Nicht nur in der Revisionsfrage waren die Kantone in zwei Lager geteilt, sondern auch in der Frage, ob die Stadt Basel gegen die Landschaft beziehungsweise die alte Landschaft Schwyz gegen das rebellische «Ausserschwyz» im Recht sei. Auch hier verlief die Trennungslinie zwischen den konservativen Kantonen einerseits und den liberalen Kantonen andererseits. Im August 1833 traten die Truppen der Basler Landschaft gegen die

Truppen der Stadt Basel an; sie beendeten das Gefecht siegreich, und damit war die Aufteilung in einen konservativen Halbkanton Basel Stadt und einen liberalen Halbkanton Basel Landschaft definitiv. An der Tagsatzung bestand nun eine eindeutige liberale Mehrheit, und sie beschloss, der Sarnerbund sei aufzulösen. Trotzdem kam die Bundesrevision nicht mehr voran. Zwar befassten sich weitere Revisionskommissionen noch während Jahren mit der Zukunft des Bundes, aber die Arbeit zeitigte keine praktischen Folgen, weil die Konservativen und die Liberalen sich gegenseitig blockierten. Die ganze Mühe schien umsonst gewesen.

9.5 Troxlers rettende Idee

Neben dem Vorschlag der Tagsatzungskommission hatte die Revisionsdebatte von 1832/33 auch eine Reihe von nicht amtlichen Verfassungsentwürfen hervorgebracht. Besonders wichtig war derjenige von Troxler. Was er 1833 in einer Broschüre unter dem Titel «Die eine und wahre Eidgenossenschaft im Gegensatz zur Centralherrschaft und Kantonsthümelei so wie zum neuen Zwitterbunde beider»[204] vorlegte, sollte im verfassungsrechtlichen Denken der Zeitgenossen nachhaltige Wirkung erzeugen. In dieser Schrift polemisierte er gegen den offiziellen Entwurf von 1832, der gemäss der Auslegung der Tagsatzung durch eine doppelte Souveränität von Bund und Kantonen gekennzeichnet sei. Diese Auslegung sei Täuschung, Lug und Trug. Troxler brauchte starke Worte, um den Kompromissgedanken der Tagsatzung, den er für einen verfassungsrechtlichen Irrtum hielt, vom Tisch zu wischen. Es gebe nur *eine* Nation und infolgedessen auch nur *eine* Souveränität, betonte er, und befand sich damit in Einklang mit seinen radikalen Gesinnungsgenossen. Anders als diese zog er aber daraus nicht die Konsequenz, die Schweiz brauche eine einheitsstaatliche Verfassung, sondern er zeigte einen andern Weg. Das Problem sei, sagte er, die Souveränität so zu institutionalisieren, dass die Einheit der Nation gewahrt werde und trotzdem die Vielfalt der Kantone zum Ausdruck komme. Einheitsstaat oder Staatenbund? Beides sei falsch, denn: «Der Einheitsstaat schliesst die Staaten, der Staatenbund aber die Bürger von dem Bunde aus.» Im Staatenbund sind nur die Kantone, aber nicht die Nation insgesamt repräsentiert; im Einheitsstaat aber geht die Vielfalt der Kantone verloren. «Das Schweizervolk hat die Erfahrung dieser Wahrheit gemacht, indem es in dem Einheitssystem von 1798 seine Kantone einbüsste, und

durch den Bundesvertrag von 1815 um seine Nationalität gebracht ward.»
Diese gegensätzlichen Erfahrungen haben nun dazu geführt, dass notwendigerweise eine neue Form entstehen muss, nämlich der Bundesstaat, der
«die scheinbar sich widerstreitenden Prinzipien» miteinander versöhnt.
Wenn der Begriff des Bundesstaates bisher einfach im Sinn eines Gesamtstaates, der aus dem eidgenössischen Bund hervorgehen sollte, gebraucht
und von den Radikalen durchaus im Sinn eines Einheitsstaates verstanden
worden war, so gab ihm erst Troxler die Bedeutung, die er heute noch hat.
In seiner Terminologie war der Bundesstaat die zur Einheit gewordene
Vielheit.

Troxler ging auch auf die praktischen Probleme präzise ein. Er fragte:
Wie ist der Bundesstaat institutionell auszustatten, damit die angestrebte
Versöhnung, die Einheit in der Vielheit, das Zusammenwachsen des
scheinbar Getrennten möglich wird? «Indem ich lang und ernst diesem
Vorwurf nachsann, trat mir ein glänzendes und glückliches Beispiel der
Lösung aus der Wirklichkeit und Geschichte vor Augen. Es ist die Bundes-
einrichtung Nordamerika's. Die Bundesversammlung der Vereinstaaten
(der Congress) theilt sich nämlich in zwei Äste, in den Rath der Alten
(Senat) und in den Rath der Stellvertreter (Repräsentantenrath). Ersterer
wird gewählt und beschickt durch die Gesetzgebung der Bundesstaaten,
der Landschaften; letzterer hingegen von dem Volk nach dem Verhältniss
der Bevölkerung, auf je 33 000 Wahlfähige ein Stellvertreter. Die Verfassung der Vereinstaaten von Amerika ist ein grosses Kunstwerk, welches
der menschliche Geist nach ewigen Gesetzen seiner göttlichen Natur schuf.
Sie ist ein Werk der vereinten neuern Menschenbildung; in ihr liegt ein
Muster und Vorbild für Anordnung des öffentlichen Lebens der Republiken im Allgemeinen und für die Gliederung eines jeden volksthümlichen
Bundesstaates, in welchem das Ganze und die Theile frei und gleich seyn
sollen.» – Aufgrund dieser Einsicht formulierte Troxler eine Bundesverfassung
in 59 Paragraphen, und damit brachte er die Idee des Zweikammersystems[205] in die öffentliche Diskussion ein. Kölz bemerkt dazu in seiner
«Neueren schweizerischen Verfassungsgeschichte», Troxler habe diese Idee
zwar nicht als erster in der Schweiz geäussert, aber er habe sie als erster
politisch wirksam vertreten.[206] Er legte eine Spur, die 1848 aufgenommen
werden sollte und die sich für das Gedeihen des schweizerischen Bundesstaates als richtig erwies. So gesehen war Troxler für die ideelle Vorbereitung
des Bundesstaates von zentraler Bedeutung. Das wird in der Literatur zur
Schweizer Geschichte allgemein anerkannt. Trotzdem scheint mir, er sei

bisher eher unterschätzt und oft missverstanden worden, und zwar deshalb, weil seine politischen Gedanken kaum je in einen grösseren geistesgeschichtlichen Zusammenhang gestellt wurden. Troxler ist nur vor dem Hintergrund des deutschen Idealismus und speziell der Schellingschen Naturphilosophie ganz zu verstehen. Ich will deshalb seinen intellektuellen Werdegang kurz darstellen, bevor ich noch einmal genauer auf seine politischen Ideen eingehe.

9.5.1 Lebenslauf eines idealistischen Politikers

Ignaz Paul Vital Troxler (1780–1866) stammte aus einer Handwerkerfamilie in Beromünster und war zum katholischen Theologen bestimmt gewesen. Nach seiner gymnasialen Ausbildung in Solothurn und Luzern ging er aber nicht ins Priesterseminar, sondern trat mit 18 Jahren in den Dienst der neu konstituierten Helvetischen Republik, und zwar als Sekretär des Luzerner Regierungsstatthalters Vinzenz Rüttimann. Die Verwaltungstätigkeit in einer schlecht funktionierenden Republik verleidete im bald, und er suchte nach neuen Möglichkeiten. Von 1800 bis 1803 studierte er in Jena Medizin bei Karl Himly und Philosophie bei Schelling. Mehr als dreissig Jahre später, als Philosophieprofessor in Bern, gab er seinen Studenten Einblick in die Anfänge seines wissenschaftlichen Werdegangs: «Die Bewegung zu meiner Philosophie aber, Verehrteste, oder zu dem individuellen Anteil, den ich mir an der geistigen Erleuchtung des Menschengeschlechts aus eigener Selbstmacht genommen, diese habe ich zuvörderst als Schweizer aus Albrecht Haller, Johann Müller, aus Lavater, Iselin und Balthasar, später aus Rousseau und Pestalozzi geschöpft. Diese waren die vaterländischen Vorgründe meiner philosophischen Erziehung. Als eine für mich besonders glückliche Fügung der Vorsehung betrachte ich es aber, dass meine akademische Bildungszeit zum Arzte in den Zeitpunkt der eigentlichen Kulturhöhe der Philosophie in Deutschland fiel. Die grosse, durch den unsterblichen Königsberger herbeigeführte Revolutionsepoche der Philosophie war vorüber; es stund bereits Fichte in der Blüte und Jakobi auf dem Kampfplatze – und die beiden unvergesslichen Heroen kannte, sah und sprach ich noch. Schelling – in dem sich alle Strahlen des grundtiefen philosophischen Geistes der Deutschen gesammelt zu haben schienen – war mein geliebter und mich liebender Lehrer, und in den Zeiten der auflebenden Naturphilosophie ward mir nachgerühmt, ich sei der Jünger einer, die zunächst den Füssen des trefflichen Meisters gesessen.»[207] Troxler war also Schelling-Schüler und blieb zeitlebens der Naturphilosophie verbunden. Er hörte auch Hegel, aber in dem Mass, wie dieser sich von Schelling entfernte, wurde er ihm fremd. Er bezeichnete Hegels System als spekulativ und selbstzerstörerisch.

Troxler schloss sein Studium nicht als Philosoph, sondern als Arzt ab; er promovierte bei Himly mit einer Dissertation über Augenentzündungen. Danach ging er nach Wien, wo er wissenschaftlich publizierte und sich als praktischer Arzt betätigte. Seinem hitzköpfigen Temperament entsprechend verwickelte er sich bald in wissenschaftliche Fehden, genoss aber weiterhin die Unterstützung Schellings und Himlys. Er befreundete sich mit dem Diplomaten und Literaten Karl August Varnhagen von Ense, dem späteren Ehemann der berühmten Rahel. 1805/06 war er wieder in der Schweiz und führte in Beromünster eine eigene Praxis. Er prangerte Mängel des Medizinalwesens an, geriet deswegen in Streit mit dem Luzerner Sanitätsrat, worauf ihm mit Verhaftung gedroht wurde. Erzürnt reiste er nach Wien ab und heiratete dort die aus Potsdam stammende Wilhelmina Polborn, mit der zusammen er elf Kinder haben sollte. Seit 1810 lebte das Ehepaar in Beromünster, wo Troxler seine Praxis wieder eröffnete, was ihm allerdings erst möglich wurde, nachdem er bei der Obrigkeit Abbitte geleistet hatte.

1814/15, also in der beginnenden Restaurationszeit, begann er sich in die Politik einzumischen. Berufungen auf medizinische Lehrstühle in Berlin und Bonn lehnte er ab, weil er die Zukunft der Schweiz mitgestalten wollte. Er nahm eine Lehrstelle für Geschichte und Philosophie am Luzerner Lyzeum an, die er 1821 wieder verlor, nachdem er sich in einer Publikation für das Prinzip der Öffentlichkeit, für die Volkssouveränität und speziell für eine alle Volksklassen umfassende öffentliche Schule eingesetzt hatte. Sein Freund Zschokke verhalf ihm dann zu einer Lehrstelle beim «Bürgerlichen Lehrverein» in Aarau, einer Weiterbildungsanstalt für Absolventen der Kantonsschule, die sich auf den Besuch einer Universität vorbereiten wollten. Hier entfaltete er eine fruchtbare Tätigkeit, sah sich aber aus finanziellen Gründen genötigt, daneben noch seine Arztpraxis weiterzuführen. 1830 wurde er Philosophieprofessor an der Universität Basel. Schon im darauf folgenden Jahr musste er diese Stelle fluchtartig wieder verlassen, nachdem er sich zum Ärger der Stadtbasler vehement für die aufständischen Basellandschäftler eingesetzt hatte. Er kehrte nach Aarau zurück, wo er jetzt als einer der führenden schweizerischen Radikalen galt, als Hoffnungsträger der beginnenden Regenerationszeit.

1832 wurde er in den Aargauer Grossen Rat gewählt. Als er in der Kirchenfrage eine gemässigte, vermittelnde Haltung einnahm, fragten seine radikalen Gesinnungsgenossen, ob er eigentlich noch zu ihnen gehöre oder ins konservative Lager gewechselt habe. Er selbst hielt sich für einen guten Radikalen und behauptete, er selbst habe das Wort «radikal» in den politischen Sprachgebrauch eingeführt und schon vor dem Umsturz von 1830/31 für eine radikale Haltung plädiert. Tatsächlich hatte er sich im Frühjahr 1829 in einem Zeitungsartikel von den gemässigten Luzerner Liberalen mit dem Argument distanziert, sie seien zuwenig radikal. Wörtlich hatte er geschrieben: «Darum möchte ich warnend besonders unseren neuerungslüsternen Liberalen zurufen: Wenn Ihr nicht im Stande seid, das faule, brandige Fleisch, das an Eurem Staatskörper nagt, völlig auszuschneiden, so lasst es, es wird ihn verzehren, oder er wird es ausstossen; oder wenn Ihr es nicht vermöget, ihn *radikal* zu heilen, so überlasset lieber die Kur Euern Nachkommen, als dass Ihr ihnen einen Zustand der Dinge überliefert, in dem auch sie, wie Ihr, unrettbar verkrüppeln und versiechen müssen.»[208] So hatte der politisierende Arzt Troxler ein Bild aus der Chirurgie gewählt, um zu sagen, was er unter richtiger, radikaler Politik verstand: Lieber keine als halbe Massnahmen, denn durch eine ängstliche Operation wird der Körper nicht geheilt, sondern bloss zum Krüppel gemacht. Der Politiker muss wie ein Arzt die Krankheit des Staatskörpers erkennen, um dann die richtige Operation durchzuführen. Nur wenn er mutig und kompromisslos handelt, besteht Aussicht auf Heilung.

1834 zog Troxler von Aarau weg nach Bern, weil er als Professor für Philosophie an die neu gegründete Universität berufen worden war. Fast 20 Jahre lang behielt er das Lehramt. Er war offenbar ein geistvoller und anregender Lehrer, aber bei seiner notorischen Reizbarkeit verwickelte er sich leicht in Streitigkeiten. Er hatte viele Freunde, aber ebenso viele Feinde, und zwar auch im eigenen politischen Lager. Seit Anfang der vierziger Jahre schien er einem seltsamen Mystizismus zu verfallen. Wieder hielten manche dafür, er habe ins konservative Lager gewechselt. Diese Meinung stützte sich vor allem auf seine im Zusammenhang mit dem Straussenhandel in Zürich 1839 publizierte Schrift, die den langen Titel trug: «Die letzten Dinge der Eidgenossenschaft, oder die den Christen heiligen Schriften und ihr göttlicher Geist in Frage gestellt. Eine Berufung auf den lebendigen Glauben der Gemeinde bei Anlass der Zerwürfnisse in Zürich wegen der theologischen Lehren von Hegel und Strauss.» Tatsächlich war es Troxlers vordringliches Anliegen geworden, gegen eine zunehmende Entchristlichung und einen atheistischen Materialismus anzukämpfen. Er versuchte, seine Philosophie mit der Religion und mit dem Katholizismus in Einklang zu bringen, «freilich mit einem selbstgeschaffnen eignen, wegendessen ihn die Kirche doch als einen Ketzer ansehen müsste», wie sein alter Freund Varnhagen meinte.[209]

Nach seinem Rücktritt 1853 lebte er wieder in Aarau, führte eine umfangreiche Korrespondenz, vereinsamte aber zusehends, als seine Frau 1859 starb. Sein philosophisches und naturwissenschaftliches Werk geriet in der Folgezeit ziemlich rasch in Vergessenheit. Erst am Ende des Jahrhunderts, als es eine Bewegung gegen den positivistischen Materialismus gab, wurde er von Schülern Diltheys und Rudolf Steiners wiederentdeckt. Aber seine nachhaltige Wirkung liegt weniger in seinen philosophischen Schriften, als vielmehr in der «ungewöhnlich realistischen Anwendung der organismischen Philosophie im Politischen», wie Martin Meyer zutreffend bemerkt hat.[210]

9.5.2 Politische Umsetzung der Schellingschen Naturphilosophie

Als Student in Jena hatte Troxler gelernt, seine ganze Wissenschaft unter das Dach des Schellingschen Systems der Naturphilosophie zu stellen. Zum Abschluss seines Medizinstudiums schrieb er eine Dissertation über eiternde Augenentzündungen, wobei er sich an die Erregungstheorie des englischen Arztes John Brown (1735–1788) hielt. Dieser erklärte das Entstehen von Krankheiten damit, dass im Organismus durch zu starke Reize ein übermässiger Erregungszustand oder im Gegenteil durch ungenügende Reize keine oder zu schwache Erregung bewirkt werde; im zweiten, häufigeren Fall kommt es zu asthenischen Erkrankungen, also zu einer Entkräftung des Körpers. Gesund ist ein Körper, wenn er sich in einem Zustand der mittleren Erregung befindet. Diese Theorie, auch «Brownianismus» genannt, bekam eine über die Medizin hinausreichende Bedeutung, weil Schelling in ihr ein allgemeines Gesetz der organischen Natur zu erkennen glaubte und sie in sein System der Naturphilosophie aufnahm.

Troxler schrieb auch nach Abschluss seines Medizinstudiums weiterhin naturwissenschaftliche Abhandlungen. Berühmt wurde beispielsweise seine viel später entstandene Arbeit über Kropfbildung und Kretinismus. Aber sein eigentliches Interesse galt der Philosophie und zunehmend der Geschichte und der Politik. 1816 gründete er zusammen mit dem Verleger Heinrich Remigius Sauerländer in Aarau die Zeitschrift «Schweizerisches Museum», und darin erschien im gleichen Jahr sein wichtiger Aufsatz über

«Die Idee des Staates und das Wesen der Volksvertretung».[211] Ganz im Schellingschen Sinn ging er von der Theorie einander entgegenwirkender Kräfte aus, die in ihrer Dialektik insgesamt Ausdruck der Allmacht Gottes oder einer «gemeinsamen Lebenstendenz» seien: «Es waltet eine höhere Macht über Allem, was über die Völker herabkömmt, und dieser dienen bewusst oder unbewusst, willig oder unwillig die sich entgegenwirkenden Kräfte, so wie auch die tiefern dieselben anregenden, die wir sämmtlich wohl von einander zu unterscheiden uns bewogen finden.» Eigentlich müssten die tieferliegenden Kräfte zum Zug kommen, meint Troxler, aber der momentane Zustand der Schweiz lasse das nicht zu. Dafür seien die widersprüchlichen Kräfte an der Oberfläche um so sichtbarer; sie strebten auseinander, statt zusammenzuwirken. Das ist das Krankheitsbild der restaurierten Schweiz: Es gibt keinen gesunden Volkskörper, weil Kräfte und Gegenkräfte erstarrt sind. Es muss deshalb von der Naturphilosophie her versucht werden, die «lebendigen Beziehungen» wieder herzustellen, damit die Dialektik der Kräfte in Bewegung kommt; erst danach kann der zerrissene Volkskörper wieder zusammenwachsen: «Wenn es Einem gelänge, die spekulativen Philosophen und die praktischen Politiker durch Ideen, die unmittelbar ihre Realität bekundeten, zu versöhnen, dann dürfte es auch nicht schwer fallen, die Liberales und Serviles, die Konstitutionellen und die Ultraroyalisten, die Demokraten und die Aristokraten, und wie die zerrissene Menschheit noch weiter heissen mag, zu vereinigen; allein wenn dies je geschehen soll, müsste erst Grösseres gethan werden, denn diese Gegensätze, die in der Zeiterscheinung erstarrt sind, sind es nur, weil sie ihre lebendige Beziehung verloren.» Die lebendige Beziehung ist dadurch verloren gegangen, dass der Rationalismus der Aufklärung «die Völker von ihrem Vaterlande und ihrer Geschichte gleichsam losgetrennt» hat. Die Französische Revolution als rationalistische Bewegung verfiel gerade deswegen in «Unglück und Irrthum». Diese verhängnisvolle Revolutionsgeschichte darf aber nicht einfach als «fruchtloser Fehler des Weltgeistes» angesehen werden, denn «im Umlauf der Revolution haben sich, mehr als je, die Tiefen der Gottheit, der Menschheit, und der Welt aufgeschlossen; wie der Arzt in der Krankheit den Gang der Natur tiefer und klarer schaut, so ist auch dem Politiker durch die Revolution gegeben, das Gesetz des geselligen Lebens näher zu ergründen.»

Es hat sich gezeigt, schreibt Troxler, dass der Mensch nicht blosses Vernunftwesen ist; er ist ein Doppelwesen: einerseits Vernunftwesen, andererseits Naturwesen. Als Vernunftwesen ist der vergesellschaftete Mensch fähig, den «Contrat social» zu schliessen und sich friedlich zu verhalten; als

Naturwesen aber neigt er zu Gewalttätigkeit. Natur und Vernunft streiten gegeneinander, und beiden muss zu ihrem Recht verholfen werden, denn Natur und Vernunft, Gewalt und Vertrag bedingen sich gegenseitig: «Warum soll denn, wenn wir Menschen uns nur an die Gegensätze und ihre Wechselwirkung angewiesen finden, nicht eben sowohl die Natur die Vernunft, und die Gewalt den Vertrag bestimmen dürfen?» Die Gewalt ist legitim, wenn es sich um die Gewalt einer Volksbewegung handelt, die den Fortschritt erzwingt oder die Volksfreiheit bewahrt; sie ist dann sozusagen Naturgewalt. Vernunft ist nur dann wirksam, wenn sie die Natur, also die Gewalt, in Rechnung stellt. «Es zeigt sich daher, wie eitel das Bemühen, einen festen und sichern Zustand von Geselligkeit auf das eine oder andere dieser treulosen Elemente bauen zu wollen, und wie selbst tiefsinnige Philosophen das Gesetz des Lebens und das Verhältniss der menschlichen Natur verkannt, da sie die gesellige Ordnung einerseits von Vertrag, wie Rousseau, oder andrerseits von Gewalt, wie Hobbes, ableiten wollten.» Beides gehöre zusammen, ist Troxler überzeugt, und diese Überzeugung macht ein Hauptelement seiner politischen Philosophie aus.

Mit dem Aufsatz von 1816 hatte Troxler die Grundlagen gelegt. Politisch wirksam wurde seine Philosophie aber erst in den 1830er Jahren, als nach der liberalen Revolution in der Schweiz wesentlich bessere Voraussetzungen für eine «Regeneration» gegeben schienen. Damals begannen aber zwei andere wissenschaftlich gebildete Radikale ihren in etwas anderer Richtung weisenden Einfluss geltend zu machen: Ludwig und Wilhelm Snell. Sie waren als politische Emigranten aus Deutschland (Hessen-Nassau) in die Schweiz gekommen. Wilhelm hatte eine Professur in Basel bekommen, war dann im Kanton Basel-Landschaft eingebürgert worden und 1833 als Rechtsprofessor nach Bern gekommen. Er begründete hier eine liberal-radikale Rechtsschule, aus der eine Reihe von jungen Radikalen hervorging, die eine wichtige politische Rolle spielen sollten; einer von ihnen war Jakob Stämpfli, der spätere Bundesrat. Publizistisch tat sich Wilhelm Snell kaum noch hervor. Anders sein Bruder Ludwig. Dieser hatte an der Universität Giessen Theologie und Philologie, daneben ein wenig Rechtslehre und Philosophie studiert. Er war im zürcherischen Küsnacht eingebürgert worden, hatte das Kampfblatt der Radikalen, den «Schweizerischen Republikaner», redigiert, sich bei der Diskussion um eine neue Zürcher Verfassung vor allem für Schulreform und Klosteraufhebung engagiert, war dann in Zürich Philosophieprofessor geworden und bekam 1834 eine ausserordentliche Professur für Staatswissenschaft an der Universität Bern, wo sein Bruder wirkte und wohin im gleichen Jahr auch Troxler berufen wurde.

Ludwig Snell stand weitgehend in der jakobinischen Tradition der Französischen Revolution, was er allerdings aus Opportunitätsgründen zu verschleiern suchte. Erst in der Staatsrechtsgeschichte von Kölz ist dieser Umstand neuerdings klar herausgestellt worden. Snell hatte Rousseau und Sieyès gelesen und die Verfassungen und Verfassungsentwürfe der Revolutionszeit studiert; philosophisch war er ein Anhänger Fichtes. Seit er in der Schweiz lebte, war er in seinem Denken pragmatischer geworden, und er verstand es trefflich, seine prinzipiellen Vorstellungen den schweizerischen Möglichkeiten anzupassen. Beispielsweise hielt er nur den Einheitsstaat für fortschrittlich, freiheitlich und dem Prinzip der Volkssouveränität angemessen; trotzdem machte es ihm keine Mühe, in sein staatsrechtliches Modell eines schweizerischen Nationalstaates auch föderalistische Elemente einzubauen. Sie waren für ihn aber nicht so wichtig wie für Troxler. Er verstand diese föderalistischen Elemente als Kompromiss gegenüber den Altgesinnten, während Troxler im Föderalismus geradezu ein Wesenselement des zu schaffenden schweizerischen Nationalstaates sah. Die radikalen Gesinnungsgenossen Troxler und Ludwig Snell fanden also im Bereich des Staatsrechtes schon genug Gründe, miteinander zu streiten; dazu kam, dass Snell die religiösen Ansichten Troxlers missbilligte, während dieser umgekehrt in Snell eine gewisse Leichtfertigkeit verurteilte. Das Verhältnis zwischen den beiden war konfliktbeladen.

1834 hatte sich Troxler also entschieden, aus dem Aargauer Grossen Rat auszutreten und den Ruf an die Universität Bern anzunehmen. Das bedeutete nicht, dass er die Politik hinter sich liess. Auch als Hochschuldozent verstand er sich weiterhin als politischer Lehrer, und nebenher publizierte er immer wieder politische Grundlagentexte. Unermüdlich versuchte er seinen Zeitgenossen beizubringen, worum es bei der Weiterentwicklung des schweizerischen Staatswesens gehe. Sein idealistischer Ansatz war nicht allen zugänglich, und doch trugen seine Vorträge und Schriften wesentlich zu einer Klärung der politischen Perspektiven bei. Er machte deutlich, dass es fruchtlos sei, den alten Konflikt zwischen Zentralisten und Föderalisten weiterzuführen, bis die eine oder andere Seite siegte, dass die Lösung aber auch nicht in einem Kompromiss zwischen den beiden Positionen bestand, sondern dass in einem dialektischen Fortschritt ein Drittes gesucht werden musste, eben der Bundesstaat, in dem Vielheit und Einheit organisch miteinander verbunden seien.

1836 publizierte Troxler im «Schweizerischen Beobachter», einer Zeitschrift, die hauptsächlich von radikalen Intellektuellen gelesen wurde, eine Artikelserie, die 1840 unter dem Titel «Reflexionen über die Staaten und den Bund der Eidgenossen»[212] als selbständige Broschüre veröffentlicht wurde. Darin äusserte er ähnliche Gedanken wie schon 1816 in seiner «Idee des Staates», allerdings konkretisiert und bereichert durch die inzwischen erworbenen historischen Kenntnisse und politischen Erfahrungen. Immer noch ging es ihm darum, den zerrissenen Staatskörper zu heilen, und apodiktisch verkündete er: «Die Anerkennung und Geltendmachung einer einzigen Idee kann uns retten und uns allein helfen, sonst Anderes nichts. Es ist die Idee der organischen Einheit und Ganzheit der Eidgenossenschaft, das heisst, die Beibehaltung der einzelnen Bundesstaaten und die Entwicklung eines gemeinsamen Bundesstaates aus ihren Urelementen.» Die Idee der organischen Einheit bezieht sich nicht nur auf Pflanzen, Tiere und Menschen im einzelnen, sondern auch auf die jeweiligen Gemeinschaften, also zum Beispiel auf einen Stamm oder ein Volk als organische Gemeinschaft von Menschen oder auf eine Eidgenossenschaft als organische Gemeinschaft von Völkern.

Organisches ist lebendig, und Lebendiges ist entwicklungsfähig. Alles Lebendige entwickelt sich nach den Gesetzen der Natur, sagt Troxler mit Schelling. Welches sind diese Gesetze? In seiner Schrift «Über das Wesen der menschlichen Freiheit» erklärt Schelling die Naturprozesse als Wachstumsprozesse. Die Natur ist produktiv, sie erzeugt Wachstum, und im Wachstum sucht alles Lebendige sein Urbild. Es gibt aber kein unendliches Wachstum, sondern das Lebendige pulsiert und schwankt zwischen verschiedenen Zuständen. Aus dem Widerspruch zwischen diesen Zuständen entsteht der jeweils neue Zustand, und in dieser Dialektik gibt es insgesamt eine Höherentwicklung. Das Lebendige ist gesund und stark, solange es gemäss dem Universalwillen in seinem Zusammenhang erhalten bleibt. Es gibt aber auch entgegenstrebende Kräfte. Sie entspringen dem Partikularwillen und bewirken, dass der Universalwille ins Schwanken gerät, weil das Zentrum gleichsam an die Peripherie getrieben wird. Diese Scheidung (Krisis) führt zum Krankheitszustand, und die Rückkehr von der Krankheit zur ursprünglichen Gesundheit vollzieht sich durch «Wiederaufnahme des getrennten und einzelnen Lebens in den innern Lichtblick des Wesens».[213] Das sind objektive Geschehensabläufe, in die aber der menschliche Wille einbezogen ist. Das zeigt sich am Beispiel der staatlichen Entwicklung: Der Mensch wirkt auf die Staatswerdung ein, und er tut es entweder bewusstlos und reell oder aber bewusst und ideell. In beiden Fällen geschieht es letztlich nach den Gesetzen der Natur, aber nur im zweiten Fall geschieht es gewollt und damit als Bewegung der menschlichen Freiheit. Zwischen Naturgesetz und menschlicher Freiheit gibt es keinen Widerspruch, sondern die menschliche Freiheit verwirklicht sich gerade in der bewussten Anwendung des Naturgesetzes. Die Freiheit ist identisch mit dem Universalwillen, der das durch den Partikularwillen Getrennte wieder zur *Urform* zusammenfügen will.

Was Schelling philosophisch überhöht formuliert, ist den deutschen Romantikern längst vertraut; ähnliche Gedanken finden sich bei Hölderlin, Novalis, Goethe. Für sie ist die Poesie die durch die Sprache vermittelte gemeinsame Kultur, die ihre höchste Form dadurch erreicht, dass sie zu ihrer Urform emporwächst. Wie hängt dies mit der Idee de Nation zusammen? Die Urform ist nicht national, sondern universal. Sie ist aber nicht einheitlich, sondern vielfältig, indem sie in sich die Elemente der besonderen nationalen Geistesformen enthält. Diesen Gedanken nimmt Troxler in seinen 1835 publizierten «Vorlesungen über Philosophie» auf. Ihn interessiert die nationale Geistesform als Mittelding zwischen einem zu allgemeinen und damit dem Volk unverständlichen Universalismus einerseits und einem die Humanität verlierenden engen Patriotismus oder Partikularismus andererseits. Die nationale Geistesform muss sich aber erst ihrer selbst bewusst werden, und das ist ein dialektischer Prozess. Poesie als nationale Geistesform steht in einem dialektischen Verhältnis zur Nation: «So wie aber eine solche Geistesform einen entschiedenen Einfluss auf die Denkweise der Nation ausüben soll, so muss sie auch ein Erzeugnis aus dem innersten Geistesleben der Nation sein.»[214] Troxlers Anliegen ist es nun, dass nicht nur die Poesie den nationalen Geist formt, sondern auch die Philosophie: «Es ist wohl wahr, die Poesie liegt dem Volksleben näher als die Philosophie, indem sie als der ursprüngliche, schöpferische Geist gleichsam das ganze innere Nationalleben gestaltet und bewegt. Allein die Philosophie darf auch nicht, und zwar am allerwenigsten in einer Republik, sich vom Volksgeiste losreissen, da sie nach ihrer Natur denselben zum Bewusstsein über sich selbst zu bringen und die Nationen wie die Individuen ans Ziel zu führen bestimmt ist.» Die Philosophen sollen sich von der Ebene metaphysischer Spekulationen weg auf die Ebene des lebendigen nationalen Denkens begeben. Sie sollen sich endlich vollends der Fesseln der mittelalterlichen Scholastik entwinden und sich vom «monarchischen oder oligarchischen Charakter» der Philosophie befreien. Sie sollen politisch und demokratisch werden. »Die Philosophen selbst machen noch zu sehr einen Bestandteil jenes Gelehrtenstandes aus, welcher von der gegebenen Zeit und Welt, von der frischen Gegenwart und lebendigen Wirklichkeit sich zu sehr absondernd, dem Volksgeiste und seiner Entwicklung lieber ein fremdes Gesetz geben, als das eigene in ihm liegende zum klaren Bewusstsein bringen und zu freier Wirksamkeit entbinden will. Der Geist der Nation, das Gemüt des Volkes erleuchtend und befruchtend durch das göttliche Prinzip der Humanität, soll in dem Philosophen weben und leben und seines Studiums und seiner Doktrin Hauptquelle und Gegenstand sein. Dabei soll er die Natur- und Geschichtswelt umfassen, welche seine Nation umgibt und in der sein Volk sich auslebt. Das ist die Forderung der neuen Weltzeit, welche aber leider selbst in Republiken, in Volksstaaten noch so wenig verstanden wird.»[215]

Was ist die nationale Geistesform der Schweiz? Es ist die Kunst und Wissenschaft der Schweiz, die sich auf die *Idee der Ureidgenossenschaft* bezieht, auf die «Urform» der Eidgenossenschaft oder die *ideelle Eidgenossenschaft*. Die Ureidgenossenschaft ist ihrer Natur nach ein Ganzes, enthält aber in sich die Vielfalt der Kantone. In ihrer konkreten Daseinsweise seit der Restauration von 1815 ist die Eidgenossenschaft in ihre einzelnen Elemente zerrissen. Erst wenn sie den Partikularwillen der Kantone und der einzelnen Menschen überwindet, kann sie zu ihrem Urbild emporwachsen und ein Ganzes werden. Dieses Ganze ist der Nationalstaat, und zwar in der Form eines Bundesstaates. Wer nun aber bewusst und ideell die Regeneration der Eidgenossenschaft fördern, also den gegenwärtigen armseligen Zustand des Bundes verbessern will, muss nicht nur das Geisteserbe der nationalen Kultur, sondern auch die neuere Verfassungsgeschichte kennen. 1838 veröffentlicht Troxler eine Broschüre unter dem Titel «Die sieben Bundesverfassungen der schweizerischen Eidgenossenschaft von 1798 bis 1815. Volksgeschichtliche und staatsrechtliche Grundlagen zur unumgänglich nothwendigen Bundesreform.»[216] In dieser Schrift publiziert und kommentiert er die Verfassungen, die seit der Gründung der Helvetischen Republik in Kraft getreten sind, sowie die Verfassungsentwürfe, die während der Helvetik entstanden sind und für die er sich insofern interessiert, als sie die Idee eines «republikanischen Föderalismus» ausdrücken. Diesen Föderalismus als Wesensmerkmal der Eidgenossenschaft unterscheidet er scharf vom restaurativen Partikularismus, den er «Kantonalismus» nennt. Er versucht nachzuweisen, dass die von ihm vertretene Bundesstaatsidee, im Gegensatz zur Einheitsstaatsidee, nicht ausländischer Import sei, sondern der *ureidgenössischen Idee* entspreche und deshalb in der schweizerischen Verfassungsgeschichte von jeher angelegt sei. Anstatt, wie die späteren Nationalisten, die Erfahrung der Helvetik zu verdrängen, fordert er dazu auf, aus ihr zu lernen: «Theure, kostbare Erfahrungen haben wir also gemacht, o Eidgenossen! aber auch Erfahrungen, die zu Rath und Nutz gezogen für unser Gesammtvaterland von unendlicher Vergeltung sein können. Kein Volk neuerer Zeit ist von der Vorsehung so in die Schule geführt worden, wie das Schweizervolk mit seiner Bundeserneuerung.»

Die Schweiz ist nach Troxler von Natur aus eine Eidgenossenschaft, und sobald die Schweizerbürger sich dieser Eigenart ihres Staatswesens bewusst sind, werden sie zur schweizerischen Nation. Diese Nation ist aber, im Unterschied zur deutschen oder französischen Nation, nicht durch die gemeinsame Sprache und insofern auch nicht «völkisch» bestimmt, sondern beruht auf der Idee des Bündnisses zwischen «Völkerschaften», eben auf der eidgenössischen Idee. «Die Schweizernation ist nichts anderes als die Eidgenossenschaft aller Schweizerbürger und die verschiedenen, in Kantonen lebenden Völkerschaften in ihrem Bundesstaate oder in ihrer im Rütli begründeten und in den Waldstädten entwickelten Föderativrepubliken.» Das Rütli ist Symbol der ideellen Ureidgenossenschaft. In Troxlers philosophischem Idealismus wird die Geschichte des Ursprungs der Eidgenossenschaft dialektisch mit der Forderung nach einem modernen schweizerischen Bundesstaat verknüpft.[217] Darin bestand die rettende Idee, in der sich Liberale und Konservative letztlich zusammenfinden sollten. Bis es soweit war, mussten allerdings noch manche weltanschaulichen Kämpfe und sogar ein blutiger Bürgerkrieg durchgefochten werden.

10. Weltanschauliche Kämpfe und Sieg der Nationalstaatsidee

Die Schweiz zum Nationalstaat weiterzuentwickeln, bedeutete vorerst einmal, einen modernen Staatsbegriff ins Volk zu tragen und im allgemeinen Bewusstsein zu verankern. Für viele Leute war der Staat etwas Fernes; sie massen ihm keine grosse Bedeutung bei. Viel näher war ihnen die Kirche, die ihren Alltag prägte. Die Kirche mit ihren Geboten und Verboten stand sozusagen vor dem Staat, entzog ihn dem Blick des Volkes. Deshalb kamen die Liberalen und Radikalen zur Auffassung, der Staatsgedanke könne wohl nur dann durchgesetzt werden, wenn gleichzeitig die Kirchenkultur zurückgedrängt werde. Sie wollten den Staat als oberste Instanz verstanden wissen und die Kirche höchstens als Instrument des Staates dulden. Da fühlten sich aber die Vertreter der Kirchenkultur und ihr konservativer Anhang angegriffen. Es kam zum Kampf zwischen den beiden Lagern. Die Anhänger der Kirchenkultur kämpften mit heiligem Eifer gegen die Modernisierer, und diese schlugen mit Spott und Hohn zurück. Der allgemeine Trend schien sich zugunsten der Modernisierer auszuwirken; die Verweltlichung oder Säkularisierung schien unaufhaltsam voranzuschreiten.

10.1 Christentum und Säkularisierung

Die Welt des 19. Jahrhunderts war zunehmend eine *säkularisierte* Welt, die ihre Ordnungsprinzipien jenseits des kirchlichen Dogmas suchte. Für diejenigen, die sich auf «die Moderne» bezogen und Geschichte als Fortschrittsprozess verstanden, verkörperte die Kirche eine alte, überwundene Welt, abseits der Möglichkeiten, die Naturwissenschaft und Technik aufzeigten. Der moderne Mensch hoffe nicht mehr in erster Linie, mit Hilfe der Kirche ein seliges Leben im Jenseits zu erlangen, sondern er konzentrierte sich auf ein besseres diesseitiges Leben. Er setzte auf den innerweltlichen Fortschritt, zu dem er selbst tatkräftig beitragen wollte.

Das alles war nicht völlig neu. Der Prozess der Säkularisierung hatte schon im 15. und 16. Jahrhundert begonnen, mit dem Fortschritt der Naturwissenschaften, mit den Entdeckungs- und Eroberungsfahrten in fremde Erdteile und zu andern Kulturen, mit der Kirchenspaltung, die den Glauben an die eine, allgemeine Wahrheit im Prinzip bereits zerstört hatte. Die Aufklärung des 18. Jahrhunderts hatte eine auf den neuen Erkenntnissen aufbauende areligiöse und antireligiöse Weltanschauung geschaffen, und an der Wende zum 19. Jahrhundert war die neue Geschichtsauffassung dazugetreten. Heilsgeschichte wurde zur Weltgeschichte, das heisst, Geschichte wurde grundsätzlich zur diesseitigen Weltgeschichte, die das Heil in sich selber trug; Gott und Gottes Sohn als Heilskünder brauchte es nicht mehr. Freilich war es vorerst nur eine dünne Bildungsschicht, die von dieser areligiösen Strömung erfasst wurde, aber sie bekam zunehmend Gewicht in Politik, Wirtschaft und Gesellschaft und beeinflusste das Denken breiterer Bevölkerungskreise. Für viele Menschen verwandelte sich die christliche Hoffnung, durch ein frommes, strebsames Leben die Seligkeit im Jenseits zu erlangen, fast unmerklich in die Hoffnung, durch bessere menschliche Einrichtungen das Glück im Diesseits zu verwirklichen. Immer mehr Menschen glaubten, es sei möglich, die Welt immer angenehmer und wohnlicher zu machen, und es schien, der Staat sei die geeignete Einrichtung, dieses Modernisierungsprogramm zu verwirklichen.

Die Liberalen als Vertreter des Modernisierungsprogramms glaubten das Fortschrittsrezept zu kennen. Ihrer Meinung nach brauchte es vor allem mehr Schulen, um Wissen zu verbreiten und Vorurteile zu beseitigen. Es sollten nicht kirchlich geleitete Schulen sein, sondern staatliche Volksschulen, in denen nicht die frommen Antworten des Katechismus, sondern nützliche Kenntnisse vermittelt wurden. Weiter brauchte es zur Beförderung des Fortschritts und der allgemeinen Wohlfahrt gut gebaute Strassen, auf denen die Waren bequem transportiert werden konnten, eine bessere Nutzung der Wasser- und Dampfkraft zur Erhöhung der Produktivität und überhaupt eine allgemeine Förderung der Nationalökonomie. Als Voraussetzung für das alles sahen sie die Bündelung der gesellschaftlichen Kräfte im Nationalstaat und den Schutz dieses Staates und der Gesellschaft durch eine gut ausgebildete, gut organisierte und gut gerüstete nationale Armee. Die Kirche schien ihnen entbehrlich oder allenfalls brauchbar als Hüterin der Moral; sie versuchten, sie als verlängerten Arm des Staates zu instrumentalisieren. Als Vertreter dieser Haltung stelle ich in diesem Kapitel den Zürcher Radikalen Jonas Furrer vor. Als Gegenpol wähle ich Karl Ludwig von Haller, den wir schon als Restaurator kennengelernt haben. Er trat im reifen Alter noch zum Katholizismus über und wurde zum Streiter für den Gottesstaat, dem alle Mittel recht waren, den liberalen Gegner zu diskreditieren. Ein anderer Katholik, der ursprünglich theokratische Ideen hegte, war der Franzose Lamennais, der sich zum Liberalen mauserte und schliesslich Sozialist wurde. Ich nehme ihn in dieses Kapitel auf, weil er den Papst herausforderte und ihn zu einer klaren Stellungnahme zwang. Der Papst veröffentlichte eine Enzyklika, um die Auffassungen Lamennais' zu verwerfen, und darin äusserte er sich pointiert in antiliberalem und antimodernistischem Sinn. In der Schweiz führte dies dazu, dass die Modernisierer in der Papstkirche nur noch die schwärzeste Reaktion zu erkennen vermochten und sie zu schwächen suchten. Es gab aber innerhalb der katholischen und der reformierten Kirche eine gewisse Erneuerungstendenz. Auf protestantischer Seite wurde sie vom Waadtländer Theologen Alexandre Vinet repräsentiert. Er akzeptierte die Säkularisierung des Staates, weil dadurch eine Trennung zwischen Kirche und Staat möglich wurde. Seine liberalen Auffassungen wandten sich listig gegen die Liberal-Radikalen, welche die Kirche und das Kirchenvolk staatlich gängeln wollten: Im Namen des Liberalismus plädierte er für Gewissensfreiheit und persönliche Religiosität.

10.1.1 Furrers religiöser Indifferentismus

Viele Liberal-Radikale in der Schweiz des 19. Jahrhunderts standen in der politischen Tradition der Französischen Revolution. Im vernünftig konzipierten, säkularisierten Einheitsstaat der Helvetik sahen sie das Muster dessen, was politisch wieder zu erreichen war. Tatsächlich dachten und fühlten sie aber wesentlich anders als die Revolutionäre von 1798.

Weltanschaulich neigten sie zu Auffassungen, die vom deutschen Idealismus und Historismus her kamen. In moralischen Dingen hielten sie sich an den englischen Utilitarismus: Gut, vernünftig und fortschrittlich ist, was der grösstmöglichen Zahl von Leuten das grösstmögliche Glück beschert. Allerdings wussten die meisten selbst nicht so genau, woher sie eigentlich ihre Überzeugungen nahmen, worauf sie ihren Glauben stützten und wie sich ihre Wahrheiten begründen liessen. Abgesehen von wenigen Ausnahmen wie etwa Troxler oder Ludwig Snell kannten sie die Werke der grossen Philosophen, Historiker und Staatsrechtler nicht aus eigener

Lektüre, sondern bezogen sich auf das Ungefähre, das ihnen aus der Studentenzeit in Erinnerung geblieben war, oder vergewisserten sich in den Schriften populärer Vermittler. Viele fanden die Quelle ihrer weltanschaulichen Wahrheiten und ihrer moralischen Überzeugungen in den Freimaurerlogen. Die Freimaurerei war ursprünglich von der Aufklärungsphilosophie geprägt, enthielt aber, einer Tradition von Geheimlogen entsprechend, auch seltsam esoterische Elemente. Die moralischen Werte, zu denen sich die schweizerischen Freimaurer bekannten, waren ein vulgarisierter Kantianismus.

Viele wichtige Liberale und Radikale gehörten Freimaurerlogen an; wer berufen worden und beigetreten war, forderte seine Freunde auf, es auch zu tun. Freimaurer war zum Beispiel Jonas Furrer (1805–1861), der spätere Bundesrat und erste Bundespräsident. Die christliche Religion hatte er schon während seiner Jugendzeit in Winterthur als nichtssagend empfunden, und der während seines juristischen Studiums in Göttingen unternommene Versuch, in der Philosophie einen Ersatz zu finden, war ihm gründlich missglückt. In seinen Jugenderinnerungen sagt er dazu, der Besuch einer Vorlesung über Metaphysik sei sinnlos gewesen, «denn ich verstand nicht einen Quark davon und bin übrigens jetzt noch der Meinung, dass gewaltig viel Unsinn in den vielen Metaphysiken steckt.»[218] Vom Freimaurertum übernahm er die deistische Auffassung, wonach Gott am Ursprung der Welt stehe, sich aber seither nicht mehr in den Lauf der Dinge eingemischt habe. Im Jahr 1830 wurde er in die Winterthurer Loge «Akazia» aufgenommen, und zu diesem Zeitpunkt hielt er schriftlich fest, er glaube an Gott und an die Unsterblichkeit der Seele und explizierte: «Diese religiösen Grundbegriffe lehrt mich die christliche Religion, deren übrige Dogmen ich jedoch nicht anerkenne, teils weil sie meiner Vernunft nicht zusagen, teils weil das religiöse Bedürfnis des menschlichen Herzens nichts weiter erheischt als den Glauben an die Unsterblichkeit der Seele. Dagegen verehre ich in ihr dasjenige, was die Hauptsache jeder Religion ist, die Moral, indem ich sie für die reinste und erhebendste halte, die jemals ein Denker aufgestellt hat.»[219]

Furrer war ein typisches Produkt der Zürcher Regeneration. Er stammte aus einer soliden Handwerkerfamilie, wurde Rechtsanwalt und war bald ein führendes Mitglied der liberal-radikalen Partei. Er glaubte an den wissenschaftlichen, technischen, ökonomischen und moralischen Fortschritt. Gegenüber der christlichen Religion war er indifferent. 1834 wurde er in den Grossen Rat des Kantons Zürich gewählt, und als er zwei Jahre später Wohnsitz und Anwaltskanzlei von Winterthur nach Zürich verlegte, gewann er schnell an Ansehen und Reichtum. 1837 wurde er erstmals zum Präsidenten des Grossen Rates gewählt und im gleichen Jahr auch zum Mitglied des wichtigen Erziehungsrats. In dieser Funktion trug er wesentlich dazu bei, dass der umstrittene Theologe David Friedrich Strauss als Vertreter der historisch-kritischen Theologie und der linkshegelianischen Schule an die Universität Zürich berufen wurde.

Strauss behandelte in seinem berühmten Buch «Das Leben Jesu», das 1835/36 in zwei Bänden erschienen war, die Wunder der Evangelien als Mythen, was in ganz Deutschland grosses Aufsehen erregte. Von seinen Gegnern wurde Strauss als Gottesleugner verschrien. Die Zürcher Radikalen dagegen sahen in ihm einen willkommenen Helfer bei der von ihnen geplanten rationalistischen Kirchenreform. Strauss trat aber sein Amt in Zürich nie an, denn das Zürcher Landvolk demonstrierte heftig gegen ihn und hob am 6. September 1839 die liberal-radikale Regierung, die ihn gerufen hatte, aus dem Sattel. Dieser «Züriputsch» hatte sicher in erster Linie politische und wirtschaftliche Ursachen, war aber auch ein Aufstand des Kirchenvolks gegen den religiösen Indifferentismus der regierenden Radikalen. Die Konservativen, gestützt auf das Landvolk, übernahmen die Macht. Furrer musste, wie viele andere Radikale auch, aus dem Grossen Rat ausscheiden; er wurde aber schon 1842 wieder gewählt.

1844 entfesselten die Radikalen in der ganzen Schweiz ein grosses Kesseltreiben gegen die Jesuiten. Jetzt wurden die Konservativen auf breiter Front in die Defensive gedrängt. In Zürich kam das liberal-radikale Wirtschafts- und Bildungsbürgertum wieder an die Macht. 1845 wurde Jonas Furrer neuer Zürcher Regierungspräsident. Wie war es möglich, dass dieser Aufsteiger aus der Provinz so schnell an die Spitze des alten Standes Zürich gelangte? Waren ihm seine freimaurerischen Verbindungen zustatten gekommen? Es gab Verdächtigungen von konservativer politischer Seite. So wie die Radikalen die Jesuiten zum Popanz machten, liessen es sich die Konservativen angelegen sein, die Freimaurer zu dämonisieren und als mächtigen Geheimbund zu apostrophieren, der angeblich dafür sorgte, dass überall die Religionsleugner in die entscheidenden Positionen gelangten. Da in den Freimaurerlogen tatsächlich eine elitäre und geheimbündische Tradition gepflegt wurde, konnte um so leichter behauptet werden, es handle sich um Orte der Verschwörung gegen Religion, Recht und Ordnung. Konservative, die gegen den Liberalismus polemisierten, bedienten sich gerne des Vorwurfs, dieser sei eng mit der heillosen Freimaurerei verbandelt. Besonders scharf äusserte sich der alte Restaurator Karl Ludwig von Haller in diesem Sinn.

10.1. 2 Hallers Polemik gegen die Freimaurer

1821 war Haller aus konservativ-romantischer und antirationalistischer Gesinnung heraus zum Katholizismus übergetreten, was er öffentlich bekanntgemacht und begründet hatte. Das war für seine reformierten Standesgenossen nicht akzeptabel gewesen, und sie hatten ihn gezwungen, aus dem bernischen Grossen Rat auszutreten. Er war dann nach Paris gegangen, wo er im Aussenministerium eine Anstellung bekommen hatte. Nach der Julirevolution 1830 kehrte er in die Schweiz zurück und nahm Wohnsitz im katholischen Solothurn. Er liess nicht nach in seinem Kampf gegen «die Revolution», polemisierte eifrig gegen den Liberalismus und vor allem gegen den religiös indifferenten Radikalismus. In seiner ausgedehnten Korrespondenz kommentierte er bissig die politischen Zustände in der engeren und weiteren Heimat. So kritisierte er 1832 in einem langen Brief an den Schaffhauser Theologen und Historiker Friedrich Emanuel Hurter, der ebenfalls zum Katholizismus konvertiert war, das vom liberalen Rechtsprofessor Samuel Schnell erarbeitete und 1830 abgeschlossene Zivilgesetzbuch für den Kanton Bern. Was soll man von einem Zivilcodex halten, fragte er rhetorisch, «welcher den Namen Gottes spöttisch aus den Gesetzen verbannt, keine natürliche Gerechtigkeit anerkennt, Titel und Verträge willkürlichen Gesetzen unterwirft, die Ehe zum Konkubinat herabwürdigt und überhaupt die Revolution, d. h. die Auflösung aller natürlichen Bande, aller wechselseitigen Hülfe auch in die Privatverhältnisse einführt.»[220] Zum Siebnerkonkordat und zum Projekt einer Bundesrevision bemerkte er im gleichen Brief: «Das Konkordat der sieben radikal-revolutionären Kantone ist nach meiner Ansicht ein Haupt- und Staatsstreich der schweizerischen Jakobiner, und es wird etwas sein, den Folgen desselben zu begegnen. Ist denn niemand, der das Mysterium iniquitatis der neu projektierten sogenannten Bundesverfassung aufdeckt, welche die Majorität einer Zentral-Loge, 30–40 verbündete Jakobiner, zu alleinigen Herren der Schweiz macht?»

Haller meinte es ernst, wenn er von einer freimaurerischen Zentralloge sprach, und ganz unrecht hatte er nicht. Tatsächlich war es eine relativ kleine Gruppe von entschlossenen liberal-radikalen Politikern, die damals den politischen Prozess in ihrem Sinn vorwärtszutreiben versuchte. Die

310

führenden Radikalen in der Deutsch- und Welschschweiz kannten sich alle, sie bildeten eine Kommunikationsgemeinschaft, und einige von ihnen waren Freimaurer. Dass sie geheimbündisch organisiert gewesen wären, dafür gibt es allerdings keine Hinweise. Haller aber, der sich den Gang der Geschichte, die seit der Julirevolution seinen Wünschen und Hoffnungen diametral entgegenlief, nur noch mit Hilfe einer Verschwörungstheorie erklären konnte, sammelte Material über die Freimaurer. 1840 erschien sein Büchlein «Die Freymaurerey und ihr Einfluss auf die Schweiz». Darin heisst es einleitend: «Man spricht seit einiger Zeit nicht nur in der Schweiz, sondern auch in anderen Ländern, viel von dem verderblichen Einfluss geheimer Gesellschaften, die zwar häufig ihren Namen wechseln, in Geist und Zweck aber alle mit einander einverstanden sind und denen man nicht ohne Grund vorzüglich die schrecklichen Umwälzungen zuschreibt, von denen die Welt seit mehr als fünfzig Jahren betroffen worden ist und noch wirklich betroffen wird.»[221] Offensichtlich müssen «die Freymaurer als die Wurzel und der Hauptstamm dieser gegen jede natürliche, d. h. göttliche Ordnung der menschlichen Gesellschaft verschwornen Sophisten-Zünfte» bezeichnet werden. Für diese Behauptung bringt Haller keine Beweise, aber er zitiert eifrig die Äusserungen von Freimaurern – die meisten Zitate bleiben ohne Quellenangabe – und glaubt, damit einleuchtend dargelegt zu haben, dass diese seit jeher den Kern der verderbten Revolutionsbewegung gebildet und vom Innern ihrer Geheimgesellschaft aus die politischen Geschehnisse gemäss ihren dunklen Plänen gesteuert hätten. In allen freimaurerischen Schriften finde man «immer Freiheit und Gleichheit, welche Formel dann je nach den Umständen und der Empfänglichkeit der Adepten, bald in engerem, bald in weiterem Sinn ausgelegt wird, aber stets auf Vereinzelung der Menschen, auf Verwerfung jeder höheren Macht und auf Lösung der geselligen Verhältnisse hindeutet.» Die Freimaurerei propagiere nicht nur die Indifferenz gegenüber der Religion, sondern versuche auch die Autorität der Kirche zu untergraben. Der eigentliche Zweck dieses antichristlichen Vereins sei die «Abschaffung jeder Oberherrschaft und jeder Unterordnung, d. h. mit andern Worten: jeder natürlichen Verschiedenheit der Kräfte und Bedürfnisse, jeder daraus entstehenden wechselseitigen Dienst- und Hülfeleistung …» In Gott wollten die Freimaurer nur «einen Baumeister der Welt (Architecte de l'Univers), aber nicht einen Herrn, Gesetzgeber und Richter der Menschen» anerkennen. Wohin solche Ansichten führten, habe man während der Französischen Revolution erkennen können: «Als an dem fürchterlichen 2ten September 1792 mehrere hundert in dem Carmeliter-Kloster zu Paris eingesperrte Bischöfe, Priester und andere angesehene Männer, ohne die geringste Schuld, ohne Anklage, ohne Verhör, ohne Verantwortung und ohne Urtheil, einer nach dem andern hervorgerufen und kaltblütig gleich dem Schlachtvieh mit Kolben und Keulen todt geschlagen wurden: so hiess es am folgenden Morgen in einem von dem hochgestellten Freymaurer Marquis de Condorcet verfassten Journal, ‹es seyen zwar an gestrigem Tage einige mehr oder weniger unregelmässige Dinge geschehen; allein dergleichen Zufälle könnten gegen die Freyheit des Menschen-Geschlechts in keinen Anschlag gebracht werden.›» – Auf diese Weise brachte Haller die Freimaurerei mit den Blutorgien der Französischen Revolution in Verbindung und leistete damit der Legende von der geheimnisvollen satanischen Macht der Freimaurer Vorschub, die bis ins 20. Jahrhundert hinein immer wieder auflebte.

Im zweiten Kapitel seines Büchleins kommt Haller auf das Eindringen der Freimaurerei in die Schweiz und ihren Einfluss auf die Revolution von 1798 zu sprechen. In der Waadt, die dem französischen Einfluss unmittelbar ausgesetzt war, habe sich die Freimaurerei im 18. Jahrhundert sehr stark verbreitet, sei aber durch eine Verordnung des bernischen Grossen Rates aus dem Jahr 1745 streng untersagt worden. Trotzdem habe sie sich im Verborgenen fortgepflanzt, und auch in Basel und Zürich seien Logen gegründet worden. Ein wirksames Instrument der Freimaurerei sei die Helvetische Gesellschaft gewesen: «Ursprünglich war zwar diese Gesellschaft keine Freymaurer-Loge, noch ein Congress von Freymaurern. Sie gieng aus der Richtung der Zeit und dem Einfluss der französischen Literatur hervor. Doch ward sie im Allgemeinen nicht von erfahrenen, in Ehre und Amt stehenden Staatsmännern, sondern grösstentheils nur von jungen Leuten und Freunden der sogenannten religiösen und politischen Aufklärung besucht, von denen die meisten wohl Gutes zu wirken hofften, im Grund aber unbewusst den Freymaurern in die Hände arbeiteten.» – Hier wird deutlich: Haller ging es weniger um die Freimaurerei als um sein altes und beständiges Thema: die Revolution, die er rückgängig machen wollte. Aber er hielt es für zweckmässig, die umfassende und damit unfassbare Revolutionsbewegung auf die Aktivitäten der Freimaurerei zu reduzieren, diese als düstere Geheimgesellschaft zu diffamieren und die so geschürten Vorurteile auf die ganze, ihm verhasste liberale Weltanschauung umzulenken.

Die Revolution in der Schweiz sei also das Werk der Freimaurer gewesen, behauptet Haller, und zum «Beweis» führt er folgendes an: «Wo und wann ist die Schweizerische Revolution ausgebrochen? Nur allein zu Lausanne, als dem Sitz des maurerischen *directoire national helvetique (romand),* und zu Basel, wohin das 1793 zu Zürich eingegangene westliche Direktorium der helvetischen rectifizirten Maurerey wieder zurückgekehrt war; an beiden Orten geschah dieses ohne besondere Veranlassung, ohne äussern Zwang, und lange vor dem Einmarsch französischer Truppen.» Es sei zwar nicht zu leugnen, dass der «unversöhnliche Hass des Advokaten Laharpe» und die «Habsucht und die revolutionäre Politik des französischen Direktoriums, welches in der Schweiz viel Geld zu finden und zum Behuf eines neuen Kriegs sich einer wichtigen militärischen Stellung zu bemächtigen hoffte», zur Revolutionierung der Schweiz beigetragen habe, «aber die eigentliche Explosion ist zuverlässig von Freymaurern ausgegangen, und von ihnen sind die unmittelbaren Ausführungs-Maassregeln bewerkstelligt worden.» Das helvetische Direktorium habe dann das antichristliche Programm der Freimaurerei in die Tat umzusetzen versucht, wobei vor allem Direktor Legrand aus Basel «ein fanatischer Feind aller Religion» und vermutlich «auch Mitglied des westlichen Direktoriums der helvetischen Maurerey gewesen seyn mag». – Haller unterstellt hier einfach, was ihm in den Kram passt. Und in dieser Weise fährt er fort, die Geschichte der Schweiz nach seiner Façon zu interpretieren. Überall drangen die Freimaurer ein, in alle patriotischen Vereine, Studentenvereine, Schützenvereine, Gemeinnützigen Gesellschaften, Naturwissenschaftlichen Gesellschaften und sogar in die Scharfschützenvereine. Die Julirevolution in Paris habe die Freimaurer ihren Zielen wieder einen grossen Schritt näher gebracht. Resigniert muss Haller feststellen, dass dem «Geist der Maurerey» nur noch in den Kantonen Uri, Schwyz, Unterwalden, Freiburg, Basel-Stadt, Neuenburg, Wallis und Tessin ein gewisser Widerstand entgegengesetzt werde. Es bleibt ihm nichts anderes übrig, als die Folgen dieses Geistes oder Ungeistes noch einmal ganz deutlich aufzuzeigen, in der Hoffnung, dass man später, sobald die letzten schrecklichen Konsequenzen sichtbar geworden seien, sich seiner erinnern und zu seinen Grundsätzen zurückfinden werde. So rekapituliert er am Ende seines Büchleins, was die Freimaurer schon alles erreicht hätten: Annahme der Prinzipien von Freiheit und Gleichheit, Einführung des Repräsentativ-Systems, Einschränkung der Privat- und Korporationsrechte, Einschränkung der Kirchenmacht. «Aber dies alles genügt den ächten und höchsten Freymaurern, den absoluten Gleichheits-Freunden, nicht, sondern es ist ihnen darum zu thun, mit oder ohne Constitutionen, *per fas et nefas,* bald durch erzwungene und scheinbare Majorität, bald durch bewaffnete Unterstützung einer offenbaren Minorität, überall die Häupter und Führer jener nivellirenden Fraktion ausschliessend[222] zur höchsten Gewalt zu bringen.» Am Ende werde die «maurerische Centralloge» alles beherrschen und jeden Widerstand ausschalten. Haller malte den «vollendeten Triumph der Schweizerischen Maurerey» aus, und was an seinem Gedankengang bedenkenswert war, ging unter in der Paranoia des dogmatischen Eiferers, dem die Geschichte nicht Recht gegeben hatte.

10.1.3 Vinet und das individuelle Gewissen

Haller wollte einen Staat, der dem göttlichen Gesetz untergeordnet war. Die historische Tendenz war aber die einer Säkularisierung von Staat und Gesellschaft. Was bedeutet das genau? Versteht man unter Säkularisierung eine Verweltlichung im Sinn eines Abfalls vom religiösen Denken und Handeln, so geht man in die Irre. Säkularisierung bezieht sich immer auf das ganze Spannungsfeld zwischen geistlich und weltlich. Ursprünglich ist es ein Begriff aus dem kanonischen Recht und meint den Wechsel eines Ordensgeistlichen in den Stand eines Weltgeistlichen. In den Auseinandersetzungen zwischen Katholiken und Reformierten im 17. Jahrhundert wurde er gebraucht, um den Übergang von Kirchengütern in weltliche Hände zu bezeichnen. Man sprach dabei meistens von *Säkularisation,* und in dieser Form wurde das Wort auch bei der Verstaatlichung von Kirchengütern in der Epoche der Französischen Revolution gebraucht. *Säkularisierung* bekam dem gegenüber eine umfassendere Bedeutung, wurde zu einer historischen Orientierungskategorie, die oft einfach im Sinn von Modernisierung gebraucht wird. Die ganze Zeit seit dem Ende des Mittelalters kann unter dem Aspekt der Befreiung aus der Kirchenkultur gesehen und als Prozess der Säkularisierung aufgefasst werden. Dadurch entsteht aber das Missverständnis, die Moderne sei durch eine Verdrängung des christlichen Glaubens durch das vernünftige Wissen gekennzeichnet. Dieses Missverständnis gab es schon im 19. Jahrhundert, und es fand seine Stütze darin, dass der Rationalismus des 18. Jahrhunderts später eine agnostische Fortsetzung fand und manchmal im reinen Materialismus und Atheismus endete. Es ist aber offensichtlich, dass auch im 19. Jahrhundert das Denken der meisten Menschen sehr stark durch den christlichen Glauben geprägt war und dass für Fragen der Lebensgestaltung und der Moral die Kirche ihre wegleitende Funktion behielt. Die katholische

314

Kirche war immer noch oder sogar stärker als im 18. Jahrhundert eine staatenübergreifende Organisation, und auch der Papst in Rom hatte seine Position nach dem Sturz Napoleons wieder stärken können. Andererseits war die Kirche aber auch staatlich gebunden, also verknüpft mit den weltlichen Machthabern in den einzelnen Staaten. Bei den reformierten Kirchen war die staatliche Gebundenheit der Normalfall; daneben entwickelten sich aber immer auch unabhängige Kirchen, sogenannte Freikirchen.

Die Weiterexistenz der Kirchen und des christlichen Volksglaubens im 19. Jahrhundert spricht nicht gegen die Säkularisierungsthese, denn die Kirchen selber säkularisierten sich, indem sie sich im Sinn des neuen historischen Weltverständnis vermehrt den weltlichen Problemen zuwandten. Die im Mittelalter gezogene klare Scheidelinie zwischen weltlichem und göttlichem Reich löste sich auf. Die Kirchen wollten nicht nur Seelen dem Himmel zuführen, sondern mithelfen, die Welt zu verbessern. Sie stellten sich in den Dienst der weltlichen Macht, soweit dies ihrem Ziel zu entsprechen schien. Sie passten sich bis zu einem gewissen Grad dem modernen Weltverständnis an. Es gab aber innerhalb der katholischen und der reformierten Kirche immer wieder Leute, die befürchteten, das wahre Christentum, das heisst der wahre Glaube der Offenbarung, könnte verloren gehen, wenn die offiziellen Kirchenvertreter sich zu stark mit der weltlichen Macht einliessen. In individueller Gottsuche und persönlicher Frömmigkeit gelangten sie manchmal bis zum Erlebnis der mystischen Einheit mit Gott. Aus ihrem Glaubenserlebnis heraus begannen sie unabhängig von den offiziellen Kirchen zu missionieren. Solche mystisch-missionarischen Strömungen gab es sowohl in der katholischen wie auch in der reformierten Kirche. Auf reformierter Seite war es eine vom Pietismus und vom englischen Methodismus herkommende christliche Erneuerungsbewegung, und sie manifestierte sich in der Schweiz als sogenannte Erweckungsbewegung, die vor allem im Waadtland eine beträchtliche Anhängerschaft fand.

Die Christliche Erneuerung ging von der Überzeugung aus, die persönliche Beziehung zu Gott sei wichtiger als die kirchlichen Rituale. Es ging um eine Vertiefung und Verinnerlichung der Religion, aber nicht in der weltabgewandten Art der mittelalterlichen Mystik, sondern im Sinn einer durch den Glauben gekräftigten Zuwendung zur Welt. Darin sahen manche auch die Möglichkeit, die Spaltung zwischen Katholizismus und Protestantismus zu überwinden. Ein praktischer Versuch in dieser Richtung war die seit 1821 in Paris bestehende «Société de la morale Chrétienne», die von Katholiken und Protestanten gemeinsam getragen war. Zu dieser

Gesellschaft gehörten so bekannte Leute wie der liberale Historiker François Guizot – der später zum reformfeindlichen Regierungsmitglied mutieren sollte –, der Herzog Victor de Broglie, Schwiegersohn der Mme de Staël, und der ehemalige helvetische Minister Philipp-Albert Stapfer. In ihrem «Journal» vertraten diese Leute die Glaubens-, Gewissens- und Kultusfreiheit, sie bekämpfte den Sklavenhandel, unterstützten den Freiheitskampf der Griechen und setzten sich für die Volksschule ein. 1824 schrieb diese Gesellschaft einen Preis für die beste Abhandlung über die Kultusfreiheit aus. Der Waadtländer Theologe und Schriftsteller Alexandre Vinet (1797–1847), damals Professor für französische Literatur in Basel, reichte eine Arbeit ein, für die er den ersten Preis bekam. 1826 wurde die Schrift in Paris publiziert, später auch in deutscher Sprache in Leipzig. Vinet wurde berühmt und galt von da an als führender Vertreter eines christlich begründeten Liberalismus.

Was hatte Vinet zu sagen, worum ging es ihm? Seine Abhandlung beginnt mit einer Definition des Gewissens und der Gewissensfreiheit. Unter Gewissen versteht er «das innere Gefühl oder den Instinkt, vermöge dessen wir über den Wert oder Unwert unserer Handlungen ein Urteil fällen.»[223] Er geht also von der Annahme aus, der Mensch verfüge über eine angeborene oder ihm von Gott eingegebene Wertskala. Das Gewissen ist ein «geheimer Ratgeber», den jeder Mensch, wenn er will, konsultieren kann. Er kann es aber nur wollen, wenn ihm Gewissensfreiheit gewährt ist. Gewissensfreiheit ist das Recht, «unsere Beziehungen zur Gottheit so zu gestalten, wie sie uns am passendsten erscheinen.» Anders gewendet ist sie das Recht, «über diesen geistigen und sittlichen Verkehr keinen andern Richter als eben unser Gewissen anzuerkennen», oder auch das Recht, «zwischen Glauben und Nicht-glauben, zwischen Anbeten und Nicht-anbeten zu wählen.» Vinet geht so weit zu behaupten, Gewissensfreiheit sei nur dann gegeben, wenn der Mensch nicht nur zwischen der einen oder der andern Religionsgemeinschaft wählen, sondern auch beschliessen könne, er wolle keiner Religionsgemeinschaft angehören. Das sei ein Recht, das jedem Individuum zukomme. Daneben gebe es aber auch ein Recht, das der Religionsgemeinschaft zukomme, und das sei die Kultusfreiheit.

Die menschliche Ordnung muss eine «natürliche» Ordnung sein, meint Vinet im Einklang mit dem naturwissenschaftlichen Zeitgeist: «Alle Rechte gründen sich auf ein Naturbedürfnis, oder, um den Satz umzukehren, alle Naturbedürfnisse sind Rechte.»[224] Dahinter steht aber noch etwas anderes: Die «sittliche Natur» des Menschen ist durch die Beziehung des Menschen zu Gott gegeben. Erst in der Verbindung der menschlichen Natur mit Gott ist das sittlich Gute begründet. Diese Verbindung darf nicht unterbrochen oder abgelenkt werden, indem sich der Mensch an etwas anderes als an Gott bindet, also etwa an den Staat. Für Vinet ist der Staat nur eine Art notwendiges Übel, eine Institution, die das diesseitige Leben zu ordnen hat, aber nicht von der Vorbereitung auf das Jenseits ablenken darf. Diese im Grunde genommen mittelalterliche Auffassung manifestiert sich immer wieder in seinen Schriften. Gleichzeitig ist er aber ein stark in der Moderne verankerter Liberaler, der die Freiheit des Denkens und Handelns fordert, und zwar konkret bezogen auf die Welt der Menschen. Diese Welt ist bei weitem nicht nur der Staat, sondern auch die private und die gesellschaftliche Sphäre. Der Staat ist nicht alles, ist nicht das Totale oder die Verwirklichung des Weltgeistes wie bei Hegel. Vinet wehrt sich gegen die «deutsche Mode» des Hegelianismus. «Staatsvergötterung» ist ihm ein Greuel, und er grenzt sich von den Radikalen ab, weil er bei ihnen zuviel Staatsgläubigkeit bemerkt. Er denkt nicht vom Staat her, sondern vom Individuum und seinem Freiheitsbedürfnis her. Staat und Nation sind nur ein Teil der Menschenwelt, und wenn dieser Teil verabsolutiert wird, ist es eine Verarmung für die Menschen. Die Menschen sind reich an Möglichkeiten, aber nur dann, wenn ihnen der Staat nicht ihre Gewissens- und Denkfreiheit wegnimmt. Deshalb, meint Vinet, müsse man auch im Interesse des Staates und der Nation betonen, «dass der Ernst und die Zuverlässigkeit einer Nation dem Grade ihrer Gewissens- und Denkfreiheit entsprechen.»[225]

Eine Konsequenz seiner Forderung nach Gewissens- und Kultusfreiheit war, dass Vinet, der seit 1837 Theologieprofessor an der Akademie in Lausanne war, die Trennung von Kirche und Staat forderte. 1838 schrieb er seine umfangreiche «Abhandlung über die Kundgabe der religiösen Überzeugungen und über die Trennung von Kirche und Staat als notwendige Folge und als Gewähr des Prinzips.» Sie wurde 1842 in Paris, 1843 in englischer Übersetzung in London und 1845 in deutscher Übersetzung in Heidelberg publiziert. Die viel diskutierte Arbeit stiess bei den Konservativen auf Ablehnung und bekam von Liberalen und Radikalen nur teilweise Zustimmung. Das war nicht verwunderlich, denn manche mussten sich betroffen fühlen, wenn Vinet in der Einleitung zu seinem Buch schrieb: «Die am wenigsten Religiösen predigen Religion. Jeder rühmt und empfiehlt, so zu sagen, seinem Nachbar das Mittel, von dem er selbst keinen Gebrauch macht. Man wünscht aller Welt Religion, nur für sich selbst will man sie nicht.»[226]

Staat und Kirche müssen, zum Nutzen der Menschen, voneinander getrennt sein, behauptet Vinet. Der Kern seiner Beweisführung ist der Offenbarungsglaube: Gott offenbart sich dem Menschen, und Gott ist die Wahrheit. Es ist der einzelne gewissenhafte Mensch, der die Wahrheit erkennen kann, nicht der Staat, der kein Gewissen hat. Der Mensch als ganzes Individuum kann sich nicht durch den Staat repräsentieren lassen; der Staat repräsentiert nur den staatsbürgerlichen Teil des Menschen. Weil er nicht den ganzen Menschen repräsentiert, ist er nicht im Besitz der Wahrheit, und deshalb darf er sich nicht anmassen, die Wahrheit zu lehren. Wenn die Kirche auf der Seite der Wahrheit steht, dann steht sie auf der Seite der Menschen, insofern sie nicht den Staat ausmachen. Deshalb kann die Kirche nicht Staatskirche sein. Die Kirche ist aber auch nicht im Besitz der Wahrheit, wie es die Papstkirche behauptet, denn auch sie repräsentiert nicht den ganzen Menschen. Von daher kommt Vinet zur ironischen Formulierung: «Macht also, dass ich glaube, der Staat repräsentiere mich, und ich will ihn als Führer in der Religion annehmen wie die Katholiken die Kirche!»[227] Die Realität der staatlichen und kirchlichen Institutionen ist nicht geeignet, ihm dieses Vertrauen einzuflössen. Deshalb bleibt Vinet dabei: Der Staat darf nicht die Kirche gängeln, und die Kirche darf nicht die einzelnen Menschen gängeln. Die reformierte Kirche in der Schweiz hatte sich aber längst mit ihrer Rolle als Staatskirche abgefunden, und Vinet, obwohl er eine europäische Berühmtheit war, konnte daran nichts ändern; er konnte nur dazu beitragen, dass Gewissens- und Kultusfreiheit als liberale Grundwerte anerkannt wurden.

10.1.4 Lamennais' Bruch mit dem Papst

Die katholische Kirche als universale Instanz stand, insofern sie nicht nur geistlich, sondern auch politisch wirksam wurde, im Widerspruch zu allen nationalstaatlichen Bestrebungen. Im 18. Jahrhundert war es den französischen Königen gelungen, die katholische Kirche ihres Landes weitgehend vom universalen Kirchenzentrum in Rom abzulösen und zu einer «gallikanischen Kirche» zu machen. Der Papst hatte sich nur schwach dagegen wehren können, weil er als Oberhaupt des Kirchenstaates selber den Gesetzen weltlicher Politik unterworfen war. Nach der religionsfeindlichen Periode der Französischen Revolution und der napoleonischen Konkordatspolitik versuchte der Papst in der beginnenden Restaurationszeit, seinen universalen Anspruch wieder stärker geltend zu machen. In der katholischen Kirche Frankreichs regte sich indessen eine Bewegung zur Erneuerung des christlichen Glaubens, die politisch insofern reaktionär war, als sie sich gegen den Gallikanismus wandte und die Kirche aus der staatlichen Obhut befreien wollte. Der Papst, indem er sich mit diesen restaurativen und reaktionären Kräften verband, gewann tatsächlich wieder vermehrt Einfluss auf die Kirche in Frankreich. Die politische Positionierung der Papstkirche im reaktionären Lager sollte nicht nur in Frankreich, sondern auch in der Schweiz und in anderen Ländern Europas ausserordentlich folgenreich sein, indem politischer Liberalismus und Fortschrittsglaube als unvereinbar mit dem Katholizismus erschienen. Es gab aber in Frankreich eine katholische Minderheit, die sich, zum Teil gemeinsam mit den Protestanten, für liberale und soziale Anliegen engagierte und damit zumindest die Möglichkeit einer friedlichen Koexistenz von Katholizismus und Liberalismus aufzeigte. Voraussetzung dieser Koexistenz wäre gewesen, dass der Papst die Gewissensfreiheit anerkannt hätte. Jahrelang kämpfte der Abbé Lamennais im Rahmen der katholischen Kirche für die Gewissensfreiheit, bis er schliesslich resignierte, mit der Papstkirche brach und sich dem politischen Radikalismus annäherte.

Hugues-Félicité-Robert de Lamennais (1782–1854) hatte ursprünglich zum reaktionär-restaurativen Lager gehört und theokratische Ansichten vertreten. Von dieser Position aus attackierte er den in Frankreich weit verbreiteten Sensualismus, und zwar in der Form, die ihm Condillac im 18. Jahrhundert gegeben hatte. Der Sensualismus nahm an, nichts könne den Verstand erreichen, was nicht vorher in die Sinne gelegt worden sei. Implizit war damit die Möglichkeit einer göttlichen Offenbarung durch den Glauben verneint. In seinem grossen «Essai sur l'indifférence en matière de religion», der 1817–1823 in vier Bänden erschien, führte Lamennais den religiösen Indifferentismus, den er als Krankheit des Jahrhunderts bezeichnete, auf den Sensualismus zurück. Es brauche eine Erneuerung der Seelenkräfte und der Intuition, meinte er, um den Geist für die göttliche Offenbarung zu öffnen. Der einzelne Mensch bedürfe der Hilfe der Kirche, um die Wahrheit zu erkennen. Andererseits sei aber die Wahrheit nicht in der Kirche, sondern in der menschlichen Intuition aufgehoben. In dieser Auffassung lag bereits der Keim seines späteren Abfalls von der Kirche. Die Julirevolution von 1830 war für ihn ein erschütterndes Erlebnis, das ihn zu einer neuen Auffassung von Geschichte und Fortschritt finden liess. Die Aufgabe der Kirche sah er jetzt nicht mehr darin, sich den Zeitströmungen entgegenzustellen, sondern er fand, Papst und Kirche müssten sich mit dem nach Freiheit und Gleichheit dürstenden Volk solidarisieren. Zusammen mit dem Dominikaner Lacordaire und dem Politiker Montalembert gründete er die Zeitschrift «L'Avenir», die unter dem Motto «Für Gott und Freiheit, den Papst und das Volk» stand. Darin polemisierte er gegen die Allianz zwischen Kirche und Besitzbürgertum und plädierte im Namen der Wahrheit für die Trennung von Kirche und Staat. Er verlangte vor allem Gewissensfreiheit, daneben auch Konfessions-, Presse-, Unterrichts- und Assoziationsfreiheit. Er machte sich also, wie Vinet auf reformierter Seite, eine Reihe von liberalen Forderungen zu eigen, weil er glaubte, nur unter freiheitlichen Bedingungen könnten die Menschen zum wahren Glauben finden. Er wollte eine Kirche der Armen, die sich nicht vom bürgerlichen Staat gängeln liess, sondern nur dem Papst gehorchte. Sein Blatt wurde nicht nur in Frankreich gelesen, sondern auch in Belgien, wo es wesentlich dazu beitrug, dass der belgische Klerus sich nicht gegen die Revolution wandte und die liberale belgische Verfassung von 1831 akzeptierte.

Papst Gregor XVI., der mit Lamennais, solange er als restaurativer Theokrat aufgetreten war, sympathisiert hatte, verurteilte nun dessen liberale Thesen. In seiner Enzyklika «Mirari vos» vom 15. August 1832 schrieb er gegen ihn an, ohne ihn namentlich zu erwähnen. Er griff das früher von Lamennais selbst benutzte Schlagwort des Indifferentismus auf und wandte es gegen ihn: Der Indifferentismus sei die Quelle der verkehrten Meinung, «man könne mit jedem beliebigen Glaubensbekenntnis das ewige Seelenheil erwerben, wenn man den Lebenswandel an der Norm des Rechten und sittlich Guten ausrichte.» Es sei eine «irrige Auffassung oder vielmehr Wahn, einem jeden müsse die Freiheit des Gewissens zugesprochen und sichergestellt werden. Diesem geradezu pesthaften Irrtum bahnt freilich jene vollständige und ungezügelte Meinungsfreiheit den Weg, die zum Sturz des heiligen und bürgerlichen Gemeinwesens weit und breit grassiert, wobei manche noch mit grösster Unverschämtheit behaupten, es fliesse aus ihr ein Vorteil für die Religion.»[228] Schon Augustin habe gesagt: «Quae peior mors animae quam libertas erroris?» – welch schlimmeren Tod gibt es für die Seele als die Freiheit zum Irrtum? – Am Schluss seiner Enzyklika fordert Gregor von seinen Bischöfen: «Nehmt euch vor allem derer mit väterlicher Zuneigung an, die ihren Geist insbesondere den heiligen Wissenschaften und philosophischen Fragen zugewandt haben, und seid ihnen Mahner und Ratgeber, damit sie nicht, auf ihre eigenen Verstandeskräfte allein bauend, unklug vom Pfad der Wahrheit und auf den Weg der Gottlosen abirren.» Gott ist die Wahrheit, und es ist unmöglich, die Wahrheit ohne die göttliche Offenbarung kennenzulernen. Vernunft allein vermag nichts, kann sogar Hindernis sein auf dem Weg der Erkenntnis. – Das war die augustinische Lehre, die der Papst dem liberal-rationalistischen Zeitgeist entgegensetzte. In der liberalen Öffentlichkeit wurde diese zornige Enzyklika als pauschale Verdammung der Moderne empfunden, als harsche Stellungnahme gegen die Freiheit, die eigene Vernunft zu gebrauchen, als Ablehnung der Gewissensfreiheit und überhaupt aller Freiheitsrechte.

Lamennais schien sich zunächst dem Papst beugen zu wollen. Aus Angst vor dem Bruch mit der römischen Kirche stellte er das Erscheinen des Blattes «L'Avenir» ein. Immer noch hoffte er auf eine Erneuerung des Katholizismus, auf eine päpstliche Politik ohne allzuviel machtpolitische Rücksichtnahme und auf vermehrten Einsatz der Kirche für soziale Gerechtigkeit. Lebte nicht Papst Gregor, der aus dem Mönchtum kam, persönlich bedürfnislos, war ihm nicht das Reich Gottes ein wichtigeres Anliegen als weltliche Macht? Lamennais musste einsehen, dass er sich irrte. Während für ihn der polnische Aufstand gegen die Zarenherrschaft der Befreiungsversuch eines unterdrückten Volkes war, verurteilte der Papst diesen Akt des Ungehorsams aus Gefälligkeit gegenüber dem Zaren, dessen politische Unterstützung er brauchte. Lamennais war empört. Waren die Polen nicht auch Katholiken? Wie konnte der Papst sie gegenüber dem Zaren verraten? Jetzt war Lamennais bereit, den Bruch mit Rom in Kauf zu nehmen. 1834 veröffentlichte er unter dem Titel «Paroles d'un croyant» eine Reihe von Prosagedichten, in denen er all das lobte, was «Mirari vos» verurteilt hatte. Es werde ein neues Zeitalter beginnen, in dem die Völker von Tyrannei und Despotismus befreit würden; es werde ein Reich Gottes auf Erden entstehen, in dem die natürliche Freiheit und Gleichheit der Menschen sowie die Brüderlichkeit unter ihnen wieder hergestellt werde. – Der Papst reagierte sofort mit einer neuen Enzyklika, in der er die revolutionäre Lehre verurteilte. Als besonders verwerflich bezeichnete er den Umstand, dass diese Lehre noch den Anschein erwecke, sie sei auf die Bibel abgestützt.

Lamennais verstand sich immer noch als Christ, sprach sogar im Stil eines alttestamentlichen Propheten von einem baldigen Eingreifen Christi in die Welt. Seine Auffassungen radikalisierten sich, so dass manche ihn für einen Sozialisten hielten. Tatsächlich wurden ihm die sozialen Anliegen immer wichtiger. Er hatte die Entwicklung von Kapitalismus und Industrialismus, den rücksichtslosen Aufstieg des Besitzbürgertums beobachtet, er hatte gesehen, wie massenhaft Handwerker und Bauern ihre Existenzgrundlage verloren, während die Reichen nicht nur den materiellen Besitz, sondern auch die politische Macht monopolisierten. 1837 gründete er mit George Sand, Charles Didier und andern die Zeitung «Le Monde» und publizierte darin stellvertretend für die Herausgebergruppe ein langes politisches Glaubensbekenntnis. «Angesichts des Schicksals der Menschen sind wir alle solidarisch», schrieb er. «Unser eigenes Los, das Los der Menschen unserer Epoche der Erwartung und des Leidens, hängt zum Teil von uns, von unseren durchdachten und ausdauernden Bemühungen ab. […] Welche Illusionen auch das in vieler Hinsicht so natürliche Verlangen nach Ruhe hervorbringen möge, wer kann sich noch einreden, dass die Dinge bleiben könnten, wie sie sind? Wer glaubt an die Dauer? Wer kann noch in diesen Ruinen von einer sicheren Wohnung träumen? Weil nun das Menschengeschlecht sich unaufhaltsam einer Zukunft nähert, deren notwendige Verwirklichung nichts verhindern wird, und weil das, was sein soll, trotz aller Widerstände kommt, besteht die wahre Weisheit unserer Meinung nach darin, die unaufhaltsame Bewegung zu unterstützen, um die plötzlichen Erschütterungen, die heftigen Bewegungen zu vermeiden, die unweigerlich die Folgen jenes bedauernswerten Widerstandes sein werden. Mildert den Fall des Stromes, anstatt gegen seinen Lauf einen Damm aufzurichten, denn wenn früher oder später dieser Damm bricht, werden die wohltätigen Fluten des Stromes, unklug aufgespeichert, weit die Verwüstung über denselben Boden tragen, den sie nach der Vorsehung befruchten sollten.»[229]

Die Geschichte ist ein Strom, der nicht aufzuhalten ist – oder nur um den Preis einer gewaltsamen Revolution! Das war die neue Auffassung von Geschichte, die Lamennais nun vorbehaltlos teilte. Die Massen verlangen ihre Rechte, und man muss sie ihnen geben. «Frankreich, das mehr als irgendeine andere Nation auf diesem Weg der Erneuerung fortgeschritten ist, hat dennoch sein Werk nicht beendet», konstatiert Lamennais in seinem politischen Glaubensbekenntnis. Die alten Adelsprivilegien seien zwar abgeschafft worden, aber es sei der «auf das Geburtsrecht gegründeten Aristokratie eine auf das Recht des Geldes gegründete gefolgt.» Und dieser neue Geldadel habe das Wahlgesetz so gestaltet, dass nur die Reichen in den Genuss der politischen Rechte kommen. «Ein ganzes System von Vorrechten ist auf dieser Grundlage von den Wahlgesetzen aufgebaut worden, die der Masse des Volkes und selbst dem aufgeklärtesten Teil desselben, den Gelehrten, den Beamten, den Advokaten, den Künstlern, soweit sie über kein Eigentum verfügen, auch den geringsten Einfluss auf die Angelegenheiten des Landes nehmen.»[230] Dieser Zustand ist auf die Dauer nicht aufrechtzuerhalten. Wird er nicht auf friedliche Weise verändert, so wird er etwas später gewaltsam verändert werden. Voraussetzung für friedliche Veränderung ist die politische Freiheit für alle. In diesem Sinn war Lamennais ein echter Liberaler. Er war zudem ein Sozialist, denn er war überzeugt, echte Freiheit sei nur unter der Voraussetzung möglichst umfassender sozialer Gerechtigkeit zu haben. Wie diese Gerechtigkeit herzustellen sei, schien er nicht zu wissen; jedenfalls gab er dazu keine Anweisungen. Das wurde ihm später von den «wissenschaftlichen Sozialisten» vorgeworfen. Aber er ging eben davon aus, dass es kein allgemeines Rezept gebe, dass es aber aus einem Gefühl der Solidarität, der Mitmenschlichkeit und aus einer Zuwendung zu den Nöten der andern heraus einer angestrengten und beständigen Suche nach der Gerechtigkeit in allen Bereichen des Lebens bedürfe.

Die Auseinandersetzung zwischen dem Papst und seinem Diener Lamennais war von der katholischen Welt mit Spannung verfolgt worden. Lamennais schien am Ende den Kampf verloren zu haben, aber er wurde zu einem von vielen Vordenkern sozialpolitischer Ideen, denen sich auch in der Schweiz viele Katholiken auf die Dauer nicht verschliessen konnten. Es bereitete sich da etwas Neues vor, was auf die spätere Entwicklung des Nationalstaates grosse Auswirkungen haben sollte: Politik, Wirtschaft und Gesellschaft wurden nicht mehr als getrennte, sondern immer mehr als innig miteinander verbundene, einander gegenseitig beeinflussende Bereiche verstanden. Durch dieses Verständnis sollte am Ende des 19. Jahrhunderts eine Weiterentwicklung des rein politisch definierten Nationalstaates zum Sozial- oder Wohlfahrtsstaat möglich werden.

10.2 Das Verhältnis zwischen Kirche und Staat

Die Liberalen und die Radikalen in der Schweiz hatten zwei gemeinsame Ziele: Erstens sollte möglichst rasch eine Mehrzahl der Kantone zu liberal verfassten Demokratien werden, und zweitens sollten dann diese Kantone den Bundesvertrag von 1815 in nationalstaatlichem Sinn revidieren. Das erste Ziel war Voraussetzung des zweiten, denn die Umwandlung des Bundes in einen Nationalstaat war nur mit einer Mehrheit der Kantone möglich. Als es sich zeigte, wie stark der Widerstand der katholisch-konservativ regierten Kantone gegen die liberalen Ziele war, da übten sich die einen in Geduld, während die andern, die Radikalen, Mittel und Wege suchten, die

Entwicklung gewaltsam voranzutreiben. Den hauptsächlichen Bremsfaktor sahen sie in der katholischen Kirche, und deshalb färbte sich ihre politische Kampagne stark antiklerikal. Viele Radikale waren der Meinung, im modernen Staat sei für Kirche und Religion ohnehin kein Platz mehr. Die Konservativen und die katholischen Ultras sahen dagegen ihre vordringliche Aufgabe darin, die Liberalen in die Schranken zu weisen und die Radikalen an ihrem Programm der «Entchristlichung» des Staates zu hindern. Sie erhielten Unterstützung von der katholischen Kirche. Die konservative Politik der katholischen Kantone ging eine enge Verbindung mit der katholischen Kirche ein. Damit stellte sich einmal mehr und in zugespitzter Form die Frage nach dem Verhältnis zwischen Kirche und Staat.

Nach der Revolution von 1798 und der Errichtung der Helvetischen Republik hatte sich die Schweiz feste Grenzen gegeben und scharf zwischen Inland und Ausland getrennt. Der Bischof von Konstanz als «Ausländer» verlor seine Jurisdiktion in geistlichen Angelegenheiten im schweizerischen Teil seiner Diözese. Der helvetische Einheitsstaat bestand selbstverständlich auf der Suprematie des Staates, betrieb sogar eine tendenziell kirchenfeindliche Politik, jedenfalls bezüglich der katholischen Kirche und der Klöster. Als in der Mediationszeit die Kantone wieder hergestellt wurden, gewannen sie ihre Befugnisse in Kirchenangelegenheiten zurück. Neu gab es jetzt auch die aus ehemaligen gemeinsamen Herrschaften entstandenen Kantone mit konfessionell gemischter Bevölkerung. Ein päpstlicher Nuntius liess sich bei der Eidgenossenschaft akkreditieren. Aufgehobene Klöster wurden wieder hergestellt, und der Bundesvertrag von 1815 gewährleistete ihren Fortbestand. Die Regierungen der katholischen und vor allem der konfessionell gemischten Kantone bemühten sich um eine Neueinteilung der Diözesen, weil sie vermeiden wollten, dass katholische Schweizer einem ausländischen Bischof unterstanden. Es war von einem Nationalbistum die Rede, das die ganze Schweiz umfassen sollte. Das liess sich nicht realisieren. Aber es kam zu einigen Verschiebungen: Die katholischen Gemeinden des Kantons Genf wurden dem Bistum Lausanne angeschlossen, aus dem 1823 errichteten Bistum Chur und St. Gallen ging 1836 die Diözese St. Gallen hervor; 1828 entstand auf Betreiben des Heiligen Stuhls das Bistum Basel-Solothurn. Nur das Tessin verblieb einstweilen bei den Bistümern Como und Mailand; es wurde 1888 mit dem Bistum Basel verbunden. Die Diözesen Basel, Lausanne und Chur wurden von Papst Pius VII. (1800–1823) aus den übergeordneten und von ausländischen Erzbischöfen geleiteten Metropolitanverbänden herausgelöst und direkt dem Heiligen Stuhl unterstellt. Der Papst gewann also in der Restaurationszeit direkten Einfluss auf die Schweizer Katholiken.

Überhaupt gelang es der katholischen Kirche dank gezielter Machtpolitik, ihre Einflussmöglichkeiten auszuweiten. Das passte den Liberalen nicht, denn sie wollten die ganze politische Macht dem Nationalstaat vorbehalten. Papst Gregor XVI. erteilte durch seine Enzyklika «Mirari vos» vom August 1832 dem liberalen Zeitgeist eine deutliche Absage und forderte die Bischöfe der ganzen katholischen Christenheit dazu auf, gegen den modernen Skeptizismus und religiösen Indifferentismus anzukämpfen. Die Schweizer Bischöfe gaben sich papsttreu und schritten ein, wo sich im Klerus liberale und demokratische Auffassungen zeigten. Sie taten es etwa im Fall des aus Schwyz stammenden Theologieprofessors und Pfarrers Alois Fuchs, der in Rapperswil eine Demokratisierung der Kirchenverfassung und die Einführung von Synoden forderte. Der Bischof von Chur und St. Gallen verlangte von Fuchs, seine Forderungen zu widerrufen, und als dieser sich weigerte, wurde er am 8. März 1833 im Priesteramt suspendiert. Die liberale St. Galler Regierung setzte sich danach für die Abtrennung des St. Galler Teils vom Bistum Chur ein, weil sie hoffte, auf ein Bistum St. Gallen grösseren Einfluss ausüben zu können; sie hatte Erfolg. Die grundsätzliche Frage nach dem Verhältnis zwischen Kirche und Staat blieb aber unbeantwortet. Da regte der Luzerner Schultheiss Eduard Pfyffer, unterstützt vom St. Galler Gallus Jakob Baumgartner, eine Konferenz zur Klärung dieser Frage an.

Im Januar 1834 versammelten sich in Baden die Vertreter der liberalen Kantone Bern, Luzern, Solothurn, Baselland, Aargau, Thurgau und St. Gallen. Ziel der Konferenz war es, das Verhältnis zwischen Kirche und Staat für das Gebiet der Eidgenossenschaft einheitlich zu regeln, und zwar so, dass die Suprematie des Staates besser gesichert wäre. Man suchte nach Lösungen, die auch für die Kirche akzeptabel schienen; allzu radikale Vorschläge wurden abgelehnt. Das Problem war aber, dass die Politiker allein entscheiden wollten und die Lösung nicht in direkten Verhandlungen mit der kirchlichen Seite suchten. Das konkrete Ergebnis ihrer Beratungen waren die sogenannten Badener Artikel, die hauptsächlich folgende Punkte enthielten: die Einführung von Synoden als Massnahme zur Demokratisierung der Kirchen, das Recht des Staates, zu kirchlichen Erlassen sein Placet zu geben oder zu verweigern, die Gewährleistung konfessionell gemischter Ehen, die Verminderung der Zahl der kirchlichen Feiertage, die

Aufsicht der Kantone über die Priesterseminarien und die Ordensgeistlichen und schliesslich die Besteuerung der Klöster. Weiter wurde die Gründung eines neuen, rein schweizerischen Metropolitanverbandes oder Erzbistums vorgeschlagen. Die Kantone wurden aufgefordert, die Badener Artikel als Rechtsgrundlage anzunehmen. Die Parlamente der Kantone Luzern, Baselland, St. Gallen, Aargau und Thurgau taten dies. Als aber im Kanton St. Gallen das aus den Badener Artikeln folgende «Gesetz über die Rechte des Staates in kirchlichen Dingen» dem Volk zur Abstimmung vorgelegt wurde, verwarf dieses auf Anraten der Geistlichkeit das «Heidengesetz» wuchtig. Im Freiamt geriet die katholische Bevölkerung in Aufruhr, nachdem die Mehrheit des Grossen Rates den Badener Artikeln zugestimmt hatte. Zur Wiederherstellung der Ordnung setzte die Regierung Truppen ein.

Zu noch heftigeren Erschütterungen kam es im katholisch-jurassischen Teil des Kantons Bern. Trotz einer Petition mit 7000 Unterschriften hatte der bernische Grosse Rat am 20. Februar 1836 beschlossen, die Badener Artikel anzunehmen. Daraufhin waren in Pruntrut und in andern jurassischen Orten «Religionsbäume» als Zeichen des Widerstandes aufgepflanzt worden. Bern schickte eine starke Truppenmacht in den Jura, um die renitenten Gemeinden zum Gehorsam zu zwingen und den durch die Unruhen geschürten Trennungsgelüsten zuvorzukommen. Auf katholischer Seite fürchtete man, das protestantische Bern wolle nicht nur die katholische Kirche, sondern den Jura mit seiner ganzen Kultur und Tradition fester ins bernische System einbinden. Jetzt mischten sich die Regenten in Wien und Paris ein. Sie sahen in den Badener Artikeln einen bedenklichen Angriff auf die Kirche und in der militärischen Aktion Berns eine mögliche Verletzung der Wiener Akte von 1815. Durch ihre Diplomaten liessen sie mitteilen, die Badener Artikel seien unerwünscht. Der französische König Louis Philippe, der sich mit Papst Gregor XVI. gut stellen wollte, ging sogar so weit, der Berner Regierung mit einer Besetzung des Juras zu drohen. Diese krebste zurück. Der bernische Grosse Rat bestätigte auf Antrag des Regierungsrates die bisherigen kirchlichen Verhältnisse im Jura und beschloss, über alle Punkte der Badener Artikel seien Unterhandlungen mit dem Heiligen Stuhl zu führen. Papst Gregor XVI. hatte erreicht, was er wollte; seine Macht war gestärkt.

10.3 Der jesuitische Popanz

Die schweizerischen Liberalen und Radikalen gerieten in der zweiten Hälfte der dreissiger Jahre in die Defensive, und nach dem Straussenhandel von 1839 schienen sie vom Konservatismus regelrecht überrollt zu werden. Da fanden sie ein Mittel, die Volksmehrheit hinter sich zu scharen: Sie erhoben die Konfessionsfrage und speziell die Frage der Jesuitenberufung zum zentralen Thema ihrer politischen Agitation, weckten auf reformierter Seite irrationale Ängste und gewannen damit ihre Dynamik zurück. Sie konnten an verbreitete Vorurteile religiöser Art anknüpfen, und es gelang ihnen, die Tatsache, dass der Papst die im 18. Jahrhundert aufgelöste Gesellschaft Jesu, den Jesuitenorden, wieder hergestellt hatte, als tödliche Bedrohung für die Schweiz erscheinen zu lassen. Es waren nämlich im Wallis, in Freiburg und dann auch im Kanton Schwyz jesuitische Priester und Lehrer tätig geworden und, die radikalen Zeitungsschreiber, Festredner, Karikaturisten und Verseschmiede wurden nicht müde, das Bild des Jesuiten zum Popanz zu verzerren. Wer keine Jesuiten persönlich kannte, musste sie für wahre Teufel halten.

Wer waren die Jesuiten wirklich? Die Gesellschaft Jesu war im 16. Jahrhundert vom Spanier Ignatius von Loyola als Priesterorden gegründet worden. Vom Papst anerkannt, wurde der Orden zu einem starken Instrument der Gegenreformation. Die gebildeten und straff organisierten Jesuiten wirkten in ganz Europa im reformerischen und modernisierenden Sinn und taten sich vor allem als Lehrer der Jugend hervor. Seit 1574 unterrichteten sie auch in Luzern, wo ihnen ein prächtiges, mit Büchern gut versehenes Haus zur Verfügung gestellt worden war. Sie galten nicht nur als strenge Erzieher, sondern auch als zuverlässige Verteidiger des Papsttums. In Frankreich führten sie einen heftigen Streit gegen den Jansenismus, eine seit dem 17. Jahrhundert virulent gewordene katholische Erneuerungsbewegung, welche die Bischöfe gegenüber dem Papsttum stärken und strengere moralische Grundsätze für die Gesamtheit der Gläubigen verbindlich erklären wollte. Die Stossrichtung der Jansenisten stand zum Teil in Einklang mit dem Versuch der französischen Könige, ein gallikanisches Nationalkirchentum zu errichten und den Einfluss des Papstes möglichst auszuschalten. Die Jesuiten, besorgt um die Autorität das Papstes, bestritten die jansenistische Morallehre und verkündeten ihrerseits eine als Probabilismus bezeichnete Lehre, die manchem ihrer Gegner als purer Relativismus vorkam. 1718 wurden die Jansenisten auf Betreiben der

Jesuiten durch eine päpstliche Bulle verurteilt und verloren allmählich an Bedeutung. Die Jesuiten waren die Sieger, hatten sich aber durch ihre Methoden unbeliebt gemacht. Weil sie den Gallikanismus bekämpften, schlug ihnen nun auch politische Feindschaft entgegen. Die Bourbonenkönige erreichten schliesslich, dass der Papst sich von den Jesuiten distanzierte und 1773 die Gesellschaft Jesu aufhob. Zwanzig Jahre später sorgten konterrevolutionäre französische Adlige für eine Wiedergeburt der jesuitischen Ordensregeln: 1794 gründeten sie in Belgien den Orden der «Väter des heiligsten Herzens Jesu». Diese Neujesuiten wurden durch die Revolutionskriege vertrieben und flüchteten 1796 nach Wien. In Italien war es zu einer ähnlichen Neugründung gekommen, und die beiden Kreise vereinigten sich 1799 unter der Leitung des erst 26jährigen Niccolò Paccanari. Sie nannten sich «Societas de fide Jesu», wurden aber oft auch Paccanaristen genannt. Indessen hatte in Russland ein Zweig der alten Jesuiten überlebt, und 1801 stellte der Papst die Gesellschaft Jesu in Russland wieder her, 1804 auch in Neapel und Sizilien. 1805 berief der Präsident der autonomen Republik Wallis Paccanaristen in die Leitung des Sittener Kollegiums; sie gliederten sich 1810 in den russischen Zweig der Jesuiten ein und blieben als echte Jesuiten auch nach der Wiederaufnahme des Wallis in die Eidgenossenschaft in Sitten tätig. Es gab also Jesuiten in der Schweiz schon lange vor der berüchtigten Luzerner Jesuitenberufung von 1844.

1814 stellte der Papst die Gesellschaft Jesu feierlich für den ganzen Erdkreis wieder her. Danach verlangte ein Teil des Freiburger Klerus zusammen mit politisch reaktionären Kreisen, dass die Leitung des Kollegiums St. Michel wie in früheren Zeiten wieder den Jesuiten anvertraut werde. Es begann ein vierjähriger kirchlicher und politischer Streit. Auf der einen Seite standen diejenigen, die im Zeichen des erwachenden Nationalismus von der international tätigen und mit universalistischem Anspruch auftretenden Gesellschaft Jesu nichts wissen wollten, auf der andern Seite diejenigen, die in den Jesuiten die Kraft des ewigen Glaubens gegen den Rationalismus und die Revolution sahen und nachgerade glaubten, mit der Berufung der Jesuiten wären alle Probleme gelöst. In einem Brief, den der Dekanatsklerus von La Part-Dieu 1815 an den in Freiburg residierenden Bischof Peter Tobias Yenni schickte, heisst es: «Diese tödliche Gleichgültigkeit gegen alles Spirituelle, dieser Geist des Unglaubens, der von den obersten Schichten auf die unteren übergegangen ist, diese stets wachsende Sittenverwilderung, die es zu bekämpfen gilt, diese ansteckenden Krankheiten, die allen Ausrottungsbemühungen widerstehen, haben in den letzten Zeiten schreckliche Verheerungen angerichtet, und jeder kritische Beobachter wird mühelos erkennen, dass seit der Unterdrückung des Jesuitenordens die Angriffe der modernen Philosophie gegen Glauben und Moral des Christentums sich gewaltig vermehrten und dass die Gottlosigkeit zu triumphieren begann, nachdem ihr durch die masslosen Verleumdungen und perfidesten Intrigen die Vernichtung jenes herrlichen Korps gelungen war.»[231]

Der Freiburger Staatsrat blieb vorerst skeptisch und lehnte am 19. Juni 1818 die Jesuitenberufung ab. Zur Begründung schrieb er unter anderem: «Allein wo stehen diese Jesuiten in der Wirklichkeit und nicht bloss dem Namen nach? Man weiss von neuen Klöstern in Italien und Spanien. Was sie sind, blieb uns bisher unbekannt. Übrigens liegt in dem Geiste, den Sitten, dem Charakter und der Sprache dieser Völker ein wesentliches Hindernis, dass jene Klöster zu Pflanzschulen für solche Stiftungen in der Schweiz dienen.»[232] – Die andern eidgenössischen Stände blickten gespannt nach Freiburg, und der Nachbarkanton und damalige Vorort Bern konnte sich nicht enthalten, im September 1818 seine Meinung kundzutun: «Nicht nur für den hohen Stand Freiburg, sondern auch für andere Kantone, vielleicht für die ganze Eidgenossenschaft ist der bevorstehende Entscheid über den Jesuitenorden von hoher Wichtigkeit. [...] Wir bitten euch zu beherzigen, ob das wahre religiöse und sittliche Bedürfnis unserer Schweizernation, ob die Wohlfahrt der jetzigen und der künftigen Geschlechter, die Fortdauer einer glücklichen politischen Existenz unseres Vaterlandes, die Beförderung der Eintracht unter den Kantonen – ob all dies, was ebenso lebhaft in euren Wünschen wie in den unsrigen liegt, sich mit der Aufnahme der Jesuiten, mit dem Einfluss, welchen dieser Orden als das Ziel eines unablässigen Strebens wieder erlangen möchte, vereinbaren lassen; ob nicht vielmehr anstatt das höhere Interesse des Staates und der Angehörigen zu befördern, ein solcher Entschluss in beiden Beziehungen Gefahren herbeiführen könnte, denen vorzubeugen Klugheit und Pflicht bedeutet?»[233] – Der mahnende Brief verhinderte nicht, dass kurz darauf die Meinung der Mehrheit im Staatsrat änderte und das Dekret zur Berufung der Jesuiten an das Kollegium St. Michel verabschiedet wurde.

Auch in Solothurn wurde die Berufung von Jesuiten erwogen, ebenso in Luzern. Aber vorläufig wurde nichts daraus. Mit dem Sieg der Liberalen nach 1830 war die Frage dann vorerst vom Tisch. Mit Hilfe der Badener

Artikel versuchten sich die Liberalen mit der Kirche zu arrangieren. Seit 1836 wirkten Jesuiten in Schwyz, aber im privaten Rahmen, also ohne dass sich die Regierung dazu ausgesprochen hätte; deshalb erregte die Sache kein grosses Aufsehen. Dann verschärften sich plötzlich die konfessionellen Widersprüche. 1838 hob die liberale Luzerner Regierung zwei Klöster auf. Ein Jahr später war der Straussenhandel in Zürich, der mit einem konservativen Umschwung endete. Das hatte Auswirkungen auf Luzern: Der konservative Bauer Joseph Leu von Ebersol stellte im Grossen Rat den Antrag, Luzern solle aus dem liberalen Verbund des Siebnerkonkordats austreten, wie es vorher schon Zürich getan hatte. Weiter verlangte er, die Badener Artikel seien ausser Kraft zu setzen, der Geistlichkeit sei das Aufsichtsrecht über das Lehrerbildungs- und Schulwesen einzuräumen, die oberste Lehranstalt sei den Jesuiten zu übergeben und die Kompetenzen der Gemeinden seien zu erweitern. Die Liberalen empfanden diese Begehren als freche Provokation und lehnten sie alle ab. Aber Leu liess nicht locker, sondern erzwang durch eine von fast 12 000 Bürgern unterschriebene Bittschrift eine Verfassungsänderung. Im Januar 1841 sollte darüber abgestimmt werden. Genau zu diesem Zeitpunkt kam es im Nachbarkanton Aargau zu heftigen Turbulenzen: Das katholische Volk im Freiamt griff zu den Waffen, nachdem eine Bestimmung, wonach beide Konfessionen im Grossen Rat paritätisch vertreten sein mussten, aus der Verfassung gestrichen worden war. Der Aufstand wurde blutig niedergeschlagen. Auf Antrag des Seminardirektors Augustin Keller verfügte dann der Grosse Rat die Aufhebung aller aargauischen Klöster, und zwar mit der Begründung, der Aufstand sei hinter den Klostermauern ausgeheckt worden. Das war ein klarer Verstoss gegen den Bundesvertrag von 1815, der im Artikel 12 den «Fortbestand der Klöster und die Sicherheit ihres Eigenthums» ausdrücklich gewährleistete. In der ganzen katholischen Schweiz wurde der Aargauer Beschluss als Rechtsbruch und bedrohliche Untat der religionsfeindlichen Radikalen empfunden. Die Empörung war gross, und im Kanton Luzern wirkte sie sich zweifellos zugunsten Leus und der von ihm verlangten Verfassungsänderung aus. Am 31. Januar 1841 nahm das Luzerner Volk mit grosser Mehrheit die neue Verfassung an. Das war das Ende der liberalen Luzerner Ära, und in den nächsten sechs Jahren waren die Konservativen an der Macht.

Leu wollte nun die Rekatholisierung noch weiter treiben und setzte sich für eine sogenannte Volksmission ein: Jesuitenprediger sollten durch Stadt und Land Luzern reisen und an geeigneten Orten Missionswochen durchführen und so den christlichen Glaubenseifer beflügeln. Darin sahen die Radikalen nichts als einen perfiden Schachzug, der die Berufung der Jesuiten ans Luzerner Kollegium vorbereiten sollte. Hinter den Kulissen begann ein diplomatisches Seilziehen um die Berufung der Jesuiten. Der Orden selbst war vorsichtig, wollte seine Gegner nicht provozieren. Sogar Metternich mahnte zu Zurückhaltung in der Jesuitenfrage und warnte die Luzerner Regierung vor einer allzu forschen Gangart, die nur zu neuen Unruhen führen würde. Die Radikalen polemisierten nach Kräften. Seit dem Beginn der Volksmission im Luzernischen hämmerte ihr wichtigstes Organ, der in Zürich erscheinende «Schweizerische Republikaner», seinen Lesern ein, der Papst und seine jesuitischen Truppen seien die brandschwarze Reaktion, verantwortlich für alle Hindernisse auf dem Weg in eine liberale und nationale Zukunft. Schon immer sei das Übel für die Schweiz von Rom gekommen: «Der gefährlichste Feind der schweizerischen Freiheit und der Entfaltung des reichen Schatzes von Nationalkräften, die in der schweizerischen Bevölkerung liegen, war von jeher – Rom. […] Frägt man: Wer trägt die Schuld, dass die Völkerschaften der Schweiz seit Jahrhunderten so ausserordentlich wenig für die Begründung nationaler Stärke und Einheit gewonnen haben, so weist die Geschichte auf Rom hin. Frägt man, woher rührt die traurige Erscheinung, dass es der Schweiz nie gelingen will, mit Glück und Entschiedenheit in den neueren Entwicklungsgang der Menschheit einzutreten, dass mitten unter den Institutionen und gesellschaftlichen Richtungen der neueren Jahrhunderte auf einmal wieder die finstersten und rohesten Gestalten des Mittelalters auftauchen wie in keinem andern zivilisierten Land in Europa, so liegt auch von diesem Übel die Quelle in Rom. Jeder grosse Versuch zu politischer Regeneration der Schweiz wurde von Rom vereitelt oder die Vereitelung wenigstens mit aller Macht von Rom unterstützt. […] Überall reckt die römische Partei das Haupt empor und arbeitet an neuen Entwürfen. Fassen wir die wichtigsten dieser Reaktionstendenzen zusammen. Die erste betrifft die Verbreitung der Jesuiten. Vorbereitet soll ihre Verbreitung werden durch die Missionen. […] Wir haben unsern Lesern eine ausführliche Schilderung des ganzen unwürdigen Spektakels, der dort getrieben wurde, mitgeteilt, um sie in den Stand zu setzen, über den Zweck dieser Missionen zu urteilen. Sie haben aus dieser Schilderung gesehen, in welches Schrecken erregende Zerrbild da die christliche Religion verwandelt und wie alles methodisch auf die Unterdrückung der Vernunft angelegt; wie in Predigten und Zeremonien alles auf Verdummung und Fanatisierung des Volkes, auf Pflanzung und Nährung von Intoleranz, Religionshass und finsterm Aberglauben berechnet ist. Sie haben gesehen, wie diese Jesuiten, jeden eigenen Verstandesgebrauch in religiösen Dingen verpönend, den Menschen in die schmählichste Abhängigkeit von fremden Autoritäten versetzen, wie sie jede freisinnige politische Denkart verdammen, die angeborenen Triebe der menschlichen Natur für Werke des Teufels erklären ...»[234]

Solche Darstellung der Tätigkeiten und der Absichten der Jesuiten verfehlten ihre Wirkung nicht. Im protestantischen Volk wurden die jesuitischen Professoren in ihren schwarzen Röcken als Abgesandte des Teufels gesehen. Sogar der kritische Dichter Gottfried Keller glaubte an das Zerrbild, und er publizierte Ende 1843 sein schlimmstes Hetzgedicht gegen die Jesuiten; die drei ersten Strophen lauten so: «Hussah! Hussah! Die Hatz geht los! / Es kommt geritten klein und gross, / Das springt und purzelt gar behend, / Das kreischt und zetert ohne End': / Sie kommen, die Jesuiten! – Da reiten sie auf Schlängelein / Und hintendrein auf Drach und Schwein; / Was das für muntre Burschen sind! / Wohl graut im Mutterleib dem Kind: / Sie kommen die Jesuiten! – Hu, wie das krabbelt, kneipt und kriecht, / Hui, wie's so infernalisch riecht! / Jetzt fahre hin, du gute Ruh! / Geh, Grete, mach das Fenster zu! / Sie kommen die Jesuiten!» In diesem Stil geht es weiter über nochmals drei Strophen, und dann folgt die Schlussstrophe: «O gutes Land, du schöne Braut, / Du wirst dem Teufel angetraut! / Ja, weine nur, du armes Kind! / Vom Gotthard weht ein schlimmer Wind: / Sie kommen die Jesuiten!» – Keller hatte sich zum Propagandisten des rohesten Antijesuitismus gemacht. Er liess sich bekanntlich dann auch dazu hinreissen, zweimal als Freischärler gegen Luzern zu marschieren, um die Jesuiten zu vertreiben: Sein Trupp kam allerdings nicht weit, musste beidemal unverrichteter Dinge umkehren.

Auch Gotthelf war ein Jesuitenfeind. Im Neuen Berner Kalender veröffentlichte er einen Aufsatz über die Volksmission im Kanton Luzern, in dem er alle gängigen Vorurteile aufnahm: «Mit dem Wort Jesuit bezeichnet man einen Menschen, dessen Gesicht das Gegenteil von dem zeigt, was er im Herzen hat, der, hinterlistig, verschlagen, vermessen, ein süsses Gesicht machen kann und fromme Augen, dass man sich darob erschüttern möchte, der mit liebreichen Gebärden sich einschleicht und, einmal eingeschlichen, auf die gewalttätigste Weise den Herrn spielt.»[235] Der reformierte Pfarrerdichter aus Lützelflüh findet, die katholischen Jesuiten seien gefährlich, denn sie seien sehr gelehrt, auf der ganzen Welt präsent, verbunden wahlweise mit Aristokraten oder mit ungläubigen Radikalen; ihre

Lehre, wonach der Zweck die Mittel heilige, mache sie zur wirksamsten päpstlichen Streitmacht gegen die Reformation und für die Verbreitung des päpstlichen Christentums. «Sie fechten mit allen Waffen auf jegliche Weise: bald erscheinen sie schwergeharnischt, bald als flüchtige Reiterei, katholische Kosaken, bald wissen sie zu schleichen, bald wissen sie zu stürmen, bald erscheinen sie im Ordensgewand, bald im eleganten Weltrock, sie verschwinden den Kosaken gleich, nirgends mehr sieht man sie, und handkehrum sitzen sie einem im Nacken, zahlreicher und mächtiger als nie.» So polemisierte Gotthelf, und doch ging er, der konservative Christ, nicht so weit wie sein radikaler Kollege Keller. Er sah in den Jesuiten keine Teufel. Vor allem aber verurteilte er das Volk nicht, das in die Predigten der Jesuiten strömte. Gegen katholische Frömmigkeit hatte er weniger einzuwenden als gegen radikale Ungläubigkeit. Er wollte aber selber sehen, was es mit der Jesuitenmission im Luzernischen auf sich hatte. Im Juni 1842 marschierte er nach Luthern, wo Anton Burgstaller, ein aus dem Elsass stammender Jesuit, eine seiner berühmten Predigten hielt. «Es war die Standeslehre für die Töchter, es war die Predigt, welche in den zu Sursee ein halbes Jahr vorher gehaltenen und von radikaler Seite herausgegebenen Predigten Seite 130 verzeichnet steht, und doch war sie es wieder nicht. Entweder war Burgstaller in einem halben Jahr aus einem Stümper ein Meister geworden, oder aber jene Predigt ist nur eine stümperhafte Nachschreibung einzelner Phrasen, aneinandergestüpft so gut wie möglich. Die Predigt, welche ich hörte, war eine Meisterpredigt, dauerte zweieinhalb Stunden am heissen Nachmittage, und trotz einem Laufe von sechs Stunden schläferte es mich nicht, und niemand schlief, soweit ich sehen mochte. Und doch brauchte der Prediger keine Künste, er heizte weder die Hölle, noch öffnete er den Himmel, er sodete nicht im Tränenloch, und grub nicht Gräber, er focht weder mit schrecklichen noch mit rührsamen Gebärden, er peitschte die Menge mit der Geissel der Wahrheit. Vom reformierten Standpunkte aus war mir manches ärgerlich, er lästerte zum Beispiel die Reformatoren, jedoch ohne sie zu nennen, er setzte die Ehelosigkeit weit über die Ehe usw.; für ein gebildetes, belesenes Publikum hätte ich die ganze Ausdrucksweise unmanierlich und unpassend gefunden. Ein gläubiger Katholik aber konnte an der ganzen Rede kein Wort aussetzen.»

Gotthelf, der selber eine saftige Ausdrucksweise nicht scheute, fand den Jesuitenprediger etwas vulgär, aber er lobte ihn deswegen, stellte ihn weit über die geist- und seelenlosen Polemiker im Lager der Radikalen:

«Dazu kömmt dann noch die schlagende Kraft von Burgstallers Reden, die beim Volke durch Mark und Bein gehen, deren Wahrheit in sittlicher Beziehung in die Augen springt, während das öde hohle Zeitungsgeschwätz ihrer heftigsten Gegner wenig Seelen bewegt und oft nichts ist, als Dummheit oder Lüge.» Die Jesuiten sind zwar ebenso extrem wie die Radikalen, aber sie stehen hoch über ihnen; die Radikalen vermögen letztlich nichts gegen sie: «Ein solcher Feind muss viel ernsthafter behandelt werden, als es geschehen ist; die bisherige Kampfesweise dagegen ist nichts als radikale Lüderlichkeit. An dieser Lüderlichkeit wird freilich der Radikalismus zugrunde gehen.» Die Radikalen nennen sich des Volkes Freunde, wissen aber nichts Gescheiteres, als des Volkes Heiligstes, die Religion, lächerlich zu machen. Deshalb wird sie das Volk fallen lassen. Das Problem des Radikalismus, meint Gotthelf, wird sich von selbst erledigen. Aber wie ist den Jesuiten beizukommen? «Ich sann um Rat und fand keinen als den: man nehme den Jesuiten die Waffen aus der Hand, mache sie überflüssig, d. h. die Obrigkeit und Geistlichkeit erbaue das Volk durch ein reines, frommes Leben, und wie sie leben, sollen sie auch reden in Kirche und Ratsälen. […] Die ganze Eidgenossenschaft aber mache es sich zur heiligen Pflicht, das religiöse Bewusstsein zu ehren und zu pflegen, wie es sich in der reformierten und katholischen Kirche ausspricht, und hüte sich vor der infamen, perfiden Intoleranz, welche unter dem Scheine von Glaubensfreiheit, um politischer oder lüderlicher Zwecke willen die Kirche des Landes untergräbt, höhnt, ängstigt! Dann werden die Jesuiten überflüssig, ohnmächtig, werden wieder zerstieben, wie die Kosaken es tun, wenn sie auf einen Feind treffen, der Stand hält und übermächtig ist.»

Die Dinge liefen nicht so, wie es sich Gotthelf gewünscht hätte; weder die Radikalen, die er hasste, noch die Jesuiten, die er fürchtete, verschwanden von der Bildfläche. Der Glaube wurde nicht stärker, aber die Glaubensgegensätze wurden schärfer.[236] An der Tagsatzung standen sich zwei Lager unversöhnlich gegenüber. Die einen wollten die Jesuiten ausweisen, die andern wollten sie an ihre Schulen berufen. Die Konservativen sagten, die Klosteraufhebung im Aargau sei eine krasse Verletzung des Bundesvertrags von 1815 und müsse rückgängig gemacht werden; die Liberalen unter der Führung des Berner Schultheissen Charles Neuhaus behaupteten, der Bundesvertrag entspreche längst nicht mehr den Erfordernissen der Zeit, und da ein legales Revisionsverfahren nicht vorgesehen sei, sei Vertragsbruch unausweichlich. Die reformierten liberalen Kantone hielten die katholisch-konservativen Kantone für rückständig und borniert. Die katholischen Stände hielten die andern für gottlos und rechtsbrecherisch; sie argumentierten legalistisch, hielten streng an den Bestimmungen des Bundesvertrags fest. Sie waren überzeugt, die liberalen und radikalen Gegner wollten einen zentralistischen Einheitsstaat, in dem dann die Reformierten ihre Mehrheitsposition dazu ausnützen würden, den Katholizismus zu zerstören. Deshalb sahen sie im Bundesvertrag, der den Föderalismus zementierte, die einzige Garantie für den Fortbestand ihrer Religion.

Es gab aber auch unter den Katholiken liberale und radikale Befürworter des Nationalstaates. Die eingeschworenen Katholisch-Konservativen hielten sie für Verräter. Sie glaubten, die katholische oder «alte Schweiz» könne nur überleben, wenn sie im Glauben fest zusammenstehe. Es verbreitete sich die Überzeugung, nur die Jesuiten seien fähig, für diesen festen Zusammenhalt zu sorgen. Der Luzerner Bauernführer Joseph Leu von Ebersol verlangte, die Regierung solle die Leitung des staatlichen Kollegiums und Priesterseminars in die Hände der Jesuiten legen. Regierungsrat Konstantin Siegwart-Müller machte sich das Begehren zu eigen, und am 24. Oktober 1844 beschloss der Luzerner Grosse Rat mit 70 gegen 24 Stimmen, es seien sieben Jesuiten nach Luzern zu berufen. Ein Aufschrei ging durch die liberale und radikale «neue Schweiz»: Luzern als eidgenössischer Vorort in den Händen der Jesuiten! Jetzt trieben die Dinge zielstrebig dem Bürgerkrieg zu.

10.4 Freischarenzüge und Sonderbundskrieg

Die Jesuitenberufung nach Luzern war zweifellos rechtlich zulässig. Die Luzerner Radikalen behaupteten aber, der Vertrag mit dem Orden verletze die Verfassung, und sie nahmen dies zum Vorwand, einen bewaffneten Aufstand vorzubereiten und den Zuzug von Freischärlern aus andern Kantonen zu organisieren. Am 8. Dezember 1844 schlugen sie los, aber das Vorhaben scheiterte kläglich. Die Luzerner Behörden verhafteten eine Reihe von Putschisten, andere konnten flüchten. Der Grosse Rat nahm in der Folge ein Gesetz an, das eventuellen künftigen Freischärlern und Putschisten die Todesstrafe androhte. Die radikalen Luzerner und ihre Gesinnungsgenossen aus allen Teilen der Schweiz liessen sich davon nicht abschrecken und bereiteten einen zweiten Freischarenzug vor. Auch ein paar Luzerner Frauen wollten diesmal mitkämpfen, und sie dachten sich eine besondere Taktik aus: Sie hatten die Absicht, den konservativen Gegnern Pfeffer ins Gesicht zu werfen und sie dadurch kampfunfähig zu machen. Als Generalin dieser «Pfefferfrauen» amtete die Frau des Arztes Jakob Robert Steiger, des Führers der Luzerner Radikalen; Schützenmeisterin war Katharina Kaufmann, die als junge Frau ihren Mann in napoleonische Dienste begleitet hatte.[237]

Ende März 1845 wurde der zweite Freischarenzug gestartet. Etwa 3500 Mann, hauptsächlich aus Bern, Luzern, Solothurn, Aargau und Baselland, versammelten sich unter der Führung des Berner Advokaten und Generalstabsoffiziers Ulrich Ochsenbein, des Aargauer Obersten Eduard Rothpletz und des Luzerner Radikalen Dr. Steiger in Huttwil und Zofingen. Beinahe ungehindert marschierten sie gegen Luzern, zogen sich aber nach einem Ausfall der Luzerner Richtung Malters zurück. Dort wurde ihnen der Weg abgeschnitten, und es kam zum Kampf, in dem sie unterlagen. Sie hatten 105 Tote zu beklagen, und 1800 von ihnen wurden in Gefangenschaft abgeführt. Wie sich die Pfefferfrauen verhalten hatten, ist nicht überliefert; jedenfalls wurden sie nicht verhaftet. Der Luzerner Schultheiss Konstantin Siegwart-Müller klagte an der Tagsatzung die liberalen Stände an, den von ihren Territorien aus organisierten krassen Landfriedensbruch nicht unterbunden, die Freischärler nicht, wie es ihre Pflicht gewesen wäre, von ihrem bundeswidrigen Vorhaben abgehalten zu haben. Er weigerte sich, die Gefangenen freizulassen, und erst nachdem ein Lösegeld von 350 000 Franken bezahlt worden war, konnten die kantonsfremden Freischärler heimkehren. Die kantonseigenen aber wurden zu Zuchthausstrafen, der Anführer Dr. Steiger sogar zum Tod verurteilt. Steiger, vorläufig eingekerkert, konnte im Juni 1845 entfliehen. Die Befreiung war das Werk der Pfefferfrauen; die Radikalen in der ganzen Schweiz nahmen sie mit Jubel zur Kenntnis; die Konservativen waren wütend.

In der Nacht auf den 20. Juli 1845 wurde der Urheber der Jesuitenberufung, Joseph Leu von Ebersol, von einem Luzerner Freischärler in seinem Bett erschossen. Auch diese Tat trug dazu bei, dass die katholisch-konservativen Kantone in der Politik der radikalen Gegner nur noch eine tödliche Bedrohung zu sehen vermochten. Sie hielten es für notwendig, sich durch einen Beistandspakt gegenseitig zu schützen: Am 11. Dezember 1845 schlossen sich die sieben katholischen Orte Luzern, Uri, Schwyz, Unterwalden, Zug, Freiburg und Wallis in einem Schutzverein zusammen und stellten einen Kriegsrat auf. Sie suchten auch international Rückhalt und traten mit den katholischen Mächten in Paris, Turin und Wien in Kontakt.

Den genauen Inhalt ihrer Abmachungen hielten sie geheim. Die liberalen Stände, als sie im Sommer 1846 von der Existenz des Schutzvereins erfuhren, denunzierten diesen sofort als einen rechtswidrigen Sonderbund. Sie beriefen sich auf den Artikel 6 des Bundesvertrags von 1815, der bestimmte: «Es sollen unter den einzelnen Kantonen keine dem allgemeinen Bund oder den Rechten anderer Kantone nachteilige Verbindungen geschlossen werden.»[238] An der Tagsatzung wurde verlangt, der Sonderbund sei sofort aufzulösen; das Begehren wurde aber nur von 10 ganzen und 2 halben Standesstimmen unterstützt. Auch ein Antrag, die Jesuiten seien aus dem Gebiet der Eidgenossenschaft auszuweisen, bekam keine Mehrheit.

Es entbrannte nun ein Ringen um die Majorität an der Tagsatzung; die Liberalen hofften, bald 12 von 22 Standesstimmen auf ihren Begehren vereinigen zu können. Tatsächlich hatten seit der Luzerner Jesuitenberufung die Liberalen und Radikalen ständig an Boden gewonnen. Am 14. Februar 1845 war die liberal-konservative Regierung in der Waadt gestürzt und eine provisorische radikale Regierung unter dem Vorsitz von Henri Druey gebildet worden. In Zürich musste die konservative Regierung Bluntschli wegen ihrer distanzierten Haltung gegenüber dem zweiten Freischarenzug Anfang April 1845 zurücktreten und einer neuen Regierung unter dem Radikalen Jonas Furrer Platz machen. Weil Zürich in diesem Jahr eidgenössischer Vorort geworden war, amtete Furrer automatisch auch als Tagsatzungspräsident. Im Oktober 1845 gewannen die Berner Jungradikalen unter Jakob Stämpfli und dem Freischarenführer Ulrich Ochsenbein die Grossratswahlen. Im Jahr darauf wurde die bernische Staatsverfassung revidiert und das gemässigt liberale Regime von Charles Neuhaus durch das radikale «Freischarenregiment» ersetzt. Im Oktober 1846 rief der Führer der Genfer Radikalen, James Fazy, die Bürger zum Aufstand gegen die Regierung auf, wobei er die schwankende Haltung der Regierung in der Jesuitenfrage geschickt ausnützte. Die Genfer Revolution war erfolgreich und brachte dem liberal-radikalen Lager an der Tagsatzung wieder eine sichere Standesstimme mehr.

Wie war es möglich, fragten die Zeitungsredaktoren in der katholisch-konservativen Innerschweiz, dass diese Radikalen, die man doch in ihrer Gottlosigkeit gar nicht richtig ernst nehmen konnte, immer wieder Siege errangen? Musste man nicht annehmen, dass hinter ihnen geheime Mächte standen? War es nicht sehr wahrscheinlich, dass die freimaurerischen Kommandozentralen in London und Paris ihren Gesinnungsgenossen in der Schweiz Geld zufliessen liessen? In einem Leitartikel der in Luzern erscheinenden «Staatszeitung der katholischen Schweiz», dem wichtigsten Blatt der Konservativen, wurde der Verdacht als Faktum dargestellt: «Der Radikalismus in der Schweiz ist nur ein Pflegsohn jener geheimen Propaganda, welche von London und Paris aus alle Pläne gegen die Kirche und gegen die Ruhe der Völker leitet. Diesem Pflegsohn wird aber die zärtlichste Sorgfalt gewidmet. Grosse Summen werden verwendet, damit er gedeihe, wachse und sich ausbreite.»[239] Wenn es so weiterging, dann würde an der Tagsatzung bald eine geschlossene liberale Mehrheit entstehen. Was dann? Die Katholisch-Konservativen waren immer noch optimistisch. Sie konnten nicht glauben, dass etwas so Ungefestigtes und Unwahrhaftiges wie der Radikalismus zum Erfolg kommen könnte. Fast belustigt berichtete der Redaktor der «Staatszeitung» über das Mehrheitsdenken der Radikalen: «Eine Zwölfstimmenmehrheit auf der Tagsatzung, dann ist die Schweiz unser, so denkt und spricht der Radikalismus gegenwärtig. Es ist dies ganz das Gleiche mit dem, was man seit einiger Zeit aus mehr als einem Munde in der Tagsatzung zu hören Gelegenheit hatte, dass die Stände unbedingt einem durch zwölf Stände gefassten Beschlusse sich zu unterziehen haben.» Das würde heissen, räsonniert der Zeitungsredaktor, dass eine Mehrheit ganz willkürlich mit Gesetz und Wahrheit umgehen, also zum Beispiel bundeswidrige Beschlüsse fassen und sie allen Ständen aufzwingen könnte. Er schliesst: «Dass eine solche Ansicht mit dem Bundesvertrag verträglich sei, lässt sich doch gewiss kaum behaupten.»[240]

Im katholisch-konservativen Lager machte man für gewöhnlich keinen Unterschied zwischen Liberalismus und Radikalismus; die politischen Gegner wurden pauschal als Radikale bezeichnet. Auch der Redaktor der «Staatszeitung» vereinfachte die Begriffsskala. Für ihn war der Kollege von der gemässigt-liberalen «Neuen Zürcher Zeitung» einfach ein Radikaler, und er schenkte ihm keinen Glauben, wenn er behauptete, den Liberalen gehe es lediglich um die Auflösung des Sonderbundes und nicht um die Revolution in der Schweiz. Der konservative Redaktor sah im liberalen Kollegen einen Lügner, einen Wolf im Schafspelz: «O, es braucht wahrlich die Einfalt der Kinder, wenn man glauben wollte, die Radikalen wollen einzig den Sonderbund auflösen, um ihn aufzulösen, und dann weiter nichts. Sie wollen mehr die Radikalen mit dieser Auflösung des sog. Sonderbunds, als jener Wolf im Lammskleide vorlügt; diese Auflösung sollte der Anfang einer schweiz. Revolution durch eine Zwölfer-Mehrheit der Tagsatzung sein.» In dieser Revolution werde es in erster Linie um «Vernichtung der Souveränität der Kantone durch Errichtung eines Einheitsregimentes» gehen und als Folge davon um «Zerstörung der heiligsten Rechte des Glaubens durch Erlaubnis zur Einmischung in das, was für uns Katholiken reine Glaubenssache ist.»[241] – Die Tonlage in der «Staatszeitung» veränderte sich im Lauf des Jahres 1846. Waren Anfang Jahr noch hochgestimmte Artikel erschienen, die den Forderungen der Liberalen und Radikalen spöttisch begegneten, so wurde spätestens im Oktober 1846, nach der Genfer Revolution, eine gewisse Unsicherheit spürbar. Worauf konnte man sich stützen? Für die «Staatszeitung» war klar, dass die Radikalen nicht gewillt waren, sich an das Recht zu kehren. Der Spott verwandelte sich in Furcht. War diese Furcht nicht berechtigt? Immer wieder rief das Blatt die Fakten in Erinnerung: Klöster waren aufgehoben worden, die Ausweisung der Jesuiten wurde verlangt, über alle Kantonsgrenzen hinweg verbanden sich die Radikalen und waren bereit zu illegalen Aktionen gegen Kantonsregierungen, die ihnen nicht passten.

Im Mai 1847 gewannen die Liberalen und Radikalen im Kanton St. Gallen die Wahlen. Die Katholisch-Konservativen sahen die Zwölfermehrheit zur bedrohlichen Realität werden; um so entschiedener hielten sie an ihrem Sonderbund fest. Bern war eidgenössischer Vorort, und der Freischarenführer Ulrich Ochsenbein als neuer Berner Regierungspräsident war auch Präsident der Tagsatzung. Das förderte begreiflicherweise das Vertrauen der Konservativen in die eidgenössische Politik nicht, obwohl Ochsenbein in seiner neuen Würde wesentlich gemässigter auftrat als vorher. Als er am 5. Juli 1847 die Session eröffnete, hielt er eine Rede, in der er die Widersprüche zwischen katholisch-konservativer Schweiz und liberal-fortschrittlicher Schweiz mit staatsmännischer Sachlichkeit darstellte. Aber dann war es soweit: Am 20. Juli beschloss die Tagsatzung mit den Stimmen von 12 Kantonen und zwei Halbkantonen, der Sonderbund sei als bundeswidrig anzusehen und aufzulösen. Man ahnte schon, dass die katholisch-konservativen Stände nicht nachgeben würden und der Beschluss den Bürgerkrieg bedeutete. Trotzdem trieb die Tagsatzungsmehrheit die Situation noch auf die Spitze: Am 16. August beschloss sie, die Diskussion um die Revision des Bundesvertrags sei wieder aufzunehmen, und am 3. September erhob sie die Jesuitenfrage zur Bundessache, forderte Luzern, Schwyz, Freiburg und Wallis auf, die Jesuiten auszuweisen, und verbot die Anwesenheit von Jesuiten auf dem ganzen Gebiet der Eidgenossenschaft. Dieser rechtlich fragwürdige Beschluss wurde auf konservativer Seite nicht nur als Einmischung in die inneren Angelegenheiten der souveränen Kantone, sondern auch als direkter Angriff auf den Katholizismus aufgefasst.

Auf katholischer Seite wurde nun der Krieg vorbereitet. Dabei tat sich eine für schweizerische Verhältnisse erstaunliche und ausserordentliche Persönlichkeit hervor, nämlich der Luzerner Schultheiss Konstantin Siegwart-Müller (1801–1869). Er stammte aus einer Schwarzwälder Glasbläser Familie, die sich im 18. Jahrhundert im Luzernischen niedergelassen hatte. Sein Vater betrieb eine Glashütte im tessinischen Lodrino. Er selbst entschloss sich zu einer juristisch-politischen Karriere. Nach seinem Studium der Rechte in Würzburg und Heidelberg wurde er 1827 Landesfürsprecher von Uri. 1832 zog er in den von den Liberalen regierten Kanton Luzern und wurde 1835 Luzerner Staatsschreiber. Unter dem Eindruck des Straussenhandels 1839 wechselte er vom liberalen ins konservative Lager und spannte mit dem Bauernführer Joseph Leu zusammen. Den beiden gelang es, den konservativen Umschwung in Luzern herbeizuführen. 1842 wurde Siegwart-Müller Regierungsrat, 1844 Schultheiss. Er war Hauptverantwortlicher für die Berufung der Jesuiten nach Luzern. Seit der Gründung des geheimen katholischen Schutzvereins oder Sonderbunds im Dezember 1845 war er Vorsitzender des von diesem eingesetzten Kriegsrats. Als solcher fragte er den österreichischen Fürsten Schwarzenberg an, ob er allenfalls das Kommando über die Sonderbundstruppen übernehmen würde. Dieser sagte zuerst zu, wurde aber dann aus diplomatischen Rücksichten von seiner Regierung zurückgepfiffen. Siegwart-Müller bedauerte das sehr. Er versuchte, die ausländischen Mächte für eine direkte Intervention in die schweizerischen Angelegenheiten zu gewinnen. Am 24. Juli 1847 liess er dem österreichischen Gesandten in der Schweiz eine Denkschrift zu Handen des Fürsten Metternich zukommen. Dieses Schreiben wurde vertraulich behandelt und war der Öffentlichkeit damals nicht bekannt; es sollte auch weiter keine Wirkung entfalten. Es ist aber wichtig, weil es zeigt, welche Pläne der führende Sonderbündler in seinem Kopf wälzte, welche politischen Ideen ihn bewegten. Dabei muss man allerdings berücksichtigen, dass er wohl in seinen Funktionen der wichtigste Repräsentant der katholischen Schweiz war, dass er aber andererseits keineswegs die Haltung der Mehrheit der katholischen Bevölkerung verkörperte; dazu war er viel zu extrem, in seinem Denken zu scharf, zu konsequent, zu weit ausgreifend. Er wollte die Heilige Allianz neu beleben, obwohl diese durch die wachsende Stärke des Liberalismus und Nationalismus in ganz Europa praktisch lahmgelegt war. Er hielt es für die Pflicht der Grossmächte, überall einzugreifen, wo das politische Gleichgewicht gestört war und «Revolution» drohte. Seine Denkschrift war eine zugespitzte, übertriebene Darstellung der Verhältnisse in der Schweiz, durch die er Metternich zum Handeln zu motivieren hoffte: «Ich spreche vom Handeln und zwar vom frühzeitigen Handeln. Mit Noten, so gut und so kräftig sie lauten mögen, bezwingt man keine Revolution.» Man dürfe die Revolution nicht in Gang kommen lassen, meinte er, denn sonst gehe sie bis zum Äussersten und zerstöre alles; es gäbe dann keine schweizerische Eidgenossenschaft mehr. «Die Mächte haben ein Interesse, dass die Schweiz bleibe. Sie sind ihr seit Jahrhunderten so innig befreundet, dass es ihnen tausendmal lieber sein muss, sie vor dem Untergang zu schützen, als sie nach Blutvergiessen und Gräueln aller Art wieder herzustellen.»[242] Siegwart-Müller wollte nicht den katholischen Teil vom reformierten Teil der Eidgenossenschaft absondern, sondern er wollte mit Hilfe der europäischen Mächte die territorialen Verhältnisse zugunsten des katholischen Teils korrigieren; zur Begründung führte er an: «Seit der Reformation bis auf den heutigen Tag sehen wir Luzern, Uri, Schwyz, Unterwalden, Zug, Freiburg und Wallis in beständigem Kampf mit den protestantischen Kantonen, namentlich Zürich und Bern. Schon dreimal wurden die ersten von den letztern angegriffen. Immer war es theils die Verbreitung der Reformation, theils das Streben nach Suprematie, was jene zum Angriffe trieb. Die Grösse des Gebietes der Angreifer und die Getrenntheit des Gebietes der Angegriffenen ermunterten zum Krieg. Jedesmal wurde er auf dem Gebiet des Kantons Aargau ausgefochten, welcher die Verbindung von Bern und Zürich bildet. Diese geschichtlichen Erfahrungen müssen bei einer Gebietsveränderung benutzt werden. Vor allem also müssen die Gebiete der sieben katholischen Stände zusammen gehängt werden, was durch das Berner Oberland und Simmenthal geschieht. Dieses Land ist mit den katholischen Eidgenossen und namentlich mit Unterwalden mehrmals verlandrechtet gewesen. Es ist mit Gewalt zur Reformation gezwungen worden; es hat den gleichen Volksstamm wie Unterwalden und Wallis. Es muss daher diesen beiden Kantonen einverleibt werden.»[243] Siegwart-Müller wollte also Unterwalden und Wallis auf Kosten des Kantons Bern erweitern und das Berner Oberland rekatholisieren, so dass die katholische Zentralschweiz, das Wallis und Freiburg ein geschlossenes katholisches Territorium bilden würden. Den katholischen Nordjura wollte er vom Kanton Bern abtrennen und zu einem eigenen Kanton machen. Noch wichtiger aber war ihm folgende Idee: «Zwischen die Kantone Bern und Zürich muss ein Keil hineingetrieben werden, welcher sie für immer auseinander hält. Es ist dies die Einverleibung des katholischen Aargaus in den Kanton Luzern. Dieser Kanton erhält dadurch sowohl durch Ausdehnung, Seelenzahl, Wohlstand (er wäre dann der getreidereichste Kanton) ungefähr das Gleichgewicht mit Zürich. Er würde in unmittelbare Berührung mit Süddeutschland treten und zwar in einer ziemlichen Ausdehnung, er würde für die katholischen Interessen eine feste Burg werden.» Mit solchen Erwägungen hoffte der Sonderbundsführer den Fürsten Metternich zur Intervention zu verlocken. Aber schon der österreichische Gesandte in der Schweiz war skeptisch. Bevor er die Denkschrift Siegwart-Müllers weiterleitete, schrieb er seinen Kommentar dazu. Er bestätigte, dass es an sich möglich wäre, die Revolution in der Schweiz zu unterdrücken, weil die Minderheit der zur Revolution entschlossenen Radikalen keineswegs die Volksmehrheit hinter sich habe. Er gab aber zu bedenken, dass der konfessionelle Gegensatz dermassen im Vordergrund stehe, dass sich alles nur noch darum drehe. Damit sagte er implizit, der Plan, katholische Seite zu stärken, würde keineswegs zu einer Befriedung der Schweiz führen, sondern zu andauernden Konfessionskriegen.

Siegwart-Müller nahm Verbindung mit den Königshäusern von Frankreich und von Sardinien-Piemont auf. Er sah seine Hoffnung auf direkte ausländische Hilfe schwinden, aber er erhielt wenigsten Zusagen für Waffenlieferungen. Im Prinzip wären die gekrönten Häupter in Europa wohl zur Intervention in die schweizerischen Angelegenheiten bereit gewesen. Sie sahen sich aber genötigt, auf die liberale Opposition in ihren eigenen Ländern Rücksicht zu nehmen. Sie wagten es nicht, diese durch Aufbieten von Truppen gegen eine liberale Bewegung in einem andern Land zu provozieren. Vorläufig kam weder in Österreich noch in Frankreich noch in Preussen ein Interventionsbeschluss zustande. In England leitete zu diesem Zeitpunkt der von den Konservativen zu den Liberalen übergetretene Lord Palmerston das Aussenamt, und er war strikte gegen eine Einmischung in die Angelegenheiten der Schweiz. Die schweizerische Tagsatzung aber nahm im Oktober 1847 ihre Sitzungen wieder auf. Noch gab es Vermittlungsversuche zwischen «alter» und «neuer Schweiz», noch wollte man mit der Exekution des Beschlusses vom 20. Juli zuwarten. Der Höhepunkt der polemischen Auseinandersetzungen zwischen der «alten» und der «neuen Schweiz» war schon überschritten, und in allen Lagern gab es auch die Zögernden, die sich einen Krieg von Eidgenossen gegen Eidgenossen nicht vorstellen konnten und deshalb die Übereifrigen zu bremsen versuchten. Aber die Situation war zu weit gediehen, der Krieg war nicht mehr zu vermeiden. Die Radikalen wollten ihn; sie wollten den Sonderbund gewaltsam auflösen, um danach freie Bahn zu haben und endlich den schweizerischen Nationalstaat verwirklichen zu können. Bereits hatte die Tagsatzung eine Kommission bestellt, welche die Revision des Bundesvertrags neu diskutieren sollte.

Am 24. Oktober 1847 wählte die liberale Tagsatzungsmehrheit den Genfer Guillaume Henri Dutour zum eidgenössischen General. Der katholische Kriegsrat hatte den protestantisch-reaktionären Bündner Johann Ulrich von Salis-Soglio zum Sonderbundsgeneral ernannt. Am 29. Oktober schieden die Repräsentanten der Sonderbundskantone aus der Tagsatzung aus, worauf die liberalen Stände formell beschlossen, der Sonderbund sei mit Waffengewalt aufzulösen. Am 4. November verabschiedeten sie einen Aufruf an die Angehörigen der eidgenössischen Armee, in dem sie die Vorwürfe der Gegenseite als gehässige Verleumdungen bezeichneten: «Die Feinde des Vaterlandes suchen den Glauben zu verbreiten, man habe euch ins Feld berufen, um die Souveränität der Kantone des Sonderbunds zu zernichten, um ihre religiösen und politischen Freiheiten zu zerstören, um sie zu beugen unter das Joch tyrannischer Mehrheit; eure Aufgabe sei es, die Bundeseinrichtungen umzustürzen, auf ihren Trümmern eine Einheitsregierung zu gründen, ja die Grundlagen der gesellschaftlichen Ordnung selbst zu untergraben. Gehässige Verleumdungen sind dies. Ihr seid berufen, dem Bundesvertrag, der die eidg. Verfassung der Schweiz ist, Achtung zu verschaffen, die Schweiz vor Anarchie zu bewahren und verirrte Bevölkerungen zum Gehorsam gegen die Geseze des Bundes und seiner Behörden zurückzuführen [...], denn der Sonderbund ist die Rebellion einer ungesezlichen störrischen Minderheit gegen die durch bundesgemässe Behörden gefassten Beschlüsse.» Die Tagsatzung versuchte mit ihrem Aufruf den Eindruck zu erwecken, die Sonderbündler seien fanatische Hasser, denen man mit der Gelassenheit derjenigen begegnen müsse, die sich im Recht wissen. In seiner Schlusspassage schlägt der Aufruf einen geradezu konservativen Ton an: «Soldaten, ihr werdet den Ruf exemplarischer Mannszucht unverlezt zu erhalten suchen; dem Fanatismus eurer Gegner werdet ihr entgegensezen jene Kaltblütigkeit, jene ruhige Kraft, jene sich selbst beherrschende Tapferkeit, jene heitere Begeisterung, welche das Gefühl einer guten Sache und das Gefühl der Pflicht verleihen. Das dankbare Vaterland wird euere Dienste belohnen; es wird Sorge tragen für die Wittwen, Waisen und Eltern der Tapfern, welche ihr Blut für dasselbe vergiessen werden. Der Herr der Heerscharen wache über euch; er stärke euere Herzen, erleuchte euern Geist, stähle euern Körper und stehe euch im Kampfe bei. Gott erhalte das Vaterland und segne unsere Sache!»[244]

Obwohl die eidgenössische Armee zahlen- und ausrüstungsmässig der Sonderbundsarmee überlegen war, schien der Ausgang des Krieges ungewiss. General Dufour führte seine Truppen umsichtig, eher zurückhaltend. Er wollte unnötiges Blutvergiessen vermeiden, was ihm glänzend gelang. Am 14. November 1847 ergab sich das isolierte Freiburg beinahe kampflos. Nach dem Gefecht bei Gisikon hielt Dufour am 24. November Einzug in Luzern. In den folgenden Tagen kapitulierten auch Unterwalden, Schwyz, Uri und Wallis. Der ganze Kriegszug hatte 104 Tote und 374 Verwundete gefordert.[245] Nachträglich kam es noch zu vereinzelten Racheakten, aber Dufour versuchte überall zu schlichten, und durch seine menschlich anständige Haltung trug er zur Beruhigung der Gemüter bei. Der grösste Teil der Truppen konnte rasch entlassen werden; in den Kantonen kehrte Ruhe ein. Dufour wurde zur allseits anerkannten und geliebten Integrationsfigur.

In Freiburg hatte gleich nach der Kapitulation eine provisorische Regierung die Geschäfte übernommen und die Jesuiten aus dem Kanton vertrieben. Ähnliches geschah in Luzern, wo der Freischarenführer Dr. Robert Steiger Oberhaupt einer neuen Regierung wurde.[246] Auch im Wallis übernahmen die Radikalen die Macht. Die Sonderbundskantone leisteten formell Verzicht auf ihre Sonderallianz, akzeptierten die Ausweisung der Jesuiten und stimmten nun auch mehrheitlich der Revision des Bundesvertrags zu. Die schon 1832 begonnenen Arbeiten wurden wieder aufgenommen.

10.5 Die Bundesverfassung von 1848

Es war keineswegs so, dass die liberale Tagsatzungsmehrheit nach dem überraschend leicht errungenen Sieg die von ihr gewünschte Bundesreform unverzüglich durchgedrückt hätte. Zwar drängten die Radikalen auf rasche Realisierung ihrer nationalstaatlichen Ideen, aber es gab auch im liberalen Lager Leute, die nicht zu schnell vorwärtsstürmen, sondern vorsichtig abwarten wollten. Am 28. November 1847 sandten die europäischen Mächte eine gemeinsame Note an die Tagsatzung, in der sie vor einer Verletzung des Bundesvertrags warnten. Zu diesem Zeitpunkt war der Sonderbund bereits aufgelöst, der Bürgerkrieg beendet, der Frieden in der Schweiz wieder hergestellt. Dennoch versuchten Frankreich, Preussen, Österreich und Russland weiterhin, zumindest diplomatischen Druck gegen die liberale Schweiz auszuüben. Am 4. Dezember 1847 schrieb der preussische König seinem Gesandten in London einen Brief, in dem er ihn beschwor, nicht nachzulassen im Versuch, den antiinterventionistischen englischen Aussenminister Lord Palmerston umzustimmen. In diesem Schreiben legte Friedrich Wilhelm seine persönliche Auffassung der Schweizer Angelegenheiten in drastischen Worten dar: «In der Schweiz handelt's sich für uns, für die Grossmächte, ganz und gar nicht um Recht oder Unrecht in der Eidgenossenschaft, gar nicht um Jesuiten und Protestanten, gar nicht um die Frage, ob die Verfassung von 15 von Diesen oder Jenen gefährdet oder falsch interpretiert wird, gar nicht um die Verhütung des Bürgerkrieges an sich –, sondern allein darum, ob die Seuche des Radicalismus, das heisst einer Secte, die wissentlich von Christentum, von Gott, von jedem Rechte, das besteht, von göttlichen und menschlichen Gesetzen abgefallen, los und ledig ist, ob diese Secte die Herrschaft in der Schweiz durch Mord, Blut und Thränen erringen und so ganz Europa gefährden soll oder nicht. […] Für mich ist es jedes Beweises entbehrlich, dass der Sieg der gott- und rechtlosen Secte, deren Anhang sich mit jedem Tag (wie der Koth auf der Gasse beim Regen) und namentlich in Teutschland und Teutschlands Städten mehrt, dass dieser Sieg – sag' ich – einen mächtigen Herd des Verderbens für Teutschland, Italien, Frankreich abgeben wird, einen Herd der Ansteckung, dessen Wirksamkeit unberechenbar und erschrecklich seyn wird; darum halte ich das feste Vorhaben und Bestehen auf der Nonintervention für eine Quatschheit …»[247] – Palmerston liess sich nicht von seiner Haltung der «Nonintervention» abbringen. Er beteiligte sich zwar an den Gesprächen zwischen den Grossmächten, wirkte aber dämpfend und verzögerte definitive Beschlüsse. So blieb die Heilige Allianz weiterhin handlungsunfähig.

Die schweizerische Tagsatzung hatte am 16. August 1847 eine Kommission zur Revision des Bundesvertrags bestellt, aber diese hatte gezögert und bis Ende Jahr kein einziges Mal getagt; noch fürchteten die Sieger des Sonderbundskriegs sich davor, endgültig mit dem Bundesvertrag von 1815 zu brechen. Indessen zeichneten sich in Frankreich dramatische Veränderungen ab. Der Bürgerkönig Louis Philippe und sein Regierungschef Guizot hatten sich schon lange unbeliebt gemacht, die Opposition hatte auf einen Regierungswechsel und auf eine Demokratisierung des Wahlrechts gedrängt. Die französischen Radikalen führten sogenannte Reformbankette durch, an denen nicht nur reformpolitische, sondern auch sozialrevolutionäre Konzepte diskutiert wurden. Im Februar 1848 spitzte sich die Lage zu, als die Regierung ein solches Reformbankett verbot. Am 22. Februar demonstrierten Studenten und Arbeiter in den Strassen von Paris, und in den folgenden Tagen kam es zum bewaffneten Aufstand; Louis Philippe musste abdanken. Diese sogenannte Februarrevolution zog, wie schon die Julirevolution von 1830, politische Unruhen in ganz Europa nach sich. Der Aufstand in Wien im März 1848 bedeutete das Ende der langen Regierungszeit des mächtigen Staatskanzlers Fürst Metternich. In diesem Klima des Aufbruchs wurde auch die kühne Umwandlung des eidgenössischen Staatenbundes in einen nationalen Bundesstaat möglich.

Am 17. Februar 1848 trat die Revisionskommission der Tagsatzung unter dem Vorsitz von Ulrich Ochsenbein erstmals zusammen. Am 1. März übernahm Jonas Furrer das Präsidium. Jetzt steuerte die Kommissionsmehrheit energisch auf das Ziel zu, der Schweiz eine nationale und demokratische *Verfassung* zu geben und dadurch einen *Bundesstaat* zu schaffen, während die Minderheit immer noch hoffte, man werde im Prinzip beim alten *Vertrag* bleiben und diesen einfach im Sinn eines engeren Zusammenschlusses der souveränen Kantone revidieren. Der Thurgauer Johann Konrad Kern und der Waadtländer Henri Druey besorgten die wichtige Sekretariats- oder Redaktionsarbeit, das heisst, sie destillierten aus den Verhandlungen laufend die Formulierungen heraus, die in deutscher und französischer Sprache in die Verfassung und den Begleittext einfliessen sollten. Durch ihre sachkundige Arbeit trugen sie wesentlich zum Gelingen des Projekts der Kommissionsmehrheit bei. Die Verhandlungen fanden unter Ausschluss der Öffentlichkeit statt, so dass eine konzentrierte Arbeit möglich war. Die Kommissionsmitglieder waren in ihrer grossen Mehrheit von der gemässigt liberalen Richtung; am linken Rand waren ein paar ausgesprochen Radikale wie Druey und der Luzerner Robert Steiger, am rechten Rand ein paar Konservative wie der Basler Ratsherr Fürstenberger. Im wesentlichen stützte man sich auf die Verfassungsentwürfe von 1832/33, aber man ging auch von der Annahme aus, seit 1833 habe der gesamtschweizerische Nationalgeist grosse Fortschritte gemacht, so dass man nicht mehr auf alle kantonalen Sonderwünsche Rücksicht zu nehmen brauche.

Die Kommission blieb der Terminologie des Staatenbundes verhaftet, sprach auch dann vom «Bund», wenn in Wirklichkeit eine nationale Regierung gemeint war. Es ging zunächst um die Frage der obersten «Bundesbehörde». Dabei standen sich die altbekannten zwei Auffassungen gegenüber: Die *Föderalisten* stellten sich hinter den Antrag des Nidwaldners

Wyrsch, der die Tagsatzung beibehalten wollte, also eine Behörde, in der alle Kantone mit einer gleichen Mandatszahl vertreten waren. Die *Zentralisten* dagegen wollten gemäss dem Antrag des St. Gallers Näff eine nach der Bevölkerungszahl gewählte Kammer. Die Folge davon wäre gewesen, dass die bevölkerungsreichen liberalen Mittellandkantone die grosse Mehrheit der Abgeordneten gestellt hätten. Schon in der zweiten Sitzung der Revisionskommission wurde dann als «Mittellösung» der Vorschlag eines Zweikammersystems gemacht, der zunächst abgelehnt wurde. Er wurde am 21. März erneut aufgenommen und präzisiert: Gemeint sei nicht ein Zweikammersystem wie in der Zeit der Helvetik, als einem «demokratischen» Grossen Rat ein «aristokratischer» Senat gegenüberstand, sondern ein Zweikammersystem nach amerikanischem Muster, wie es 1832/33 Troxler vorgeschlagen hatte und wie es etwa auch der liberal-konservative Zürcher Staatsrechtler Johann Kaspar Bluntschli befürwortete. Danach sollten nebeneinander zwei gleichberechtigte Räte stehen, der eine zusammengesetzt aus zwei Vertretern pro Kanton und je einem Vertreter pro Halbkanton, der andere mit einer proportional zur Bevölkerungszahl gewählten Volksvertretung. Die beiden Kammern wurden zuerst als Tagsatzung und Repräsentantenrat bezeichnet, dann wurde der den Radikalen verhasste Name Tagsatzung durch Ständekammer oder Kantonalrat ersetzt, bis man sich schliesslich auf Ständerat für die eine und Nationalrat für die andere Kammer einigte.

Beflügelt von der revolutionären Stimmung in Europa, konnte die Kommission schon am 8. April ihre Arbeit beenden. Was sie vorlegte, war keine blosse Revision des Bundesvertrags, sondern eine als Bundesverfassung bezeichnete nationalstaatliche Verfassung mit starken föderalistischen Elementen. Die Frage des Verhältnisses zwischen Bund und Kantonen war von der Kommission so beantwortet worden, dass der erstere den letzteren übergeordnet sei. Aber diese Meinung der Kommission wurde nicht in dieser Eindeutigkeit nach aussen getragen, weil man die Föderalisten nicht erschrecken wollte; man musste ja noch eine Mehrheit der Kantone beziehungsweise der Tagsatzung für die neue Verfassung gewinnen. So blieb es vorerst bei einer gewissen Unklarheit. Am 16. Mai 1848 trat in Bern die Tagsatzung zusammen, um die Verfassung endgültig zu bereinigen. Stämpfli und Fazy forderten, diese Arbeit müsse einem speziellen Verfassungsrat übertragen werden; das wurde abgelehnt. Die Tagsatzungsabgeordneten machten sich also selbst an die Arbeit. Zum Kommissionsvorschlag, wonach ein Zweikammersystem nach amerikanischem Muster einzuführen sei, lagen sieben unterschiedliche Anträge vor. Aargau und Bern versuchten, nach radikaler Doktrin eine einzige Kammer, den National-rat, durchzusetzen. Dahinter stand die Auffassung, die Quelle der Souve-ränität des neuen Bundesstaates sei das Volk, und allein das Volk müsse im Parlament repräsentiert sein. Zürich war ebenfalls für eine einzige Kammer, wollte aber den Kantonen ein Vetorecht einräumen. Das war ein kleines Entgegenkommen gegenüber der Auffassung der Föderalisten, wonach nur die Kantone souveräne Staaten sein könnten, der Bund aber als Zusammen-schluss der Kantone lediglich eine von diesen geliehene Teilsouveränität be-anspruchen könne. Die Urkantone, Schaffhausen und Appenzell Ausser-rhoden wollten an einer umfassenden kantonalen Souveränität und darum an der Tagsatzung festhalten. Dazwischen gab es verschiedene Vorschläge für Mischsysteme. Angesichts dieser Differenzen erwies sich der Vorschlag der Revisionskommission als tragfähig und wurde schliesslich angenommen. Mit dem Beschluss, es sei eine Ständekammer und eine Volkskammer zu wählen, waren aber die Grundsatzfragen nach der Quelle der staatlichen Souveränität und dem Verhältnis zwischen Bund und Kantonen nicht be-antwortet, sondern weiterhin in der Schwebe gelassen. Die Befürworter des Zweikammersystems hätten sich zwar auf Troxler berufen können, für den seinerzeit ganz klar gewesen war, dass ein Bundesstaat auf einer einzigen, ungeteilten Nation beruhte und deshalb für sich eine ungeteilte Souverä-nität beanspruchen konnte, auch wenn er einen Teil seiner Aufgaben den Kantonen anvertraute. Aber in der eher diffusen Diskussion der Tag-satzung ging es um den politischen Kompromiss. Die Radikalen, allen voran Druey, mochten noch so vehement für die Idee der ungeteilten Nation plädieren und immer wieder die explizite Festschreibung der Volks-souveränität fordern, sie drangen nicht durch. Die Föderalisten hielten zäh am Begriff des souveränen Kantons fest, und die Liberalen waren ge-neigt, ihnen entgegenzukommen. Das Resultat war, dass in der ganzen Ver-fassung nirgends gesagt wurde, der Bund, der da konstituiert werden sollte, sei ein souveräner Staat, auch wenn er durch die Umschreibung seiner Auf-gaben offensichtlich dazu gemacht wurde. Man tat so, wie wenn es sich beim neu zu konstituierenden Staat eigentlich gar nicht um einen Bundes-staat, sondern weiterhin um einen Staatenbund gehandelt hätte, und schrieb in den Artikel 1 der Bundesverfassung: «Die durch gegenwärtigen Bund vereinigten Völkerschaften der zweiundzwanzig souveränen Kantone […] bilden in ihrer Gesamtheit die schweizerische Eidgenossenschaft.» Diese Formulierung wurde allerdings im Artikel 3 wieder relativiert: «Die Kantone sind souverän, soweit ihre Souveränität nicht durch die Bundesverfassung eingeschränkt ist.» Beide Formulierungen wurden auch nach der Totalrevision von 1874 beibehalten und gelten bis heute. Und bis heute stellen sich extreme Föderalisten auf den Standpunkt, die Kantone seien dem Bund übergeordnet, weshalb der Bund letztlich nur tun dürfe, was die Mehrheit der Kantone wolle. Die Zentralisten aber berufen sich darauf, dass der Bund die Souveränität der Kantone einschränken könne, er also den Kantonen übergeordnet sei. Die theoretische Unschärfe ist also geblieben, was kein Nachteil sein muss, weil so der Raum des praktisch-politischen Handelns eher erweitert als verengt ist.

Am 27. Juni 1848 beschloss die Tagsatzung mit 13 von 22 Ständestimmen, die bereinigte Verfassung anzunehmen und zur Ratifikation an die Kantone zu überweisen. Wenn sich die Liberalen bei der Formulierung der Verfassung gegenüber den konservativen Föderalisten recht nachgiebig gezeigt hatten, so blieben sie bei der Frage, ob die Verfassung überhaupt in Kraft gesetzt werden könne, klar und entschieden bei ihrem Willen. Nach konservativer Rechtsauffassung hätte die Verfassung nur Rechtskraft bekommen können, wenn alle Kantone der Ratifikation zugestimmt hätten. Das war aber innert nützlicher Frist unmöglich zu erreichen. Die Tagsatzungsmehrheit behielt sich vor, je nach Ergebnis der kantonalen Abstimmungen die Verfassung in Kraft zu setzen oder nicht. Bis Ende Sommer 1848 stimmten 15½ Kantone zu, was von den Befürwortern als über Erwarten gutes Ergebnis angesehen wurde. Allerdings vermochte das Abstimmungsverfahren nicht in allen Fällen demokratischen Vorstellungen zu genügen. In Freiburg etwa stimmte nicht das Volk, sondern nur der Grosse Rat ab, und in Luzern wurden die Nichtstimmenden zu den Annehmenden gezählt. Uri, Schwyz, Ob- und Nidwalden sowie Appenzell Innerrhoden lehnten die Ratifikation ab, Zug, Wallis und Tessin lehnten ebenfalls ab, erklärten aber, sie wollten sich dem Beschluss der Ständemehrheit unterwerfen. Aufgrund dieses Ergebnisses setzte die Tagsatzungsmehrheit am 12. September die Bundesverfassung in Kraft. Sie tat es, wie der Staatsrechtler Eduard His betont, «nicht aus geltendem Recht, sondern aus sich selbst zugesprochener Eigenmacht.» Der Annahmebeschluss war also ein revolutionärer Akt, der «die auf ihre rechtmässige Souveränität sich berufenden opponierenden Kantone vergewaltigte.» Aus ihrer Position der Stärke heraus setzten die Sieger des Sonderbundskrieges den Bruch mit dem alten Recht durch und setzten gleichzeitig neues Recht. Die Tagsatzungsmehrheit konnte zwar auf die erneute Anwendung äusserer Gewalt verzichten, aber «der Beschluss war gleichwohl ein ausserrechtlicher Akt, der die nicht zustimmenden Kantone, mit Anwendung politischen, psychischen Drucks, ihrer bisherigen Souveränität beraubte und sie wider Willen zu unselbständigen Gliedstaaten eines souveränen Bundesstaates degradierte.»[248] So urteilt der konservative Rechtsgelehrte His, aber er relativiert sein Urteil sogleich durch die Bemerkung, angesichts der politischen und sozialen Lage habe die Tagsatzungsmehrheit sicher klug gehandelt.

Es gab keine Versuche, die neue Verfassung, die im europäischen Revolutionsjahr 1848 rechtskräftig und geschichtsmächtig wurde, offen und gewaltsam zu bekämpfen. Die Gegner resignierten und fügten sich. Es war in der Schweiz gelungen, in wenigen Monaten die solide Grundlage für einen neuen, dauerhaften Staat zu schaffen.

Dritter Teil
Der Weg zur Gegenwart

Einleitung zum dritten Teil

Der neu gegründete schweizerische Bundesstaat war eine liberale Republik, umgeben von lauter grösseren und kleineren Monarchien. Die Liberalen und Radikalen in der Schweiz hätten sich gewünscht, dass auch die Nachbarländer zu liberalen Republiken geworden wären, und im Revolutionsjahr 1848 schienen die politischen Voraussetzungen dafür gegeben. Aber die revolutionären Bewegungen in Europa brachen unter den Schlägen der Fürsten zusammen. Die Fortschrittspolitiker in der Schweiz schauten besorgt zu und konnten nicht viel mehr tun, als den politischen Flüchtlingen aus andern Ländern Asyl zu gewähren. Sie wussten um die Beschränktheit ihres politischen Handlungsspielraums. Trotzdem waren sie auch ein wenig stolz, dass sie zustande gebracht hatten, was andern nicht gelungen war. Der neue Bundesstaat schien ihnen gross und stark. Er war zwar offensichtlich keine Grossmacht, hatte aber mehr politisches Gewicht als der alte Staatenbund. Er war flächen- und bevölkerungsmässig durchaus vergleichbar mit den meisten europäischen Staaten, etwa mit Belgien, Holland, Baden, Sachsen, Hessen, Bayern, Württemberg, Sardinien-Piemont, Toskana oder Lombardei. Er gehörte zu den mittleren Staaten. Das sollte sich erst mit der nationalen Einigung Italiens (1866) und Deutschlands (1871) ändern. Danach war die Schweiz plötzlich von Staaten eingekreist, die wesentlich grösser waren als sie, so dass sie nicht mehr als «Normalstaat», sondern als *Kleinstaat* erschien. Das hatte Konsequenzen für das schweizerische Selbstbewusstsein.

Im letzten Fünftel des 19. Jahrhunderts zeigten fast alle europäischen Nationalstaaten imperialistische Tendenzen, das heisst, sie wollten benachbarte oder überseeische Gebiete erobern. In Übersee begann dies oft mit der Entsendung christlicher Missionare, worauf dann Handelsstationen und Militärbasen eingerichtet wurden, und das Ganze endete mit der Beherrschung und Ausbeutung fremder Völker, was als Zeichen von Grösse und Macht des Nationalstaates empfunden wurde. Die Schweiz als kleines Binnenland war nicht in der Lage, eine eigenständige imperialistische

Politik zu betreiben. Durch Export und Import von Rohstoffen und Fertig-produkten war sie aber mit den Handelsstrukturen der imperialistischen Staaten verflochten, und insofern war sie Teil des europäischen Imperialismus. Andererseits kam sie selber in Gefahr, Opfer des Imperialismus zu werden, denn die irredentistische[249] Propaganda aus Italien hatte es auch auf das Tessin abgesehen, und die Alldeutschen sahen nicht ein, weshalb die Deutschschweizer sich als Teil einer besonderen Nation betrachteten. Gegen solche Anfechtungen wusste sich die Schweiz mit dem Hinweis auf ihre geschichtliche Tradition zu behaupten. Die *nationale Geschichte* wurde zum Kernelement des schweizerischen Nationalbewusstseins.

Der europäische Imperialismus führte nicht nur zu kriegerischen Konfrontationen der Nationalstaaten mit fremden Völkern, sondern auch zu verschärfter Konkurrenz zwischen den europäischen Staaten selbst. Imperialismus hat einen prinzipiell unbegrenzten Machtanspruch, und wenn mehrere Nationalstaaten imperialistisch werden, müssen sie sich früher oder später in die Quere kommen. Aus einer Reihe solcher Konfrontationen, die sich beispielsweise in der Marokkokrise oder in der Balkankrise manifestierten, erwuchs der Erste Weltkrieg. Das Ringen zwischen den Nationalstaaten dauerte bis zu deren völliger Erschöpfung. Bei Kriegsende, im Herbst 1918, waren eigentlich alle die Verlierer. Die Frage war, ob sich das alte nationalstaatliche System wieder stabilisieren konnte. Die Russische Revolution von 1917 schien eine andersgeartete Entwicklung einzuleiten: Sowjetrussland beendete schon im Frühjahr 1918 den Krieg gegen Deutschland und Österreich, und danach entstand in einem gewaltsamen, blutigen Kampf zwischen Revolutionären und Konterrevolutionären zuerst ein Nationalitätenverein und dann ein übernationales Gebilde, die Sowjetunion, die nicht die Nationalstaatsidee, sondern die Idee einer *kommunistischen Gesellschaft* realisieren wollte. Diese Idee überzeugte einen Grossteil der Arbeiterschaft auch in den westlichen Industriestaaten. Würde die sozialistische Revolution, wie die russischen Bolschewisten hofften, alle Völker der Erde erfassen und nach und nach zu einer staatenlosen kommunistischen Weltgesellschaft führen? In vielen Ländern, auch in der Schweiz, entstanden kommunistische Parteien, die diesem revolutionären Programm vertrauten.

Obwohl mit der Russischen Revolution ein neues politisches Prinzip in die Welt getreten war, schien sich in Westeuropa die alte Ordnung grundsätzlich behaupten zu können. Im Frieden von Versailles gelang es, das Nationalstaatensystem wieder aufzurichten und sogar zu verstärken, indem die Selbstbestimmung der Nationen als Prinzip anerkannt wurde. Auch Österreich-Ungarn, das sich bisher der Nationalstaatsidee verweigert und immer an der Reichsidee oder zumindest an einer mehrere Nationen umfassenden monarchischen Idee festgehalten hatte, wurde jetzt in einzelne Nationalstaaten aufgeteilt. Noch wichtiger war aber etwas anderes: die *Gründung des Völkerbunds*. Damit sollte endlich einem alten, aber bisher vernachlässigten nationalstaatlichen Prinzip zum Durchbruch verholfen werden, dem Prinzip nämlich, dass der Einzelstaat, weil eingebettet in die Gemeinschaft aller Nationalstaaten, notwendig der internationalen oder supranationalen Ergänzung bedürfe, die erst den friedlichen Interessenausgleich ermögliche. Der Völkerbund startete hoffnungsvoll, trug wesentlich zur Weiterentwicklung des Völkerrechts bei, erwies sich aber als unfähig, völkerrechtliche Normen, die der Erhaltung des Friedens gedient hätten, in der Praxis des zwischenstaatlichen Verkehrs konsequent durchzusetzen. Die Ursache dieser Unfähigkeit lag letztlich darin, dass der hoch entwickelte und sich allen Schranken entwindende Finanzkapitalismus der westlichen Industrienationen die beschränkende und ordnende Völkerrechtsidee unterlief. Immer wieder vermochten die wirtschaftlichen Interessengruppen die nationalstaatliche Politik von einem am Völkerrecht orientierten, friedensbewahrenden Kurs abzubringen, auf einen aggressiv-expansionistischen Kurs zu zwingen und so, ohne es eigentlich zu wollen, die Völkerbundspolitik zu sabotieren.

In der Sowjetunion entstand, im Widerspruch zur eigenen Propaganda, keine kommunistische und staatenlose Gesellschaft, sondern ein totalitäres Einparteiensystem. Globalpolitisch gesehen bildete der stärker werdende sowjetische Staatskoloss ein Gegengewicht zum westlichen Imperialismus; er entwickelte aber selbst ausgeprägte imperialistische Tendenzen. Trotz dieser unguten Entwicklung blieben die kommunistischen Parteien im Westen der Sowjetideologie treu. Sie glaubten weiterhin, nach dem Vorbild der Bolschewisten die Macht in den Nationalstaaten erobern, den bürgerlichen Klassenstaat abschaffen und an seine Stelle die selbstorganisierte kommunistische Gesellschaft setzen zu können. Ihr Programm weckte aber den heftigsten Widerstand des Bürgertums, das ideologisch im nationalstaatlichen Denken befangen war und sich von seinen Interessen her mit dem Kapitalismus identifizierte. In Zeiten wirtschaftlicher Krisen spitzten sich die politischen Kämpfe zwischen den gegensätzlichen ideologischen Lagern derart zu, dass die demokratischen Nationalstaaten nahezu funktionsunfähig wurden. Autoritäre und faschistische Bewegungen sprangen in die Lücke und priesen sich als Retter von Volk und Staat an. Der italienische Faschismus siegte schon 1922 und etablierte ein korporatistisches Staatsmodell. Gleichzeitig auferweckte er die alte Imperiumsidee und zerstörte damit vollends den Nationalstaat. Auch der deutsche Nationalsozialismus war auf die Zerstörung des Nationalstaates und die Errichtung eines *Reiches* aus, das dem Expansionsdrang des Kapitals zu entsprechen schien. In Wiederbelebung alter Mythologien sprachen die Nazis vom Tausendjährigen oder vom Dritten Reich. Sowenig der Nationalsozialismus sozialistisch war, sowenig war er national. Er war vielmehr Ausdruck einer rassistischen Herrschaftsidee, die nationalstaatliche, das heisst auch rechtsstaatliche und demokratische, Ideen genau so ausrotten wollte wie sozialistische und kommunistische.

Die Schweiz blieb zwar weder von kommunistischen noch von faschistischen Bewegungen verschont, vermochte aber ihre rechtsstaatlichen und demokratischen Prinzipien weitgehend zu bewahren, weil alles andere offensichtlich zum schnellen Ende ihrer staatlichen Existenz geführt hätte. Der Grossteil der schweizerischen Arbeiterbewegung verschloss sich der kommunistischen Gesellschaftsidee und blieb auf dem Boden des nationalstaatlichen Konzepts. Auch das Bürgertum grenzte sich, nach anfänglichem Schwanken, entschieden von antidemokratischen Tendenzen ab. Die Schweiz blieb also, was sie war, und je stärker sich das Gesicht Europas veränderte, desto entschlossener hielt sie an ihrer im 19. Jahrhundert errungenen nationalen Identität fest. In den Jahren der zunehmenden Bedrohung durch Faschismus und Nationalsozialismus erfanden aufrechte Schweizerinnen und Schweizer die *Geistige Landesverteidigung*. Die Schweizer Geschichte wurde nun vollends mythologisiert und in einem eng nationalistischen Sinn interpretiert. Nach Ausbruch des Zweiten Weltkriegs förderten Staat und Armee gezielt diese Mythologie, weil sie für die staatliche Selbstbehauptung unabdingbar schien. Kernpunkte des nationalen Selbstverständnisses waren Demokratie, Neutralität und Unabhängigkeit. General Guisan, der in den Augen der Bevölkerung genau diese Werte verkörperte, wurde zur Symbolfigur des schweizerischen Widerstandswillens. So gesehen war der Zweite Weltkrieg eigentlich der Höhepunkt der nationalstaatlichen Existenz unseres Landes. Bei genauerem Hinsehen war es allerdings mit der Unabhängigkeit und der Neutralität nicht weit her. Die Eingeweihten wussten, dass die Schweizer Armee in offener Feldschlacht der deutschen Armee niemals gewachsen gewesen wäre. Nicht starrer Widerstand, sondern flexible Anpassung an die neuen Machtverhältnisse in

356

Europa war deshalb geboten. Die Schweiz überlebte als Staat, indem sie ihre wirtschaftliche Stärke und finanztechnische Nützlichkeit in den Dienst des Dritten Reiches stellte und trotzdem die Beziehungen zu den Alliierten nie ganz abreissen liess.

Wie nach dem Ersten, so wurde auch nach dem Zweiten Weltkrieg das nationalstaatliche System so weit wie möglich wieder hergestellt, und auch diesmal sollte eine internationale Organisation der «Vereinten Nationen» (UNO) den alles in friedliche Bahnen lenkenden Hintergrund abgeben. Das Schweizer Volk, das seinerzeit mit Mehrheit für den Beitritt zum Völkerbund votiert hatte, wollte von der UNO nichts wissen; man blieb der Igelmentalität der Kriegszeit verhaftet. Die Ideologie der Geistigen Landesverteidigung hatte sich als erfolgreich erwiesen, und in der Nachkriegszeit wurde sie beharrlich weitergeführt, wobei das nationalsozialistische Feindbild durch das kommunistische ersetzt wurde. Erst die 68er Bewegung stellte dieses nationale Selbstverständnis ernsthaft in Frage. Bei der Abstimmung über einen Beitritt der Schweiz zur UNO im Jahr 1986 erfuhr es aber eine Wiederbelebung: Neutralität und Unabhängigkeit würden durch einen UNO-Beitritt gefährdet, und deshalb müsse man darauf verzichten, meinte das Abstimmungskomitee, das den UNO-Beitritt erfolgreich bekämpfte. Nach dem ablehnenden Volksentscheid blieb dieses Komitee unter dem Namen «Aktion für eine unabhängige und neutrale Schweiz» (AUNS) weiterhin politisch aktiv. Die AUNS hat seither die EG und dann vor allem die EU zum neuen Feindbild gemacht.

Kein anderer westeuropäischer Nationalstaat hat so stark an einer aus dem Zweiten Weltkrieg stammenden nationalen Ideologie festgehalten wie die Schweiz. Jedenfalls wurde in keinem andern Land fünfzig Jahre nach Ausbruch des Zweiten Weltkriegs die Mobilisation der Armee noch einmal gefeiert, wie es 1989 in der Schweiz geschah. Als der schweizerische Bundesrat eine Annäherung an die EG suchte, da erwuchs ihm sogleich massiver Widerstand im Zeichen von Neutralität und Unabhängigkeit. SVP-Nationalrat und AUNS-Präsident Christoph Blocher mobilisierte gegen einen EWR-Beitritt[250] der Schweiz, und in der Volksabstimmung vom 6. Dezember 1992 sagte eine knappe Volksmehrheit nein. Seither hat sich allerdings einiges geändert. Der Zusammenbruch des Ostblocks, die neu entflammten Nationalitätenkonflikte, vor allem der Krieg im nahen Jugoslawien, haben das Bewusstsein gestärkt, dass wir Teil der Völkergemeinschaft sind, dass wir uns nicht abkoppeln können, dass wir auf Gedeih und Verderben mit der übrigen Welt verbunden sind. Die wirtschaftliche

Stagnation der neunziger Jahre und die ungewohnt hohe Arbeitslosenrate haben die Meinung erschüttert, uns gehe es gut, solange wir uns politisch abseits halten, uns auf unsere Neutralität berufen und auf unserer Armee vertrauen. Eine öffentliche Debatte über die Rolle der Schweiz im Zweiten Weltkrieg hat manche liebgewordenen Vorstellungen umgestossen. Diese Debatte entzündete sich an der Rolle der Schweizer Banken und der Schweizer Wirtschaft während des Zweiten Weltkriegs. Schon lange war von jüdischer Seite gefordert worden, das in Schweizer Banken versickerte Geld von Naziopfern und das von der Schweizerischen Nationalbank seinerzeit entgegengenommene Naziraubgold seien zurückzugeben. 1996 wurde die Weltöffentlichkeit auf diese Fragen aufmerksam gemacht, und seither ist darüber eine intensive Diskussion geführt worden. Das Bild der Igelschweiz, die dank starker Armee und dank Selbstversorgung überlebte, lässt sich nicht mehr aufrechterhalten. In breiten Kreisen der Bevölkerung hat ein Bewusstseinswandel eingesetzt. Das schweizerische Selbstverständnis löst sich zusehends von alten mythologischen Vorstellungen ab.

Im dritten Teil dieses Buches will ich beschreiben, wie die Schweiz seit der Gründung des Bundesstaates im Jahr 1848 um ihr nationales Selbstverständnis rang, wie sich dieses Selbstverständnis verfestigte und schliesslich zu einem Hindernis wurde. Ich will zeigen, wo sich im Bundesstaat gute Entwicklungsmöglichkeiten öffneten, aber auch, wo Chancen vertan, wo gravierende Fehler gemacht wurden. Es geht mir darum, die Ursachen aktueller Probleme sichtbar werden zu lassen, das lastende Dunkel zu erhellen, den Weg aus einer geschlossenen Vergangenheit in die Offenheit der Zukunft aufzuspüren. Ich versuche, dies von mehreren Ansätzen her und aus der distanzierten Perspektive der Nationalstaatsentwicklung in den letzten 200 Jahren zu tun. Nur aus dieser Distanz wird deutlich, dass die Fehlentwicklungen der Kriegszeit nicht einfach ein Problem der Schweiz oder irgendeines andern Staates war, sondern in erster Linie ein Problem der Völkergemeinschaft. Dies ist aber die Erkenntnis, die ich aus meiner Untersuchung gewonnen habe: dass der Nationalstaat nur dann eine sinnvolle politische Einrichtung ist und bleiben kann, wenn er sich als Teil einer überstaatlichen Rechtsgemeinschaft, einer Völkerrechtsgemeinschaft versteht.

11. Verfassungsentwicklung im jungen Nationalstaat

Der moderne schweizerische Staat konstituierte sich durch die Verfassung von 1848. Er behielt seine bisherigen offiziellen Namen, hiess also *Schweizerische Eidgenossenschaft* auf deutsch, *Confédération suisse* und *Confederazione Svizzera* auf französisch und italienisch. In feierlichem Zusammenhang wurde und wird bis heute der lateinische Name *Confoederatio Helvetica* gebraucht, was in der Amtssprache zum Kürzel *CH* wird. Dem Namen nach handelte es sich also weiterhin um einen Staatenbund. In Wirklichkeit war aber der Staatenbund in einen Bundesstaat umgebaut worden. Der alte Name war Ausdruck einer Art Nostalgie: Der neue Staat vergewisserte sich seiner selbst, indem er sich der Symbole aus früheren Zeiten bediente. Es ist ein ähnliches Phänomen wie in den Ländern, die sich noch einen König oder eine Königin leisten, obwohl sie keineswegs Monarchien im alten Sinn, sondern moderne parlamentarische Demokratien sind. Aber war der Bundesstaat von 1848 wirklich ein moderner Nationalstaat? Manche Historikerinnen und Historiker vertreten die Auffassung, 1848 hätten sich die Souveränitätsbedürfnisse der Kantone so weitgehend durchgesetzt, dass man noch nicht von einem Nationalstaat sprechen könne; zu einem solchen sei die Schweiz erst nach der Totalrevision der Bundesverfassung im Jahr 1874 geworden. Ich halte diese Relativierung nicht für sinnvoll. Der entscheidende Schritt geschah 1848, denn damals wurde festgelegt, es sei nicht mehr Aufgabe der 22 Kantone, sondern Aufgabe *des Bundes*, für die Unabhängigkeit der Schweiz nach aussen und für Ruhe und Ordnung im Innern zu sorgen. Mit dem Begriff «Bund» war die auf das gesamte Territorium der Schweiz bezogene und durch die Nation legitimierte Regierung gemeint. Genau das machte es aus, dass die Schweiz zum Nationalstaat geworden war. Selbstverständlich war dieser Nationalstaat nicht von Anfang an voll ausgebildet; er musste sich zuerst in der Praxis bewähren, Gesetze schaffen, seine Administration aufbauen und sich im Bewusstsein der Bevölkerung etablieren.

11.1 Die Grundlagen

Im Interesse des inneren Friedens wurde der Bundesstaat bei seiner Gründung 1848 als Kompromiss zwischen Föderalisten und Zentralisten bezeichnet, und er wurde auch so empfunden. Im nachhinein kann man feststellen, dass es sich um mehr als um einen Kompromiss handelte, nämlich um ein über die Dogmen der sich bekämpfenden Lager hinausgehendes tragfähiges Konzept für einen Nationalstaat. Der schweizerische Staat war gerade deshalb ein Ganzes geworden, weil man die Teile, aus denen es zusammengesetzt war, also die Kantone, nicht einfach zum Verschwinden gebracht hatte. Das föderalistische Konzept mit übergeordneter Bundesgewalt verhinderte nicht, dass immer wieder über die Frage der Kompetenzverteilung zwischen Bund und Kantonen gestritten wurde, aber es vermochte doch die politischen Verhältnisse weitgehend zu stabilisieren.

Der «Bund» von 1848 ist kein Bund im alten Sinn; es handelt sich nicht mehr um einen *völkerrechtlichen* Vertrag zwischen souveränen Staaten, wie es noch der Bund von 1815 gewesen war, obwohl auch er schon gewisse Elemente institutioneller Eigenständigkeit enthalten hatte. Der Bund von 1848 ist eine *staatsrechtliche*[251] Institution, nämlich die Verkörperung des schweizerischen Nationalstaates in der Form, die ihm die Bundesverfassung gibt. Der Bund ist die Landesregierung, und diese, im weiteren Sinn verstanden, besteht aus den eidgenössischen Räten, dem Bundesrat, der Administration und dem Bundesgericht. Die Gesetzgebung ist Sache der beiden parlamentarischen Räte, des Nationalrats und des Ständerats, die getrennt tagen. Sie vereinigen sich zur Bundesversammlung, wenn sie den siebenköpfigen Bundesrat wählen. Dieser stellt die Regierung im engeren Sinn dar: die Exekutive, die sich als Kollegium von gleichrangigen Departementsvorstehern konstituiert. Es gibt weder einen Ministerpräsidenten noch einen übergeordneten Repräsentanten des Gesamtstaates, also weder einen König noch einen Staatspräsidenten. Einer der sieben Bundesräte wird von der Bundesversammlung als Bundespräsident bezeichnet; er ist für ein Jahr *primus inter pares*, indem er die Sitzungen des Regierungskollegiums leitet und gleichzeitig das Ressort Aussenpolitik betreut.[252] Die Administration ist vorerst sehr klein; der Bund muss sparen, da seine Einnahmen gering sind. Die Judikative bleibt weitgehend kantonal geordnet; es gibt aber ein Bundesgericht als Appellationsinstanz. Das Bundesgericht ist auf zivil- und strafrechtliche Beurteilungen beschränkt; es fungiert nicht als Verfassungsgericht.

Erster Bundeszweck ist also die Behauptung der Unabhängigkeit des Vaterlandes gegen aussen; zweiter Bundeszweck ist die Bewahrung von Ruhe und Ordnung im Innern. So steht es im Artikel 2 der Bundesverfassung vom 12. September 1848. Es hatte eine Diskussion darüber gegeben, ob nicht auch die Bewahrung der Neutralität als Bundeszweck im Artikel 2 erwähnt werden solle. Die Mehrheit in der Tagsatzung war dagegen gewesen, hatte sich punkto *Neutralität* nicht zu stark festlegen wollen. So war es gekommen, dass diese zwar erwähnt wird, aber erst im Artikel 90 Ziffer 9, wo es um die Kompetenzen und Aufgaben des Bundesrates geht: Der Bundesrat «wacht für die äussere Sicherheit, für die Behauptung der Unabhängigkeit und Neutralität der Schweiz.» Das Primäre ist die Behauptung der Unabhängigkeit der Schweiz, nicht die Neutralität. Diese ist kein Bundeszweck, sondern ein Mittel zum Zweck der Behauptung der Unabhängigkeit. Daneben gibt es andere Mittel, zum Beispiel die Diplomatie oder den Abschluss von Staatsverträgen. Die Kompetenz, diese Mittel einzusetzen, kommt allein dem Bund zu; die Kantone können keine selbständige Aussenpolitik betreiben. Sie können auch keine Militärkapitulationen (Verträge über Lieferung von Söldnern an ausländische Mächte) abschliessen, verlieren also die entsprechenden Einnahmen. Dem Bund aber ist aus Gründen der aussenpolitischen Unabhängigkeit der Abschluss solcher Verträge untersagt. Er soll nicht Soldaten an fremde Mächte liefern, sondern zu seiner eigenen Armee Sorge tragen. Er braucht die Armee zur Erfüllung des ersten Bundeszweckes, aber nur sozusagen als Rückversicherung für den Fall, dass die feineren Mittel versagen. Das Bundesheer ist keine stehende Truppe, sondern besteht aus Truppenkontingenten, die ihm die Kantone in Zeiten der Gefahr zur Verfügung stellen. Der Bund ist weitgehend für die militärische Ausbildung verantwortlich. Es gibt also in diesem Bereich eine charakteristische Vermischung von neuen Bundeskompetenzen und traditionellen kantonalen Kompetenzen, wobei die ersteren den letzteren übergeordnet sind.

Auch zur Erfüllung des zweiten Bundeszwecks, der Bewahrung von Ruhe und Ordnung im Innern, bedarf es der Armee, und auch hier verschränken sich kantonale und eidgenössische Kompetenzen. Das Vorgehen ist im Artikel 16 geregelt: «Bei gestörter Ordnung im Innern, oder wenn von einem andern Kanton Gefahr droht, hat die Regierung des bedrohten Kantons dem Bundesrathe sogleich Kenntniss zu geben, damit dieser inner den Schranken seiner Kompetenz die erforderlichen Massregeln treffen oder die Bundesversammlung einberufen kann. In dringenden Fällen ist

die betreffende Regierung befugt, unter sofortiger Anzeige an den Bundes-
rath, andere Kantone zu Hülfe zu mahnen, und die gemahnten Stände
sind zur Hülfeleistung verpflichtet.»[253] Auf diese Weise sollte für alle
Zukunft die Bildung von Sonderbünden und der Ausbruch von Bürger-
kriegen in der Schweiz vermieden werden. Die Regelung bewährte sich.

Dritter Bundeszweck ist «Schutz der Freiheit und der Rechte der Eidgenossen und Beförderung ihrer gemeinsamen Wohlfahrt.» Der Bund
garantiert die liberalen Bürgerrechte, und zwar nicht nur in bezug auf
einen speziellen, vom Bund kontrollierten Bereich, sondern in bezug auf
den Gesamtstaat. Das heisst, dass die Kantone nicht von den Minimal-
forderungen des Bundes punkto Freiheit und Rechte der Bürger abweichen
können. Im Artikel 6 der Bundesverfassung steht, die kantonalen Verfassungen müssten vom Bund gewährleistet werden, und dies sei nur möglich, wenn sie nichts der Bundesverfassung Zuwiderlaufendes enthielten,
wenn sie entweder eine repräsentativ-demokratische oder direktdemo-
kratische Republik konstituierten, wenn sie vom Volk angenommen worden seien und auf Wunsch einer Mehrheit des Volks revidiert werden
könnten. Nun entsprachen zu diesem Zeitpunkt nicht alle Verfassungen
der 19 Ganz- und 6 Halbkantone diesen Anforderungen, so dass ein grosses
Reformprogramm anstand. Manche Kantone gehorchten dem Zeitgeist
und nahmen die Anpassungen an das neue Bundesstaatsrecht sehr schnell
in Angriff, andere zögerten die entsprechenden Verfassungsrevisionen hinaus. Aber überall wurden die Reformen innerhalb etwa eines Jahrzehnts
durchgeführt, ohne dass der Bund intervenieren musste; es genügte oft das
Gespräch einflussreicher Bundespolitiker mit den einflussreichen Kantons-
politikern.

Erst das politische Reformprogramm in den Kantonen führte den Zustand herbei, der in der Bundesverfassung als gemeinsame Wohlfahrt der
Eidgenossen bezeichnet wird. Wohlfahrt meint zunächst politische Frei-
heit. In dem Begriff ist aber noch mehr enthalten. Jonas Furrer hatte in seinem
«Beleuchtenden Bericht» zur Bundesrevision geschrieben, «statt die Klöster
zu garantieren», wie es der Bundesvertrag von 1815 getan hatte, solle der
Bundesstaat Anstalten und Unternehmungen gründen, die dem Vaterland
«zur Ehre und Wohlfahrt» gereichen, beispielsweise Anstalten für höheren
Unterricht, Kanäle und Flusskorrektionen, Strassen, Eisenbahnen und
Entsumpfungen. Ulrich Ochsenbein, der in dieser Beziehung gleich dachte
wie Furrer, sagte am 24. Februar 1848, man dürfe den Staat nicht als eine
blosse «Rechtsversicherungsanstalt» betrachten.[254] Der Staat fördert die

Wohlfahrt seiner Bürger nicht nur dadurch, dass er allgemeine Rechtssicherheit und individuelle Freiheitsrechte garantiert, sondern auch dadurch, dass er sich um wirtschaftliche und soziale Belange kümmert. Diese Auffassung entsprach dem Denken der Radikalen und stiess bei den Liberalen und bei den Konservativen vorerst auf Widerstand. In der Bundesverfassung gewann aber die neue Interpretation des Wohlfahrtsbegriffs konkrete Gestalt, indem im Artikel 21 gesagt wurde: «Dem Bunde steht das Recht zu, im Interesse der Eidgenossenschaft oder eines grossen Theiles derselben auf Kosten der Eidgenossenschaft öffentliche Werke zu errichten oder die Einrichtung derselben zu unterstützen. Zu diesem Zweck ist er auch befugt, gegen volle Entschädigung das Recht der Expropriation geltend zu machen.» Das ist der Ausgangspunkt für ein neues Staatsverständnis, das später als staatssozialistisch bezeichnet wurde. Manche Radikale vertraten mit Vehemenz staatssozialistische Ideen, zum Beispiel wenn sie verlangten, der Bund habe in eigener Regie ein nationales Eisenbahnnetz aufzubauen.

11.2 Die erste Teilrevision von 1866

Der schweizerische Staat von 1848 war weitgehend von den Radikalen beherrscht. Diese waren nicht mehr die wilden Revolutionäre von 1844, sondern hatten sich zumindest in der Verfassungsfrage soweit gemässigt, dass sie sich mit den Liberalen und den Konservativen hatten einigen können. Das bedeutete nicht, dass sie von ihrem Programm, einen starken, zentralisierten und säkularisierten Nationalstaat zu errichten, abgerückt wären. Aber sie wollten nicht mehr alles auf einmal haben. Fürs erste hatten sie sich mit einer Verfassung begnügt, die sie als Kompromiss empfanden. Sie waren der Meinung, manches werde sich im Gesetzgebungsprozess noch verändern lassen und im übrigen seien ja laut Artikel 111 Verfassungsrevisionen jederzeit möglich. Allerdings waren im Revisionsartikel gewisse Schranken eingebaut, die verhindern sollten, dass – wie in der Zeit der Helvetik – sofort ein dauernder Streit um die Verfassung anheben würde. Innerhalb nützlicher Fristen konnte eine Verfassungsrevision nur dann zustandekommen, wenn sie von Nationalrat und Ständerat einhellig gefordert wurde. War einer der beiden Räte dagegen, dann verlängerte sich das Verfahren. Ein Revisionsbegehren konnte gemäss Artikel 113 auch von mindestens 50 000 stimmberechtigten Bürgern gestellt werden. Dieses

Initiativrecht der Bürger war das demokratische Kernelement der Bundesverfassung. Eine mit der erforderlichen Unterschriftenzahl eingereichte
Initiative konnte aber erst behandelt werden, nachdem abgestimmt worden
war, ob überhaupt eine Revision stattfinden solle. Wurde dies bejaht, dann
waren die eidgenössischen Räte neu zu wählen, und die neuen Räte hatten
einen Entwurf auszuarbeiten, der wiederum Volk und Ständen zur Abstimmung vorgelegt werden musste. Dieses komplizierte Verfahren wirkte
abschreckend, was mit ein Grund dafür war, dass es in den ersten siebzehn
Jahren des Bundesstaates zu keinen Verfassungsänderungen kam.

Erst 1865 legte der Bundesrat den eidgenössischen Räten erstmals
acht Revisionspunkte vor; die Räte traten darauf ein und fügten noch
einen neunten Punkt hinzu. Im Vordergrund stand das Problem, dass die
Niederlassungsfreiheit gemäss Artikel 41 nur für Angehörige einer christlichen Konfession garantiert war; speziell die Juden waren davon ausgeschlossen. Ein gewisser Druck aus dem Ausland – ich werde später noch
genauer darauf eingehen – hatte den Anstoss für die bundesrätliche Revisionsvorlage gegeben. Ausserdem ging es darum, in gewissen Fragen den Bund
als allein kompetent zu erklären. Gesamthaft kann man die Revisionsvorlage so charakterisieren: Sie bezweckte erstens eine Rechtsvereinheitlichung sowie eine Besserstellung der Niedergelassenen und zweitens eine
Zentralisierung der Kompetenzen. Für die Radikalen war es offensichtlich,
dass gewisse fortschrittliche Postulate nicht schnell genug für das ganze
Gebiet der Eidgenossenschaft als verbindlich erklärt werden konnten,
wenn die Kantone immer auch noch dreinreden durften; deshalb wollten
sie mehr Zentralismus. Dagegen sträubten sich die Föderalisten, besonders
diejenigen der Welschschweiz, die fürchteten, der Bund werde in der Regel
im Interesse der Deutschschweiz entscheiden. Ähnliche Fronten gab es bei
den Revisionspunkten, die eine Verbesserung der Rechtsgleichheit und
eine Erleichterung der freien Niederlassung bezweckten. Diese Punkte
schienen denjenigen wichtig, welche die Mobilität der Bevölkerung
erleichtern wollten, weil sie sich davon eine Modernisierung von Wirtschaft
und Gesellschaft und vermehrten materiellen Reichtum versprachen. Es
gab aber viele andere, die sich vor sozialem und wirtschaftlichem Strukturwandel fürchteten und diese Punkte bekämpften. In der Innerschweiz
wurde davor gewarnt, mit der erleichterten Freizügigkeit würde die katholische Glaubensgemeinschaft gefährdet, weil dann der Zuzug von Reformierten nicht mehr zu bremsen wäre. Aber auch in den reformierten Kantonen gab es Gegner, etwa die Vertreter der Burgergemeinden, die keine

364

weitere Angleichung zwischen Neuzuzügern und Alteingesessenen wollte. Schon im Abstimmungskampf wurde deutlich, dass es schwierig sein würde, eine Mehrheit für die Vorlage zu bekommen.

Im einzelnen ging es um folgende Punkte: Erstens sollte die Diskriminierung der Juden beseitigt werden, indem die Niederlassungsfreiheit und die rechtliche Gleichbehandlung der Niedergelassenen auf alle Konfessionen ausgedehnt wurde. Zweitens sollte der Bund befugt sein, Masse und Gewichte für die ganze Eidgenossenschaft allein, also ohne kantonale Mitsprache, festzulegen; drittens sollten die Niedergelassenen punkto Stimmrecht in Gemeindeangelegenheiten mit den Kantonsbürgern gleichgestellt werden; viertens sollte im Artikel 41 ein Zusatz betreffend die zivilrechtlichen und steuerrechtlichen Verhältnisse der Niedergelassenen gemacht werden; fünftens sollten die neu Niedergelassenen ihr kantonales Stimmrecht sofort und nicht erst nach fünf Jahren ausüben können; sechstens sollte im Artikel 44 die umfassende Glaubensfreiheit eingeführt werden; siebtens sollte der Bund für die kantonalen Strafrechte gewisse Vorschriften machen können; achtens sollte der Bund Vorschriften über schriftstellerisches, künstlerisches und industrielles Eigentum machen können, und neuntens sollte er das gewerbsmässige Glücksspiel regeln. Am 14. Januar 1866 nahm das Volk mit 170 032 gegen 149 401 Stimmen den ersten Revisionspunkt an; in 12½ Kantonen überwogen die Ja-Stimmen, in 9½ Kantonen die Nein-Stimmen. Damit war die Diskriminierung der Juden glücklich beseitigt. Alle andern Revisionspunkte wurden abgelehnt. Sie sollten aber bald wieder in die Traktandenliste der eidgenössischen Räte aufgenommen werden.

11.3 Die demokratische Bewegung

Im jungen schweizerischen Nationalstaat hatte sich ein besonderes System parlamentarischer Herrschaft herausgebildet. Starke Einzelpersönlichkeiten in den eidgenössischen Räten bestimmten die Politik des Bundes. Der Bundesrat war dagegen eher schwach; nur in der Aussenpolitik war er allein führend, operierte aber eher unglücklich. Innenpolitisch war er von der ihn wählenden Bundesversammlung abhängig. Das zeigte sich deutlich im Jahr 1854, als der radikale Berner Bundesrat Ulrich Ochsenbein nicht wiedergewählt wurde. An seine Stelle trat ein anderer Berner Radikaler, nämlich Jakob Stämpfli. Dieser Wechsel war vor allem auf Wunsch und

Betreiben des mächtigen Nationalratspräsidenten Alfred Escher zustandegekommen. Escher und Stämpfli beherrschten vorerst gemeinsam die liberal-radikale Nationalratsmehrheit. Später zerstritten sie sich in der Eisenbahnfrage, weil der erste eine privatwirtschaftliche Bahn wollte, der andere aber eine Bundesbahn. Escher setzte sich durch. Aber am Ende des Jahrhunderts kaufte der Bund dann doch die wichtigsten Bahnen auf und schuf die Schweizerischen Bundesbahnen.

Alfred Escher (1819–1882), der sich vom linken Flügel der Radikalen zur liberalen Mitte hinbewegte, war in den fünfziger und sechziger Jahren die stärkste Führungspersönlichkeit in der schweizerischen Politik und Wirtschaft. Er lehnte es ab, Bundesrat zu werden, weil es ihm als Bank- und Regierungsmann in Zürich sowie als Nationalrat und mehrmaligem Nationalratspräsidenten gelungen war, eine Machtstellung zu erwerben, die derjenigen eines Bundesrats überlegen war. Auch nach seinem Rücktritt aus dem Zürcher Regierungsrat im Herbst 1855 behielt er die Fäden der zürcherischen Politik in der Hand, indem er dafür sorgte, dass ihm treu ergebene Männer an die Schaltstellen der Macht gelangten. So errichtete er ein in seinem Sinn funktionierendes Machtkartell, das die Kritiker als «System Escher» bezeichneten; ihn selbst aber nannten sie den Princeps. Dank dieser zürcherischen Machtbasis war er auch gesamtschweizerisch mächtig, und deshalb hiess er nicht nur Princeps, sondern auch Schweizerkönig oder Zar. In der Tat hatte er während Jahren eine beinahe diktatorische Stellung inne. Das kontrastierte mit der ursprünglichen Vorstellung der Liberalen und Radikalen, wonach die Volksvertreter in echter Harmonie mit dem Volk regieren sollten. Man sah nun deutlich, dass Machtmissbrauch möglich war. Es hatte sich aber schon seit der Mitte der vierziger Jahre in verschiedenen Kantonen am linken Rand der liberal-radikalen Bewegung eine radikal-demokratische Strömung zu entwickeln begonnen. Ihre Forderung war zunächst das Vetorecht des Volkes, also eine Art Referendumsrecht. Allmählich bildete sich innerhalb dieser Strömung ein neuer Begriff von Demokratie heraus. Die radikalen Demokraten kritisierten die Regierungssysteme in den Kantonen und im Bund als Herrschaft der Reichen, und sie wollten «das Volk» als obersten Souverän direkt ins politische Spiel einbringen. Es ging ihnen darum, die repräsentative Demokratie durch ein neuartiges System der halbdirekten Demokratie zu ersetzen, also die direkten Einflussmöglichkeiten des Stimmvolks zu erweitern, um auf diese Weise die Regierungssysteme unter direktere demokratische Kontrolle zu stellen. Dieses neue System nannten sie die «reine

Demokratie». Konkret forderten sie das Recht der Gesetzesinitiative, die Ausdehnung des Finanzreferendums und des Gesetzesreferendums, eine klarere Trennung der Gewalten, Amtszeitbeschränkung, «Demokratisierung» des Kredits durch Gründung von Kantonalbanken, unentgeltliche Schulen, Schutz der Arbeiterschaft, Steuern mit starker Progression.

Bis dahin war es in der Politik theoretisch immer um das «Gemeinwohl» oder die «gemeinsame Wohlfahrt» gegangen. Man hatte sich auf die repräsentativ-demokratische Form eines republikanischen Staatswesen geeinigt, weil man glaubte, darin werde sich das Gemeinwohl am ehesten verwirklichen. Man war immer noch von theoretischen Vorgaben aus der Zeit der Französischen Revolution, der Aufklärung und letztlich der griechischen und römischen Antike beeinflusst, wenn man meinte, durch den rationalen Diskurs im Parlament stelle sich immer wieder ein Konsens über den konkreten Inhalt des Gemeinwohls her. Allerdings hatten inzwischen die Ideen des politischen und wirtschaftlichen Liberalismus dazu geführt, dass das Gemeinwohl nicht nur im Sinn von Frieden, politischer Freiheit und Partizipation, sondern immer stärker auch im Sinn von privater materieller «Wohlfahrt» verstanden wurde. In den Augen breiter Bevölkerungsschichten verkam das sogenannte Gemeinwohl zum Gruppeninteresse der politischen Führungsschicht. Der Konsens zerbrach, Widersprüche traten auf. Die Zukurzgekommenen sahen, dass es denen gut ging, die politisch etwas zu sagen hatten, während die andern arm blieben. Wenn es also den breiten Volksschichten gut gehen sollte, dann mussten sie politisch mehr zu sagen haben. Das war der pragmatische Grundgedanke der demokratischen Bewegung, und davon ausgehend erhob sie «die Demokratie» zum höchsten politischen und gesellschaftlichen Wert. In den breiten Volksschichten begann sich die Vorstellung durchzusetzen, Demokratie sei etwas, was Staat und Gesellschaft gleichermassen umgreifen müsse, damit sich überall mehr Gleichheit, nicht nur im rechtlichen, sondern auch im wirtschaftlichen Sinn, entfalten könne. Nur auf diese Weise, meinten die Demokraten, werde es gelingen, die durch Industrialisierung und einseitiges Wirtschaftswachstum verursachten sozialen Probleme zu lösen. Zur demokratischen Bewegung gehörten Leute, die aus Idealismus mehr soziale Gerechtigkeit anstrebten und glaubten, die «reine Demokratie» sei der Weg dahin; andere machten mit, weil sie selbst in irgendeinem Bereich zu kurz gekommen waren und nun aus ihren Ressentiments heraus den Mächtigen endlich den Meister zeigen wollten. Kleinbürger, Kleinbauern und Industriearbeiter[255] machten den Anhang der demokratischen Bewegung aus. Ihre Exponenten aber waren sozialistische Handwerker, vermögenslose Intellektuelle und unzufriedene Juristen.

Die heftigsten Wellen warf die demokratische Bewegung im Kanton Zürich, wo es galt, das «System Escher» zu stürzen. Einer der wichtigsten Vorkämpfer schon in den vierziger und fünfziger Jahren war Johann Jakob Treichler (1822–1906) gewesen. Er war der Sohn eines Kleinbauern in Richterswil, hatte dank Förderung durch seine Lehrer das Seminar besuchen und später sogar ein juristisches Studium absolvieren können. 1843 wurde er Hilfsredaktor beim radikalen «Schweizerischen Republikaner», 1845 übernahm er den «Boten von Uster», aus dem er ein sozialistisches «Allgemeines Not- und Hülfsblatt» machte. Das zürcherische «Maulkrattengesetz» von 1846, das die gefährlichen «kommunistische Umtriebe» verhindern sollte, verunmöglichte ihm die weitere Herausgabe der Zeitung, und er verzog sich vorübergehend in andere Kantone. Dann trat er wieder in die Redaktion des «Republikaners» ein, leitete dieses Blatt zusammen mit Jakob Dubs, dem späteren Bundesrat. 1850 wurde er in den Grossen Rat des Kantons Zürich gewählt. Zusammen mit Karl Bürkli[256] vertrat er vor allem die Interessen der zürcherischen Kleinbauern, Heimarbeiter und Fabrikarbeiter. Seine radikal-demokratischen und sozialistischen Auffassungen vertrugen sich nicht mehr mit den liberal-radikalen Ideen von Dubs. Die beiden trennten sich im Streit. Dubs ging zum Winterthurer «Landboten», Treichler gründete 1851 das «Neue Schweizerische Volksblatt», in dem er nun kompromisslos einen Oppositionskurs gegenüber der liberalen Regierung einschlug. Für die Wahlen von 1854 entwickelte er ein eigenes Programm, das Dubs in einer Artikelfolge im «Landboten» arg zerzauste. Die radikal-demokratische Bewegung erlitt eine Wahlniederlage. Treichler war deprimiert, liess sein «Volksblatt» eingehen. In dieser Zeit begann seine politische Wandlung. Er entfremdete sich seinen bisherigen Kampfgefährten und näherte sich dem liberalen Bürgertum an. 1856 wurde er in den Regierungsrat gewählt und war nun selbst Teil des «Systems Escher».

Erst Ende 1867 wurde die demokratische Bewegung im Kanton Zürich stark genug, den politischen Umschwung herbeizuführen. Wesentlichen Anteil daran hatten Salomon Bleuler[257] und Friedrich Albert Lange[258], die seit 1866 ein Redaktionsduo beim Winterthurer «Landboten» bildeten und ihr Blatt zum Sprachrohr der demokratischen Bewegung gemacht hatten. Ihre angriffigen Leitartikel waren ein wesentlicher Beitrag zur Schwächung des «Systems Escher». Noch wirkungsvoller aber waren die Pamphlete, die der Zürcher Advokaten Friedrich Locher seit dem April 1866 unter dem Titel «Die Freiherren von Regensberg» anonym erscheinen liess. Locher nahm vorerst das Zürcher Justizwesen, dann das ganze politische System aufs Korn. Immer wieder attackierte er in populistischer Manier die «sogenannten Volksvertreter», die sich wie grosse Herren gebärdeten und auf Kosten des Volks Millionen scheffelten. Er erhob pauschale Vorwürfe, ohne Beweise vorzutragen, er schuf den Skandal, der die Volksmeinung gegen die Regierung aufbrachte. Im Dezember 1867 forderten grosse Volksversammlungen in Winterthur, Uster, Bülach und Zürich Aussersihl eine Totalrevision der Kantonsverfassung. Die Regierung sah keine andere Möglichkeit, als über das Begehren abstimmen zu lassen. Zur Überraschung aller wurde die Revisionsfrage mit überwältigender Mehrheit bejaht und gleichzeitig einem Verfassungsrat übergeben. In diesen wurden zu etwa zwei Dritteln Demokraten gewählt, so dass mit tiefgreifenden Veränderungen gerechnet werden konnte.

Die neue politische Situation motivierte eine Gruppe von Frauen, eine Petition an den Verfassungsrat zu formulieren. «Man hat seit Beginn der Verfassungsrevision eine allseitige Erweiterung der Volksrechte verkündet», schrieben sie, «und dabei allenthalben alles Mögliche und Unmögliche versprochen: nur die armen Frauen scheinen, gleich den Poeten bei der Theilung der Erde, mit leeren Händen davongehen zu müssen: Niemand spricht von ihnen und Niemand gedenkt ihrer verkümmerten und unterdrückten Menschenrechte.»[259] Die Petitionärinnen verlangten «Wahlberechtigung und Wahlfähigkeit für das weibliche Geschlecht in allen sozialen und politischen Angelegenheiten und Beziehungen». Schon lange hatten sich ungezählte einzelne oder in Vereinen organisierte Frauen in sozialen Angelegenheiten hervorgetan. Dabei waren sie rechtlich gar nicht handlungsfähig, das heisst, schon für den einfachen Rechtsakt einer Vereinsgründung brauchten sie die stellvertretende Unterschriften von Männern. Diese aber, stolz auf ihre Unentbehrlichkeit, weigerten sich, ihnen den geforderten «vollen Antheil an allen bürgerlichen Rechten» zu gewähren.

Die neue Zürcher Verfassung, die am 18. April 1869 vom männlichen Stimmvolk angenommen wurde, übertrug die Ausübung der Staatsgewalt ausdrücklich der Gesamtheit des Volks, verankerte das obligatorische Gesetzesreferendum, das Finanzreferendum und die Gesetzesinitiative. Die Wahl der Regierungsräte und der Ständeräte ging an das Volk über. Die Kantonsräte bekamen künftig eine Entschädigung, so dass auch Leute ohne Vermögen im Rat Einsitz nehmen konnten. Die meisten bisherigen Beschränkungen des Aktivbürgerrechtes für volljährige Männer fielen weg. Die Forderungen der demokratischen Bewegung waren also weitgehend berücksichtigt, die politischen Rechte des Volks vermehrt worden. Die Forderungen der Frauen aber blieben gänzlich unberücksichtigt.

11.4 Totalrevision der Bundesverfassung 1874

Die demokratische Bewegung blieb nicht auf die Kantone beschränkt, sondern griff auf die nationale Ebene über und rüttelte an der Position der «Bundesbarone». Die Demokraten forderten auch hier die Ausweitung der Volksrechte, speziell die Gesetzesinitiative oder mindestens das Gesetzesreferendum. Das war nicht ohne Verfassungsrevision zu machen. Zu den Revisionsbegehren der Radikalen traten also diejenigen der Demokraten hinzu, und beides zusammen mündete 1874 in die Totalrevision der Bundesverfassung.

Der relative Misserfolg der Revisonsvorlage von 1866 hatte nicht dazu geführt, dass die liberal-radikale Mehrheit der Bundesversammlung mit Revisionsvorschlägen zurückhaltender geworden wäre. Im Gegenteil schienen ihr gewisse Modifikationen am Verfassungsgerüst nur noch dringender. Dafür gab es innenpolitische, speziell kulturpolitische, aber auch aussenpolitische Gründe. Innenpolitisch ging es den Liberal-Radikalen darum, die Dynamik der Verfassungsentwicklung unter Kontrolle zu behalten. Während sie weiterhin die Zentralisierung und Säkularisierung des Staates vorwärtstreiben wollten, setzten sich die Demokraten für die direkte Kontrolle der Regierung durch das Volk ein, die Katholisch-Konservativen für den Schutz ihrer Religionsgemeinschaft im föderalistischen Rahmen und die Welschen entsprechend für den Schutz ihrer Sprachgemeinschaft. Die Liberal-Radikalen waren gegenüber den Demokraten kompromissbereit, aber sie wollten die Meinungsführerschaft behaupten. Keine Kompromissmöglichkeiten sahen sie gegenüber den Katholisch-Konservativen. Sie beharrten auf dem säkularisierten Staat, also einem Staat, der die Religionsfreiheit garantiert, selber aber an keine Religion gebunden ist. Sie waren nicht bereit, denjenigen nachzugeben, die im Interesse der Erhaltung der christlich-abendländischen Kultur die Möglichkeit der moralischen Einflussnahme der Kirche auf den Staat befürworteten. Der Widerspruch zwischen diesen beiden Positionen trieb im Sommer 1870 auf seinen Höhepunkt zu. Seit Dezember 1869 tagte nämlich in Rom das Erste Vatikanische Konzil, das am 18. Juli 1870 das sogenannte Unfehlbarkeitsdogma verkündete: Wenn der Papst ex cathedra Entscheidungen über kirchliche Lehrmeinungen treffe, so hätten diese als unfehlbar richtig zu gelten. Dieses Dogma heizte das Misstrauen der Liberalen gegenüber der Papstkirche neu an, beeinflusste die Verfassungsdebatte in der Frage, wie weit die kirchlichen Institutionen verfassungsmässigen Schutz geniessen sollten, und war noch während Jahrzehnten immer wieder Anlass zu kulturkämpferischen[260] Auseinandersetzungen.

Was die aussenpolitischen Gründe der Verfassungsrevision angeht, so machten sich vor allem die Ereignisse in Preussen bemerkbar. Seit 1862 war Bismarck preussischer Ministerpräsident und steuerte energisch eine Hegemonialstellung seines Landes innerhalb des Deutschen Bundes an. Im sogenannten Deutschen Krieg von 1866 triumphierte die preussische Armee, was der preussischen Politik mächtigen Auftrieb gab. In der Schweiz zogen manche Bundespolitiker aus diesen Vorgängen das Fazit, dass erfolgreiche Politik eine starke Armee voraussetze. Musste die Schweiz sich nicht auch in diesem Bereich modernisieren, vom System der kantonalen Mannschaftskontingente wegkommen und eine einheitliche eidgenössische Armee nach preussischem Muster schaffen? Die Zentralisierung der militärischen Kompetenzen sollte zu einer der wichtigsten Revisionsforderungen werden. Weitere wichtige Forderungen waren die schon 1866 vorgesehene Bundeskompetenz zur Einführung einheitlicher Masse und Gewichte sowie die vor allem von Juristen verlangte bundesweite Vereinheitlichung des Rechts.

1868 begann eine breite und intensive Diskussion über die Verfassungsrevision. Die verschiedenen politischen Gruppierungen mischten sich ein, machten Vorschläge. Auch Frauenorganisationen äusserten ihre Begehren, wurden aber kaum beachtet. Im Vordergrund standen die Auseinandersetzungen zwischen Liberal-Radikalen, Radikal-Demokraten, Katholisch-Konservativen und welschen Föderalisten. Bundesrat Jakob Dubs als Vorsteher des Departements des Innern sammelte die Vorschläge und versuchte, die Extreme auszuscheiden und nur das beizubehalten, was mit einiger Wahrscheinlichkeit eine Mehrheit bei Volk und Ständen finden würde. Seine Botschaft an die beiden Kammern des eidgenössischen Parlaments lag im Juni 1870 vor. Beide Räte wählten ihre vorberatenden Revisionskommissionen. Die nationalrätliche Kommission war von den zentralistischen Radikalen dominiert, und diese brachten weitere Anträge in ihrem Sinn ein.

Die weitere Verfassungsarbeit fand vor dem Hintergrund des deutsch-französischen Kriegs statt, der im August 1870 begann und im Januar 1871 mit der Niederlage Frankreichs, dem Sturz Napoleons III. und mit der Proklamation des deutschen Kaiserreichs endete. Bismarck hatte die deutsche Einigung zustandegebracht, und seine Auffassung vom straff geführten, militärisch gerüsteten und säkularisierten Machtstaat beeindruckte auch die schweizerischen Parlamentarier. In der Verfassungsdebatte erhielten nun diejenigen Auftrieb, die den Einfluss der Kirche weiter zurückdrängen, dem Bund neue Befugnisse übertragen und vor allem die Armee zentralisieren wollten. Die Revisionskommission trug bald eine derartige Fülle von Anträgen zusammen, dass man nicht mehr von einer einfachen Verfassungsrevision, sondern von einer *Totalrevision* sprach. Damit war aber der Karren überladen. Es bildete sich eine entschlossene Gegnerschaft von Katholisch-Konservativen und welschen Föderalisten, und in der Volksabstimmung vom 12. Mai 1872 wurde die Vorlage mit 255 606 Ja gegen 260 859 Nein verworfen.

Im Oktober 1872 fanden Nationalratswahlen statt, und das Ergebnis liess erkennen, dass die liberal-radikale und die radikal-demokratische Richtung erheblich an Gewicht gewonnen hatten. Das Einvernehmen zwischen den Katholisch-Konservativen und den welschen Föderalisten, die sich mehrheitlich zur liberalen und liberal-radikalen Richtung zählten, war inzwischen wieder geschwunden. Die Voraussetzungen für eine Verfassungsrevision waren günstiger geworden, und bereits im Dezember 1872 wurde im Nationalrat eine entsprechende Motion überwiesen. Inzwischen war Bundesrat Dubs aus dem Amt geschieden, und sein Nachfolger, der Zürcher Radikale Johann Jakob Scherer, verstärkte die Gruppe der Zentralisten im Bundesrat, die unter der Führung Emil Weltis stand. Am 4. Juli 1873 lag eine neue bundesrätliche Botschaft für eine Totalrevision vor. Wichtigste Neuerungen waren die Festigung der primären Militärhoheit des Bundes, die Einführung des fakultativen Gesetzesreferendums, die Verankerung der Glaubens- und Gewissensfreiheit auch für Nichtchristen, die Einführung der Handels- und Gewerbefreiheit, die Erweiterung der Kompetenzen des Bundesgerichts, die Erweiterung der Rechte der Niedergelassenen, die Kompetenz zur Einführung der Einheit von Massen und Gewichten und zur Vereinheitlichung des Zivilrechts und der Zivilprozessordnung. Die Aufgabe der Revisionskommissionen von National- und Ständerat bestand nun darin, die Anträge des Bundesrates im einzelnen daraufhin zu prüfen, ob sie mehrheitsfähig waren, ob sie also nicht nur von den Liberalen, den Liberal-Radikalen und den Radikal-Demokraten, sondern auch von den welschen Föderalisten akzeptiert werden konnten. Dem Waadtländer Nationalrat Louis Ruchonnet gelang es, den Willen der letzteren deutlich zum Ausdruck zu bringen und die Vorlage in ihrem Sinn zu modifizieren. Die Volksabstimmung vom 19. April 1874 ergab bei einer Stimmbeteiligung von über 80 Prozent mit 340 199 Ja gegen 198 013 Nein eine über Erwarten gute Annahme. Allerdings: Alle 8½ katholisch-konservativen Kantone, nämlich Luzern, Uri, Schwyz, Obwalden, Nidwalden, Zug, Freiburg, Tessin, Appenzell Innerrhoden und Wallis, hatten verworfen. Die Mehrheit der 13½ übrigen Stände aber hatte deutlich ja gesagt, und die Bundesversammlung setzte die neue Verfassung auf den 29. Mai 1874 in Kraft. Wie schon nach 1848 wurde auch jetzt wieder eine grosse gesetzgeberische Tätigkeit nötig, um den Buchstaben der Verfassung rechtswirksam werden zu lassen. Die Verfassung von 1874 erwies sich als geeignet, rechtliche Neuerungen zu ermöglichen und anzuregen. 1877 wurde das Fabrikgesetz in Kraft gesetzt, 1883 das Obligationenrecht, 1889 das Schuldbetreibungs- und Konkursgesetz, und nach Annahme des Vereinheitlichungsgrundsatzes für Zivilrecht und Strafrecht im Jahr 1898 wurde auch in diesen Gebieten die Schaffung von Bundesrecht in Angriff genommen. Auf einem Gebiet aber vermochte die Verfassung von 1874 nur einen sehr schwachen Innovationsschub zu bewirken, nämlich auf dem Gebiet der Rechte der Frauen. Dabei hatten sich Frauen rechtzeitig und mit gut überlegten Argumenten zu Wort gemeldet, waren aber einmal mehr missachtet worden.

11.5 Frauenpetition zur Verfassungsrevision

Am 9. Juli 1870 hatte der Vorstand der «Association internationale des femmes» einen langen Brief an den Nationalrat geschrieben und, im Hinblick auf die bevorstehende Verfassungsrevision, auf die besonderen Anliegen und Wünsche der Frauen hingewiesen. Die ersten Sätze des Briefes lauten: «Le Conseil National Suisse étant actuellement occupé, sur la présentation d'un projet du haut Conseil fédéral, à la révision de la Constitution fédérale, nous soussignées, au nom du comité centrale de l'Association internationale des femmes, prenons la liberté de vous demander de prendre sous votre protection les intérêts civils et moraux des femmes, et d'introduire à ce sujet dans la nouvelle Constitution, des lois qui placent la femme sur le pied d'égalité civile avec l'homme.»[261] Der Brief war unterzeichnet von Anna Gandillon, Sekretärin der Association, und von Marie Goegg-Pouchoulin, der Präsidentin.

Die Genferin Marie Goegg-Pouchoulin (1826–1899) war eine der wichtigsten Vorkämpferinnen der Frauenemanzipation in der Schweiz und der internationalen Frauen- und Friedensbewegung. Als junge Frau war sie aus einer gutbürgerlichen Ehe ausgebrochen und hatte den badischen Revolutionär Armand Goegg kennengelernt, der 1849 als politischer Flüchtling nach Genf gekommen war. Nach der Scheidung von ihrem ersten Mann heiratete sie Goegg im Jahr 1857 und kam durch ihn in Kontakt mit sozialistischen und pazifistischen Kreisen. Als 1867 auf Initiative französischer Pazifisten in Genf die «Ligue de la Paix et de la Liberté» gegründet wurde, machte sie mit ihrem Mann zusammen von Anfang an bei dieser Organisation mit. Die Friedensliga widersetzte sich der Vorstellung, die durch Krieg und Gewalt gegründeten Nationalstaaten müssten notwendig als Konkurrenten gegeneinander auftreten, und sie propagierte die alte Vision einer friedlichen Völkergemeinschaft. Diese Vision war mit der Frauenfrage verknüpft: Während im Kriegerstaat die Frauen diskriminiert waren, sollten sie in den künftigen Friedensstaaten ihren gleichberechtigten Platz haben. 1868 lancierte Marie Goegg im Organ der Friedensliga, der Wochenzeitung «Les Etats Unis de l'Europe», einen Aufruf unter der Losung «Frauen aller Länder vereinigt Euch». Mit den Frauen, die sich daraufhin meldeten, gründete sie die «Association internationale des femmes» und als deren Organ das «Journal des femmes», das später mit dem in Paris erscheinenden Blatt «Droits des femmes» fusionierte.

Der Brief der «Association internationale des femmes» vom Juli 1870 blieb wirkungslos. Nicht besser erging es einem Vorstoss der Berner Aristokratin Julie von May-von Rued (1808-1875). Sie war seit 1869 Mitglied der «Association» und versuchte ebenfalls, die Revision der Bundesverfassung zu beeinflussen. Im Mai 1872 lancierte sie eine Petition für die Rechte der Frauen; darin hiess es: «Wir fordern Alles was uns fehlt und wir fordern Alles was uns bis jetzt verweigert worden, um nicht bloss den Schweizernamen zu tragen, sondern auch die Schweizerrechte zu geniessen.» Im folgenden machte sie allerdings klar, dass sie doch nicht alles fordern wolle, sondern sich auf den Bereich des Zivil- oder Privatrechts beschränke: «Wir verstehen unter der ersten Grundbedingung unserer neuen Verfassung die Gleichheit der Geschlechter wie die Gleichheit der Stände, nämlich die unbedingte Gleichstellung der Frau mit dem Mann in allen sozialen und

374

privatrechtlichen Verhältnissen. Also: gleiche Ausbildung mit gleichem Kostenaufwand nach Massstab des Vermögens; gleiche Lohnung der Arbeit bei gleicher Leistung; gleiches Erbrecht und gleiches Eigenthums-, Verwaltungs- und Verfügungsrecht, sowohl aufs Ererbte als aufs Erworbene; totale Unabhängigkeit der Ehefrau vom Ehemann in der Administration ihres eigenen Vermögens und vollkommene Gleichberechtigung mit demselben im Überlebungsfalle auf das Vermögen des Verstorbenen; endlich vollkommen gleiches Mutter- wie Vaterrecht bei gleicher Pflichterfüllung gegenüber den Kindern.»[262] Warum diese Beschränkung auf den zivilrechtlichen Bereich? Julie von May ging davon aus, die Frauen seien in erster Linie zivilrechtlich entmündigt und müssten sich ein Leben lang mit männlicher Bevormundung abfinden. Deshalb seien sie sich der Rechte gar nicht bewusst, die ihnen eigentlich zukämen, und könnten auch kein politisches Bewusstsein entwickeln. Es sei deshalb unrealistisch, für die Verfassungsrevision sogleich die politischen Frauenrechte zu fordern. Vielmehr müsse zuerst die Vereinheitlichung des Zivilrechtes gefordert werden, und zwar so, dass die fortschrittlichsten Kantone zum Muster genommen würden. Es war klug, so zu argumentieren, da auch viele Männer der radikalen Partei eine Vereinheitlichung der kantonalen Rechtssysteme zu einem gesamtschweizerischen Rechtssystem wünschten. Julie von May schloss sich also dieser Forderung an und weitete sie auf das Gleichstellungspostulat aus.

So wenig Wirkung die Frauenpetition im Kanton Zürich gehabt hatte, sowenig bewirkten die Frauenvorstösse im Hinblick auf die Revision der Bundesverfassung. Immerhin war jetzt die Stellung der Frauen in Staat und Gesellschaft ein Thema, von dem eine Elite von gebildeten und kämpferischen Frauen und auch einige Männer nicht mehr abliessen. Die zu Beginn des 19. Jahrhunderts in vielen Schriften propagierte und schliesslich allgemein durchgesetzte Meinung, die Frauen seien ihrer Natur nach zwar geeignet zur Pflege des häuslichen Raums, aber völlig ungeeignet für die Politik, wurde zunehmend in Frage gestellt. Vor allem Sozialistinnen und Sozialisten lehnten den gesellschaftlichen Dualismus von Männern und Frauen ab, suchten ihn zu überwinden – genau so wie sie die Spaltung der Gesellschaft in die Klasse der Kapitalbesitzer und die Klasse der Arbeiter zu überwinden suchten. In allen Nationalstaaten forderten sozialistisch geschulte Frauen gesellschaftliche Reformen und politische Gleichberechtigung beider Geschlechter.

1872, nach dem Ende der deutsch-französischen Kriegs und der Gründung des deutschen Reichs durch den «eisernen Kanzler» Bismarck, gründete Marie Goegg die «Association pour le droit des femmes» und 1873 als Organ dieser neuen Vereinigung die Zeitung «Solidarité». In den beiden ersten Nummern der «Solidarité» vom Januar und Februar 1873 publizierte sie eine Art Grundsatzerklärung, deren zentraler Satz lautete: «Wir fordern die absolute Gleichstellung der Frauen vor dem Gesetz und in der Gesellschaft.»[263] Gemeint ist selbstverständlich die Gleichstellung zwischen Mann und Frau. Die beiden Geschlechter stellen zwar unterschiedliche Wesensarten dar, schreibt Marie Goegg, aber beide sind auf das gleiche, von der Natur bestimmte Ziel ausgerichtet, nämlich auf die Weiterentwicklung und Vervollkommnung der Menschheit. Für die individuell-moralische und gesellschaftliche Weiterentwicklung der Menschheit bedarf es unbedingt der engen Zusammenarbeit zwischen Mann und Frau. Es ist notwendig, die unterschiedlichen Fähigkeiten von Männern und Frauen gleichermassen zu nutzen. «Diese beiden menschlichen Wesen, die auf dasselbe Ziel hin geschaffen wurden und die sich in allen Dingen gedrängt sehen, sich anzunähern, können nicht weiterhin in zwei verschiedene Klassen eingeteilt werden, wie es bis anhin geschehen ist, und zwar in eine Klasse, die alles will und sich alle Rechte zugesprochen hat, und in eine andere Klasse, die nichts ist, die nichts kann und die verpflichtet ist, sich Gesetzen zu unterwerfen, die sie nicht verordnet und über die sie nicht abgestimmt hat.»

Es sollte noch beinahe hundert Jahre dauern, bis nach langem und mühsamem Weg die Frauen in der Schweiz das Stimmrecht bekamen und danach auch die volle rechtliche Gleichstellung. In andern Ländern bekamen die Frauen schon nach dem Ersten Weltkrieg oder noch früher das Wahlrecht und wurden so in den Nationalstaat integriert, aber überall waren sie vorher ausgeschlossen gewesen, weil der kriegerische Staat sie als zu weich, zu sehr um Ausgleich und Frieden bemüht und deshalb als ungeeignet für seine Zwecke angesehen hatte.

12. Nationalidee, Mythos und Geschichte

Nach dem Sonderbundskrieg triumphierten die Sieger, und die Unterlegenen resignierten grollend. Es gelang zwar eine oberflächliche Versöhnung, aber auch nach der Gründung des Bundesstaates gab es weiterhin die beiden Lager. Eine der wichtigsten Aufgaben bestand nun darin, die Wunden zu heilen und einen politischen Minimalkonsens herzustellen. Nicht alle Politiker widmeten sich gleichermassen dieser Aufgabe; manche hielten ihre jeweilige politische Wahrheit für unverrückbar und beharrten rücksichtslos auf ihren Kampfpositionen. Trotzdem konnte der innenpolitische Frieden einigermassen gewahrt werden, nicht zuletzt deshalb, weil das wachsende Nationalbewusstsein immer grösseren Bevölkerungsschichten moralische und ästhetische Befriedigung bot und weil der Nationalstaat auch den materiellen Bedürfnissen der Bevölkerung entgegenzukommen schien. Bis zum Ende des Jahrhunderts stellte sich zwischen den Katholisch-Konservativen und den vorerst allein regierenden Liberalen und Radikalen gegenseitige Toleranz ein. Natürlich brachen immer wieder neue innenpolitische Gegensätze auf, aber die Nationalidee war das feste, einigende Band, das die Schweiz zusammenhielt. Dass die nationale Versöhnung gelang, war nicht nur das Verdienst einiger um Ausgleich bemühter Politiker, sondern auch vieler engagierter Bürgerinnen und Bürger, Lehrerinnen und Lehrer, Pfarrer und Kulturschaffender. Sie verbreiteten und popularisierten die nationale Idee, die sich in einem das Bewusstsein prägenden *nationalen Mythos*[264] verdichtete. Dieser Mythos bestand aus den alten *Geschichten* von den tapferen, freiheitliebenden Eidgenossen, und er machte sich fest an nationalen Symbolen wie der Schweizer Fahne, dem Rütli, dem Schillerstein im Urnersee, der Armee und den Alpen, die als Hort der Schweizerfreiheit gedeutet wurden.

12.1 Der nationale Mythos

Das Schweizer Volk, das im neuen Staat die Bürde der Souveränität übernehmen und politische Verantwortung tragen musste, das dabei ermüdende Erfahrungen mit widersprüchlichen Interessen und mannigfachen politischen Schwierigkeiten machte, war dankbar für alle nationalen Mythen und Symbole, denn diese haben die angenehme Eigenschaft, entlastend zu wirken. Die Entlastung besteht darin, dass die Nation plötzlich als eine objektive Gegebenheit erscheint, die letztlich auch ohne besondere politische Anstrengung des Souveräns weiterbestehen kann. Die Nation als Vorstellung, die immer wieder als gute Idee verwirklicht werden muss, wird im Extremfall zur blossen Ideologie. Die anspruchsvolle Aufgabe, ein Staatswesen auf die Souveränität der Nation zu gründen, reduziert sich dann auf ein simples Unterscheiden zwischen «schweizerisch» und «unschweizerisch». Der nationale Mythos trägt also neben der positiven Funktion, das nationale Bewusstsein zu stärken, auch die Gefahr in sich, Denken durch Glauben, politisches Handeln durch das Zelebrieren von Vorurteilen zu ersetzen.

Der nationale Mythos der Schweiz ist in seiner Funktion durchaus vergleichbar mit den nationalen Mythen anderer Länder, die sich ebenfalls auf legendär gewordene historische Ereignisse beziehen. Auffallend ist aber, dass der schweizerische Geschichtsmythos die historische Entstehung des schweizerischen Nationalstaates, also die Zeit zwischen 1798 und 1848, vollständig ausklammert und sein Fundament im Tellenschuss, im Rütlischwur und im Burgenbruch findet, also in sagenhaften Ereignissen aus dem Mittelalter. Der schweizerische Nationalfeiertag bezieht sich auf den Bundesbrief von 1291, der als Gründungsakte der Schweiz betrachtet wird. Der Bundesbrief ist ein Faktum aus dem Mittelalter, das im nationalen Mythos in eine sagenhafte Geschichte eingebettet wird. Auch andere nationale Mythen beziehen Mittelalterliches und Sagenhaftes mit ein, aber daneben auch neuere und überprüfbare historische Fakten. So stützt sich das nationale Bewusstsein in unserem westlichen Nachbarland auf die Französische Revolution; die Franzosen haben den 14. Juli 1789, den Tag des Bastillesturms, zum Nationalfeiertag erhoben. Die französische Staatsnation vergewissert sich ihrer selbst durch den Bezug auf Ereignisse der Moderne. Warum tut das die Nation Schweiz nicht? Weshalb haben wir Schweizerinnen und Schweizer die Revolutionsperiode von 1798 bis 1848 aus dem nationalen Bewusstsein ausgeblendet? Den Franzosen fällt es leicht, die Revolution zu bejahen, weil diese trotz aller Schattenseiten in ihrem ideellen Gehalt immer als eine Sternstunde der Menschheit betrachtet wurde. Noch einfacher ist es für die Amerikaner, deren Revolution am Ende des 18. Jahrhunderts als Selbstbefreiung der Nation von der Herrschaft des englischen Königs erscheint. Der nationale Mythos Amerikas besteht aus der Unabhängigkeitserklärung mit ihrer grossartigen Menschenrechtsidee, aus dem für die Durchsetzung dieser Idee geführten Unabhängigkeitskrieg und der für die Absicherung von Freiheit und Recht notwendigen Staatsgründung; das Personal dieses Mythos besteht aus den Verfassungsvätern, die auch die ersten Präsidenten der USA waren. Die Nation Schweiz will dagegen weder ihre ersten Bundespräsidenten noch ihre Verfassungsväter kennen, sondern nur die sagenhaften Helden aus grauer Vorzeit. Es besteht in der Schweiz eine Scheu, sich an die Revolution von 1847/48 zu erinnern, denn die revolutionäre Gewalt richtete sich weder gegen die Sonderklasse der Adligen wie in Frankreich noch gegen eine fremd gewordene Krone im fernen «Mutterland» wie im Fall der Vereinigten Staaten, sondern sie richtete sich gegen die konservativen Mitbürger im eigenen Land. Die nationale Revolution in der Schweiz ist – so paradox das klingen mag – aus dem nationalen Bewusstsein verdrängt worden, und zwar deshalb, weil die Nachfahren der Revolutionäre, also die Sieger im Kampf um den Nationalstaat, die Unterlegenen nicht beständig an ihre Niederlage erinnern und diese umgekehrt nicht ständig erinnert werden wollten. Dazu kommt ein weiteres: Die schweizerischen Geschichtsschreiber bemühten sich, den kränkenden Umstand zu verdrängen, dass die nationale Revolution 1798 mit der Intervention einer fremden Armee begonnen hatte. Deshalb verknüpften sie die nationale Identität nicht mit den Revolutionen, sondern mit der unverfänglicheren mittelalterlichen Geschichte. Unser nationaler Mythos erzählt nichts von der spannenden Auseinandersetzung zwischen den Weltanschauungen und Staatskonzepten im 19. Jahrhundert, nichts über den Streit zwischen Kantonen, Konfessionen und sozialen Schichten. Er gestaltet nicht die interessante Geschichte, wie die Schweiz ein moderner Staat wurde, sondern variiert die alten und weitgehend frei erfundenen Geschichten von Tell und Winkelried, vom Burgenbruch und der Vertreibung der habsburgischen Vögte.

Die nationale Befreiungsgeschichte der Schweiz ist die Geschichte von der Ablösung eines kleinen, wehrhaften Landes von äusserer Bindung, vom unablässigen Kampf gegen fremde Bedrücker. Diese Geschichte war in alten Chroniken immer wieder gestaltet worden, und sie wurde an der Wende vom 18. zum 19. Jahrhundert gewissermassen kanonisiert. Einzelne Teile dieser Geschichte wurden von Schriftstellern in immer neuen Formen nacherzählt, Maler hielten einzelne Szenen daraus fest, und Bildhauer gestalteten die nationalen Symbolfiguren in Bronze oder Stein. Sehr beliebt waren auch die sogenannten lebenden Bilder: Im Rahmen eines Turn- oder Sängerfestes wurde der Tellenschuss, der Rütlischwur oder die Selbstopferung Winkelrieds durch verkleidete Vereinsmitglieder nachgestellt, die dann in einer mehrere Minuten dauernden Unbeweglichkeit verharrten. Ebenso beliebt, aber aufwendiger waren Festumzüge und vor allem Theateraufführungen. Für die letzteren bot sich die Tellensage an, und zwar in der Form, die ihr Schiller gegeben hatte. In seinem Entwicklungsroman «Der grüne Heinrich» schildert Gottfried Keller, wie in seinem zürcherischen Heimatdorf nach dem liberalen Umsturz die Fastnacht nicht mehr nach altem Muster mit grotesken Maskeraden gefeiert wurde, sondern einen ernsthafteren Gehalt bekam: «Mein Heimatdorf war nebst ein paar andern Dörfern von einem benachbarten Marktflecken eingeladen worden zu einer grossen Darstellung des Wilhelm Tell. [...] Man legte der Aufführung Schillers Tell zugrunde, welcher in einer Volksschulausgabe vielfach vorhanden war, darin nur die Liebesepisode zwischen Berta von Bruneck und Ulrich von Rudenz fehlte. Das Buch ist den Leuten sehr geläufig, denn es drückt auf wunderbare Weise ihre Gesinnung und alles aus, was sie durchaus für wahr halten; wie denn selten ein Sterblicher es übel aufnehmen wird, wenn man ihn dichterisch ein wenig oder gar stark idealisieren wird.»[265]

Schillers Tell als Volksbuch «drückt auf *wunderbare* Weise» das aus, was die Leute für wahr halten, schreibt Keller. Es geht in seinem Kapitel über das Fastnachtsspiel um ein Wunder, das sich in symbolischer Form ereignet, um eine Heilsgeschichte, die im Mythos gründet. Ernst Cassirer hat in seiner «Philosophie der symbolischen Formen» diesen Bereich menschlichen Denkens und Handelns untersucht. Er bestreitet die gängige Meinung, wonach der Mythos eine allegorische Erzählung sei, die bildhaft eine vernünftige Wahrheit verkündet. Für ihn ist der Mythos ein irrationaler Komplex, der im Ritual gründet. Es geht im Mythos darum, am Sakralen zu partizipieren und so Gemeinschaft zu erfahren. Der Mythos ist zu allererst gemeinschaftsstiftend, oder er erneuert oder rettet eine bestehende Gemeinschaft. Das ist die positive Seite, die aber ins Negative umschlägt, wenn der Mythos sich verselbständigt und nicht mehr durch die Vernunft unter Kontrolle gehalten wird. In seinem letzten, 1945 fertiggeschriebenen Buch «Der Mythus des Staates» geht Cassirer von der Hypothese aus, die deutschen Nationalsozialisten hätten die alten Mythen wiederbelebt und das in ihnen liegende Potential an Grausamkeit entfesselt, indem sie diejenigen ausschalteten, die den Mythos hätten bändigen können, nämlich die Intellektuellen. In den nationalsozialistischen Mythen ist etwas auf die Spitze getrieben, was in allen nationalen Mythen schlummert, denn jeder Mythos hat eine Tag- und eine Nachtseite. Die erste kann vernünftig begründet werden, die zweite aber appelliert an dunkle Triebe und ist zerstörerisch.

Die beiden Seiten des Mythos lassen sich auch aus der Beschreibung des Fastnachtsspiels im «Grünen Heinrich» ablesen. Zunächst bleibt alles auf der Tagseite. Keller schildert die Rütlischwurszene, und er sagt ausdrücklich, sie sei am hellichten Tag und unter Weglassung der Stellen, die sich auf die Nacht beziehen, aufgeführt worden: «Auf dem Rütli ging es sehr ernst und feierlich her; während das bunte Volk auf den Abhängen unter den Bäumen umhersass, tagten die Eidgenossen in der Tiefe. Man sah dort die eigentlichen wehrbaren Männer mit den grossen Schwertern und Bärten, kräftige Jünglinge mit Morgensternen und die drei Führer in der Mitte. Alles begab sich auf das beste und mit viel Bewusstsein ...» Erst am Abend spät, als das Tellspiel längst beendet ist und die Darsteller noch in den Weinstuben herumsitzen, kommt die Nachtseite zum Zug. Harmlose Spötteleien gehen hin und her, bis sich plötzlich, beduselt vom Wein, alle auf den einen stürzen, der als Anhänger der bezopften Konservativen gilt. Er wird grausam verhöhnt, und da schreit er zurück: «Sauft den radikalen Rachenputzer eurer berühmten politischen Wirte! Ich halte es mit den Zöpfen!» Damit gibt er seiner Meinung Ausdruck, der neumodische politische Radikalismus sei schuld daran, dass der Wein schlecht geworden sei und den Rachen kratze. Das ist auch noch harmlos. Aber jetzt kommt es plötzlich zu einem hitzigen Wortgefecht, in dem gar nicht mehr von anwesenden Personen die Rede ist, sondern das abschweift auf die politischen Honoratioren, die genüsslich durch den Dreck gezogen werden. Keller analysiert den Vorgang präzise; es sei so weit gekommen, schreibt er, dass die weintrinkenden Männer «gegenseitig ihre Grundsätze, Tatsachen und Parteiführer heruntermachten, und das in Ausdrücken, Vergleichungen und Wendungen, Schlag auf Schlag, wie sie kein dramatischer Dichter für seine Volksszenen treffender und eigentümlicher erfinden könnte; nicht einmal nachzuschreiben wären sie, so leicht und blitzähnlich entsprangen die Witze aus den Voraussetzungen, welche bald wahr und richtig, bald böslich ersonnen, doch immer sich auf die Verhältnisse und Personen gründeten. Ein Leitartikel oder eine Rede wäre zwar aus diesem Turnier nicht zu schöpfen gewesen, doch konnte man sehen, welch eine ganz vertrackte Kritik das Volk auf seine Weise führt, und wie sehr sich derjenige trügt, welcher, von der Tribüne herunter zu zweifelhaften Zwecken das ‹biedere gute Volk› anrufend, ein allzu wohlwollendes und naives Pathos voraussetzt. Selbst Äusserlichkeiten, Angewöhnungen und körperliche Gebrechen wurden in einen solchen Zusammenhang mit den Worten und Handlungen hervorragender Männer gebracht, dass die letzten nur noch eine notwendige Folge der ersten zu sein schienen und man glaubte, in den ungelehrten, aber phantasiereichen Volksleuten die doktrinärsten Physiognomisten vor sich zu sehen. Mancher angesehene Mann ward hier zu einem lächerlichen oder unheimlichen Popanz umgeschaffen, dass er leibhaft zu sehen war, und selbst die Verteidigung desselben hätte etwas Demütigendes für ihn gehabt, wenn er sie gehört hätte.» So endete also der Aufschwung der Gemüter nach Abschluss des Tellspiels in bösartiger Aggressivität. Es ist, wie wenn der durch die nationalen Gefühle zu einem besseren Ich erhobene Mensch am Abend im Wirtshaus seine Nichtigkeit gefühlt hätte und deshalb andere hätte heruntermachen müssen. Mit dieser Szene kritisiert der gereifte Keller – die hier zitierte zweite Fassung seines «Grünen Heinrich» entstand erst um 1880 – nicht nur «das Volk», sondern letztlich auch sein eigenes nationalistisches Ungestüm, das ihn 35 Jahre früher manchmal zu massiven Ausfälligkeiten gegen andere, ihm persönlich unbekannte Menschen verführt hatte.

12.2 Geschichtsschreibung nach Johannes Müller

Geschichte und Mythos waren bis zum 19. Jahrhundert eins gewesen. Bis dahin gab es keine kritische Geschichtsschreibung, weil es den wissenschaftlichen Beruf des Historikers noch nicht gab. An den Hochschulen war die Geschichte kein selbständiger Wissenschaftszweig, sondern wurde als Teil der Rhetorik, allenfalls als Hilfswissenschaft der Theologie angesehen. Die praktische Geschichtsschreibung war eine Sache von Amateuren, die sich auf die Überlieferung und auf ein meist dürftiges und zufälliges Quellenmaterial stützten; die Archive der Regierenden waren nicht öffentlich und konnten kaum je benutzt werden. Sie waren für die Geschichtsschreibung auch gar nicht so wichtig, denn das Erzählen alter Geschichten diente in erster Linie der moralischen Belehrung, der Förderung der

Lebensklugheit oder der Selbstvergewisserung und der Identitätsfindung von Herrschern oder sozialen Gruppen. Eine solche Geschichtsschreibung bezeichnete man in der geisteswissenschaftlichen Methodendiskussion des 19. Jahrhunderts als pragmatisch[266], weil sie sich nicht eigentlich darum bemühte, vergangenes Geschehen exakt zu rekonstruieren, sondern alte Chroniken und andere schriftliche Zeugnisse auf ihren praktischen Wert für das Leben abklopfte, nach ästhetischen Gesichtspunkten neu formte und so erzählte, dass daraus ein moralischer Nutzen gezogen werden konnte.

Johannes Müller, der Verfasser der berühmten «Geschichten schweizerischer Eidgenossenschaft», zählt noch weitgehend zu diesen «pragmatischen» Geschichtsschreibern. Aus seinen Schriften liess sich aber mit viel gutem Willen auch so etwas wie eine Teleologie der Geschichte ablesen, nämlich eine Zielgerichtetheit in der Entwicklung des Volks der Eidgenossen hin zu Freiheit und Eigenstaatlichkeit. Deshalb galt er den Liberalen des 19. Jahrhunderts als Begründer einer wahrhaft nationalen Geschichtsschreibung und als Vertreter einer liberalen und demokratischen Gesinnung. Die Konservativen dagegen, gestützt auf die in den 1830er Jahren von Eutych Kopp vorgebrachte Kritik, lehnten ihn ab. Man gestand ihm aber allgemein zu, er habe als Historiker seriös gearbeitet; er galt mehr als die alten Chronisten. Man sah in ihm weder einen blossen Sagenerzähler noch einen spekulativen Geschichtsphilosophen, sondern einen auf breiter Quellenbasis arbeitenden Geschichtsforscher. Aus heutiger Sicht muss man diese Ansicht stark relativieren: Punkto Faktenwissen stand Müller näher bei den frühneuzeitlichen Chronisten als bei den Geschichtswissenschaftlern des 19. Jahrhundert. Er hatte wohl ein breites Quellenmaterial benutzt; aber das hatte auch schon Ägidius Tschudi (1505–1572) bei der Niederschrift seiner Schweizer Chronik getan. Und Müller kannte so wenig wie Tschudi die Technik der Quellenkritik, die erst im Lauf des 19. Jahrhunderts entwickelt wurde. Er strebte nicht in erster Linie nach historischer Wahrheit – was immer man darunter verstehen mag –, sondern es ging ihm um den interessanten Stoff, der den patriotischen Sinn der Geschichte zu vermitteln vermochte. Deshalb liebte er die Tellengeschichte, und es störte ihn wenig, dass die historische Existenz Tells schon durch die Schrift «Wilhelm Tell, ein dänisches Mährgen» (anonym 1760) in Frage gestellt worden war. Ungeprüft übernahm er die Geschichte vom Apfelschuss und vom Gesslermord aus der Chronik von Tschudi. Schiller aber, dessen «Wilhelm Tell» 1804 in Weimar erstmals aufgeführt wurde, stützte sich seinerseits auf Müller.

Müller war in seiner Darstellung der Geschichten der Eidgenossen nur bis zu den Burgunderkriegen gelangt. Der Solothurner Robert Glutz-Blotzheim (1786–1818) fasste gleich nach dem Tod des von ihm bewunderten Müller den Gedanken, dessen Werk fortzusetzen. Er begann 1811 mit dieser Arbeit und veröffentlichte 1816 seine «Geschichte der Eidgenossen», welche die Jahre 1489 bis 1516 umfasste; die Fortsetzung schaffte er nicht mehr, weil er schon zwei Jahre später starb. Was bei Müller noch «Geschichten» geheissen hatte, war bei Glutz Geschichte in der Einzahl. Nicht mehr die exemplarischen, lehrhaften Geschichten standen für ihn im Vordergrund, sondern der Versuch herauszufinden, wie sich der ganze Ablauf der nationalen Geschichte gestaltete, nach welchen Gesetzen sich die Eidgenossenschaft entwickelte. Sein Buch zeugt von einer neuen, skeptischen Auffassung. Es gelang ihm nicht, den optimistischen Mythos Müllers weiterzuspinnen; zu sehr war er beeindruckt von den Wirrnissen in der Eidgenossenschaft und den Streitigkeiten unter den Eidgenossen. Er behalf sich damit, dass er den heldischen und tugendhaften Schweizer, wie Müller ihn gezeichnet hatte, für die Zeit vor 1489 gelten liess und danach einen sittlichen Abstieg konstatierte. Im Söldnertum sah er den Hauptgrund für das nationale Verderben.

Inzwischen hatten man in nationalen Kreisen erkannt, wie wichtig es wäre, eine vollständige nationale Geschichte der Schweiz zu besitzen. Den Anfang, den Müller und Glutz gesetzt hatten, betrachtete man als Basis, auf der nun weitergebaut werden sollte. Johann Jakob Hottinger (1783–1860), Geschichtslehrer an der Zürcher Kunstschule und Gründer einer vaterländisch-historischen Gesellschaft, schuf im Anschluss an Glutz den Teil über die Reformation. Für die Weiterführung gewann er die beiden Waadtländer Vulliemin und Monnard. Damit war nun auch die Welschschweiz in das nationale Werk eingebunden. Louis Vulliemin (1797–1879), Theologe und Geschichtsschreiber, übertrug zunächst Hottingers Reformationsgeschichte ins Französische und schrieb danach den Teil über die Zeit zwischen 1532 bis 1715. Den letzten Teil sollte Charles Monnard (1790–1865) übernehmen. Er war seit 1816 Professor für französische Literatur an der Akademie in Lausanne und seit 1830 einer der führenden liberalen Politiker in der Waadt. 1837 bis 1840 übersetzte er Müller und Glutz ins Französische. 1845 wurde er Professor in Bonn. 1851 konnte er seine Beschreibung der Epoche von 1715 bis 1815 abschliessen. Die erste grosse Schweizer Geschichte wurde also im Ausland vollendet. Die Teile von Vulliemin und Monnard wurden gleichzeitig ins Deutsche übersetzt.

1853 lag die ganze «Geschichte der schweizerischen Eidgenossenschaft/ Histoire de la Confédération suisse» in beiden Sprachen vor. Die Schweiz hatte ihre nationale Geschichte in Form eines zweisprachigen Standardwerks.

12.3 Die kritische Geschichtsschreibung

Müller war sakrosankt, bis Kopp ihn kritisierte. Joseph Eutych Kopp (1793–1866) stammte aus dem luzernischen Beromünster, studierte in Freiburg im Breisgau und in Paris klassische Philologie und wurde Lehrer am Luzerner Lyzeum. Er war ein konservativer Katholik. 1828 veröffentlichte er einen Auszug aus Müllers «Geschichten schweizerischer Eidgenossenschaft» und bekannte sich im Vorwort als Verehrer Müllers. Wenige Jahre danach ging er auf Distanz. Er bereitete eine Denkschrift[267] zur fünfhundertjährigen Mitgliedschaft Luzerns im Bund der Eidgenossen vor, ging zu diesem Zweck in die Archive, wo er sich die Quellen in kritischer Philologenart vornahm. «Er erkannte, dass die sagenfrohe Geschichte der ersten Eidgenossenschaft vor den unbestochenen Zeugnissen nicht bestand», schreibt Feller.[268] Es war vor allem seine politische Grundhaltung, die Kopp den kritischen Sinn gegenüber Müller eingab. Je mehr sich die Liberalen und Radikalen auf die von Müller geformte eidgenössische Gründungslegende beriefen und Habsburg-Österreich zum Erbfeind machten, desto eher schien es einem konservativen Katholiken geboten, gegenüber dem rebellischen Tellengeist die weise Ordnungspolitik der Habsburger hervorzuheben. Kopp war der Meinung, es gelte Müller «abzutragen». Die durch Dokumente belegte Rechts- und Reichsgeschichte des 13. Jahrhunderts zeigte ihm etwas anderes, als die Befreiungssage glauben machen wollte. Er verwarf Tell, an dessen Historizität schon vor ihm gezweifelt worden war, verwarf aber auch die Geschichte vom Burgenbruch und der Vertreibung der Vögte. Das hatte vor ihm noch niemand gewagt, und entsprechend gross war die Empörung. Er lege seine Axt an den Baum der Freiheit, wurde gesagt. Aber Kopp forschte unbeirrt weiter, veröffentlichte seine Quellen, gab 1839 auch die «Amtliche Sammlung der älteren eidgenössischen Abschiede» mit den Urkunden von 1291 bis 1420 heraus und fand in der Fachwelt allmählich Anerkennung. In freisinnigen Kreisen aber misstraute man ihm weiterhin, sah seine Geschichtsdarstellung als ein politisch motiviertes Machwerk an. 1844 war im liberalen «Eidgenossen» zu lesen: «Als Historiker soll Herr Kopp alle früheren schweizerischen Geschichtsschreiber überragen. Wir hingegen glauben, der Ruf eines Johann Müller wird unauslöschlich in der Geschichte fortleben, wenn sein Kritiker Eutych Kopp längst vermodert und sein Name verschollen ist. Österreichische Geschichtsschreiber werden höchstens des letztern Bücher ausbeuten, weil sie ihnen in den Kram dienen.»[269] Auch manchen Konservativen gingen Kopps skeptische Thesen zu weit, etwa dem Basler Staatsrechtler Andreas Heusler, der schon 1835 in seiner Abhandlung «Von den Anfängen der Freiheit von Uri bis auf Rudolf von Habsburg» geschrieben hatte, Kopp sei originalitätssüchtig. Heusler stellte seinen Patriotismus über seinen kritischen Geist, wenn er Kopps Auffassung als tendenziell staatsgefährdend charakterisierte. Er verteidigte die Erzählung Tschudis, wobei er sich auf Annahmen stützte, die sich nicht halten liessen.

Die Geschichtsforschung entwickelte ein kritisches Intrumentarium, und jeder Historiker, der als seriös gelten wollte, musste es anwenden. So liessen sich die Tellengeschichte und die Vertreibung der Vögte nicht mehr als Tatsachen hinstellen, und sie wurden in den Bereich der Sage verwiesen. Dafür brachte die kritische Geschichtsforschung andere, vor allem rechtsgeschichtliche Fakten an den Tag. Es begann nun eine intensive Beschäftigung mit der Gründungsgeschichte und der Entwicklung der Eidgenossenschaft bis auf die neuste Zeit. Ohne die vielen kritischen Untersuchungen zu einzelnen Epochen und zu begrenzten geographischen Gebieten wäre die Gesamtdarstellung, die Glutz, Hottinger, Vulliemin und Monnard in der Nachfolge Müllers schrieben, nicht möglich gewesen, und nur so konnte sich überhaupt so etwas wie eine nationale Geschichtsschreibung entfalten. In der Deutsch- und in der Welschschweiz entstanden auch mehrere knapp gefasste Überblicksdarstellungen, die alle aus einer freisinnigen Grundhaltung heraus geschrieben waren; das katholisch-konservative Geschichtsbild vermochte sich in der nationalen Geschichtsschreibung nicht durchzusetzen.

Gegen Ende des Jahrhunderts war die Forschung so weit, dass eine neue grosse Gesamtdarstellung möglich wurde. Der St. Galler Lehrer und Bibliothekar Johannes Dierauer (1842–1920) nahm sich dieser Aufgabe an. Inzwischen waren auch in andern Ländern nationale Geschichten geschrieben worden, und die deutschen Gelehrten A. H. L. Heeren und F. A. Ukert hatten diese Ländergeschichten im Rahmen einer umfassenden «Geschichte der europäischen Staaten» publiziert. Auch die «Geschichte der Schweizerischen Eidgenossenschaft» war seit langem als Publikation in dieser Reihe vorgesehen gewesen. Dierauers Werk wurde also nicht in einem Schweizer Verlag, sondern bei Friedrich Andreas Perthes in Gotha veröffentlicht. 1887 erschien der erste Band. Dierauer schrieb im Vorwort: «Schon vor fünfzig Jahren ist daran gedacht worden, die Geschichte der Schweiz in die grosse Heeren-Ukertsche Sammlung aufzunehmen. Verschiedene Hindernisse stellten sich damals der Ausführung des Planes in den Weg. Neben Motiven persönlicher Art, die hier nicht zu erörtern sind, kamen vornehmlich sachliche Bedenken in Betracht. Denn die wichtigsten Quellen zur älteren schweizerischen Geschichte harrten noch der Veröffentlichung, und über die Gründungsperiode der Eidgenossenschaft hatten kritische Untersuchungen, welche die Autorität der hergebrachten Ansichten erschütterten, erst eben begonnen. In der Folge wurde dann der Boden für das Unternehmen allmählich vorbereitet. Die eidgenössischen Behörden veranstalteten die grundlegende Publikation der ‹Abschiede›. Zahlreiche Urkundenwerke erschienen, welche die festen Bausteine zur Geschichte einzelner Landesteile, Städte und Geschlechter lieferten. Aufs eifrigste durchforschte man in der Ost- und Westschweiz die wichtigsten Epochen der Vergangenheit. Historische Vereine, voran die schweizerische geschichtsforschende Gesellschaft, förderten freudig und einsichtig die geschichtliche Kunde für engere und weitere Gebiete. Mit unvergleichlicher Arbeitskraft und Heranziehung eines gewaltigen Materials schrieb Kopp inzwischen seine umfangreiche ‹Geschichte der eidgenössischen Bünde›. Zuversichtlicher als früher konnte endlich eine zusammenfassende Darstellung an die Hand genommen werden.»[270]

Erst 1917 war Dierauers Werk vollendet; es umfasste fünf Bände mit genauen Quellenangaben. Die Fachwelt und ein weiteres Publikum hatten die neue Geschichtsdarstellung von Band zu Band mit wachsender Begeisterung aufgenommen. Mit Bundeshilfe wurde sie ins Französische übersetzt, und sie verdrängte endgültig die veraltete Sicht von Müller. Dierauers «Geschichte der Schweizerischen Eidgenossenschaft» erlebte mehrere Auflagen und wurde für lange Zeit zur Standardgeschichte der Schweiz. Sie war eine nüchterne Abhandlung über die historischen Ereignisse im Gebiet der Schweiz von der römischen Zeit bis 1848. Dierauer hatte versucht, alles Spekulative auszuschalten, den quellenmässig belegen Fakten zu folgen und das Ganze klar und folgerichtig aufzubauen. Das war ihm gelungen, weil er die ganze eidgenössische Geschichte als zweckgerichtet auffasste – ausgerichtet auf das ideelle Ziel der Gründung des Bundesstaates. Das war sein roter Faden, das wollte er ins Licht stellen: dass die schweizerischen Eidgenossen in allen ihren Kämpfen nach innen und nach aussen ihre nationale Einheit suchten, die sich schliesslich im Nationalstaat befestigte. Er vernachlässigte kultur-, wirtschafts- und sozialgeschichtliche Zusammenhänge, konzentrierte sich auf die politische Geschichte im engeren Sinn. Er war dem Freisinn verpflichtet, und was die freisinnige Partei bis 1848 politisch erreicht hatte, das war für ihn der Höhepunkt, auf den alle vorangehende Geschichte zustrebte. Geschichte war für ihn Staatswerdung, die Schweizer Geschichte war das Werden des Bundesstaates.

Dierauer beginnt mit der römischen Vorgeschichte, um dann die Entstehung territorialer Gewalten im Mittelalter darzustellen. Darauf folgt das Ausscheiden der drei Waldstätte aus den fürstlichen, also von der Obrigkeit her organisierten Territorien und die Gründung neuer, vom Volk her gedachter und auf Bündnisse gegründeter Territorien. Die Staatswerdung der Schweiz ist bereits in den ersten Bünden der Waldstätte angelegt; die Bündnisse sind der Keim, in denen die Anlage zum künftigen Nationalstaat schon enthalten ist. Dierauer meint, wenn er sich ausschliesslich auf die schriftlichen Quellen stütze, könne er diesen völlig unbefangen die «Bausteine» zu seiner Geschichte des eidgenössischen Staatswesens entnehmen. In seiner vermeintlichen Nüchternheit merkt er gar nicht, wie stark seine Interpretation vom deutschen Idealismus geprägt ist, wie stark er einer «naturalistischen» Geschichtsphilosophie frönt. Ganz selbstverständlich begreift er die Geschichte der Eidgenossenschaft als ein «Werden» und «Wachsen» dessen, was eben im Keim der ersten Bündnisse schon angelegt war. Natürlich erscheinen auf dem langen Weg der Staatswerdung mancherlei Hindernisse, natürlich gibt es Fehlentwicklungen, die korrigiert werden müssen, aber in den grossen Zügen ist alles Fortschritt und Höherentwicklung. Dies spiegelt sich in Kapitelüberschriften: Auf «Die ersten Bünde bis 1291» folgt «Der Sieg des Volkes 1292–1318», und die weiteren Kapitel behandeln die Bündnisse mit Luzern, Zürich und Bern. Der nächste Teil des ersten Bandes trägt die Überschrift «Ausbildung der Freiheit und der Macht», und er gliedert sich in die Kapitel «Eigenmächtige Regungen der Eidgenossen 1355–1370», «Neue kriegerische Verwicklungen 1370–1384», und «Überwindung der österreichischen Herrschaft 1385–1394.» So arbeitet sich Dierauer Schritt für Schritt weiter durch die Geschichte, bis er schliesslich beim letzten Teil anlangt: «Vom Staatenbund zum Bundesstaat.» Er bezeichnet den Bundesstaat als «natürliches Ziel» der Geschichte der Eidgenossenschaft, spricht in Troxlerscher Manier von Regeneration und behauptet, der Bundesstaat sei die «für die Nation unmittelbar gebietende Staatsgewalt». In dieser Formulierung steckt die Überzeugung, im Bundesstaat seien nicht die Kantone beziehungsweise die kantonalen Völkerschaften die primären Träger der Souveränität; vielmehr sei die Bundesgewalt in Bern Ausdruck einer gesamtschweizerischen nationalen Volkssouveränität, woraus folgt, dass die kantonalen Souveränitäten nur abgeleitete sein können. Dieser Auffassung ist immer wieder die andere entgegengestellt worden, wonach der Bund seine Souveränität nur von den Kantonen geliehen bekomme. Unser Nationalhistoriker geht auf diese Kontroverse nicht ein. Er hat sich für die zentralistische These entschieden, denn die Hauptsache ist ihm, dass die einst nur locker zusammengefügte Eidgenossenschaft zum starken Staat geworden ist. Man darf nicht vergessen, dass er sein Werk mitten im Ersten Weltkrieg vollendet hat. Vor dem Hintergrund der zu einem blutigen Ringen eskalierten Spannungen zwischen den europäischen Nationalstaaten formulierte er seine abschliessenden Gedanken zur Bundesverfassung von 1848: «Nicht mehr ein schwacher Vertrag zwischen souveränen Gliedern, sondern ein Verfassungsgesetz von einheitlicher Wirksamkeit hielt fortan die Eidgenossenschaft zusammen. Nach schweren inneren Krisen und unter ernsten, von aussen drohenden Gefahren war mit praktischem Takte eine von den Kantonen unabhängige, neben und über ihnen wirksame, für die Nation unmittelbar gebietende Staatsgewalt geschmiedet worden, die nach dem Wortlaut einer der ersten Bestimmungen der Verfassung die Befugnis und die Macht besass, die Unabhängigkeit des Vaterlandes gegen aussen zu behaupten, die Ruhe und Ordnung im Innern aufrecht zu erhalten, die Freiheit, die Rechte und die gemeinsame Wohlfahrt der Eidgenossen zu schützen und zu fördern. Wohl hafteten der neuen Schöpfung noch manche Gebrechen an. Aber der Weg zu weiterer organischer Entfaltung und dauernder Sicherung ihrer heilsamen Grundgedanken war geebnet. Der im Jahr 1848 errichtete Bundesstaat hat sich seither als glückliche Errungenschaft bewährt; denn er ist nicht, wie einst die helvetische Einheitsrepublik, nach einer ungeschichtlichen politischen Doktrin von fremder Seite aufgezwungen, sondern in weisem Anschluss an einheimische, althistorische Überlieferung entworfen und als natürliches Ziel einer stetig anschwellenden inneren Bewegung ins Leben gerufen worden. Seine Fundamente sind unerschüttert geblieben, und die Aufgabe der wahrhaft einsichtigen Staatsmänner kann nur sein, ihn nach den unaufhaltsam hervortretenden neuen Bedürfnissen in zugleich besonnener und kraftvoller Führung auszubauen. So mag die regenerierte schweizerische Eidgenossenschaft zuversichtlich weiterschreiten und inmitten gärender Zustände Europas jeweilen bei streng neutraler Haltung die kostbaren Güter des Friedens und der gastlichen Freiheit wahren.»[271]

12.4 Das populäre Geschichtsbild

Die Figur des Freiheitshelden Wilhelm Tell hielt Dierauers kritischem Forscherblick nicht stand; trotzdem liess er sie nicht aus. Im ersten Band seiner Geschichte der Schweizerischen Eidgenossenschaft schob er ein Kapitel über «Die Befreiungssage» ein, in dem er erklärt, weshalb es überhaupt zur Sagenbildung kam: Die Gründungsgeschichte der Eidgenossenschaft sei erst zu Beginn des 15. Jahrhunderts aufgeschrieben worden. Damals sei die mündliche Überlieferung der Ereignisse an der Wende vom 12. zum 13. Jahrhundert schon ungenau gewesen und habe sich mit lokalen und überregionalen Sagenstoffen, aber auch mit der Geschichte von Kaiser und Reich, speziell mit den Parteiungen für und gegen die Ghibellinen[272] vermischt. Manche Forscher haben seither versucht, etwas mehr vom Sagenstoff als historisch zutreffend anzusehen, andere etwas weniger, aber Dierauers Scheidung zwischen historischen Fakten und sagenhafter Fiktion, seine Erklärungen für die Sagenbildung sind grundsätzlich bis heute gültig.[273]

Die kritische Geschichtsforschung mit ihrer exakten Sichtung der Fakten und ihrer trockenen Beweisführung brachte den Sagenstoff nicht zum Verschwinden, sondern trug im Gegenteil dazu bei, dass er sich mit allen seinen Farben und dramatischen Entwicklungen im populären Geschichtsbewusstsein nur um so stärker behauptete. Weil die kritischen Geschichtsforscher das komplizierte Problem des Anfangs der Geschichte, des Anfangs der schweizerischen Eidgenossenschaft, immer wieder und immer neu aufwarfen, griff das verunsicherte Volk dankbar nach der einfachen und folgerichtigen Tellengeschichte. Diese kursierte in vielerlei Varianten, bis sich schliesslich die Fassung durchsetzte, die in Schillers Drama «Wilhelm Tell» die einprägsamste Form gefunden hat. Was der philosophische Dichter in Weimar geschrieben hatte, eignete sich das Schweizer Volk an, machte es zu seinem nationalen Mythos. Fast jede Schweizerin und jeder Schweizer kann den Bundesschwur aus der zweiten Szene des zweiten Aufzugs zitieren: «Wir wollen sein ein einzig Volk von Brüdern, / In keiner Not uns trennen noch Gefahr. / Wir wollen frei sein, wie die Väter waren, / Eher den Tod, als in der Knechtschaft leben. / Wir wollen trauen auf den höchsten Gott / Und uns nicht fürchten vor der Macht der Menschen.» Viele sind sich gar nicht bewusst, dass diese Verse nicht im Bundesbrief von 1291 stehen, sondern von Schiller stammen. Dank Schiller ist gegen alle Entmythologisierungsanstrengungen der Mythos bis heute lebendig geblieben. Man hat es ihm gedankt, indem der markante Mythenstein im Urnersee zum Schillerstein gemacht wurde; in goldenen Lettern steht darauf geschrieben: «Dem Sänger Tell's Fr. Schiller die Urkantone 1859.»

Nicht nur Wilhelm Tell gehörte zum populären Geschichtsbild, sondern eine ganze Reihe von kriegerischen Helden, allen voran Winkelried, aber auch Zwingli, Pestalozzi und Escher von der Linth. Während in der Sphäre der Bildungselite sich die Idee einer einheitlichen Geschichte durchsetzte, behielt die populäre Geschichtserzählung die alte Manier der Aneinanderreihung belehrender, moralisierender Geschichten bei. Manche Historien aus dem Grenzbereich zwischen wissenschaftlicher Geschichtsschreibung und volkstümlicher Sage wurden durch Zeitungen, Kalender und Broschüren verbreitet, manche durch Bücher. Hervorragenden Anteil an dieser Art von Volksbildung hatten die Schriften Heinrich Zschokkes (1771–1848). Dieser ehemals prominente Politiker der Helvetik hatte sich seit der Mediation hauptsächlich als Schriftsteller hervorgetan und Romane, Dramen, Geschichtswerke, politische, religiöse und forstwirtschaftliche Abhandlungen geschrieben. 1822 war «Des Schweizerlands Geschichte für das Schweizervolk» erschienen, zuerst als Artikelserie in seinem «Schweizerboten», dann als Buch, das immer neue Auflagen erlebte und das Geschichtsbewusstsein breiter Bevölkerungskreise nachhaltig prägte. Später schrieben zahlreiche andere Schriftsteller ähnliche Geschichten. In der zweiten Hälfte des 19. Jahrhunderts wurde beispielsweise die Geschichtensammlung von Geilfus viel gelesen. Georg Geilfus (1815–1891) stammte aus Rheinhessen und war 1836 aus politischen Gründen in die Schweiz geflüchtet. Von Beruf war er Lehrer, und nachdem er sich in Winterthur niedergelassen hatte, übte er diesen Beruf auch hier aus, und zwar unterrichtete er Geschichte und Geographie am Gymnasium und an der Industrieschule. 1852–1859 publizierte er unter dem Titel «Helvetia» drei Bände zur Schweizer Geschichte, die später in einem einzigen Buch von über 900 Seiten zusammengefasst wurden. Bis 1879 erlebte dieses populäre Werk vier Auflagen. Sein Inhalt war eine bewusste Vermengung von «vaterländischer Sage und Geschichte». Es war schlecht geschrieben, holprig und unelegant, aber es war im Ganzen doch geeignet, der nationalen Eitelkeit zu schmeicheln und die Gewissheit zu fördern, die Schweizer mit ihrer derben Freiheitsliebe, gemeinsinnigen Tapferkeit und redlichen Tüchtigkeit seien das beste Volk in ganz Europa.

12.5 Die besondere Mission des Kleinstaates

Das schweizerische Nationalbewusstsein wurde einerseits durch die Erzählung der immer gleichen alten Geschichten geprägt und fixiert, andererseits aber war es einem zeitbedingten Wandel unterworfen. Politische Veränderungen zwangen zu neuer Selbstvergewisserung. Seit 1848 war Europa im Umbruch; im Norden und im Süden der Schweiz kam es nach vielen Wirren zu tiefgreifenden Neuerungen: Von 1861 bis 1870 vereinigten sich die italienischen Staaten zu einem einzigen Königreich, und nach Abschluss des Deutsch-französischen Krieges von 1870/71 entstand das vereinigte Deutsche Reich. Rom und Berlin wurden zu Zentren nationaler Grossstaaten. Die politisch denkenden Menschen in der Schweiz waren irritiert; sie mussten sich in einem völlig veränderten Europa zurechtfinden. Wenn die Schweiz, gemessen an Bodenfläche und Bevölkerungszahl, bisher ein europäischer «Normalstaat» gewesen war, so erschien sie neuerdings als unbedeutender Kleinstaat .

Hatte die Schweiz überhaupt noch eine Existenzberechtigung? Einer, der leise daran zweifelte, aber gerade aus diesem Zweifel heraus seinen Glauben an unser Staatswesen um so fester begründete, war Carl Hilty, Professor für Staats- und Völkerrecht in Bern. Nur im Bewusstsein, ein *Sonderfall* in Europa zu sein, könne unser Bundesstaat überleben, meinte er. Die alten Mythen allein genügten nicht, unser Staatswesen zu legitimieren; es brauche auch die Auseinandersetzung mit der modernen Verfassungsgeschichte. Hilty hielt Vorträge über die Helvetik, weil ihm die Helvetische Republik als Musterfall eines unter aussenpolitischem Druck stehenden und sich neu orientierenden Staates interessant schien. 1878 publizierte er seine «Oeffentlichen Vorlesungen über die Helvetik» in Buchform. Später sorgte es zusammen mit Bundesarchivar Johannes Strickler dafür, dass die amtlichen Dokumente der Helvetischen Republik als Quellensammlung nach und nach veröffentlicht wurden. Er befasst sich aber auch mit der älteren Geschichte der Eidgenossenschaft; schon 1875 waren seine «Vorlesungen über die Politik der Eidgenossenschaft» erschienen.

Darin gab er der schweizerischen Eigenstaatlichkeit eine umfassende Begründung. Als kritisch-idealistischer Staatsrechtler eröffnete er dem schweizerischen Nationalbewusstsein eine neue, ganz entschieden ethisch gemeinte Dimension.

12.5.1 Hiltys staatspolitischer Idealismus

Carl Hilty (1833–1909) war in Werdenberg im Vorderrheintal als Sohn eines Arztes aufgewachsen; seine Mutter stammte aus Chur. Nach dem Studium in Göttingen und Heidelberg liess er sich 1855 als Anwalt in Chur nieder. Er verheiratete sich mit Johanna Gärtner, der Tochter eines deutschen Professors. Um 1863 erwachte in ihm ein starkes religiöses Gefühl, und er lebte fortan, wie er sagte, «mit Gott im Bund». Seine christlich-protestantische Gläubigkeit war bestimmend für sein künftiges wissenschaftliches und politisches Engagement. 1873 wurde er an die Universität Bern berufen und seit 1890 im Kanton St. Gallen regelmässig in den Nationalrat gewählt. Er verstand sich als politischer Erzieher und erfüllte seine Berufung hauptsächlich als Schriftsteller. Seit 1886 gab er Jahr für Jahr sein «Politisches Jahrbuch der Schweizerischen Eidgenossenschaft» heraus. Daneben publizierte er weitere politische, juristische, laientheologische und moralische Schriften. Er bekämpfte darwinistische und materialistische Anschauungen und propagierte einen ethisch motivierten Nationalismus. Aber auch für internationale und völkerrechtliche Belange setzte er sich ein: 1899 war er Vertreter der Eidgenossenschaft an der ersten Haager Friedenskonferenz und anschliessend Mitglied des internationalen Schiedsgerichtshofs im Haag.

Hiltys politische Publikationen hatten nachhaltige Wirkung auf das schweizerische Selbstverständnis. Grundlegend waren, wie gesagt, seine Arbeiten aus den siebziger Jahren über die Helvetik und über die Politik der Eidgenossenschaft. Seine nationale Überzeugung war, die kleine Schweiz habe auch im Zeitalter der grossen Nationalstaaten noch eine wichtige Rolle zu spielen, jedenfalls solange, als sie ihre eigene politische Idee zu formulieren wisse: «Unser Vaterland ist eines der hervorragendsten Beispiele dafür, wie eine kräftige politische Idee unbedeutende und ungleichartige Volksstämme zu einem bedeutenden Staate umbilden kann.» Der bedeutende Staat ist nun aber gerade nicht der grosse oder der militärisch hochgerüstete Staat, sondern derjenige, der eine «richtige Politik» betreibt. Richtige Politik ist durch Ideen und Verhaltensprinzipien definiert, «die geeignet sind, den gegebenen Staat in seiner Kraft und Grösse zu heben oder zu erhalten und zu immer weiteren und besseren Zielen hinzulenken.»[274] Die sittlich gute, Staatsidee macht Grösse und Kraft eines Staates aus. Hilty weiss natürlich, dass er mit dieser Auffassung dem militärischen Zeitgeist widerspricht. Er stellt selber fest, die Rede von der «moralischen Unmöglichkeit des Krieges», die man noch bis zum Krimkrieg immer wieder gehört habe, ist leiser geworden und «seit 1871 gänzlich verstummt. An ihrer Stelle steht nun ziemlich unbestritten ein wenig heiter blickender Satz, den man noch im Jahr 1864 allgemein als Wahnwitz verlachte, als ihn damals ein einziger Mann in Europa öffentlich aussprach. ‹Blut und Eisen› regiert vorläufig wieder die Geschicke der Staaten Europa's. Mit Schrecken sieht sich der Kleine und weniger Mächtige in die Tage zurückversetzt, die er längst vergangen glaubte, wo die Stärke allein hinreichende Garantie für Freiheit und Recht ist, und selbst wir, die geborenen Friedensapostel, haben wohl oder übel den Gedanken fassen müssen, dass auch bei uns die Übergewalt der Spindel und Locomotive leicht wieder einmal der des Schwertes Platz machen könnte.»[275]

Mit dem Gedanken, dass rohe Gewalt die Welt regiere, will sich Hilty nicht abfinden. Es gibt eine Völkermoral, meint er, und sie beruht auf der Sittlichkeit des einzelnen Menschen. Dieses Sittlichkeitsgebot gilt für das öffentliche Verhalten *aller* Menschen, besonders aber und in gesteigertem Mass für den Staatsmann. Worum es dabei geht, sagt Hilty in drei Merksätzen: «Fest an den Sieg des Guten in der Welt und die Selbstvernichtung des Bösen zu glauben. Gerecht zu sein gegen Alle. Sein besonderes Interesse und, wenn es sein muss, seine Parteinahme, aber immer dem zuwenden, was dem eigentlichen Volke im Grossen und Ganzen und nicht blos einzelnen Theilen desselben nützlich ist.» Dieses Sittlichkeitsgebot ist besonders wichtig für die Schweiz, weil sie als Kleinstaat sich nur dann behaupten kann, wenn sie nicht einfach die Grossstaaten nachahmt, sondern eine eigene und ethisch vorbildliche Politik betreibt. «Unser Land wird […] von allen Ideen und Ereignissen in den umgebenden grösseren Staaten auf das Tiefste und Innerste mitberührt und hat dennoch die Aufgabe, diese Ideen und Ereignisse, die nicht immer nach seinen Bedürfnissen sich richten, auf eine würdige und durchaus selbständige, ja sogar auf eine für andere Staaten vorbildliche Weise, in sich zu verarbeiten.»

Hilty argumentiert nicht naturrechtlich, sondern naturphilosophisch und historisch. Er ist überzeugt, das Nachdenken über die Geschichte sei für jeden angehenden Politiker das wichtigste, besonders für einen schweizerischen: «In keinem Staat der Welt vielleicht kann die Politik so wenig der Geschichte entbehren, wie in unserem Lande.» Geschichte ist organische Höherentwicklung, und eine Nation wie die Schweiz muss sich vor allem sittlich höher entwickeln, denn sonst versinkt sie in Stagnation, wird alt und müde und muss gemäss den Gesetzen der Natur zerfallen, damit aus den Zerfallsprodukten wieder etwas Neues entsteht: «Der Zerfall eines zur Vernichtung reifen Organismus ist eine Erlösung seiner besseren Bestandteile, die dann ein neues zweckmässiges Dasein für sich oder in Verbindung mit andern beginnen können.» Die Schweiz ist aber noch nicht reif für den Zerfall; sie ist noch jung und frisch: «Unsere Eidgenossenschaft selbst ist aus einer solchen Ausscheidung und Zersetzung mehrerer zerfallener Staatskörper entstanden. Ihre Völkerschaften haben sogar nie vorher alle auch nur Einen Stamm, geschweige denn Ein Volk, Ein besonderes staatliches Ganzes gebildet. Sie sind durch die Macht einer politischen Idee unter glücklichen Umständen angezogen worden und werden heute durch die nämlichen freien Gedanken und Entschliessungen allein, nicht durch die Macht eines Staatswillens, noch weniger durch Raçen- oder Spracheinheit zusammengehalten. In diesem Sinn betrachtet ist die Eidgenossenschaft der idealste, weil am meisten auf eine freigewählte, politische Idee fundirte Staat der neueren Welt und daher richtige Eidgenössische Politik seine Lebensbedingung.»

Hilty geht so weit, das Schweizer Volk im alttestamentlichen Sinn als auserwähltes Volk zu sehen, das, wie das Volk Israel, den Heilsplan Gottes erfüllen helfen muss – nicht weil ein objektives Gesetz es dazu zwingt, sondern weil es dies aus seinem Glauben heraus so will. Das Schweizer Volk ist eigentlich ein Völkergemisch, das nicht durch Blutsbande oder durch gemeinsame Sprache, auch nicht durch einen Gewaltherrscher zusammengehalten wird, sondern von Anfang an aus freiem Willen sich zusammentat und eine Eidgenossenschaft schuf. «Die Eidgenossenschaft besteht seit ihren allerersten, äusserlich unbedeutenden Anfängen nur durch einen festen Glauben an eine ausserordentliche Bestimmung, an eine besondere Vorsehung, die ihre Geschicke regieren, an ein auserwähltes, besonderes Volkstum vor allen andern.»[276] Das «besondere Volkstum» ist eines, das nicht völkisch oder rassenmässig begründet ist, sondern allein durch den politischen Willen geschaffen wird. Hilty prägte den Begriff der politischen Nation oder *Willensnation* Schweiz, der bis heute immer wieder herangezogen wird, um die besondere politische Reife des Schweizervolks hervorzuheben. Der Begriff ist inzwischen zum Klischee verkommen. Für

Hilty aber bezeichnete er eine hohe sittliche Forderung. Es stehe jedem Volk oder jeder Nation frei, ob sie dem sittlichen Gesetz folgen wolle oder nicht, meinte er, aber für den Fortbestand der Schweiz sei dieser sittliche Wille eine Notwendigkeit: «Die Eidgenossenschaft hat eine höhere Aufgabe, als San Marino oder Lichtenstein, ja selbst als Belgien und Holland. [...] Die leitende Idee der Schweiz ist und bleibt auf alle Zeiten hinaus ihr ursprünglichster politischer Gedanke: Erhaltung und Überlieferung der uralten germanischen Volksfreiheit in Europa auf alle kommenden Geschlechter. Ein Volk in Europa wenigstens soll stets sein, das sich bewusst bleibt und alle andern Völker daran beständig erinnert, in welcher natürlichen Verfassung die jetzigen Hauptvölker des Abendlandes auf dem Schauplatze der Geschichte erschienen, und dass es möglich sei, die angeborenen, nicht gemachten, Menschenrechte mit einer allen Bedürfnissen der jeweiligen Cultur entsprechenden Staatsordnung in jedem Jahrhundert zu vereinbaren. Die Schweiz muss allerdings in dieser Hinsicht ein Musterstaat auch für andere und nicht blos egoistisch auf sich und seine kleinen Bedürfnisse reduziertes Staatswesen sein. Das ist ihr weltgeschichtlicher Beruf. Sonst hat sie keinen rechten inneren Grund zu existieren.»[277]

Hilty prägte seinen Zeitgenossen ein, die Schweiz sei ein Sonderfall und müsse es sein. Dieser Gedanke wurde von vielen Schweizerinnen und Schweizern dankbar aufgenommen. Viele haben daraus den Schluss gezogen, unser Volk sei moralisch besser als andere Völker und Nationen. Hilty hat einer gewissen nationalen Überheblichkeit Nahrung gegeben. Er ist aber nicht dafür verantwortlich, was andere alles aus seinen Schriften herausgelesen haben; er ist vor allem nicht dafür verantwortlich, dass er oft unhistorisch interpretiert wird. Man kann ihn nur dann richtig verstehen, wenn man berücksichtigt, unter welchen Zeitumständen er lebte. Auch er war einem Zeitgeist ausgesetzt, dem er einerseits unterlag, und gegen den er andererseits ankämpfte. Dominierend wurden seit den 1870er Jahren ein martialischer Nationalismus und ein alles vergiftender Rassismus. Dem setzte er einerseits seine idealistische Philosophie und andererseits seinen christlich-protestantischen Glauben entgegen. In einer Zeit, da die Nation als rassische oder sprachliche Gemeinschaft verstanden wurde, suchte er eine starke Legitimation für die «vielvölkische» Nation Schweiz, und er fand sie in einer politischen Idee, die mit Völkerfrieden und Gerechtigkeit zu tun hatte. Den Propheten der Gewalt setzte er die Prophetie des Gottesreichs entgegen, und wenn er das Schweizer Volk in den Dienst dieser Prophetie stellen wollte, so war es letztlich eine Aufforderung zum sittlichen

Handeln. Viele seiner Bewunderer und Nachbeter aber missverstanden seine Worte als selbstzufriedenes Lob für die Schweiz.

12.5.2 Ragaz und die «neue Schweiz»

Eine Generation jünger als Hilty, aber mit seiner Idee einer sittlich guten Schweiz mit ihm verwandt, war der protestantische Theologe Leonhard Ragaz (1868–1945). Er stammte aus einer Bergbauernfamilie im bündnerischen Tamins. Nicht aus besonderer Neigung studierte er Theologie, sondern weil es dafür ein Stipendium gab, auf das er als armer Bauernbub angewiesen war. In Basel, Jena und Berlin absolvierte er seine sechs Studiensemester und nahm dann ein Pfarramt in Chur an. Seine liberale Theologie entsprach dem Zeitgeist und dem damals im Bund und in seinem Heimatkanton herrschenden Freisinn. 1901 heiratete er die Lehrerin Clara Nadig und zog ein Jahr später mit ihr zusammen nach Basel, wo er zweiter Münsterpfarrer wurde. Hier fand er allmählich zu einer kraftvolleren Religiosität und zu einer oppositionellen Gesinnung. Als im Jahr 1903 ein grosser Streik der Bauarbeiter auf soziale Spannungen und auf soziale Not aufmerksam machte, hielt er eine Predigt, in der er die Haltung des Christentums gegenüber der sozialen Frag zu definieren versuchte. Danach näherte er sich dem Sozialismus an. Um diese Zeit sammelte sich um Paul Wernle, Professor für Kirchengeschichte und Dogmatik an der Universität Basel, ein Kreis von Anhängern der «modernen Theologie», aus dem heraus 1906 die theologische Theoriezeitschrift «Neue Wege» gegründet wurde. Ragaz trat zu diesen Leuten in Beziehung, und ab 1910 gewann er zunehmend Einfluss auf die Zeitschrift. Wernle, der Ragaz' Haltung missbilligte, distanzierte sich: «Ich schrieb in den Neuen Wegen so lange, bis sie durch Ragaz ihren parteilosen Charakter verloren und ein ragazisches Sozialistenblatt wurden.»[278]

Inzwischen war Ragaz Professor für praktische und systematische Theologie an der Universität Zürich geworden. Seine Frau Clara, die schon in Basel neben den Pflichten als Mutter zweier Kinder und als Pfarrfrau in zahlreichen Kommissionen im sozialen Bereich tätig gewesen war, engagierte sich zunehmend in Arbeiter-, Frauen- und Friedensfragen. Anfang 1913 trat sie der sozialdemokratischen Partei bei. Das gleiche tat ihr Mann, und auch für ihn trat die Friedensfrage in den Vordergrund. Spätestens seit dem Balkankrieg von 1912 war die Kriegsgefahr in Europa offensichtlich. Die Sozialistische Internationale hatte im November 1912 in Basel einen

Kongress durchgeführt, der zu einer grossartigen Manifestation für den Frieden geriet. Ragaz hatte daraus Hoffnung geschöpft, und er half mit, einen «Internationalen Kongress für Soziales Christentum» vorzubereiten, auf dem ebenfalls die Friedensfrage im Mittelpunkt stehen sollte. Der Kongress sollte im September 1914 in Basel stattfinden, was aber durch den Ausbruch des Ersten Weltkriegs im August 1914 verunmöglicht wurde.

Ragaz verstand den Krieg als Weltgericht und war überzeugt, die Menschheit werde daraus lernen, einen neuen Weg zu gehen: einen Weg zum Frieden, zur Gerechtigkeit, zur gesellschaftlichen Solidarität nach innen und nach aussen. Er beobachtete das mörderische Geschehens auf den europäischen Schlachtfeldern, bedachte die Folgen für die Schweiz und war oft der Verzweiflung nahe. Aber dann raffte er sich auf zu einem eindringlichen Wort. 1917, also im dritten Kriegsjahr, veröffentlichte er seine Programmschrift «Die neue Schweiz». Im Vorwort schrieb er: «Die Schweiz ist von Innen und Aussen gleichmässig aufs Schlimmste bedroht. Die höchste Anspannung jedes guten Willens ist nötig, wenn sie gerettet werden soll.»[279] Er sprach nicht in erster Linie die Rettung vor einem militärischen Angriff auf die Schweiz an, sondern meinte etwas Grundsätzlicheres. Ähnlich wie seinerzeit der Staatsrechtler Hilty fand auch der Theologe Ragaz, in einer Welt, die von imperialistischen Grossmächten beherrscht sei, habe der Kleinstaat Schweiz nur dann eine Überlebenschance, wenn er für sich einen besonderen Sinn, einen speziellen Staatszweck finde. Er glaubte wie Hilty an die Prophetie eines kommenden Gottesreichs, und er wollte das Schweizer Volk dazu aufrufen, seinen Beitrag zur Erfüllung der Prophetie zu leisten. 1918 gab er «Die neue Schweiz» in stark umgearbeiteter und erweiterter Form neu heraus. Immer noch tobte der Krieg, und die Schweiz war zerrissen in arm und reich, deutsch und welsch, links und rechts. Ragaz spendete christlichen Trost: «Mag die Katastrophe kommen, so kommt auch die Auferstehung. Mag dein Unternehmen hoffnungslos erscheinen, das Beste, was von Menschen getan worden ist, ist in hoffnungslosen Lagen geschehen und die Not ist oft genug Mutter guter Dinge gewesen. Arbeiten und nicht verzweifeln!»[280] Im fünften Kriegsjahr bestand Hoffnung, das sinnlose Gemetzel werde bald zu Ende gehen. Aber wie sah die Welt aus? Zerstörung überall, Lebensmittelknappheit, riesige Gewinne in der Kriegsindustrie und im Handel auf der einen Seite, Armut und Hunger auf der andern Seite. Was war zu tun? Ragaz wandte sich ans Schweizer Volk, an die Jugend in erster Linie; ihr rief er zu: «Die Zukunft aber hat, wer die Wahrheit auf seiner Seite hat.» Der Krieg wird zu Ende gehen, dann muss ein neuer Anfang gemacht werden, und dazu braucht es ein Wort der Wahrheit. Woher soll es kommen? «Es kommt von der Höhe her; es steigt von den Firnen herunter, wo die Sonne und die Sterne nahe sind, wo die Stürme und die Quellen geboren werden. Denn der es Euch bringt, kann das nur, weil er etwas erlauscht hat von jenem Wort, das über der Schweiz schwebt, das ihrer Geschichte vorangeht und diese mit ihrer Natur verbindet.»[281] Gott – Natur[282] – Schweiz – Geschichte: auch bei Ragaz findet sich dieser Zusammenhang, den wir von Troxler und Hilty her kennen. Wenn die Schweiz wieder zu diesem Zusammenhang findet, ist sie gerettet. Aber vorläufig herrscht noch ein anderer Zusammenhang, der aus menschlichem Übermut entstanden ist: «Es ist das Grossmachtsystem, wodurch heute das politische Verhältnis der Völker zu einander bestimmt wird – der Imperialismus. Er hängt mit dem Grossmachtsystem im Wirtschaftsleben zusammen. Sein Schwert und Panzer aber ist der Militarismus.»[283] Kapitalismus, Militarismus und Imperialismus sind die Elemente eines Systems, das den Krieg hervorgebracht hat. «Der Nationalismus, d. h. das Prinzip, Volkstum und Rasse zum obersten Orientierungspunkt des politischen Lebens und der gesamten Kultur zu machen, tritt als ideale Verklärung dieses Systems dazu.» Der Nationalismus ist also nicht Teil des Systems, sondern nur eine das System beschönigende Ideologie; Imperialismus und Nationalismus passen von ihrem Wesen her nicht zusammen. Ragaz weiss, «dass der Imperialismus, der ja möglichst viele Völker in Ein Imperium zusammenfassen, vielleicht Einem Volke unterwerfen will, zugleich das nationale Prinzip aufhebt.» Die Schweiz als Kleinstaat kann in einer Welt des Imperialismus nicht überleben; sie muss auf dem nationalen Prinzip bestehen. Das nationale Prinzip ist das Prinzip des Rechts vor dem Prinzip der Gewalt. Ragaz hält es für eine Illusion zu meinen, die Schweiz könne ihre Armee so weit aufrüsten, dass sie sich in einer Welt des Imperialismus notfalls auch kriegerisch behaupten kann. Aufgabe der Schweiz sei es vielmehr, die Abrüstung voranzutreiben und das Recht der Nationen und das alle Nationen verbindende Völkerrecht hochzuhalten.

Aber war es nicht einfach so, dass das nationale Prinzip als Prinzip des 19. Jahrhunderts überholt war? Viele waren überzeugt, im 20. Jahrhundert gelte eben das imperialistische Kampfprinzip, und wenn ein Kleinstaat wie die Schweiz dem nicht gewachsen sei, gehe er halt unter. «Ist die Erhaltung der Schweiz wünschenswert?», fragt Ragaz. «Warum nicht sterben lassen, was nicht leben kann?» Die Frage sei falsch gestellt, meint er. Die richtige Frage laute, ob es sittlich erlaubt sei, die Schweiz mit ihrem grossartigen geistigen Erbe einfach aufzugeben. Seine Antwort: Um Gottes und der Menschen willen dürfen wir die Schweiz nicht aufgeben, denn unser Land hat noch einen Beitrag zum Gottesreich auf Erden zu leisten. Oft ist gerade von den kleinsten Völkern das Grösste ausgegangen. «Wittenberg, Weimar und Jena haben Besseres getan als Berlin und Hamburg; das Allerhöchste aber ist aus einem Volke hervorgegangen, das äusserlich nicht grösser war als die Schweiz.» Gemeint ist das Volk Israel, das Volk Gottes, das auserwählte Volk. Könnte nicht auch das Schweizer Volk ein auserwähltes Volk sein? Nicht die Kriegstaten muss man zählen, nicht die Grösse der Armee, nicht das angehäufte Kapital, sondern die geistigen Werte. Was ist nicht alles schon vom Boden des Kleinstaats Schweiz ausgegangen und hat in die Welt hinausgestrahlt? Ragaz nennt Beispiele: Zwinglis Reformation in Zürich, Calvins Wirken in Genf, die Gedanken Rousseaus und Pestalozzis. «Eine Geschichtsschreibung mit weitem Blick müsste uns die Zusammenhänge in ihrer Grösse und Mannigfaltigkeit dartun. Sie müsste uns zeigen, wie in unserem Lande Quellen aufgebrochen sind, die Weltgeschichte bestimmt, neue geistige Erdteile geschaffen, unendliches Heil gewirkt haben, vor allem aber Eines, das wahre Brot der Völker: Freiheit!»

Bei aller Skepsis gegenüber der Schweiz gelingt es Ragaz immer wieder, in diesem Land und in diesem Volk den Heilsbringer zu entdecken. Wir sollen und können stolz sein auf unser Land, auf unsere Nation, meint er, aber wir müssen auch einen Beitrag zum Heil aller Nationen leisten. Wir sollen national denken, denn nur durch die Verwurzelung in der eigenen Nation sind wir fähig, politisch zu handeln. Gleichzeitig sollen wir international denken, denn wir sind eine Nation unter andern Nationen. Nationalismus[284] und Internationalismus gehören zusammen, und beides steht gegen das kriegerische Grossmachtsystem, in dem eine Nation sich über die andern Nationen stellen und sie beherrschen will. Voraussetzung für einen künftigen Zustand des Rechts und der Gerechtigkeit ist, dass wir uns öffnen für einen neuen Geist der Völkerverständigung. Aber: «Der neue Geist, den wir brauchen, wird nicht über uns kommen, wenn er nicht über die ganze Welt kommt. Der Kampf gegen die falsche Weltanschauung, die uns in die Not dieser Tage gestürzt hat, und für die bessere, die uns daraus retten soll, muss in der ganzen Welt gekämpft werden. Nur wenn er dort siegreich ist, kann er auch bei uns gewonnen werden. So ist das Heil der Schweiz mit dem Heil aller Völker verbunden.»[285] – Im Moment, da Ragaz solches schrieb, lag die *Völkerbundsidee* bereits in der Luft; er selbst wurde zum Streiter für den Frieden und für den Völkerbund.

13. Nationalstaat und Völkerrecht 1848–1940

In diesem Kapitel werde ich auf den Völkerbund zu sprechen kommen. Zuerst will ich aber auf den langen Prozess der Völkerrechtsentwicklung im 19. Jahrhundert hinweisen, der zur Gründung der überstaatlichen Institution der «Société des Nations» oder «League of Nations» führte. Der Nationalstaat Schweiz spielte in diesem Prozess nur eine sehr bescheidene Rolle. Aber viele in der Schweiz ansässige nichtstaatliche Organisationen und Einzelpersonen nahmen in hervorragender Art Anteil an der Völkerrechtsentwicklung; am bekanntesten ist in diesem Zusammenhang Henri Dunant (1828–1910), der als Förderer des humanitären Völkerrechts und Begründer des Roten Kreuzes gilt. Für seine Arbeit bekam er 1901 als erster den Friedensnobelpreis. Andere Frauen und Männer engagierten sich in ähnlicher Art und verschafften der Schweiz den Ruf einer humanitären Friedensinsel inmitten kriegerischer Staaten und einer vermittelnden Kraft in einem spannungsgeladenen Europa.

Wie gesagt, die regierungsoffizielle Schweiz wurde diesem Ruf nicht immer gerecht. Sie leistete kaum je aktive Friedensdienste, hielt an ihrer aussenpolitischen und militärischen Neutralität fest und konzentrierte sich darauf, die wirtschaftliche Stellung unseres Landes in Europa und in der Welt zu stärken. Im Fall des Savoyerhandels von 1860 liess sie sich sogar fast zu einer offensiven militärischen Aktion hinreissen. Der Handel bestand darin, dass Cavour, der Ministerpräsident von Sardinien-Piemont, Savoyen an Frankreich abtreten wollte, um dieses für ein Bündnis gegen Österreich zu gewinnen. Es gab schweizerische Politiker, die eine Gelegenheit für eine territoriale Erweiterung sahen und Nordsavoyen für die Schweiz erobern wollten; sie liessen aber rasch wieder ab von solchen abenteuerlichen Plänen. Napoleon III. dagegen ging auf Cavours Plan ein, das Bündnis kam zustande, und es gelang Sardinien und Frankreich, gemeinsam die Position Österreichs und damit die alte Ordnung südlich der Alpen nachhaltig zu schwächen.

Das war Politik nach altem Muster: Ein Staat gewährt einem andern einen Vorteil, um ihn als Verbündeten gegen einen Dritten zu gewinnen und daraus letztlich einen noch grösseren Vorteil zu ziehen. Solche Politik trug immer das Risiko eines Krieges in sich. Die Schweiz hielt sich klugerweise fern von solchen Machenschaften, liess sich in keine Kriege verwickeln, begnügte sich aber mit der Neutralität als aussenpolitische Maxime und nahm kaum zur Kenntnis, dass ein Sich-Raushalten auf die Dauer nicht genügt, den Frieden zu sichern. Frieden zwischen Staaten ist, wie auch der Frieden im Innern eines Staates, keine Selbstverständlichkeit; er muss durch politisches Handeln hergestellt und rechtlich abgesichert werden. Voraussetzung der internationalen Friedenssicherung ist internationales politisches Handeln oder – aus der Sicht der Einzelstaaten – aktive Aussenpolitik und Diplomatie. Daran mangelte es in der Schweiz entschieden. Als Demokratie unter Monarchien hatte die Schweiz kein grosses Interesse, intensive aussenpolitische Kontakte zu pflegen. Im übrigen fühlte sie sich durch ihre Neutralität geschützt. Sie bemühte sich zwar um eine aktive Vertretung ihrer *wirtschaftlichen* Interessen; aber *politische* Diplomatie hielt sie für entbehrlich. Immerhin war die Schweiz als neutraler Staat bereit, international tätigen Organisationen Gastrecht zu gewähren und auf diese Weise einen Beitrag zur internationalen Verständigung zu leisten.

13.1 Aussenpolitik des Bundesstaates

Im eidgenössischen Staatenbund war die Aussenpolitik Sache der einzelnen eidgenössischen Orte gewesen. Der Bundesstaat von 1848 aber nahm ein aussenpolitisches Monopol für sich in Anspruch. Dieses musste er gegenüber den Kantonen erst noch durchsetzen. Auch dem Ausland gegenüber musste er immer wieder in Erinnerung rufen, dass «die irrige Meinung, die Schweiz sei aus von einander unabhängigen Souveränitäten zusammengesetzt, mit denen man nach Gutdünken verhandeln kann ohne Rücksicht auf das Bündnis, das die verschiedenen Teile verbindet, verschwinden muss.»[286] Die Schweiz versuchte, sich im Ausland im neuen Licht darzustellen. Die Mittel, die dem Bundesstaat dafür zur Verfügung standen, waren aber sehr beschränkt. Das aussenpolitische Instrumentarium war, wie Georg Kreis im «Neuen Handbuch der schweizerischen Aussenpolitik» gezeigt hat, geradezu dürftig. Im November 1848 war ein Departement für äussere und innere politische Verhältnisse geschaffen worden, dessen Leitung dem jährlich wechselnden Bundespräsidenten übertragen wurde. Die ersten Bundespräsidenten, die dieses «Eidgenössische Politische

Departement» (EPD) leiteten, hatten dafür nicht einmal einen Sekretär zur Verfügung. Es gab auch keine zentrale Registratur, so dass die EPD-Akten wegen des Rotationsprinzips zum Teil auf die verschiedenen Departement der ehemaligen Bundespräsidenten verteilt waren. Nicht viel professioneller waren die diplomatischen Vertretungen der Schweiz im Ausland organisiert. Sechzehn Jahre lang verfügte der Bundesstaat nur über die zwei ständigen Vertretungen in Wien und in Paris, die ihm noch vom alten Bund hinterlassen worden waren. 1864 kam eine dritte in Turin und 1867 eine vierte in Berlin dazu. Im übrigen begnügte man sich mit nebenamtlichen Konsuln und einigen Generalkonsuln, die vor allem wirtschaftliche Beziehungen im Ausland anzubahnen und zu schützen hatten.

Es war nicht so, dass Bundesrat und eidgenössische Räte nie daran gedacht hätten, die Vertretung der Schweiz im Ausland zu verstärken, aber man hatte sich für Bescheidenheit entschieden. 1851 hatten die eidgenössischen Räte vom Bundesrat verlangt, er solle einen Bericht verfassen «über die Zwekmässigkeit einer Vervollständigung der diplomatischen Vertretung der Schweiz und eine Ausdehnung derselben über diejenigen Länder, welche die zahlreichsten und wichtigsten Verbindungen mit derselben pflegen».[287] EPD-Chef Friedrich Frey-Hérosé legte am 30. März 1854 einen ausführlichen Bericht vor, aus dem die offizielle Haltung in der Frage der schweizerischen Diplomatie sehr deutlich hervorgeht. Am Anfang des Berichtes heisst es ganz allgemein: «Der Hauptzwek, den man durch eine diplomatische Vertretung in einem fremden Staat erreichen will, ist die Wahrung der eigenen Rechte und Interessen gegenüber dem Ausland, so wie Schutz und Unterstützung der Landsleute, die sich in jenem fremden Staat befinden …» Es werde aber dieser «Hauptzwek» von verschiedenen Staaten unterschiedlich wahrgenommen. Der Bericht unterscheidet einerseits zwischen grossen Staaten und allen andern Staaten, anderseits zwischen Monarchien und Republiken. Die grossen Staaten, die «vermöge ihrer physischen Stärke» einen bedeutenden Einfluss auf das Völkerleben ausüben, haben eine starke diplomatische Vertretung im Ausland, weil sie auch andere, von ihnen abhängige Staaten vertreten. Stark ist eine Vertretung, wenn sie aus vollamtlichen Gesandten besteht, wobei es unter diesen noch vier unterschiedliche Klassen gibt. «Souveräne Staaten haben das Recht, nach Belieben Gesandte höherer oder niedriger Klassen zu senden und die Aufnahme derselben wird selten beanstandet oder gar verweigert, die Übung hat sich aber ziemlich dahin festgestellt, dass Gesandte der ersten beiden Klassen nur von Kaisern und Königen, oder von solchen

Staaten aufgestellt werden, die königliche Rechte haben.» Es gab also eine ausgeklügelte Rangordnung, die noch aus der Zeit des Wiener Kongresses stammte und den Geist der Restauration und Fürstenlegitimität atmete. Die Schweiz hätte da durchaus mitmachen können, stellt Frey-Hérosé fest, denn sie hatte «stets den Rang eines souverainen Staates mit königlichen Ehren, gleich den früheren grösseren Republiken Europas, und sie räumte den Vorrang nur Kaisern, Königen und den Republiken Venedig und der Vereinigten Niederlande ein. Mit den übrigen monarchischen Staaten so wie mit der Republik Genua bestand Rangstreit, der wenig praktischen Nutzen hatte und auch zu keinem bestimmten Resultate führt.» Die letzte Bermerkung, wonach der Rangstreit «wenig praktischen Nutzen hatte», macht deutlich, worauf Frey-Hérosé hinauswill: Die moderne Schweiz soll sich von den alten Rangordnungen absetzen und vermehrt nach dem Prinzip der Nützlichkeit vorgehen. Zwar könne niemand der Schweiz als einer starken und geeinten Republik das Recht absprechen, Gesandte jeglichen Ranges in alle Länder zu schicken; aber dies zu tun, wäre nicht zweckmässig, weil man dann auch dafür sorgen müsste, dass diese Gesandten «mit gewissem äusserem Glanz» auftreten könnten, um nicht hinter Gesandten anderer Länder zurückzustehen. «Die Kosten dafür wären wohl ebenso gross als unpopulär.» Man könne sich diese Auslagen aber ohne weiteres ersparen, denn bei genauer Prüfung der Sache zeige es sich, dass eine Vertretung der Schweiz durch Gesandte höheren Ranges in den allermeisten Fällen überhaupt keine Vorteile bringe. «Der Einfluss eines Landes auf ein Anderes richtet sich eben nicht nach den Personen, welche im Namen beider Länder miteinander verhandeln, sondern grösstenteils nach der physischen Stärke der Länder und nach dem materiellen Recht. Der einfach Consul einer starken Macht hat mehr Gewicht als der Gesandte eines kleinen Staates ...» Es sei einzuräumen, dass nur höherrangige Gesandte an den Höfen grosser Monarchien Zugang bekämen, aber das spiele für die Schweiz keine Rolle, denn unsere Gesandten wären sowieso nicht in der Lage, «sich einen gewissen Einfluss in höherer Stellung an einem fremden Hof zu sichern, weil ihnen in der Regel die Kenntnis der Art und Weise abgeht, wie solche Geschäfte betrieben werden. Die Diplomatie ist eine Wissenschaft wie eine andere, die gelernt sein will», und die Schweiz verfüge über keine gelernten Diplomaten. Man müsste also Diplomatenschulen errichten, was wiederum Kosten verursache. Wenn man dann schliesslich ausgebildete Diplomaten in ausreichender Zahl hätte, wüsste man eigentlich gar nicht, was mit ihnen anzufangen wäre.

«Die politischen Geschäfte der Schweiz würden nun aber, wenigstens an den meisten Höfen, lange nicht die Zeit eines Gesandten in Anspruch nehmen. Was soll er mit der übrigen Zeit anfangen? Intrigieren?» Diplomatie ist nach Meinung des Berichterstatters eigentlich unnütz; sie ist blosser Schein statt Sein. Die Schweiz tut da nicht mit. «Die Kraft der Republik liegt in ihrem Innern und nicht in äusserem Schein, und sie sucht ihre Würde nicht in Ostentationen[288] bei Fremden, sondern darin, dass sie ihre Selbständigkeit gegen das Ausland zu behaupten versteht und ihre Verwaltung redlich und gut zum Wohl des Landes einzurichten strebt.» Die Schweiz soll deshalb beim bescheidenen «Institut der Consuln» bleiben, bei dem sie sich bisher wohlbefunden habe. Zur Wahrung der Interessen der Landsleute seien «gute erfahrene Kaufleute von Credit und Einfluss meistens die allergeeignetsten Personen». Sollen sie auch diplomatische Aufgaben wahrnehmen, so könne man sie in den Rang eines Generalkonsuls erheben. Dieses System der nebenamtlichen Vertretung sei preisgünstig und habe sich bewährt. So lauteten die Schlussfolgerungen von Bundesrat Frey-Hérosé, und an seine Empfehlungen hielt man sich in der Folgezeit.

Die Diplomatie des jungen schweizerischen Nationalstaates gegenüber dem Ausland war eigentlich eine Nicht-Diplomatie. In den Augen der neuen Männer der Schweizer Politik war Diplomatie eine Sache des alten Regimes, eine Sache der Aristokratie; sie schien nichts einzubringen. Die tüchtigen Anwälte und Unternehmer, welche die Geschicke des Bundesstaates leiteten, hatten dafür nichts übrig. Sie vertrauten darauf, dass die fremden Mächte mit ihren Vertretern zu ihnen kommen würden, so dass allfällige aussenpolitische Konflikte in der Schweiz selbst erledigt werden könnten. So geschah es tatsächlich beim Neuenburgerhandel: Obwohl die Schweiz recht hemdsärmelig auftrat, gewann sie den Fall fast ohne eigene Anstrengung. Worum ging es? Im Staatenbund von 1815 war der Kanton Neuenburg gleichzeitig Glied des eidgenössischen Bündnisses und preussisches Fürstentum gewesen. Die Liberalen hatten versucht, die Oberhoheit des preussischen Königs loszuwerden, was ihnen trotz Unterstützung durch Gesinnungsgenossen aus andern Kantonen nicht gelungen war. Erst 1848, wenige Tage nach der Pariser Februarrevolution, gelang der Putsch gegen die royalistische Regierung im Neuenburger Schloss. Neuenburg wurde, gegen die Regeln des Völkerrechts, aus dieser Revolution heraus Teil des neuen schweizerischen Bundesstaates. Der preussische König Friedrich Wilhelm IV. anerkannte das Argument der vollendeten Tatsache nicht und erhob weiterhin Anspruch auf sein Fürstentum, zumal er in

Neuenburg durchaus noch seine Anhänger hatte. Eine royalistische Konterrevolution scheiterte aber im Jahr 1856, und die Royalisten wurden gefangengesetzt. Friedrich Wilhelm verlangte die Herausgabe der Gefangenen, und als der Bundesrat sich weigerte, drohte Preussen mit Krieg. Die andern Grossmächte anerkannten zwar die These der Schweiz nicht, wonach die Rechte des Königs automatisch dahingefallen seien, aber andererseits hielten sie eine Rückkehr Neuenburgs zu Preussen für ausgeschlossen; Frankreich und England schalteten sich als Vermittler ein, und der preussische König verzichtete auf seine Rechte. So ersetzte also die Diplomatie zweier der Schweiz wohlgesinnter Staaten die fehlenden diplomatischen Mittel unseres Landes.

13.2 Die Entwicklung der Völkerrechtsgemeinschaft

Die Beziehungen zwischen den europäischen Staaten waren nicht nur eine Sache der Diplomatie, sondern beruhten auch auf gewissen Regeln. Die Gesamtheit dieser Regeln nannte man «Völkerrecht».[289] Das europäische Völkerrecht war im 19. Jahrhunderts noch hauptsächlich Gewohnheitsrecht und erst zu einem kleinen Teil Vertragsrecht.[290] Die wichtigste geschriebene Grundlage war das Vertragswerk des Wiener Kongresses von 1815. Seit dem europäischen Revolutionsjahr 1848 war aber die alte Gleichgewichtsordnung, die durch die Heilige Allianz abgesichert worden war, definitiv zu Ende. Die europäische Staatengemeinschaft gab sich nach und nach neue Regeln und entwickelte so das Völkerrecht weiter. Wie stellte sich die Schweiz dazu? Der schweizerische Bundesstaat als demokratische Republik war bis zu einem gewissen Grad ein Fremdkörper im Europa der Monarchen und achtete nur wenig auf die internationalen Regeln, die ihm allzu konservativ vorkamen. Er wollte aber doch auch zur Völkerrechtsgemeinschaft gehören, und berief sich auf seine immerwährende Neutralität und territoriale Integrität, die 1815 völkerrechtlich anerkannt worden seien. War das ein gültiges Argument? War nicht die schweizerische Bundesverfassung von 1848 aus einem Bruch mit dem völkerrechtlich verankerten Bundesvertrag von 1815 heraus entstanden? Die Schweiz war in den Augen der Fürsten und Monarchen ein zweifelhaftes Glied der Völkerrechtsgemeinschaft. Im Neuenburgerhandel hatte sie die Rechte Preussens missachtet, und immer wieder nahm sie ausländische politische Flüchtlinge auf, worauf diese vom schweizerischen Asyl aus gegen die rechtmässigen Regierungen ihrer Heimatländer agitierten. Bonjour schreibt dazu im «Handbuch der schweizerischen Aussenpolitik»: «Dabei wurden sie [sc. die Flüchtlinge] von radikalen schweizerischen Volksteilen unterstützt, die einen Waffengang mit den verhassten fremden Regierungen erstrebten, mochte sich das mit der Neutralität vertragen, wie es ging. Durch die Schweizerpresse aussenpolitisch nur ungenügend unterrichtet, gaben sie sich von den völkerrechtlichen Pflichten der Schweiz nicht Rechenschaft.»[291]

Worin bestanden die völkerrechtlichen Pflichten? Waren es nicht einfach Spielregeln zugunsten der Grossmächte? War nicht der Kleinstaat Schweiz von vornherein durch das Völkerrecht benachteiligt? Jeder Staat neigt dazu, völkerrechtliche Normen von Fall zu Fall zu beurteilen, und manchmal beurteilt er sie als gut und nützlich, manchmal aber als Widerspruch zu seinen nationalen Interessen. Er kann das Völkerrecht missachten, läuft dann aber Gefahr, dass sich die andern Staaten ihm gegenüber auch nicht mehr an die Spielregeln halten. Damit setzt er eine unheilvolle Spirale in Gang, die fast zwangsläufig zu zwischenstaatlicher Gewaltanwendung führt. Deshalb liegt das Völkerrecht auch dort, wo es den kurzfristigen Interessen einzelner Staaten nicht zu entsprechen scheint, in deren langfristigem Interesse. Es ist von seiner Idee und auch von seiner geschichtlichen Entwicklung her mehr als willkürliche Rechtssetzung im Interesse des einen oder andern Staates; es ist auf das Funktionieren der *Staatengemeinschaft* hin angelegt. Gerade für einen Kleinstaat sind völkerrechtliche Normen besonders wichtig, weil sie nicht vom Recht des Stärkeren ausgehen, sondern vom gleichen Recht aller Staaten, unabhängig von ihrer Grösse.

Der Ursprung des Völkerrechts liegt im römischen *ius gentium*, das die Rechtssätze umfasste, die bei allen Völkern übereinstimmend galten; es war also eine Art Naturrecht. Etwas von diesem naturrechtlichen Charakter blieb im Völkerrecht immer aufgehoben. Im 18. Jahrhundert bekam es eine entschiedene Ausprägung in diesem Sinn, und zwar vor allem durch das 1758 veröffentlichte Buch «Le droit des gens ou principes de la loi naturelle appliqués à la conduite et aux affaires des nations et des souverains». Verfasser war der in kursächsischen Diensten stehende Neuenburger Emer de Vattel (1714–1767), der auf völkerrechtlichem Gebiet ähnliches leistete wie Rousseau auf staatsrechtlichem Gebiet. Die rationale Konstruktion des *Contrat social* lieferte ihm die Begründung einer nicht an einzelne Personen gebundenen nationalstaatlichen Souveränität; das Verhältnis zwischen den

Staaten war demnach nicht ein persönliches Verhältnis zwischen souveränen Herrschern, sondern eben ein Rechtsverhältnis zwischen Nationalstaaten. Vattel forderte ein überstaatliches Schiedsgericht, das Kriege überflüssig machen würde, und er sah die Staaten friedlich vereinigt in einer völkerrechtlich geordneten Konföderation, die er *Société des nations* nannte.

Vom naturrechtlich begründeten Völkerrecht des 18. Jahrhunderts aus betrachtet, erscheint die *Idee des Völkerrechts* als notwendige Ergänzung zur *Idee des Nationalstaates.* Der Zusammenhang besteht in folgendem: Jeder Staat gibt sich kraft der Souveränität der Nation sein eigenes Landesrecht, was mit grösster Wahrscheinlichkeit von Land zu Land zu unterschiedlicher Rechtssetzung führt. Diese rechtlichen Unterschiede erschweren den Verkehr zwischen den Staaten. Deshalb ist es nötig, zusätzlich zum Landesrecht noch spezielle Rechtsvorstellungen zu entwickeln, die im internationalen Verkehr gelten sollen. Die Anerkennung dieser gemeinsamen Vorstellungen konstituiert das Völkerrecht, und wer diese Vorstellungen teilt, gehört zur *Völkerrechtsgemeinschaft.* Die europäischen Staaten gingen bis Mitte des 19. Jahrhunderts davon aus, Grundlage der gemeinsamen Rechtsvorstellungen seien die *Grundwerte des Christentums,* und deshalb könnten nur christliche Staaten zur Völkerrechtsgemeinschaft gehören. Es war ein grosser völkerrechtlicher Schritt, als nach dem Krimkrieg im Frieden von Paris im Jahr 1856 die islamische Türkei förmlich in die Völkerrechtsgemeinschaft aufgenommen wurde. Japan, das sich 1889 eine Verfassung nach europäischem Muster gab, trat um die Wende zum 20. Jahrhundert als erster asiatischer Staat faktisch in die europäisch geprägte Völkerrechtsgemeinschaft ein.

Der Krimkrieg war übrigens die erste ernsthafte Störung der europäischen Friedensordnung im 19. Jahrhundert: Es schien zunächst, diese Störung könne durch die Ausweitung der Völkerrechtsgemeinschaft aufgefangen werden. Es bahnte sich aber im letzten Viertel des 19. Jahrhunderts eine gefährliche Entwicklung an, indem die Politik zunehmend dem Einfluss des nach Expansion strebenden Kapitalismus unterlag. Anders als in der Epoche der Heiligen Allianz standen die europäischen Grossmächte längst nicht mehr gemeinsam für eine Gleichgewichtsordnung ein, sondern versuchten, ihre eigene Machtposition in der Staatengemeinschaft zu verbessern. Wenn sie Bündnisse mit andern Staaten eingingen, so waren es nicht Bündnisse zur Wahrung des gesamteuropäischen Friedens, sondern zur bestmöglichen Wahrung ihrer nationalen Interessen. Jedes Bündnis rief nach einem Gegenbündnis der vom ersten Bündnis ausgeschlossenen

Mächte. Gleichzeitig rüsteten alle Staaten auf und verfolgten immer rücksichtsloser eine imperialistische Politik. Die nationalstaatliche Idee, jedes Volk habe das Recht auf einen eigenen Staat und alle Staaten, ob gross oder klein, könnten nach völkerrechtlichen Regeln gleichberechtigt und friedlich zusammenleben, wurde durch eine neue, sozialdarwinistische Ideologie in Frage gestellt: Alle kämpfen gegen alle, und nur die Stärksten und Intelligentesten überleben. Die Eroberung überseeischer Gebiete, die Missionierung und im Gefolge davon auch die Beherrschung und Ausbeutung fremder Völker wurden als Zeichen für Grösse und Macht des Nationalstaates empfunden. Die expansionistische Gewalttätigkeit wurde damit legitimiert, dass die Kultur der eigenen Nation derjenigen der eroberten Völker überlegen sei; man habe bei diesen eine Mission zu erfüllen.

Der Imperialismus gab sich als legitimes Kind des Nationalstaates aus. In Wirklichkeit stand er im krassesten Widerspruch zu diesem. Während der Nationalstaat nach innen und aussen ein friedliches Miteinander postulierte, erstrebte der Imperialismus die Herrschaft einer Nation über andere Nationen oder mindestens über andere, noch nicht zur Nation gewordene Völker. Der Imperialismus anerkannte nicht die Begrenztheit der Nationen, sondern ging von der Reichsidee aus, also von der Idee eines umfassenden, prinzipiell unbegrenzten Herrschaftsverbandes. Der Imperialismus war ein expansives und aggressives System, das dem Expansionsdrang des Kapitals entsprach. Die Entwicklung des europäischen Kapitalismus sprengte die Grenzen des Nationalstaates. Natürlich hatte es immer schon grenzüberquerenden Handel gegeben, aber neu war, dass die gewaltig gesteigerte Produktivität des Industriekapitals zur Akkumulation des sogenannten Finanzkapitals führte, also eines anlagesuchenden Kapitals, das davon lebte, dass auf der ganzen Welt neben wirtschaftlich hoch entwickelten auch wenig entwickelte Gebiete vorhanden waren, die viel geben konnten, ohne entsprechend viel dafür zu nehmen, die also mit Extraprofit ausgebeutet werden konnten. Um diese Gebiete eskalierte der Konkurrenzkampf zwischen den imperialistischen Staaten. Sie liessen ihre Flotten auffahren, demonstrierten ihre Kanonen und pflanzten ihre Flaggen auf. Die Kriegsgefahr war mit Händen zu greifen.

Aber die europäischen Staaten waren nie durch und durch imperialistisch. In ihnen kämpften verschiedene Fraktionen um Einfluss. Während die Wirtschafts- und Kapitalmacht den Staat zu immer neuen Rüstungsschritten und zu einer aggressiven Aussenpolitik drängte, gab es Politiker, die den Ausgleich mit den andern Staaten suchten. Es gab demokratisch gesinnte Aktivistinnen und Aktivisten, die sich für Frieden und Abrüstung engagierten, und es gab idealistisch gesinnte Juristen, die sich bemühten, die Völkerrechtsgemeinschaft zu stärken und dadurch die Kriegsgefahr zu bannen oder jedenfalls die Folgen eines möglichen Krieges zu mildern. Ausgehend von einer Idee des Schweizers Henri Dunant war schon 1864 in Genf eine internationale Konferenz zusammengetreten, die einen Vertrag zur Linderung des Loses der auf dem Schlachtfeld verwundeten Soldaten geschlossen hatte. Im Lauf der folgenden Jahre hatten fast alle Staaten der Völkerrechtsgemeinschaft diese Genfer Konvention angenommen. Als kriegverhindernd und gemeinschaftsstärkend galten auch kollektivvertragliche Abkommen, die länderübergreifende Institutionen wie Post, Telegraph und Eisenbahn betrafen oder auch Fragen des internationalen Rechts oder der Erforschung der Meere regelten. Die Schweiz, unverdächtig, weil keinem der militärischen Bündnisse angehörend, konnte beim Abschluss solcher Verträge immer wieder ihre guten Dienste anbieten und sich damit gerade wegen ihrer Neutralität als nützliches Glied in der Völkerrechtsgemeinschaft erweisen.

So entwickelten sich imperialistische und völkerrechtliche Bestrebungen nebeneinander, und die Frage war, welche Bestrebung sich als stärker erweisen würde. Die wohl wichtigste Völkerrechtskonferenz jener Zeit fand 1899 im Haag statt. Nichts Geringeres war dort beabsichtigt, als den Völkerrechtsvorstellungen Emer de Vattels endlich zum Durchbruch zu verhelfen. Vattels Buch war in viele Sprachen übersetzt und immer neu aufgelegt worden; seine Idee, dem Krieg wirksam vorzubeugen, indem bei zwischenstaatlichen Konflikten ein Schiedsgerichtsverfahren in Funktion treten sollte, war hinlänglich bekannt. Der russische Zar hatte nun die Initiative ergriffen, und im Haag sollte eine griffige Ausgestaltung des Völkerrechts und besonders die Realisierung des internationalen Schiedsgerichts an die Hand genommen werden, so dass kriegerische Selbsthilfe in Zukunft überflüssig würde. Theoretisch schien dies möglich. So wie am Ende des Mittelalters an die Stelle des Fehderechts und der Selbsthilfe eine verbindliche Rechtsordnung, eben das Landesrecht, getreten war, so sollte es nun auch auf überstaatlicher Ebene geschehen. Die Vertreter von 26 Staaten, darunter der Schweiz, traten am 18. Mai 1899 im Haag zusammen und beendeten die Konferenz am 27. Juli mit drei Abkommen, drei Erklärungen und einer Entschliessung. Die hohen Erwartungen wurden nicht erfüllt, von einem Verbot des Kriegs und der Einführung des *obligatorischen*

Schiedsspruchs war man noch weit entfernt. Immerhin wurde beschlossen, es sei ein «ständiger Schiedshof» einzurichten. Es gab von nun an eine Liste von möglichen Richtern, die bei internationalen Konflikten den streitenden Parteien auf Wunsch zur Verfügung standen. Im übrigen wurden die Gesetze des Landkrieges und die Anwendung der Genfer Konvention auf den Seekrieg geregelt. In der Folgezeit wurde eine ganze Reihe von Schiedsverträgen abgeschlossen, aber gleichzeitig waren Gewaltakte und Missachtung des Völkerrechts an der Tagesordnung. Friedensaktivisten drängten weiterhin darauf, die Völkerrechtsgemeinschaft müsse zu einem System des obligatorischen Schiedsspruchs finden. Als vom 15. Juni bis zum 18. Oktober 1907 die *zweite Haager Konferenz* tagte, an der 21 europäische, 19 amerikanische und 4 asiatische Staaten teilnahmen, fand diese Idee eine beträchtliche Zahl von Anhängern. Sie scheiterte hauptsächlich am Widerstand des Deutschen Reichs. Es war vorgesehen, in etwa acht Jahren eine weitere Konferenz einzuberufen; dies geschah nicht mehr, weil inzwischen der Erste Weltkrieg ausgebrochen war. Die weitere Entwicklung der Völkerrechtsgemeinschaft war jäh unterbrochen.

13.3 Die Neutralität der Schweiz im Ersten Weltkrieg

Nachdem am 28. Juni 1914 das österreichischen Thronfolgerpaar von einem serbischen Nationalisten erschossen worden war, erklärte die Donaumonarchie Serbien den Krieg. Daraufhin entfaltete das in den vorangegangenen Jahrzehnten gestrickte Bündnissystem seine unheilvolle Wirkung: Ein Staat nach dem andern trat in den Krieg ein, und das grosse Ringen der europäischen Staaten um Macht und Gewinn begann. Gegen die sogenannten Mittelmächte Deutschland und Österreich standen die alliierten Mächte Frankreich, Grossbritannien und Russland. Die Haltung Italiens war zunächst unklar. Jedenfalls lag die Schweiz zwischen den Fronten. Der schweizerische Bundesrat, entschlossen, am Grundsatz der bewaffneten Neutralität festzuhalten, mobilisierte am 31. Juli 1914 die gesamte Armee. Die Bundesversammlung wählte Oberstkorpskommandant Ulrich Wille zum General und Oberbefehlshaber der Armee. Er war ein tüchtiger Berufsoffizier, galt aber vielen als allzu deutschfreundlich; seine Wahl war umstritten gewesen. Konnte er das Konzept der bewaffneten Neutralität glaubwürdig vertreten? Es zeigte sich bald, dass er loyal die politische Linie des Bundesrates befolgte. Die Neutralität schien selbstverständliche Vor-

gabe zu sein. Am 5. August erklärte der Bundesrat im Auftrag der Bundesversammlung den Signatarmächten der Neutralitätsurkunde von 1815 und
weiterer Staaten, die Schweiz werde «getreu ihrer Jahrhunderte alten Überlieferung» von den Grundsätzen der Neutralität in keiner Weise abweichen.

Die Westmächte taten sich eher schwer mit der schweizerischen Neutralitätserklärung. Einerseits erwarteten sie von der Schweiz nichts anderes
als eine neutrale Haltung, andererseits aber befürchteten sie, unser Land sei
so eng an Deutschland gebunden, dass eine einseitige Unterstützung deutscher Kriegsanstrengungen wahrscheinlich sei. Die Reaktionen der Alliierten
auf die schweizerische Neutralitätserklärung waren von Zurückhaltung
und Skepsis geprägt. Die deutsche kaiserliche Regierung hatte dagegen
schon vor Kriegsausbruch versichert, sie werde die schweizerische Neutralität unter allen Umständen achten. Diese Versicherung schien allerdings
nicht mehr sehr vertrauenswürdig, nachdem die deutsche Armee am 3. August 1914 ins ebenfalls neutrale Belgien einmarschiert war, mit dem Ziel,
von Norden her hinter die französische Verteidigungslinie zu gelangen.
Konnte nicht ebensogut ein südlicher Umfassungsangriff durch schweizerisches Gebiet geplant sein? Die kaiserliche Regierung beeilte sich, der
schweizerischen Regierung noch einmal zu versichern, «dass das deutsche
Reich die Neutralität der Schweiz auf das peinlichste beobachten wird».[292]
So war es denn auch. Der völkerrechtswidrige Gewaltakt gegen Belgien
hatte aber in der Weltöffentlichkeit und vor allem auch in der Schweiz
schon den übelsten Eindruck hinterlassen. Die Empörung darüber hielt,
vor allem in der Westschweiz, auch während der folgenden Kriegsjahre an.

Die Romands teilten mehrheitlich die französische Sicht der Dinge
und sahen im Deutschen Reich den unzivilisierten, undemokratischen
Gewaltstaat, während ihnen die Westalliierten als Verteidiger der Demokratie und der Kultur erschienen. Anders in der Deutschschweiz, wo eine
Mehrheit die deutsche Macht und Stärke bewunderte und im wirtschaftlichen Zusammengehen mit dem Reich die besten Zukunftsaussichten zu
erkennen glaubte. Die Propaganda von hüben und drüben wurde je nach
sprachlicher Zugehörigkeit unterschiedlich intensiv zur Kenntnis genommen,
und so entwickelte sich rasch der sprichwörtliche «Graben» zwischen
Deutsch- und Welschschweiz. Der Staat war zwar neutral, aber die Bevölkerung war es keineswegs, und die Sympathien waren sehr einseitig verteilt. Es schien, die Schweiz spalte sich in zwei Nationen. Dem Schriftsteller und späteren Nobelpreisträger Carl Spitteler gelang es mit seiner
berühmten Rede «Unser Schweizer Standpunkt»[293] einige Leute zur Be-

sinnung zu bringen und den Konflikt zwischen deutsch und welsch zu dämpfen. Das war verdienstvoll. Seine Überlegungen, die er am 14. Dezember 1914 vor der Neuen Helvetischen Gesellschaft in Zürich vortrug, waren von edlen Absichten getragen. Doch die Sache hatte ihren Preis. Die Folgerungen, die damals – und auch in späteren Jahren immer wieder – aus der Rede gezogen wurden, waren problematisch. Spitteler mahnte die Presse, grobe Beschimpfungen der einen oder andern Kriegspartei zu unterlassen, weil dies die Leidenschaften in der Schweiz schüre und den «Graben» vertiefe. Schimpftiraden seien ohnehin nicht angebracht, meinte er, angesichts der Tragödie auf den Kriegsschauplätzen: »Ernste Behandlung von erschütternden Ereignissen sollte sich eigentlich von selber einstellen, eine leidenschaftlich heftige, wüste Sprache sich von selber verbieten. Es hört sich nicht schön an, wenn irgend ein Winkelblättchen aus der Sicherheit unserer Unverletzlichkeit heraus einen europäischen Grossstaat im Wirtshausstil anpöbelt, als handelte es sich um eine idyllische Stadtratswahl.» Spitteler bat seine Zuhörer, nicht über die Lügen der einen Kriegspartei zu spotten und über die Siege der andern zu jubeln, sondern auf die Regungen des Herzens zu hören: «Eine Ausnahmegunst des Schicksals hat uns gestattet, bei dem fürchterlichen Trauerspiel, das sich gegenwärtig in Europa abwickelt, im Zuschauerraum zu sitzen. Auf der Szene herrscht die Trauer, hinter der Szene der Mord. Wohin Sie mit dem Herzen horchen, sei es nach links, sei es nach rechts, hören Sie den Jammer schluchzen, und die jammernden Schluchzer tönen in allen Nationen gleich, da gibt es keinen Unterschied der Sprache. Wohlan, erfüllen wir angesichts der Unsumme von internationalem Leid unsere Herzen mit schweigender Ergriffenheit und unsere Seelen mit Andacht. Und vor allem nehmen wir den Hut ab. Dann stehen wir auf dem richtigen neutralen, dem Schweizer Standpunkt.» Das war sehr anständig gesprochen. Gegen die menschliche Anteilnahme, wie Spitteler sie empfahl, ist sicher nichts einzuwenden. Aber gleichzeitig und ein wenig versteckt vermittelte er seiner Zuhörerschaft die Botschaft: ob deutsch oder welsch spielt keine Rolle, wichtig ist nur, dass wir alle uns als neutrale und humanitäre Schweizer verstehen. Neutralität sei nicht nur ein Grundsatz der schweizerischen Aussenpolitik, meinte er, sondern auch eine Haltung, die jeder einzelnen Schweizerin und jedem einzelnen Schweizer wohl anstehe. Also: Gegenüber dem Ausland weder in der einen noch in der andern Art politisch Partei ergreifen, sondern absolut neutral bleiben! Das lief auf die Forderung nach *Gesinnungsneutralität* hinaus, auf den Versuch, das politische Denken zu unterbinden. Es bedeutete in seiner Konsequenz, dass es Schweizerinnen und Schweizern von vornherein verboten sein sollte, sich darüber zu äussern, was sie jenseits der eigenen Landesgrenzen für politisch richtig oder falsch hielten. So weit wäre nicht einmal der Bundesrat gegangen, der sich doch von Amtes wegen Sorgen um die Spaltung der Nation Schweiz machen musste.[294] Man kann zwar die Gesinnungsneutralität verteidigen und sagen, es sei nie gut, wenn man sich in fremde Angelegenheiten einmische und andere kritisiere; man solle gescheiter vor der eigenen Türe wischen. Aber manchmal betrifft eben das, was jenseits der Landesgrenze geschieht, auch das eigene Haus, und dann ist es ein Gebot der politischen Vernunft, Stellung zu nehmen oder jedenfalls ein politisches Verhältnis zu jenen Vorgängen zu suchen. Spittelers «Schweizer Standpunkt» mochte im Ersten Weltkrieg noch angehen. Fatal war aber, dass er während des Zweiten Weltkrieg wieder aufgewärmt wurde und für manche Leute ein Ideal blieb, obwohl gegenüber dem verbrecherischen Nazireich eine absolute, also auch die Gesinnung umfassende, neutrale Haltung politisch-ethisch nicht zu rechtfertigen war.

Neben der militärischen Neutralität und der Gesinnungsneutralität stellte sich für die Schweiz im Ersten Weltkrieg zum ersten Mal auch die Frage der wirtschaftlichen Neutralität. Obwohl Kriege schon bisher immer auch einen wirtschaftlichen Aspekt gehabt hatten, war der Wirtschaftskrieg vom Völkerrecht bisher nicht beachtet worden. Die Schweiz war völkerrechtlich gesehen zu keiner wirtschaftlichen Neutralität verpflichtet. Aber im Ersten Weltkrieg zeigte sich, was dann im Zweiten Weltkrieg mit aller Deutlichkeit hervortreten sollte: dass die neutrale Schweiz nicht als Militärmacht, wohl aber als Wirtschaftsmacht ins Kalkül der Kriegführenden einbezogen wurde. Der Erste Weltkrieg war eine gewaltige Materialschlacht – auch Menschenmassen wurden wie blosses Kriegsmaterial eingesetzt –, und die Armeen gerieten bei der Beschaffung von Uniformen, Pferden, Verpflegung, Waffen und Munition in Grössenordnungen hinein, wie man sie bisher nicht gekannt hatte. Es wurden ganz neue Materialien und Geräte für die Kriegführung nutzbar gemacht, etwa Motorkraftwagen, Flugzeuge, Stahlhelme, U-Boote, Torpedos, Panzerwagen, Giftgas, Bomben mit Zeitzündern usw. Die nationalen Volkswirtschaften wurden durch die Bedürfnisse der Armeen sehr stark angespannt, und die Kriegspartei, die zusätzlich Material und Gerät aus Drittstaaten importieren konnte, war im Vorteil. Da kam nun auch die Schweiz ins Spiel, denn sie war in den letzten Jahrzehnten zu einer bedeutenden Wirtschaftsmacht mit einem hohen technischen Niveau herangewachsen. Nach den bisherigen völkerrechtlichen Verträgen war den Neutralen im Prinzip freier Export und Import gestattet. Es wollte aber keine Kriegspartei dulden, dass die Schweiz die gegnerische Partei mit kriegswichtigen Gütern belieferte. Die Schweizer Wirtschaft, die ohne Aussenhandel nicht existieren konnte, musste den Handelsverkehr mit andern Neutralen sowie mit den kriegführenden Parteien möglichst aufrechterhalten. Das war nur möglich, wenn sie keine Partei bevorzugte. So wurde die Frage der wirtschaftlichen Neutralität zum Hauptproblem der schweizerischen Neutralitätspolitik. Die Schweizer Wirtschaft erhielt nur dann Rohstoffe aus dem Gebiet der verbündeten Mittelmächte, also des Deutschen Reichs und der österreichisch-ungarischen Monarchie, wenn sie die daraus hergestellten Güter nicht an die Alliierten verkaufte. Umgekehrt durften Importe aus den alliierten Ländern nicht für Exporte an die Mittelmächte verwendet werden. Die Schweiz musste entsprechende Garantien abgeben. Ausländische Agenten überprüften vor Ort, ob solche Abmachungen eingehalten wurden. Da griff der Bundesrat ein: Um die direkte Kontrolle der Schweizer Wirtschaft durch das Ausland zu vermeiden, schloss er im Mai 1915 mit den Zentralmächten ein Abkommen, das eine Treuhandstelle in Zürich vorsah. Diese war zuständig für die Einfuhr deutscher und österreichischer Waren und garantierte die «wirtschaftsneutrale» Verwendung dieser Waren. Die Treuhandstelle war eine schweizerische Institution, die aber einer ausländischen Oberaufsicht unterstellt war. Für die Seite der Alliierten wurde im Oktober 1915 eine ähnliche Einrichtung geschaffen: die Société Suisse de Surveillance Economique. Damit waren Exporte und Importe einer umfassenden Kontrolle unterworfen. Nur so war es möglich, dass die Schweizer Exportwirtschaft trotz Krieg auf vollen Touren produzieren konnte.

Der Krieg zog sich in die Länge, weitete sich aus, forderte Hunderttausende von Toten und Millionen von Verletzten. Die Zerstörungen waren für damalige Begriff enorm. 1915 trat Italien auf der Seite der Alliierten in den Krieg ein. Die Briten errichteten einen Blockadering zur See, versuchten so, die Mittelmächte von ihren Versorgungslinien abzuschneiden. Deutschland reagierte mit einer Gegenblockade, setzte dazu vor allem seine U-Boote ein. Auch auf den offenen Weltmeeren war die freie Schiffahrt zunehmend erschwert. Immer wieder versenkten U-Boote nicht nur gegnerische Kriegsschiffe, sondern auch Versorgungsschiffe. Am 1. Februar 1917 erklärte das Deutsche Reich den «uneingeschränkten U-Boot-Krieg», das heisst, deutsche Unterseeboote griffen von nun an wahllos alle fremden Schiffe an, auch zivile Handelsschiffe. Das war eine massive Verletzung des Seekriegsrechts. Die Alliierten fühlten sich in ihrer Auffassung bestätigt, Deutschland setze sich immer wieder und besonders skrupellos über völkerrechtliche Bestimmungen hinweg. Das Deutsche Reich erschien als Hauptfeind der Völkerrechtsgemeinschaft.[295] Das rief nun auch die USA auf den Plan, die sich bis dahin dem Kriegsgeschehen ferngehalten hatten. Durch den uneingeschränkten U-Boot-Krieg waren auch ihre Schiffe betroffen, und am 6. April 1917 erklärten sie dem Deutschen Reich den Krieg. Andererseits schied Russland, nach der Machtübernahme durch die Bolschewiki, aus der alliierten Kriegsfront aus.

Das tödliche Ringen zwischen den Mittelmächten und den Alliierten dauerte bis zur völligen Erschöpfung Deutschlands. Aber auch die andern Kriegsparteien waren mehr oder weniger am Ende ihrer Kräfte. Die Mittelmächte mussten sich dem Diktat der Sieger unterwerfen; die Kriegsschuld wurde einseitig Deutschland zugeschoben. Der amerikanische Präsident Wilson hoffte, eine dauernde Friedensordnung in Europa stiften zu können, und zwar einerseits beruhend auf dem Nationalitätenprinzip und andererseits auf der Idee eines Völkerbundes, also einer Institutionalisierung völkerrechtlicher Bestimmungen. Im Frieden von Versailles gelang es, das vom Imperialismus zerfressene Nationalstaatensystem gewissermassen zu reparieren und sogar zu stärken.

13.4 Beitritt der Schweiz zum Völkerbund

Die USA waren im Frühjahr 1917 nicht in der Absicht in den Krieg eingetreten, irgendwelche Eroberungen zu machen, sondern mit dem Ziel, künftig den freien Handel auf den Meeren und überhaupt den friedlichen Austausch zwischen den Völkern zu sichern. Schon Anfang 1917 hatte der amerikanische Präsident Wilson betont, es brauche künftig wirksame internationale Abmachungen, und in mehreren Reden im Jahr 1918 stellte er sich hinter die vorher schon von europäischen Staatsmännern und vor allem von privaten Vereinigungen vorgebrachte Idee eines Völkerbunds. Im Grunde genommen ging es um die alte Idee eines verbindlichen Völkerrechts, das die kriegerische Selbsthilfe überflüssig machen würde. Die noch vor dem Krieg geschlossenen Haager Abkommen sollten erweitert und die Völkerrechtsgemeinschaft auf eine feste organisatorische Grundlage gestellt werden. In den Gesprächen zwischen den Alliierten kristallisierte sich die Meinung heraus, der Völkerbund solle zum Bestandteil der nach Kriegsende zu beschliessenden Friedensordnung werden. Die neutralen Länder, darunter die Schweiz, wurden zum Mitmachen aufgefordert.

Schon im Sommer 1918, also noch vor dem Kriegsende, befassten sich die eidgenössischen Räte mit der Völkerbundsfrage. Nationalrat Scherrer-Füllemann, St. Galler Demokrat, Mitglied der sozialpolitischen Gruppe und Aktivist der internationalen Friedensbewegung, sprach sich für den Völkerbund aus und begründete dessen Notwendigkeit mit den Erfahrungen der jüngsten Geschichte: «Warum soll ein allgemeines Völkerbündnis gegründet werden? Die Antwort lautet sehr einfach: Es muss dies geschehen wegen der furchtbaren Erfahrungen, die man mit den Gruppenbündnissen der Vergangenheit und der Gegenwart gemacht hat. Dem einen Gruppenbündnis folgte das andere, dann fand ein massloses Wettrüsten statt, das eine krankhafte Steigerung des kriegerischen Geistes in den Armeen und in gewissen Volkskreisen zur Folge hatte, so dass der Ausbruch der Weltkatastrophe nur eine Frage der Zeit sein konnte.»[296] Um eine solche Entwicklung in Zukunft zu vermeiden und den Frieden wirksam zu sichern, gebe es nur eines: den Abschluss eines alle Völker umfassenden Bündnisses: «Ein solcher Völkerbund muss ein allgemeiner sein, d. h. es dürfen keine Völker ausgeschlossen werden, und es dürfen auch keine Völker sich freiwillig absondern, d. h. zu Sonderbündnissen schreiten …» Von bundesrätlicher Seite vertrat der freisinnige Felix Calonder die Völkerbundsidee. Calonder, 1863 in Scuol im Unterengadin geboren, hatte 1889 mit einem völkerrechtlichen Thema bei Carl Hilty in Bern promoviert. 1899 war er Bündner Ständerat und 1913 Bundesrat geworden. 1918 wurde er turnusgemäss Bundespräsident und damit auch Vorsteher des Politischen Departements. Vor dem Nationalrat bestätigte und ergänzte er, was Scherrer-Füllemann gesagt hatte. Die Völkerbundsidee bezeichnete er als hohes Menschheitsideal, das zuerst von Pazifisten und Völkerrechtstheoretikern vorgebracht worden sei. Es habe jetzt Eingang gefunden in den Kreis der Diplomaten und der Politiker. Das Eis sei gebrochen, und die Schweiz solle sich positiv dazu stellen, auch wenn sie durch den Beitritt zum Völkerbund einen Teil ihrer Souveränität an eine übergeordnete Instanz abtreten müsse: «Kein Volk kann lebendigeren Anteil an der Neugestaltung der Staatengemeinschaft nehmen als die kleine Schweiz. Ganz allgemein möchte ich sagen: Auf die Dauer kann unbegrenzte Eigenmacht und völlige internationale Ungebundenheit keinem Volk wirklich Vorteile bieten. Ein solches politisches System muss, wie alle ungebundene Macht, schliesslich auf Staaten und Menschen zerstörend wirken. Für einen kleinen Staat aber wie die Schweiz ist die rechtliche Ordnung ein Lebens-element, die Machtpolitik eine unverkennbare ständige Gefahr.»[297] Calonder meinte, man müsse jetzt die Chance packen und nicht in die gleichen Fehler verfallen wie seinerzeit an den Haager Konferenzen: «Blicken wir heute aus unserem ungeheuren Kriegselend zurück auf jene Konferenzen von 1899 und 1907, so können wir uns des Eindruckes nicht erwehren, dass sich hier eine erschütternde Tragödie abgespielt hat. Mit welchem übertriebenen Misstrauen und welcher Eifersucht auf ihre absolute Handlungsfreiheit suchten manche Staaten, die einen mehr, die andern weniger, jede ernste und wirksame Bindung im Interesse der Friedenssicherung zu vermeiden, weil eine solche angeblich mit der Souveränität der Staaten nicht vereinbar sei.»

Die schweizerische Regierung wollte sich in der Völkerbundsfrage engagieren. Kurz nach Kriegsende, am 20. November 1918, ersuchte sie die Alliierten, die Schweiz an den Friedensverhandlungen in Paris teil-nehmen zu lassen, soweit es um die Frage des Völkerbundes gehe. Die Alliierten beschlossen aber, die Völkerbundsfrage sei gleich zu behandeln wie die übrigen Friedensfragen. Das bedeutete, dass nur die Siegermächte USA, Frankreich, Grossbritannien, Italien und Japan sowie die mit ihnen assoziierten Staaten teilnehmen konnten; die Neutralen waren aus-geschlossen. Es zeichnete sich ab, dass die Siegermächte den Völkerbund konstituieren und erst nachträglich die Neutralen zum Beitritt auffordern würden. Durch ihren Beitritt würden diese sich verpflichten müssen, ein System von militärischen und wirtschaftlichen Sanktionen mitzutragen, die gegenüber Staaten angewendet werden sollten, welche die völkerrecht-lichen Regeln missachteten. Bedeutete dies, dass die Schweiz ihre traditio-nelle Neutralität würde preisgeben müssen? Der Bundesrat sorgte vor, in-dem er am 8. Februar 1919 ein «Memorandum betreffend die Neutralität der Schweiz»[298] an die Siegermächte schickte. Er war sich bewusst, dass bei diesen die schweizerische Neutralität momentan nicht hoch im Kurs stand und dass eine Beitritt zum Völkerbund unter Wahrung der Neutralität schwierig sein würde. Deshalb betonte er die Besonderheit der seit 1815 völkerrechtlich anerkannten immerwährenden Neutralität der Schweiz. Diese sei zur schweizerischen Staatsmaxime erhoben worden, weil sie für die Schweiz wie auch für ganz Europa nützlich sei: «Mit vollem Recht haben die 1815 in Paris versammelten Grossmächte erklärt, dass ‹die Neutralität und Unverletzlichkeit der Schweiz und deren Unabhängigkeit von jedem fremden Einfluss im wahren politischen Interesse des gesamten

Europa gelegen sei.› Diese Erklärung hat ihren vollen Wert beibehalten. Die Schweiz muss, wie in der Vergangenheit, so auch fernerhin die treue Hüterin der Alpenpässe bleiben.» Auch nach der Gründung des Völkerbunds werde die schweizerische Neutralität ihren Sinn behalten, denn: «Vielleicht wird die grosse Idee des Völkerbundes nur schrittweise zur Wirklichkeit werden. Es ist denkbar, dass in einem solchen Bund vorderhand der Krieg auch weiterhin zugelassen bleibt in Fällen, in denen alle vorgeschriebenen Vermittlungsversuche scheitern. Alsdann würde sich die Eidgenossenschaft wieder in einer Lage befinden ähnlich der, aus welcher die immerwährende Neutralität der Schweiz hervorgegangen ist. Aber auch wenn, wie die Schweiz angelegentlich wünscht, der Völkerbund den Krieg im herkömmlichen Sinne rechtlich und tatsächlich verbieten wird, bleibt im Hinblick auf die militärischen Vollstreckungen, die der Bund allenfalls anordnen müsste, die Aufrechterhaltung der überlieferten Neutralität gerechtfertigt. Gerade durch die Behauptung ihrer Neutralität würde die Schweiz alsdann dem Völkerbunde grössere Dienste leisten, als wenn sie an seinen militärischen Massnahmen, selbst gegen ihre Nachbarstaaten, teilnähme. Sie wird fortfahren, mit ihrer eigenen Wehrkraft die Festung im Herzen Europas zu schützen und dem Internationalen Roten Kreuz, sowie den diesem angegliederten Unternehmungen ein sicheres Obdach zu gewähren.»

So unterstützte also der Bundesrat die Idee eines allgemeinen Völkerbunds und hielt gleichzeitig ängstlich an der Neutralitätsmaxime fest. Er war für kollektive Sicherheit in Europa, wollte aber gleichzeitig für die Schweiz die Option offenbehalten, sich jederzeit auf die spezielle Rolle einer neutralen Hüterin der Alpenpässe und des Roten Kreuzes zurückziehen und sich politisch von Europa absetzen zu können. Durch seine Expertenkommission liess er sorgfältig prüfen, wie sich die Dinge entwickelten, und er liess sogar einen eigenen Entwurf für einen Völkerbundspakt ausarbeiten. In diesem Entwurf war für dauernd neutrale Staaten, in erster Linie für die Schweiz, ein Sonderstatus vorgesehen: «Die ständigen Institutionen des Völkerbunds und des internationalen Roten Kreuzes befinden sich auf dem Gebiete der schweizerischen Eidgenossenschaft, deren dauernde Neutralität anerkannt ist, sowie folgender Staaten, welche ebenfalls durch ihre Geschichte und ihre fortgesetzte Friedenspolitik dauernde Garantien ihrer Unparteilichkeit bieten, nämlich: …» Hier folgten im Entwurfspapier einige Leerzeilen, da die vom Bundesrat eingesetzte Expertenkommission offenbar nicht wusste, welche Staaten ausser der Schweiz für eine derartige Sonderstellung in Betracht kommen könnten. Weiter hiess es dann: «Das Gebiet dieser [neutralen] Staaten ist unverletzlich und bleibt in jedem Falle ausserhalb der militärischen Operationen sowohl bei Kriegen, an denen nicht zum Völkerbunde gehörige Staaten beteiligt sind, wie bei militärischen Massnahmen, die vom Völkerbunde selber zum Schutze des Rechtes und zur Erhaltung des Friedens ergriffen werden. Die Verteidigung dieser Gebiete gegen jegliche mit den Grundsätzen der Neutralität unvereinbare Einbeziehung in militärische Unternehmungen liegt den betreffenden Staaten ob. Diese Staaten sind berechtigt, im Notfall Hilfskräfte vom Völkerbunde zu verlangen.»[299] – Diese Sätze aus dem schweizerischen Entwurf für einen Völkerbundsvertrag zeigen überdeutlich, wie die massgebenden Politiker der Schweiz die Rolle unseres Landes in Europa und in der Welt verstanden: Die Schweiz ist ein Kleinstaat, aber mit seiner durch die Neutralität gestärkten humanitären Tradition eine moralische Grossmacht; sie hat daher Anspruch auf Sonderbehandlung. Die Schweiz ist ein heller Fleck in der politischen Landkarte; sie muss aus allen gefährlichen Konflikten herausgehalten werden, damit sie weiterhin ihre friedenserhaltende Mission erfüllen kann. Mehr noch: Wenn die Schweiz ihre Neutralität nicht selber schützen kann, sind die andern Völkerbundsstaaten verpflichtet, Truppen zum Schutz der Unversehrtheit des schweizerischen Territoriums zur Verfügung zu stellen. – In den Köpfen, die solches ausgedacht hatten, war Hiltys Idee einer Politik nach sittlichen Grundsätzen derart auf die Spitze getrieben, dass sie in eine blosse Politik des egoistischen Nationalinteresses umkippte.

Der schweizerische Entwurf wurde von der Völkergemeinschaft nicht weiter beachtet. Am 14. Februar 1919 lag bereits der viel breiter abgestützte Entwurf der Alliierten für einen Völkerbund vor, der keine besonderen Rücksichten auf die schweizerischen Anliegen nahm. Immerhin bekamen einen Monat später 13 Staaten, die im Krieg neutral geblieben waren, Gelegenheit, an einer speziellen Konferenz in Paris ihre Meinung zum Entwurf kundzutun. Die Schweiz entsandte eine gut vorbereitete Delegation dorthin; sie bestand aus Bundesrat Calonder, Nationalrat Alfred Frey, den Professoren Max Huber und William E. Rappard sowie Dr. P. Logoz als Sekretär. Der Zürcher Völkerrechtler Max Huber war vorher schon zum ständigen Rechtskonsulenten des Bundesrates ernannt worden. Die Schweizer setzten sich vor allem dafür ein, dass der Völkerbund eine möglichst umfassende Organisation werde und dass alle beitrittswilligen und beitrittsfähigen Staaten möglichst gleichberechtigt seien.

Für sich speziell war die Schweiz darauf bedacht, ihren Status eines dauernd neutralen Staates nicht preisgeben zu müssen.

An der Konferenz der Neutralen vernahm Bundesrat Calonder, Genf sei, wie er es sich gewünscht hatte, als Sitz des Völkerbunds vorgesehen. Am 22. März 1919 schrieb er an Clémenceau, den Präsidenten der Friedenskonferenz, sowie an den amerikanischen Präsidenten Wilson, der an der Pariser Konferenz als Vorsitzender der Völkerbundskommission amtete, eine Note mit folgendem Wortlaut: «Am Schluss der halbamtlichen Konferenz zur Entgegennahme der Wünsche der Neutralen erklärte Lord Robert Cecil, dass die zu dieser Konferenz eingeladenen Staaten im Völkerbund willkommen wären. Ich benutze diesen Anlass, um Ihnen mitzuteilen, dass die Schweiz es als eine grosse Ehre betrachten würde, ihr Gebiet gastfreundlich zur Verfügung zu stellen für den Fall, dass der Völkerbund seinen Sitz in unserem Land aufzuschlagen gedächte. Regierung und Volk der Schweiz würden mit Freude und Stolz auf solche Weise ihren lebhaften Wunsch kund tun, an dem Weltfriedenswerk mitzuarbeiten, das von den Urhebern des Völkerbundsvertrags unternommen worden ist. Die politischen und humanitären Traditionen der Schweizerischen Eidgenossenschaft, wie auch ihre demokratischen Institutionen und ihre geographische Lage sind offenbar geeignet, der Konferenz, welche Sie präsidieren, die Wahl unseres Landes zu empfehlen. Schon jetzt kann ich Ihnen versichern, dass die eidgenössischen, kantonalen und kommunalen Behörden es sich angelegen sein lassen würden, dem Völkerbund alle wünschbaren Erleichterungen und Vorteile zu gewähren.»[300] Bekanntlich erhielt Genf tatsächlich den Zuschlag und wurde zum Sitz dieser wichtigen und hoffnungsvollen Institution.

Zu diesem Zeitpunkt liess der Bundesrat die Öffentlichkeit über seine einzelnen Schritt noch im Ungewissen. Das Schweizer Volk reagierte nicht nur mit «Freude und Stolz» auf den Völkerbund; im Gegenteil wuchs die Skepsis. Vor allem die Sozialdemokraten, die noch die Nachwehen des Landesgeneralstreiks zu verarbeiten hatten, waren voller Misstrauen. Sie gaben sich als Hüter der Neutralität aus und warnten vor einem Beitritt zum Völkerbund, weil dieser Schritt faktisch das Ende der dauernden Neutralität der Schweiz bedeuten würde. Auch General Wille und Generalstabschef Theophil von Sprecher äusserten sich ablehnend. In den Kreisen um die Friedensorganisationen wurden ebenfalls kritische Fragen gestellt, als durch eine Indiskretion der Pariser Zeitung «Le Matin» Ende Februar 1919 Einzelheiten des Friedensvertrags bekannt wurden. War der Völkerbund nicht einfach ein Instrument der Siegermächte, ihre Ansprüche international durchzusetzen? War es klug, Deutschland als allein schuldig am Weltkrieg hinzustellen, entsprechend hart anzufassen und erst noch auf Jahre hinaus vom Völkerbund auszuschliessen? War es klug, Russland von der Völkerrechtsgemeinschaft fernzuhalten? Trotz solcher Bedenken stellten sich die Friedensorganisationen aus grundsätzlichen Erwägungen hinter den Völkerbund.

Am 28. April 1919 wurde in Paris der Völkerbundsvertrag unterzeichnet. Wenn die Schweiz zum Kreis der vollberechtigten Mitglieder gehören wollte, musste sie innerhalb von zwei Monaten den Beitritt beschliessen. So geschah es denn auch, wobei allerdings die Volksabstimmung vorbehalten war, die auf den Mai 1920 festgelegt wurde. Es blieb also noch Zeit, für oder gegen den definitiven Beitritt Propaganda zu machen. Die Schweizerische Friedensgesellschaft warb für den Beitritt und veröffentlichte im Oktober 1919 eine Schrift des Genfer Professors Paul Moriaud, die zwar alle Bedenken gegenüber dem Völkerbund auflistete, aber dann doch zu einem positiven Schluss kam. «Gewiss wäre das Ideal gewesen», meinte Moriaud, «dass alle Staaten der Erde berufen worden wären, gemeinsam den Vertrag des Völkerbundes vorzubereiten, dessen unbestreitbarer und unbestrittener Charakter die Universalität ist. Aber zu diesem Zweck hätte man vor der Erörterung und Annahme des Vertrages warten müssen bis zum Abschluss der Friedensverträge unter allen Kriegführenden, und dann musste man sich fragen, ob der Völkerbund überhaupt hätte gegründet werden können.»[301] Im übrigen seien die Neutralen befragt worden, und die Schweiz habe ihre Meinung präzise geäussert. Aber es sei nun mal der Weg gewählt worden, dass der Völkerbund Teil des Friedensvertrags sein solle, und das habe auch den Vorteil, dass dadurch ein mässigender Einfluss auf die Friedensbedingungen ausgeübt worden sei. «In allen Fällen würde der Friedensvertrag für Deutschland viel härter gewesen sein, wenn der Völkerbund nicht errichtet worden wäre.» Man dürfe den Völkerbund, wie er nun real zustande gekommen sei, nicht immer nur am Ideal einer Organisation messen, die den Krieg aus der Welt schafft. Immerhin seien jetzt Vorkehrungen getroffen, damit internationale Konflikte dem Schiedgerichtshof im Haag vorgelegt werden könnten, und wer trotzdem einen Krieg entfessle, der werde mit wirtschaftlichen und in einer nächsten Phase auch mit militärischen Sanktionen von der Völkerrechtsgemeinschaft zur Ordnung zurückgezwungen.

Die Sozialdemokraten mochten an solche Verheissungen nicht glauben. Für sie war, gemäss leninistischer Anschauung, eine gerechte völkerrechtliche Ordnung zwischen kapitalistisch-imperialistischen Staaten gar nicht möglich. Das Ende des Ersten Weltkriegs empfanden sie nicht als Sieg der demokratischen Kulturnationen über die autoritären deutschen Militaristen, sondern als Sieg der einen imperialistischen Fraktion über die andere. Robert Grimm, Generalstreiksführer und Führer der bernischen Sozialdemokratie, schrieb im Auftrag der Sozialdemokratischen Partei der Schweiz die Broschüre «Sozialdemokratie und Völkerbund», in der er Hohn und Spott über die hehren Ziele des Völkerbunds ausgoss. Die siegreichen Alliierten – er nennt sie nach dem ursprünglichen Bündnis zwischen Frankreich und England die Entente – hätten den Krieg bis zum bitteren Ende gefochten, mit dem Versprechen, es werde der letzte Krieg sein, denn wenn der preussische Militarismus einmal am Boden liege, dann werde weltweit abgerüstet. Nun liege der preussische Militarismus tatsächlich am Boden, mehr noch: «Der Kaiser ist verschwunden und man warf ihm Brokat und Marschallstab nach. Die Entente hätte Gelegenheit gehabt, ihr Wort, womit sie die erbarmungswürdigen Völker so schmählich betrog, wahrzumachen. Jetzt könnte sie abrüsten. Wir Sozialdemokraten haben an den Schwindel nie geglaubt, so wenig als an die Verteidigungsparole der Teutonen. Darum sind wir auch von der Regelung der Abrüstungsfrage im Völkerbundsvertrag nicht überrascht.»[302] Es gebe in diesem Vertrag den Artikel 8, der scheinbar die Abrüstung fördere, in Wirklichkeit aber blosse Augenwischerei sei, weil er das Kriterium der nationalen Sicherheit gelten lasse. Mit Berufung darauf könne jeder Staat die Abrüstung verweigern. Im übrigen sei der Völkerbund gar nicht, was sein Name sage. Nicht die Völker, schon gar nicht die kleinen wie das schweizerische, hätten sich verbündet, sondern die französischen und englischen Imperialisten. «Seiner Phrasen entkleidet ist der Völkerbund ein Zwiefaches: die Knechtung kleiner oder sonst wehrloser Völker durch imperialistische Machthaber und die Verschwörung der internationalen Bourgeoisie gegen das internationale Proletariat.» Ein Beitritt der Schweiz zu diesem Gebilde würde bedeuten, meinte Grimm, dass die Schweiz ihre Neutralität aufgebe und vorbehaltlos auf die Seite der Imperialisten treten würde. Das gelte es zu verhindern. – Mit dieser und andern Stellungnahmen trugen Grimm und ein Teil der SPS-Führung wesentlich dazu bei, dass der Völkerbund bei der Arbeiterschaft ein schlechtes Ansehen genoss. Der Hintergrund zu dieser negativen Haltung war, dass die Arbeiterbewegung damals noch auf die revolutionäre Wirkung der Dritten Internationale setzte und sich eine bessere Zukunft vom Sozialismus und nicht vom Völkerrecht erhoffte.

Übrigens verstand die Mehrheit des Volkes und der Regierung unter Neutralität etwas anders als Grimm; aber allgemein war die Meinung, die Schweiz müsse auch in Zukunft neutral bleiben. Hier lag also ein Hindernis für den Beitritt der Schweiz zum Völkerbund. Der Bundesrat erreichte aber in zähen Verhandlungen, dass der Völkerbundsrat in der Londoner Deklaration vom 13. Februar 1920 die Neutralität der Schweiz als im Interesse des allgemeinen Friedens liegend anerkannte. Das bedeutete, dass unser Land beitreten konnte, ohne die gleichen Verpflichtungen wie alle andern Staaten übernehmen zu müssen. Die Schweiz musste nämlich bei einer allfälligen schweren Verletzung der völkerrechtlichen Normen durch einen andern Staat zwar wirtschaftliche Sanktionen mittragen, nicht aber die in einer nächsten Stufe zur Anwendung kommenden militärischen Sanktionen. Unter diesen Voraussetzungen beschloss das Stimmvolk am 16. Mai 1920 mit 416 870 Ja gegen 323 719 Nein und mit 11½ gegen 10½ Ständestimmen den Beitritt zum Völkerbund. Die Stimmbeteiligung lag bei 77,5 Prozent. In der Deutschschweiz gab es viel mehr Nein-Stimmen als in der Romandie. Zum Erstaunen aller lehnte Zürich mit 46 280 Ja gegen 66 887 Nein deutlich ab. In der Waadt dagegen standen den nur 4800 Nein satte 63 284 Ja gegenüber.

13.5 Von Motta zu Pilet-Golaz

Für das Jahr 1920 wurde der katholisch-konservative Tessiner Bundesrat Giuseppe Motta (1871–1940) zum Bundespräsidenten gewählt. Gleichzeitig übernahm er das Politische Departement, das er dann noch während 20 Jahre leitete – bis zu seinem Tod am 23. Januar 1940. Er war es, der den Eintritt der Schweiz in den Völkerbund lenkte und im Rahmen des Völkerbunds die schweizerische Aussenpolitik aufwertete. Hatte die Schweiz sich bisher nach aussen im wesentlichen einfach auf ihre immerwährende Neutralität berufen und im übrigen ihre wirtschaftlichen Interessen vertreten, so nahm sie nun lebhaften Anteil an der Gestaltung der Völkerrechtsgemeinschaft. Weiterhin beharrte sie auf ihrer Neutralität, aber in dem Mass, wie sie sich aussenpolitisch engagierte, relativierte sich diese Neutralität; man sprach von einer differentiellen Neutralität.

Der Völkerbund hatte erhebliche Mängel. Ein Hauptmangel war das Fehlen der USA. Der amerikanische Präsident hatte aus innenpolitischen Gründen in seiner Heimat nicht durchzudringen vermocht; der US-

424

Kongress ratifizierte den Völkerbundspakt nicht. Auch Russland, das sich nach der bolschewistischen Revolution aller Verpflichtungen des alten Zaren-regimes ledig erklärte, stand jahrelang ausserhalb der Völkerrechtsgemein-schaft – erst 1934 wurde die Sowjetunion in den Völkerbund aufgenom-men – und versuchte, mit dem Projekt der Dritten oder Kommunistischen Internationale sozusagen eine revolutionäre Konkurrenzorganisation zu schaffen. Deutschland durfte vorerst nicht beitreten. Trotzdem waren die Anfänge des Völkerbunds hoffnungsvoll. Die Schweiz setzte sich für die Universalität der Genfer Organisation ein und speziell für die Aufnahme Deutschlands. Bundespräsident Motta, der als «Staatspräsident» des Gast-geberlandes die Ehre hatte, am 15. November 1920 die erste Völker-bundsversammlung in Genf zu eröffnen, sagte in seiner Ansprache: «Je mehr der Völkerbund der Universalität entgegengeht, um so mehr wird er sich die Unterpfänder der Autorität und Unparteilichkeit erwerben. Die Sieger werden nicht ewig auf die Mitarbeit der Besiegten verzichten können. Diese Zusammenarbeit der einen mit den andern entspricht einer Lebens-notwendigkeit. Der Hass ist ein Fluch. Die Grösse der Völker besteht in ihrem Edelmut oder ihrer Reue. Ich würde meine Pflicht als ein Dolmet-scher, wenn auch ein unzulänglicher, des schweizerischen Gedankens ver-säumen, wenn ich nicht den Mut hätte, in diesem Kreise solches zu be-zeugen.»[303] Einen Monat später, als es um die Aufnahme Österreichs ging, griff Motta ganz direkt und ohne Rücksicht auf die Empfindlichkeit Frankreichs die Deutschlandfrage auf: »Bleibt die Frage Deutschland! Deutschland hatte an der Friedenskonferenz um seine Zulassung zum Völkerbund nachgesucht. Die Friedenskonferenz glaubte, in diesem Moment seinen Wünschen nicht entsprechen zu können. Gestatten Sie mir in aller Offenheit und Aufrichtigkeit Ihnen zu sagen, dass wir diese Haltung begreifen, aber dass wir in der Schweiz sie nicht geteilt haben. Dem Schweizervolk wäre es gewiss viel leichter geworden, in den Völker-bund einzutreten, wenn es zum voraus gewusst hätte, dass er eine universelle Vereinigung sein werde. Heute beschränken wir uns darauf, den Wunsch zu äussern, dass an dem Tage, wo die Frage Deutschland zur Diskussion steht, sie im Geist des Völkerbunds geprüft werde, welcher der Geist der Leidenschaftslosigkeit, der Gerechtigkeit und der Entspannung ist.»[304]

Motta war nach Meinung seines Biographen Jean Rodolphe von Salis «erfüllt von einem grossherzigen Glauben an die Völkerbundsidee».[305] Er war aber auch geprägt von katholischen, rechtskonservativen Auffassungen. Als Tessiner wusste er sich mit der italienischen Kultur verbunden. Er war in Airolo aufgewachsen, an der Eisenbahnlinie durch den Gotthard, die den Norden mit dem Süden verband, Deutschland mit Italien. Er war Patriot und glaubte an die Schweiz, fühlte aber auch die Abhängigkeit unseres Landes vom nördlichen und südlichen Nachbarland. Letztlich vertraute auch er, wie der Bundesrat insgesamt, weniger auf den Völkerbund als vielmehr auf die traditionelle Neutralität der Schweiz. Mit allen Ländern gute Beziehungen zu pflegen, war seine Leitlinie. Besonders bemühte er sich um Italien.

Seit 1922 waren in Italien Mussolinis Faschisten an der Macht; sie reaktivierten die alte Irredenta-Propaganda gegenüber dem Tessin. Sollte die Schweiz, um das Tessin nicht an Italien zu verlieren, freundlich mit Mussolini sein oder im Gegenteil die antifaschistischen Kräfte stärken? Motta war für Freundlichkeit. Als 1933 Hitler in Deutschland an die Macht kam, bildete sich, trotz aller Widersprüche, die es auch gab, die Achse Deutschland–Italien heraus. Mussolini und Hitler waren gleichermassen entschlossen, sich nicht in die von Frankreich und England dominierte Völkerrechtsgemeinschaft einzufügen, sondern eine imperialistische Politik zu betreiben. Motta blieb freundlich. 1935 liess Mussolini Truppen gegen Abessinien aufmarschieren; das afrikanische Land beschwerte sich beim Völkerbund. Motta gab sich neutral. Aber auch der Völkerbund, statt seine eigenen Regeln konsequent anzuwenden und Italien an seinem völkerrechtswidrigen Vorgehen zu hindern, taktierte vorsichtig. Das hing damit zusammen, dass seine Mitgliedländer nicht voll hinter ihm standen. In den meisten Völkerbundsländern waren nämlich politische Kräfte wirksam, die in erster Linie die eigenen imperialistischen Interessen durchsetzen wollten. Als englische und französische Diplomaten wegen der Abessinienfrage mit Italien verhandelten, taten sie es nicht im Namen des Völkerbunds, sondern im Namen ihrer eigenen Länder; so untergruben sie die Position des Völkerbunds. Mussolini nutzte die Schwäche der Völkerrechtsgemeinschaft und befahl Anfang Oktober 1935 den Überfall auf Abessinien. Da beschloss der Völkerbund doch noch wirtschaftliche Sanktionen; diese wurden allerdings von Anfang an nicht konsequent durchgeführt. In dieser Tragödie spielte auch die Schweiz keine erhebende Rolle. Der Bundesrat schwankte zwischen völkerrechtlichen Verpflichtungen einerseits, aussenpolitischen Rücksichten gegenüber Italien und wirtschaftlichen Interessen andererseits. Die letzteren, verbrämt mit dem alten Neutralitätsdogma, obsiegten. Zwar wurden die Wirtschaftssanktionen offiziell mitgetragen, aber praktisch nur sehr eingeschränkt gehandhabt.

426

Schon im Dezember 1936 anerkannte die Schweiz die Annexion Abessiniens durch Italien.

Der Völkerbund hatte statt einer prinzipienfesten eine geschmeidige Politik versucht. Das zahlte sich nicht aus; Italien verliess 1937 den Völkerbund. Deutschland, erst 1926 aufgenommen, war schon 1933 wieder ausgetreten. Hitler und Mussolini näherten sich einander an und bildeten die «Achse Berlin–Rom». Die Schweiz war jetzt von zwei aggressiven Mächten eingeklemmt, die explizit zu Feinden des Völkerbunds geworden waren. Sie blieb zwar Mitglied des Völkerbunds, ging aber zunehmend auf Distanz. Motta verlangte vom Völkerbund, dass sich unser Land künftig nicht mehr an wirtschaftlichen Sanktionen beteiligen müsse. In einer Völkerbundsresolution vom Mai 1938 wurde dieses Begehren akzeptiert. Die Schweiz zog sich wieder auf eine Position der *absoluten Neutralität* zurück, womit ein weiteres Loch im Gefüge der institutionalisierten Völkerrechtsgemeinschaft entstand. Die Macht der Völkerbundsidee war gebrochen, jeder Staat wurstelte aussenpolitisch vor sich hin; wer am frechsten auftrat, war am erfolgreichsten. Ungestraft konnte Hitler im März 1838 Österreich dem Deutschen Reich einverleiben und ein Jahr später mit der Tschechoslowakei ähnlich verfahren. Das völkerrechtlich eingebundene Nationalstaatensystem konnte sich gegen das erneute Überhandnehmen des Imperialismus einerseits und des Isolationismus andererseits nicht behaupten; das Versailler System kollektiver Friedenssicherung brach zusammen. Alle Länder gewichteten ihre je eigenen wirtschaftlichen Interessen und ihre besonderen Sicherheitsbedürfnisse stärker als die Regeln des Völkerrechts. England und Frankreich verhielten sich gegenüber Nazideutschland widersprüchlich, schienen Hitler zu glauben, wenn dieser versicherte, es gehe um Bekämpfung des «Bolschewismus» und der sowjetischen Weltrevolutionspläne. Die Stalinsche Sowjetunion wurde im Westen als Hauptgefahr wahrgenommen, und insofern sich der nationalsozialistische Imperialismus gegen sie richtete, schien er tolerierbar. Erst als am 23. August 1939 Deutschland und die Sowjetunion einen Nichtangriffspakt schlossen, realisierten die Westmächte das volle Ausmass der Gefahr. Der Angriff Deutschlands auf Polen Anfang September 1939 machte dem Zögern ein Ende: Am 3. September erklärten Frankreich und Grossbritannien dem Deutschen Reich den Krieg.

Die Schweiz war, wie gesagt, 1938 zur absoluten Neutralität zurückgekehrt. Man fühlte sich nun wieder auf sich allein gestellt und wappnete sich gegen die immer deutlicher sichtbar werdenden Gefahren. Am 28. August 1939 bot der Bundesrat den Grenzschutz auf. Am 30. August 1939 wählte die Bundesversammlung General Guisan zum Oberbefehlshaber der Armee und ermächtigte den Bundesrat, an alle Staaten, die vom drohenden Krieg irgendwie berührt werden könnten, eine Neutralitätserklärung zu verschicken. Der Bundesrat tat dies schon am folgenden Tag, und zwar mit einer Note, die derjenigen beim Ausbruch des Ersten Weltkriegs fast Wort für Wort nachgebildet war. Wieder berief man sich auf die Verträge von 1815, in denen die Neutralität der Schweiz und die Unverletzbarkeit ihres Territoriums garantiert worden seien. Was die wirtschaftliche Neutralität anbelangte, wollte sich der Bundesrat nur an den Artikel 9 der Haager Konvention halten, der vorsah, dass ein neutrales Land bei Ausfuhr und Durchfuhr von Waffen und Ausrüstungsgegenständen für Heer und Flotte sich gegenüber allen Kriegführenden gleich verhalten musste. Spezielle Handelsverträge, meinte der Bundesrat, seien vorbehalten.

Am frühen Morgen des 1. September 1939 griff die Deutsche Wehrmacht Polen an. Am gleichen Tag befahl der Schweizerische Bundesrat die allgemeine Kriegsmobilmachung. Die Deutschen eroberte Polen in einem Blitzkrieg und teilte das unglückliche Land mit der Sowjetunion. Diese eroberte im darauf folgenden Winter Finnland und wurde deswegen – es war eine hilflose Geste – aus dem Völkerbund ausgeschlossen. Im Frühjahr 1940 marschierten die Deutschen gegen Dänemark und Norwegen, besetzten rasch diese beiden Länder. Dann wandten sie sich gegen Westen, zwangen Holland und Belgien zur Kapitulation. Am 5. Juni 1940 begann die Schlacht um Frankreich, worauf das mit Deutschland verbündete Italien am 10. Juni Frankreich und Grossbritannien ebenfalls den Krieg erklärte. Am 22. Juni 1940 lag Frankreich am Boden, und die Deutschen diktierten den Waffenstillstand von Compiègne. Frankreich wurde in einen von den Deutschen besetzten Norden und einen unbesetzten Süden geteilt. Für die Schweiz hatte dies zur Folge, dass sie jetzt von den Achsenmächten völlig eingekreist war. Was bedeutete unter diesen Umständen ihre Neutralität? Bot sie irgendwelchen Schutz? Hatte Hitler als Oberkommandierender der Deutschen Wehrmacht überhaupt die Absicht, auch die Schweiz zu besetzen? Oder war im Gegenteil jetzt die Gefahr eines strategischen Durchmarschs durch die Schweiz gebannt? Man konnte es nicht wissen, aber Vorsicht schien geboten. Das Volk war verunsichert, erwartete eine Stellungnahme des Bundesrats. Am 25. Juni 1940 hielt Bundespräsident Pilet-Golaz, der nach dem Tod Mottas das Politische Departement übernommen hatte, eine Radioansprache. Er sprach von

Trauer angesichts der Kriegsverwüstungen und von Erleichterung nach Abschluss des Waffenstillstands. Er kündete eine teilweise Demobilisierung der Schweizer Armee an, machte aber auch darauf aufmerksam, dass der Frieden noch nicht wieder hergestellt sei, weil Grossbritannien entschlossen sei, den Kampf gegen das Deutsche Reich weiterzuführen. Es werde noch einige Zeit brauchen, bis eine neue europäische Ordnung zustande kommen werde: «L'Europe doit trouver, avant de reprendre essor, son nouvel équilibre, très différent de l'ancien à n'en pas douter et qui se fondera sur d'autres bases que celles, que, malgré ses veines tentatives, la Ligue des nations ne réussit pas à jeter.»[306] Pilet-Golaz glaubte offenbar nicht, dass eine vom Völkerbund gewollte Ordnung je wieder aufgerichtet werden könne; er rechnete mit einer durch die kriegerischen Erfolge Deutschlands geprägten Neuordnung. Im übrigen rief er das Volk dazu auf, sich ruhig zu verhalten. Es gelte jetzt die Wirtschaft in Schwung zu bringen und Arbeit für alle bereitzustellen. Die Regierung werde entscheiden, und das Volk solle seinem «sicheren und hingebenden Führer»[307] folgen und fleissig arbeiten. Die schweizerische Öffentlichkeit war durch diese Ansprache keineswegs beruhigt; liberale und linke Zeitungen äusserten die Befürchtung, der Bundesrat wolle zu einem autoritären Regierungsstil übergehen und die Demokratie abschaffen. In der Tat ging es dem Bundesrat nicht in erster Linie um die Bewahrung der Demokratie, sondern ganz einfach um die staatliche Weiterexistenz der Schweiz und die Versorgung unseres Landes mit lebenswichtigen Gütern. Importe von Kohlen und andern Rohstoffen aus dem Deutschen Reich waren aber nur gegen die Bereitschaft zu haben, dafür Industriegüter und Lebensmittel dorthin zurückzuliefern.

Allein auf sich gestellt, hätte die neutrale Schweiz einem militärischen Angriff der deutschen Wehrmacht niemals widerstehen können. General Guisan wusste das, und er befahl im Juli 1940 in Absprache mit dem Bundesrat die Entlassung eines Teils der Armee und den Rückzug der Hauptbestände der Armee ins Alpengebiet, in die sogenannte Réduit-Stellung. Das Pfand, das er in der Hand hielt, war der Eisenbahntransit durch Gotthard und Lötschberg, der einen gewichtigen Teil des Güteraustausches zwischen den Achsenmächten sicherstellte; bei einem Angriff auf die Schweiz wäre diese Transitachse mit Hilfe von vorsorglich angebrachten Sprengladungen zerstört worden. Das war aber nur die allerletzte Option. Im Vordergrund stand das Bemühen, den Achsenmächten zu zeigen, dass eine unversehrte Schweiz für sie viel nützlicher war als eine besetzte oder zerstörte. Der Bundesrat bewilligte grosse Kredite, mit denen das Reich in der Schweiz kaufen konnte, was es brauchte – auch Waffen. Ähnlich verfuhr man gegenüber Italien. Die schweizerische Wirtschaft arbeitete in den folgenden Jahren auf vollen Touren und einseitig für die Achsenmächte, brachte es aber fertig, die Handelskontakte mit den Alliierten nie ganz abreissen zu lassen und so den Schein der wirtschaftlichen Neutralität zu wahren. Die Schweizer Grenzen waren für den Waren- und Geldverkehr offen, und die Armee blieb im Réduit. Das war im wesentlichen die Lage der neutralen Schweiz während des Zweiten Weltkrieges. Die Rechnung ging auf: Unser Land überlebte den Krieg äusserlich fast unbeschädigt.

In der unmittelbaren Nachkriegszeit war aber die Schweiz moralisch diskreditiert und politisch isoliert. In den Augen der Alliierten war die schweizerische Neutralität nur ein moralisches Deckmäntelchen für ihre lukrativen Helferdienste gegenüber dem Naziregime gewesen. Auch in der Schweiz selbst wurden solche Vorwürfe erhoben, vor allem von linken Gruppierungen. Regierung und Bevölkerungsmehrheit werteten die Kritik als schändlichen Versuch, im Sinn aufgewärmter kommunistischer Weltrevolutionsvorstellungen das Selbstbewusstsein des schweizerischen Nationalstaates zu untergraben, die schweizerische Ordnung, die Unabhängigkeit und Neutralität unseres Kleinstaates zu zerstören. In der Zeit des Kalten Kriegs verstummte die Kritik im In- und Ausland weitgehend. Es gab aber immer wieder Historiker, Schriftsteller, Vertreterinnen von Hilfswerken und Journalistinnen, die unangenehme Fragen stellten. Vor allem die Flüchtlingspolitik der Schweiz, speziell die Haltung gegenüber den verfolgten Juden, wurde zur Diskussion gestellt.[308] Aber erst nach der Öffnung bestimmter Archivbestände fünfzig Jahre nach Kriegsende wurden die kritischen Fragen wieder in der gleichen Schärfe gestellt wie am Ende des Krieges. Jüdische Kreise verbanden die Kritik an der Schweiz und an anderen Ländern mit konkreten Entschädigungsforderungen. Jetzt war es nicht mehr möglich, das Thema zu verdrängen. Für viele Schweizerinnen und Schweizer, die immer noch das Bild eines schweizerischen Sonderfalls, einer besonders humanitären, guten und friedlichen Schweiz mit sich getragen hatten, war die ganze Debatte ein Schock. Mir scheint, es war ein heilsamer Schock. Das schweizerische Selbstbewusstsein beginnt sich nachhaltig zu ändern, und zwar im Sinn einer Abkehr vom Sonderfalldenken und einer Zuwendung zur Normalität der internationalen Staatengemeinschaft. Vielleicht wird sich daraus ein neues Engagement für Europa und die Welt ergeben.

14. Die Juden und der Nationalstaat

Der Nationalstaat, so glaubte man jedenfalls noch bis in die Zeit des Zweiten Weltkriegs, setzt eine kulturell einigermassen homogene Bevölkerung voraus. Bevölkerungsgruppen mit abweichenden Wertvorstellungen müssen entweder aus dem Nationalstaat ausgegrenzt oder an die Wertvorstellungen der Mehrheitsbevölkerung angepasst werden. Den Prozess der Anpassung bezeichnet man als Assimilation. Juden galten lange Zeit als «nicht assimilierbar». Als sie sich im 19. Jahrhundert doch assimilierten und dafür die politische Gleichberechtigung bekamen, da galt dies als Erfolg der nationalstaatlichen Integrationsfähigkeit. Später aber kamen jüdische Flüchtlinge, die wiederum als nicht assimilierbar galten. Das Wechselspiel von Ausgrenzung, Assimilation, Integration und erneuter Ausgrenzung ist charakteristisch für den Nationalstaat, der eben irgendwie festlegen muss, wer zur Nation gehört und wer nicht. Manchmal tut er es in engherziger Art, manchmal gibt es sich offener; aber irgendwo bleibt immer eine Grenze.

Ich werde in diesem Kapitel von der langdauernden Ausgrenzung der Juden, von ihrer politischen Emanzipation und gesellschaftlichen Integration sprechen. Ich hätte auch von andern diskriminierten Gruppen sprechen können. Die Juden sind ein Beispiel unter anderen,[309] allerdings ein besonders wichtiges. An der Geschichte der Juden in der Schweiz lässt sich das Schwanken des Nationalstaates zwischen seiner ausgrenzenden und seiner integrierenden Tendenz, zwischen Offenheit und Geschlossenheit sehr gut sichtbar machen. Das Thema der Judendiskriminierung ist bis heute ein schwieriges geblieben, weil es im Zusammenhang steht mit dem grössten Verbrechen des 20. Jahrhunderts und der Menschheitsgeschichte überhaupt. Der Antisemitismus, der seit Ende des 19. Jahrhunderts in ganz Europa um sich griff, beeinflusste auch die Haltung der schweizerischen Mehrheitsbevölkerung gegenüber der jüdischen Minderheit und prägte in verhängnisvoller Weise die offizielle schweizerische Bevölkerungs-, Asyl- und Flüchtlingspolitik.

14.1 Die Sonderstellung der Juden

Man kann wohl sagen, die Ausgrenzung der im «christlichen Abendland» lebenden Juden habe schon im Mittelalter begonnen, als die Kirche sie als Jesusmörder und Feinde der christlichen Religion hinstellte. Immer wieder und in allen Teilen Europas und Vorderasiens kam es zu Judenverfolgungen. Aber was im 20. Jahrhundert geschah, dieser bewusste und systematische Versuch, einen Teil der Menschheit auszurotten, dieses Verbrechen gegen *die Menschheit*, ist nicht allein mit mittelalterlichen Religionsstreitigkeiten zu erklären. Es spielten da ganz besondere, moderne Faktoren mit, die nur im Zusammenhang mit der Bildung von Nationalstaaten verstanden werden können. In ihrem Buch «Elemente und Ursprünge totaler Herrschaft» hat Hannah Arendt versucht, diese Faktoren aufzuspüren.[310] Sie holt weit aus in der Ideengeschichte und bezieht Wirtschafts- und Sozialgeschichte mit ein. Kurz zusammengefasst handelt es sich um folgendes: Die in der Zerstreuung lebenden Juden übten in den europäischen Städten des Mittelalters häufig den Beruf des Geldverleihers aus. Der Grund für diese auffallende Einseitigkeit lag darin, dass ihnen durch die Zunftordnungen die handwerklichen Berufe verschlossen waren, während umgekehrt die Christen wegen des kirchlichen Zinsverbotes das Geldgeschäft nicht selbst ausüben wollten. Zu Beginn der Neuzeit fiel das Zinsverbot dahin, es gab nun auch christliche Bankiers, und die Juden wurden oft aus den Städten aufs flache Land hinaus verdrängt. Seit dem 17. Jahrhundert und vor allem im 18. Jahrhundert holten Adlige und Fürsten einzelne Juden an ihre Höfe, weil sie deren Kenntnisse in Finanz- und Handelsfragen brauchten. Oft ging es um die Sanierung verfahrener Geldangelegenheiten, manchmal um die Finanzierung von Kriegen, um grosse Kredite für die Lieferung von Rüstungsgütern oder Lebensmitteln für ganze Armeen. Viele Juden besorgten die Geschäfte ihrer adligen Herren zu deren voller Zufriedenheit und wurden mit Privilegien belohnt; teilweise wurden sie auch geadelt. Diese *Hofjuden* hoben sich durch ihren Reichtum und ihren Einfluss deutlich ab von der Masse der in ärmlichen Verhältnissen lebenden Juden. Sie hatten aber keine politischen Funktionen, sondern besorgten die *Privatgeschäfte* ihrer adligen Herren. In dem Mass aber wie sich die privaten Adelsherrschaften und Fürstentümer zu absolutistischen Staaten entwickelten, bekamen die Hofjuden faktisch staatliche Funktion; sie besorgten die Finanzgeschäfte des Staates, sie wurden Staatsbankiers. Als sich im 19. Jahrhundert die Staaten zu Nationalstaaten entwickelten, die sich zunehmend gegeneinander abschlossen, übernahmen die jüdischen Bankiers die wichtige Funktion, die durch die dichter werdenden Staatsgrenzen erschwerten internationalen Finanzgeschäfte zu betreuen. Sie waren dazu besonders geeignet, weil sie sich durch ihr gemeinsames jüdisches Gesetz miteinander verbunden fühlten und dadurch für sie die Kontaktaufnahme über alle Staatsgrenzen hinweg erleichtert war.

Im Zeitalter des Nationalismus galten die Juden als Nation, die zerstreut in andern Nationen lebte und so das internationale Element im Rahmen der Nationalstaaten bildete. Mit diesem «internationalen Geldjudentum» waren natürlich nicht alle Juden gemeint, sondern eben die in Geldgeschäften tüchtigen und reich gewordenen Juden. Berühmt ist in diesem Zusammenhang die Familie Rothschild, die bewusst Niederlassungen in verschiedenen Ländern gründete. Sie organisierte schon in der napoleonischen Zeit Geldtransaktionen von England an die Staaten der antifranzösischen Koalition. Später ermöglichte sie durch ihren Kredit grössere Staatsanleihen. Wie schon die alten Staaten hatten auch die Nationalstaaten immer wieder kurzfristig grössere Geldzahlungen zu leisten, sei es im Zusammenhang mit der Lieferung von Rüstungsgütern, sei es im Zusammenhang mit neu übernommenen Aufgaben. Der Nationalstaat als umfassendes Projekt gleicher rechtlicher Regelungen im gesamten staatlichen Territorium und darüber hinaus als Projekt der nationalen Wohlfahrt hatte insgesamt wachsende Geldbedürfnisse. Das nationale Unternehmertum, das im allgemeinen den Staat als unproduktiv ansah, war an Staatsgeschäften nicht interessiert. Die Staaten waren deshalb fast zwangsläufig auf die jüdischen Bankiers angewiesen. Von daher kommt Arendt zur These, der Nationalstaat hätte sich ohne die Hilfe derjenigen, die aus der Nation ausgeschlossen waren, eben der Juden, gar nicht entwickeln können. Je weiter entwickelt aber der Nationalstaat war, desto mehr Druck übte er auf die Juden aus, sich zu assimilieren und sich in den Nationalstaat zu integrieren. Die Trennung in privilegierte «Geldjuden» und diskriminierte jüdische Masse hörte auf; alle wurden als gleichberechtigte und assimilierte Bürger in den Nationalstaat aufgenommen. Die jüdischen Männer waren nun Staatsbürger mit allen Rechten und Pflichten. Diese Veränderung in der Rechtsstellung der Juden wird als *Judenemanzipation* bezeichnet.

Arendts These ist erhellend und erklärt mindestens einen Teil der so komplexen und im 19. Jahrhundert heftig diskutierten «Judenfrage». Sie ist aber nicht für alle Nationalstaaten gleichermassen zutreffend. Arendt selbst vermutet, in republikanischen Staatswesen, wo sich der Typus des

Hofjuden nicht entwickeln konnte, habe sich das Verhältnis zwischen Juden und Staat anders dargestellt. Tatsächlich ergibt eine Sichtung der Literatur über die Juden in der Schweiz[311] ein Bild, wonach es hierzulande vor der Zeit der Judenemanzipation keine sehr reichen jüdischen Geldverleiher und Bankiers gab. Es wäre allerdings denkbar, dass Städte wie Genf, Bern, Zürich oder Basel in der Zeit des Ancien Régime bei ihren Geldtransaktionen nach Frankreich oder nach London die Dienste ausländischer Juden in Anspruch nahmen; darüber gibt es meines Wissens keine Untersuchung. Vorläufig sieht es so aus, dass die Juden in der Schweiz in der Entwicklung des Nationalstaates keine bedeutende Rolle spielten. Dementsprechend wurde die Judenfrage in der Schweiz nie sehr wichtig genommen, zumal die Judenschaft in unserem Land immer nur einen sehr kleinen Prozentsatz der Bevölkerung ausmachte. Trotzdem wurde die Judenfrage bei der Bildung des schweizerischen Nationalstaates sofort zum Thema. In ihr spiegelte sich die schwierige Grundfrage, wer denn nun eigentlich zu der Nation gehöre, aus der heraus der Staat entstehen sollte. Im ersten Teil dieses Buches, im Kapitel über die Helvetik, habe ich gezeigt, in welcher Weise über die Frage debattiert wurde, ob Juden helvetische Staatsbürger werden könnten. 1798 wurde entschieden, die Juden in der Schweiz seien als Ausländer zu betrachten.

In der Zeit der Mediation, in der wieder eine weitgehende Souveränität der Kantone hergestellt war, schenkte der Gesamtstaat der Judenfrage keine Beachtung mehr, sondern überliess die Sache dem Kanton Aargau, wo die meisten Juden wohnten. Die Aargauer Juden pflegten vielfältige Beziehungen mit den Elsässer Juden, und sie verglichen ihre eigene Rechtsstellung mit derjenigen der zu Frankreich gehörenden Juden. Diese genossen seit der Revolution volle Gleichberechtigung, womit sich allerdings viele christliche Franzosen nur schwer abfinden konnten. Die Tüchtigkeit der Juden in Handels- und Geldgeschäften schien ihnen eine unerträgliche Konkurrenz zu sein. Immer dringender erhoben sie die Forderung, die Juden seien wieder in engere Schranken zu weisen. 1808 erliess Napoleon das sogenannte *Décret infâme,* durch welches speziell die Juden im Elsass gewissen Einschränkungen unterworfen wurden, ohne dass deswegen ihre grundsätzliche Gleichheit gemäss Verfassung aufgehoben worden wäre. Dieses Dekret wurde Vorbild für das aargauische Judengesetz vom 5. Mai 1809, das die Juden wie eine Korporation behandelte und sie unter den Schutz des Kantons stellte. Sämtliche Pflichten eines Kantonsbürgers wurden ihnen auferlegt, nicht aber die entsprechenden Rechte zugestanden.

Gewisse privatrechtliche Einschränkungen des 18. Jahrhunderts ihnen gegenüber wurden erneuert. Dazu kamen beschränkende Polizeiverordnungen über den Hausierhandel und den Viehhandel, die vor allem die Juden trafen; ihre wirtschaftliche Lage verschlechterte sich. In dieser bedrängten Lage spürten die Juden einen verstärkten Assimilationsdruck; eine zunehmende Zahl unter ihnen hielt es für nötig, sich zumindest äusserlich den Gepflogenheiten der Mehrheitsbevölkerung anzupassen.

Die Assimilation erleichterte die Emanzipation. Weil die Juden sich den Christen äusserlich anglichen, weil sie bereit waren, neben ihrem eigenen jüdischen Gesetz auch das Gesetz ihres Wohnkantons und später des schweizerischen Nationalstaates anzuerkennen, wurde ihnen schliesslich die rechtliche Gleichstellung gewährt. Aber es war ein langer und mühsamer Prozess. Es begann damit, dass die Aargauer Kantonsregierung auf die Judengemeinden in Lengnau und Endingen zunehmend Einfluss nahm. Sie machte Vorschriften für den Schulunterricht, griff sogar in den Kultus ein und trug so dazu bei, dass sich die Stellung des Rabbiners veränderte. Hatte dieser ursprünglich ungefähr die Funktion eines Richters und Notars innegehabt, erhielt er nun immer mehr die Funktion eines Geistlichen nach christlichem Muster. Er wurde also auf eine «geistliche» Aufgabe festgelegt, musste aber andererseits als verlängerter Arm der weltlichen Macht dienen: Seit 1820 musste er in der Synagoge die behördlichen Erlasse verkünden; 1822 wurde verordnet, er müsse wie ein christlicher Pfarrer die Geburts-, Ehe- und Sterberegister führen. 1824 erliess der Kanton das Organisationsgesetz, durch welches die beiden jüdischen Gemeinden den übrigen Gemeinden des Kantons angeglichen wurden, ohne dass allerdings die jüdischen Gemeinden als Ortsbürgergemeinden mit den entsprechenden Rechten anerkannt worden wären. Im Aargau wurde also von Staates wegen eine Assimilation der Juden betrieben, welche diese vorerst gar nicht wollten. In der Regenerationszeit verstärkte der Staat noch seine Anstrengungen, Armenwesen, Schulwesen und Steuerwesen zu vereinheitlichen; die Judengemeinden mussten ihre Sonderregelungen in diesen Bereichen weitgehend aufgeben, ohne deswegen eine gleichberechtigte Stellung zu erlangen.

Ähnliche oder noch weitergehende rechtliche und gesellschaftliche Diskriminierung der Juden gab es zu diesem Zeitpunkt in einer ganzen Reihe von europäischen Ländern. Es gab aber auch Staaten, in denen es keine rechtliche Diskriminierung der Juden mehr gab. Frankreich war seit 1830 ein solches Land, denn das napoleonische *Décret infâme* und andere

Sonderregelungen waren wieder abgeschafft worden. Die Elsässer Juden waren also vollberechtigte französische Staatsbürger. Wenn sie aber in einen schweizerischen Kanton einreisten und hier ihren Geschäften nachgehen wollten, wenn sie sich vorübergehend oder dauernd hier niederlassen wollten, galten sie den Kantonsbehörden nicht in erster Linie als Franzosen, sondern als Juden, und sie unterlagen der hierzulande üblichen Diskriminierung. Dagegen protestierten sie, und die französische Regierung unterstützte ihre Auffassung, wonach französische Bürger jüdischen Glaubens in der Schweiz nicht anders als katholische oder protestantische Franzosen behandelt werden dürften. Die souveränen schweizerischen Kantone hatten aber im Niederlassungsvertrag mit Frankreich vom 30. Mai 1827 den französischen Staatsbürgern nur die Rechte gewährt, die sie auch den Bürgern anderer Kantone zugestanden. Sie beharrten auf der Meinung, so wie sie den aargauische Juden die Niederlassungsfreiheit absprächen, dürften sie dies auch gegenüber den französischen Juden tun. Besonders die beiden Basel, die einen gewissen Zuwanderungsdruck verspürten, wollten auf diese Weise verhindern, dass sich allzu viele elsässische Juden auf ihrem Gebiet niederliessen. So blieb die Judendiskriminierung bestehen.

14.2 Judenemanzipation

Es gab aber im Kanton Aargau freisinnige Politiker, die sich der Judenfrage annahmen und die Judenemanzipation förderten. 1846 erliess der aargauische Grosse Rat ein Niederlassungsgesetz, wonach die Juden von der Regierung die Bewilligung erhalten konnten, sich in einer andern als in einer der zwei traditionellen Judengemeinden Endingen und Lengnau niederzulassen. 1847 wurden die Juden im gesamten Eherecht dem bürgerlichen Gesetz und Gericht unterstellt. 1852 wurde in der aargauischen Militärorganisation die persönliche Dienstpflicht auch auf Juden ausgedehnt. 1855 wurden durch das aargauische Bürgerliche Gesetzesbuch alle Sonderbestimmungen und Einschränkungen im vermögensrechtlichen Verkehr für Juden beseitigt. In andern Kantonen hatten sich inzwischen vermehrt Juden niedergelassen, vor allem in Basel, Neuenburg und Genf. Die Waadt erlaubte 1826/27 die Gründung einer neuen jüdischen Gemeinde in Avenches, und 1846 hob Bern gewisse einschränkende Bedingungen für Juden auf. Insgesamt war man aber in der Schweiz von einer umfassenden rechtlichen und politischen Gleichstellung der Juden noch weit entfernt.

Der Druck aus Frankreich übte allmählich eine gewisse Wirkung aus, und in der Schweiz entfaltete sich ein komplexes Geschehen, das schliesslich zur rechtlichen Gleichstellung der Juden führen sollte. Selbstverständlich wollten die Juden gleiche Rechte wie die Christen. Viele Juden wollten aber gleichzeitig auch ihr eigenes jüdisches Gesetz und ihre besondere Lebensweise bewahren. Der Staat umgekehrt, der sich in Richtung eines liberalen Nationalstaates entwickelte, zeigte sich nach und nach bereit, ihnen die Gleichberechtigung zuzugestehen, verlangte aber, dass sie sich nicht gewissermassen als eigene Nation verstanden, sondern als Teil der schweizerischen Nation, die ihnen keine Ausnahmerechte, dafür aber die allen andern auch zukommenden Rechte, speziell auch das Recht auf freie Religionsausübung gewährte. Auf jüdischer Seite war es keineswegs selbstverständlich, dass Juden zur Nation des Landes gehören wollten, in dem sie wohnten. Von traditionellen Juden wurde diese Auffassung sogar bekämpft. Für sie war die Religion mehr als nur eine Glaubenssache; sie war Ausdruck des Bundes, den Gott seinerzeit mit dem Volk Israel geschlossen hatte, und dieser Bund musste immer wieder bekräftigt werden, indem das Volk Israel auch in der Zerstreuung strikte nach dem jüdischen Gesetz lebte und sich so als besonderes und abgesondertes Volk zu erkennen gab. Die Integration der Juden in die Mehrheitsbevölkerung wurde also nicht nur durch die Vorurteile der Mehrheitsbevölkerung gegenüber den Juden, sondern auch durch den Willen des traditionellen Teils des Judentums erschwert.[312] Es gab aber andererseits eine Bewegung liberaler Juden, die in ähnlicher Weise wie die Reformbewegung der Juden in Deutschland für Assimilation und Gleichberechtigung kämpfte.

Durch die Bundesverfassung von 1848 hätte die Diskriminierung der Juden mit einem Schlag aufgehoben werden können, und zwar ausgehend vom Artikel 4, der besagte: «Alle Schweizer sind vor dem Gesetze gleich.» Aber es gab die Ängste gewisser Gemeinden, bei rechtlicher Gleichstellung der Juden, besonders im Niederlassungsrecht, werde man plötzlich einer starken Zuwanderung jüdischer Geschäftsleute und damit einer unliebsamen Konkurrenz ausgesetzt sein. Mit Rücksicht auf diese Ängste und getrieben von antijüdischen Gefühlen wurde die Niederlassungsfreiheit im Artikel 41 der Bundesverfassung eingeschränkt: «Der Bund gewährleistet allen Schweizern, *welche einer der christlichen Konfessionen angehören,* das Recht der freien Niederlassung im ganzen Umfange der Eidgenossenschaft.» Juden als Nichtchristen waren also ausgenommen. Im Artikel 48 wurde zudem festgelegt: «Sämtliche Kantone sind verpflichtet, alle Schweizerbürger *christlicher Konfession* in der Gesetzgebung sowohl als im gerichtlichen Verfahren den Bürgern des eigenen Kantons gleich zu halten.» Noch im Entwurf vom 8. April 1848 war der Zusatz «christlicher Konfession» und damit die Möglichkeit, die Juden anders zu behandeln, nicht enthalten gewesen. Da er nun aufgenommen worden war, entstand ein Widerspruch zum Gleichheitsanspruch gemäss Artikel 4, und das führte zu rechtlichen Problemen. Immer wieder kam es vor, dass einzelne Kantone die Juden unter Berufung auf den Artikel 48 in Handel und Gewerbe diskriminierten und damit gegen die Rechtsgleichheit verstiessen.[313] Der Widerspruch in der Verfassung musste beseitigt werden. Der Ständerat lud den Bundesrat ein, über dieses Problem einen Bericht ausarbeiten zu lassen. So wurde die Judenfrage, welche die Kantone bisher vor allem als aargauische Angelegenheit betrachtet hatten, zur Bundessache.

Nach der Gründung des schweizerischen Bundesstaates verlangte die französische Regierung, der Bund müsse nun endlich die Kantone zur Ordnung rufen und auf eine liberale Praxis verpflichten. Der Bundesrat als Exekutivorgan eines souveränen Nationalstaates wollte auf Druckversuche aus dem Ausland nicht eingehen; er berief sich auf die Befugnisse der Kantone, auf die er keinen Einfluss nehmen könne. In Wirklichkeit konnte er sehr wohl Einfluss nehmen, und er musste es aus den schon erwähnten verfassungstechnischen Gründen auch tun. Er ging aber sehr langsam und vorsichtig zu Werk. Zunächst bat er die Kantonsbehörden um genaue Auskünfte, und die Umfrage ergab, dass die Juden im Markt- und Hausierverkehr eingeschränkt waren und dass ihnen in vielen Kantonen prinzipiell das Niederlassungsrecht verweigert wurde. Der Bund wollte nun, trotz des französischen Drucks, die heikle Frage der Niederlassungsfreiheit zunächst ausklammern und nur die Punkte bereinigen, die am häufigsten zu Konflikten Anlass gaben. Per Bundesbeschluss vom 24. September 1856 wurde den Schweizer Juden, gleich wie allen andern Schweizer Bürgern, das Recht des freien Kaufs und Verkaufs nach Artikel 29 der Bundesverfassung garantiert, ebenso die Ausübung der politischen Rechte im Heimat- oder im Niederlassungskanton nach Artikel 42. Die Aargauer Regierung liess daraufhin die Juden von Endingen und Lengnau im Jahr 1857 erstmals an den Nationalratswahlen teilnehmen.

Noch immer war also die Niederlassungsfreiheit für Juden nicht auf dem ganzen Gebiet der Schweiz durchgesetzt. Da kam zum zweiten Mal Druck aus dem Ausland, und zwar im Zusammenhang mit dem Freundschafts- und Handelsvertrag zwischen der Schweiz und den USA von 1857. Im Artikel 1 dieses Vertrags behielt sich die Schweiz die Einschränkung der Niederlassungsfreiheit gegenüber Juden vor. Amerikanische Juden bemerkten dies und reichten in Washington eine Beschwerde gegen den Abschluss eines Vertrags mit derart diskriminierenden Bestimmungen ein. Der schweizerische Generalkonsul in Washington informierte den Bundesrat über die Beschwerde und die von jüdischer Seite gegen die Schweiz erhobenen Vorwürfe, die unangenehme Folgen haben könnten. Der Bundesrat erteilte daraufhin dem Generalkonsul folgende Ordre: «Sie werden daher eingeladen, derartige Vorwürfe bei jeder Gelegenheit mit aller Energie zurückzuweisen und Hrn. Dudley-Man [Spezialagent der Vereinigten Staaten für die Schweiz] in unserm Namen zu ersuchen, auf geeignete Weise dahin zu wirken, dass der Art. 1 des Vertrages auch von nordamerikanischer Seite in Treu und Glauben, d. h. in dem Sinn und Geist, in welchem er erlassen wurde, gehandhabt werde, und dass die Regierung der Union der Beschwerde der Juden keine Folge gebe, weil eine diesfällige Reklamation ganz bestimmt und entschieden abgelehnt werden müsste.»[314] So zeigte der Bundesrat nach aussen immer noch eine harte Haltung. Langsam reifte aber die Einsicht, man könne den Widerspruch zwischen dem Gebot der Rechtsgleichheit und der Diskriminierung der Juden in den Artikeln 41 und 48 der Bundesverfassung nicht bestehen lassen. Die Regierung bereitete deshalb eine Verfassungsrevision vor, und das Schweizer Volk genehmigte im Jahr 1866 die Änderung, durch die nun auch die Juden die volle Niederlassungsfreiheit bekamen. Acht Jahre später wurde noch der letzte Rest der Judendiskriminierung beseitigt, indem im Rahmen der Totalrevision der Bundesverfassung ein neuer Artikel 49 geschaffen wurde, der die freie Ausübung des Gottesdienstes nicht nur wie bisher für die «anerkannten christlichen Konfessionen», sondern ganz allgemein gewährleistete.

Was speziell die Juden im Kanton Aargau angeht, muss hier noch folgendes ergänzt werden: Auch nach den ersten Interventionen des Bundes zugunsten der Juden blieb der alte Zustand bestehen, wonach die jüdischen Korporationen in Lengnau und Endingen kein Ortsbürgerrecht besassen. 1861 behandelte der Grosse Rat in erster Lesung eine Gesetzesvorlage, durch welche die privatrechtlichen jüdischen Korporationen zu öffentlich-rechtlichen Gemeinden aufgewertet werden sollten. Dagegen erhob sich heftiger Widerstand. Eine judenfeindliche Bewegung verband sich mit einer katholisch-konservativen Bewegung, die aus weltanschaulichen Gründen die liberale Regierungsmehrheit im Kanton bekämpfte. Als die Bewegung gegen das Judengesetz auch auf protestantische Kreise übergriff, wurde sie so stark, dass es ihre Exponenten wagten, mit der Abberufung des Grossen Rates zu drohen. Dieser nahm die Drohung nicht ernst, genehmigte am 15. Mai 1862 das Emanzipationsgesetz und erhob damit die israelitischen Korporationen zu Ortsgemeinden. Daraufhin machten die antijüdischen Kreise mobil und brachten tatsächlich ein Volksbegehren für eine Revision des Emanzipationsgesetzes und für die Abberufung des Grossen Rates zustande. Am 27. Juli erklärte das Stimmvolk den Grossen Rat für abgesetzt. Im neu gewählten Grossen Rat bekamen die Konservativen eine stärkere Vertretung, aber die Freisinnigen behielten die Mehrheit. Am 11. November setzte das Stimmvolk mit grosser Mehrheit das Emanzipationsgesetz ausser Kraft. Unter dem Druck der Bundesgesetzgebung blieb aber auch dem Kanton Aargau nichts anderes übrig, als die Juden de facto als gleichberechtigt anzuerkennen. Die politische und rechtliche Auseinandersetzung ging aber noch während Jahren weiter. Erst 1879 wurden die Endinger und Lengnauer Judengemeinden de jure als Bürgergemeinden anerkannt. Damit war die Emanzipation der Juden in der Schweiz vorläufig abgeschlossen. Die Juden waren in den Nationalstaat integriert, und es gab jetzt, rein rechtlich gesehen, «die Juden» in der Schweiz nicht mehr, das heisst, es gab keine eigenständige jüdische Nation innerhalb der schweizerischen Nation mehr; es gab nur noch Schweizer jüdischen Glaubens. Dass die Juden aber faktisch doch eine Sondergruppe blieben, dafür sorgte einerseits eine weiter bestehende jüdische Orthodoxie, andererseits ein kirchlich geförderter Judenhass, der sich zudem gegen Ende des 19. Jahrhunderts mit einem rassistischen Antisemitismus verband.

14.3 Zerstörung der «christlichen Nation»?

Die Freisinnigen, die den jungen Bundesstaat beherrschten, wollten einen laizistischen Staat; weder die katholische noch die reformierte Kirche sollte direkten Einfluss auf das staatliche Geschehen nehmen können. Religion sollte Privatsache sein, und da spielte es an sich keine Rolle, ob es sich um eine christliche oder eine jüdische Religion handelte. Die Katholisch-Konservativen wollten dagegen einen Staat, der eng mit dem Katholizismus oder jedenfalls mit dem Christentum verbunden blieb. Wenn die Freisinnigen für die Judenemanzipation eintraten, sahen die Katholisch-Konservativen darin eine gefährliche Relativierung des Christentums. Religiöser Indifferentismus, Freisinn, Freimaurertum und Judentum gehörten für sie eng zusammen, und der ganze Komplex war in ihren Augen eine Gefahr für die christlich-abendländische Tradition. Weil sie den weit verbreiteten volkstümlichen Judenhass kannten, spielten sie in populistischer Art mit diesem Gefühl und versuchten auf diese Weise, ihr eigenes Staatskonzept gegen dasjenige der Freisinnigen durchzusetzen. Dieser Mechanismus zeigte sich deutlich im Zusammenhang mit dem Aargauer Emanzipationsgesetz.

Es war der politische Kopf der Aargauer Katholisch-Konservativen, Johann Nepomuk Schleuniger, der 1862 die Bewegung gegen das Emanzipationsgesetz anführte. Von Rassismus und Antisemitismus im engeren Sinn war bei ihm noch nichts vorhanden; vielmehr verknüpfte er in seinem «Gesuch zur Judenfrage», das den Sturz des Grossen Rates und die Aufhebung des Emanzipationsgesetzes einleitete, die religiös motivierten antijüdischen Vorurteile mit der nationalen Frage: «Ihnen, den Juden, die nie Schweizer und Eidgenossen zu werden vermögen, sollen wir die Ehre unserer Waffen, die Beschützung unserer Nationalstellung u.s.w. anvertrauen? Und doch braucht es nur einen Verräter, um das Blut einer ganzen Armee von Eidgenossen zu verkaufen.»[315] Der freisinnige Augustin Keller, der nicht nur als Vorkämpfer für die Aufhebung der Klöster im Aargau, sondern auch als Vorkämpfer für die Judenemanzipation in die Geschichte eingegangen ist, konterte Schleunigers Insinuation, indem er, rhetorisch fragend, auf dessen Mitwirken im Sonderbund hinwies: «Waren es emanzipierte Juden, die im Jahr 1847 bei fremden Kabinetten eine Intervention gegen die freisinnige Entwicklung unserer vaterländischen Zustände zu erbetteln versuchten?» Keller überzeugte seine Ratskollegen; Schleuniger aber vermochte mit seiner Demagogie einen grossen Teil der Bevölkerung hinter sich zu bringen. Zudem gab ihm die katholisch-konservative «Schweizerische Kirchenzeitung»[316] Rückhalt, und er bekam auch Unterstützung vom konservativen Luzerner Nationalrat Philipp Anton von Segesser. Dieser lobte die Aargauer Emanzipationsgegner dafür, «dass kräftige, altschweizerische Gesinnung ihnen höher steht als neumodisches Humanitätsgewinsel.»[317]

Philipp Anton von Segesser (1817–1888), Jurist und Politiker, stammte aus alter Luzerner Patrizierfamilie. Nach dem Sonderbundskrieg hatte er sich zunächst ins Privatleben zurückgezogen, war aber schon 1848 als Vertreter der Konservativen in den Nationalrat gewählt und dort zum Anführer der Opposition geworden. In den sechziger Jahren versuchte er das, was Schleuniger im Aargau gelungen war, auf die Bundesebene zu übertragen. In der Nationalratsdebatte zu den Handelsverträgen mit Frankreich und zur Niederlassungsfreiheit der Juden im September 1864 warnte er vor den Folgen einer Liberalisierung, die weitreichender seien, als man gemeinhin annehme: «Man spricht von den Elsässer Schacherjuden, die uns überschwemmen werden. Das sind nur die Pioniere, die in ein neues Land vordringen und die Wege bereiten; die geistige und materielle Macht des Judenthums wird nachrücken; die entfernter liegenden Folgen sind weit bedenklicher als die unmittelbaren Wirkungen unseres Beschlusses.» Die Juden könnten nicht Teil der schweizerischen Nation werden, weil sie selbst eine Nation seien und die christlichen Nationen zu zerstören versuchten. In Frankreich, England und verschiedenen deutschen Staaten, die sich um die Assimilation und Integration der Juden bemüht hätten, habe es sich gezeigt, dass die Juden nicht national geworden seien und ihre eigene Nationalität nicht geschwächt worden sei. «Ihr Hass gegen die christliche Gesellschaft ist ebenderselbe geblieben, aber ihre Macht ist unendlich gewachsen. Sie sitzen an den Stufen der Throne, die ihnen verpfändet sind, sie beherrschen die Eisenbahnen und die grossen Geldinstitute, die auf ihrem Reichthum ruhen, sie geben den Ton an in der Tagespresse und in der Literatur, sie dringen in die höchsten wie in die tiefsten Schichten des socialen Lebens ein und der Zweck, den sie selbstbewusst verfolgen, ist die Zerstörung der christlichen Gesellschaft.» Segesser kolportierte den Hofjuden, der in der schweizerischen Realität gar nie existiert hatte, und verschmolz ihn mit dem jüdischen Bankier und Eisenbahnfinancier, der höchstens indirekt etwas mit den schweizerischen Verhältnissen zu tun hatte.[318] Vor allem aber zeichnete er den Juden als *Eindringling*, und damit näherte er sich dem *antisemitischen Bild* des Juden als Schmarotzer am Körper der christlichen Gemeinschaft.[319]

14.4 Voraussetzungen des Antisemitismus

Bei Segesser zeichnet sich der Übergang vom alten Judenhass zum modernen Antisemitismus ab. Letzterer beruhte auf einem Rassismus, dessen geistige Grundlagen der französische Comte de Boulainvilliers schon im 18. Jahrhundert gelegt hatte.[320] Die eigentliche Rassenlehre entstand aber erst im

19. Jahrhundert, als die neue Wissenschaft der Anthropologie versuchte, eine wissenschaftliche, das heisst durch Schädelmessungen und andere Methoden gestützte, Rassenlehre aufzustellen. Der französische Diplomat und Schriftsteller Comte Arthur de Gobineau (1816–1882) griff diese Lehre auf, brachte sie in Zusammenhang mit Boulainvilliers Ideen und machte das Ganze zur Grundlage seiner rassistischen Geschichtsphilosophie. In seinem «Essai sur l'inégalité des Races Humaines» (1853) warnte er vor dem Niedergang der Zivilisationen, der dadurch verursacht werde, dass die hochstehenden Herrscherrassen ihr Blut mit minderwertigen Rassen mischten. Abendländische Kultur und Zivilisation könnten nur dann vor dem drohenden Untergang bewahrt werden, wenn die «arische Rasse» als «prinzliche Rasse» definiert und vor Rassenmischungen bewahrt werde. Die Anthropologie hatte inzwischen alle Bevölkerungsgruppen der Welt bestimmten Rassen zugeordnet; danach gehörten die Juden zur semitischen Rasse. Die Judenhasser stellten nun die Verbindung zu Gobineau her und behaupteten, die Juden seien schuld am drohenden Niedergang der Zivilisation. Sie seien eine minderwertige Rasse, ein Schmarotzervolk, das sich in den «Wirtsvölkern» festsetze, ihnen gleichsam das Blut abzapfe und sie schwäche, um sie sich schliesslich zu unterwerfen. – In Verbindung mit dem alten Judenhass und dem nationalstaatlich motivierten Misstrauen gegen die Juden entstand so ein giftiges Gebräu, eine inhumane und paranoide Ideologie, die als *Antisemitismus* bezeichnet wurde. Es war der Journalist Wilhelm Marr, der diesen Begriff 1879 erstmals brauchte und ihn zum positiv gewerteten Modebegriff machte.

Die rasche Ausbreitung des Antisemitismus hatte gesellschaftliche und wirtschaftliche Gründe. Mit der Judenemanzipation hatte sich nicht nur die rechtliche, sondern auch die gesellschaftliche und wirtschaftliche Stellung der Juden verändert. Alle Möglichkeiten, die christliche Staatsbürger hatten, standen jetzt auch ihnen offen. Je mehr sie aber diese Möglichkeiten nutzten, desto stärker liefen sie Gefahr, gesellschaftlich diskriminiert zu werden, denn von christlicher Seite aus wurden sie immer noch als eine fragwürdige Sondergruppe wahrgenommen. Das christliche Unternehmertum gab seine bisherige Zurückhaltung gegenüber dem Staat auf, weil es die mit ihm verbundenen Gewinnmöglichkeiten erkannte; es verdrängte die Juden aus dem Staatsgeschäft und kritisierte sie gleichzeitig, wenn sie dann in anderen Bereichen, zum Beispiel in Wissenschaft und Kultur oder im Zeitungs- und Verlagsgeschäft, eine wichtige Rolle zu spielen begannen. Die pauschalen Angriffe gegen das Judentum wurden härter, der

Antisemitismus, vorher eine obskure Kulturtheorie, wurde gesellschafts-fähig. In gewissen Kreisen des Mittelstands und der Oberschicht galt es geradezu als schick, sich zum Antisemitismus zu bekennen und damit zu zeigen, dass man gewillt war, eine höherwertige Kultur vor dem drohenden Untergang zu retten.

Politisch gesehen war die Entstehungsbedingung des Antisemitismus die schleichende Zerstörung der Nationalstaatsidee durch den Imperialismus. Während der Nationalstaat in seiner Anfangsphase noch einigermassen zwischen öffentlichen Aufgaben und privaten Geschäften hatte unterscheiden können, geriet er gegen Ende des 19. Jahrhunderts zunehmend unter den direkten Einfluss der expandierenden und weltweit neue Anlagemöglichkeiten suchenden Kapitalgesellschaften. Der neue Typus einer durch Geschäftsinteressen diktierten imperialistischen Politik zerstörte den republikanischen Nationalstaat von innen her, indem er Geschäftsinteressen vor die Menschenrechte, vor das Völkerrecht und in vielen Fällen auch vor das Landesrecht stellte. Der grassierende Rassismus machte es möglich, dass andere Völker kolonisiert, in ihrer Würde und in ihren Rechten geschmälert wurden. Der Antisemitismus als perfideste Form des Rassismus entzog potentiell auch den Juden, die sich längst in die Nationalstaaten integriert hatten, den durch das nationale Recht gewährten Schutz.

Solche Zusammenhänge galten für die Schweiz auch, allerdings in abgeschwächter Form. Die starke Stellung von jüdischen Staatsbankiers hatte es hierzulande nicht gegeben, also gab es im Bankenbereich keinen so heftigen, antisemitisch gerechtfertigten Verdrängungskampf. Es gab aber andere Hassobjekte, beispielsweise die jüdischen Warenhäuser, die für kleinere Verkaufsläden eine wirtschaftliche Bedrohung darstellten. Auf diesem Gebiet fand der Antisemitismus Nahrung. Was das umfassende Phänomen des europäischen Imperialismus angeht, so war der schweizerische Nationalstaat darin auch eingebunden, allerdings nur als eine Art Trittbrettfahrer. Auch das schweizerische Kapital hatte kräftig expandiert, suchte weltweit nach Anlagemöglichkeiten, und auch hierzulande versuchten die Kreise der Wirtschaft, den Staat in ihren Dienst zu stellen. Ein direkt imperialistischer Staat konnte die Schweiz als binnenländischer Kleinstaat aber nicht werden. Immerhin machte sie die Entwicklung zum Militarismus mit, baute ihre Armee nach ihren Möglichen aus, versuchte, mit der modernsten Rüstungstechnik Schritt zu halten. Andererseits blieb sie ihrer Neutralitätsdoktrin verhaftet, und das bewahrte sie davor, sich auf aussenpolitische

Abenteuer einzulassen. Ganz unauffällig machte sie trotzdem bei der imperialistischen Expansion mit: In Anlehnung an andere europäische Staaten gelang es ihr, ein «heimliches Imperium» aufzubauen. Lorenz Stucki, der diesen Begriff geprägt hat, schreibt über den Imperialismus an der Wende vom 19. zum 20. Jahrhundert und die Rolle, die die Schweiz dabei spielte: «Im Kampf um Absatzmärkte, durch die Überproduktion und die nationalen Rivalitäten bedingt, überschwemmten die europäischen, später auch die amerikanischen Industrien die aussereuropäischen Länder mit ihren billigen Waren, nicht nur die Kolonien, sondern auch Länder wie China. Sie forderten sie damit zum Kampf um ihre wirtschaftliche Existenz heraus – Japan! – oder zerstörten das einheimische Gewerbe, aus dem sich allmählich eine Industrie nach schweizerischem Muster aus Textilien und Handwerk hätte entwickeln können und das man heute mit Entwicklungshilfe mühsam wieder zu beleben sucht. Im Kielwasser dieser vorerst erfolgreichen, auf lange Sicht folgenschweren imperialistischen Politik segelte auch die Schweiz, zu klein, um viel aktive Schuld auf sich zu laden, zu tüchtig, um dabei nicht erfolgreich ihre eigene Ernte einzubringen.»[321] Diese «versteckt-imperialistische» Schweiz veränderte in charakteristischer Weise ihre Haltung gegenüber den Juden. Sie übernahm die antisemitischen Clichés, auch wenn sie auf die eigenen Verhältnisse nicht passten. Auch hierzulande wurde der Antisemitismus zu einer Art Grundgefühl der Christen gegenüber den Juden, so dass diese, kaum emanzipiert und in den Nationalstaat integriert, schon wieder gesellschaftlich diskriminiert wurden. Der Antisemitismus fand sogar, wenn auch nur marginal, Eingang in die Bundesverfassung, und zwar durch das Schächtverbot. Die neue Bundesverfassung von 1874 hatte die uneingeschränkten Kultusfreiheit anerkannt. Damit war das Schächten, also das Ausbluten von Schlachtvieh ohne vorherige Betäubung, wie es den rituellen Vorschriften der Juden entsprach, als Kultushandlung geschützt worden. Versuche, das Schächten durch Gemeindevorschriften zu verbieten, wurden durch Bundesrecht ausser Kraft gesetzt. In den Kantonen Aargau und Bern entstand dann aber eine vorwiegend bäuerliche und offensichtlich antisemitische Bewegung, die eine Volksinitiative für ein Schächtverbot lancierte; vordergründig führte sie tierschützerische Argumente ins Feld. Die Initiative kam zustande, und obwohl die Bundesversammlung Ablehnung empfahl, wurde sie am 20. August 1893 von Volk und Ständen angenommen.[322]

14.5 Einwanderungs-, Asyl- und Flüchtlingspolitik

Gegen Ende des 19. Jahrhunderts kamen viele ausländische Arbeitskräfte in die Schweiz, weil hier die Verdienstmöglichkeiten relativ gut waren. Daneben gab es eine kleine, aber stetige Zuwanderung politischer Flüchtlinge. Es handelte sich vor allem um deutsche Sozialdemokraten, die seit dem Erlass des Sozialistengesetzes von 1878 im Kaiserreich polizeilich verfolgt wurden. Auch aus dem Machtbereich des russischen Zaren, aus Russland, Polen und der Ukraine, kamen immer wieder politische Flüchtlinge; unter ihnen waren viele Jüdinnen und Juden. Sie bezeichneten sich als Touristen oder als Studentinnen und Studenten; zu einem guten Teil hingen sie sozialrevolutionären Theorien an und waren erbitterte Feinde des Zaren. Alexander II., der ursprünglich als Reformzar angetreten war, galt seit der Niederwerfung des polnischen Aufstandes[323] von 1863 als Inbegriff eines reaktionären Gewaltherrschers. 1881 fiel er einem Attentat zum Opfer. Als verantwortlich für den Mordanschlag galt die Partei Narodnaja Wolja (Volkswille), der viele jüdische Intellektuelle angehörten. Gegen sie setzte nun eine heftige Repressionswelle ein. Im Volk wurde die antisemitische Grundstimmung geschürt, und sie tobte sich in wiederholten Pogromen aus. Viele Juden wanderten in westliche Länder aus, vor allem nach Österreich und Deutschland. Ein Grund für die anhaltende Emigration war auch, dass es für junge Jüdinnen und Juden im Zarenreich sehr schwierig wurde, sich eine höhere Bildung zu erwerben. In Wien oder Berlin hatten sie Zugang zu den Universitäten – allerdings nur die Männer, nicht die Frauen. Die schweizerischen Universitäten waren offener. In Zürich war ein Studienabschluss für Frauen schon seit 1867 möglich, in Genf seit 1872, in Bern seit 1874 und in Lausanne seit 1886. Basel und Freiburg folgten 1890 und 1905. So kam es dass an manchen Fakultäten die Russinnen relativ zahlreich wurden; sie waren die Pionierinnen des Frauenstudiums in der Schweiz. Rosa Simonowitsch aus Odessa konnte 1874 als erste Frau in Bern ihr Medizinstudium abschliessen und den Doktortitel erwerben.

Die aus dem Osten eingewanderten jüdischen Studentinnen und Studenten kämpften von der Schweiz aus direkt oder indirekt gegen die Zarenherrschaft. In fortschrittlichen Kreisen der Schweiz hatte man für sie viel Verständnis, da der Zar auch hierzulande als übler Gewaltherrscher galt. Bei den breiten Bevölkerungsschichten stiessen sie aber auf Misstrauen. Dieses Misstrauen wurde durch die Zürcher Bombenaffäre vom

6. März 1889 noch verstärkt. Mitglieder einer Gruppe, die Zar Alexander III. nach dem Leben trachtete, hatten eine Bombe gebastelt, die auf dem Zürichberg getestet werden sollte. Isaak Dembo und Alexander Dembski operierten so unglücklich, dass die Bombe zur Unzeit explodierte; beide wurden schwer verletzt. Die Zürcher Kantonspolizei untersuchte den Fall, und es ergab sich folgendes Bild: Der 1865 geborene Isaak Dembo war das Haupt der russischen Terroristengruppe. Sein wirklicher Name war Brinstein; er war Jude aus St. Petersburg und war in seiner Heimat Mitglied der Narodnaja Wolja gewesen. Vor den Verfolgungen durch die russische Geheimpolizei war er 1887 in die Schweiz geflohen. Auch der polnische Revolutionär Alexander Dembski war politischer Flüchtling: Er war 1885 nach Genf gereist. Seit 1887 studierte am Zürcher Polytechnikum. Ein weiteres Mitglied der Gruppe war Maria Ginsburg, eine Jüdin aus St. Petersburg, geboren 1865, die seit 1888 in Zürich Medizin studierte; ihre ältere Schwester war eine bekannte Revolutionärin in Russland. – Die Zürcher Kantonspolizei beantragte, die Angehörigen der Gruppe seien auszuweisen. Dembo war an den Folge seiner Verletzungen gestorben; Dembski und Maria Ginsburg mussten unser Land verlassen; sie gingen nach Paris.

Die Bombenaffäre erregte auch im Ausland viel Aufsehen. Bismarck benutzte diesen wie auch andere Vorfälle dazu, Druck auf die Schweiz auszuüben und die Ausweisung der deutschen Sozialdemokraten zu verlangen, die hier Asyl gefunden hatten. Er verlangte ausserdem, dass der Bundesrat gegen sein auf Schweizerboden aufgezogenes Spitzelsystem nichts unternehme. Bundesrat Numa Droz, seit 1887 und bis zu seinem Rücktritt 1892 Leiter der Aussenpolitik, erklärte demgegenüber am 21. Juni 1889: «Die Ausübung der Polizeigewalt auf unserem Hoheitsgebiet können wir mit keiner anderen Macht teilen. Soweit dieses Merkmal unserer Souveränität und das Asylrecht mit der Sicherheit der Eidgenossenschaft und der anderen Staaten vereinbar ist, dürfen wir nicht daran rütteln»[324] Der Gesamtbundesrat sorgte aber zur Beruhigung Bismarcks für eine Verstärkung der politischen Polizei, und 1889 wurde durch Gesetz die Bundesanwaltschaft geschaffen, welche von nun an die Umtriebe ausländischer und einheimischer Sozialisten überwachen und die heikle Aufgabe des Staatsschutzes mit den Kantonen koordinieren sollte.

Bei der staatlichen Untersuchung der Zürcher Bombenaffäre waren noch keine antisemitischen Töne zu hören gewesen. Als sich aber in den folgenden Jahren der Antisemitismus auch in der Schweiz immer stärker bemerkbar machte, erinnerte man sich bewusst oder unbewusst der Bombenaffäre, und in manchen Köpfen verfestigte sich die verhängnisvolle Auffassung, jüdische Emigranten und Emigrantinnen seien wohl zur Hauptsache gefährliche Unruhestifter. Dazu kam die Abneigung vieler Schweizer Männer gegen emanzipierte Frauen. Die jüdischen Studentinnen aus Polen und Russland, die Zigaretten rauchten und über Sozialismus debattierten, wurden in Witzblättern als gefährliche Megären karikiert. Es wurde ein Bild geprägt, das nicht mehr auszulöschen war.

Traditionell war die Schweiz ein Auswanderungsland gewesen. Durch gute Verdienst- und Studienmöglichkeiten wurde sie auch zu einem Einwanderungsland. Damit begann eine öffentliche Diskussion um die Frage der *Überfremdung*. Der wachsende Anteil von Ausländern an der Wohnbevölkerung bereitete aus politischen Gründen Sorge. Hegten die Ausländer nicht allesamt politische Vorstellungen, die mit den demokratischen Einrichtungen der Schweiz nicht in Einklang standen? Wie konnten die Ausländer besser assimiliert und integriert werden? Ein Mittel dazu war die Einbürgerung. Dem erwuchs aber Opposition aus Kreisen, die auch eingebürgerte Ausländer als Elemente der Überfremdung betrachteten. Als besonders fremd galten ihnen die aus dem Osten eingewanderten Juden, und sie behaupteten, diese seien nur schwer oder überhaupt nicht assimilierbar. Dabei hatten diese «Überfremdungsgegner» weniger die politischen als die religiösen Juden im Auge, die «Kaftanjuden», wie sie sagten, die sie von den assimilierten «Krawattenjuden» unterschieden. In solchen Feststellungen drückte sich der Antisemitismus aus, der nun auch in Beamtenkreisen Fuss fasste. Jacques Picard bemerkt in seinem Buch «Die Schweiz und die Juden», schon um 1900 sei die Einbürgerungspraxis in der Schweiz antisemitisch geprägt gewesen. Auf amtlichen Akten zur Einbürgerung von Juden finden sich mit Bleistift oder Tinte hingeschriebene J-Zeichen oder rot gestempelte Davidsterne. Das waren informelle Hinweise, keine offiziell verlangten Kennzeichnungen; eine reglementarische Diskriminierung der Juden gab es noch nicht. Aber auch dazu kam es schon bald. Im Kanton Zürich, wo etwa ein Drittel aller in der Schweiz wohnhaften Juden lebten, wurden 1912 besondere, erschwerende Vorschriften für die Einbürgerung von «Ostjuden» erlassen.

Während des Ersten Weltkriegs war die ausländische Immigration in die Schweiz weitgehend gestoppt. Danach setzte sie wieder ein, aber jetzt unter verstärkter behördlicher Kontrolle. 1919 wurde die Eidgenössische Zentralstelle für Fremdenpolizei gegründet. Ihr Chef war der St. Galler

Jurist Heinrich Rothmund (1888–1961). Er war von Anfang an darauf bedacht, den Ausländerbestand in der Schweiz möglichst tief zu halten. Die Asyl- und Flüchtlingspolitik ordnete er dieser Zielsetzung unter. 1922 kamen Flüchtlinge aus dem faschistisch gewordenen Italien. Sofort erhob er seine warnende Stimmen: Man müsse diese Leute zurückweisen, da man in der Schweiz ohnehin zu viele Arbeitslose habe; wenn man sie aufnehme, würden noch viele andere kommen. Andere Stimmen monierten, die Schweiz als traditionelles Asylland dürfe sich nicht verschliessen. Ende 1922 klang die vorübergehend stark angestiegene Arbeitslosigkeit ab; die Flüchtlinge konnten bleiben, und ernsthafte Probleme gab es nicht. In der Weltwirtschaftskrise der dreissiger Jahre nahm die Arbeitslosigkeit erneut zu, und jetzt wurde auch die Flüchtlingsfrage wieder virulent. 1933, nach der Machtübernahme der Nazis in Deutschland, traten allein am Badischen Bahnhof in Basel etwa 10 000 Reichsdeutsche in die Schweiz über. Es waren hauptsächlich Sozialisten, Kommunisten, Juden und Intellektuelle. Die Frage war, ob es sich um politische Flüchtlinge handle, denen Asyl zu gewähren sei. Rothmund suchte die Antwort in seinem ausführlichen Memorandum vom 4. April 1933: «Wer ist ein politischer Flüchtling? Der Jude, der infolge der Boykottmassnahmen geflüchtet ist? Nein, wenigstens heute noch nicht, die Massnahmen, die gegen die Juden ergriffen worden sind, liegen auf wirtschaftlichem Gebiet.» Er war der Meinung, sobald der erste Schrecken über Boykottmassnahmen gegen jüdische Geschäfte, über Verhaftungen, Folterungen und Verschickung in Konzentrationslager vorüber sei, würden die Flüchtlinge wieder zurückkehren wollen. «Eines scheint mir klar zu sein: Es sind sicher viele Leute unter dem Eindruck der ersten Massnahmen geflüchtet, die alles haben liegen lassen und selbst den Wunsch zur Rückkehr haben, sobald sie mit einiger Sicherheit darauf rechnen können, in Ruhe gelassen zu werden. Viele werden auch zu uns gekommen sein, um den Versuch zu machen, unter dem Titel politischer Flüchtlinge ihren Erwerb in der Schweiz zu finden.»[325] Gemäss dieser Auffassung sorgte der Bund dafür, dass die Flüchtlinge in der Schweiz nicht arbeiten durften. Soweit sie mittellos waren, sorgten Privatpersonen, Arbeiterorganisationen oder jüdische Organisationen für ihren Unterhalt. Rothmunds Rechnung ging auf: Die meisten verliessen die Schweiz schon nach wenigen Wochen wieder. Nur etwa 600 Personen jüdischen Glaubens wünschten, dauernd in der Schweiz zu bleiben. In den meisten Fällen wurden ihre Gesuche so erledigt, dass sie für einige Monate bleiben konnten, aber mit der Auflage, nachher in ein Drittland auszureisen.

Die Flüchtlingspolitik und die Asylgewährung waren seit Ende des Ersten Weltkriegs zunehmend geregelt worden, und zwar einerseits durch die Weiterentwicklung des Völkerrechts im Rahmen des Völkerbunds, andererseits durch kantonale und eidgenössische Gesetze und Verordnungen. Die Praxis der Asylgewährung war den Kantonen überlassen, aber der Bund musste dafür sorgen, dass die kantonalen Gesetze und Weisungen nicht im Widerspruch zum Völkerrecht standen. Das Völkerrecht überliess es grundsätzlich dem freien Ermessen eines souveränen Staates, ob er Asyl gewähren wolle oder nicht; wenn er sich aber dazu entschied, dann musste er sich an die völkerrechtlichen Regelungen halten, was ihn andererseits davor schützte, wegen seiner Asylgewährung von andern Staaten unter Druck gesetzt zu werden. Die Schweiz war bereit, politischen Flüchtlingen Asyl zu gewähren. Die Juden, obwohl in Deutschland offensichtlich unerwünscht, galten aber nicht als politische Flüchtlinge.

Im März 1938 fand der «Anschluss» Österreichs ans Deutsche Reich statt. In den Wochen danach reisten über 3000 österreichische Flüchtlinge in die Schweiz ein. Es war absehbar, dass noch viel mehr kommen würden, vor allem Juden. Heinrich Rothmund, der 1929 zum Chef der Polizeiabteilung im Eidgenössischen Justiz- und Polizeidepartement (EJPD) befördert worden war, legte weiterhin die Richtlinien für die Fremdenpolizei fest. Er befürchtete eine «Verjudung der Schweiz», und dieser Gefahr wollte er mit verschiedenen Mitteln begegnen. Vor allem verlangte er die Einführung der Visumspflicht für Deutsch-Österreicher. Das EJPD stellte offiziell diesen Antrag an den Gesamtbundesrat. Zur Begründung führte das Departement unter anderem an: «Wenn wir einer unseres Landes unwürdigen antisemitischen Bewegung nicht berechtigten Boden schaffen wollen, müssen wir uns mit aller Kraft und, wenn nötig, auch mit Rücksichtslosigkeit der Zuwanderung ausländischer Juden erwehren, ganz besonders von Osten her.»[326] Es war also klar, dass sich der Visumszwang gegen die jüdische Zuwanderung richtete, und diese antisemitische Massnahme wurde damit begründet, man wolle den Antisemitismus verhindern. In derartigen Absurditäten verstrickte sich nun die schweizerische Flüchtlingspolitik.

Der Bundesrat billigte den Antrag für Einführung des Visumszwangs. Gleichzeitig verlangte Rothmund von den zuständigen deutschen Stellen, dass sie die aus Deutschland und Österreich vertriebenen Juden durch einen J-Stempel im Pass erkennbar machten. Auf deutscher Seite weigerte man sich zuerst, weil man ja die Juden loshaben und nicht an der Schweizer

Grenze zurückweisen lassen wollte. Am 29. September 1938 kam es trotzdem zu einer Vereinbarung, durch die der J-Stempel eingeführt wurde. Inzwischen waren viele Juden illegal in die Schweiz eingereist; an der Ostgrenze wateten sie durch den Rhein auf St. Galler Boden. Nach Weisung der Eidgenössischen Polizeiabteilung hätten sie alle wieder ausgewiesen werden müssen. Der damalige Kommandant der St. Galler Kantonspolizei, Hauptmann Paul Grüninger, hatte ein Herz für sie und ermöglichte ihnen den Aufenthalt in der Schweiz, indem er teilweise falsche Daten für ihren Grenzübertritt auf amtlichen Formularen eintragen liess. Dieses Vergehen kostete ihn seine Anstellung. Unter Aberkennung seines Pensionsanspruches wurde er aus dem Amt gejagt. Erst lange nach Kriegsende wurde er moralisch und erst nach seinem Tod auch juristisch rehabilitiert.

Im September 1939, also nach Ausbruch des Zweiten Weltkriegs, führte die Schweiz die Visumspflicht für alle Ausländer ein. Im Prinzip war die Grenze für Zivilflüchtlinge geschlossen. Nur solche, die eine politische Verfolgung eindringlich genug geltend machen konnten, nahm man auf. Immer wieder kam es zu herzzerreissenden Szenen an der Grenze. Einzelpersonen, ganze Familien und Gruppen wurden von Grenzbeamten zurückgewiesen. Wenn sie erschöpft von langen Märschen an der grünen Grenze aufgegriffen wurden, gab man ihnen zu essen und schickte sie danach erbarmungslos zurück. Nur wer sich bis in die städtischen Zentren einschleichen und dort Unterstützung durch Flüchtlingsorganisationen finden konnte, hatte einige Aussicht, in der Schweiz bleiben zu können. Erst Ende 1942, als die Niederlage Nazideutschlands absehbar war, wurde die Praxis gegenüber den Flüchtlingen gelockert. Insgesamt konnten etwa 30 000 Juden in der Schweiz überleben. Mindestens ebenso viele wurden zurückgewiesen, und die Mehrzahl von ihnen endete in den deutschen Vernichtungslagern.

Die schändliche Flüchtlings- und Asylpolitik des Bundesrates während des Zweiten Weltkriegs wurde fünfzig Jahre nach Kriegsende, am 7. Mai 1995, an einer von der Christlich-jüdischen Arbeitsgemeinschaft organisierten Gedächtnisfeier im Berner Münster und an einer anschliessenden Gedenkveranstaltung im Bundeshaus zum Thema. Bundespräsident Villiger anerkannte in seiner Rede eine moralische Schuld der Schweiz, und er bat dafür um Entschuldigung. Die Asylkoordination Schweiz stellte indessen die Frage, ob nicht auch die gegenwärtige Flüchtlings- und Asylpolitik in fünfzig Jahren wieder als schuldhaft erscheinen könnte. Das Bewusstsein um die Problematik der Flüchtlingspolitik ist inzwischen noch gestiegen.

Es wird immer deutlicher, was sich eigentlich schon vor und während des Zweiten Weltkriegs abgezeichnet hatte: Politische Fehlentwicklungen, kriegerische und andere Katastrophen führen zu Flüchtlingsströmen, die zu bewältigen die Möglichkeiten einzelner Staaten übersteigt. Aber immer noch wird das Recht, Asyl zu gewähren, als ein wichtiger Teil der national-staatlichen Souveränität betrachtet. Immerhin sind seit dem Zweiten Welt-krieg die Instrumente verbessert und verfeinert worden, mit deren Hilfe die Flüchtlingsprobleme in internationaler Kooperation gelöst werden sollen.

15. Transformation des Nationalstaates

Der schweizerische Nationalstaat, wie alle andern Nationalstaaten auch, erweiterte in den letzten 150 Jahren beständig seinen Aufgabenbereich. Er nahm immer mehr Leute in seinen Dienst, setzte mehr Geld um, liess sich auf immer mehr Einzelheiten des gesellschaftlichen und wirtschaftlichen Lebens ein. Er veränderte auch sein Verhältnis zu andern Staaten, intensivierte die Aussenkontakte, schloss Staatsverträge, blieb aber bei der Neutralitätsmaxime. Seine Verfassung blieb seit 1874 in den Grundzügen unverändert, wurde aber in den Einzelheiten beständig angereichert. Nicht allein die staatstragenden Schichten entwickelten den Staat weiter und wandelten ihn um; andere Kräfte wirkten mit. Es waren die gebündelten Kräfte derjenigen, die im Prinzip vom Staat ausgeschlossen waren oder von ihm an den Rand gedrängt wurden. Soweit sie sich politisch artikulieren konnten, verlangten sie Gleichberechtigung, Schutz und Förderungsmassnahmen. Der Staat musste ihnen entgegenkommen.

15.1 Die Entstehung des Sozialstaates

Der Nationalstaat hat die Aufgabe, die Nation zu integrieren, das heisst, zu einem Ganzen zu machen. Das gelingt ihm, wenn er auf rechtliche und soziale Gleichheit für alle achtet. Er perfektioniert nicht nur seine Verfassung im Sinn der Rechtsgleichheit, sondern baut auch seine soziale Gesetzgebung aus. Er wirkt in wirtschaftlichen und sozialen Bereichen steuernd und ausgleichend. Dadurch transformiert sich der als Ordnungs- oder «Nachtwächterstaat» konzipierte Nationalstaat in einen *Sozialstaat*. Das heisst nicht, dass er aufhören würde, Nationalstaat zu sein; vielmehr übernimmt er die sozialstaatlichen Aufgaben zusätzlich. Er tut es aber nicht, weil er es von vornherein als seine Pflicht anerkennt, sondern weil es von ihm verlangt wird. In der ersten Hälfte des 20. Jahrhunderts bewirkte vor allem der Druck der *Arbeiterbewegung* einen sozialstaatlichen Schub.

Ähnliche Wirkung hatte auch der Kampf der *Frauen* für rechtliche und soziale Gleichstellung.

15.1.1 Die Anfänge der Arbeiterbewegung

Im 19. Jahrhundert und bis weit ins 20. Jahrhundert war im Zusammenhang mit der organisierten gewerkschaftlichen und politischen Arbeiterbewegung kaum je von Frauen die Rede. Aus den Quellen ist oft nicht ersichtlich, ob bei Arbeiterversammlungen oder Streiks auch Frauen dabei waren; die Forschung steht hier vor einem schier unlösbaren Problem. Allerdings belegen andere Quellen wie Lohnlisten, Fabrikordnungen, Aufzeichnungen von Beobachtern usw., dass in manchen Betrieben mehr Frauen als Männer arbeiteten. Zu gewerkschaftlicher und politischer Aktivität hatten sie aber, sobald sie verheiratet waren und zusätzlich zur Fabrikarbeit noch Kinder zu versorgen hatten, meistens keine Zeit. Deshalb brauche ich den im 19. und bis weit ins 20 Jahrhundert üblichen Begriff der Arbeit*er*bewegung – im Bewusstsein, dass ein Grossteil der Arbeiterschaft aus Frauen bestand. Diese Arbeiterbewegung, soviel ist klar, stellt den Nationalstaat zeitweise grundsätzlich in Frage. Es gelang ihr zwar nicht, ihn zu beseitigen, aber durch ihren ständigen Druck zwang sie das staatstragende Bürgertum, das nun wirklich eine reine Männergesellschaft war, zu weitreichenden Reformen. Nach und nach setzte sich die Meinung durch, der Staat müsse alle sozialen Schichten in die Demokratie einbinden und sozial ausgleichend wirken. Das führte zu einer politischen Haltung, die ich als *Sozialdemokratismus* bezeichne. Dieser hatte in der Mitte des 20. Jahrhunderts etwa den gleich hohen Stellenwert wie der Liberalismus im 19. Jahrhundert. Sozialdemokratismus ist der Versuch, alle Kräfte in Politik, Wirtschaft und Gesellschaft in einem sozialstaatlichen Modell zu versöhnen. Nicht nur die sozialdemokratische Partei, sondern auch die bürgerlich-liberalen und konservativen Parteien machten bei diesem Versuch mit. Das eigentliche Substrat des Sozialdemokratismus aber war nicht das liberale Bürgertum, sondern die durch die industrielle Revolution neu geschaffene Arbeiterklasse, später die wachsende Schicht der Beamten und Angestellten.

Es war nicht so, dass mit der industriellen Revolution schlagartig eine Arbeiterklasse entstanden wäre, die dann ihre einheitlichen Organisationsformen und ihre eigene Ideologie gefunden hätte. Die Formierung einer organisierten Arbeiterbewegung war ein langsamer Prozess. Er begann schon in der ersten Hälfte des 19. Jahrhunderts, verstärkte sich aber nach 1848, weil durch die Gründung des Bundesstaates die politischen und gesellschaftlichen Voraussetzungen für ein rascheres Wirtschaftswachstum gegeben waren. Das Kapital konzentrierte sich in den besonders produktiven und damit besonders rentablen Bereichen der Industrie, des Handels und des Verkehrs, wodurch andere, weniger produktive Bereiche in Bedrängnis gerieten. Sobald ein handwerklich hergestelltes Produkt auch fabrikmässig hergestellt werden konnte, war es nicht mehr konkurrenzfähig. Das Handwerk verlor seinen sprichwörtlichen goldenen Boden, Gesellen wurden entlassen, die Handwerksmeister, wenn sie ihren Betrieb nicht zu modernisieren vermochten, zehrten von der Substanz. Wie bei jeder wirtschaftlichen Entwicklung gab es Verlierer und Gewinner. Die Verlierer aber stemmten sich gegen die Entwicklung oder suchten nach Auswegen, sei es, dass sie staatliche Massnahmen zu ihren Gunsten verlangten, sei es, dass sie sich durch genossenschaftlichen Zusammenschluss eine bessere Kapitalbasis zu geben versuchten. Diese Tendenz machte das aus, was man später als frühsozialistische oder *kleinbürgerliche* Arbeiterbewegung bezeichnete.

Es entstand aber auch eine *proletarische* Arbeiterbewegung. Es gab nämlich eine wachsende Zahl von Frauen, Männern und ganzen Familien, die wegen den Veränderungen in der Landwirtschaft aus den traditionellen dörflichen Lebenszusammenhängen herausfielen und als besitzlose Proletarier herumwanderten. Sie zogen von den Landwirtschaftsgebieten in die Industriegebiete, vom Land in die Stadt.[327] In der Frühzeit der Industrialisierung absorbierte vor allem die Textilindustrie viele Arbeitskräfte. Später zog der Eisenbahnbau viele an. Eisenbahn-, Strassen-, Tunnel- oder Kanalbauten gaben aber nur vorübergehend Verdienst. War ein solches Grossprojekte fertiggestellt, liess es regelmässig Tausende von Arbeitslosen zurück. Sie alle suchten neue Arbeit, und ihr blosses Vorhandensein drückte auf die Löhne derjenigen, die Arbeit hatten, so dass auch diese teilweise unter die Armutsgrenze fielen. Die Radikalen und Demokraten nahmen das Problem der sogenannten Pauperisierung[328] mit Besorgnis wahr und drängten auf staatliche Massnahmen zur Beseitigung des Übels. Die doktrinären Liberalen, die ihre politische Theorie durch eine Theorie des wirtschaftlichen Liberalismus ergänzt hatten, wollten die Lösung des Problems weitgehend der «unsichtbaren Hand» des Marktes überlassen. Die Konservativen setzten auf die traditionellen Mittel der Armenfürsorge. Es waren aber, vor allem in England und in Frankreich, neue Theorien entwickelt worden, wonach

dem Übel nur durch radikale Reformen in Wirtschaft und Gesellschaft beizukommen sei. Diese später als frühsozialistisch bezeichneten Theorien –
ihre wichtigsten Vertreter waren Saint-Simon, Owen, Fourier, Louis Blanc
und Proudhon – beeinflussten in der Schweiz Leute wie Pierre Coullery,
Johann Jakob Treichler und Karl Bürkli. Frühsozialistische Ideen fanden
Eingang in die demokratische Bewegung der fünfziger und sechziger Jahre.
Später spaltete sich aus der demokratischen Bewegung die Arbeiterpartei
ab, die sich mit älteren, gewerkschaftlichen und politischen, Arbeiterorganisationen verband.

Die frühe Arbeiterbewegung war noch kaum auf ein bestimmtes Programm festzulegen. Sie stand dem Liberal-Radikalismus nahe und nahm
gewisse sozialistische Postulate auf. Der Sozialismus galt ihr als ein wirtschaftliches Konzept, das mit dem politischen Liberalismus durchaus vereinbar war. Erst gegen Ende des Jahrhunderts, im Zeitalter des Imperialismus, kam es zu einer scharfen Scheidung zwischen dem Liberalismus des
Bürgertums und dem Sozialismus der Arbeiterbewegung. Der Grund lag
darin, dass sich auf der einen Seite die liberale Politik eng mit den Interessen
des wirtschaftlichen Unternehmertums verband, während auf der andern
Seite die organisierte Arbeiterschaft energisch ihre gegenläufigen Interessen
geltend machte. Dabei bediente sie sich zweier verschiedener Organisa-
tionsarten: einerseits der gewerkschaftlichen Vereine, die eher wirtschaftliche und soziale Anliegen ihrer Mitglieder vertraten, andererseits der
parteipolitischen Vereine. Zu den letzteren gehörten vor allem der linksliberale Schweizerische Grütliverein[329] und die aus ihm hervorgegangene,
1888 gegründete Sozialdemokratische Partei der Schweiz. Beide Gruppierungen kämpften für einen Staat, der in wirtschaftlicher und sozialer Hinsicht gerechter als der bestehende sein sollte. Sie übten Kritik am liberalen
Nationalstaat, den sie nicht mehr als einen alle Teile der Nation umfassenden
Ordnungsrahmen empfanden, sondern als eine einseitig zugunsten des
Unternehmertums funktionierende, zugleich politische *und* wirtschaftliche
Ordnungsmacht. Sie wollten den Staat aber keineswegs auf seine politische
Funktion zurückstutzen, sondern im Gegenteil seine wirtschafts- und
sozialpolitischen Kompetenzen ausweiten und in Richtung vermehrter
sozialer Gerechtigkeit lenken. Die bürgerliche Seite empfand solche
Postulate nicht mehr als berechtigte Anliegen eines Teils der Nation, son-
dern als Ausdruck einer Haltung, die den nationalen Konsens sprenge.

Je schärfer die Arbeiterorganisationen argumentierten, desto unnach-
sichtiger wurden sie vom Bürgertum *ideologisch* aus der Nation aus-

gegrenzt. Die Schärfe der Argumentation lieferten auf der Seite der Arbeiterorganisationen vor allem die marxistischen Theoretiker. Sie bezogen sich auf den deutschen Linkshegelianer Karl Marx, der zusammen mit Friedrich Engels schon in den vierziger Jahren in England eine Theorie des Proletariats entwickelt hatte. Laut dieser Theorie wurde die gesamte Arbeiterklasse durch die kapitalistischen Produktionsverhältnisse notwendig ins Elend getrieben und zu einem besitzlosen *Proletariat* herabgewürdigt, während sich eine kleine Anzahl von Kapitalbesitzern den ganzen gesellschaftlichen Reichtum und die ganze Macht aneignete. Daraus folgte die Revolutionstheorie: Das Proletariat werde sich gegen die Ausbeutung seiner Arbeitskraft wehren, sich gegen die Klasse der Besitzenden erheben, sie enteignen und durch diesen revolutionären Akt ganz neue politische, wirtschaftliche und soziale Verhältnisse schaffen. Dies war im wesentlichen der Inhalt des sogenannten Marxismus, der sich seit dem letzten Jahrzehnt des 19. Jahrhunderts stark verbreitete und für eine gewisse ideologische Vereinheitlichung auch in der schweizerischen Arbeiterbewegung sorgte. Trotzdem konnten sich andere Strömungen weiterhin behaupten, etwa der Anarchismus, der Syndikalismus und der kleinbürgerliche Sozialismus.

Der *Anarchismus* war vor allem bei den Uhrenarbeitern im Jura verbreitet. Es war eine antiautoritäre Bewegung, die davon ausging, ein Leben in Frieden und Freiheit sei nur möglich, wenn die staatlichen Gewaltmittel abgeschafft und die Staaten aufgelöst würden. Aus anarchistischer Sicht waren die Menschen dann am glücklichsten, wenn sie in freien Föderationen selbstverwalteter Gemeinden lebten und ohne eine zentralisierende Macht auskamen. Dies war offensichtlich eine radikale Negation der Nationalstaatsidee, und entsprechend heftig wurde der Anarchismus vom Staat bekämpft. Die politische Polizei schleuste ihre Spitzel in die Reihen der Anarchisten ein, provozierte sie zu gewalttätigen Reaktionen, um sie dann einsperren oder ausweisen zu lassen. Die ausländischen Mitglieder der anarchistischen Bewegung wurden an den Pranger gestellt, so dass der Anarchismus als etwas Unschweizerisches, Fremdes erschien. Jedes politisch motivierte Bombenattentat wurde den Anarchisten in die Schuhe geschoben, und im Lauf der achtziger und neunziger Jahre wurde der Anarchismus als terroristische Bewegung völlig diskreditiert.

Die schweizerische Arbeiterklasse bestand aus Facharbeitern und Ungelernten, Männern und Frauen, Schweizern und Ausländern. Die Ausländer und die Frauen waren politisch rechtlos. Die meisten Frauen verdrängten ihren Zustand der Rechtlosigkeit und der Bevormundung mehr oder weniger aus ihrem Bewusstsein, hielt sich aus den öffentlichen Angelegenheiten heraus und engagierte sich in erster Linie für Familienangelegenheiten. Ausländische Arbeitskräfte dagegen fühlten sich auch zuständig für allgemeine gesellschaftliche Fragen, und weil sie politisch rechtlos waren, neigten sie dazu, ihre Forderungen mit Gewalt durchsetzen zu wollen. Sie waren aber selber auch Opfer von Gewalt, von polizeilicher Willkür und von fremdenfeindlichen Ausschreitungen. Die meisten grossen Arbeiterunruhen gingen direkt oder indirekt von Ausländern aus, griffen aber manchmal auf die einheimische Arbeiterschaft über. Der Staat kannte in solchen Fällen nur ein Mittel: Einsatz von bewaffneten Polizeitruppen oder von Militär. Je stärker sich die Arbeiterorganisationen auflehnten, desto repressiver wurde die Staatsgewalt. Die Arbeiterführer sahen ihren Bewegungsspielraum zunehmend eingeschränkt. Deshalb versuchten sie, die verschiedenen Gruppierungen innerhalb der Arbeiterschaft von spontanen Unmutsäusserungen abhalten, sie zu einer möglichst einheitlichen, straff organisierten und disziplinierten Arbeiterklasse zu formen, die fähig wäre, den Klassenkampf zu ihren Gunsten zu entscheiden, also letztlich die vom Bürgertum geschaffene Ordnung durch eine proletarische Ordnung zu ersetzen. Als Hauptmittel des Klassenkampfes entdeckten sie den revolutionären Massenstreik oder Generalstreik: Durch ein ruhiges und diszipliniertes Fernbleiben von der Arbeit sollte die bürgerliche Ordnung lahmgelegt werden, ohne dass die Staatsgewalt gegen Ruhestörer einschreiten konnte. Diese Strategie funktionierte kaum je, weil die Unternehmer immer wieder Streikbrecher fanden. Wenn die Streikenden aber die Streikbrecher von den Betrieben fernhalten wollten, dann schritt auf Verlangen der Unternehmer die Polizei oder das Militär ein. Das bestätigte die Arbeiterklasse wiederum in ihrer Auffassung, der Staat sei nicht unparteiisch, sondern einseitig engagiert; er sei ein bürgerlicher Klassenstaat, der gewaltsam aus den Angeln gehoben werden müsse. Es entwickelte sich das Dogma, die Arbeiterklasse könne sich nur dann aus einem Zustand der Ausbeutung und Unterdrückung befreien, wenn sie selbst die Macht im bürgerlichen Staat übernehme und eine Diktatur des Proletariats errichte.

Ziel der proletarischen Diktatur sollte eine klassenlose Gesellschaft sein, in der alle staatlichen Strukturen überflüssig würden. Das Individuum und die Gesellschaft insgesamt – so die utopische Botschaft – würden wahrhaft frei werden, sobald der Staat beseitigt oder von selbst abgestorben sei. Dieser Gedanke kam vom Anarchismus her und wurde vom Marxismus aufgenommen.

Im ersten Jahrzehnt des 20. Jahrhunderts waren Streiks an der Tagesordnung. Bei jedem Streik ging es um ganz bestimmte Forderungen, um Lohnerhöhung, Arbeitszeitverkürzung oder Verbesserung der Arbeitssicherheit. Den marxistischen Arbeiterführern ging es aber immer auch darum, das Klassenbewusstsein der Arbeiterinnen und Arbeiter zu stärken und dadurch dem grossen revolutionären Ziel ein wenig näher zu kommen. Das Bürgertum, das selber in einem langen revolutionären Prozess an die Macht gekommen war, hatte dafür kein Verständnis. Die Idee einer proletarischen Revolution war ja auch etwas ganz anderes als die frühere Idee der bürgerlichen Revolution. Während diese den Sturz des bisherigen Regierungssystems gewollt hatte, um *politische* Freiheit zu erlangen, ging jene einen grossen Schritt darüber hinaus, indem sie die Umwälzung nicht nur der politischen, sondern auch der gesellschaftlichen und wirtschaftlichen Verhältnisse anstrebte: Das zentrale Element der liberalen Ordnung, das Privateigentum, sollte angetastet werden; mindestens die wichtigsten Produktionsmittel sollten enteignet und vergesellschaftet werden.

Bei aller ideologischen Aufrüstung der Arbeiterschaft und bei aller Gegenpropaganda des Bürgertums blieb doch der Umstand bestehen, dass der Teil der Arbeiterklasse, der die schweizerische Staatsbürgerschaft besass, seiner politischen Rechte nie verlustig ging. Darauf bauten die *reformistischen Arbeiterführer*, die prinzipiell auf dem Boden des Nationalstaates standen und marxistische Revolutionsidee ablehnten.[330] Sie versuchten, den Arbeitern zu zeigen, dass es nicht in erster Linie auf Streiks und revolutionäre Aktionen ankomme, vielmehr auf den gezielten Einsatz des Stimmzettels. Das Stimm- und Wahlrecht ermögliche es der Arbeiterklasse, dem Staat soziale Reformen abzutrotzen. Weil sich aber die Revolutionsvorstellung inzwischen in der Arbeiterklasse fest verankert hatte, entwickelten die Arbeiterorganisationen aufs Ganze gesehen eine Doppelstrategie, und ihr Spielen mit den revolutionären und den reformistischen Möglichkeiten erwies sich längerfristig als erfolgreich. Der Erste Weltkrieg brachte zwar einen Tiefpunkt für die Arbeiterbewegung, aber nach dem Landesgeneralstreik von 1918, der exakt mit dem Kriegsende zusammenfiel, wurden die Löhne erhöht, die Arbeitszeiten verkürzt und insgesamt die Arbeiterorganisationen ernster genommen. Vor allem mit Rücksicht auf die im Bundesparlament unterrepräsentierte Sozialdemokratie wurde auf eidgenössischer Ebene das Proportionalwahlrecht eingeführt, worauf die Sozialdemokraten, die sich als Vertreter der Interessen der Arbeiterschaft verstanden, die Zahl ihrer Parlamentssitze von 22 auf 41 erhöhen konnten, während die Vertretung des Freisinns von 105 auf 60 zusammenschmolz.

Ein Haupterfolg der Sozialdemokratie nach dem Generalstreik war die Verkürzung der Normalarbeitszeit, das heisst die Festschreibung der 48-Stunden-Woche im Fabrikgesetz. Dieser Erfolg war aber in der Wirtschaftskrise von 1921/22 wieder gefährdet. Auf bürgerlicher Seite herrschte die Meinung, die Krise sei nur zu bewältigen, wenn die Arbeiterschaft für gleichen Lohn mehr leiste, also länger arbeite. Der freisinnige Bundesrat Schulthess präsentierte eine Vorlage zur Revision des Fabrikgesetzes, die eine Ausdehnung der wöchentlichen Arbeitszeit auf 54 Stunden erlaubt hätte. Gegen den Widerstand der Sozialdemokraten nahmen die eidgenössischen Räte diese Lex Schulthess an. Da ergriffen die Arbeiterorganisationen das Referendum; es gelang ihnen, eine Rekordzahl von 202 224 Unterschriften zu sammeln. Nach heftigem Abstimmungskampf verwarf das Volk am 17. Februar 1924 mit 436 180 Nein gegen 320 668 Ja die Lex Schulthess deutlich. Das war ein in diesem Ausmass nicht erwarteter Erfolg der Arbeiterorganisationen. Diese hatten nun erfahren, dass die Instrumente der politischen Demokratie auch zu ihren Gunsten funktionieren konnten. Damit schwenkten sie in ihrer grossen Mehrheit endgültig auf den reformistischen Kurs ein. Der revolutionäre Teil der Arbeiterbewegung hatte sich schon 1921 als Kommunistische Partei der Schweiz von der Mehrheit abgespalten und wurde in den dreissiger Jahren vollends marginalisiert.

Nach 1933 entstanden in der Schweiz eine ganze Reihe von frontistischen Bewegungen, die sich am deutschen Nationalsozialismus und am italienischen Faschismus orientierten. Sie griffen gleichermassen die Sozialisten, Kommunisten und liberalen Demokraten an und propagierten den autoritären Führerstaat. Angesichts dieser Gefahr zeigte die Sozialdemokratische Partei nun ganz entschieden ihre Bereitschaft, den demokratischen Nationalstaat zusammen mit den liberalen Teilen des Bürgertums zu verteidigen. Sie strich die Passage über die «Diktatur des Proletariats» aus ihrem Parteiprogramm und bekannte sich zur bewaffneten Landesverteidigung. In vielen Gemeinden und Kantonen waren inzwischen Sozialdemokraten auch in Regierungsämter gewählt worden. Ende 1943 wurde mit Ernst Nobs erstmals ein Sozialdemokrat in den Bundesrat gewählt. Damit war die Integration der sozialistischen Arbeiterbewegung in den Nationalstaat vollendet. Die Arbeiterbewegung war zahm geworden, hatte sich angepasst. Aber umgekehrt hatte sich auch der Staat unter dem Einfluss der Arbeiterbewegung verändert, und er sollte sich nach dem Zweiten Weltkrieg weiter verändern: Er verstärkte seine Gesetzgebung im wirtschaftlichen und sozialen Bereich. Die wichtigsten Neuerungen waren die Einführung der sogenannten Wirtschaftsartikel[331] in der Bundesverfassung und die definitive gesetzliche Regelung einer Alters- und Hinterbliebenenversicherung (AHV) im Jahr 1947.

15.1.3. Die Frauenbewegung

Die sozialreformerische Bewegung erlebte nach dem Ende des Zweiten Weltkriegs einen Höhepunkt, hatte aber schon im 19. Jahrhundert eingesetzt. Am Anfang stand der Kampf gegen übermässig lange Arbeitszeiten, gegen die Nacht- und Sonntagsarbeit von Frauen und gegen die Kinderarbeit. Treibende Kräfte in diesem Kampf waren Frauen und Frauenvereine gewesen. Einsichtige Männer hatten die Forderungen aufgenommen und im eidgenössischen Fabrikgesetz von 1877 verankert. In diesem Gesetz war auch ein spezieller Schutz für schwangere Frauen enthalten: Wöchnerinnen durften vor und nach der Niederkunft während acht Wochen nicht in der Fabrik beschäftigt werden. Da es aber damals noch keinen fixen Monatslohn gab, sondern nur einen Lohn für effektiv geleistete Arbeitsstunden, bedeutete diese Schutzbestimmung einen erheblichen Verdienstausfall. Die Frauen- und Arbeiterinnenvereine überlegten, wie dieser Ausfall kompensiert werden könnte. Als nach der Jahrhundertwende ein Bundesgesetz zur Krankenversicherung geschaffen werden sollte, schalteten sie sich ein. Im Mai 1904 schrieb der Bund schweizerischer Frauenvereine (BSF) dem Bundesrat: «Hochgeehrte Herren! Bei Anlass der Vorbereitung eines Bundesgesetzes für Krankenversicherung erlaubt sich der ‹Bund schweizerischer Frauenvereine› [...] mit folgenden Erwägungen an Sie zu gelangen. 1. Die bis jetzt bestehenden Krankenkassen nehmen nur zu einem kleinsten Teil Frauen als Mitglieder auf; wo sie es tun, geschieht es meist unter andern Bedingungen, als sie den männlichen Versicherten zugebilligt werden. Wir hegen das sichere Vertrauen, dass jetzt, wo der Staat die Versicherung der Kranken in die Hand nehmen wird, eine solche Zurücksetzung des einen Teiles der Bevölkerung zu Gunsten des andern nicht mehr vorkommen werde. Denn die Frau, durch Entbehrung des Stimm- und Wahlrechtes schon verkürzt, hat gewiss Anspruch auf gleiche Rechte, wo es sich um Institutionen der Volkswohlfahrt handelt. Schon bei Einführung des eidgenössischen Fabrikgesetzes wurde ja der Grundsatz dokumentiert, dass Schutz und Hülfe bei der Arbeit in gleichem Masse für Mann und Frau gelten. [...] 2. Das eidgenössische Fabrikgesetz ist in seinem Wohlwollen dann noch einen Schritt weitergegangen. Es hat den der Arbeiterin gewährten Schutz noch um ein Wesentliches ausgedehnt, wo es sich um Gesundheit und Leben der Mutter und des künftigen Staatsbürgers handelte. [...] Die Wöchnerin ist gehalten, mindestens sechs Wochen nach einer Geburt, im ganzen acht Wochen, von der Arbeit weg zu bleiben; damit fällt ihr Verdienst aus. In der Zeit einer Geburt und des Wochenbettes also, wo auch besser gestellte Familien oft schwer empfinden, wie sich die Ausgaben mehren, wird die Familie des Fabrikarbeiters in die Lage versetzt, die grössere Ausgabenlast zu tragen und zugleich eine regelmässige tägliche Einnahme für mehrere Wochen zu entbehren. Wo soll die Wöchnerin die zu ihrer Genesung und zur Wohlfahrt des Neugebornen nötige Gemütsruhe hernehmen, wenn sie nicht weiss, wie sie sich und der Familie das Nötige beschaffen kann? Ist es zu verwundern, wenn sie in ihrer Notlage die als ein Segen für sie gemeinte Bestimmung verwünscht und sie auf jede Weise zu umgehen sucht? Die Versuche der Fabrikkrankenkassen, dem Übelstande zu begegnen, zeigen nur, wie schwer derselbe empfunden wird und wie wenig auch mit dem besten Willen auf dem Wege der privaten Versicherung erreicht werden kann. *Der Staat* aber, der in guter Absicht eine ganze Kategorie von Arbeiterinnen während einer bestimmten Anzahl von Wochen ihres Lohnes beraubt, *hat die Pflicht dafür zu sorgen, dass sein Zweck auch erreicht* und nicht mehr, wie bisher, zu Schanden wird. *Er schuldet einen Ersatz* für die auferlegte Einbusse.»[332]

Das war die neue, sozialstaatliche Auffassung: Der Staat habe in sozialer und wirtschaftlicher Hinsicht gewisse Pflichten zu erfüllen. Hielten die Frauen vom BSF den Staat für eine Art sorgenden Vater? Es mag so erscheinen. Aber selbstverständlich wussten sie, dass der Staat nicht ein aus eigener Kompetenz handelndes und über ein Füllhorn verfügendes Wesen war, sondern ein gemeinsames Instrumentarium, das durch den Willen der Staatsbürger und der engagierten Frauen, dazu gebracht werden musste, neue Aufgaben zu übernehmen. Sie teilten also dem Bundesrat mit, was sie wollten: Das Krankenversicherungsgesetz sei so zu ergänzen, dass erstens die Frauen zu gleichen Bedingungen wie die Männer in die Krankenkassen aufgenommen würden und zweitens die Kassen für die Dauer des gesetzlichen Wöchnerinnenschutzes eine Lohnausfallentschädigung zahlten. Es ging ihnen um die Einführung einer eigentlichen *Mutterschaftsversicherung*, die von Frauen und Männern solidarisch getragen werden sollte. Das war übrigens nicht nur ein Anliegen des BSF; die genau gleiche Forderung stellten auch die schweizerischen Arbeiterinnenvereine, die am 8. Mai 1904 an ihrer Delegiertenversammlung in Zürich feststellten: «Die schweizerischen Arbeiterinnenvereine gehen in Bezug auf diese Frage Hand in Hand mit dem Bunde schweizerischer Frauenvereine.»[333]

Zwischen der Arbeiterinnenbewegung und der bürgerlichen Frauenbewegung ergaben sich, bei allen ideologischen Unterschieden und zeitweiligen Spannungen, immer wieder Berührungspunkte. Beide Bewegungen beriefen sich oft auf parallele Bestrebungen in andern Ländern, und sie sprachen sich an internationalen Konferenzen ab. In der Frage der Mutterschaftsversicherung waren sich die engagierten Frauen einig, und sie trugen die Sache ebenso beharrlich wie erfolglos vor. Nach dem Ersten Weltkrieg wurde das Thema aber auf höherer Ebene aufgegriffen, nämlich vom Bureau International du Travail (BIT), einer im Zusammenhang mit dem Völkerbund gegründeten internationale Organisation zur Regelung der Arbeitsbedingungen.[334] An seiner ersten Konferenz 1919 in Washington stellte das BIT fest: «Es lässt sich nicht leugnen, dass der gesetzliche Schutz der Wöchnerinnen ein mangelhafter bleibt, solange nicht dafür gesorgt ist, dass sie den schweren materiellen Sorgen enthoben werden. Der Verdienstausfall, den sie durch das gezwungene Wegbleiben von ihrer Erwerbsquelle erleiden, ist ein empfindlicher, besonders unter den gegebenen Umständen, die vermehrte Ausgaben mit sich bringen.»[335] Die Schweiz war an dieser Konferenz auch vertreten, und der schweizerische Bundesrat war danach bereit, auf das Anliegen einzutreten. Anfang der zwanziger Jahre stellte er den Entwurf einer Mutterschaftsversicherung im Parlament zur Diskussion. Hier wurde das Projekt aber umgebogen: Das System einer an die Person der Wöchnerin gebundene Versicherung wurde durch das System einer an die Person des Familienoberhaupts gebundenen Familienzulage verdrängt; die ganze Sache wurde zerredet und versandete schliesslich.[336] Katholisch-konservative Kreise verlangten aber weiterhin, es sei etwas zum Schutz kinderreicher Familien zu unternehmen. Sie lancierten während des Zweiten Weltkriegs eine Familienschutzinitiative. Der Bundesrat liess einen Gegenvorschlag ausarbeiten, der auch progressiveren Frauenanliegen Rechnung tragen sollte. Die Bundesversammlung empfahl dem Volk die Annahme des Gegenvorschlags in Form eines neuen Verfassungsartikels 34quinquies, worauf die Initiative zurückgezogen wurde. In der Volksabstimmung vom 25. November 1945 wurde der Familienschutzartikel 34quinquies angenommen. Er gab dem Bund die Befugnis, die Kantone zu Einrichtung von Familienausgleichskassen zu verpflichten. Es sollte bis 1965 dauern, bis dieser Auftrag in allen Kantonen vollzogen war. Noch stärker wurde der zweite Auftrag verzögert, der im Absatz 4 enthalten war: «Der Bund wird auf dem Wege der Gesetzgebung die Mutterschaftsversicherung einrichten.» Diese Einrichtung ist bis heute nicht verwirklicht, und immer noch kämpfen die Frauenorganisationen um einen echten Schutz der Mutterschaft. Der ganze Komplex ist interessant und höchst aufschlussreich für die Machtverhältnisse in unserem Staat. Er ist Teil einer Geschlechterpolitik, die immer noch die Vorherrschaft der Männer im Staat bezweckt. Ich will aber nicht weiter auf die Sache eingehen, denn eigentlich geht es mir nur darum zu zeigen, wie die Frauenpolitik wesentlich dazu beitrug, den Staat zu einem Sozialstaat zu machen. Bürgerliche Frauen mussten ihre Anliegen gegen starke Widerstände und zeitweilig im Bündnis mit der Arbeiterinnenbewegung vorbringen. Ihre Eingaben waren jeweils gut fundiert und erschienen unter sozialen Aspekten als berechtigt. Waren sie es auch unter politischen Aspekten?

15.1.4 Liberaler Ordnungsstaat oder sozialer Leistungsstaat

Schon im 19. Jahrhundert hatte es von liberaler Seite Einwände gegen eine staatliche Sozial- oder Wohlfahrtspolitik gegeben. Der Staatsrechtler und Nationalrat Carl Hilty vermutete, die Einmischung der Politik in die wirtschaftlichen und sozialen Verhältnisse sei ein Sündenfall, weil die Übernahme sozialer Aufgaben durch den Staat zwangsläufig eine Überforderung des Staates nach sich ziehe. Eine Wohlfahrtspolitik im materiellen Sinn sei die Ursache für das bedauerliche Schwinden des republikanischen Geistes und das Überhandnehmen des Wirtschaftsdenkens. Wenn der Staat zu fragen beginne, wie er am besten für das materielle Wohlergehen seiner Bürger sorgen könne, dann kümmere er sich um blosse «Magenfragen». Das materielle Wohlergehen sei keine tragfähige Staatsidee, denn darüber entzweie sich die Nation nur allzu leicht. Es brauche grössere politische Ideen wie diejenigen der politischen Freiheit, der Demokratie und der

Gerechtigkeit. Damit hatte Hilty wohl recht, aber er übersah in seinem hochfliegenden Idealismus, dass gerade die Idee der Gerechtigkeit eben auch zu den Magenfragen führt. Der Staat kann nicht einfach für stabile politische Ordnung sorgen und damit den tüchtigen Unternehmern beste Voraussetzungen für wirtschaftliche Entwicklung garantieren, um dann tatenlos zuzusehen, wie ein expandierendes Unternehmertum andere soziale Gruppen überrollt und ausbeutet. Er kann nicht von den Frauen verlangen, dass sie ihre Kinder zu gesunden, selbstbewussten und aufgeweckten Staatsbürgern machen und sie gleichzeitig in materieller Abhängigkeit von einem allmächtigen Familienoberhaupt belassen. Unter demokratischen Verhältnissen sieht er sich gezwungen, ausgleichend zu wirken. In dem Mass, wie er es tut, entsteht der Wohlfahrts- oder Sozialstaat.

Die Tendenz des Nationalstaates, zum Sozialstaat zu werden, ist in allen Industrienationen zu beobachten. Es war ein langsamer Prozess, der im 19. Jahrhundert einsetzte. Einen qualitativen Sprung gab es am Ende des Zweiten Weltkriegs. Nach sechs Jahren kriegerischer Zerstörungswut schien keine staatliche Aufgabe dringender als diejenige des wirtschaftlichen Wiederaufbaus und der Hilfe für die Armen und Hungernden. Schon in der Atlantik Charta vom 14. August 1941 hatten Churchill und Roosevelt erklärt, sie wünschten volle Zusammenarbeit zwischen den Nationen auf wirtschaftlichem Gebiet herbeizuführen, und zwar mit dem Ziel, für alle Menschen verbesserte Arbeitsbedingungen, wirtschaftlichen Aufschwung und soziale Sicherheit zu gewährleisten. In einem für die englische Regierung ausgearbeiteten Sozialplan, dem sogenannten *Beveridge-Plan* von 1942, hiess es, nach der Beendigung des Krieges, der so viele Kräfte für ein zerstörendes Werk mobilisiert habe, werde es darum gehen, diese Kräfte für das friedliche Werk der allgemeinen Wohlfahrt einzusetzen, für das grosse Projekt der *Abschaffung der Not*. Es bedürfe dringend einer Neuverteilung der Einkommen, was am besten durch Aufbau oder Ausbau der staatlichen Sozialversicherungen erreicht werde. Diese Idee wurde von den sozialdemokratischen Parteien und Gewerkschaften in ganz Europa aufgenommen; sie wurde auch in der Schweiz stark diskutiert. Der Schweizerische Gewerkschaftsbund veröffentlichte eine zusammenfassende und erläuternde Darstellung des Beveridge-Plans, und auf bürgerlicher Seite verbreitete sich die Meinung, im Interesse des sozialen Friedens sei es wohl sinnvoll, etwas in dieser Richtung zu tun. Schon seit 1925 bestand ein Verfassungsartikel für eine Alters- und Hinterlassenenversicherung, aber die dafür notwendige Gesetzgebung war auf die lange Bank geschoben worden. Jetzt trieb der Bundesrat die Sache vorwärts, und am 7. Juli 1947 nahm das Volk das AHV-Gesetz an. Damit war das wichtigste, bis heute funktionierende staatliche Sozialwerk geschaffen; die AHV ist das Kernelement des Sozialstaates Schweiz.

Der weitere Ausbau des Sozialstaates war programmiert, und das bedeutete, dass gegen den Widerstand der doktrinären Liberalen die staatlichen Umverteilungsmechanismen immer leistungsfähiger und immer komplizierter wurden. Der Sozialstaat ist etwas wesentlich anderes als der liberale Nationalstaat; er schützt nicht nur immaterielle Werte, schafft nicht nur gesetzliche Normen im Interesse aller, unterhält nicht nur eine Verwaltung und eine Armee, sondern er sucht auch die materiellen Bedürfnisse einzelner Gruppen zu befriedigen. Er muss vermehrt Gebühren und Abgaben erheben, Konsum, Einkommen und Vermögen besteuern, damit er die Sozialwerke oder die unrentabel gewordene Landwirtschaft oder die vorübergehend in die Krise geratenen Wirtschaftszweige gezielt unterstützen kann. Durch den Ausbau der Wirtschafts- und Sozialgesetzgebung wird der Ordnungsstaat zum Leistungsstaat.

Die Sozialgesetzgebung ist das Mittel des Staates, unzufriedene soziale Schichten oder Berufsgruppen zufriedenzustellen und zu integrieren. Durch seine Eingriffe in wirtschaftliche und gesellschaftliche Belange verletzt der Staat das liberale Dogma, wonach Politik, Wirtschaft und Gesellschaft als voneinander getrennte Bereiche zu betrachten seien. Schon in den ersten Nachkriegsjahren gab es von wirtschaftsliberaler Seite, von der sogenannten neoliberalen Schule her Proteste gegen eine ausufernde Wirtschafts- und Sozialpolitik. Aber diese Proteste sollten erst in den achtziger Jahren auf genügend offene Ohren stossen, um politische Auswirkungen zu zeitigen. Heute stehen wir vor der Situation, dass die Unternehmerseite energisch einen allgemeinen Abbau der staatlichen Umverteilungsmechanismen verlangt, während die Arbeitnehmerseite so viel wie möglich vom Sozialstaat retten will. Tendenziell setzt sich die Ansicht durch, der Staat solle zwar seine sozialen Leistungen nicht abbauen, aber auch nicht weiter ausbauen; er solle insgesamt weniger Sozialstaat und wieder vermehrt Ordnungsstaat sein. Das scheint der Idee einer Wiederbelebung des republikanischen Bewusstseins entgegenzukommen.

Es ist wichtig, sich immer wieder auf die politischen Grundwerte zu besinnen und aus dieser Perspektive die durch den Sozialstaat geschaffenen Gesetze und Umverteilungsmechanismen zu überprüfen, um dann viel-

leicht am einen oder andern Ort gewisse staatliche Leistungen zurück-
zustutzen, weil sie nicht mehr dem Allgemeinwohl dienen, sondern nur
noch den Sonderinteressen einer kleinen Gruppe. Aber manchmal ist es
auch heute noch nötig ist, dass der Sozialstaat neue Aufgaben wahrnimmt.
Wenn wir eine rechtsstaatlich abgesicherte, einigermassen friedlich funktionierende Gesellschaft wollen, dann ist so etwas wie soziale Gerechtigkeit
unabdingbar. Sie ist nur möglich, wenn es Umverteilungsmechanismen
gibt. Dem Staat die dazu notwendigen finanziellen Mittel vorenthalten,
den Sozialstaat also durch die Finanzguillotine lahmlegen zu wollen, ist ein
Spiel mit dem Feuer, denn es bedeutet letztlich, die gesamte staatliche Ordnung zu gefährden. Es scheint, dass manche Neoliberale die Abschaffung
der Staatlichkeit tatsächlich in Kauf nehmen wollen, weil sie glauben, die
Wirtschaft, wenn sie sich nur gewisse Spielregeln gebe und im übrigen den
freien Markt walten lasse, sei ganz allein in der Lage, für das Wohl der
Gesellschaft zu sorgen. Die extremen Neoliberalen sind eigentlich eine
neue Art von Anarchisten, denn sie glauben, den Staat brauche es nicht,
weil sich im freien Wettbewerb alles von selber regle.

15.2 Geistige Landesverteidigung und Nationalideologie

Ich habe gezeigt, wie und warum der Nationalstaat auch Sozialstaat werden
musste. Der Sozialstaat war im Nationalstaat eigentlich von Anfang an enthalten, weil er eine solidarische Nation voraussetzte und ein demokratischer Rechtsstaat werden wollte. Solidarität, Demokratie und Rechtsstaat-
lichkeit waren aber keine ein für allemal gesicherten Grundbestandteile des
Nationalstaates; sie mussten immer wieder verteidigt, angepasst und neu
aufgebaut werden. Nur dank dem Bewusstsein der Staatsbürger, Teil einer
Nation zu sein, konnte der Nationalstaat als demokratisches Projekt funktionieren. Das nationale Bewusstsein vererbte sich nicht automatisch von
einer Generation zur andern. Es konnte jederzeit in Gefahr geraten, vergessen zu werden, oder es konnte in antinationalem Sinn uminterpretiert
werden. Deshalb sahen verantwortungsbewusste Staatsbürger es als ihre
Aufgabe an, die nationale Geschichte ständig neu aufzuarbeiten, die nationalen Werte immer wieder neu zu propagieren. Dies galt besonders in den
dreissiger Jahren des 20. Jahrhunderts, als sich die Nation, gespalten in ein
bürgerliches und ein sozialistisches Lager, zu desintegrieren schien und das
faschistische Modell von Staat, Wirtschaft und Gesellschaft die liberale und

soziale Nationalstaatsidee zu verdrängen drohte. Einsichtige Leute versuchten, die schweizerische Nation gegen die eindringende nationalsozialistische und faschistische Propaganda immun zu machen, indem sie die nationalen Werte immer wieder hervorhoben. Trotzdem verfingen die Parolen der Nazis und der Faschisten teilweise auch in der Schweiz. Warum zweifelten viele junge Leute an den traditionellen Werten des Nationalstaates und der davon abgeleiteten gesellschaftlichen und politischen Prinzipien? Hauptgrund war die Verunsicherung durch Wirtschaftskrise und Arbeitslosigkeit. Die Heilspropaganda der neuen Weltanschauungen im Süden und im Norden unseres Landes fand gerade bei geistig beweglichen Leuten offene Ohren. Die alten Parteien hätten abgewirtschaftet, fanden viele; weder Liberalismus noch Sozialismus seien das Richtige, neue politische Fronten müssten eröffnet werden. Hitlers Machtantritt 1933 gab diesen Leuten das Gefühl, jetzt beginne eine neue Zeit, eine neue Art der Politik. Es kam zum sogenannten Frontenfrühling, das heisst zu einer politischen Bewegung, die eine ganze Reihe frontistischer Bewegungen entstehen liess. Einige dieser Fronten wollten eine besondere schweizerische Spielart des Faschismus entwickeln, andere kopierten ganz direkt den italienischen Faschismus oder den deutschen Nationalsozialismus. Der Kampf gegen das «Weltjudentum» erschien manchen verwirrten Geistern plötzlich als Kernpunkt des Heilsprogramms.

Eine ideologische Angleichung an Deutschland und Italien hätte die Eigenstaatlichkeit der Schweiz in Frage gestellt. Der Nationalstaat Schweiz konnte nur existieren, wenn er sich als besonders und eigenartig von den Nachbarstaaten abhob, mit denen er die Sprachen teilte. Die Schweiz, wollte sie sich nicht selbst aufgeben, musste den neuen Fronten widerstehen. Eine geistig-kulturelle Auseinandersetzung wurde notwendig. Es ging um die Grundwerte eines Kleinstaates, der sich gegen die politisch-kulturelle Propaganda zweier Grossstaaten erwehren musste, und diese Auseinandersetzung bekam den Namen «Geistige Landesverteidigung». Sie wurde von bürgerlich-liberalen und sozialdemokratischen Kreisen gemeinsam getragen und enthielt dementsprechend liberale, fortschrittliche, demokratische und soziale Elemente. Es waren besorgte Intellektuelle und Politiker, die den geistigen Feldzug anführten. Kernpunkte der Geistigen Landesverteidigung waren das Bekenntnis zu Freiheit, Demokratie, bewaffneter Neutralität, zur Dreisprachigkeit und zur kulturellen Vielfalt. Auf diesem Boden konnten sich Liberale und Sozialdemokraten einigen und die antidemokratischen, korporatistischen und rassistischen Tendenzen erfolgreich an den Rand drängen. Ihr grösster Erfolg war das Abschmettern der Initiative für eine Totalrevision der Bundesverfassung, die eine Umkrempelung des Staates im Sinn des antidemokratischen Zeitgeistes anstrebte. Diese Initiative war von frontistischen Kreisen und Jugendorganisationen ausgegangen und war mit 78 050 Unterschriften zustandegekommen; 1935 wurde sie vom Volk mit 511 578 gegen 196 135 deutlich abgelehnt.

Die *Geistige Landesverteidigung* war erfolgreich. Allerdings ähnelte sie mit der Zeit immer stärker dem, was sie eigentlich bekämpfen wollte, sie nahm selbst beinahe totalitäre Züge an. Immer eindeutiger wurde sie zu einem rückwärtsgewandten, reaktionäres Programm. Es ging ihr nicht um ein Zukunftsprojekt, sondern um Bewahrung der Werte des 19. Jahrhunderts; sie feierte alles, was der schweizerischen Tradition zu entsprechen schien, und verdammte alles Neue. Sie entwickelte ein Kulturverständnis, das offen und demokratisch gemeint war, aber aus Angst vor kultureller Überfremdung mit soviel Nachdruck vorgetragen wurde, dass es eine fixe und geschlossene Form annahm. Was zuerst allein von unabhängigen Staatsbürgern getragen worden war, wurde später zur Sache von Staat und Armee. Bundesrat Philipp Etter, Vorsteher des Departements des Innern, gab mit der «Botschaft über die Organisation und die Aufgabe der schweizerischen Kulturwahrung und Kulturwerbung» vom 9. Dezember 1938 der Geistigen Landesverteidigung sozusagen den staatlichen Segen. In der Landesausstellung von 1939 – sie wurde kurz vor Kriegsbeginn eröffnet – kam die offizielle Geistige Landesverteidigung der Schweiz in überwältigender Art zum Ausdruck. Nach Kriegsausbruch wurde eine Arbeitsgruppe eingesetzt, die unter dem Namen «Pro Helvetia» das spezifisch schweizerische Kulturverständnis weitertragen sollte. Daneben richtete General Guisans durch seinen Armeebefehl vom 3. November 1939 eine militärische Dienststelle ein, die sich ebenfalls der Kultur annahm. Die Soldaten sollten durch Vorträge, Theateraufführungen und Gesang im Sinn der Geistigen Landesverteidigung beeinflusst werden. 1941 wurde die Aufgabe der Dienststelle, die den Namen «Heer und Haus» bekam, auf den zivilen Bereich ausgeweitet; sie arbeitete mit modernen Mitteln wie Radio und Film. «Heer und Haus» stärkte den Widerstandswillen gegen totalitäre Indoktrination von links und rechts, betrieb sozusagen eine Indoktrination der Mitte und prägte nachhaltig das Denken und Fühlen einer ganzen Generation.[337]

Im Zweiten Weltkrieg wurde unser Land zum Igel. Mit dem Bild des Igels versuchte man deutlich zu machen, wie sich die Schweiz gegen übermächtige Feinde behauptete. Der Igel musste autark sein, das heisst, er musste alle Nahrung im eigenen Revier finden. In der Schweiz wurde während des Krieges der Anbau von Kartoffeln, Weizen und Tierfutter intensiviert, und es wurden neue Anbauflächen erschlossen. Das war die sogenannte Anbauschlacht gemäss dem «Plan Wahlen». Die Behörden erweckten den Eindruck, unser Land könne ganz allein auf sich gestellt leben. In Wirklichkeit blieb der Handelsaustausch mit dem Ausland intensiv, und alle wussten es. Aber das Wissen darum, dass unser Land Maschinen, Waffen, Munitionsbestandteile und sogar Lebensmittel nach Deutschland lieferte, um von dort Kohle, Chemikalien und Futtermittel beziehen zu können, passte nicht zum Bild der unabhängigen Schweiz. Die nationale Propaganda von «Heer und Haus» half kräftig mit, das unangenehme Wissen um die Abhängigkeit der Schweiz vom nationalsozialistischen Nachbarn aus dem allgemeinen Bewusstsein zu verdrängen. Was dagegen einem engen Verständnis von nationaler Souveränität und Neutralität entsprach, wurde hervorgehoben. Das schweizerische Nationalbewusstsein bezog sich nicht mehr auf die reale Schweiz, sondern auf die geschönte Schweiz der Filmwochenschau. So geriet das Nationalbewusstsein in Schieflage; es wurde zur National*ideologie*. Diese krallte sich im Denken und Fühlen der damaligen jungen Generation fest, so dass sie noch Jahrzehnte nach dem Ende des Krieges weiterwirkte.

15.3 Die Schweiz in der Nachkriegsordnung

In den Augen der Alliierten war die Schweiz während des Zweiten Weltkriegs mehr oder weniger ein Anhängsel Hitlerdeutschlands gewesen. Ihre Neutralität galt als blosse Feigenblatt, hinter dem sie ihre gewinnbringenden Geschäfte mit dem Reich gemacht habe. Unser Land war aussenpolitisch isoliert und wurde moralisch verurteilt. Vor allem aus der Sowjetunion kamen heftige Angriffe. Bundesrat Max Petitpierre, Aussenminister seit Anfang 1945, sah seine Aufgabe darin, diese Isolierung zu überwinden, die Schweiz in die Völkerrechtsgemeinschaft zurückzuführen, bei der UNO mitzumachen und die Sowjetunion, zu der die Schweiz keine diplomatischen Beziehungen gepflegt hatte, endlich anzuerkennen. Zuerst waren aber einige heikle Fragen zu bereinigen: Die Alliierten verlangten die Herausgabe deutscher Guthaben auf Schweizer Banken, auf die sie als Siegermächte Anspruch zu haben glaubten, und sie verlangten die Rückzahlung

des von der schweizerischen Nationalbank gekauften oder als Zahlungs-
mittel entgegengenommenen «Nazigoldes». Bei diesem von der deutschen
Reichsbank übernommenen Gold handelte es sich zum Teil offensichtlich
um Beutegold, also um geraubtes Gut aus den von Deutschland überfallenen
Ländern, das die Schweiz als neutraler Staat nicht hätte entgegennehmen
dürfen. Der schweizerische Bundesrat und die Nationalbank bestritten, etwas
von der Herkunft des Goldes gewusst zu haben; sie anerkannten keine
eigene Schuld und keinen Rechtsanspruch der Alliierten. Durch die Sper-
rung von schweizerischen Guthaben in den USA und durch die Drohung
mit Handelsboykott wurde die Schweiz aber unter Druck gesetzt und musste
im Abkommen von Washington im Jahr 1946 hohe Zahlungsverpflich-
tungen anerkennen.

Während die Schweiz von andern Ländern heftig kritisiert wurde,
herrschte bei der Mehrheit der Schweizer Bevölkerung die Meinung, unser
Land habe während des Krieges dem Druck der Nazis tapfer widerstanden
und sei dank ihrer Armee und dank ihrer Neutralität von der Besetzung
durch die Deutschen bewahrt worden. Überall waren bei Kriegsende
Dankgottesdienste abgehalten worden; Freude und Erleichterung waren
gross. Der Bundesrat und die Dienststelle «Heer und Haus» waren darauf
bedacht, das strahlende Bild der Schweiz nicht beflecken zu lassen. Eine
neu erstandene und unbotmässige Linke, die wegen ihrer Bindung an die
Sowjetunion bereit war, die viel kritischere Wahrnehmung der Schweiz von
aussen her zu übernehmen und nach innen zu tragen, konnte mit Leichtigkeit als moskauhörig diskreditiert und unglaubwürdig gemacht werden. So
klafften Aussenwahrnehmung und Innenwahrnehmung weiterhin gewaltig
auseinander. Das wirkte sich in aussenpolitischen Fragen erschwerend aus,
speziell in der Frage des UNO-Beitritts.

15.3.1 Kein Beitritt zur UNO

Wie nach dem Ersten so machten die Siegermächte auch nach dem Zweiten
Weltkrieg den Versuch, das Nationalstaatensystem durch die Gründung
einer überstaatlichen Organisation neu zu stabilisieren. Am 26. Juni 1945
wurde in San Francisco die Organisation der Vereinten Nationen (UNO)
gegründet, und am 18. April 1946 löste sich der obsolet gewordene
Völkerbund formell auf. Die Schweiz war bei der Gründung der UNO
nicht dabei, wurde aber zum Beitritt aufgefordert. Petitpierre und eine
Reihe gewichtiger Politiker waren der Meinung, die Schweiz habe alles

Interesse, in der UNO mitzuwirken, glaubten aber gleichzeitig, der besondere Status der Schweiz als dauernd neutrales Land dürfe nicht aufgegeben werden. Wie Peter Hug[338] nachgewiesen hat, unternahm die Schweizer Regierung viel, um unser Land gegenüber den Alliierten als absoluten *Sonderfall* zu präsentieren, und sie bestand darauf, die UNO müsse die «immerwährende Neutralität» der Schweiz anerkennen. Der Bundesrat wollte zwar die aussenpolitische Isolierung überwinden, nahm unser Land aber gleichzeitig aus der Völkerrechtsgemeinschaft heraus, indem er es als «immerwährend neutral» bezeichnete. Zivilgesellschaftliche Gruppierungen wie die Schweizerische Völkerbundsvereinigung, der Schweizerische Friedensrat oder der Bund Schweizerischer Frauenorganisationen vertraten dagegen die Meinung, in der UNO als einer friedenserhaltenden Organisation habe sich die Schweiz ohne Wenn und Aber zu engagieren, denn der Weltfrieden und nicht die Neutralität der Schweiz habe Priorität.

Der Bundesrat zeigte seinen guten Willen, indem er die Völkerbundsgebäude in Genf der UNO übergab. Im übrigen liess er die Bevölkerung im ungewissen. Wollte er den Beitritt wirklich? Oder zögerte er, weil er im Volk eine eher ablehnende Haltung wahrzunehmen glaubte? Ein negativer Ausgang einer Volksabstimmung über den UNO-Beitritt würde in der Welt einen denkbar schlechten Eindruck machen, befürchtete er. Aber weshalb setzte er sich in der Öffentlichkeit nicht stärker für den UNO-Beitritt ein? Es scheint, er habe die öffentliche Diskussion gefürchtet. Hatte er Angst vor allzu vielen kritischen Fragen über die Rolle der Schweiz während des Krieges? Das ist sehr wohl möglich. Bundesrat von Steiger, der als EJPD-Vorsteher die Verantwortung für die Flüchtlingspolitik getragen hatte, war immer noch im Amt. Er hatte Rothmund beurlaubt und damit aus der Schusslinie der Kritik gezogen. Aufforderungen, selbst zurückzutreten, wies er ab, weil ein Rücktritt als Schuldeingeständnis hätte aufgefasst werden können. Diese Haltung prägte bis zu einem gewissen Grad die Haltung des Gesamtbundesrates: Dieser wollte zwar den guten Ruf der Schweiz wieder herstellen, aber nicht durch einen mutigen Schritt in die Nachkriegszeit, nicht durch eine Neuorientierung seiner Politik, sondern durch Betonung der Kontinuität seiner Politik, durch Betonung der Neutralität und der humanitären Tradition der Schweiz, durch Demonstration eines guten Gewissens.

Obwohl Petitpierre die schweizerische Staatsmaxime der Neutralität mit dem Begriff der Solidarität ergänzte, blieb er letztlich in der Frage der aussenpolitischen Öffnung zurückhaltend. Sein starrer Neutralitätsvorbehalt wurde von der UNO nicht akzeptiert, die Beitrittsverhandlungen kamen zu keinem Abschluss. Die Schweiz machte bei den «technischen Organisationen» der UNO mit, also bei der Weltgesundheitsorganisation WHO, der Welternährungsorganisation FAO, dem Internationalen Gerichtshof im Haag und der UNESCO; der politischen Organisation der UNO blieb sie fern. Das war der Stand der Dinge Ende 1947. Inzwischen hatte sich die internationale Lage zum sogenannten Kalten Krieg hinentwickelt. Die Welt spaltete sich in Westblock und Ostblock. Die Schweiz stand ideologisch eindeutig auf der antikommunistischen Seite, war also Teil des Westblocks, blieb aber als neutraler Staat trotzdem gewissermassen zwischen den Blöcken. Diese Situation ersparte es ihr, weiterhin um Anerkennung in der Welt ringen zu müssen. Fast automatisch bekam sie ihren anerkannten Platz in der Staatengemeinschaft. Sie gewann sogar neues Prestige, denn sie verstand es, die Neutralität zu nutzen und ihre Vermittlungsdienste zwischen den Blöcken anzubieten. Sie übernahm gewisse Verpflichtungen im Rahmen der UNO und anderer internationaler Organisationen, ohne sich rechtsgültig zu binden.

Erst in den achtziger Jahren wurde das Sonderfalldenken überwunden. Eine Mehrheit in Bundesrat und Parlament empfand es nun als stossend, dass die Schweiz in der politischen Organisation der UNO nicht mitmachte. Eine Vorlage für den UNO-Beitritt fand in den eidgenössischen Räten breite Unterstützung. Es zeigte sich aber, dass im Volk das Umdenken noch nicht eingesetzt hatte: In der Abstimmung vom 16. März 1986 sagten 75,7 Prozent der Stimmenden Nein zur UNO; in keinem einzigen Kanton hatte sich eine Ja-Mehrheit ergeben.

15.3.2 Das vereinigte Europa und die Schweiz

Schon während des Krieges hatte es Überlegungen gegeben, die europäischen Länder politisch enger zusammenzuschliessen. Nach dem Krieg war vor allem Frankreich, das innerhalb von 75 Jahren dreimal den Einmarsch deutscher Armeen erlebt hatte, daran interessiert, sein «Deutschlandproblem» auf europäischer Ebene zu lösen. Es wollte eine europäische Ordnung, die den Krieg für alle Zukunft verhinderte. Eine Einbindung Deutschlands in eine europäische Gemeinschaft schien den Franzosen das probate Mittel zu sein. Deutschland begrüsste solche Vorschläge, weil nur durch sie die Möglichkeit gegeben schien, in absehbarer Zeit wieder in die Völkerrechtsgemeinschaft aufgenommen zu werden. Für dieses Ziel war man bereit, einen Teil der nationalen Souveränität an eine übernationale Instanz zu übertragen. Aber inzwischen war in allen Ländern wieder die nationalstaatliche Politik in den Vordergrund getreten; die grosse Vision eines politisch vereinigten Europas rückte in weite Ferne. Zwar wurde 1949 der Europarat mit Sitz in Strassburg gegründet, aber er war ein Organ ohne verbindliche Kompetenzen, bestehend aus Vertretern nationaler Parlamente, die über Menschenrechtsfragen sowie Fragen demokratischer Grundwerte und kultureller Beziehungen debattierten. Mehr Gewicht hatten die neu geschaffenen Organe der wirtschaftlichen Zusammenarbeit, allen voran der Marshall-Plan zum wirtschaftlichen Wiederaufbau Europas, der ab 1947 wirksam wurde. Zur Verteilung der Mittel wurde 1948 der Europäische Wirtschaftsrat (OEEC) in Paris geschaffen, aus dem 1961 die Organisation für wirtschaftliche Zusammenarbeit (OECD) wurde. Aufgrund eines Plans des französischen Aussenministers Schuman entstand 1950 der Gemeinsame Markt für Kohle, Eisen und Stahl (Montan-Union), und 1957 wurden von 6 europäischen Staaten die Verträge von Rom über die Nutzung der Atomenergie und die Europäische Wirtschaftsgemeinschaft (EWG) unterzeichnet. So kam die europäische Einigung auf dem Weg über die wirtschaftlichen Organisationen zustande. Die EWG bildete eigene politische Organe aus, erweiterte die Zahl ihrer Mitglieder und wurde zu einer Europäischen Gemeinschaft (EG), die entschieden mehr war als eine Kumulation zwischenstaatlicher Wirtschaftsverträge. Seit 1989 stellte sich die Frage, wie sich die EG gegenüber dem sich auflösenden Ostblock verhalten sollte. Durch den Vertrag von Maastricht von 1993 schlossen sich die EG-Staaten noch enger zusammen; sie schufen die Europäische Union (EU), die nun die Aufgabe bekam, auch Länder des ehemaligen Ostblocks zu integrieren.

Wo stand die Schweiz bei diesem ganzen europäischen Integrationsprozess? Nicht ganz abseits zwar, aber eben auch nicht ganz dabei. Mit Berufung auf ihre immerwährende Neutralität blieb sie auch in bezug auf die europäische Vereinigung in der Sonderfallposition. Unmittelbar nach dem Krieg war unser Land in der angenehmen Lage, mit unversehrtem Produktionsapparat inmitten eines zerstörten Europas einer riesigen Nachfrage gegenüberzustehen. Die Schweizer Wirtschaft war bereit zu liefern, wollte dafür aber auch bezahlt werden. Deshalb hatte sie alles Interesse daran, dass die zerrütteten Finanzverhältnisse in Europa möglichst rasch saniert und in den darniederliegenden Volkswirtschaften die Grundlagen für einen wirtschaftlichen Wiederaufschwung gelegt wurden. Was der

Wirtschaft diente, wurde durch die Landesregierung unterstützt. Der Bundesrat sorgte dafür, dass sich die Schweiz am Marshall-Plan, an der OEEC und später der OECD beteiligte. Er setzte sich für die Liberalisierung des Welthandels im Rahmen des Allgemeinen Zoll- und Handelsabkommens (GATT) ein und wirkte bei der Gründung der Europäischen Freihandelsassoziation (EFTA) mit, die 1960 alle nicht der EWG beigetretenen OEEC-Mitglieder zusammenschloss. Er wahrte Distanz zum westlichen Verteidigungsbündnis und zu den politischen Entwicklungen aufgrund des Schuman-Plans. So entstand die EWG ohne schweizerische Beteiligung. Unsere Regierung betrieb insgesamt eine aktive Aussen*wirtschafts*politik und minimierte die eigentliche Aussenpolitik im Sinn von Friedenserhaltung, Stärkung der Menschenrechte und Förderung der demokratischen Grundwerte in Europa. Aufgrund dieser Handlungsweise konnte die Aussenpolitik vom Schweizer Volk eigentlich nur als Jagd nach den besten wirtschaftlichen Bedingungen wahrgenommen werden, und weil die Schweiz in dieser Beziehung erfolgreich war und zu einem der reichsten Länder der Welt wurde, war man es zufrieden.

Aber dann geschah das Unerwartete: Seit 1989 begann der Ostblock auseinanderzufallen; die bisherige politische und wirtschaftliche Ordnung geriet ins Wanken. Die Sowjetunion löste sich auf, und die USA propagierten die «neue Weltordnung». Die klaren Fronten aus der Zeit des Kalten Krieges verschwammen. Auch die Schweiz musste sich aussenpolitisch und militärpolitisch neu orientieren. Welche Rolle in Europa und in der Welt kam ihr zu? Konnte sie weiterhin weltweite wirtschaftliche Beziehungen pflegen und sich politisch abseits halten? War die Maxime der bewaffneten Neutralität noch zeitgemäss? Die Aktivdienstveteranen feierten mit eidgenössischer Unterstützung den 50. Jahrestag der Mobilisierung der Schweizer Armee 1939, während die «Gruppe für eine Schweiz ohne Armee», die vor allem aus jugendlichen Aktivisten und Aktivistinnen des linken Spektrums und der Friedensbewegung bestand, kühn die Abschaffung der Schweizer Armee forderte. Tatsächlich brachte sie die notwendige Unterschriftenzahl für eine eidgenössische Volksinitiative zustande, und am 26. November 1989 sagten 35,6 Prozent der Stimmenden – bei einer überdurchschnittlichen Stimmbeteiligung von 68,6 Prozent – Ja zur Initiative. Es tauchte auch vermehrt wieder die Kritik an der Neutralität der Schweiz auf, die am Ende des Zweiten Weltkriegs schon vorgetragen, durch den Kalten Krieg aber verdrängt worden war. Von aussen und von innen her wuchs der Druck auf den Bundesrat, endlich vom Sonderfalldenken abzurücken und die Schweiz besser in die Staatengemeinschaft zu integrieren.

Auch auf ökonomischem Gebiet veränderte sich die Lage, die Krisenzeichen begann sich zu häufen. In den neunziger Jahren rutschte die Schweizer Wirtschaft in eine Phase der Stagnation oder gar Rezession; die Zahl der Arbeitslosen stieg stark an. Würde sich die Lage noch verschlimmern, sobald die EG, wie beabsichtigt, den europäischen Binnenmarkt verwirklichte und unser Land davon ausgeschlossen war? 1991 deponierte die Schweiz, wie andere EFTA-Staaten auch, ein Beitrittsgesuch bei der EG. Diese hatte sich schon vorher bereit erklärt, unter der Voraussetzung einer allgemeinen Anpassung der EFTA-Staaten an das EG-Recht einen auch diese Staaten umfassenden Europäischen Wirtschaftsraum (EWR) zu schaffen. Nach mühsamen Verhandlungen kam das entsprechende Vertragswerk 1992 zustande. In der Schweiz sollte dazu Ende Jahr eine Volksabstimmung stattfinden. Verschiedene Gruppierungen opponierten, weil sie fanden, durch einen Beitritt würde die Schweiz ihre Neutralität und Unabhängigkeit verlieren. Sie verlangten auch den Rückzug des Beitrittsgesuchs zur EG. Am eifrigsten im Kampf gegen die bundesrätliche Integrationspolitik zeigte sich der Zürcher SVP-Nationalrat Christoph Blocher, ein Industrieller mit populistischen Allüren, der als Präsident der «Aktion für eine unabhängige und neutrale Schweiz» noch einmal alle Elemente der Nationalideologie aus der Zeit des Zweiten Weltkriegs beschwor und vor allem die Aktivdienstgeneration zu mobilisieren vermochte. Am 6. Dezember 1992 fand die denkwürdige Abstimmung über die Ratifizierung des EWR-Vertrags statt. Bei einer ausserordentlich hohen Stimmbeteiligung von 78,7 Prozent kam ein sehr knappes Resultat zustande: 1 762 872 Stimmberechtigte (49,7 Prozent) sagten Ja, 1 786 708 (50,3 Prozent) sagten Nein. Sämtliche französischsprachigen Kantone und die beiden Basel hatten zugestimmt, aber den Ausschlag hatte die ablehnende Mehrheit in der Deutschschweiz gegeben.

15.4 Malaise und Reformversuche

Durch die Ablehnung des EWR verstärkte sich unter Politikern und Politikerinnen, aber auch unter Wirtschaftsleuten die Meinung, in der Schweiz könne politisch nichts mehr bewegt werden; das schweizerische Konkordanzsystem sei verknöchert und dringend reformbedürftig. Diese Kritik war

476

nicht neu. In pointierter Art war sie schon 1964 formuliert worden. Damals war nämlich die kleine, aber Aufsehen erregende Schrift «Helvetisches Malaise» von Max Imboden erschienen. Der Basler Staatsrechtsprofessor hatte mit seinem Büchlein gegen die schweizerische Selbstzufriedenheit gezielt und einen empfindlichen Nerv getroffen. Sein Malaise wurde bald sprichwörtlich. Allerdings konnte seine Kritik unterschiedlich interpretiert werden, und so bezogen sich ganz unterschiedliche Gruppierungen in zustimmendem Sinn darauf. Eine damals entstehende linksliberale oder nonkonformistische Bewegung war mit Imboden der Meinung, die schweizerische Politik sei in ihren Traditionen erstarrt, und es brauche radikale Reformen, damit die anstehenden Probleme, zum Beispiel im Bereichen des Umweltschutzes, endlich angepackt werden könnten. Die Neoliberalen fanden dagegen in Imbodens Schrift vor allem die Forderung nach einem effizienteren Staat, nach mehr weltwirtschaftlicher Konkurrenz und nach dem Abbau der als exzessiv empfundenen Volksrechte.

Was hatte Imboden gesagt? Welches waren seine hauptsächlichen Kritikpunkte? Zunächst konstatierte er einen Verfall des staatsbürgerlichen Pflichtbewusstseins: Bei eidgenössischen Abstimmungen in den Jahren 1931 bis 1935 hätten sich im Durchschnitt 68 Prozent der Stimmbürger an die Urne begeben, 1961 bis 1964 nur noch 45 Prozent. Es gebe einen Grundstock von etwa 15 Prozent der Stimmberechtigten, die ihre staatsbürgerlichen Rechte nie wahrnehmen würden; das seien die Nichtwähler. Die restlichen 85 Prozent der Stimmberechtigten hätten bis unmittelbar nach der Zweiten Weltkrieg etwa zu gleichen Teilen aus Gelegenheitswählern und Festwählern bestanden. Seither sei die Gruppe der Festwähler auf 25 bis 30 Prozent geschrumpft. Es gebe immer weniger Leute, die aus Pflichtgefühl an die Urne schritten. Die Demokratie laufe immer mehr darauf hinaus, dass nur noch abstimme, wer seine persönlichen Interessen tangiert sehe. Die Parteien aber vermöchten die Stimmbürgerschaft immer weniger zu mobilisieren. Sie setzten zwar wachsende Geldmittel ein, um einen Abstimmungskampf zu führen, aber sie klärten die Stimmbürger nicht auf, sondern operierten mit Schlagworten. «Diese verkürzten Wahrheiten werden dem Bürger in einer sorgfältig zubereiteten Verpackung dargereicht. Sie werden umgeben mit Begriffen, die zum Gemeingut des schweizerischen politischen Denkens gehören. Die Worte ‹Demokratie›, ‹Freiheit›, ‹Gleichheit›, ‹Gerechtigkeit›, ‹Sicherheit› und ‹Föderalismus› werden wie die dem Blickfang dienenden verführerischen Bilder moderner Propaganda-Affichen überall sichtbar angebracht. So sagen die Werbeworte zugleich alles und nichts.»[339] Statt politische Auseinandersetzung hätten wir Kampf zwischen finanziell mehr oder weniger gut dotierten Aktionskomitees, Parteisekretariaten und Werbeagenturen. Politik, wie sie sich real abspiele, sei immer mehr eine Karikatur ihrer selbst.

Imboden geht von einem klassisch-republikanischen Begriff von Politik aus, für ihn hat Politik etwas mit sittlichem Wollen, mit der Verpflichtung zum Wahren, Guten und Schönen zu tun, und von daher kommt er zu seiner Kritik: Die Staatsbürger interessierten sich nur für ihr materielles Wohl und seien unfähig zu erkennen, dass sie selbst der Staat seien, dass die *res publica* in ihren Verantwortungsbereich falle. Sie könnten den Staat nur noch als eine fremde Institution empfinden, von der sie Leistungen erwarteten: «Es ist zur festen Gewohnheit geworden, den Staat an seinen Leistungen zu messen. Selbstverständlich ist dieser Massstab nicht; er ist eine späte Folge nationalstaatlichen Denkens. Frühere Epochen sahen die äussere Gemeinschaft vor allem als Träger der Ordnung. Das politische Gefüge hatte seinen Zweck in sich selbst; es sicherte den Frieden und schützte das Recht. Der heutige Staat ist auf Grund einer weit ins 19. Jahrhundert zurückgehenden Entwicklung zum Apparat geworden. Er hat die Bedingungen des menschlichen Daseins unablässig zu verbessern.»

Es sei eine «späte Folge nationalstaatlichen Denkens», wenn der Staat an seinen Leistungen gemessen werde, meint Imboden. Er beschreibt aber einen Prozess, der nicht mit der Nationalstaatsbildung, sondern mit der Transformation des Nationalstaates in einen Sozialstaat zu tun hat: Der Bürger ist gegenüber dem Staat träge geworden, weil er ihn nicht mehr als demokratische Institution wahrnimmt, für die er sich mitverantwortlich fühlen würde, sondern als bürokratische Institution, von der er etwas zugute hat. Er gerät in eine Erwartungshaltung gegenüber dem Staat und wird dabei immer unzufriedener, weil die Erwartungen nie ganz erfüllt werden. Imboden sieht diesen Zusammenhang, will aber nicht, wie es zunächst scheinen mag, den Leistungsstaat abschaffen, um die *res publica* wieder sichtbar zu machen, sondern er postuliert, der Leistungsstaat sei so zu verbessern, dass die Bürger ihm wieder mehr Vertrauen schenken können. Sein republikanisches Anliegen beschränkt sich darauf, dass er auf unterer Ebene vermehrte politische Partizipation verlangt. Die wirklich dringenden Probleme der Zeit aber müssen seiner Meinung nach auf höherer Ebene und ohne allzu viel demokratische Mitbestimmung gelöst werden. Die fehlende Landesplanung, die Verteuerung des Bodens, die zunehmende Gewässer- und Luftverschmutzung und die abnehmende Qualität der

Schulen seien die Hauptprobleme, die der Staat effizient und sachgerecht anpacken müsse. Die Administration sei zu kompliziert, meint Imboden, alles brauche zuviel Zeit. «Der Zwang der Verhältnisse wird zum Zwang gegen die Freiheit der politischen Entscheidung. Gerade der selbständig denkende Bürger verfällt in Resignation und zieht sich zurück.» Staat und Gesellschaft brauchten Reformen: Stärkung des Parlaments, bessere Trennung zwischen Regierung und Administration, Schaffung von Spitzenfunktionären im Rang von Staatssekretären, Beschränkung der Volksrechte in den Bereichen, wo sie sich als hinderlich erwiesen haben, Ausbau der Volksrechte dort, wo sie dem Funktionieren der Demokratie förderlich sind. Imboden will einen effizienten, moderneren Staat; er verwirft die republikanische Idee, von der er ausgegangen ist und kommt zur Idee eines Staates, der eigentlich ein Dienstleistungsbetrieb ist. Diese Idee hat sich seither in den Köpfen vieler Politiker und Chefbeamter festgesetzt.

15.4.1 Frauenstimmrecht und neue Frauenbewegung

Zum Frauenstimmrecht bemerkte Imboden: «Der Verfasser möchte meinen, dass wir unser helvetisches Männerprivileg, an dessen innere Berechtigung wir ja selbst nicht mehr glauben und für das uns niemand mehr auf der Welt Verständnis entgegenbringt, möglichst lautlos und möglichst rasch beseitigen sollten.»[340] Es gab aber damals noch viele, die meinten, es habe durchaus einen Sinn und es sei sehr wohl berechtigt, wenn die Frauen nicht abstimmen durften. Nirgends so wie beim Thema Frauenstimmrecht zeigte sich, wie sehr das politische Verständnis der Mehrheit der Schweizer stagnierte. Den meisten war der Herr-im-Haus-Standpunkt noch selbstverständlich, und ebenso selbstverständlich war ihnen, dass die Verhältnisse, wie sie im Haus und in der Familie galten, auch in der Politik gelten sollten. Sie beriefen sich darauf, dass die Frauen, soweit sie wirklich Frauen und nicht komische Emanzen seien, das Frauenstimmrecht gar nicht wollten.

Schon 1909 war der Schweizerische Verband für Frauenstimmrecht gegründet worden. Damals gab es politische Rechte für Frauen erst in den nordamerikanischen Gliedstaaten, in Finnland und Norwegen. Während und nach dem Ersten Weltkrieg führten dann die meisten westeuropäischen Staaten das Frauenstimmrecht ein. In der Schweiz hätte es dazu einer Volksabstimmung bedurft; das Männervolk sah keine Veranlassung dafür. Die Arbeiterorganisationen forderten zwar im Generalstreik vom November 1918 unter anderem die Einführung des Frauenstimmrechts, hielten diese Forderung aber selbst nicht für prioritär. Im Zweiten Weltkrieg leisteten viele Frauen wieder doppelte Arbeit, weil sie auch die Aufgaben der wegen Militärdiensts abwesenden Männer übernehmen mussten. Für manche taten sich dabei ganz neue Perspektiven auf, und sie akzeptierten ihren Ausschluss von den politischen Rechten nicht mehr. Unmittelbar nach Kriegsende sah es so aus, wie wenn es zu einem Durchbruch käme; dann gab es aber einen gesellschaftlichen Rückschlag, der mit der schon geschilderten politischen Stagnation zusammenhing, mit dem Rückzug auf die traditionellen Werte. In vielen Kantonen waren Abstimmungen über das Frauenstimmrecht in Gemeindeangelegenheiten durchgeführt worden, aber sie hatten alle zu einem negativen Ergebnis geführt. Die Frauenorganisationen verstärkten ihren Druck, und sie erreichten, dass in einigen Kantonen und Städten konsultative Frauenabstimmungen über die Einführung des Frauenstimmrechts durchgeführt wurden; sie ergaben allesamt hohe Ja-Mehrheiten, womit das Argument dahinfiel, die Frauen selbst seien dagegen. 1959 kam es dann endlich zu einer eidgenössischen Abstimmung über das Stimm- und Wahlrecht der Frauen. Die stimmberechtigten Männer lehnten mit 67 gegen 33 Prozent ab.[341]

Die Mehrheit der Schweizer Männer weigerte sich, zur Kenntnis zu nehmen, dass es völkerrechtliche Vereinbarungen gab, die eine Gleichberechtigung von Frau und Mann und das Recht auf politische Partizipation für alle garantierten. Am 10. Dezember 1948 hatte die UNO-Generalversammlung eine «Allgemeine Erklärung der Menschenrechte» verabschiedet, in deren Präambel die Gleichberechtigung von Mann und Frau ausdrücklich bekräftigt wurde. Im Artikel 21 der Menschenrechtserklärung hiess es, jeder Mensch habe das Recht, an der Leitung der öffentlichen Angelegenheiten seines Landes unmittelbar oder durch frei gewählte Vertreter teilzunehmen. Nun konnten die Schweizer Männer zwar sagen, für unser Land gelte das nicht, weil die Schweiz nicht UNO-Mitglied sei. Es gab aber auch eine vom Europarat 1950 verabschiedete Europäische Menschenrechtskonvention (EMRK), die sich auf die UNO-Menschenrechtserklärung bezog. Seit 1963 war die Schweiz Vollmitglied des Europarats, hatte aber die EMRK nicht unterzeichnet. 1968 jährte sich die Annahme der UNO-Menschenrechtserklärung zum zwanzigsten Mal; dieses Jahr war zum «Jahr der Menschenrechte» erklärt worden. Dem Bundesrat schien es an der Zeit, den Beitritt der Schweiz zur EMRK voranzutreiben. 1969 war es soweit, dass die eidgenössischen Räte dazu Stellung nehmen konnten. Da organisierten die Frauenverbände für den 1. März eine Kundgebung auf dem Berner Bundesplatz. Tausende von Frauen und auch einige Männer forderten lautstark, die EMRK dürfe erst unterzeichnet werde, wenn das fehlende Frauenstimmrecht eingeführt sei. Jetzt kam endlich Schwung in die Sache. Am 7. Februar 1971 fand die zweite Abstimmung zur Einführung des Frauenstimmrechts in eidgenössischen Angelegenheiten statt, und sie ging positiv aus. Das Stimmenverhältnis hatte sich gegenüber 1959 umgekehrt: 66 Prozent der Stimmenden sagten ja, 34 Prozent nein. Im gleichen und im folgenden Jahr führten auch fast alle Kantone das Frauenstimmrecht ein. Nur Appenzell, Solothurn und Graubünden zögerten die Sache noch während mehreren Jahren hinaus. In Appenzell Innerrhoden als letztem Männerkanton musste das Bundesgericht 1990 die Einführung des Frauenstimmrechts verfügen.

Seit 1971 war die politische Gleichberechtigung der Frauen auf Bundesebene erreicht; die jahrzehntelange Arbeit der alten Frauenstimmrechtsvereine war damit abgeschlossen. Es entwickelte sich aber sofort eine neue Frauenbewegung, die nun auch *gesellschaftliche* Gleichberechtigung erkämpfen wollte. Sie machte aufmerksam auf zahlreiche rechtliche Ungleichheiten und auf gesellschaftliche Diskriminierungsmechanismen. Die politische Gleichberechtigung verstand sie nicht als Endpunkt, sondern als Ausgangspunkt für weitergehende Forderungen. Diese neue Frauenbewegung erwies sich als ausgesprochen innovativ; zusammen mit andern Gruppierungen, die aus der 68er Bewegung entstanden waren, trug sie bei zu tiefgehenden Veränderungen in Staat, Kultur und Gesellschaft.

15.4.2 Totalrevision der Bundesverfassung

Max Imboden hatte in seinem «Helvetischen Malaise» 1964 geschrieben: «In den bald hundert Jahren, die uns vom ehrwürdigen Jahr 1874 trennen, hat sich die Gesellschaft stärker gewandelt als früher in einem halben Jahrtausend. Wir müssen das in den Fugen verschobene staatliche Gebäude neu zeichnen.»[342] Er hielt eine Totalrevision der Bundesverfassung für unvermeidlich. Seine Postulate wurden von der Neuen Helvetischen Gesellschaft, von rechtsliberalen Kreisen, vom Rotary Club, vom Verband Schweizerischer Studentenschaften und vor allem von Staatsrechtsprofessoren aufgenommen; die sozialistische Linke verhielt sich vorerst reserviert. 1966 reichte der freisinnige Solothurner Nationalrat Obrecht eine Motion für eine Totalrevision der Bundesverfassung ein; das gleiche tat der Liberale Peter Dürrenmatt im Ständerat; 1967 wurden die beiden Motionen überwiesen. Daraufhin wurde eine neunköpfige Arbeitsgruppe unter dem Vorsitz von alt Bundesrat Wahlen eingesetzt. Nun begann eine langwierige Arbeit, die in den ersten Jahren in der weiteren Öffentlichkeit kaum auf Interesse stiess, in einer späteren Phase aber grosse Hoffnungen weckte und schliesslich in unlösbaren Widersprüchen stecken blieb. Max Imboden war überraschend im Jahr 1969 gestorben, und sein «Malaise» war zu einem Vermächtnis geworden, das zum einen Teil von den Linken, zum andern Teil von der neoliberalen Rechten verwaltet wurde. 1973 legte die Arbeitsgruppe Wahlen ihren Schlussbericht vor und empfahl, es solle in einer erweiterten Kommission weitergearbeitet werden.

Im Jahr 1974 empfing die Arbeit neue Impulse. Bundesrat Furgler, Vorsteher des Polizei- und Justizdepartements, übernahm persönlich den Vorsitz einer erweiterten Verfassungskommission. Das hundertjährige Jubiläum der Bundesverfassung von 1874 belebte die Anstrengungen für eine Verfassungsrevision. Zunehmend wurde nun der völkerrechtlichen Entwicklung in Europa Rechnung getragen, und die Schweiz ratifizierte endlich die Europäische Menschenrechtskonvention. In diesem Jahr setzte aber auch eine wirtschaftliche Rezession ein. Die Meinungen darüber, wie die Schweiz die Zukunft am besten bewältigen werde, drifteten stark auseinander. Die Linke hielt am Ausbau des Sozialstaates fest, während die neoliberale Rechte immer kühner ihre Auffassung vortrug, die Wirtschaft werde nur dann neuen Schwung bekommen, wenn der Sozialstaat nicht weiter ausgebaut, die Administration schlanker und effizienter werde und die Steuern gesenkt würden. Es schien dieser Tendenz zu widersprechen, als Bundesrat Graber, Vorsteher des Politischen Departements, im Mai 1976 die europäische Sozialcharta unterzeichnete. Die Neoliberalen befürchteten, daraus könnten neue soziale Verpflichtungen entstehen. Aber auch Gruppierungen, die sich an einem traditionellen Bild der Schweiz orientierten, waren skeptisch gegenüber der Anpassung der Schweiz an neuere völkerrechtlichen Normen. Es war absehbar: Wenn die modernen Formulierungen von Menschen-, Bürger- und Sozialrechten in die Bundesverfassung Eingang finden sollten, so war mit der geballten Opposition der neoliberalen und der national-konservativen Kreise zu rechnen. Trotzdem lieferte die Kommission Furgler 1977 einen innovativen Entwurf einer totalrevidierten Bundesverfassung ab. 1978 ging er in die Vernehmlassung. In der nun folgenden öffentlichen Diskussion wurde er zwischen den unterschiedlichen Auffassungen und widersprüchlichen Interessen förmlich zerrieben. 1982 wurde das Projekt der Totalrevision aufs Eis gelegt. Ab etwa 1986 entwickelte sich allmählich die Auffassung, die Bundesverfassung solle nicht im Sinn einer prinzipiellen Neuerung und eines grossen Wurfs, sondern im Sinn einer «Nachführung» revidiert werden. Damit war folgendes gemeint: Die Verfassung von 1874, die seither durch etwa 140 Partialrevisionen verändert und entsprechend unübersichtlich geworden war, sollte von Überflüssigem gereinigt, systematisch geordnet und in eine moderne Form gebracht werden. 1995 lag der Entwurf für eine nach dieser bescheidenen Zielsetzung revidierten Verfassung vor, und am 20. November 1996 verabschiedete der Bundesrat seine Botschaft zur «Reform der Bundesverfassung». Voraussichtlich 1999 wird das Schweizer Volk über eine neue Verfassung abstimmen können.

In den siebziger Jahren ist im Zusammenhang mit der Verfassungsrevision eine riesige Arbeit geleistet worden. Heute, Anfang 1998, scheint davon nicht viel übriggeblieben zu sein. Und doch ist der Aufwand nicht einfach vergebens gewesen. Die intensive Auseinandersetzung mit Wesen und Sinn der Verfassung, der Vergleich auch mit den Verfassungen und Regierungssystemen anderer Länder haben in den Kreisen von Politik und Wissenschaft Erkenntnisprozesse reifen lassen, deren Auswirkungen unübersehbar sind: Die Schweiz verhält sich zunehmend wie ein normaler Staat, bemüht, sich als nützliches Glied in die Völkerrechtsgemeinschaft einzufügen. Sie engagiert sich vermehrt in aussenpolitischen Fragen, ist sogar bereit, ihre Armee zu redimensionieren und bis zu einem gewissen Grad auch in den Dienst der Staatengemeinschaft zu stellen. Die Volksmehrheit hinkt allerdings diesen Erkenntnisprozessen immer ein wenig hinten nach. So verwarf beispielsweise im Juni 1994 eine Mehrheit von 57 Prozent die bundesrätliche Vorlage für ein schweizerisches Kontingent von sogenannten Blauhelmen, also Armeetruppen, die im Rahmen friedenserhaltender Aktionen der UNO hätten eingesetzt werden können. Aber auch in breiten Bevölkerungskreisen nimmt die Sensibilität für weltweite politische Zusammenhänge zu. Der Zustrom von Flüchtlingen aus allen Teilen der Welt oder die Aktivität terroristischer Banden in Gebieten, die von schweizerischen Touristengruppen besucht werden, lassen das Gefühl entstehen, die Weltpolitik stürze sozusagen auf uns ein. Wir können uns der Welt nicht dadurch entziehen, dass wir uns neutral erklären. Solches Empfinden und solches Wissen lässt uns aber auch erkennen, dass die nationalstaatliche Verfassung nur von relativer Bedeutung ist, dass es ganz wesentlich auch um die Verfassung der Staatengemeinschaft geht.

15.5 Zukunftsperspektiven

Weltweit werden neue Formen des Zusammenlebens gesucht, und zwar innerhalb der Nationalstaaten wie auch zwischen ihnen. Je deutlicher die Erfahrung wird, dass die einzelnen Staaten angesichts der Globalisierung der Verkehrsformen und der Mobilisierung von Wirtschaft und Gesellschaft hilflos dastehen, desto dringender wird das Bedürfnis nach einer neuen Art der internationalen Zusammenarbeit. Faktisch ist auch die Schweiz schon lange in diesen Prozess involviert, und die Beschwörung der alten nationalstaatlichen Clichés durch diejenigen, welche am liebsten einen Zaun um unser Land errichten möchten, vermögen an dieser Realität nichts zu ändern. Wir stehen also am Ende der Ära nationaler Egoismen, nicht aber am Ende der Ära der Nationalstaaten. Es wird darauf ankommen, die Zuwendung zur Welt in neuen Formen politischen Handelns fruchtbar werden zu lassen, Nationalstaatlichkeit nicht als Beschränkung auf den eigenen Staat, als politische Autarkie zu verstehen, sondern als Beitrag einer politischen Nation zur Weltpolitik. Damit meine ich nicht, dass sich die offizielle Schweiz zu allem, was in der Welt passiert, äussern und sich in alles einmischen soll. Aber ich meine, wir sollten zum Beispiel von der Idee wegkommen, dass alle politisch mündigen Schweizerinnen und Schweizer sich über unzählige Sachfragen kundig machen müssen, um darüber abstimmen zu können, während sie ausserhalb des nationalstaatlichen Rahmens nichts zu sagen haben. Die merkwürdige Neigung vieler junger Leute, sich für den Schutz der Wale, für weltweite Abrüstung, gegen die Folter oder gegen die Beschneidung von Frauen in Afrika zu engagieren, während sie den Abstimmungen in ihrer Gemeinde oder den eidgenössischen Parlamentswahlen fernbleiben, zeigt deutlich, dass die nationalstaatlichen Institutionen nur zu oft neben dem Gleis liegen, auf dem mitgestaltende Zuwendung zur Welt real stattfindet. Es ist eben nicht aller Leute Sache, sich für Probleme der Mehrwertsteuer, für Strassenbau, für die Krankenversicherung oder für die Wahl eines Regierungsstatthalters zu interessieren. Manche möchten sich auf den kleinen Bereich der Nachbarschaft oder des Quartiers beschränken, andere möchten ihre Kenntnisse und ihr Engagement für das Gemeinwohl aber dort einbringen, wo es um universelle Phänomene geht, nämlich in Bereichen wie Menschenrechte, Frauenemanzipation oder Ökologie. Das ist heute schon möglich, etwa im Rahmen von grossen UNO-Konferenzen, an denen auch Nicht-Regierungsorganisationen, sogenannte NGO (Non Governmental

Organizations) teilnehmen können. Es gibt im Rahmen der UNO bereits heute eine Art Direktmandat, das nicht über die nationalstaatlichen Institutionen läuft. Da ist eine Schiene gelegt, die zu einer neuen Art der Politik führen wird.

Für uns ist heute die entscheidende politische Frage nicht mehr die nach der Beschaffenheit unserer nationalstaatlichen Verfassung, sondern die nach dem Verhältnis unseres Landes zur EU und zur weltweiten Staatengemeinschaft. Die nationalstaatliche Verfassung ist nicht unwichtig geworden, und wir müssen zu ihr Sorge tragen. Aber die Gewichte haben sich verschoben. Während wir im Innern unseres Landes zwar bei weitem nicht vollkommene, aber doch sehr brauchbare Instrumente der Politik ausgebildet haben, sind wir den Fragen, die über den nationalstaatlichen Rahmen hinausweisen, immer wieder ausgewichen. Das hat sich allerdings in den letzten Jahren markant geändert. Sowohl regierungsoffizielle wie auch zivilgesellschaftliche Kräfte engagieren sich zunehmend in zwischenstaatlichen und überstaatlichen Bereichen. Das hat auch Rückwirkungen auf unsere nationale Demokratie: Das Gefühl der Ohnmacht weicht dem Gefühl des Beteiligtseins. Ich bin überzeugt, dass die gegenwärtig zu beobachtende Tendenz, vermehrt im Hinblick auf internationale und supranationale Fragen zu handeln und die dafür notwendigen politischen Instrumente auszubauen, zu verbessern und zu verfeinern, auch zu einer Wiederbelebung der Innenpolitik führen wird.

Die Voraussetzungen der Innenpolitik haben sich seit dem 19. Jahrhundert ganz wesentlich gewandelt. Ein wichtiger Faktor dabei ist die Umpolung der Migration: Während die Schweiz noch bis zum Beginn des 20. Jahrhunderts ein Auswanderungsland war; ist sie seither zum Einwanderungsland geworden. Die Immigrantinnen und Immigranten kamen zuerst aus den Nachbarländern, heute aber aus fast allen Teilen der Welt. Sie bringen andere kulturelle Traditionen mit sich, und sie passen sich nicht automatisch an. Damit muss der Nationalstaat fertig werden. Er kann sich nicht mehr auf eine kulturell homogene Bevölkerung beziehen, sondern muss Multikulturalität in Rechnung stellen. Dadurch verändert er sich in seinem Wesen. Er hört auf, eine bestimmte nationale Kultur zu propagieren, wie er es noch in den dreissiger und vierziger Jahren dieses Jahrhunderts tat, er legt seine mythologische Rüstung ab, wird offener und toleranter. Seit Jahrzehnten schon bemühen sich Wissenschaftler und kritische Intellektuelle, das nationalstaatliche Denken von seiner mythologischen Umhüllung zu befreien. Irgendwann wird eine Mehrheit des

Volkes einen rationaleren Umgang mit dem Nationalstaat gelernt haben. Das heisst nicht, dass der Nationalstaat, die Souveränität der Nation, die nationale Tradition und das Nationalgefühl nicht mehr existieren werden. Aber die Entmythologisierung dieser Phänomene wird dazu führen, dass sie eine andere Funktion bekommen. Sie werden, anders als in der Zeit des Zweiten Weltkriegs, nicht die ganze Identität des schweizerischen Staatsbürgers und der Staatsbürgerin ausmachen, sondern nur einen Teil davon. Wir alle werden eine bewusstere, kritischere Staatsbürgerschaft leben, weil längst nicht mehr unser gesamtes kulturelles Bewusstsein vom nationalen Denken in Beschlag genommen wird. Wir haben den nationalen Totalitarismus hinter uns gelassen und verstehen es wieder, zwischen verschiedenen Sphären zu trennen; wir wissen, dass wir einerseits gesellschaftliche Menschen, andererseits produzierende Menschen und drittens politische Menschen sind. Als gesellschaftliche Menschen haben wir es mit unterschiedlichen Kulturen zu tun, als politische Menschen aber mit Zielen, die für die ganze multikulturelle Nation, letztlich für die gesamte Menschheit gelten: Frieden, Freiheit, Menschenrechte.

Nochmals zur Bedeutung der Immigration für unseren Nationalstaat: Neben einer seit langem ansässigen Bevölkerung halten sich in unserem Land Menschen unterschiedlichster Herkunft auf; sie sind irgendwann im Lauf ihres Lebens hierhergekommen, wollen dauernd oder für länger Zeit hier leben. Der Nationalstaat muss sie integrieren, aber er kann sie nicht alle mit Haut und Haar zu Schweizerinnen und Schweizern im traditionellen Sinn machen. Das ist auch gar nicht nötig. Aber eine gewisse Integrationsleistung braucht es schon, und zwar von beiden Seiten her: Der Staat muss integrationswilligen Einwanderern und Einwandererinnen Hilfe leisten, damit sie sich politisch orientieren und zurechtfinden können. Sie aber haben ihrerseits die Pflicht, sich um Verfassung und Gesetz zu kümmern, denn sie werden erst zu Mitgliedern der Nation, wenn sie den Sinn des Nationalstaates einsehen. Mehr braucht es nicht. Ihre forcierte kulturelle Assimilierung ist nicht nur unnötig, sondern schädlich, weil dadurch ihre Identität und ihr Selbstbewusstsein verlorengehen. Natürlich ergibt sich mit der Zeit eine gewisse Angleichung, eine Akkulturation, aber die multikulturelle Grundstimmung wird bestehen bleiben. Kein Nationalstaat kann heute noch auf eine kulturell homogene Bevölkerung bauen, es sei denn um den Preis «ethnischer Säuberungen». Die nationale Einheitskultur kann nicht mehr der Boden sein, auf dem sich die Nation einigt. Jürgen Habermas sagt zu Recht, der Republikanismus müsse lernen, auf eigenen Füssen zu stehen. Die Einigung der Nation muss sich im Prozess der politischen Willensbildung herstellen, wobei vorausgesetzt ist, dass die geltenden Verfassungsprinzipien von allen anerkannt werden. An die Stelle des Nationalismus tritt der «Verfassungspatriotismus».[343] Dieses Konzept mag allzu intellektualistisch klingen, aber eigentlich ist es leicht einzusehen: Nation und Nationalstaat unter den Bedingungen der Multikulturalität dürfen nicht als «naturgegeben» verstanden werden. Das romantische Konzept der «natürlichen Nation» hat im 20. Jahrhundert übelste Auswirkungen gezeitigt und kommt sicher nicht mehr in Frage. Aber wir können Nation und Nationalstaat weiterhin als sinnvolle politische Kategorien verstehen, wenn wir uns bewusst sind, dass wir sie immer wieder neu mit Inhalt füllen müssen. Das ist es auch, was Habermas mit «Verfassungspatriotismus» meint: Eine an ethischen Grundwerten orientierte nationalstaatliche Verfassung in rationaler Art weiterentwickeln. Es geht darum, den Sinn für die Ordnung des menschlichen Zusammenlebens zu stärken, über die gesellschaftlichen und ökonomischen Fragen hinaus wieder vermehrt die politischen Grundfragen zu stellen, also diejenigen nach Frieden, Freiheit und Menschenrechten. Vielleicht werden wir dabei zur Einsicht kommen, dass wir uns auf die Suche nach einer ganz neuen Art von Politik machen müssen, einer Politik, die viel stärker auf die globalen Zusammenhänge abstellt. Aber wir sollten die nationalen Institutionen, die in den letzten 200 Jahren entwickelt worden sind, nicht leichtfertig wegwerfen, sondern sie den neuen Gegebenheiten anpassen. Was wir auf jeden Fall nicht tun sollten: dem vielfach prophezeiten Verschwinden des Politischen einfach zusehen und uns auf ein zwischen Produktion und Konsum gefangenes Leben einrichten. Denn damit würden wir uns prinzipienlos den wirtschaftlichen «Sachzwängen» unterwerfen und unsere politische Freiheit verlieren.

In seinem Buch «Das Ende der Demokratie» hat der französische Politologe Jean-Marie Guéhenno die Verdrängung des Politischen durch die von der Wirtschaft geschaffenen Sachzwänge eindrücklich dargestellt. Er sieht unübersehbare Anzeichen dafür, dass die sich zunehmend in einem globalen Rahmen bewegende Wirtschaft die nationalstaatlichen Ordnungen unterläuft und sich eigene Spielregeln gibt. Der alte Nationalstaat habe kaum noch die Möglichkeit, als Ordnungsmacht aufzutreten, meint er. Die Wirtschaftsmacht entziehe sich dem Staat oder mache ihn zu ihrem Instrument. Dem Nationalstaat bleibe angesichts der geballten Wirtschaftsmacht am Ende nichts anderes übrig, als mehr oder weniger abzu-

danken. Wenn aber der Nationalstaat wegfalle, gebe es auch keine Demokratie mehr; dann diktieren die Wirtschaftsmächte. So sieht es Guéhenno,
und seine Meinung, das Ende des Nationalstaates, das Ende der Demokratie und letztlich das Ende der Politik seien schon jetzt absehbar, ist nicht
völlig aus der Luft gegriffen. Trotzdem glaube ich nicht an dieses Szenario;
es ist ein blosses Schreckgespenst. Denn es gibt genügend andere Phänomene,
die beweisen, dass die Menschen nicht darauf verzichten wollen, die Art
ihres Zusammenlebens bewusst zu gestalten, sich der Welt zuzuwenden,
um ihre Ideale so weit wie möglich zu realisieren.

Der nationalstaatliche Rahmen wird bestehen bleiben, weil das
fundamentale Recht der Nation, eine Regierung, die ihre Sache nicht gut
macht, aus dem Amt zu entfernen, gewahrt bleiben muss. Aber die Erfahrung, dass Politik im nationalen Rahmen zunehmend von internationalen und globalen Einflüssen mitbestimmt wird, dass die nationale
Politik manchmal geradezu ohnmächtig wirkt, wird zu einem Ausbau der
internationalen und übernationalen politischen Strukturen führen. Das
wird nicht zwangsläufig einen Abbau demokratischer Mitbestimmung
nach sich ziehen, weil neue, ergänzende Kanäle politischer Partizipation an
Wichtigkeit gewinnen werden. Im Grunde genommen geht es dabei um
eine Idee, die zum Kernbestand der ursprünglichen Nationalstaatsidee
gehört, dass nämlich die nationale Republik immer Teil der Weltrepublik
ist. Der hohe Anspruch, der damit verbunden ist, konnte bisher nicht eingelöst werden. Vielleicht kann er erst heute eingelöst werden, da welt-
umspannende Kommunikationsnetze die Weltrepublik konkret vorstellbar
werden lassen.

Anmerkungen

1 Vgl. Koselleck S. 350.
2 Nach Hagen Schulze liegen die Anfänge von moderner Staatlichkeit im hohen Mittelalter: Nach dem endgültigen Zerfall der römischen Verwaltungsstrukturen entstanden damals neue Ordnungsprinzipien, die der Gesellschaft übergestülpt wurden. Diese Ordnungsprinzipien wurden durch Personen repräsentiert, die in Kleidung und Auftreten eine gewisse Pracht entfalteten, und diese Pracht wurde als ihr Staat (von lat. *status*) bezeichnet. Der Begriff Staat (franz. état, ital. stato, engl. state) wurde aber auch auf das bezogen, was sie repräsentierten, eben die Ordnungsprinzipien, die eine friedliche Weiterentwicklung der Ständegesellschaft garantieren sollten.
3 Es waren dies Zürich, Bern, Luzern, Uri, Schwyz, Unterwalden, Zug, Glarus, Basel, Freiburg, Solothurn, Schaffhausen und Appenzell.
4 Dieses Haus mit Hof und Gartenanlage wird als Erlacherhof bezeichnet und beherbergt heute die Präsidialabteilung der Gemeindeverwaltung von Bern.
5 Von lat. *patricius (pater)*. Das Wort bezeichnete in der alten römischen Republik die aufgrund ihrer vornehmen Herkunft ausschliesslich regierungsfähigen Familien; in diesem Sinn wurde es auch in der Republik Bern gebraucht.
6 Vgl. Bierbrauer.
7 Feller Bd. 3 S. 474.
8 Die Stadt war ursprünglich eine erweiterte Burg, weshalb die Stadtbewohner Burger oder Bürger hiessen.
9 Eduard His weist im ersten Band seiner Staatsrechtsgeschichte auf diese Parallelen hin (vgl. His I S. 19 und 77f.). Zur Geschichte der Niederlande vgl. Tilly S. 102–117 sowie Petri et al.
10 Hg, Wehrli S. 254f.
11 Zitiert nach Stadler, Pestalozzi Bd. 1 S. 186.
12 Pestalozzi, Politische Schriften (Hg. Ruedi Graf), S. 10ff.
13 Der Begriff Revolution (spätlat. revolutio: Umdrehung) kommt aus der mittelalterlichen Astronomie und bezieht sich auf die revolvierende, also immer wieder in die gleiche Bahn zurückkehrende, Bewegung der Sterne. Hannah Arendt hat in ihrem Buch «Über die Revolution» mit Bezug auf die Arbeiten von Karl Griewank nachgewiesen, dass die handelnden Personen der Amerikanischen Revolution den Begriff Revolution ursprünglich noch im Sinn einer notwendigen und unaufhaltsamen Rückkehr in die alten Bahnen verstanden, dass Revolution für sie also Restauration, Wiederherstellung des alten Zustandes, bedeutete.

14 Emmanuel Joseph Sieyès (1748–1836) gehörte zum geistlichen Stand, machte sich aber durch seine im Januar 1789 vorgelegte Broschüre «Was ist der Dritte Stand» zum Vordenker der Revolution. Diese Broschüre enthielt das Konzept eines von einer einheitlichen Nation ausgehenden, repräsentativ verfassten Rechtsstaates und prägte das Denken der Mitglieder der verfassunggebenden Versammlung.

15 Zitiert nach Dierse/Rath.

16 Zweiter Abschnitt, Erster Definitivartikel zum ewigen Frieden.

17 Rechtslehre. 2. Teil. Das öffentliche Recht § 52.

18 Ingeborg Maus hat in ihren «Rechts- und demokratietheoretischen Überlegungen im Anschluss an Kant» (1994) solche Einschätzungen als Resultat einer Fehlinterpretation bezeichnet. Kant sei in Wahrheit nie von seiner Bewunderung für die Französische Revolution abgewichen, und seine staatsrechtlichen Überlegungen seien zutiefst demokratisch.

19 Zweiter Abschnitt, Erster Definitivartikel zum ewigen Frieden.

20 Gesellschaftsvertrag 3. Buch 4. Kapitel.

21 Condorcet hatte ursprünglich sogar die Meinung vertreten, die Frauen dürften von der aktiven Staatsbürgerschaft nicht ausgeschlossen werden; damit aber war er nicht durchgedrungen.

22 Die Sansculottes (wörtl. Ohnehosen, d.h. diejenigen, die nicht vornehme Kniehosen, sondern pantalons, also lange Hosen trugen) wurden in der älteren Geschichtsschreibung meistens als die untersten Volksschichten, als der hungerleidende Pöbel verstanden. Neuere Untersuchungen zeigen, dass sie nicht die eigentlich Armen waren, sondern die kleinen Handwerker, die aus egalitären Vorstellungen heraus den «Druck der Strasse» auf Konvent und Regierung aufrechterhielten. Sie waren in den Pariser Sektionen organisiert, hatten so etwas wie ein soziales Programm. Es gab unter ihnen aber auch viele, die aus purem Ressentiment handelten. Eine entscheidende Rolle spielten bei ihnen gewisse Demagogen wie Fréron, Marat und Hébert, die sich in populären Presseerzeugnissen äussern konnten und um so mehr Gefolgschaft erhielten, je prekärer die Ernährungs- und allgemeine Lebenssituation wurde.

23 Ich vermeide hier den Begriff des Revolutionärs, weil Ochs eine von den Regierenden geleitete politische Umwälzung, nicht einen gewalttätigen Umsturz wollte; er hoffte, dem Umsturz durch eine «Revolution von oben» zuvorzukommen.

24 Der achte und letzte Band seiner Basler Geschichte erschien erst 1822.

25 Wörtlich schrieb Ochs: «Dieu veuille que la calme se rétablisse bientôt. Au reste, les orages des Républiques (car ce nom convient maintenant bien plus à la France qu'à plusieurs de nos cantons) ces orages, dis-je, font plus de bruit que de mal, tandis que les machinations des cours despotes font plus de mal que de bruit. […] Que je suis impatient de lire votre constitution! L'idée de parler des droits de l'homme avant tout est sublime. Dieu! et ici le premier chapitre parle du bourgmestre, et pas un mot des droits du citoyen, bien moins encore des paysans et de l'homme.» (Steiner Bd. 1 S. 212f.)

26 Louise-Félicité de Guinement de Kéralio war eine gebildete Literatin und Übersetzerin, Mitglied der Akademie von Arras und der Société patriotique bretonne.

Sie unterstützte die Ideen der französischen Revolution, verkehrte in den politischen Clubs und gab von August bis Dezember das «Journal d'état et du citoyen» heraus (nachher «Mercure national»). 1790 heiratete sie den Lebensmittelhändler François Robert, der später Mitglied der Convention wurde. Sie selbst wurde, wie alle Frauen, aus der Politik hinausgedrängt, widmete sich später dem nie vollendeten Projekt, eine vollständige Sammlung aller literarischen Werke von in Frankreich lebenden Frauen herauszugeben.

27 Philippe-Frédéric de Dietrich stammte aus einer sehr reichen Bankiers- und Industriellenfamilie und war seit 1772 mit Peter Ochs' Schwester Sibylle-Louise verheiratet. Er war ein aufgeklärter Geist und bekannte sich zur konstitutionellen Monarchie. Als Oberhaupt einer französischen Grenzstadt am Rhein erfuhr er sehr direkt die Bedrohung des revolutionierten Staates durch den ersten Koalitionskrieg. Er beauftragte den Capitaine Rouget de Lisle, einen «Chant de guerre pour l'armée du Rhin» zu schreiben. Das Lied wurde bald in ganz Frankreich bekannt, und weil es beim Sturm auf die Tuilerien von den Freiwilligen aus Marseille gesungen wurde, bekam es den Namen Marseillaise. Am 14. Juli 1795 wurde die Marseillaise offizielle französische Nationalhymne. In der Zwischenzeit war Dietrich Opfer des Blutrausches der Revolution geworden.

28 Zitiert nach Böning S. 58f. (Orthographie modernisiert).

29 Ebd. S.60. Dieses Lied schrieb Lavater nach Angabe Bönings im Oktober 1792.

30 Pestalozzi, Politische Schriften S. 26–105.

31 Ebd. S. 83, 86 und 88.

32 Zitiert nach von Greyerz 1953 S. 92.

33 Tilly S. 29f.

34 Zitiert nach Stadler, Pestalozzi Bd. 2 S. 21

35 Zitiert nach *Stiftung Neue Zürcher Kantonsgeschichte (Hg.)*, Geschichte des Kantons Zürich Bd. 3 S. 118.

36 Das scheint verbürgt durch eine Bibliotheksliste aus dem Besitz von Peter Ochs, auf der auch die rechtsphilosophischen Werke Kants aufgeführt sind, also die 1795 erschienene Schrift «Zum ewigen Frieden» und die 1797 erschienene «Metaphysik der Sitten». (Vgl. His Bd. I S. 683 Anm. 19.)

37 Im handschriftlichen Originaltext sind die Artikel nicht durchnummeriert. Ich beziehe mich hier auf die von Alfred Kölz herausgegebene Fassung, in der die Numerierung beigefügt ist. Im übrigen hat Kölz den Originaltext in Ochs' altertümlicher Schreibweise getreulich übernommen.

38 Zitiert nach Godechot.

39 Contrat social 2. Buch 3. Kapitel, hier zitiert nach der deutschen Übersetzung von H. Denhardt (Stuttgart 1966).

40 Ebd. 2. Buch 7. Kapitel.

41 Dieser föderalistische Ansatz findet sich auch im etwas später entstehenden Entwurf einer Berner Verfassung (vgl. S. 57 f.).

42 Tell war zur Symbolfigur der Revolution gemacht worden, und zwar in Frankreich wie in der Schweiz. In der Zeit der Helvetik schmückte sein Bild in mannigfacher Abwandlung Bücher, Broschüren und offizielle Regierungserlasse. Immer trug er die Armbrust bei sich, oft war der Gesslerhut im Hintergrund zu sehen,

manchmal auch das Söhnchen, das seinen Kopf beim Apfelschuss hatte hinhalten müssen.

43 Der begriff Kokarde kommt vom französischen Coquard und meint nichts anderes als eitler Gockel!

44 Den französischen Originaltext der helvetischen Verfassung vom 12. April 1798 zitiere ich nach Kaiser/Strickler. Bei der deutschen Übersetzung halte ich mich nicht an die vom französischen Direktorium veranlasste erste und fehlerhafte Übersetzung, sondern an die später vom eidgenössischen Staatsschreiber W. Gisi angefertigte Übersetzung, die in der ASHR, herausgegeben von Johannes Strickler, dem französischen Text beigefügt ist.

45 Die alten Griechen sprachen von *oikonomia*, abgleitet von *oikos* = Haus. Die Ökonomie ist ursprünglich das, was in Haus und Hof vorgekehrt wird, um Schutz, Ernährung und Bekleidung gemäss den materiellen Bedürfnissen der Hausbewohner sicherzustellen.

46 Vgl. Kapitel 3.4 «Abschaffung der Feudallasten».

47 Hilty, Oeffentlichen Vorlesung über die Helvetik, S. 216.

48 Die badischen Revolutionäre, enttäuscht von der mangelnden Unterstützung durch Frankreich, suchten Anlehnung bei den Gesinnungsbrüdern in Basel. In seinem Essay «Die Schweizer und die Deutschen» hat Markus Kutter die Hypothese aufgestellt, es seien 1798 in Basel Vorbereitungen getroffen worden, die oberrheinischer Gebiete mit der Helvetischen Republik zu vereinigen. Es ist reizvoll, mit dem Gedanken zu spielen, die Schweiz hätte noch ganz andere Grenzen als die heutigen bekommen können.

49 Der Einbezug des Losentscheids bei der Ämterbesetzung hatte eine lange Tradition. Bei den alten Griechen war die Auslosung der Ämter und die dadurch bewirkte Rotation ein Wesensmerkmal der Demokratie: es sollte eine möglichst breite Streuung der Ämter sichergestellt werden. Ursprünglich hatte bei der Priesterwahl das Los die entscheidende Rolle gespielt, und man hatte im Losentscheid einen Fingerzeig der Götter gesehen. Dieses Element des Gottesurteils spielte auch in späteren Zeiten mit. Im Ancien Régime wurden oft Auslosung und bewusste Wahl miteinander kombiniert, weil man hoffte, auf diese Weise den Stimmenkauf zu verunmöglichen. Aus dem gleichen Grund wurde der Gebrauch des Loses in der Helvetik beibehalten, und zwar nicht nur bei der Wahl der Direktoren, sondern auch bei der Wahl der Elektoren, von denen nach erfolgter Wahl die Hälfte per Losentscheid wieder ausgeschieden wurde. Als sich der Senat nach den ersten Erfahrungen mit der neuen Staatsordnung an eine Verfassungsänderung heranwagte, wollte er unter anderem das Element der Auslosung weitgehend eliminieren. (Vgl. Bleicken s. 217ff. und His Bd. 1 S. 32.)

50 Bonjour, Die Helvetik, S. 63.

51 Zitiert nach Honegger S. 51.

52 Ebd. S. 51.

53 Ebd. S. 73.

54 In ihren Buch «Über die Revolution» vertritt Hannah Arendt die kühne Auffassung, dieses Eindringen der Alltagsnotwendigkeiten in die politische Diskussion sei der Grund dafür gewesen, dass die Revolution degenerierte. Es gelang

nicht mehr, die politische Freiheit als Ziel allen Politisierens im Auge zu behalten, da von nun an die widersprüchlichen Lebensinteressen die Politik bestimmten, und zwar noch bevor der verfassungsmässige Rahmen geschaffen war, der zur Konstituierung der Freiheit nötig gewesen wäre. Die Lebensnotwendigkeiten unterwarfen sich also gewissermassen die politische Freiheit, wodurch die Freiheit zwangsläufig verschwand, denn Freiheit und Notwendigkeit schliessen sich gegenseitig aus.

55 Zitiert nach Sledziewski S. 56f.

56 Vgl. Sledziewski S. 59ff.

57 Mesmer S. 9.

58 Schnegg/Simon, Frauen in der Helvetik.

59 Die Vorlesung ist als Manuskript in der Stadtbibliothek Bern erhalten. Hans Staehelin hat sie in seiner Dissertation über die «Civilgesetzgebung der Helvetik» (Bern 1931) ausgewertet.

60 Vgl. Wernle Bd. I S. 161.

61 Zum Beispiel knüpfte die 1792 in Berlin anonym erschienene Schrift «Über die bürgerliche Verbesserung der Weiber» von Theodor Gottlieb von Hippel mit ihrem Titel offensichtlich an die 1781 erschienene Schrift «Über die bürgerliche Verbesserung der Juden» von Christian Wilhelm Dohm an.

62 Dieses und alle weiteren Voten zur Judenfrage zitiert nach Wernle Bd. I S. 150ff.

63 Aus der Aufklärung folgte nicht automatisch eine tolerante Haltung gegenüber dem Judentum. Wenn der Aufklärer Lessing in seinem Drama «Nathan der Weise» von 1779/80 einen toleranten Juden darstellt und damit scheinbar auch zu Toleranz gegenüber den Juden aufruft, so muss man sehen, dass Lessings Nathan eigentlich kein Jude ist, sondern sozusagen der Idealtypus des aufgeklärten Menschen. Gegenüber dem konkreten Judentum, das als fremde Kultur empfunden wurde, war eine tolerante Haltung viel schwieriger.

64 Dieses und die folgenden Zitate aus den Debatten der helvetischen Räte zitiert nach Wernle Bd. I S. 150ff.

65 Vgl. 2. Mose 21, 1–6, 23, 10–12; 3. Mose 25, 1–29, 39–41, 5. Mose 15, 1–2, 12–17.

66 Pfingsten ist der 50. Tag nach Ostern, griech. *pentekoste*, und das hat etwas zu tun mit sieben mal sieben und eins, wodurch das Jubeljahr festgelegt ist.

67 Pestalozzi, Politische Schriften S. 170f.

68 Pfründe kommt vom lateinischen Wort *praebenda* (das Darzureichende), das unter dem Einfluss des Verbs *providere* zum mittellateinischen *provenda* (Vorsorge, Proviant) und mittelhochdeutschen *phruonde* wurde. Gemeint sind damit alle Arten der Ernährung und Besoldung Geistlicher. Ursprünglich handelte es sich um die gespendete Mahlzeit für die Mönche, die später zur Nutzung von Boden und zum Bezug eines Teils der Einkünfte und Erträge anderer ausgebaut wurde.

69 Ich unterscheide hier Besitz und Eigentum an Boden und meine damit folgendes: Der Besitz ist das Recht, den Boden zu nutzen, ist aber noch kein Eigentum in dem Sinn, dass der Boden frei verkauft werden könnte. Diese Verwendung der Begriffe ist ein Notbehelf, der dazu dient, komplexe Verhältnisse auf eine einfache

Formel zu bringen. Eigentum ist unter feudalen Verhältnissen ein Rechtsbegriff, der nicht sachenrechtlich, wie der Besitz, sondern hoheitsrechtlich strukturiert ist. In dem Mass, wie das öffentliche Eigentum zu Privateigentum wurde, näherte es sich dem sachenrechtlichen Besitzesbegriff an. Die beiden Begriffe wurden aber oft synonym verwendet, und in dieser Unschärfe der Definitionen spiegelt sich die Kompliziertheit der rechtlichen Verhältnisse in der Jahrhundert dauernden Periode des Übergangs vom Feudalismus zum bürgerlichen Staat und zum Kapitalismus.

70 Im Artikel 13 der helvetischen Verfassung steht als Begründung für das Verbot eines exklusiven Grundeigentums: «Le droit exclusif de propriétés territoriales conduit à l'esclavage.»

71 Zitiert nach Junker Bd. I S. 82.

72 Der Name kommt daher, dass die Kirchgemeindeoberen ursprünglich nach der Predigt noch in der Kirche stehen blieben, also stillstanden, um die Gemeinde-angelegenheiten zu besprechen.

73 Zitiert nach Weber S. 243.

74 Parteien im heutigen Sinn gab es noch nicht, aber doch deutlich unterscheidbare politische Haltungen.

75 Das Anfangsdatum war also der 21. September 1792; so war es im Oktober 1793 in Frankreich beschlossen worden. Der damit in Kraft gesetzte neue revolutionäre Kalender teilte das Jahr in 12 Monate zu je 3 Dekaden (dreimal zehn Tage) ein. Das Kalenderjahr begann mit dem Erntemonat September (vendémiaire), und alle Monatsnamen waren auf die Klima- und Vegetationsperioden bezogen: vendémiaire, brumaire, frimaire, nivôse, pluviôse, ventôse, germinal, floréal, prairial, messidor, thermidor und fructidor. Der Revolutionskalender war bis 1805 gültig; danach galt wieder der gregorianische Kalender, wie ihn die katholische Kirche im 16. Jahrhundert eingeführt hatte.

76 Am Ende der Helvetik verdrängte der Herr wieder den Bürger (citoyen), aber die Anrede als Bürger ging nicht ganz verloren; sie kam später im Vereinsleben der linksliberalen Grütlianer wieder in Gebrauch, und auch die Sozialisten sprachen sich oft so an, bis sie sich dann vom Bürgertum auch dadurch absetzten, dass sie das Wort «Genosse» bevorzugten.

77 Bis in die Zeit des Zweiten Weltkriegs hinein wurde in konservativen und rechts-extremen Kreisen die aus der Revolutionszeit stammende Franzosenfeindschaft weitergepflegt. Die Kehrseite davon war eine ebenso übersteigerte Deutsch-freundlichkeit.

78 Die im 19. Jahrhundert entstandene Legende um Pestalozzi hat den grossen Pädagogen vollständig vom politischen Hintergrund der Helvetik abgelöst und als unpolitischen Philanthropen dargestellt, der, allein seinem guten Herzen fol-gend, die von den Franzosen verursachte Not zu mildern suchte. In Wirklichkeit war Pestalozzis Philanthropie politisches Programm, das im Einklang mit den Zielen der Französischen Revolution und der Helvetik stand. Aus politischer Überzeugung – gekoppelt allerdings mit ökonomischer Notwendigkeit – hatte er sich in den Dienst der Helvetischen Republik gestellt und hatte eine Art Beamtung erreicht: Am 19. August 1798 war er auf Wunsch des Erziehungs- und Kulturministers Stapfer zum Alleinredaktor des «Helvetischen Volksblattes» er-

nannt worden. Dieses von der Republik finanzierte Wochenblatt sollte der politischen Volksbildung dienen und das Nationalgefühl fördern; Pestalozzi schrieb die meisten Beiträge selbst, wurde aber von Zschokke kritisiert, der fand, Pestalozzi verstehe es nicht, volksnah zu schreiben. Ende Februar 1799 wurde die Publikation eingestellt. Auch mit seiner Arbeit in Stans scheiterte Pestalozzi; schon nach einem halben Jahr musste er dieses Projekt aufgeben. 1801 konnte er mit Hilfe Stapfers im Schloss Burgdorf seine pädagogischen Experimente weiterführen, musste dann nach Münchenbuchsee umziehen, um schliesslich im Jahr 1805 seine Bildungsanstalt im Schloss Yverdon einzurichten.

79 Vgl. Stüssi-Lauterburg und Gysler-Schöni S. 27–133.

80 Kaiser/Strickler S. 35.

81 Kopp S. 177. Kopp sieht Ochs als liebenswerten, wenn auch zeitweise etwas naiven Idealisten, der sich von seinen französischen Göttern verführen liess. Dass Ochs aus Ehrgeiz oder persönlicher Gewinnsucht gehandelt habe, bestreitet er vehement. Leider hat Kopp in seiner ansprechenden, aber ziemlich oberflächlichen Arbeit die Quellen zuwenig umfassend geprüft, um in den umstrittenen Fragen ein wirklich fundiertes Urteil abgeben zu können.

82 Ludwig Bay hatte im Juni 1798 zusammen mit Pfyffer aus dem Direktorium ausscheiden müssen, um Ochs und Laharpe Platz zu machen. Er war darauf in den Senat eingetreten, aber schon am 30. Januar 1799 als Ersatz für den zurücktretenden Legrand erneut ins Direktorium gewählt worden.

83 ASHR Bd. 4, S. 863–866.

84 Alle Zitate aus der Debatte um die Entlassung von Ochs am 26. Juni 1799 gemäss ASHR S. 866ff.

85 Kopp S. 147.

86 Jacob Burckhardt, Historische Fragmente aus dem Nachlass, Bd. 7 der Gesamtausgabe, Basel 1929, S. 462. (Zitiert nach Bonjour, Helvetik.)

87 1901 erschienen im Jahrbuch für Schweizerische Geschichte Bd 26 die «Untersuchungen zur politischen Thätigkeit von Peter Ochs während der Revolution und Helvetik» von Hans Barth, die aufgrund eines umfassenden Quellenstudiums viele der Vorwürfe gegen Ochs als ungerechtfertigt entlarvten. Wichtiger noch war dann die sorgfältige Edition der Korrespondenz von Peter Ochs durch Gustav Steiner in den Jahren 1927 bis 1937.

88 Erst in den allerletzten Jahren ist es einigen Baslern zum Bedürfnis geworden, den Weltmann Peter Ochs zu rehabilitieren und ihm einen Platz in der Geschichte der Schweiz zuzuweisen. Sie haben 1989 die «Peter Ochs Gesellschaft» gegründet und das Erscheinen der zitierten Ochs-Biographie ermöglicht.

89 Kaiser/Strickler S. 31.

90 His Bd. 1 S. 31.

91 Kaiser/Strickler S. 31.

92 Am 5. Februar 1794 hatte Robespierre geschrieben: «Le ressort du gouvernement populaire en révolution est la vertu et la terreur: la vertue, sans laquelle la terreur est funeste, la terreur sans laquelle la vertue est impuissante. Le gouvernement de la Révolution est le despotisme de la liberté contre la tyrannie.» (Zitiert nach Tulard et al. S. 1113.)

93 Kaiser/Strickler S. 41f.

94 Ebd. S. 48.

95 Die Begriffe *Föderation* und *Konföderation* werden nicht immer streng unterschieden. Nach moderner staatsrechtlicher Literatur ist die Föderation (von lat. *foedus* = Bund, Vertrag) ein Zusammenschluss einzelner Glieder zu einem Bund, wobei die Tendenz der Föderation eher in Richtung Zentralisierung geht; die Konföderation dagegen ist ein lockerer Bund mit zentrifugaler Tendenz. Die schweizerischen Föderalisten, die eine ihrer Meinung nach zu starke Zentralgewalt bekämpften, strebten also nach dieser Terminologie eine Konföderation an.

96 Nach dem Ende der Helvetik legte sich die Schweiz offiziell wieder den Namen Schweizerische Eidgenossenschaft zu, obwohl die Mediationsverfassung keineswegs vollumfänglich zu den Prinzipien der alten Eidgenossenschaft zurückführte. Der Name ist bis heute geblieben. Die Welschen dagegen brauchten und brauchen das zutreffende Wort «confédération» respektive «confederazione». Den meisten Leuten in der deutschen Schweiz ist die längst obsolete «Eidgenossenschaft» lieb und teuer geblieben, weil sie auf eine lange Tradition unseres Staatswesens hinzuweisen scheint. Unser Nationalstolz hat sich an den symbolischen Begriff der Eidgenossenschaft festgeklammert, ähnlich wie er sich in andern Staaten an die überholte, aber ebenso symbolische Institution des Königtums hält. Diese Nostalgie ist Zeichen dafür, dass der Nationalstaat sich seiner nicht allzu sicher ist und neben den eigenen auch die Symbole anderer geschichtlicher Epochen zu seiner Legitimation benutzt.

97 Als die Girondisten den übermächtigen Einfluss der Pariser Sektionen auf den Gang der Verhandlungen im Konvent zurückdämmen wollten und argumentierten, Frankreich bestehe aus 83 Departementen und jedes dürfe im Prinzip nur den 83. Teil des gesamten Einflusses der Nation ausüben, da waren die Jakobiner sofort mit dem Vorwurf zur Stelle, die Girondisten hätten föderalistische Neigungen. In Wirklichkeit waren diese weit von jeglicher echt föderalistischen Vorstellung entfernt, denn in Frankreich war der Zentralismus so fest etabliert, dass der Föderalismus nie eine Chance gehabt hätte.

98 Zitiert nach Spahr S. 255.

99 Zitiert nach Spahr S. 261.

100 Zitiert nach Spahr S. 270.

101 Oechsli, Geschichte der Schweiz im neunzehnten Jahrhundert, Bd. 1 S. 311.

102 Kaiser/Strickler S. 65.

103 Es gab zwei Fassungen der Verfassung von Malmaison. Nach dem Staatsstreich der Föderalisten vom 28. Oktober 1801 sollte «Malmaison II» in Kraft treten.

104 Es waren dies Bern, Zürich, Luzern, Uri, Schwyz, Unterwalden, Zug, Glarus, Appenzell, Solothurn, Freiburg, Basel, Schaffhausen, Aargau, Waadt, Graubünden, Tessin. St. Gallen war ein Teil Appenzells, Neuenburg war immer noch Fürstentum des preussischen Königs, Jura und Genf gehörten zu Frankreich. Auch das Wallis war in der Verfassung von Malmaison nicht aufgeführt, weil Bonaparte für dieses Gebiet eine Sonderregelung vorsah Er wollte die strategisch wichtigen Pässe Simplon und Grosser St. Bernhard unter französischer Kontrolle

haben und deshalb das Wallis für den Anschluss an Frankreich gewinnen; das gelang ihm nicht. Da verwandelte er diesen schweizerischen Kanton in eine «unabhängige» Republik unter dem Schutz Frankreichs, um diese Republik dann 1810 mit einem Federstrich zum französischen Département du Simplon zu machen.

105 Er war ein Neffe Karl Albrecht Frischings, der als Mitglied des Vollziehungsausschusses so emsig für den Föderalismus gearbeitet hatte, aber kurz vor dessen Sieg gestorben war.

106 Unter *les notables* verstand man in Frankreich die einflussreichen Männer von Rang und Bildung. Seit dem 15. Jh. beriefen die französischen Könige gelegentlich Notabelnversammlungen ein, um besondere Probleme unabhängig von den Etats généraux zu diskutieren. Kurz vor der Revolution und dann wieder unter Napoleon spielten die Notabeln eine gewisse Rolle. Die Einberufung einer Notabelnversammlung nach Bern war ein von dieser französischen Tradition inspirierter Kunstgriff.

107 Kaiser/Strickler S. 99.

108 Oechsli hat in seiner «Geschichte der Schweiz im neunzehnten Jahrhundert» versucht, die ganze Verantwortung abzuschieben: «In Wirklichkeit war es Frankreich gewesen, das seit zweieinhalb Jahren den Hader der Parteien in der Schweiz geschürt, jede Regierung untergraben und gestürzt, jede Verfassung in dem Moment, wo sie eingeführt werden sollte, unmöglich gemacht hatte. Alle Staatsstreiche waren auf seine Initiative hin erfolgt; statt die Parteien zu versöhnen, hatte es sie abwechselnd aneinander gehetzt und daran gewöhnt, einander mit den an der Seine gebräuchlichen Waffen der Hinterlist und Gewalt zu bekämpfen.» (Bd. 1 S. 377.)

109 Kaiser/Strickler S. 111f.

110 Die Mediationsakte, unter Ausklammerung der 19 Kantonsverfassungen, ist bei Kaiser/Strickler S. 115–131 in französischer und deutscher Version abgedruckt. Nabholz/Kläui geben Präambel und Bundesverfassung nur in deutscher Sprache wieder, dazu aber drei Beispiele von Kantonsverfassungen in der Originalsprache, nämlich die Freiburger, die Unterwaldner und die Waadtländer Verfassung.

111 Kaiser/Strickler S. 127.

112 Kaiser/Stricker S. 132.

113 Zwar war in der helvetischen Verfassung – anders als in der französischen – die Handels- und Gewerbefreiheit nicht ausdrücklich erwähnt, aber die helvetische Regierung hielt sich an die liberalen Grundsätze und die helvetischen Räte legiferierten in diesem Sinn. So proklamierten sie am 8. Mai 1798 den freien Handel zwischen den Kantonen, am 19. Oktober 1798 hoben sie den Zunft- und Innungszwang auf, und am 19. März 1799 führten sie den Schweizerfranken als einheitliche Währung ein.

114 Der Kantonsname Tessin war noch nicht in Gebrauch. Der Einfachheit halber brauche ich ihn schon hier als zusammenfassende Bezeichnung für die südlichen Vogteien.

115 Im französischen Original abgedruckt in Nabholz/Kläui S. 191–195.

116 Ich beziehe mich auf das unter diesem Titel stehende Kapitel bei Hobsbawm.

117 Francis Fukuyama hat diesen Gedanken nach dem Zerfall der sozialistischen Regimes in Europa und dem scheinbaren Sieg der liberalen und demokratischen Nationalstaaten in seinem Buch «Das Ende der Geschichte» neu formuliert.

118 In seinem Aufsatz «Wozu noch Historie?» macht Koselleck darauf aufmerksam, dass «die Geschichte» bis ins 18. Jahrhundert eine Pluralform war. Als Beleg zitiert er aus einem Lexikonartikel von 1748: «Die Geschichte sind ein Spiegel der Tugend und Laster, darinnen man durch fremde Erfahrungen lernen kann, was zu tun oder zu lassen sei; sie sind ein Denkmal der löblichen Taten.» (Jablonski, Allgemeines Lexikon der Künste und Wissenschaften, Königsberg-Leipzig 1748) Vgl. Koselleck 1976 S. 22f.

119 Der Begriff ist abgeleitet von lat. pater = Vater.

120 Damals noch unter dem Titel «Die Geschichten der Schweizer», mit dem fiktiven Druckort Boston und der Jahrzahl 1778. Ab 1786 erschien neu eine Gesamtausgabe von Müllers Werken, und die erweiterte Schweizer Geschichte trug jetzt den Titel «Geschichten schweizerischer Eidgenossenschaft»; bis 1808 erschienen davon fünf Bände, welche die Zeit bis nach den Burgunderkriegen umfassten.

121 Zitiert nach Schulze S. 195.

122 Schriften in Auswahl S. 65f.

123 von Haller, Briefwechsel mit Johannes von Müller und Johann Georg Müller (Hg. Karl Schib). S. 197.

124 Es handelte sich um den abtrünnigen französischen Marschall Bernadotte, der 1818 König von Schweden und Norwegen werden sollte.

125 Brief A. W. Schlegels an Mme de Staël vom 13. Dezember 1813, in: de Pange, S. 393.

126 Junker Bd. 1 S. 183.

127 Kaiser/Strickler S. 153.

128 In der Eidgenossenschaft hatte der Begriff der Stände einen doppelten Sinn: Einerseits waren damit die Kantone gemeint, und heute noch ist der Ständerat die Kammer des Bundesparlaments, in der die Kantone vertreten sind. Andererseits waren die Stände auch Kategorien gesellschaftlicher Ordnung. In diesem Sinn spricht man von der «altständischen Gesellschaft», die eine starre Einteilung in gesellschaftliche und berufliche Funktionen vornahm.

129 Die erste Verfassung der Helvetischen Republik enthielt im Artikel 7 den Satz: «Die Pressefreiheit ist eine natürliche Folge des Rechtes, das jeder hat, Unterricht zu erhalten.» Dem Sinn nach war damit die Pressefreiheit als individuelles Recht für alle gewährleistet; eine Einschränkung dieser Freiheit war nicht vorgesehen. Die alte Pressebeschränkung fiel also dahin, und bald hatte fast jeder Kanton eine Tageszeitung oder ein Wochenblatt, und nicht selten wurden in diesen Blättern heftige politische Polemiken ausgefochten. Es kam auch zu direkten und keineswegs harmlosen Attacken gegen die Regierung. Die Räte vermuteten hinter den masslosen Angriffen ausländische reaktionäre Kreise und verlangten ein Gesetz zur Beschränkung der Pressefreiheit; sie konnten sich aber auf keinen verbindlichen Wortlaut einigen. Räte und Regierung griffen aber von Fall zu Fall zu Massnahmen, die eine ärgere Knebelung der Pressefreiheit bedeuteten, als wenn ein einschränkendes Gesetz vorhanden gewesen wäre.

130 Haller, Restauration Bd. 1, Vorwort zur zweiten vermehrten und verbesserten Auflage von 1820, S. XXXIIf.

131 Diese Gegenüberstellung ist schon im Titel seines Hauptwerks aufgeführt, der im vollen Wortlaut heisst: «Restauration der Staats-Wissenschaft oder Theorie des natürlich-geselligen Zustands der Chimäre des künstlich-bürgerlichen entgegengesetzt von Karl Ludwig Haller, des souverainen wie auch des geheimen Rats der Republik Bern.»

132 Ein Exemplar des Traktats befindet sich in der Schweiz. Landesbibliothek in Bern.

133 Der Text des Bundesvertrags ist abgedruckt in Kaiser/Strickler S. 176.

134 Zitiert nach Bonjour, Neutralität Bd. I S. 202.

135 Fetscherin, Repertorium Bd. 2 S. 812–814.

136 Vgl. Von Greyerz 1953 S. 115ff.

137 Er wird präzisierend als Johann Rudolf Wyss der Jüngere bezeichnet, um ihn von seinem ebenfalls dichtenden Onkel Johann Rudolf Wyss dem Älteren zu unterscheiden. Von allen seinen Werken am bekanntesten wurde sein martialisches Gedicht «Rufst du mein Vaterland», das 1811 am schweizerischen Artillerielager auf dem Wylerfeld bei Bern erstmals öffentlich vorgetragen wurde und nach 1848 zum Text der schweizerischen Nationalhymne werden sollte. Die Melodie wurde von der englischen Hymne «God save the King» übernommen. 1961 erklärte der Bundesrat den «Schweizerpsalm» von A. Zwyssig mit dem Text «Trittst im Morgenrot daher» von L. Widmer zur neuen schweizerischen Landeshymne.

138 Bonstetten, Briefe S. 106.

139 Ebd. S. 119.

140 Ebd. S. 114f.

141 Diese Methode wurde am Ende des 18. Jahrhunderts von den beiden Engländern Andrew Bell (1753–1832) und Joseph Lancaster (1778-1838) entwickelt. Sie diente dazu, arme Kinder massenhaft und kostengünstig zu unterrichten. Bell war Pastor und Schulinspektor, lebte zeitweise in Indien und brachte von dort die Idee mit, die Kinder mit dem Finger in Sand schreiben zu lassen. Lancaster war Quäker, ging nach New York und unterrichtete seit 1798 arme Kinder in kleinen Gruppen. Fortgeschrittene Kinder fungierten als Tutoren und Monitoren, so dass ein einziger Lehrer über eine sehr grosse Anzahl von Kindern Aufsicht führen konnte. (Böhm, Wörterbuch der Pädagogik. Stuttgart 1994.)

142 Schon die 1810 in Zürich gegründete Schweizerische gemeinnützige Gesellschaft hatte sich immer wieder mit der Frage auseinandergesetzt, wie staatsbürgerliche Tugend, Sozialhilfe, Wirtschaftshilfe und Politik zusammenhingen. Sie verstand sich zwar als unpolitische Organisation, faktisch aber trug sie wesentlich dazu bei, dass die Politiker sich immer wieder darüber Rechenschaft ablegen mussten, in welch hohem Mass ihr ordnungspolitisches Handeln auch wirtschaftliche und soziale Konsequenzen hatte.

143 Nabholz/Kläui S. 233.

144 Oft wird behauptet, die Julirevolution (26. Juli 1830) in Paris habe die Verfassungsbewegungen in der Schweiz ausgelöst. Die Revision der Tessiner Verfassung fand aber schon vorher statt.

145 Die alte Republik Genf war nur locker mit der alten Eidgenossenschaft verbündet gewesen. 1791 gerieten die inneren politischen Verhältnisse nach französischem Vorbild auf revolutionäre Bahnen, und 1798 wurde die Stadt von Frankreich annektiert.

146 Bonstetten, Briefe, S. 95.

147 Ebd. S.96.

148 In 11. Buch Kap. 6 seines Hauptwerks «Vom Geist der Gesetze» schreibt Montesquieu über die Verfassung Englands und entwickelt daran sein Idee, wie grösstmögliche politische Freiheit zu erreichen sei. Es geht ihm nicht um Demokratie, sondern um ein System der Machtbalance, das später als System der Gewaltenteilung oder Gewaltentrennung bezeichnet worden ist. Montesquieu schreibt: «Da in einem freien Staate jeder, dem man einen freien Willen zuerkennt, durch sich selbst regieren sollte, so müsste das Volk als Ganzes die gesetzgebende Gewalt haben. Das aber ist in den grossen Staaten unmöglich, in den kleinen mit vielen Misshelligkeiten verbunden. Deshalb ist es nötig, dass das Volk durch seine Repräsentanten das tun lässt, was es nicht selbst tun kann.»

149 Im 3. Buch Kap. 15 des «Contrat social» kritisiert Rousseau die Idee der Vertretung des Volkes in den politischen Gremien durch sogenannte Abgeordnete oder Repräsentanten. Unter gewissen Bedingungen rutsche die direkte Demokratie in das repräsentative System hinein und verliere damit die Freiheit.: «Die Erkaltung der Vaterlandsliebe, die Regsamkeit des Privatinteresses, die übertriebene Grösse der Staaten, die Eroberungen, der Missbrauch der Regierung haben den Gedanken erweckt, die Volksversammlungen nur durch Abgeordnete oder Vertreter abhalten zu lassen.» Wer meine, dabei handle es sich immer noch um demokratische Zustände, täusche sich; die Souveränität des Volkes könne nicht an Vertreter übertragen werden, denn «sie besteht wesentlich im allgemeinen Willen (volonté général), und der Wille lässt sich nicht vertreten.»

150 Im Kommunistischen Manifest von Marx und Engels aus dem Jahr 1848 wird Sismondi als Haupt des kleinbürgerlichen Sozialismus lobend erwähnt: «In Ländern wie in Frankreich, wo die Bauernklasse weit mehr als die Hälfte der Bevölkerung ausmachte, war es natürlich, dass Schriftsteller, die für das Proletariat auftraten, an ihre Kritik des Bourgeoisregimes den kleinbürgerlichen und kleinbäuerlichen Massstab anlegten und die Partei der Arbeiter vom Standpunkt des Kleinbürgertums ergriffen. Es bildete sich so der kleinbürgerliche Sozialismus. Sismondi ist das Haupt dieser Literatur nicht nur für Frankreich, sondern auch für England. Dieser Sozialismus zergliederte höchst scharfsinnig die Widersprüche in den modernen Produktionsverhältnissen. Er enthüllte die gleisnerischen Beschönigungen der Ökonomen.» (Manifest der Kommunistischen Partei, Kp. IIIb: Kleinbürgerlicher Sozialismus.)

151 Zitiert nach Borgeaud S. 230. (Vgl. auch Schweizer Kriegsgeschichte Heft 10 S. 86f.)

152 Zitiert nach Chapuisat S. 329–334. Dufours Eingabe vom 25. Dezember 1830 trägt den Titel «Vorschlag, eine eidgenössische Fahne für die ganze Armee betreffend, der ausserordentlichen Tagsatzung von 1830 überreicht».

153 In Schwyz und Zug wurde die Landsgemeinde 1848 abgeschafft, in Uri 1928, in

Nidwalden und Appenzell-Ausserrhoden 1997. In Appenzell-Innerrhoden, Glarus und Obwalden existiert sie bis heute.

154 Der Bund von 1815 brauchte zur Erledigung seiner schriftlichen Angelegenheiten eine Kanzlei; Vorsteher der Bundeskanzlei war der Waadtländer Jurist Johann Markus Samuel Isaak Mousson (1776-1861). Er war schon Generalsekretär des helvetischen Direktoriums und Kanzler der Mediationszeit gewesen, und er blieb bis 1830 der oberste Beamte der Eidgenossenschaft. Durch alle politischen Stürme hindurch verkörperte er eidgenössische Kontinuität!

155 Zitiert nach His Bd. 2 S. 43.

156 Von lat. *liber* = frei, ungebunden; *liberalis* = die Freiheit betreffend, dem freien Mann geziemend.

157 Zitiert nach Vierhaus S. 749.

158 Zitiert nach His Bd. 1 S. 690f. Anm. 30.

159 Zur Begriffsgeschichte von Liberalismus und Konservatismus vgl. die entsprechenden Artikel im Handbuch «Geschichtliche Grundbegriffe». Heute spricht man übrigens meistens von Konservat*ivi*smus; im 19. Jh. war die kürzere Form üblich.

160 Werke Bd. 1 S. 283.

161 Werke Bd. 3 S. 325ff..

162 Werke Bd. 3 S. 331ff.

163 In einer Fussnote zu dieser Passage schreibt Constant: «Ich bin weit davon entfernt, mich auf die Seite derjenigen zu stellen, die auf Rousseau schimpfen; sie sind zur Zeit sehr zahlreich.» Viele untergeordnete Geister seien damit beschäftigt, Rousseaus Ruhm zu verdunkeln, was ungerecht sei, weil Rousseau «als erster das Gefühl für unsere Rechte volkstümlich gemacht» habe. Doch was er so machtvoll empfand, habe er leider nicht präzis zu definieren vermocht, weshalb die ärgsten Tyrannen sich auf Rousseau berufen und behaupten könnten, sie verkörperten die «volonté générale».

164 «Über die Freiheit der Alten im Vergleich zu der der Heutigen» in: Werke Bd. 4 S. 365–396. Die zitierte Passage steht auf S. 367f.

165 Werke Bd. 3 S. 11.

166 Werke Bd. 4 S. 393.

167 Ebd. S. 395.

168 Herder, Ideen zur Philosophie der Geschichte der Menschheit, 18. Buch 5. Kapitel.

169 Herder, Idee zum ersten patriotischen Institut für den Allgemeingeist Deutschlands, §1.

170 Ebd. §3.

171 Hardtwig/Hinze S. 65.

172 Ebd. S. 67f.

173 Aus dem Brockhaus von 1815, zitiert nach Mesmer S. 39.

174 Schelling, Einleitung zur Urfassung von «Die Weltalter» aus dem Jahr 1811. In: Rossmann, Deutsche Geschichtsphilosophie.

175 Anders als das historistische Denken des 19. Jahrhunderts vermag das heutige «postmoderne» Denken in der Geschichte keinen sinnvollen Verlauf mehr zu er-

kennen. Was ehemals als Gesamtzusammenhang der Geschichtsdialektik verstanden wurde, scheint sich in undurchschaubare Einzelprozesse aufzulösen. Viele Historiker und Historikerinnen halten indessen am Versuch fest, Geschichte als folgerichtiges und sinnvolles Geschehen darzustellen.

176 Es war dieselbe Frau von Krüdener, die Ende 1813 in Genf den «Réveil» gründete und den Anstoss gab für eine schwärmerische Erweckungsbewegung in der Schweiz.

177 Der «Brüderliche und christliche Bundesvertrag» vom 16. September 1815 ist in französischer Originalfassung und in amtlicher deutscher Übersetzung abgedruckt in Fetscherin, Repertorium Bd. 2 S. 810–812.

178 Ebd. S. 843.

179 Fetscherin, Repertorium Bd. 2 S. 571.

180 Zitiert nach Hartung/Comichau S. 79ff.

181 Zitiert nach Reale S. 201.

182 Zitiert nach Urner S. 110.

183 Rappard S. 115.

184 Siegenthaler sucht dem Problem der Nationalstaatsgründung mit einem kommunikationstheoretischen Diskurs beizukommen: Durch den intensiver werdenden Wirtschaftsverkehr entsteht eine Kommunikationsgemeinschaft, die sich von einem bestimmten Moment an als Nation verstehen will. Die Nation ist zunächst ein bloss mentales Konstrukt, das der Selbstvergewisserung einer verunsicherten Bevölkerung dient. Dass sie an der Wende vom 18. zum 19. Jahrhundert entsteht, ist kein Zufall, denn damals war, bedingt durch den wissenschaftlichen Fortschritt, eine Zeit der kritischen Hinterfragung gewohnter Denkmuster. Diese Kritik schuf auf breiter Basis Verunsicherung oder, wie Siegenthaler sagt, fundamentale Unsicherheit: «Nationen entstehen im Kontext fundamentaler Unsicherheit. Sie bemächtigen sich als mentale Konstrukte im Kontext der Unsicherheit der Geister leichter, als sie es sonst tun. Genauer: Im Kontext fundamentaler Unsicherheit verfallen mehr Menschen als sonst dem Konstrukt der Nation, wächst die Zahl der Leute, für die das Konstrukt zum Bestandteil ihrer individuellen kognitiven Struktur wird.» (Siegenthaler S. 119.)

185 Zitiert nach Ermatinger S. 14. Der Leserbrief lag in Rudolf Kellers Nachlass; er ist offenbar nie abgeschickt worden.

186 Zitiert nach Alfred Keller S. 125.

187 Keller leitet das Wort Philistrosität offenbar von dem in der Studentensprache häufig vorkommenden Philister ab. Die biblischen Philister waren die Feinde der Juden, und für die Studenten des 19. Jahrhunderts waren sie die Feinde der Studenten. Im allgemeinen Sprachgebrauch wurde der Philister zum engstirnigen, bloss auf die eigene Sicherheit und auf Ruhe und Ordnung bedachten Kleinbürger.

188 Zitiert nach Schläpfer S. 357f.

189 Ebd. S. 361.

190 Zitiert nach Schoop 1953 S. 86.

191 Zitiert nach Arnold Keller S. 131.

192 Von lat. radix = Wurzel.

193 «Freisinnig» ist die deutsche Übersetzung des Fremdwortes «liberal».

194 1837 zählte der Kanton Bern 407 913 Einwohner; davon waren nur 9922 wahl-berechtigte Aktivbürger, also etwa 2,5 Prozent.

195 Joris/Witzig S. 411.

196 Zitiert nach Spiess S. 389. (Hervorhebung von T.K.)

197 Die christliche Heilsgeschichte beginnt mit dem Unheil des Abfalls der Men-schen vom Göttlichen. Nach einer langen Periode des Schwankens zwischen Gott und dem Widersacher wird der Mensch neu geboren und damit der ursprüng-liche Heilszustand wieder hergestellt. Zum biblischen Begriff der Erneuerung, der Neugeburt oder der Wiedergeburt vgl. z. B. 1 Petr 1,3–4: «Gepriesen sei der Gott und Vater unseres Herrn Jesus Christus: Er hat uns in seinem grossen Erbarmen *neu geboren*, damit wir durch die Auferstehung Jesu Christi von den Toten eine lebendige Hoffnung haben und das unzerstörbare, *makellose und unvergängliche Erbe* empfangen, das im Himmel für euch aufbewahrt ist.» (Her-vorhebungen von T.K.) – Geschichtliche Wiedergeburtsvorstellungen hat es in Italien am Ende des Mittelalters (Renaissance) oder in Palästina zur Zeit der Römerherrschaft und der Geburt Jesu gegeben.

198 Ich habe schon im Vorwort darauf aufmerksam gemacht, dass der Begriff des Nationalstaates eine Kategorie *ex post* ist, dass die Gründer des Bundesstaates ihn noch nicht brauchten.

199 Ich zitiere diesen Text im folgenden nach Gruner/Häberli S. 31f.

200 Vgl. Scherer S. 36 und Kölz S. 374.

201 Kaiser/Strickler S. 215.

202 Die deutschschweizerische Dominanz kam übrigens auch an der Tagsatzung zum Ausdruck, indem zum Beispiel das Tagsatzungsprotokoll nur auf deutsch er-schien. So fühlten sich die Welschen manchmal etwas an den Rand gedrängt, ob-wohl manche guten Kontakte zwischen deutsch- und welschschweizerischen Liberalen und Radikalen bestanden. Eine gewisse Korrektur erfährt dieses Bild dadurch, dass die im Juli 1832 eingesetzte Kommission zur Verfassungsrevision einen französischsprachigen Berichterstatter wählte, nämlich den Genfer Pellegrino Rossi.

203 Zitiert nach Kölz S. 377.

204 Troxler, Politische Schriften in Auswahl Bd. 2 S. 199–240. Die nachfolgenden Zitate finden sich auf den Seiten 216–222.

205 Das anders geartete Zweikammersystem der Helvetischen Republik erwähnt Troxler nicht. Für ihn ist das Zweikammersystem eben dadurch charakterisiert, dass eine Kammer vom Volk, die andere Kammer von den Kantonen gewählt wird. Das Zweikammersystem der Helvetik hatte einen anderen Sinn.

206 Schon 1799 hatte der Schaffhauser Johann Georg Müller, der Bruder des Geschichtsschreibers Johannes von Müller, geschrieben: «Wir sind der Meinung, dass, mit gehörigen Modifikationen, die amerikanische Verfassung noch am besten für uns taugen würde. Das ist Einheit und doch behält jeder Kanton seine Individualität.» Dieses Zitat hat Kölz aus der 1916 erschienenen Schrift «Notre Grande République Soeur» von William Rappard übernommen. Rappard befasst sich darin mit der gegenseitigen Beeinflussung zwischen der schweizerischen und

der amerikanischen Republik. Auch Eduard His publizierte eine Untersuchung zu diesem interessanten Thema. Neuer ist die Studie «The Sister Republics» von James H. Hutson, die zur 700-Jahr-Feier der Schweizerischen Eidgenossenschaft erschien. Diese sehr interessante Broschüre liegt unter dem gleichen Titel auch in deutscher Übersetzung vor.

207 Troxler, Vorlesungen über Philosophie, Erster Vortrag S. 13f.

208 Appenzeller Zeitung vom 2. Mai 1829, zitiert nach Spiess S. 446. (Hervorhebung von T.K.)

209 Zitiert nach Belke S. 48.

210 Meyer S. 16f.

211 Troxler, Politische Schriften in Auswahl Bd. 1 S. 463–500. Die nachfolgenden Zitate finden sich dort.

212 Troxler, Politische Schriften in Auswahl Bd. 2 S. 372–401. Das nachfolgende Zitate finden sich dort.

213 Schelling, Über das Wesen der menschlichen Freiheit S. 80.

214 Troxler, Vorlesungen über Philosophie, Dritter Vortrag S. 40. Auch die nachfolgenden Zitate finden sich hier.

215 Ebd. S. 43.

216 Troxler, Politische Schriften in Auswahl Bd. 2 S. 403–425. Die nachfolgenden Zitate finden sich dort.

217 Was bei Troxler noch eine fortschrittliche Idee war, verkehrte sich später ins Gegenteil. Die bei Troxler noch vorhandene Dialektik von Idee und Realität wurde plattgewalzt, der Befreiungsmythos der Urkantone wurde unreflektiert auf den Nationalstaat übertragen, so dass im populären Geschichtsbewusstsein die Illusion entstand, die moderne Schweiz sei wirklich die nahtlose Fortsetzung des Tellenschusses und des Rütlischwurs. Die kanonisierte Befreiungsgeschichte der alten Eidgenossen wurde zum nationalen Mythos und bekam pseudoreligiösen Charakter.

218 Zitiert nach Dejung S. 67.

219 Ebd. S. 71. Furrer behauptete also, den Glauben an eine unsterbliche Seele aus der christlichen Religion übernommen zu haben. Tatsächlich war dieser Glaube in der katholischen Kirche zum Dogma geworden; er war aber unbiblisch, war eigentlich ein Relikt aus der antiken griechischen Philosophie, das bei Kant erneut grosse Bedeutung gewinnt: Der Königsberger Philosoph fühlt sich durch seine Vernunft getrieben, nach der Freiheit des Willens, der Unsterblichkeit der Seele und dem Dasein Gottes zu fragen, und indem er sich dieser drei Gegenstände seines Denkens vergewissert, findet er das moralische Gesetz. Für ihn gibt es ohne Glaube an die Unsterblichkeit der Seele keine Moral.

220 von Hallers Brief an F. E. Hurter vom 17. April 1832. In: Gauss S. 35f.

221 von Haller, Freymaurerey S. 3. Die nachfolgenden Zitate stammen alle aus der gleichen Schrift und stehen auf den Seiten 6, 7, 16f., 35, 40, 51 und 105f.

222 Gemeint ist: ... ausschliesslich die Häupter und Führer jener nivellierenden Fraktion zur höchsten Gewalt zu bringen!

223 Vinet Bd. 1 S. 131. (Ich zitiere Vinet hier und im folgenden nach den Ausgewählten Werken, hg. von Ernst Staehelin.)

224 Ebd. S. 134.
225 Ebd. S. 175.
226 Vinet Bd. 3 S. 266.
227 Ebd. S. 306.
228 Ich zitiere die lateinisch geschriebene Enzyklika nach der deutschen Übersetzung in: Denzinger, Kompendium der Glaubensbekenntnisse und kirchlichen Lehrentscheidungen, S. 758.
229 Zitiert nach Kool/Krause S. 265f.
230 Ebd. S. 269.
231 Strobel, Dokument 56, S. 508.
232 Ebd., Dokument 59, S. 510.
233 Ebd., Dokument 63, S. 515.
234 Artikel im Schweizerischen Republikaner vom 16. November 1841. Zitiert nach Strobel, Dokument 164, S. 591.
235 Gotthelf, Die Jesuiten und ihre Mission im Kanton Luzern (In: Neuer Berner Kalender zum Jahr 1844). Hier zitiert nach Schatzkästlein des neuen Berner Kalenders, hg. von Walter Muschg, S. 412–433. Die Zitate befinden sich S. 413, 426f. und 432 f.
236 Am Schützenfest in Basel im Sommer 1844 schleuderten die radikalen Festredner Blitze gegen die «Jesuitenreaktion» und die Luzerner Regierung. Man schoss sich gleichsam auf Luzern ein, und das Schützenfest war die mentale Vorbereitung auf den kommenden ersten Freischarenzug. Es wurde übrigens auch der Schlacht bei St. Jakob an der Birs gedacht, die exakt 400 Jahre zuvor stattgefunden hatte. Die blutige Niederlage der Eidgenossen von 1444 wurde jetzt als nationale Ruhmestat gefeiert, und das in einer politisch aufgeheizten Stimmung. Zur Erhitzung der Gemüter hatte neben Luzern auch das Wallis beigetragen. Dort hatten am 21. Mai 1844 die konservativen Oberwalliser, denen man Jesuitenhörigkeit nachsagte, einer Schar von radikalen Unterwallisern eine blutige Niederlage bereitet. Als nun die Oberwalliser am Schützenfest ihre Fahne aufhängen wollten, da schoss ein radikaler Heisssporn ein Loch ins Fahnentuch, und die Oberwalliser mussten fluchtartig das Fest verlassen.
237 Den Hinweis auf die Pfefferfrauen entnehme ich dem Buch über die Frauenorganisationen in der Schweiz des 19. Jahrhunderts von Beatrix Mesmer.
238 Kaiser/Strickler S. 181.
239 Staatszeitung 5. Januar 1946. Die konservative Staatszeitung war 1833 unter dem Namen «Luzerner Zeitung» gegründet worden und stand in Opposition zum liberalen Luzerner Regime. Nach der Machtübernahme durch die Konservativen wurde sie in «Staatszeitung der katholischen Schweiz» umbenannt und war ein regierungsnahes Blatt, das sich als Sprachrohr für die ganze katholische Schweiz verstand. Nach dem Sonderbundskrieg wurde die Staatszeitung unterdrückt, erschien aber ein Jahr später wieder unter dem Namen «Luzerner Zeitung».
240 Staatszeitung 7. Okt. 1846.
241 Ebd. 21. Okt. 1846.
242 Oechsli, Quellenbuch S. 519.
243 Ebd. S. 519f.

244 Fetscherin Bd. I S. 476f.

245 Diese Zahlen nennt das Handbuch der Schweizer Geschichte ohne Quellenangabe. In verschiedenen Quellen werden voneinander abweichende Zahlen genannt; nach dem offiziellen Bericht des Oberfeldarztes gab es 86 Tote und 500 Verwundete.

246 Siegwart-Müller hatte sich der Verfolgung als Landesverräter durch die Flucht ins Ausland entzogen. 1857 kehrte er nach Altdorf zurück und schrieb ein dreibändiges Memoirenwerk, in dem er seine Politik zu rechtfertigen suchte.

247 Oechsli, Quellenbuch S. 537.

248 His Bd. 3 S. 23.

249 Die italienischen Nationalisten sprachen von *terra irredenta*, unerlöstem Boden, und meinten damit italienischsprachige Gebiete, die sie dem neu geschaffenen italienischen Nationalstaat angliedern wollten.

250 EWR = Europäischer Wirtschaftsraum. Es handelte sich um ein Vertragsangebot der EG an die EFTA-Staaten, also auch an die Schweiz, das einen Einbezug in den Europäischen Binnenmarkt ermöglicht hätte.

251 Das Völkerrecht regelt die Beziehung zwischen den Staaten, während das Staatsrecht die politische Grundordnung innerhalb eines Staates festlegt.

252 Unter Numa Droz, Aussenminister von 1887 bis 1892, und seinem Nachfolger Lachenal, Aussenminister von 1893 bis 1896, wurde die Bindung des EPD ans Bundespräsidium vorübergehend aufgehoben. Nach weiteren bloss einjährigen Amtsperioden der wechselnden Bundespräsidenten blieb dann Hoffmann von 1914 bis 1917 Aussenminister und Motta gar von 1920 bis 1940. Damit war diese Bindung definitiv aufgehoben.

253 Kaiser/Strickler S. 274f.

254 Kölz 1992 S. 577.

255 Die Arbeiterbewegung, wie sie sich am Ende des 19. Jahrhunderts zu entfalten begann, hatte viele verschiedene Wurzeln; aber bestimmt lag eine in der demokratischen Bewegung.

256 Karl Bürkli (1823–1901) stammte aus alteingesessenem, wohlhabendem Zürcher Geschlecht. Durch die Ideen des französischen Frühsozialisten Charles Fourier beeinflusst, trat er auf die Seite der radikal-demokratischen Opposition und setzte sich in enger Zusammenarbeit mit Treichler für Forderungen zugunsten der Arbeiterschaft ein. Nach Treichlers politischen Wandlung zum Liberal-Konservativen wurde er dessen erbitterter Gegner. Er brach schliesslich vollends mit dem bürgerlichen Liberalismus und wandte sich zusammen mit der Arbeiterpartei dem Sozialismus zu.

257 Der Stadtzürcher Salomon Bleuler (1829–1886) war zuerst Pfarrer und trat 1859 in die Redaktion der «Neuen Zürcher Zeitung» ein. 1860 übernahm er die Redaktion des Winterthurer «Landboten» und stellte sich in den Dienst machte dieses Blatt zum Sprachrohr der demokratischen Bewegung. 1865 wurde er in den Grossen Rat gewählt. Um sich selbst mehr Zeit für politische Aktivitäten zu verschaffen, berief er seinen Jugendfreund Lange auf den zweiten Redaktionsstuhl.

258 Friedrich Albert Lange (1828–1875) war der Sohn von Johann Peter Lange, der 1841 an Stelle des weggepuschten David Friedrich Strauss die Professur an der

Universität Zürich erhalten hatte. Der junge Lange wuchs in Zürich auf, studierte in Deutschland, habilitierte sich an der Universität Bonn und lehrte dort Philosophie und Pädagogik. 1858 wurde er Gymnasiallehrer in Duisburg und begann sich dort publizistisch und praktisch für die Anliegen der Arbeiterschaft einzusetzen. Er war ein Anhänger des Sozialreformers Schulze-Delitzsch, der die Arbeiterselbsthilfe durch Gründung von Produktivgenossenschaften propagierte. 1865 publizierte er ein Buch unter dem Titel «Die Arbeiterfrage, ihre Bedeutung für Gegenwart und Zukunft». 1866 kam er nach Winterthur und machte zusammen mit Bleuler den «Landboten» zum wichtigsten Organ der demokratischen Bewegung in der Schweiz.

259 Joris/Witzig S. 485.

260 Unter Kulturkampf versteht man die Auseinandersetzung zwischen katholischer Kirche und Staat, aber auch zwischen romtreuen und liberalen Katholiken. Im 19. Jahrhundert gab es in allen europäischen Ländern mit starkem katholischen Bevölkerungsanteil einen langandauernden, an- und abschwellenden Kulturkampf. Er lässt sich als Modernisierungskrise oder als Etappe auf dem Weg der Säkularisierung von Staat und Gesellschaft verstehen. (Vgl. Peter Stadler: Der Kulturkampf in der Schweiz. Frauenfeld 1984.)

261 Zitiert nach Mesmer S. 94.

262 Ebd. S. 412.

263 Joris/Witzig S. 484.

264 Griech. *mythos* = Rede, Erzählung. Gemeint sind die alten Erzählungen von Göttern und Helden, Geschichten, die gewisse geheimnisvolle Aspekte der Welt begreiflich machen sollen. Der nationale Mythos lässt durch sagenhafte Erzählungen spürbar werden, wie die Nation entstanden ist, oder er schafft selber erst die Vorstellung von einer Nation.

265 Der Grüne Heinrich, 2. Band 13. Kapitel: Das Fastnachtsspiel. Die folgenden Keller-Zitate sind alle diesem Kapitel entnommen.

266 Das lateinische Wort pragmaticus (von griech. pragmatikos) bedeutet handlungsorientiert, auf die Lebenspraxis bezogen, nützlich, wirksam, klug.

267 Dieses Werk führte er nicht zu Ende; es wurde nie publiziert.

268 Die schweizerische Geschichtsschreibung im 19. Jahrhundert, S. 87.

269 Zitiert nach Galliker, S. 367, Anm. 96.

270 Dierauer Bd. 1 S. VIIf.

271 Dierauer Bd. 5 S. 786.

272 Anhänger des Kaisers.

273 Wörtlich schreibt er: «Die verschiedenen Fäden der Tradition schlangen sich ohne Rücksicht auf die ursprünglich weit auseinander liegenden Tatsachen in der Vorstellung des gemeinen Mannes zu einem einzigen Knoten; die Geschichte von dem ghibellinischen Kampf um die Mitte des 13. Jahrhunderts, der trotz seiner Erfolglosigkeit doch nachhaltige Spuren hinterlassen hatte, bildete sich allmählich zur Sage von der mit einem Male geschehenen Befreiung der Länder um; an die Stelle einer langwierigen rechtsgeschichtlichen Entwicklung trat das Spannende einer Handlung, die rasch vorwärtsschritt und zu gewaltsamer Lösung des Konflikts drängte. Zugleich nahm, entsprechend der eidgenössischen Politik im

14. und 15. Jahrhundert, die Überlieferung von dem Gegensatze gegen Habsburg-Österreich immer grellere Formen an. […] In eigentümlicher Weise lehnte sich nun Zug um Zug an den historischen Kern der Überlieferung. Irrtümer und zutreffende Erinnerungen, lokale Sagenstoffe und gelehrte Kombinationen vereinigten sich rasch zu einem Bilde, das mit seinen anschaulichen Zügen weit eher im Gedächtnis haften blieb, als der langsame geschichtliche Prozess, aus welchem tatsächlich die Unabhängigkeit der Waldstätte erwachsen war.» (Dierauer Bd. 1 S. 164f.)

274 Hilty 1875 S. 4.
275 Dieses und die folgenden Zitate alle ebd. S. 6 bis 15.
276 Hilty 1878 S. 684.
277 Hilty 1875 S. 259f.
278 Zitiert nach Buess/Mattmüller S. 79.
279 Ragaz 1918, Vorwort zur ersten Auflage von 1917.
280 Ragaz 1918, Vorwort zur zweiten Auflage.
281 Ragaz 1918 S. 10.
282 Ragaz unterschied zwischen einer heilsamen Natur im Sinn von Gottes Schöpfung und einer eher negativ gewerteten Natur, die er als Gegensatz zum Geist verstand.
283 Dieses und die folgenden Zitate: Ragaz 1918 S. 14, 15, 86f., 88 und 91.
284 Ich verwende hier den Begriff des Nationalismus im positiven Sinn. Ragaz selbst braucht Nationalismus meistens im Sinn von Imperialismus, obwohl er an anderer Stelle diese Gleichsetzung selber kritisiert.
285 Ragaz 1918 S. 160.
286 Diplomatische Dokumente der Schweiz 1848–1945 Bd. 1 S. XVIIIf.
287 Ebd. Dokument Nr. 199. Die nachfolgenden Zitate stammen alle aus diesem Dokument.
288 Von lat. *ostentare* = darbieten, zeigen, prahlen.
289 Träger des Völkerrechts sind allerdings nicht «Völker», sondern die sich gegenseitig anerkennenden Staaten. Eigentlich wäre eine Bezeichnung als zwischenstaatliches Recht zutreffender, aber bis heute ist im deutschen Sprachraum der Begriff des Völkerrechts beibehalten worden. Häufig werden Völkerrecht und internationales Recht einander gleichgesetzt. Das ist missverständlich, denn das internationale Recht regelt bestimmte Rechtsgebiete auf internationaler Ebene; so gibt es etwa das internationale Privatrecht oder das internationale Prozessrecht. Die Verwechslung zwischen Völkerrecht und internationalem Recht kommt daher, dass Völkerrecht französisch meistens als «droit international public» bezeichnet wird, daneben aber auch als «droit des gens»; im englischen als «law of nations» oder«international law».
290 Im Unterschied zum Landesrecht wurde das Völkerrecht nicht von irgendwelchen zuständigen Instanzen gesetzt, sondern es entstand in der Praxis der internationalen Beziehungen. Im Konfliktfall musste es aus dieser Praxis beziehungsweise aus den Gewohnheiten heraus interpretiert werden. Später wurden andere Quellen des Völkerrechts immer wichtiger: völkerrechtliche Verträge (Staatsverträge), Beschlüsse auf Staatskongressen, etwa Friedenskongressen,

öffentliche Erklärungen von Staatsoberhäuptern usw. Dazu kam als wichtige Quelle die Völkerrechtslehre, die das alles beobachtete und interpretierte.

291 Bonjour 1975 S. 72.

292 Zitiert nach Bonjour 1970 Bd. 2 S. 560f.

293 Spitteler, Gesammelte Werke Bd. 8, Zürich 1947. Die nachfolgenden Zitate finden sich dort.

294 Der Bundesrat wusste, dass von den Kriegsparteien her Gesinnungsneutralität oder zumindest eine Neutralität der veröffentlichten Gesinnung erwartet wurde. Aber er wusste auch: Um Gesinnungsneutralität durchzusetzen, wäre eine umfassende Pressezensur, letztlich die Errichtung eines totalitären Regimes nötig gewesen. Das lehnte er ab. Er begnügte sich vorerst damit, eine Kontrolle bei der Veröffentlichung militärischer Nachrichten auszuüben. Erst im Juli 1915 richtete er eine Pressekontrollkommission ein, und von da an gab es einen gewissen Druck auf die Zeitungen, in aussenpolitischen Kommentaren zurückhaltend zu sein.

295 Wegen der späten nationalen Einigung hatte Deutschland nicht im gleichen Mass wie Frankreich und England nach überseeischen Gebieten expandieren können und hatte erst im Zeitalter des Imperialismus mit kolonialen Eroberungen begonnen. Das Deutsche Reich glaubte sich im Nachteil und war deshalb stärker als die alten Kolonialmächte geneigt, völkerrechtliche Beschränkungen seines Bedürfnisses nach kriegerischer Selbsthilfe zu missachten.

296 Botschaft des Bundesrates an die Bundesversammlung vom 4. August 1919, Beilage I,2.

297 Ebd. Beilage I,3.

298 Ebd. Beilage III,13. Die folgenden Zitate aus dem Memorandum befinden sich dort.

299 Ebd. Beilage I,6.

300 Ebd. Beilage IV,16.

301 Moriaud S. 5.

302 Dieses und das folgende Zitat bei Grimm 1920 S. 9f. und S. 29.

303 Zitiert nach Rappard 1925 S. 13.

304 Ebd. S. 14.

305 von Salis S. 201.

306 Zitiert nach Bonjour 1970 Bd. 4 S. 118. Hier ist die ganze Rede im Originaltext abgedruckt, während die deutsche Übersetzung, die Etter gleichentags am Radio vorlas, im Bd. 7 (Dokumente) abgedruckt ist.

307 So in der deutschen Fassung der Pilet Rede; vgl. Bonjour 1974 Bd. 7 S. 162.

308 Starke Wirkung hatte das 1967 erstmals erschienene Buch von Alfred A. Häsler: «Das Boot ist voll. Die Schweiz und die Flüchtlinge 1933–1945.»

309 Neben den Juden waren auch Arme, Heimatlose, Fahrende, Ultramontane oder Sozialisten, allgemein gesagt: sozial und weltanschaulich Unangepasste, von mehr oder weniger lang dauernder und mehr oder weniger umfassender Ausgrenzung betroffen. Aus ihrer Sicht erschien der Nationalstaat als geschlossenes, beinahe totalitäres System. Wenn sich diese Gruppen in den meisten Fällen schliesslich doch in die nationale Gesellschaft zu integrieren vermochten, so nur um den

Preis der Assimilation, das heisst des teilweisen Verlusts ihrer bisherigen Identität. Grössere Gruppen haben den Assimilationsprozess besser zu verkraften vermocht als kleine, weil nicht nur sie sich dabei verändern mussten, sondern auch der Staat und die Gesellschaft. Ich werde das im 15. Kapitel am Beispiel der Arbeiterbewegung zeigen. Im Fall der Frauen, die die Hälfte der Gesellschaft ausmachen und doch lange Zeit aus dem Nationalstaat ausgegrenzt blieben, lag der Grund ihrer Diskriminierung letztlich darin, dass sie die kriegerischen Normen des Männerstaates nicht erfüllten. Man könnte fragen, ob sie die rechtliche Gleichstellung mit den Männern dadurch erreichten, dass sie sich männlichen Normen anpassten, oder ob sich umgekehrt der Staat einer ziviler oder femininer gewordenen Gesellschaft anpasste.

310 Vgl. Arendt 1986 S. 37–202. Da Hannah Arendt eine tabufreie Art des Schreibens hatte und Begriffe brauchte, die wir aus dem Zerrspiegel des Antisemitismus kennen, ist es vielleicht nötig zu sagen, dass sie selber Jüdin war.

311 Diese Literatur befasst sich in erster Linie mit Religion und Kultur der Juden in der Schweiz, zum Teil mit ihrer rechtlichen Stellung, aber nur am Rand mit ihrer wirtschaftlichen Stellung. Neben dem Aufsatz zum Stichwort Juden im HBLS, der sich mit dem Problem der Judenemanzipation befasst, habe ich vor allem folgende Titel zu Rate gezogen: *Weldler-Steinberg Augusta:* Geschichte der Juden in der Schweiz. Bd. 2, bearbeitet und ergänzt durch Florence Guggenheim-Grünberg. Zürich 1970. *Guggenheim Willy:* Juden in der Schweiz. Glaube – Geschichte – Gegenwart. Zürich 1982. *Stintzi Paul:* Die Juden im Elsass und im Sundgau. In: Juden und Christen gestern und morgen in Basel und anderswo. SD. aus dem Basler Volkskalender 1968. *Kahn Ludwig:* Zur Geschichte der jüdischen Gemeinden im Kanton Aargau und in der Regio Basiliensis. SD aus dem Basler Volkskalender 1968. *Dreifuss Emil:* Juden in Bern. Ein Gang durch die Jahrhunderte. Bern 1983. *Israelitische Cultusgemeinde Zürich (Hg.):* Juden in Zürich. Zürich 1981.

312 Im Vorwort zum ersten Teil ihrer Untersuchung über «Elemente und Ursprünge totaler Herrschaft» schreibt Hannah Arendt 1967, die Geschichtsschreibung habe sich mehr mit der Absonderung der Christen von den Juden und mit dem Hass der Christen gegen die Juden befasst als mit dem umgekehrten Phänomen. Es habe aber immer auch die bewusste Isolation der Juden von den Christen und sogar den Hass der Juden gegen Nichtjuden gegeben. – Die Tendenz, das erste zu betonen und die Juden *nur* als Opfer des christlichen Judenhasses und des Antisemitismus zu sehen ist manchmal so stark, dass die kulturelle Eigenständigkeit der Juden hinter ihrer Opferrolle fast verschwindet; so etwa im Aufsatz von Robert Urs Kaufmann über «Fremd- und Selbstbildnis der Juden in der neueren Schweizer Historiographie» in: Traverse, Zeitschrift für Geschichte, 1996/1.

313 Beispielsweise wurden im Jahr 1849 vier Endinger Juden polizeilich von der Luzerner Messe weggewiesen. Als die Aargauer Regierung im Namen der Juden dagegen Beschwerde führte, musste die Bundesversammlung über den Fall entscheiden, und sie entschied für die Juden, gewichtete also den Artikel 4 der Bundesverfassung stärker als den Artikel 48. Auch im Fall des Zürcher Markt- und Hausiergesetzes, das die nicht im Kanton niedergelassenen Juden zur Lösung

eines Marktpatents verpflichtete und alle Juden vom Hausierhandel ausschloss, beschwerte sich die Aargauer Regierung beim Bundesrat. Der Handel wurde 1854 erledigt, aber die Zürcher Regierung hatte mit einer gewissen Berechtigung argumentiert, man dürfe sie nicht ins Unrecht setzen, wenn in andern Kantonen ebenfalls besondere Vorschriften gegenüber Juden weiterbestünden.

314 Diplomatische Dokumente der Schweiz Bd. 1 S. 600.

315 Dieses und das folgenden Zitat nach Josef Lang in WoZ vom 30. August 1996.

316 Die Schweizerische Kirchenzeitung bekämpfte schon seit den dreissiger Jahren die Niederlassungs-, Glaubens- und Kultusfreiheit für Juden. Im Zusammenhang mit dem Aargauer Emanzipationsgesetz behauptete sie, das Schweizerkreuz sei zugleich christliches Kreuz und Symbol der Eidgenossenschaft, und deshalb gehe es nicht an, Nichtchristen einzubürgern, wie man es im Aargau versucht habe. Aber «da haben sich die Katholiken und Reformierten des Aargaus in grosser Mehrheit erhoben, um das Schweizerkreuz vor Entweihung zu wahren.» (Zitiert nach Lang in Neue Wege 3/97.)

317 Dieses und die folgenden Zitate nach Lang in MOMA 9/96.

318 Die wichtigste Bank zur Finanzierung von Eisenbahnprojekten in der Schweiz war die von Alfred Escher gegründete Schweizerische Kreditanstalt in Zürich. Selbstverständlich übersprang auch das schweizerische Finanzkapital die nationalen Grenzen, und Geschäfte mit jüdischen Financiers und Bankiers, etwa mit den Rothschild Banken in Paris und Frankfurt, waren an der Tagesordnung. Aber der Eisenbahnbau in der Schweiz war sicher keine vorwiegend jüdische Angelegenheit. Trotzdem gab es das Cliché vom Geldjuden, der an den Eisenbahnen in schmutziger Art mitverdiene oder gar an den mehrfachen Eisenbahnpleiten schuld sei. In einer Karikatur von 1898, die für ein Ja in der Volksabstimmung vom 20. Februar 1898 über den Rückkauf der Bahnen durch die Eidgenossenschaft und die Gründung der SBB wirbt, ist der Berner Bär zu sehen, der einer sauberen Bundesbahn den Weg frei macht und die privaten Spekulanten wegweist; im Bildvordergrund kniet ein bärtiger und mit einem Kaftan bekleideter Geldjude auf den Schienen, der seine Rechnung präsentiert. Der Titel der Karikatur lautet: «Ab de Schiene, d'Bundesbahn chunt!» («Der Bund» vom 7. August 1997.)

319 Sehr ähnlich argumentierte die Schweizerische Kirchenzeitung, die im gleichen Jahr und zum gleichen Anlass ausführliche «Betrachtungen über die freie Niederlassung der Juden im Schweizerland» veröffentlichte: «Weil wir also Christen sind, so wollen wir das christliche Element in der Schweiz nicht mit unchristlichem, d.h. israelitischem Sauerteig durchsäuern lassen und wollen nicht solche um uns haben, die dem Prinzipe nach nicht an Christus glauben.» Politisch sei das Eindringen der Juden gefährlich, weil diese dank ihrem Geld bald grossen Einfluss gewinnen könnten. «Zudem was hätten wir von den Israeliten Gutes zu erwarten? Vorerst sind sie immer reiche Geldherren und werden sich mit ihrem Geld den Weg zu höheren und niederen Staatsämtern bahnen, wie es schon fast oder ganz in allen Ländern der Fall ist, wo sie sich niederlassen konnten. Dieses könnte nur blinde Anhänglichkeit an Israeliten in Abrede stellen.» (Zitiert nach Lang in Neue Wege 3/97.)

320 Boulainvilliers hatte behauptet, der Adel in Frankreich unterscheide sich rassisch vom gewöhnlichen Volk, denn er stamme von dem ursprünglich germanischen Eroberervolk ab, das sich die gallischen Stämme unterworfen habe. In den Adern des Adels fliesse immer noch das Blut der siegreichen Eroberer. Diese Theorie, die mit geschichtlichen Fakten nicht viel zu tun hatte, sollte die Rechte des Adels, die durch das aufstrebende Bürgertum in Frage gestellt wurden, neu legitimieren. Fatal war, dass damit die Vorstellung von einem überlegenen Germanentum in die Welt gesetzt wurde.

321 Stucki, Das heimliche Imperium (1968) S. 220.

322 Der Artikel 25bis, in dem das Schächtverbot festgeschrieben wurde, ist 1973 zusammen mit den konfessionellen Ausnahmeartikeln 51 und 52 (gegen Jesuiten und Klöster) per Volksabstimmung aufgehoben worden. Eine entsprechende Bestimmung findet sich aber seit 1978 im Tierschutzgesetz.

323 Polen, seit dem Wiener Kongress Herrschaftsgebiet des Zaren, suchte in verschiedenen Aufständen die nationale Unabhängigkeit. Die polnischen Ereignisse von 1863 waren in der Schweiz gut bekannt. Etwa 600 politische Flüchtlinge aus Polen fanden nach dem gescheiterten Aufstand vorübergehend in unserem Land Asyl. (Bericht Ludwig S. 17.)

324 Zitiert nach Altermatt (Hg.) 1991 S. 222.

325 Zitiert nach Gast S. 345 und 347.

326 Zitiert nach Bericht Ludwig S. 76.

327 Die fabrikmässige Industrie war in der Schweiz weniger stark zusammengeballt als etwa in England. Es gab hierzulande viele ländliche Industriegebiete, die sich entlang von Flussläufen gebildet hatten, weil sie die Wasserkraft nutzten. Typisches Beispiel ist die Textilindustrie im Glarnerland. Wegen der Verbindung von Industrie und ländlichem Leben wurde die Industriearbeiterschaft in der Schweiz lange Zeit nicht als neue proletarische Klasse wahrgenommen, in der allenfalls ein revolutionäres Potential stecken könnte. Das Problem der wachsenden Verelendung wurde zudem durch Auswanderung nach Übersee entschärft.

328 Papuperisierung von lat. *pauper* = unbemittelt, arm.

329 Der nach dem Rütli oder Grütli benannte Schweizerische Grütliverein war einer der ältesten Arbeitervereine der Schweiz. Er war schon 1838, also vor der Gründung des Bundesstaates, von deutschschweizerischen Handwerkern in Genf ins Leben gerufen worden, und war eigentlich ein patriotischer Bildungsverein nach dem Muster der Helvetischen Gesellschaft, der sich aber von dieser durch die niedrigere soziale und bildungsmässige Stellung der Mitglieder unterschied. Die Grütlianer waren Handwerker und Arbeiter, auch vereinzelt Lehrer und Hausboten. Sie kamen aus einer sozialen Schicht, die auch unter liberalen Verfassungen noch weitgehend von der Aktivbürgerschaft ausgeschlossen war, und sie wollten sich bilden, staatspolitische Kenntnisse aneignen, um vollwertige Staatsbürger und nützliche Glieder des kommenden Nationalstaates werden zu können. Später übernahmen sie gewisse sozialistische Ideen, blieben aber immer einem politischen Liberalismus verpflichtet.

330 Die Reformisten bezogen sich auf den deutschen Sozialdemokraten Eduard Bernstein, der in seiner 1899 erstmals erschienenen Schrift «Die Voraussetzungen des

Sozialismus und die Aufgaben der Sozialdemokratie» dargelegt hatte, warum die marxistische Zusammenbruchstheorie falsch sei. Entgegen der von Marx und Engels schon im Kommunistischen Manifest von 1848 getroffenen Annahme sei es nicht so, dass die Zahl der Kapitalbesitzer ständig kleiner und das Proletariat ständig grösser werde, während die Mittelschicht verschwinde. Im Gegenteil habe die Zahl der Kapitalbesitzer zugenommen; die Mittelschicht transformiere sich zwar, aber behaupte sich weiterhin, während das Proletariat nicht komplett ins Elend abrutsche, sondern eine Verbesserung seiner Lage durchsetzen könne. Daraus ergebe sich, dass die Sozialdemokratie nicht einfach auf den notwendigen Zusammenbruch des Kapitalismus warten könne, um dann die Macht zu ergreifen, sondern sie müsse die Aufgabe der Sozialreform als permanente Aufgabe wahrnehmen.

331 Es handelt sich um Änderungen und Zusätze in den Artikeln 31 und 32, die dem Bund stärkere Eingriffe in die Wirtschaftsordnung erlaubten und umgekehrt die Mitwirkung der Wirtschaftsorganisationen im Gesetzgebungsprozess festschrieben.

332 Zitiert nach Joris/Witzig S. 415f. (Hervorhebungen von T.K.)

333 Ebd. S. 417.

334 Die internationale Arbeitsorganisation mit Sitz in Genf existiert bis heute. Seit 1946 ist sie eine Sonderorganisation der UNO. Meistens wird sie mit der englischen Abkürzung ILO (International Labour Organization) bezeichnet.

335 Zitiert nach Studer S. 151.

336 Brigitte Studer hat diesen interessanten Vorgang in ihrem Aufsatz über «Die Zuschreibung der Geschlechterkompetenzen im sich formierenden Schweizer Sozialstaat, 1920–1945» dargestellt. (In: Schweizerische Zeitschrift für Geschichte Nr. 2 1997 S. 151–170.)

337 In der Nachkriegszeit wirkte «Herr und Haus» weiter, nur dass jetzt der ideologische Feind nicht mehr der Nationalsozialismus war, sondern der Sowjetkommunismus und alles, was irgendwie damit in Zusammenhang zu stehen schien.

338 Vgl. Hug: «Verhinderte oder verpasste Chancen? Die Schweiz und die Vereinten Nationen, 1943–1947.» In: Kreis (Hg.) 1996, S. 84–97.

339 Dieses und die folgenden zwei Zitate bei Imboden S. 9–13.

340 Ebd. S. 24.

341 Immerhin wurde im gleichen Jahr das Frauenstimmrecht in den Kantonen Waadt und Neuenburg eingeführt, 1960 auch in Genf. Weitere Kantone folgten.

342 Imboden S. 34.

343 Vgl. Habermas 1996 S. 142f.

Bibliographie

Die Einteilung der Bibliographie entspricht der Kapiteleinteilung dieses Buches. Die Literatur erscheint unter der Überschrift des Kapitels, bei dessen Abfassung sie *erstmals* konsultiert wurde. Selbstverständlich zog ich manche Bücher bei der Niederschrift verschiedener Kapitel zu Rat; sie werden mehrfach genannt, wenn sie für mehrere Kapitel besonders wichtig waren oder wenn an anderer Stelle aus ihnen zitiert wird. Zu jedem der drei Teile des Buches liste ich die Quellentexte und Aktensammlungen separat auf. Ausserhalb der Kapiteleinteilung stehen die Überblicksdarstellungen, Handbücher und sonstigen Nachschlagewerke, die ich immer wieder benutzte; sie stehen unter dem Titel «Allgemeines» gleich am Anfang.

Allgemeines

Altermatt Urs (Hg.): Die Schweizer Bundesräte. Ein biographisches Lexikon. Zürich 1991.

Année politique suisse / Schweizerische Politik. (Jahrbuch der schweizerischen Politik, hg vom Institut für Politikwissenschaft an der Universität Bern.) Bern 1966–1996.

Bonjour Edgar: Geschichte der schweizerischen Neutralität. Vier Jahrhunderte eidgenössischer Aussenpolitik. 6 Bde. Basel 1970.

Brunner Otto, Werner Conze und Reinhart Koselleck (Hg.): Geschichtliche Grundbegriffe. Historisches Lexikon zur politisch-sozialen Sprache in Deutschland. 7 Bde. Stuttgart 1972–1992.

Comité pour une nouvelle histoire de la Suisse (Hg.): Geschichte der Schweiz – und der Schweizer. 3 Bde. Basel 1982/83.

Dierauer Johannes: Geschichte der Schweizerischen Eidgenossenschaft. 5 Bde. Gotha 1887–1917.

dtv-Atlas zur Weltgeschichte: Karten und chronologischer Abriss. Bd. 2: von der Französischen Revolution bis zur Gegenwart. 25. Aufl. München 1991.

Dürrenmatt Peter: Schweizer Geschichte. Zürich 1963.

Feller Richard und Edgar Bonjour: Geschichtsschreibung der Schweiz vom Spätmittelalter zur Neuzeit. 2 Bde. Basel 1962.

Fenske Hans, Dieter Mertens, Wolfgang Reinhardt und Klaus Rosen: Geschichte der politischen Ideen von Homer bis zur Gegenwart. Frankfurt/M. 1987.

Fuchs Konrad und Heribert Raab: Wörterbuch zur Geschichte. 10. Aufl. München 1996.

Gagliardi Ernst: Geschichte der Schweiz von den Anfängen bis zur Gegenwart. 3 Bde. Zürich 1934–1937.

Gitermann Valentin: Geschichte der Schweiz. Thayngen 1941.

Gruner Erich und Karl Frei (Hg.): Die schweizerische Bundesversammlung 1848–1920. Bd. 1: Biographien. Bd. 2: Soziologie und Statistik. Bern 1966.

Handbuch der Schweizer Geschichte. 2 Bde. Zürich 1972/1977.

Handbuch der schweizerischen Aussenpolitik. (Hg. von Alois Riklin, Hans Haug und Hans Christoph Binswanger.) Bern 1975.

Handbuch Politisches System der Schweiz. Bd. 1: Grundlagen (hg. von Alois Riklin). Bd. 2: Strukturen und Prozesse (hg. von Ulrich Klöti). Bern 1983/1984.

Hauser Albert: Schweizerische Wirtschafts- und Sozialgeschichte von den Anfängen bis zur Gegenwart. Erlenbach-Zürich 1961.

HBLS: Historisch-biographisches Lexikon der Schweiz. 7 Bde. und Supplement. Neuenburg 1921–1934.

Heusler Andreas: Schweizerische Verfassungsgeschichte. Basel 1920.

His Eduard: Geschichte des neuern schweizerischen Staatsrechts. Bd. 1: Die Zeit der Helvetik und der Vermittlungsakte 1798 bis 1813. Bd. 2: Die Zeit der Restauration und der Regeneration von 1814 bis 1848. Bd. 3: Der Bundesstaat von 1848 bis 1914. Basel 1920–1938.

Historisches Wörterbuch der Philosophie. Bde. 1–9. Basel 1971–1996.

Jaeckle Erwin und Eduard Stäuble: Grosse Schweizer und Schweizerinnen. Hundert Porträts. Stäfa 1990.

Kindlers neues Literaturlexikon. Studienausgabe. 21 Bde. München 1996.

Kölz Alfred: Neuere schweizerische Verfassungsgeschichte. Ihre Grundlinien vom Ende der Alten Eidgenossenschaft bis 1848. Bern 1992.

Näf Werner: Die Epochen der neueren Geschichte. Staat und Staatengemeinschaft vom Ausgang des Mittelalters bis zur Gegenwart. 2 Bde. 2. Aufl. Aarau 1959.

Neues Handbuch der schweizerischen Aussenpolitik. (Hg. von Alois Riklin, Hans Haug und Raymond Probst.) Bern 1992.

Neues Staatskundelexikon für Politik, Recht, Wirtschaft Gesellschaft. (Hg. von Jürg Segesser.) Aarau 1996.

Nohlen Dieter (Hg.): Wörterbuch Staat und Politik. 3. Aufl. München 1995.

Nohlen Dieter und Rainer-Olaf Schultze (Hg.): Politikwissenschaft. Theorien, Methoden, Begriffe. 2 Bde. 4. Aufl. München 1992.

Pfeifer Wolfgang (Hg.): Etymologisches Wörterbuch des Deutschen. 2. Aufl. Berlin 1993.

Ploetz: Auszug aus der Geschichte. (28. Aufl.) Würzburg 1976.

Reichesberg Naum (Hg.): Handwörterbuch der Schweizerischen Volkswirtschaft, Sozialpolitik und Verwaltung. 3 Bde. Bern o. J. [1903–1911].

Schollenberger J.: Geschichte der schweizerischen Politik. Bd. 1: Die alte Zeit bis 1798. Bd. 2: Die neue Zeit seit 1798. Frauenfeld 1906/1908.

Schweizer Kriegsgeschichte (Heft 1–12). Bern 1915–1935.

Schweizer Lexikon 91. 6 Bde. Luzern 1991–1993.

Theimer Walter: Geschichte der politischen Ideen. Bern 1955.

Treue Wilhelm: Wirtschaftsgeschichte der Neuzeit. Das Zeitalter der technisch-industriellen Revolution 1700–1966. 2. Aufl. Stuttgart 1966.

Tulard Jean, Jean-François Fayard, Alfred Fierro: Histoire et dictionnaire de la Révolution Française 1789–1799. Paris 1987.

Wörterbuch des Christentums. Düsseldorf 1988.

Vorwort

Anderson Benedict: Die Erfindung der Nation. Zur Karriere eines folgenreichen Konzepts. Frankfurt/M. 1996.

Koselleck Reinhart: Vergangene Zukunft. Zur Semantik geschichtlicher Zeiten. Frankfurt/M. 1989.

Rossmann Kurt (Hg.): Deutsche Geschichtsphilosophie. Ausgewählte Texte von Lessing bis Jaspers. München 1969.

Erster Teil: Die Umwälzung von 1798

Quellentexte und Aktensammlungen

ASHR: Amtliche Sammlung der Acten aus der Zeit der Helvetischen Republik. 16 Bde. (1–11 bearbeitet von Johannes Strickler, 12–16 bearbeitet von Alfred Rufer.) Bern/Freiburg i.Ü. 1886–1966.

Gauss Julia (Hg.): Kampf und Kompromiss. Briefe schweizerischer Politiker 1798–1838. Basel 1974.

Godechot Jacques: Les constitutions der la France depuis 1789. Paris 1979.

Hardegger Joseph et al. (Hg.): Das Werden der modernen Schweiz. Quellen, Illustrationen und andere Materialien zur Schweizergeschichte. Bd. 1: 1798–1914. Basel und Luzern 1986.

Kaiser Simon und Johannes Strickler: Geschichte und Texte der Bundesverfassungen der schweizerischen Eidgenossenschaft von der helvetischen Umwälzung bis zur Gegenwart. Bern 1901.

Kant Immanuel: Zum ewigen Frieden. Stuttgart 1984.

Kant Immanuel: Die Metaphysik der Sitten. Stuttgart 1990.

Kläui Paul (Hg.): Freiheitsbriefe, Bundesbriefe, Verkommnisse und Verfassungen 1231–1815. Quellenheft zur Schweizergeschichte. Aarau 1956.

König Paul (Hg.): Die Schweiz unterwegs 1798–? Ausgewählte Geschichtsschreibung und -Deutung. Zürich 1969.

Kölz Alfred (Hg.): Quellenbuch zur neueren schweizerischen Verfassungsgeschichte. Vom Ende der Alten Eidgenossenschaft bis 1848. Bern 1992.

Montesquieu: Vom Geist der Gesetze. Übersetzt und herausgegeben von Ernst Forsthoff. 2 Bde. 2. Aufl. Tübingen 1992.

Nabholz Hans und Paul Kläui (Hg.): Quellenbuch zur Verfassungsgeschichte der Schweizerischen Eidgenossenschaft und der Kantone von den Anfängen bis zur Gegenwart. 3. Aufl. Aarau 1947.

Oechsli Wilhelm (Hg.): Quellenbuch zur Schweizergeschichte (kleine Ausgabe). 2. Aufl. Zürich 1918.

Pestalozzi Johann Heinrich: Politische Schriften, hg. von Ruedi Graf. Basel 1991.

Rousseau Jean Jacques: Vom Gesellschaftsvertrag oder Grundsätze des Staatsrechts. Hg. und übersetzt von Hans Brockard. (Reclam) Stuttgart 1977.

Rousseau Jean Jacques: Du contrat social ou principes du droit politique. Paris 1996.

Schweizerische Bundeskanzlei (Hg.): Wappen, Siegel und Verfassung der Schweizerischen Eidgenossenschaft und der Kantone. Bern 1948.

Steiner Gustav (Hg.): Korrespondenz des Peter Ochs (1752–1821). 3 Bde. Basel 1927–1937.

Wehrli Max (Hg.): Das geistige Zürich im 18. Jahrhundert. Texte und Dokumente von Gotthard Heidegger bis Heinrich Pestalozzi. Zürich 1943.

Einleitung zum ersten Teil

Handbuch der Schweizer Geschichte. 2 Bde. Zürich 1972/1977.

Historisch-biographisches Lexikon der Schweiz: Stichwörter «Eidgenossenschaft», «Helvetik», «Schweiz» usw.

Peyer Hans Conrad: Verfassungsgeschichte der alten Schweiz. Zürich 1978.

1. Alte Eidgenossenschaft und Französische Revolution

Bierbrauer Peter: Freiheit und Gemeinde im Berner Oberland 1300–1700. Bern 1991.

Bonjour Edgar: Geschichte der schweizerischen Neutralität, Bd. 1. Basel 1970.

Büchi Hermann: Vorgeschichte der helvetischen Revolution mit besonderer Berücksichtigung des Kantons Solothurn. 1. Teil: Die Schweiz in den Jahren 1789–1798. Solothurn 1925.

Burckhardt Paul: Geschichte der Stadt Basel von der Zeit der Reformation bis zur Gegenwart. 2. Aufl. Basel 1957.

Dierse U. und H. Rath: Nation, Nationalismus, Nationalität. In: Historisches Wörterbuch der Philosophie, Bd. 6. Basel 1984.

Feller Richard: Geschichte Berns, Bd. 3: Glaubenskämpfe und Aufklärung 1653 bis 1790. Bern 1955.

Furet François und Denis Richet: Die Französische Revolution. Frankfurt/M. 1987.

Heusler Andreas: Schweizerische Verfassungsgeschichte. Basel 1920.

His Eduard: Geschichte des neuern schweizerischen Staatsrechts. Bd. 1: Die Zeit der Helvetik und der Vermittlungsakte 1798 bis 1813. Basel 1920.

Im Hof Ulrich: Aufklärung in der Schweiz. Bern 1970.

Kohlschmidt Werner: Geschichte der deutschen Literatur vom Barock bis zur Klassik. Stuttgart 1965.

Maus Ingeborg: Zur Aufklärung der Demokratietheorie. Rechts- und demokratietheoretische Überlegungen im Anschluss an Kant. Frankfurt/M. 1994.

Ryffel Heinrich: Die schweizerischen Landsgemeinden. Zürich 1903.

Schulze Hagen: Staat und Nation in der europäischen Geschichte. München 1994.

Soboul Albert: Histoire de la Révolution française. 2 vol. Paris 1962.

Stadler Peter: Pestalozzi. Geschichtliche Biographie. Bd. 1: Von der alten Ordnung zur Revolution (1746–1797). Zürich 1988.

Tilly Charles: Die europäischen Revolutionen. München 1993.

2. Revolutionierung der Schweiz

Barth Hans: Untersuchungen zur politischen Tätigkeit von Peter Ochs während der Revolution und Helvetik. Zürich 1901.

Boeglin Markus Christoph: Entstehung und Grundzüge der ersten helvetischen Verfassung im Lichte des Einflusses der Autorschaft von Peter Ochs und Bemerkungen zur Frage der Gegenwartsbedeutung der Prinzipien der Volkssouveräntität, Repräsentation und Gewaltenteilung. Diss. Basel 1971.

Boehtlingk Arthur: Der Waadtländer Friedrich Caesar Laharpe, der Erzieher und Berater Alexanders I. von Russland, des Siegers über Napoleon I. und Anbahner der modernen Schweiz. 2 Bde. Bern/Leipzig 1925.

Böning Holger: Revolution in der Schweiz: das Ende der Alten Eidgenossenschaft. Die Helvetische Republik 1798–1803. Frankfurt/M. 1985.

Feller Richard: Geschichte Berns, Bd. 4: Der Untergang des alten Bern 1789–1798. Bern 1960.

Häberli Wilfried: Biel unter Frankreichs Herrschaft. Biel 1948.

Kopp Peter F.: Peter Ochs. Basel 1992.

Markwalder H.: Die Stadt Bern 1798–1799. Die Neuorganisation der Gemeindeverwaltung. Bern 1927.

Oechsli Wilhelm: Geschichte der Schweiz im neunzehnten Jahrhundert. Bd. 1: Die Schweiz unter französischem Protektorat 1798–1813. Leipzig 1903.

Stadler Peter: Pestalozzi. Geschichtliche Biographie. Bd. 2: Von der Umwälzung zur Restauration; Ruhm und Rückschläge (1798–1827). Zürich 1993.

Stiftung Neue Zürcher Kantonsgeschichte (Hg.): Geschichte des Kantons Zürich Bd. 3: 19. und 20. Jahrhundert. Zürich 1994.

Tilly Charles: Die europäischen Revolutionen. München 1993.

Tulard Jean, Jean-François Fayard, Alfred Fierro: Histoire et dictionnaire der la Révolution Française 1789–1799. Paris 1987.

von Greyerz Hans: Nation und Geschichte im bernischen Denken. Vom Beitrag Berns zum schweizerischen Geschichts- und Nationalbewusstsein. Bern 1953.

3. Grundzüge der Helvetik

Arendt Hannah: Über die Revolution. München 1968.

Bonjour Edgar: Die Helvetik. In: Die Schweiz und Europa Bd. 2. Basel 1961.

Bleicken Jochen: Die athenische Demokratie. 3. Aufl. Paderborn, München, Wien, Zürich 1991.

Dierauer Johannes: Geschichte der Schweizerischen Eidgenossenschaft. 5. Bd. 1. Hälfte 1798–1813. Gotha (2. Aufl.) 1922.

Guggenheim Willy: Juden in der Schweiz. Glaube – Geschichte – Gegenwart. Zürich 1982.

Guggisberg Kurt: Bernische Kirchengeschichte. Bern 1958.

Hilty Carl: Oeffentliche Vorlesung über die Helvetik. Bern 1878.

Honegger Claudia: Die Ordnung der Geschlechter. Die Wissenschaften vom Menschen und das Weib 1759–1850. Frankfurt/M. 1991.

Junker Beat. Geschichte des Kantons Bern seit 1798. Bd. 1: Helvetik, Mediation, Restauration 1798–1830. Bern 1982.

Kutter Markus: Die Schweizer und die Deutschen. Zürich 1995.

Kölz Alfred: Neuere schweizerische Verfassungsgeschichte. Ihre Grundlinien vom Ende der Alten Eidgenossenschaft bis 1848. Bern 1992.

Krupp Michael: Der Talmud. Eine Einführung in die Grundschrift des Judentums mit ausgewählten Texten. Gütersloh 1995.

Mesmer Beatrix: Ausgeklammert – Eingeklammert. Frauen und Frauenorganisationen in der Schweiz des 19. Jahrhunderts. Basel 1988.

Meyer Ernst: Römischer Staat und Staatsgedanke. Zürich 1948.

Petri Franz, Ivo Schöffer und Jan Juliaan Woltjer: Geschichte der Niederlande. (Handbuch der europäischen Geschichte.) München 1991.

Robé Udo: Berner Oberland und Staat Bern. Untersuchungen zu den wechselseitigen Beziehungen in den Jahren 1798 bis 1846. In: Archiv des Historischen Vereins des Kantons Bern Bd. 56. Bern 1972.

Rufer Alfred: Helvetische Republik. In: HBLS Bd. 4 S. 142–178. Neuenburg 1927.

Schnegg Brigitte und Christian Simon: Frauen in der Helvetik. Unveröffentlichtes Manuskript, Februar 1996.

Sledziewski Elisabeth G.: Die Französische Revolution als Wendepunkt. In: Hg. Geneviève Fraisse und Michelle Perrot: Geschichte der Frauen, Bd. 4 (19. Jahrhundert). Frankfurt/M. 1994.

Tilly Charles: Die europäischen Revolutionen. München 1993.

Türler Heinrich: Ablösung der Reallasten. In: Reichesberg, Handwörterbuch der Schweizerischen Volkswirtschaft, Sozialpolitik und Verwaltung, Bd. 1 S. 1–6.

Weber Hans: Die zürcherischen Landgemeinden in der Helvetik 1798–1803. Diss. Zürich 1971.

Weldler-Steinberg Augusta: Geschichte der Juden in der Schweiz vom 16. Jahrhundert bis nach der Emanzipation. 2 Bde, bearbeitet und ergänzt durch Florence Guggenheim-Grünberg. Zürich 1966.

Wernle Paul: Der Schweizerische Protestantismus in der Zeit der Helvetik 1798/1803. 2 Bde. Zürich und Leipzig 1938/1942.

4. Bedrohte Republik

Barth Hans: Untersuchungen zur politischen Tätigkeit von Peter Ochs während der Revolution und Helvetik. Zürich 1901.

Boehtlingk Arthur: Der Waadtländer Friedrich Caesar Laharpe, der Erzieher und Berater Alexanders I. von Russland, des Siegers über Napoleon I. und Anbahner der modernen Schweiz. 2 Bde. Bern/Leipzig 1925.

Busch H. J. und U. Dierse:. Patriotismus. In: Historisches Wörterbuch der Philosophie, Bd. 7. Basel 1989.

Gilomen Hermann: Ludwig Bay, Direktor der helvetischen Republik. Diss. Bern 1920.

Kopp Peter F.: Peter Ochs. Basel 1992.

Labhardt Ricco: Wilhelm Tell als Patriot und Revolutionär 1700–1800. Basel 1947.

Nabholz Hans: Die Schweiz unter Fremdherrschaft von 1798 bis 1813. In: Schweizer Kriegsgeschichte, Heft 8. Bern 1921.

Stadler Peter: Pestalozzi. Geschichtliche Biographie. Bd. 2: Von der Umwälzung zur Restauration; Ruhm und Rückschläge (1798–1827). Zürich 1993.

Stüssi-Lauterburg Jürg und Rosy Gysler-Schöni: Helvetias Töchter. Frauen in der Schweizer Militärgeschichte von der Entstehung der Eidgenossenschaft bis zur Gründung des Frauenhilfsdienstes (1291–1939). Frauenfeld 1989.

von Greyerz Hans: Nation und Geschichte im bernischen Denken. Vom Beitrag Berns zum schweizerischen Geschichts- und Nationalbewusstsein. Bern 1953.

Weber K.: Entstehung und Entwicklung des Kantons Basellandschaft, 1798–1932. In: K. Gauss, , L. Freivogel, O. Gass und K. Weber, Geschichte der Landschaft Basel und des Kantons Basellandschaft in zwei Bänden. Liestal 1932.

5. Vorläufiges Ende der Revolution

Andreas Willy: Das Zeitalter Napoleons und die Erhebung der Völker. In: Willy Andreas (Hg.), Die Neue Propyläen Weltgeschichte, Bd. 5, Berlin 1943.

Näf Werner: Die Epochen der neueren Geschichte. Staat und Staatengemeinschaft vom Ausgang des Mittelalters bis zur Gegenwart. 2 Bde. 2. Aufl. Aarau 1959.

Rennefahrt Hermann: Grundzüge der bernischen Rechtsgeschichte. I.-IV. Teil. Bern 1928–1936.

Rossi Giulio und Eligio Pometta: Geschichte des Kantons Tessin, deutsch bearbeitet von Max Grütter-Minder. Bern 1944. [Ital. Originalausgabe: Storia del Cantone Ticino dai tempi più remoti fino al 1922. Lugano 1941.]

Schnabel Franz: Das Zeitalter Napoleons. In: Propyläen Weltgeschichte Bd. 7, Hg. Walter Goetz. Berlin 1929.

Schweizerische Bundeskanzlei (Hg.): Wappen, Siegel und Verfassung der Schweizerischen Eidgenossenschaft und der Kantone. Bern 1948.

Spahr Silvio: Studien zum Erwachen helvetisch-eidgenössischen Empfindens im Waadtland. Diss. Bern. Zürich 1963.

Trezzini Celestino: Tessin. In: HBLS Bd. 6 S. 662–702. Neuenburg 1931.

Zweiter Teil: Die Gründung des Bundesstaates

Quellentexte und Aktensammlungen

Constant Benjamin: De l'esprit de conquête et de l'usurpation dans leurs rapports avec la civilisation européenne. Paris 1986.

Constant Benjamin: Über die Gewalt. (Aus dem französischen übersetzt und mit einer biographischen Einleitung versehen von Hans Zbinden.) Bern 1942.

Constant Benjamin: Werke (Hg. Axel Blaeschke und Lothar Gall). 4 Bde. Berlin 1970.

Denzinger Heinrich (Hg.): Kompendium der Glaubensbekenntnisse und kirchlichen Lehrentscheidungen. 37. Aufl. Freiburg i.Br. 1991.

Fetscherin Wilhelm (Hg.): Repertorium der Abschiede der eidgenössischen Tagsatzungen aus den Jahren 1814 bis 1848. 2 Bde. Bern 1874/1876.

Gauss Julia (Hg.): Kampf und Kompromiss. Briefe schweizerischer Politiker 1798–1838. Basel 1974.

Gotthelf Jeremias: Die Jesuiten und ihre Mission im Kanton Luzern. In: Hg. Walter Muschg, Schatzkästlein des neuen Berner Kalenders, S. 412–433. Zürich o. J.

Gruner Erich und Wilfried Häberli (Hg.): Werden und Wachsen des Bundesstaates 1815–1945. Quellenheft zur Schweizergeschichte Nr. 7. Aarau (2. Aufl.) 1962.

Hardtwig Wolfgang und Helmut Hinze (Hg.): Vom Deutschen Bund zum Kaiserreich 1815–1871. (Deutsche Geschichte in Quellen und Darstellung, Bd. 7.) Stuttgart 1997.

Hartung Fritz und Gerhard Commichau (Hg.): Die Entwicklung der Menschen- und Bürgerrechte von 1776 bis zur Gegenwart. Quellensammlung zur Kulturgeschichte. (5. Aufl.) Göttingen 1985.

Herder Johann Gottfried: Ideen zur Philosophie der Geschichte der Menschheit. In: Werke Bd. 6. Frankfurt/M. 1988.

Joris Elisabeth und Heidi Witzig: Frauengeschichte(n). Dokumente aus zwei Jahrhunderten zur Situation der Frauen in der Schweiz. Zürich 1986.

Keller Gottfried: Werke in 5 Bänden (Atlantis Verlag). Zürich 1965.

Kölz Alfred (Hg.): Quellenbuch zur neueren schweizerischen Verfassungsgeschichte. Vom Ende der Alten Eidgenossenschaft bis 1848. Bern 1992.

Oechsli Wilhelm (Hg.): Quellenbuch zur Schweizergeschichte (kleine Ausgabe). 2. Aufl. Zürich 1918.

Rossmann Kurt (Hg.): Deutsche Geschichtsphilosophie. Ausgewählte Texte von Lessing bis Jaspers. München 1969.

Schelling Friedrich Wilhelm Joseph: Einleitung zu seinem Entwurf eines Systems der Naturphilosophie. Herausgegeben und eingeleitet von Wilhelm G. Jacobs. Stuttgart 1988.

Schelling Friedrich Wilhelm Joseph: Über das Wesen der menschlichen Freiheit. Stuttgart 1964.

Staatszeitung der katholischen Schweiz (vormals Luzerner Zeitung), Jg. 1846.

Troxler Ignaz Paul Vital: Vorlesungen über Philosophie, über Inhalt, Zweck und Anwendung derselben aufs Leben. Nach der Druckausgabe von 1835 hg. von Fritz Eymann. Bern 1942.

Troxler Ignaz Paul Vital: Politische Schriften in Auswahl, eingeleitet und kommentiert von Adolf Rohr. 2 Bde. Bern 1989.

Vinet Alexandre: Über die Freiheit des religiösen Cultus. (Deutsche Übersetzung von J. W. Volkmann.) Leipzig 1843.

Vinet Alexandre: Ausgewählte Werke, hg. von Ernst Staehelin. 4 Bde. Zürich 1944/45.

von Bonstetten Karl Viktor: Briefe und Jugenderinnerungen (Hg. Willibald Klinke). Bern 1945.

von Haller Carl Ludwig: Was ist die alte Ordnung? Eine Neujahrs-Rede an Stadt und Land. Bern, den 1. Jänner 1814. (Flugblatt in der Stadt- und Universitätsbibliothek Bern.)

von Haller Carl Ludwig: Restauration der Staats-Wissenschaft oder Theorie des natürlich-gesellen Zustands der Chimäre des künstlich-bürgerlichen entgegengesetzt. 6 Bde. 2. Aufl. Winterthur 1820–1834.

von Haller Carl Ludwig: Briefwechsel mit Johannes von Müller und Johann Georg Müller (Hg. Karl Schib). In: Schaffhauser Beiträge zur vaterländischen Geschichte, 14. Heft. Thayingen 1937.

von Haller Carl Ludwig: Brief an F. E. Hurter vom 17. April 1832. In: Gauss Julia (Hg.), Kampf und Kompromiss. Briefe schweizerischer Politiker 1798–1838. Basel 1974.

von Haller Carl Ludwig: Die Freymaurerey und ihr Einfluss in der Schweiz. Schaffhausen 1840.

von Müller Johannes: Schriften in Auswahl, hg. von Edgar Bonjour. 2. Aufl. Basel 1955.

Einleitung zum zweiten Teil

Gruner Erich: Die Arbeiter in der Schweiz im 19. Jahrhundert. Bern 1968.

Hobsbawm Eric J.: Nationen und Nationalismus. Mythos und Realität seit 1780. Frankfurt/M. 1991.

Meinecke Friedrich: Die Entstehung des Historismus. München 1936.

6. Die Schweiz auf dem Weg zur Restauration

Bonjour Edgar: Studien zu Johannes von Müller. Basel 1957.

Bonjour Edgar: Geschichte der schweizerischen Neutralität, Bd. 1. Basel 1970.

Bonjour Edgar: Karl Ludwig von Haller. In: Erwin Jaeckle und Eduard Stäuble (Hg.): Grosse Schweizer und Schweizerinnen. Stäfa 1990.

de Pange Pauline: August Wilhelm Schlegel und Frau von Staël. Hamburg 1940.

Dierauer Johannes: Geschichte der Schweizerischen Eidgenossenschaft. Bd. 5/2, 1814–1848. (2. Aufl.) Gotha 1922.

Oechsli Wilhelm: Geschichte der Schweiz im neunzehnten Jahrhundert. Bd. 2: 1813–1830. Leipzig 1913.

Propyläen Weltgeschichte: Bd. 7: Die Französische Revolution, Napoleon und die Restauration 1789–1848. Berlin 1929.

Schulze Hagen: Staat und Nation in der europäischen Geschichte. München 1994.

7. Die Kantone zwischen Restauration und Regeneration

Bühler M.: Die Nationalfeste. In: Paul Seippel (Hg.), Die Schweiz im 19. Jahrhundert, Bd. 3, Bern 1900.

Borgeaud Charles: Pages d'histoire nationale. Genève 1934.

Chapuisat Edouard: General Dufour 1787–1875. (Übersetzt von Marcel Gollé.) Dietikon 1950.

Droz Numa: Politische Geschichte der Schweiz im 19. Jahrhundert. In: Paul Seippel (Hg.), Die Schweiz im 19. Jahrhundert, Bd. 1, Bern 1899.

Dufour Alfred, Robert Roth et François Walter (éd.): Le libéralisme genevois, du Code Civil aux constitutions (1804–1842). Bâle 1994.

Ledermann László: Pellegrino Rossi, l'homme et l'économiste 1787–1848. Une grande carrière internationale au XIXᵉ siècle. Paris 1929.

Rappard William E.: L'avènement de la démocratie moderne à Genève (1814–1847). Genève 1942.

Ryffel Heinrich: Die schweizerischen Landsgemeinden. Zürich 1903.

von Greyerz Hans: Nation und Geschichte im bernischen Denken. Vom Beitrag Berns zum schweizerischen Geschichts- und Nationalbewusstsein. Bern 1953.

8. Nationalismus, Liberalismus und Konservatismus in Europa

Ermatinger Emil: Dichtung und Geistesleben der deutschen Schweiz. München 1933.

Hardtwig Wolfgang und Helmut Hinze (Hg.): Vom Deutschen Bund zum Kaiserreich 1815–1871. (Deutsche Geschichte in Quellen und Darstellung, Bd. 7.) Stuttgart 1997.

Holmes Stephen: Benjamin Constant and the Making of Modern Liberalism. New Haven and London 1984

Kästli Tobias: Die Vergangenheit der Zukunftsstadt. Arbeiterbewegung, Fortschritt und Krisen in Biel 1815–1919. Bern 1989.

Kloocke Kurt: Benjamin Constant. Une biographie intellectuelle. Genève 1984.

Lenherr Luzius: Ultimatum an die Schweiz. Der politische Druck Metternichs auf die Eidgenossenschaft infolge ihrer Asylpolitik in der Regeneration (1833–1836). Bern 1991.

Meinecke Friedrich: Weltbürgertum und Nationalstaat. Studien zur Genesis des deutschen Nationalstaates. München 1919.

Mesmer Beatrix: Ausgeklammert – Eingeklammert. Frauen und Frauenorganisationen in der Schweiz des 19. Jahrhunderts. Basel 1988.

Reale Egidio: Die Ursprünge des modernen Italiens. Zürich 1944.

Urner Klaus: Die Deutschen in der Schweiz. Frauenfeld 1976.

Vierhaus Rudolf: Liberalismus. In: Hg. Otto Brunner, Werner Conze und Reinhart Koselleck: Geschichtliche Grundbegriffe. Historisches Lexikon zur politisch-sozialen Sprache in Deutschland. Bd. 3 S. 741–785. Stuttgart 1982.

9. Etappen der Nationalstaatsbildung

Belke Iduna: Ignaz Paul Vital Troxler. Sein Leben und sein Denken. Berlin 1935.

Craig Gordon A.: Geld und Geist. Zürich im Zeitalter des Liberalismus 1830–1869. München 1988.

Curti Theodor: Geschichte der Schweiz im XIX. Jahrhundert. Neuenburg [ca. 1900].

Ermatinger Emil: Gottfried Kellers Leben. Zürich 1950.

Gruner Erich: Das bernische Patriziat und die Regeneration. Archiv der Historischen Vereins des Kantons Bern Bd. 37. Bern 1943.

Habermas Jürgen: Strukturwandel der Öffentlichkeit. Neuwied 1962.

Hutson James H.: The Sister Republics. Die Schweiz und die Vereinigten Staaten von 1776 bis heute. Bern 1992.

Joris Elisabeth und Heidi Witzig: Frauengeschichte(n). Dokumente aus zwei Jahrhunderten zur Situation der Frauen in der Schweiz. Zürich 1986.

Keller Arnold: Augustin Keller 1805–1883. Ein Lebensbild und Beitrag zur vaterländischen Geschichte des XIX. Jahrhunderts. Aarau 1922.

Kommission für bernische Hochschulgeschichte (Hg.): Hochschulgeschichte Berns 1528–1984 (mit Ergänzungsband: Die Dozenten der bernischen Hochschule). Bern 1984.

Markus S.: Geschichte der schweizerischen Zeitungspresse zur Zeit der Helvetik 1798–1803. Zürich 1910.

Meyer Martin: Philosophie in der Schweiz. Zürich 1981.

Osterwalder Fritz: Schule, Recht, Staat und Öffentlichkeit – der Durchbruch der modernen Schule. In: Hg. Hand Badertscher und Hans-Ulrich Grunder: Geschichte der Erziehung und Schule in der Schweiz im 19. und 20. Jahrhundert. Bern 1997.

Rappard William E.: Die Bundesverfassung der Schweizerischen Eidgenossenschaft 1848–1948. Zürich 1948.

Schefold Diane: Volkssouveränität und repräsentative Demokratie in der schweizerischen Regenerationszeit 1830–1848. Basel 1966.

Scherer Anton: Ludwig Snell und der schweizerische Radikalismus (1830–1850). Freiburg 1954.

Schläpfer Walter: Appenzell Ausserrhoden von 1597 bis zur Gegenwart. Herisau 1972.

Schneider Peter: Ignaz Paul Vital Troxler und das Recht. Zürich 1948.

Schoop Albert: Der Kanton Thurgau 1803–1953. Frauenfeld 1953.

Siegenthaler Hansjörg: Supranationalität, Nationalismus und regionale Autonomie. Erfahrungen des schweizerischen Bundesstaates – Perspektiven der europäischen Gemeinschaft. In: Traverse 1994/3 S.117–141.

Spiess Emil: Ignaz Paul Vital Troxler. Der Philosoph und Vorkämpfer des schweizerischen Bundesstaates, dargestellt nach seinen Schriften und den Zeugnissen der Zeitgenossen. Bern 1967.

Staehelin Heinrich: Geschichte des Kantons Aargau 1830–1885. Baden 1978.

Tanner Albert: Das Schiffchen fliegt, die Maschine rauscht. Weber, Sticker und Fabrikanten in der Ostschweiz. Zürich 1985.

Vallette Gaspard: Die Presse. In: Paul Seippel (Hg.), Die Schweiz im 19. Jahrhundert, Bd. 2, Bern 1900.

Verein der Schweizer Presse (Hg.): Die Schweizer Presse. Festschrift zum 50jährigen Jubiläum des Vereins der Schweizer Preisse. Luzern 1933.

Welti August: Der Zuger Landammann Georg Joseph Sidler 1782–1861. Ein eidgenössischer Sämann. Erlenbach-Zürich 1940.

10. Weltanschauliche Kämpfe und Sieg der Nationalstaatsidee

Bonjour Edgar: Die Gründung des schweizerischen Bundesstaates. Basel 1948.

Dejung Emanuel, Alfred Stähli und Werner Ganz: Jonas Furrer von Winterthur, erster schweizerischer Bundespräsident. Ein Lebensbild. Winterthur 1948.

Jedin Hubert (Hg.): Handbuch der Kirchengeschichte. Bd. VI/1: Die Kirche zwischen Revolution und Restauration. Freiburg i. Br. 1971.

Kool Frits und Werner Krause: Die frühen Sozialisten. Olten 1967.

Lampert Ulrich: Kirche und Staat in der Schweiz. Bd. 1. Basel 1929.

Rappard William E.: Die Bundesverfassung der Schweizerischen Eidgenossenschaft 1848–1948. Zürich 1848.

Strasser Otto Erich: Alexandre Vinet. Sein Kampf um ein Leben der Freiheit. Erlenbach-Zürich 1946.

Strobel Ferdinand: Die Jesuiten und die Schweiz im XIX. Jahrhundert. Ein Beitrag zur Entstehungsgeschichte des schweizerischen Bundesstaates. Olten [1954].

Tanner Albert: Arbeitsame Patrioten – wohlanständige Damen. Bürgertum und Bürgerlichkeit in der Schweiz 1830–1914. Zürich 1995.

Dritter Teil: Der Weg zur Gegenwart

Quellentexte und Aktensammlungen

Bericht Ludwig: Die Flüchtlingspolitik der Schweiz in den Jahren 1933 bis 1955. Bericht an den Bundesrat zuhanden der eidgenössischen Räte von Prof. Dr. Carl Ludwig.

Botschaft des Bundesrates an die Bundesversammlung betreffend die Frage des Beitritts der Schweiz zum Völkerbund. Bern 1919.

DDS: Diplomatische Dokumente der Schweiz 1848–1945. (Hg. Nationale Kommission für die Veröffentlichung diplomatischer Dokumente der Schweiz.) Bd. 1 1848–1865. Bern 1990.

Geilfus Georg: Helvetia. Vaterländische Sage und Geschichte. Zürich (4. Aufl.) 1879.

Grimm Robert: Sozialdemokratie und Völkerbund.

Hilty Carl: Vorlesungen über die Politik der Eidgenossenschaft. Bern 1875.

Hilty Carl: Oeffentliche Vorlesung über die Helvetik. Bern 1878.

Joris Elisabeth und Heidi Witzig: Frauengeschichte(n). Dokumente aus zwei Jahrhunderten zur Situation der Frauen in der Schweiz. Zürich 1986.

Keller Gottfried: Der grüne Heinrich. In: Werke in 5 Bänden (Atlantis Verlag). Zürich 1965.

Randelzhofer Albrecht (Hg.): Völkerrechtliche Verträge. 7. Aufl. Nördlingen 1995.

Ragaz Leonhard: Die neue Schweiz. Ein Programm für Schweizer und solche, die es werden wollen. 2. Aufl. Olten 1918.

Einleitung zum dritten Teil

Fueter Eduard: Die Schweiz seit 1848. Geschichte, Wirtschaft, Politik. Zürich 1928.

11. Verfassungsentwicklung im jungen Nationalstaat

Gagliardi Ernst: Alfred Escher. Vier Jahrzehnte neuerer Schweizergeschichte. 2 Bde. Frauenfeld 1919/1920.
Guggenbühl G.: Der Landbote 1836–1936. Hundert Jahre Politik im Spiegel der Presse. Winterthur 1936.
His Eduard: Geschichte des neuern schweizerischen Staatsrechts. Bd. 3: Der Bundesstaat von 1848 bis 1914. Basel 1938.
Klinke Willibald und Iso Keller: Johann Jakob Treichler. Ein Lebensbild. Zürich 1947.
Mesmer Beatrix: Ausgeklammert – Eingeklammert. Frauen und Frauenorganisationen in der Schweiz des 19. Jahrhunderts. Basel 1988.

12. Nationalidee, Mythos und Geschichte

Brassel-Moser Ruedi: Prophetischer Antimilitarist. In: Zeitschrift für Kultur, Politik, Kirche (Reformatio) April 1997, S. 132–142.
Buess Eduard und Markus Mattmüller: Prophetischer Sozialismus. Blumhardt – Ragaz – Bart. Freiburg 1986.
Cassirer Ernst: Philosophie der symbolischen Formen. Zweiter Teil: Das mythische Denken. Berlin 1925.
Cassirer Ernst: Der Mythus des Staates. Philosophische Grundlagen politischen Verhaltens. Zürich 1949.
Feller Richard: Die schweizerische Geschichtsschreibung im 19. Jahrhundert. Mit Beiträgen von Giuseppe Zoppi und Jean R. de Salis. Zürich 1938.
Feller Richard und Edgar Bonjour: Geschichtsschreibung der Schweiz vom Spätmittelalter zur Neuzeit. 2 Bde. Basel 1962.
Galliker Hans Jörg: Die Höhere Lehranstalt in den liberalen dreissiger und konservativen vierziger Jahren des 19. Jahrhunderts. In: G. Boesch und A. Kottmann (Hg.), 400 Jahre höhere Lehranstalt Luzern 1574–1974. Luzern 1974.
Mattmüller Hanspeter: Carl Hilty 1833–1909. Basel 1966.
Mattmüller Markus: Leonhard Ragaz und der religiöse Sozialismus. Bd. 1: Die Entwicklung der Persönlichkeit und des Werkes bis ins Jahr 1913. Zollikon-Zürich 1957. Bd. 2: Die Zeit des Ersten Weltkriegs und der Revolution. Basel 1968.
Mattmüller Markus: Leonhard Ragaz und die Politik. In: Zeitschrift für Kultur, Politik, Kirche (Reformatio) April 1997, S. 126–132.

Paetzold Heinz: Ernst Cassirer. Eine philosophische Biographie. Darmstadt 1995.
Steiger Jakob: Carl Hiltys schweizerisches Vermächtnis. Frauenfeld 1937.
Wohlgemut Isabella: Clara Ragaz-Nadig (1874–1957). Ein Frauenleben für Frieden,
    Freiheit und Gerechtigkeit. In: Zeitschrift für Kultur, Politik, Kirche (Reformatio)
    April 1997, S. 142–152.

13. Nationalstaat und Völkerrecht

Bonjour Edgar: Geschichte der schweizerischen Neutralität, Bd. 2–4. Basel 1970.
Bonjour Edgar: Geschichte der schweizerischen Aussenpolitik in ihren Grundzügen. In:
    Handbuch der schweizerischen Aussenpolitik. Bern 1975, S. 57–80.
Grimm Robert: Sozialdemokratie und Völkerbund.
Hauser Albert: Bundesrat und Volk. Lehren aus der Zeit des Völkerbunds. In: NZZ
    vom 4. Juli 1994.
Kreis Georg: Geschichte der schweizerischen Aussenpolitik 1848–1991. In: Neues
    Handbuch der schweizerischen Aussenpolitik, Bern 1992, S. 27–40.
Moriaud Paul: Der Völkerbund und die Schweiz. Bern 1919.
Ochsenbein Heinz: Die verlorene Wirtschaftsfreiheit 1914–1918. Methoden auslän-
    discher Wirtschaftskontrolle über die Schweiz. Bern 1971.
Rappard William E.: Die Politik der Schweiz im Völkerbund 1920–1925. Eine erste
    Bilanz. Chur 1925.
von Salis J. R.: Giuseppe Motta. Dreissig Jahre eidgenössische Politik. Zürich 1941.
von Waldkirch Eduard: Das Völkerrecht in seinen Grundzügen dargestellt. Basel 1926.

14. Die Juden und der Nationalstaat

Altermatt Urs: Der Weg der Schweizer Katholiken ins Ghetto. Die Entstehungs-
    geschichte der nationalen Volksorganisationen im Schweizer Katholizismus
    1848–1919. 2. erweiterte Aufl. Zürich 1991.
Arendt Hannah: Elemente und Ursprünge totaler Herrschaft. München 1986.
Dreifuss Emil: Juden in Bern. Ein Gang durch die Jahrhunderte. Bern 1983.
Gast Uriel: Von der Kontrolle zur Abwehr. Die eidgenössische Fremdenpolizei im
    Spannungsfeld von Politik und Wirtschaft 1915–1933. Zürich 1997.
Goehrke Carsten und Werner G. Zimmermann (Hg.): «Zuflucht Schweiz». Der Umgang
    mit Asylproblemen im 19. und 20. Jahrhundert. Zürich 1994.
Guggenheim Willy: Juden in der Schweiz. Glaube – Geschichte – Gegenwart. Zürich 1982.
Häsler Alfred A.: Das Boot ist voll. Die Schweiz und die Flüchtlinge 1933–45. Zürich
    1967.
Israelitische Cultusgemeinde Zürich (Hg.): Juden in Zürich. Zürich 1981.
Kahn Ludwig: Zur Geschichte der jüdischen Gemeinden im Kanton Aargau und in
    der Regio Basiliensis. SD aus dem Basler Volkskalender 1968.
Keller Christoph: Der Schädelmesser. Otto Schlaginhaufen – Anthropologe und
    Rassenhygieniker. Eine biographische Reportage. Zürich 1995.

Keller Stefan: Grüningers Fall. Geschichten von Flucht und Hilfe. Zürich 1993.

Kommission für bernische Hochschulgeschichte (Hg.): Hochschulgeschichte Berns 1528–1984. Bern 1984.

Lang Josef: «Ein neuer Artikel: Die Juden.» Wie und warum der konservative Katholizismus die Judenemanzipation bekämpfte. In: MOMA 9/96.

Lang Josef: Das katholische Ghetto. Der Kampf der Konservativen gegen die Judenemanzipation 1862–1872. In: WoZ vom 30. August 1996.

Lang Josef: Kein Platz für Juden neben dem «weissen Kreuz im roten Feld». Die Schweizerische Kirchenzeitung und der Antisemitismus (1832–1883). In: Neue Wege 3/97.

Mächler Stefan: Ein Abgrund zwischen zwei Welten. Zwei Rückweisungen jüdischer Flüchtlinge im Jahr 1942. In: Zeitschrift des Schweizerischen Bundesarchivs 22: Die Schweiz und die Flüchtlinge 1933–1945. Bern 1996, S. 137–232.

Picard Jacques: Die Schweiz und die Juden 1933–1945. Zürich 1994.

Schmid Max: Texte und Dokumente zum Antisemitismus in der Schweiz 1930–1980. Zürich 1979.

Staehelin Heinrich: Geschichte des Kantons Aarau 1830-1885. Baden 1978.

Stintzi Paul: Die Juden im Elsass und im Sundgau. In: Juden und Christen gestern und morgen in Basel und anderswo. SD aus dem Basler Volkskalender 1968.

Stucki Lorenz: Das heimliche Imperium. Wie die Schweiz reich wurde. Bern 1968.

Weldler-Steinberg Augusta: Geschichte der Juden in der Schweiz vom 16. Jahrhundert bis nach der Emanzipation. 2 Bde, bearbeitet und ergänzt durch Florence Guggenheim-Grünberg. Zürich 1970/1970.

15. Transformation des Nationalstaates

Armingeon Klaus (Hg.): Der Nationalstaat am Ende des 20. Jahrhunderts. Die Schweiz im Prozess der Globalisierung. Bern 1996.

Beveridge William: Sozialversicherungen und verwandte Leistungen. Bericht an das Britische Parlament vom November 1942 (Beveridgeplan). Zürich 1943.

Cohn-Bendit Daniel und Thomas Schmid: Heimat Babylon. Das Wagnis der multikulturellen Demokratie. Hamburg 1992.

Grimm Robert: Geschichte der sozialistischen Ideen in der Schweiz. Zürich 1931.

Gruner Erich: Die Arbeiter in der Schweiz im 19. Jahrhundert. Bern 1968.

Guéhenno Jean-Marie: Das Ende der Demokratie. München 1994.

Habermas Jürgen: Die Einbeziehung des Andern. Studien zur politischen Theorie. Frankfurt/M. 1996.

Imboden Max: Helvetisches Malaise. Zürich 1964.

Judt Tony: Grosse Illusion Europa. Herausforderungen und Gefahren einer Idee. München 1996.

Kreis Georg (Hg.): Die Schweiz im internationalen System der Nachkriegszeit 1943–1950. (Reihe ITINERA 18/1996 mit den Referaten des Historikertages 1995.) Basel 1996.

Laqueur Walter: Europa auf dem Weg zur Weltmacht 1945–1992. München 1992.

Leggewie Claus: MULTI KULTI. Spielregeln für die Vielvölkerrepublik. Berlin 1990.

Maurer Peter: Anbauschlacht. Landwirtschaftspolitik, Plan Wahlen, Anbauwerk 1937–1945. Zürich 1985.

Ruckstuhl Lotti: Frauen sprengen Fesseln. Hindernislauf zum Frauenstimmrecht in der Schweiz. Zürich [1986].

Studer Brigitte: Familienzulagen statt Mutterschaftsversicherung? Die Zuschreibung der Geschlechterkompetenzen im sich formierenden Sozialstaat, 1920–1945. In: Schweizerische Zeitschrift für Geschichte Nr. 2 1997, S. 151–170.

Index